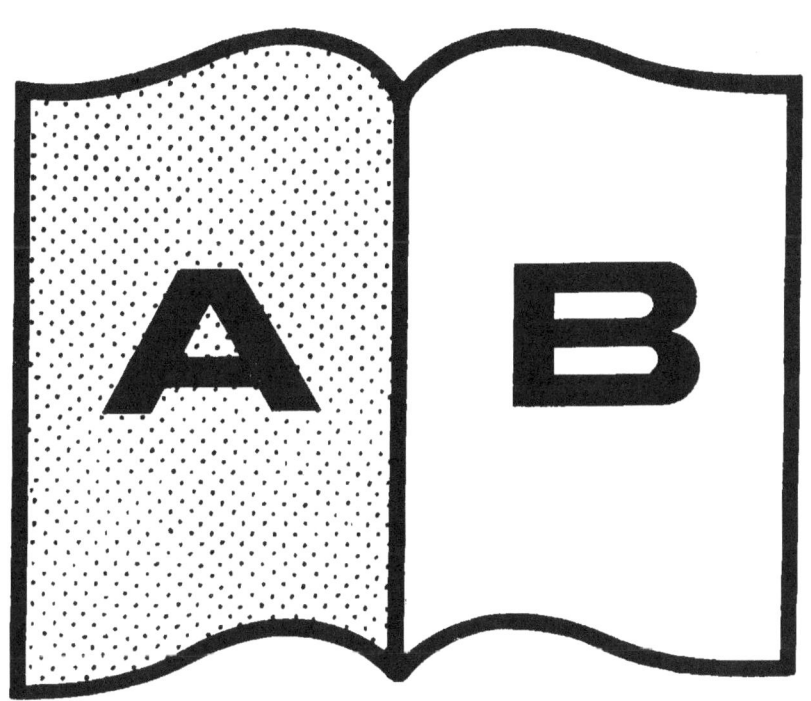

Contraste insuffisant

NF Z 43-120-14

*Droits de reproduction et de traduction réservés
pour tous les pays,
y compris la Suède et la Norvège.*

W. HELBIG

L'ÉPOPÉE HOMÉRIQUE

EXPLIQUÉE PAR LES MONUMENTS

TRADUCTION FRANÇAISE DE

M. FL. TRAWINSKI
LAURÉAT DE L'INSTITUT

AVEC UNE INTRODUCTION

PAR

M. MAXIME COLLIGNON
MEMBRE DE L'INSTITUT

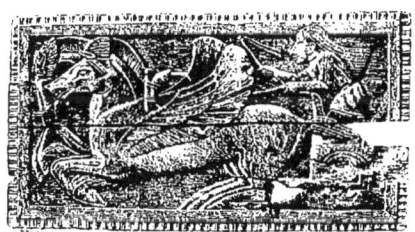

PARIS
LIBRAIRIE DE FIRMIN-DIDOT ET Cie
IMPRIMEURS DE L'INSTITUT, RUE JACOB, 56

1894

INTRODUCTION

En me confiant le soin de présenter au public français, sous sa nouvelle forme, l'ouvrage de M. Helbig, l'auteur de cette traduction a bien voulu se souvenir que j'avais été des premiers à lui conseiller de l'entreprendre. Je tiens à le remercier tout d'abord d'avoir mené à bonne fin une tâche qui n'était pas sans difficultés, en raison de l'extrême précision du texte allemand, et de l'appareil de notes qui l'accompagne. M. Trawinski n'en était pas d'ailleurs à son coup d'essai ; on lui doit déjà une bonne traduction de la *Vie Antique* de Guhl et Koner. Soutenu par les conseils de l'auteur lui-même, il n'a rien négligé pour conserver au livre de M. Helbig sa physionomie véritable, celle d'un ouvrage où la science et le goût ont une part égale, où l'érudition sait se faire attrayante, sans rien sacrifier de ses droits, et qui s'adresse aussi bien aux lecteurs lettrés, qu'aux savants de profession.

L'éloge de ce livre n'est plus à faire. La première édition date de 1884 ; une seconde l'a bientôt suivie en 1887. Dès son apparition, il a été accueilli avec reconnaissance par tous ceux qu'intéressent l'histoire et les antiquités de la Grèce; il est devenu pour tous les archéologues un ouvrage classique (1). Peu de savants étaient, en effet, mieux désignés que M. Helbig pour entreprendre un travail de cette nature, qui exige, outre la pratique familière et la connaissance philologique du texte d'Homère, un commerce continu avec les monuments. M. Helbig est de ceux qui ont eu le bonheur de vivre avec les monuments antiques dans une intimité constante. Après avoir reçu à Goettingue et à Bonn les leçons de Curtius, de Sauppe, d'Otto Jahn et de Ritschl, il est venu à Rome, en 1862, comme pensionnaire de l'Institut archéologique, et il n'a plus quitté l'Italie. Appelé en 1865 à succéder à M. Brunn comme secrétaire de l'Institut archéologique, il a occupé ces fonctions jusqu'en 1886, avec une activité toujours en éveil. Personne n'a suivi plus attentivement les fouilles faites en Italie et en Orient depuis trente ans, et il n'est guère de musée ou de collection privée qu'il n'ait étudiés pièce par pièce. Ses travaux sur les *Peintures murales des Villes de Campanie* (2) sont le résultat de longues études poursuivies au musée de Naples et à Pompéï; ses deux volumes sur les collections publiques de Rome, récem-

---

(1) Il a fait l'objet d'un article de M. G. Perrot dans la *Revue des Deux Mondes*, t. 70, 1885, p. 275-318.
(2) *Wandgemaelde der vom Vesuv verschütteten Städte Campaniens*, 1868. — *Untersuchungen über die Campanische Wandmalerei*, 1873.

ment traduits en français par M. Toutain (1), ne sont pas seulement pour les voyageurs des guides excellents; ils renouvellent sur bien des points la critique des monuments. Mais si l'antiquité, dans sa période classique, n'a pas cessé d'être l'objet des études de M. Helbig, il s'est souvent senti attiré vers les questions ardues des origines, vers celles qui exigent à un haut degré, avec une singulière pénétration d'esprit, le don de faire revivre un passé très lointain. Il est à peine besoin de rappeler ses beaux travaux sur le commerce phénicien en Italie, sur la civilisation primitive de la vallée du Pô, sur l'histoire de ces grandes migrations qui bouleversent la péninsule balkanique, et dont le contre-coup se fait sentir dans le nord de l'Italie et en Grèce, d'un côté par l'arrivée des Étrusques, de l'autre par l'invasion des Doriens dans la Grèce européenne (2). C'est donc une sorte de logique qui l'a conduit à passer d'Italie en Grèce, et à porter vers l'Orient grec ses investigations rigoureuses et méthodiques.

Le titre de cet ouvrage en indique nettement la nature et la portée. Considérer l'Épopée homérique comme une véritable encyclopédie de la vie grecque, au neuvième et au huitième siècle avant notre ère, telle est l'idée dont s'est inspiré M. Helbig. Elle est depuis longtemps fami-

---

(1) *Guide dans les musées d'archéologie classique de Rome,* par W. Helbig, traduction française par J. Toutain, membre de l'École française de Rome, Leipzig, 1893.
(2) *Die Italiker in der Poebene. Beitræge zur altitalischen Kultur und Kunstgeschichte,* Leipzig, 1879.

… INTRODUCTION.

lière à tous les critiques, car il est impossible de lire l'*I-liade* et l'*Odyssée* sans être frappé de l'abondance des notions que nous livrent les deux poèmes sur la société grecque primitive. On l'a dit très justement : Homère « sait à peu près tout ce qu'on peut savoir de son temps, et il le sait bien ; les détails, même techniques, lui sont familiers ; il a une idée précise de chaque métier : labour, chasse, pêche, fabrication des armes, tissage des étoffes, construction, stratégie et technique, médecine, rien des choses contemporaines ne lui est inconnu (1) ». Aussi l'attention des érudits a-t-elle été souvent éveillée sur ce fond de réalité que recouvre l'éclat des images poétiques. « *Réalités homériques* », tel est le titre des deux volumes où Buchholz a réuni et groupé tous les renseignements épars dans l'Épopée, pour reconstituer la vie, les mœurs, les habitudes sociales des contemporains d'Homère (2). Mais ces tableaux, dont les traits sont empruntés exclusivement aux textes, ont le défaut de rester trop abstraits. Quelque effort de pensée que l'on puisse faire, on ne saurait leur donner leur couleur vraie, si l'esprit n'évoque pas en même temps la vision des formes matérielles, si le texte ne s'éclaire pas par le commentaire si prompt et si direct que fournit le monument.

Commenter par des monuments contemporains, ou peu s'en faut, l'*Iliade* et l'*Odyssée*, ce rêve eût paru chimé-

(1) Alfred et Maurice Croiset, *Histoire de la littérature grecque*, I, p. 231.
(2) Buchholz, *Homerische Realien*, 2 vol. 1873-1881.

rique il y a trente ans, avant les découvertes auxquelles reste attaché le nom de Schliemann. Imaginez un dévot d'Homère, curieux de se figurer le décor où se meuvent les héros de l'Épopée, leurs armes, leur costume, tous ces détails de la vie extérieure que le poète décrit le plus souvent sans y insister, parce qu'ils sont familiers à ses auditeurs. Où les chercher? Est-ce dans les œuvres de la belle époque grecque, dans les sculptures ou les peintures de vases qui relèvent de la tradition classique? C'était autrefois l'unique ressource. Mais on sait aujourd'hui ce qu'il faut penser de la valeur de ces témoignages. La Grèce, dont l'art s'est si souvent inspiré des poèmes homériques, n'y a jamais vu qu'un thème à des compositions traitées dans le goût de l'époque où elles ont été conçues. Au sixième siècle, pour les peintres de vases rhodiens ou corinthiens, les héros d'Homère sont des hoplites de Rhodes ou de Corinthe. La préoccupation de l'exactitude historique ne les hante pas plus qu'elle ne s'impose aux primitifs italiens, lorsqu'ils prêtent aux personnages de la Bible le justaucorps ou la simarre d'un Florentin du quinzième siècle. Ils reproduisent naïvement les choses de leur temps. L'art idéaliste des contemporains de Phidias et de Polygnote s'éloigne encore plus de la réalité. Nous pouvons aujourd'hui nous figurer, d'après les frises de l'hérôon de Trysa, ce qu'étaient ces fresques du Pœcile et du temple de Platée, où Polygnote avait retracé les scènes du cycle troyen, le massacre des prétendants, les batailles devant Troie, la destruction d'Ilion (1). A voir ces sculptures, où des artistes inconnus ont comme transposé en bas-relief les peintures du grand maître, on sent bien que la recherche des belles formes, de la composition dramatique, exclut tout autre souci. Les scènes de l'Épopée finissent par devenir des thèmes de convention. Veut-on se rendre compte des formules pour ainsi dire toutes faites à l'aide desquelles l'art en arrive à traduire les principaux épisodes des poèmes homériques? Il suffit de considérer les *Tables iliaques*, c'est-à-dire les bas-reliefs, expliqués par des légendes grecques, qui, au temps de l'empire romain, servaient à l'enseignement des écoles (2). Les jeunes Romains y voyaient réunies en tableaux des scènes de l'*Iliade* et de l'*Odyssée*, de la *Petite Iliade* de Leschès, de l'*Ilioupersis* de Stésichore ; c'était comme une réduction en bas-relief des peintures de Théodore, qui décoraient le portique de Philippe. Rien de plus froidement mythologique, et pour tout dire, de plus banal. On y trouve à peu près l'équivalent de ce que serait aujourd'hui une édition classique d'Homère, illustrée avec des dessins de Flaxman.

Depuis une vingtaine d'années les découvertes archéologiques nous ont ouvert sur l'antiquité homérique des perspectives toutes nouvelles. On peut le

---

(1) Voir les planches de l'atlas qui accompagne l'ouvrage de M. M. Benndorf et Niemann, *Das Heröon von Gjoelbaschi-Trysa*, Vienne, 1889.
(2) Voir Otto Jahn, *Griechische Bilderchroniken*, Bonn, 1873.

INTRODUCTION. VII

dire sans paradoxe : nous sommes aujourd'hui mieux renseignés sur la civilisation des Achéens de l'Épopée que ne pouvaient l'être les Grecs du quatrième siècle ou de l'époque alexandrine. Tout ce passé lointain est sorti de la légende. On est revenu de la première surprise qu'avait provoqué le caractère étrange et si nouveau pour nous des objets exhumés par Schliemann dans les tombes royales de Mycènes. Le scepticisme de la première heure n'a pu tenir devant des concordances trop souvent répétées pour être fortuites; les régions où se rencontraient les traces d'une civilisation très ancienne et offrant néanmoins un remarquable caractère d'unité étaient celles-là même où l'Épopée place la résidence des principaux chefs achéens : l'Argolide, la Laconie, Orchomène des Minyens. Personne ne doute plus que, guidé par une idée contestable, Schliemann soit arrivé à des résultats incontestés. Les fouilles poursuivies par les archéologues grecs, soit dans la ville basse de Mycènes, soit à Vaphio, en Laconie, ont à la fois complété son œuvre, et achevé la démonstration. Nous ne pouvons que renvoyer le lecteur aux travaux les plus récents où sont exposées, dans un ordre méthodique, les notions que nous devons aux découvertes archéologiques sur l'art et la civilisation de l'époque achéenne : le livre de M. Schuchhardt, celui de M. Tsountas, et le beau volume où M. Georges Perrot a tracé de main de maître le tableau de la civilisation primitive de la Grèce, avant les invasions doriennes (1).

Parmi ces ouvrages, un de ceux qui se rapprochent le plus, pour le plan, du livre de M. Helbig, est celui de M. Tsountas. Le jeune archéologue qui a pris aux fouilles récentes de Mycènes et de Vaphio une part si active, a tenté de restituer la vie mycénienne, en étudiant, à peu près dans le même ordre, le palais, la maison, les armes, le costume, la tombe, et même le culte religieux. Ce livre est comme la préface de l'ouvrage de M. Helbig; mais il n'en est que la préface. La tâche que s'est proposée le savant allemand est toute différente. Entre la période florissante de la civilisation mycénienne et celle où les chants de l'Épopée prennent leur forme et se coordonnent, il s'est écoulé plusieurs siècles. La Grèce a été envahie par les clans doriens; l'art et l'industrie ont subi une décadence que M. Helbig a eu le mérite de mettre le premier en pleine lumière. Les Grecs émigrés en Asie Mineure, qui écoutent les chants des poètes homériques, s'enchantent d'un passé disparu; pour les descendants appauvris des héros de l'Épopée, Mycènes « où l'or abonde », et la riche Orchomène, ne sont que des noms et des souvenirs. Ni l'état so-

---

(1) Schuchhardt, *Schliemann's Ausgrabungen in Troja, Tiryns, Mykenae, Orchomenos, Ithaka*, Leipzig 1890. — Tsountas, Μυκῆναι καὶ μυκηναῖος πολιτισμός Athènes, 1893. — G. Perrot et Ch. Chipiez, *Histoire de l'art dans l'antiquité*, t. VI. *La Grèce primitive, l'art Mycénien*, 1894.

cial, ni les formes extérieures de la vie ne sont restés les mêmes. Aucune allusion, dans Homère, à ces luxueuses sépultures où sont ensevelis, sous des coupoles à revêtement de bronze, les dynastes de l'Argolide ; aucune réminiscence de ces peintures à fresque où les décorateurs du palais de Tirynthe ont déployé toute leur invention. Le costume, l'armement, se sont modifiés. Ces Achéens aux longs cheveux, qui portent la ceinture serrée autour des reins, les chaussures à bouts pointus, comme les *tsaroukia* des Albanais, et qui entourent leurs jambes de lanières de cuir, ne s'habillent pas comme les Ioniens contemporains d'Homère. Chose curieuse, les fouilles de Mycènes n'ont livré aucune de ces pièces d'armure, casques, cuirasses, cnémides, dont se compose le lourd équipement de guerre des héros de l'*Iliade*. Les Mycéniens ne semblent pas connaître le casque de bronze, à haute aigrette, à garde-joues, qui, du visage de l'hoplite homérique, laisse seulement voir les yeux brillant dans l'ombre. Aucune description, dans Homère, ne convient au costume des femmes de Mycènes, reproduit sur les intailles et les ivoires : le corsage uni, la robe à volants frangés, qui n'exige pas, comme le peplos, l'emploi constant de la fibule.

Des différences aussi profondes entre la civilisation achéenne et celle de l'Épopée imposaient à M. Helbig des recherches plus étendues que n'en comporte l'étude de la période mycénienne. Sa critique devait porter à la fois sur les monuments antérieurs à l'Épopée, et sur ceux d'une époque immédiatement postérieure. Ces derniers, il fallait les chercher partout où ils se trouvent, non seulement en Grèce, mais encore dans les pays italiens où le commerce a commencé de bonne heure à répandre les produits de l'industrie naissante des Hellènes ; il fallait enfin prendre une idée exacte de cette industrie phénicienne, dont les œuvres provoquent l'admiration des contemporains d'Homère. Le lecteur jugera avec quelle sûreté M. Helbig a pour ainsi dire établi ces travaux d'approche, qui cernent le problème de toutes parts, et avec quelle connaissance du monde grec primitif il a conduit cette difficile enquête.

Une des questions sur lesquelles la critique s'est le plus exercée, est celle de la date relative des différentes parties de l'Épopée. On a souvent remarqué que certains passages accusent le souvenir d'une civilisation plus ancienne, tandis que d'autres font allusion à un état social un peu différent. Les fouilles les plus récentes paraissent prouver que les poètes de l'Épopée ont parfois conservé, avec une singulière précision, des réminiscences de la civilisation achéenne. Nous ne saurions entrer ici dans un examen détaillé des faits ; il nous suffira de citer quelques exemples. Réunissez les indications éparses dans l'*Odyssée* sur la maison d'Ulysse ou celle de Nestor ; les termes dont se sert le poète deviennent fort clairs si l'on se reporte aux maisons royales de Tirynthe ou de Mycènes. On a retrouvé à Mycènes, à l'entrée du palais, les bancs de pierre dont parle Homère : c'est bien ainsi qu'on imagine les « pierres polies » où, devant la maison de Nestor, plusieurs générations d'ancêtres s'étaient assises. La demeure d'Ulysse est celle d'un riche propriétaire campagnard; pourtant elle offre bien des dispositions communes avec celles du palais de Tirynthe : la cour, entourée de portiques; le portail qui y donne accès; au milieu de la cour, l'autel; plus loin, la grande salle, le *mégaron*, avec son foyer, ses colonnes, où sont accrochées les armes d'Ulysse, ternies par la fumée qui monte du foyer, et noircit les murailles; dans la partie la plus reculée, les chambres, éloignées du bruit et du mouvement qui remplissent la partie de la demeure ouverte aux visiteurs. Sans doute le poète connaît, au moins par tradition, des palais analogues à ceux dont le plan se déchiffre aujourd'hui si nettement sur le sol rocheux de l'Acropole de Tirynthe (1).

Les souvenirs d'une époque de prospérité et de richesse ne se manifestent pas avec moins d'évidence, si l'on considère les objets d'art et d'industrie décrits dans l'Épopée. Sans doute, pour les Grecs d'Homère, la Phénicie a repris son rôle d'initiatrice; après le re-

---

(1) Voir Tsountas, Μυκῆναι, p. 40 et suivantes, et le chapitre de M. Percy Gardner, *Recent discoveries and the Homeric poem*, dans son ouvrage intitulé *New chapters in Greek history*, Londres, 1892.

cul de civilisation qui a ramené les Hellènes à un état d'industrie très inférieur à celui des Achéens, les Phéniciens sont redevenus les maîtres du marché grec. Homère leur attribue la fabrication des objets de luxe, des belles armes, des cuirasses de prix. Mais l'Épopée n'a-t-elle pas aussi gardé le souvenir de cette industrie achéenne dont les fouilles nous ont révélé les produits? Industrie achéenne, disons-nous; c'est que, après tant de discussions sur l'origine de l'art de Mycènes, on n'en saurait méconnaître les caractères indigènes. Dans ces peintures de Tirynthe, dans ces ivoires sculptés, dans ces merveilleux gobelets d'or de Vaphio, il est difficile de ne pas voir les œuvres des ouvriers d'art, peintres, orfèvres, ciseleurs, que les dynastes achéens avaient groupés autour d'eux. Or, à mesure que les découvertes se mutiplient, les points de contact avec l'Épopée deviennent plus nombreux. Les poignards de Mycènes nous ont fait comprendre, avec une netteté surprenante, la technique du bouclier d'Achille; nous y avons vu ces incrustations métalliques, où l'or jaune, l'or rouge et l'électron mêlent leurs tons différents, et nous n'avons plus besoin d'un grand effort d'imagination pour nous figurer l'espèce de polychromie métallique décrite par le poète avec tant de complaisance. Quant aux scènes représentées sur le bouclier, peut-on y voir des scènes de pure fantaisie, depuis que nous les avons retrouvées à Mycènes? L'épisode du siège de la ville nous est aujourd'hui connu; il décore un fragment de vase d'argent travaillé au repoussé, et exécuté sans doute par un orfèvre mycénien. C'était là comme un des thèmes de l'ornementation mycénienne; et si, dans le *bouclier d'Hercule,* Hésiode décrit le même tableau, c'est qu'apparemment ni la poésie ni même l'art industriel n'en avaient perdu le souvenir.

Plus nos connaissances s'étendent et se précisent, plus les poèmes homériques prennent pour nous comme un accent de vérité et de vie. Les fouilles récentes ne font que confirmer, par des révélations inattendues, les témoignages de l'Épopée. En voici un dernier exemple. On connaît le curieux épisode de l'*Odyssée* où Ulysse se présente à Eumée comme un chef crétois qui a accompagné Idoménée à Troie. Il a fait bien d'autres campagnes, et guerroyé jusqu'en Égypte. Un jour, il arme neuf vaisseaux, rassemble des équipages, et, après une traversée de cinq jours, parvient jusqu'au « beau fleuve Égyptos ». Il pille, tue, enlève des femmes et des enfants, si bien qu'une armée royale survient, et met en déroute les pirates grecs. C'est un roman, sans aucun doute, mais un roman dont les détails n'ont rien que de vraisemblable. Les documents égyptiens nous ont appris que, dès le quinzième siècle avant notre ère, les peuples marins épars sur le littoral de la mer Égée ou dans les îles grecques connaissent le chemin de l'Égypte; leurs barques de guerre se sont lancées sur la mer que les textes égyptiens appellent « la Très-Verte », c'est-à-dire la Méditerranée. Refoulés, parfois soumis et astreints à payer tribut, les « peuples des îles de la mer » n'en sont pas moins en contact avec le grand empire. Peut-on douter qu'il y eût des relations entre l'Égypte et les Achéens, depuis que M. Flinders Petrie a découvert dans la vallée du Nil des vases du plus pur style mycénien? Et d'où provenaient ces produits, sinon des régions où prévalait une civilisation analogue de tous points à celle de Mycènes? Le sol de Mycènes a d'ailleurs fourni des preuves irréfutables de relations plus ou moins directes entre l'Égypte et les Achéens du Péloponnèse; les objets égyptiens, trouvés dans les tombes royales de l'Acropole sont là pour en témoigner (1). Ainsi le récit de l'*Odyssée* est peut-être inspiré par une lointaine réminiscence de ces campagnes aventureuses qui amenaient jusqu'aux bords du Nil les ancêtres des Ioniens d'Asie Mineure. « Déjà, dit Ulysse, avant le départ des fils des Achéens pour Ilion, neuf fois j'avais conduit contre les peuples étrangers des guerriers et des vaisseaux rapides ». Combien pouvaient se glorifier de pareils exploits, parmi ces chefs achéens dont les trouvailles de Mycènes et les récits de l'Épopée nous permettent d'évoquer les imposantes figures, entourées d'un luxe grandiose dans sa demi-barbarie !

Nous ignorons encore comment s'est fait le passage

---

(1) Sur cette question des rapports de la Grèce mycénienne avec l'Égypte, voir Flinders Petrie, *The Egyptian bases of Greek history*, *Journal of Hellenic studies*, XI, 1890, p. 271. Cecil Smith, *Egypt and Mycenean antiquities*, *Classical Review*, 1892, p. 462. G. Perrot, *Histoire de l'art*, t. VI, p. 1001 et suivantes.

de la civilisation mycénienne à celle de l'Épopée. S'est-il produit une brusque rupture, ou bien, dans la période troublée qui coïncide avec les invasions doriennes, la prospérité des États achéens a-t-elle décliné lentement, pour se rapprocher par degrés d'un état social analogue à celui des contemporains d'Homère? Il semble que les découvertes les plus récentes tendent à fortifier cette seconde hypothèse (1). Entre la brillante période de Mycènes et l'Épopée, la tradition a pu servir d'intermédiaire. Les poèmes homériques semblent garder plus d'un souvenir de l'époque où, derrière les murs de pierre de leur acropole, les dynastes mycéniens menaient la vie luxueuse et brillante de chefs enrichis par la piraterie et par des coups de main heureux. Au moment où prennent forme les chants homériques, c'est-à-dire vers le début du premier millénium avant notre ère, tout ce passé de richesse et de gloire vit encore dans la mémoire des Grecs. On peut même se demander si, dans ses parties les plus anciennes, l'Épopée n'a pas été ébauchée dans la Grèce européenne, et si les récits qui en forment la trame n'ont pas été écoutés tout d'abord dans le *mégaron* ou dans la cour entourée de portiques d'un palais mycénien.

Paris, 15 mai 1894.

Max. COLLIGNON.

(1) Voir en particulier l'intéressant résumé de la *question* mycénienne, *Die Mykenische Frage*, par M. Emil Reisch, dans les *Verhandlungen der 42 Philologen-Versammlung*, p. 97-122, et les conclusions de l'ouvrage de M. G. Perrot.

L'ÉPOPÉE HOMÉRIQUE.

LES SOURCES.

CHAPITRE PREMIER.

LES DONNÉES DE L'ÉPOPÉE.

On s'est proposé dans ce livre une tâche purement archéologique; aussi ne pourra-t-on pas s'étendre longuement sur les problèmes compliqués qui sont connus sous le nom général de *question homérique*. On se contentera de signaler quelques faits parfaitement établis ou très probables (1) qui serviront de justification à la méthode adoptée dans le présent ouvrage.

L'Épopée, telle que nous la connaissons, est l'œuvre de plusieurs siècles. Elle se développa d'abord chez les Éoliens de l'Asie Mineure, puis chez les populations ioniennes de cette région et des îles. Quelques fragments seulement prirent naissance dans la Grèce propre. Cela est certain pour le catalogue des vaisseaux (2), et très vraisemblable pour un poème introduit

---

(1) Nous nous rallions complètement à l'opinion de von Wilamowitz-Mœllendorff, développée dans ses *Homerische Untersuchungen*, Berlin, 1884.
(2) Niese, *Der Homerische Schiffskatalog*, p. 48. — V. aussi Niese, *Die Entwickelung der homerischen Poesie*, p. 228.

dans l'Odyssée et qui célébrait le triomphe d'Ulysse sur les prétendants. Le poète qui a compilé l'Odyssée dans sa forme actuelle, était aussi un fils de la Grèce propre.

L'Iliade est de beaucoup plus ancienne que l'Odyssée, sauf le catalogue des navires et la *doloneia* qui se rattache à l'un des poèmes intercalés dans l'Odyssée. Ses passages les plus récents seuls ne datent que du huitième siècle, tandis que les poèmes dont est composée l'Odyssée appartiennent tous à ce siècle et au siècle suivant. Dans tous les cas, le compilateur de l'Odyssée ne vivait certainement pas avant la seconde moitié du septième siècle. Le style épique a été fixé de très bonne heure et les poètes ultérieurs l'ont conservé autant que possible. « Les poèmes homériques », dit un savant qui joint à un sens très délicat de la poésie une grande sagacité de critique, « parlent un langage conventionnel qui n'a jamais et nulle part été parlé, que le rhapsode lui-même était obligé d'apprendre tout d'abord, dont certains termes étaient incompréhensibles pour beaucoup d'auditeurs et pour bien des chanteurs. Tout cet appareil accessoire de comparaisons et de formules était traditionnel. L'Épopée diffère à coup sûr beaucoup plus de la poésie populaire que le dialogue tragique....... Ce caractère particulier de l'Épopée s'explique par ce fait, que les poèmes épiques parvenus jusqu'à nous sont très éloignés du temps où le style épique a été définitivement fixé. Né à une époque où les héros ne savaient ni lire, ni faire bouillir la viande, ni monter à cheval, ce style s'est transmis, grâce à une tradition non interrompue et une pratique continuelle, jusqu'aux temps plus rapprochés de nous où les mœurs étaient déjà changées, mais où l'on avait encore par tradition une idée très exacte des héros épiques; les poètes pouvaient ainsi éviter les anachronismes (1) ».

Si cette caractéristique est exacte, l'Épopée contient des éléments très anciens à côté d'éléments plus nouveaux. Les con-

---

(1) von Wilamowitz-Mœllendorff, *ibid.*, p. 292.

tours principaux des formes de vie dans lesquelles se meuvent les héros sont partout d'une origine ancienne; mais il est permis d'admettre que plus tard les poètes se sont laissé influencer çà et là par le milieu où ils vivaient; cette influence se traduit dans les descriptions de détails, dans les comparaisons, dans les discours qu'ils prêtent à leurs héros. Les rhapsodes n'ont pas manqué d'intercaler les éléments relativement récents dans les parties les plus vieilles de l'Épopée. Plus la conception de ces poètes était vive et plus ils étaient portés à dédaigner la tradition et les conventions, pour faire prévaloir leur propre esprit. Un point très intéressant à noter sous ce rapport, c'est un épisode relativement récent intercalé dans l'Odyssée et dans lequel Pénélope, contrairement à l'habitude, est représentée comme une veuve coquette qui ne repousse pas l'idée de se laisser consoler (1). Ce trait de caractère est admirablement pris sur nature. Remarquez la finesse du poète qui met un sourire niais sur les lèvres de Pénélope, lorsque celle-ci dévoile à Eurynome son projet de se laisser voir des prétendants (2). N'est-ce pas le sourire des femmes intelligentes de tous les temps quand elles se décident à faire les coquettes après mûre réflexion? Eurynome, de son côté, se comporte en soubrette expérimentée qui sait deviner les pensées de sa maîtresse et parler le langage qui lui plaît. Elle recommande à Pénélope, avant de se rendre devant les prétendants, de faire sa toilette et de se farder (3). Ce dernier détail n'est mentionné qu'à cet endroit de l'Épopée. Il est incontestable qu'ici le poète a reproduit un usage courant chez les femmes ioniennes de son temps.

Dans certaines poésies qui viennent se grouper autour de l'Iliade et de l'Odyssée, on rencontre très souvent des données absolument contraires au style conventionnel de l'Épopée. Dans la petite Iliade, Zeus offre à Laomédon un cep de vigne en or

---

(1) Odyssée, XVIII, 158-303. Comp. von Wilamowitz-Mœllendorff, *loc. cit.*, p. 29-34.
(2) Od. XVIII, 163 : ἀχρεῖον δ'ἐγέλασσεν.
(3) Od. XVIII, 172, 179, 192-194, 196.

pour le dédommager de l'enlèvement de Ganymède (1). Le luxe qui régnait dans les cours royales de l'Asie antérieure a dû préoccuper vivement l'imagination des Grecs. Dans plusieurs de ces cours, un cep de vigne en or faisait partie des symboles de la domination (2). C'est ce qui a engagé le poète à introduire ce détail dans le mythe troyen. On surprend le même poète parlant du cachet (3), objet qui n'entre pas dans la catégorie de ceux que mentionne l'Épopée. De même on remarque une contradiction formelle avec les données conventionnelles de l'Épopée lorsque le poète des *Kypritt* mentionne des guirlandes de fleurs (4) et qu'il représente Palamède comme s'occupant de la pêche (5).

Notre étude portera donc sur une période de quatre siècles au moins, s'étendant depuis les débuts de la colonisation de l'Asie-Mineure et des îles voisines qui remonte au onzième siècle avant J.-C., jusqu'à la seconde moitié du septième siècle, date de la compilation de l'Odyssée. Il faut y ajouter quelques productions ultérieures, telles que quelques-uns des hymnes homériques, en tant que le style épique conventionnel y est observé et que, par conséquent, ils se rattachent à une civilisation plus ancienne.

L'Iliade et l'Odyssée avaient conservé pendant plusieurs générations, dans leurs traits essentiels, la forme qu'elles ont aujourd'hui. Plus tard, on interpola avec intention certains passages dans les deux poèmes, procédé qui était très familier surtout aux Athéniens du temps de Pisistrate (6). Dans un livre qui a pour objet d'expliquer l'Iliade et l'Odyssée, telles que nous les lisons maintenant, au moyen de monuments, il faut tenir compte de ces passages, mais on doit alors avoir le soin

---

(1) *Epicor. græcor. fragmenta*, éd. Kinkel, I, p. 41, n. 6.
(2) Welcker, *Der epische Cyclus*, II, p. 262-263.
(3) *Epicor. fragm.*, I, p. 42, n. 8.
(4) Athen. XV, p. 682. *Epicor. fragm.*, I, p. 16, p. 23, n. 4.
(5) Pausan. X, 31, 2. *Epicor. fragm.*, I, p. 30, n. 18.
(6) von Wilamowitz-Mœllendorff, *loc. cit.*, p. 199 et suiv.

de faire remarquer qu'il s'agit là de parties spéciales qui se détachent de l'ensemble de l'Épopée.

Comme les spécimens d'art industriel auxquels il est fait allusion dans l'Épopée étaient généralement connus des auditeurs des poètes, ceux-ci n'en donnent pas une description détaillée. Ils se contentent de rendre ces objets présents à l'esprit en faisant ressortir brièvement leurs particularités les plus saillantes. Par conséquent, si l'on veut avoir une idée exacte d'un vêtement ou d'une arme des Grecs de cette époque, il faut absolument avoir recours aux matériaux archéologiques. Mais il faut se méfier, dans cette recherche, de beaucoup de monuments antiques retraçant des scènes du mythe troyen; ceux-là seuls ont de la valeur à notre point de vue qui remontent à une époque où l'on retrouve encore quelques éléments de la civilisation des temps homériques. Les études archéologiques auxquelles se livrent certains peintres modernes, sans grand profit d'ailleurs pour la science et pour l'esthétique, étaient étrangères aux artistes de l'antiquité. Ils procédaient comme on procède de tout temps aux périodes florissantes de l'art : ils représentaient les scènes mythiques conformément à l'esprit de leur époque et reproduisaient le costume, les armes et les ustensiles tels qu'ils les voyaient journellement autour d'eux. Aussi, à partir de la période florissante de l'art, tous ces objets sont-ils façonnés dans le style que nous sommes convenus d'appeler classique : les draperies aux plis harmonieux suivent toutes les ondulations du corps humain; les armes, les armures, les vases ont une finesse de contours et de forme qui va se perfectionner dès le milieu du cinquième siècle; les cheveux et la barbe sont traités librement. On ne s'écarta de la réalité que plus tard, lorsque les générations successives, étant éprises de plus en plus des beautés du corps nu, commençaient à représenter sans aucun vêtement plusieurs personnages mythologiques, des hommes d'abord, des femmes ensuite. Quand un peintre (ce qui arrive souvent) veut faire un fond architectonique dans un épisode emprunté au mythe troyen, il se plaît à choisir de préférence un portique à colonnes classiques (1). Les murs de Troie nous apparaissent construits en blocs énormes régulièrement taillés (2). Il est vrai qu'à partir d'Alexandre le Grand, certaines tendances se font jour qui contribuent à corrompre le style classique. Mais elles visent surtout le luxe de la vie journalière et n'affectent guère que les accessoires de la mythologie figurée, domaine dans lequel le style classique est resté presque intact jusqu'à la décadence de la civilisation antique. Les maîtres modernes qui ont emprunté à l'Épopée les sujets de leurs créations, ont adopté le type classique, et en cela ils se sont conformés aux véritables règles de l'esthétique. Il n'en est pas moins vrai que les poètes de l'Épopée trouveraient peut-être assez étrange la manière dont le mythe troyen a été traité par Polygnote, Parrhasius et Théon, comme par Flaxman, Genelli et Preller. La maison d'Ulysse, le costume et la parure d'Hélène, l'armement d'Achille aux pieds légers, les coupes que lèvent joyeusement les insolents prétendants, tout cela se présentait tout autrement à l'imagination de ces poètes qu'à celle des artistes grecs du cinquième siècle et des artistes modernes

Les explications des grammairiens sont également d'un intérêt tout-à-fait secondaire pour notre étude. En effet, la vie se manifestait à l'époque hellénistique sous des formes tout autres qu'au temps d'Homère; il y a là à peu près la même différence qu'entre les origines du Moyen Age et la fin de la Renaissance. Par conséquent, le milieu où vivaient les savants de la période

---

(1) Déjà sur le vase François, Thétis, la fiancée de Pélée, est représentée dans un édifice en forme de temple entouré d'une colonnade. Voy. *Mon. dell' Inst. IV, Pl. LIV, LV* et *Arch. Zeit.* 1850, pl. *XXIII, XXIV*. — Overbeck, *Galerie homer. Bildw.*, pl. *IX*, 1.

(2) Helbig, *Wandgemalde*, n° 1266. — *Bull. dell'Inst.* 1883, p. 128.

alexandrine ne se prêtait nullement à la représentation des types mentionnés dans l'Épopée. Ajoutez à cela que les philologues de l'antiquité manquaient tous de sens historique, et, comme les philologues de tous les temps, professaient un grand mépris pour les traditions qui ne sont pas écrites. Aristarque et son très intelligent élève, Denys de Thrace, déploient leur sagacité habituelle, même dans l'interprétation de passages qui ont trait aux objets d'art, mais ils dédaignent de consulter les monuments (1). De plus, Alexandrie était une ville nouvelle et certainement pauvre en œuvres d'art ayant quelque rapport avec ceux décrits dans l'Épopée. Si la philologie antique avait eu son siège principal à Éphèse ou à Samos, où quantité d'offrandes illustraient si bien les phases successives du développement de l'art archaïque, on aurait peut-être attaché une plus grande importance aux données archéologiques.

Quiconque veut se faire une idée très juste des formes extérieures de la civilisation homérique, n'a qu'un seul moyen à employer : il faut qu'il examine attentivement l'évolution de l'art et les trouvailles qui sont en relations plus ou moins directes avec cette civilisation, et recherche, dans ce cadre bien délimité, les types qui concordent avec les données de l'Épopée. Cette tâche serait singulièrement simplifiée si l'on avait fait des fouilles systématiques sur l'emplacement des villes éoliennes et ioniennes de l'Asie Mineure. Malheureusement ces fouilles si nécessaires n'ont pas encore été faites et il est peu probable qu'elles soient entreprises dans un prochain avenir. Cependant on rencontre, même en dehors des contrées où naquit l'Épopée, assez de documents que nous pouvons utiliser pour notre étude, et l'Épopée elle-même nous indique parfois où nous devons les chercher.

Il convient de remarquer tout d'abord quels étaient les rap-

---

(1) Promathidas, en commentant la reconstitution de la coupe de Nestor tentée par Denys de Thrace, cite un vase de Capoue consacré à Artémis (Athen. XI, p. 489). Mais ce qui diminue la valeur critique de cette tentative archéologique, c'est que le spécimen de Capoue était montré comme étant précisément la coupe de Nestor.

ports entre la civilisation extérieure des Grecs de cette époque et les peuples établis à l'Est du bassin de la Méditerranée. Rien n'indique dans l'Épopée que les Grecs se soient estimés comme une race particulière et supérieure à ces peuples. Bien au contraire, la manière de vivre, le costume, l'armement des Achéens comme des Troyens et de leurs alliés y sont au fond identiques; le poète ne signale que fort rarement telle ou telle particularité nationale. Les compagnons de Sarpedon sont appelés une seule fois ἀμιτροχίτωνες (1); cet adjectif s'explique aisément par ce fait, que l'armement lycien ne comprenait point la ceinture garnie de bronze que les guerriers achéens portaient sous la cuirasse. Si les Thraces sont appelés ἀκρόκομοι (2) et les Abantes eubéens ὄπιθεν κομόωντες, (3) ces épithètes signifient que ces deux peuples se distinguaient par une coiffure toute spéciale. Mais ces particularités sont d'une importance secondaire et ne permettent pas de conclure à de profondes différences de civilisation. En ce qui concerne les Abantes, ils étaient Achéens, et il est très probable que leur civilisation était semblable à celle de la plupart des peuplades de même origine. En tout cas, les indications sommaires données sur eux dans le catalogue des vaisseaux (4) prouvent que leur armement et leur manière de combattre étaient conformes aux données générales de l'Épopée.

Il n'est pas étonnant non plus que les Lyciens (sauf pour la ceinture qui semble leur avoir manqué) aient été armés et équipés comme les Achéens (5). Si l'on réfléchit que la civilisation la plus ancienne du bassin de la Méditerranée s'étendait de l'Est à l'Ouest, et que la légende attribue aux Lyciens l'introduction dans le Péloponèse des constructions en pierre (6), ce peuple

---

(1) *Il.* XVI, 419. Comp. ch. XXI du présent ouvrage. — (2) *Il.* IV, 533. Comp. ch. XVI. — (3) *Il.* II, 542. Voy. ch. XVI.

(4) *Il.* II, 542-543. Voy. Archiloque dans Plutarque, *Theseus* 5 (fragm. 4 Beigk).

(5) Il suffit de rappeler que l'Achéen Diomède et le Lycien Glaukos échangent purement et simplement leurs armures. (*Il.* VI, 230 et suiv.)

(6) Overbeck, *Schriftquellen*, 1, 3, 8.

nous paraîtra même plus avancé dans la civilisation que les Grecs à l'époque où les Ioniens commençaient à coloniser les côtes de l'Asie Mineure. Plus tard d'ailleurs les Lyciens marchaient de pair avec les Grecs dans la voie du progrès. Les soldats qu'ils fournirent à la flotte de Xerxès portaient non seulement une cuirasse, mais aussi des jambières (1), vêtement que connaissaient bien peu de peuples barbares et qui fit naître dans l'Épopée l'épithète εὐκνήμιδες caractérisant les Achéens. Sur le monument des Néréides érigé à Xanthos au quatrième siècle avant J.-C. (2), le prince des Lyciens qui figure là en qualité de satrape du grand roi, est vêtu à la manière des Perses (3), mais dans les scènes de chasse, de festin et de combat, il porte, ainsi que toute sa suite, des vêtements et une armure grecs.

Chose curieuse, même les Thraces sont traités dans l'Épopée à l'égal des Achéens. Les Grecs de l'époque classique n'avaient pas une bien haute opinion des Thraces; ils les considéraient comme un peuple barbare qui se distinguait par son ivrognerie (4), vice que le poète du Rhesos (5) attribue également aux Thraces de la légende. Le costume et l'équipement des hommes au service de Xerxès sont décrits dans Hérodote avec beaucoup de précision (6). Malheureusement les renseignements que contenait son texte sur les Thraces d'Asie nous font défaut. Les Thraces d'Europe portaient, assure-t-il, des bonnets en peau de renard, des tuniques, des manteaux à dessins et des chaussures en peau de daim; leur armement consistait en petits boucliers, en flèches et poignards. L'Épopée nous en fait un portrait tout différent. Ici les Thraces combattent, comme les Achéens, sur des chars (7),

---

(1) Hérodote VII, 92.
(2) *Monum. dell' Inst.* X, pl. XI-XVIII. — (3) *Mon. dell'Inst.* X, t. XVI, n. 167. Comp. Michaelis, *Ann. dell' Inst.* 1875 pl. 167-169. — (4) Dilthey, *Ann. dell'Inst.* 1867, p. 172-175. — (5) 419-438. — (6) VII, 75.
(7) *Od.* X, 49 :

. . . . . ἐπιστάμενοι μὲν ἀφ' ἵππων
ἀνδράσι μάρνασθαι, καὶ ὅθι χρὴ πεζὸν ἰόντα.

Char de combat de Rhesos : *Il.* X, 433; celui de Rigmos : XX, 487.

avec une armure d'airain (1), la tête couverte d'un casque que couronne un cimier (2). Comme les héros achéens, ils brandissent des lances formidables (3) et de puissantes épées (4). Aux funérailles de Patrocle, Achille propose le glaive et la cuirasse d'Asteropaios comme prix du combat et vante le travail délicat de ces deux objets (5). Arès dont le séjour favori est la Thrace, lorsqu'il encourage les Troyens hésitants à la résistance, emprunte les traits d'un chef thrace, Akamas (6). Si un poète attique du cinquième ou du quatrième siècle avait fait figurer un dieu sous la forme d'un Thrace, il eût produit un effet absolument comique. Dans la *doloneia*, un des chants les plus récents de l'Iliade, le poète insiste avec beaucoup d'éloges sur l'ordre militaire qui règne dans la tente de Rhesos (7) et peint avec les couleurs les plus brillantes l'équipement des troupes thraces. Le char de combat de Rhesos est bien garni de plaques d'or et d'argent, son armure est un ouvrage merveilleux digne d'être porté plutôt par les dieux que par les hommes (8). Le poète loue de même l'équipement des soldats (9). Une coupe que Priam avait reçue des Thraces comme don d'hospitalité, est la principale pièce de la rançon avec laquelle le vieux roi rachète le corps d'Hector (10). On pourrait dire, il est vrai, que rien n'indique que ces objets aient été fabriqués en Thrace et que, par suite, ils ont pu être importés de l'étranger. Mais l'Épopée nous apprend que tout au moins une branche de l'industrie d'art métallique, la fabrication des glaives, fut cultivée en Thrace avec succès. Achille dit clairement que le glaive superbe qu'il a arraché au Pœonien Asteropaios est thrace (11), et c'est un glaive thrace également que brandit Helenos dans la lutte pour les vaisseaux (12). D'autre part, le vin de Thrace est fort goûté des Achéens

(1) Cuirasse du Pœonien Asteropaios, toute en bronze à bordures en étain : *Il.* XXIII, 560-561. Armure d'or de Rhesos : X, 439. — (2) *Il.* VI, 9.
(3) Il. II, 846. IV, 533. XXI, 155.
(4) *Il.* XIII, 576-577. — (5) *Il.* XXIII, 560-807. — (6) *Il.* V, 462. — (7) *Il.* X, 472.
(8) *Il.* X, 438-441. — (9) *Il.* X, 472. — (10) *Il.* XXIV, 234-538.
(11) *Il.* XXIII, 808. — (12) *Il.* XIII, 577.

campés autour de Troie (1), et Ulysse vante comme un nectar céleste le vin que Maron, prêtre d'Ismaros au service d'Apollon, lui a offert et dont le parfum merveilleux a une force d'attraction irrésistible (2). Ces deux faits laissent supposer que l'agriculture était très avancée en Thrace. Enfin il est question, dans l'Iliade, de Thamyras, barde de Thrace (3); ce qui prouve qu'on reconnaissait à la population de ce pays aussi certaines aptitudes intellectuelles. De même il convient de rappeler qu'à une époque plus récente, les Grecs plaçaient en Piéride la résidence des Muses et d'Orphée, leur fidèle compagnon. Cette opinion reposait, ce semble, sur un souvenir qui attribuait jadis un mouvement intellectuel très caractéristique à une contrée septentrionale considérée dans la suite comme barbare. Les territoires de l'Émathie et de la Piérie formaient plus tard le noyau même du royaume macédonien. Lorsqu'au commencement du cinquième siècle, Alexandros, fils du roi Amyntas, voulut prendre part aux jeux olympiques, on le repoussa d'abord comme barbare, et on ne l'admit qu'après qu'il eut démontré son origine argienne (4).

On pourrait objecter que les poètes, pour donner plus d'harmonie à leurs conceptions épiques, ont idéalisé les Thraces : objection spécieuse. En effet, si les côtes de la Thrace et des îles voisines ne furent colonisées qu'après l'achèvement de la plus grande partie de l'Épopée, il n'en est pas moins vrai que déjà, au temps d'Homère, il y avait un commerce très actif entre les villes grecques de l'Asie Mineure et la Thrace méridionale. Les poètes se retrouvent dans cette contrée tout aussi bien qu'en Asie-Mineure et dans la Grèce propre (5). Ils connaissent le sommet escarpé

(1) *Il.* IX, 70-72. Comp. VII, 467. Le mythe de Dionysos et de Lycurgue de Thrace est raconté déjà dans l'Iliade (VI, 130-143).
(2) *Od.* IX, 196-211. Le même vin était également renommé au temps d'Archiloque (Archil. d'après Athen. I, 30 F. fragm. 3 Bergk.).
(3) *Il.* II, 595-600.
(4) Hérodote, V, 22.
(5) Buchholz (*Die homerischen Realien*, p. 179-85) a recueilli tous les passages qui s'y rapportent.

du mont Athos (1), et les monts neigeux qui bornent l'horizon des habitants de la péninsule chalcidique (2). Les Pœoniens qui étaient peut-être plutôt d'origine illyrienne que thrace (3), on les distingue des Thraces, et leur territoire, qui, à cette époque, s'étendait beaucoup plus au Sud que plus tard, est nettement déterminé (4). On a même quelques données sur la contrée située au-delà de l'Hémos. Zeus détourne les yeux de la plaine de Troie où gronde le combat et regarde du côté du pays des Thraces dompteurs des coursiers, des Mysiens habiles à combattre corps à corps, des excellents Hippemolgues qui se nourrissent de lait, et des Abiens, les plus justes des hommes (5). Ces Mysiens d'Europe ne peuvent être que les habitants de la contrée comprise entre l'Hémos et l'Istros, que les Romains appelaient la Mœsie (6). Les Hippemolgues sont évidemment les Scythes vivant en nomades au Nord de l'Istros; le lait de jument constituait la partie essentielle de leur nourriture. La version relative aux Abiens repose probablement sur la même tradition que le récit d'Hérodote sur les Orgienpœens chauves (7); ceux-ci, habitant au Nord des Scythes, s'abstenaient de toute guerre, aplanissaient les difficultés entre les peuples voisins et passaient pour des hommes sacrés et inviolables. Il est tout naturel que les Ioniens aient conçu cette opinion grâce à des rapports incessants avec les populations de la Thrace. Le trafic commercial avec ce pays est d'ailleurs expressément indiqué dans l'Épopée : les poètes

(1) *Il.* XIV, 229.
(2) *Il.* XIV, 227.
(3) Kiepert, *Lehrbuch der alten Geographie*, p. 313, Note 1. — (4) *Il.* II. 848-850; XVI, 288; XXI, 152-156.
(5) *Il.* XIII, 3 :

   . . .αὐτὸς δὲ πάλιν τρέπεν ὄσσε φαεινώ,
νόσφιν ἐφ' ἱπποπόλων Θρῃκῶν καθορώμενος αἶαν
Μυσῶν τ' ἀγχεμάχων καὶ ἀγαυῶν Ἱππημολγῶν
γλακτοφάγων, Ἀβίων τε, δικαιοτάτων ἀνθρώπων.

(6) Telle était déjà l'opinion de Poseidonios, dans Strabon, VII, 3, 295. — (7) IV, 23.

connaissent les glaives de Thrace (1), ils mentionnent les provisions de vin apportées de Thrace dans le camp achéen (2). Les termes enthousiastes dans lesquels est célébré le vin d'Ismaros (3) font supposer que ce poète s'est souvent rafraîchi avec ce breuvage. Le fils de Priam, Lycaon, fait prisonnier, est vendu à Eunéos, fils de Jason, dans l'île de Lemnos (4), située près des côtes de la Thrace et habitée par des Thraces (5). Il est à remarquer enfin que des Thraces s'étaient établis aussi à l'Est de la Propontide : c'étaient les Thyniens et les Bithyniens (6) avec lesquels les Grecs de l'Asie-Mineure étaient forcément en relations. Nous pouvons donc admettre que dans l'assemblée devant laquelle les poètes chantaient leurs poésies, il y avait des gens qui trafiquaient, qui vidaient des coupes et échangeaient des coups de lance avec les Thraces. Dans ces conditions, un poète ne pouvait guère représenter ce peuple sous des traits contraires à la réalité. S'il l'avait fait, il aurait étonné son public autant que Polygnote eût surpris les Athéniens ou un artiste de Pergame les Grecs de l'Asie-Mineure, si l'un avait représenté les Perses et l'autre les Gaulois comme des hoplites helléniques. Il est particulièrement intéressant de remarquer que dans la *doloneia* on trouve exactement la même caractéristique des Thraces. Le poète aime évidemment prêter à son chant un charme extraordinaire par la description d'armes ou d'armures toutes spéciales (7). Donc s'il avait connu les vêtements que les Thraces portaient du temps des guerres persiques, il n'eût pas manqué, ne fût-ce qu'à propos des soldats de Rhésos, de mentionner les bonnets de fourrure, les chaussures en peau

---

(1) *Il.* XII, 577. XXIII, 808. — (2) Voir plus haut, p. 11, note 1.
(3) Voir plus haut, p. 11, note 2.
(4) Les Sintiens que l'Épopée mentionne comme étant les habitants de cette île (*Il.* I, 594. Od. VIII, 294) étaient des Thraces. Leur nom s'est maintenu aussi sur le continent thrace : Thucyd. II, 98. Strabon X, 457. XII, 549. Steph. Byz. Σιντία. Liv. XLII, 51.
(5) *Il.* XXI, 40, 79. XXIII, 745, 746. — (6) Kiepert, *Lehrbuch der alten Geogr.*, p. 99 et 106.
(7) *Il.* X, 29, 177, 257-259, 261-265, 334, 335.

et les manteaux bigarrés. Mais il ne le fait pas ; l'équipement du roi et de son cortège, qu'il décrit, est identique à celui des Achéens de l'Épopée (1).

Rien n'est plus simple que de déterminer les conditions qui ont favorisé de bonne heure le développement de la Thrace. Par sa situation géographique, ce pays était en relations très suivies avec l'Asie. La population de l'Asie-Mineure passait souvent en Thrace et celle de Thrace en Asie-Mineure. Les Thraces ont donc forcément emprunté toutes sortes d'éléments de civilisation à leurs voisins d'en face qui étaient plus avancés qu'eux. De plus, les Phéniciens s'étaient établis sur les côtes de Thrace et dans les îles voisines (2). Ils occupèrent Thasos et exploitèrent les trésors métallurgiques de cette île et du continent voisin : Hérodote nous le prouve très clairement (3). Cet historien a vu encore dans cette île le sanctuaire de Melkart (4), divinité de Tyr. Le nom de la ville d'Abdera, située sur la côte de Thrace, revient pour désigner un port phénicien dans l'Ibérie méridionale (5). L'usage de la circoncision chez les Odomantes établis

---

(1) Studniczka (*Zeitschrift für die œsterr. Gymnasien*, 1886, p. 195) soutient que cette caractéristique des Thraces est tout simplement conforme au style conventionnel de l'Épopée (v. p. 1 et 2 du présent ouvrage). Il oppose à l'opinion émise par nous, avec preuves à l'appui, ce fait que dans les *Nibelungen* aussi les Huns sont représentés sous les mêmes formes que les Burgondes. Cette objection n'a aucune valeur. Le barde autrichien qui composait les *Nibelungen* dans la seconde moitié du douzième ou au commencement du treizième siècle, a fait évidemment les Huns à l'image des Hongrois de son temps. Mais bien des éléments de civilisation occidentale et de mœurs chevaleresques avaient été introduits en Hongrie dès la fin du premier siècle, sous l'Arpade Stefan (Voy. *Die œsterreichisch-ungarische Monarchie in Wort und Bild*, I, p. 53 et suiv.). Donc le tableau que ce poète a tracé de la vie et des coutumes en Hongrie n'était nullement en contradiction avec l'opinion que ses compatriotes se faisaient de la population de ce pays.

(2) Comp. Movers *Die Phönizier*, II, 2 p. 273-286. — (3) VI, 47. Comp. Skymnos, perieg. 660-663. — (4) Hérodote II, 44.

(5) Strabon III, 157. Stephan. Byz. Ἄβδηρα. Pline, *Hist. nat.*, III, 8. On a fait dériver longtemps Samos (Samothrace, Σάμος Θρηϊκίη, *Il.* XIII, 13) du mot sémitique *samá* (être haut) et Lemnos de *libʰnah* (*le blanc éclat*). V. Bochart, *Geographia sacra*, I, VIII, col. 377 et I, XII, col. 398. Leyde, 1707.

autour du Pangée permet de supposer qu'ils subissaient l'influence sémitique (1). C'est dans le commerce incessant avec les habitants de l'Asie Mineure et avec les Phéniciens placés au milieu des Thraces, que ceux-ci avaient puisé ces germes de civilisation que leur attribue l'Épopée. Jusqu'à quel point ces germes se sont-ils développés chez eux, c'est difficile à dire, surtout s'il s'agit de l'industrie ; car la statistique monumentale de ce pays est, pour ainsi dire, inconnue. Plus d'un objet de luxe que les Ioniens admiraient dans les maisons des chefs thraces était probablement de fabrication orientale. L'Épopée nous dit par exemple (2), que Thoas, roi de l'île de Lemnos, habitée par les Thraces, avait reçu comme don des navigateurs phéniciens un cratère précieux. De même il est très vraisemblable que les glaives, désignés comme thraces dans l'Épopée, avaient été fabriqués dans les fonderies phéniciennes établies dans l'île de Thasos ou au pied du Pangée. De toute façon, il est certain que cette civilisation thrace ne fut qu'une plante éphémère poussée en serre chaude. Il n'en est resté que quelques vestiges dans la suite, tels que : les vignobles qui couvraient les collines d'alluvions jusqu'aux versants des monts Rhodopes, le culte de Dionysos (3) et l'ivrognerie qui semble devenir une particularité nationale chaque fois que des hordes barbares subissent l'influence d'un peuple civilisé qui a des boissons enivrantes à sa disposition.

On remarque d'ailleurs aussi dans l'Europe centrale un recul semblable de la civilisation extérieure. Les bronzes à décoration orientale, qu'on rencontre dans nos pays du nord et du centre, prouvent que l'industrie du métal était très avancée dans ces contrées, avant l'époque classique. Autant que nous permet

---

V. aussi Kiepert, *Lehrbuch der alten Geograph.*, p. 324. Mais cette dérivation a été récemment mise en doute. Comp. Pauli, *Die vorgriechische Inschrift von Lemnos*, p. 42-43.

(1) Aristoph. *Acharn.* 158, 161.
(2) *Il.* XXIII, 745. Ce Thoas est le père d'Hypsipyle, qui est mentionné encore dans un autre passage de l'*Il.* XIV, 230.
(3) Voy. Hehn, *Kulturpflanzen und Hausthiere*, 3e éd., p. 65-66.

d'en juger la littérature palœoethnologique, fort embrouillée encore et qui n'est pas à la portée de tout le monde, la décadence de cette industrie septentrionale du bronze coïncide précisément avec le développement de la civilisation classique dans le Midi, et s'accentue à mesure que cette dernière progresse. En tout cas, l'industrie du métal chez les Germains et leurs voisins de l'Est et du Nord était dans un état de beaucoup inférieur à celui dont témoignent ces objets de bronze à décor oriental. On n'a pas encore suffisamment examiné et étudié les documents pour qu'il soit possible de montrer dans tous ses détails et d'expliquer cette marche rétrograde. Mais, entre autres causes, en voici une très probable : les transactions des Grecs sur les côtes septentrionales de la Méditerranée et du Pont Euxin différaient complètement de celles des Phéniciens. Ceux-ci poursuivaient uniquement un but commercial et cherchaient par conséquent à maintenir des relations pacifiques avec la population des pays où ils avaient affaire. Donc la civilisation apportée par les Phéniciens pouvait réagir d'abord sur les côtes, et se ramifiait ensuite dans l'intérieur du pays. Les colonies grecques, au contraire, étaient non seulement commerciales mais encore agricoles. L'occupation de vastes terrains nécessaires à l'agriculture occasionnait généralement des conflits avec les indigènes : Archiloque, dans ses poésies, témoigne des luttes aussi longues que sanglantes entre les Thraces et les Pariens qui, après s'être établis dans l'île de Thasos, projetaient de conquérir la côte opposée. Tant que durèrent les transactions pacifiques avec les Phéniciens, les Thraces restèrent en contact incessant avec la civilisation méridionale. Mais ce contact fut troublé forcément par les hostilités des Grecs, successeurs des Phéniciens. C'est ce qui explique sans doute pourquoi les Thraces, après s'être approprié des éléments de civilisation, revinrent à la barbarie. D'autre part, il est évident que la situation qui dominait sur les côtes a dû réagir sur l'intérieur de l'Europe. De plus, le goût classique s'étant développé, les Grecs renoncèrent à travailler artistement l'ambre, et ainsi le principal article d'échange que le Nord avait apporté au Midi perdit vite son importance (1). Il faut enfin tenir compte des migrations des peuples qui eurent lieu du Nord au Sud dans la presqu'île des Balkans, vers le milieu du deuxième millier d'années avant J.-C. En examinant, autant qu'il est possible de le faire, l'enchaînement des faits dans le Nord, nous voyons que la migration dorienne fut occasionnée par ce fait que les Thessaliens abandonnèrent à un moment donné l'Épire, pour aller s'établir dans le pays qui depuis porte leur nom. Un tel exode de tout un peuple fut certainement la conséquence d'une pression extérieure. Il est probable que les Thessaliens furent poussés en avant par des peuplades illyriennes, qui, établies au Nord de l'Épire, commençaient alors à s'avancer vers le Sud. Nous croyons retrouver un écho de ces luttes dans la *télégonie* où Ulysse, arrivé chez le roi de Thesprotie dont il épousa la fille Kallidikè, fait la guerre aux Bryges, cousins thraces des Phrygiens, guerre à laquelle participent les dieux eux-mêmes. Or les Bryges pour qui combat le dieu thrace Arès et qui, à l'époque historique, habitaient la Macédoine septentrionale, semblent être, à cet endroit de l'Épopée, les ennemis septentrionaux, illyriens ou macédoniens, des Thesprotiens (2). En tout cas, certains indices permettent d'affirmer que, vers la fin du deuxième millier d'années avant J.-C., des Illyriens envahirent la péninsule Apennine, où nous les rencontrons au Nord-Ouest sous le nom de Venètes, dans le Picénum sous celui de Liburnes et sous celui de Messapiens et de Japyges au Sud-Est de l'Italie (3). Les Illyriens, de leur côté, auront été refoulés par des mouvements de migration qui eurent lieu parmi les peuplades habitant plus au Nord encore. De tout cela, on peut conclure qu'il y eut, à cette époque, dans l'Europe centrale, un profond bouleversement des populations, et si l'on rapproche ce fait du tassement des peuples qui s'est produit, à l'époque his-

---

(1) Voy. Helbig, *Osservazioni sopra il commercio dell' ambra* (Acc. dei Lincei, CCLXXIV, 1876-77, p. 10 et suiv. — (2) *Epicorum græcorum fragm.*, coll. Kinkel, p. 57. Comp. von Wilamovitz-Mœllendorff, *Homer. Untersuchungen*, p. 187. — (3) Comp. *Ann. dell' Inst.* 1884, p. 154-158.

torique, on songe immédiatement à l'immigration des Germains. On conçoit dès lors que tous ces bouleversements aient troublé les relations entre le Nord et le Midi et que, par suite, la civilisation de l'Europe centrale en ait subi quelque atteinte.

Du reste l'histoire moderne nous offre quelques analogies avec cette décadence de la Thrace. Il suffit de rappeler les Irlandais qui, au cinquième et au sixième siècles de notre ère, représentaient avec le plus d'éclat la civilisation occidentale et qui aujourd'hui sont un des peuples les plus arriérés de la race indo-européenne.

Un seul passage de l'Épopée fait ressortir une différence notable de civilisation. C'est celui où il est question des Locriens : ceux-ci ne sont pas armés pour la lutte corps à corps de casques d'airain, ni de boucliers bien cerclés, ni de lances de frêne ; ils se tiennent à l'arrière-plan d'où ils lancent des traits sur l'ennemi. Seul leur chef Ajax, fils d'Oïlée, revêtu d'une lourde armure, comme les autres héros, combat au premier rang (1). Si la seule peuplade, à laquelle le poète attribue cette manière de combattre et cet armement primitif, est grecque, cela prouve qu'au point de vue de la civilisation extérieure, les Grecs de l'époque homérique étaient moins avancés que les autres peuples établis au Nord-Est du bassin de la Méditerranée.

Cette opinion concorde avec les renseignements que fournit l'Épopée sur l'industrie.

Riedenauer (2) a déjà apprécié pour la plupart fort judicieusement la manière dont les Grecs de ce temps entendaient l'industrie. Certains travaux, tels que le filage, le tissage, la confection des vêtements se faisaient à la maison : l'Épopée nous le dit clairement (3). Par contre quelques autres professions, comme celles

---

(1) *Il.*, XIII, 712-721.
(2) *Handwerk und Handwerker in den homerischen Zeiten*, p. 76 et suiv.
(3) Voici les principaux passages : *Il.* III, 386-388; VI, 289-293, 323-324. 490-492; XXII, 440-441, 511. *Od.* I, 356-358; II, 97 et suiv; IV, 133-135; VI. 52-53; VII, 234-235; XV, 105; XVIII, 313-316; XXII, 421-423. Dans un seul passage de l'*Iliade* (XII, 433-435) il est fait mention de la préparation de la

de maçon, de charpentier, de charron, de menuisier, de corroyeur, de forgeron et de joaillier sont déjà cultivées par de véritables ouvriers (1). Cependant des personnes qui étaient en dehors des corporations professionnelles s'adonnaient également parfois à ces travaux. Pâris bâtit sa maison avec les meilleurs τέκτονες ἄνδρες qu'il y eût à Troie (2). Ulysse construit de sa propre main une chambre à coucher tout en pierres; il travaille de même au lit destiné à cette pièce; le décore d'ornements d'or, d'argent et d'ivoire et le tend de sangles en cuir rouge (3). Il a donc fait un ouvrage de maçon et de menuisier; en ce qui concerne les sangles et les ornements, le poète a pu admettre qu'ils étaient tout prêts; le roi n'eut que la peine de bien clouer les premières et de fixer les secondes sur le bois ou de les y incruster. Le même Ulysse construit de ses mains son canot dans l'île de Calypso (4). Eumée se construit lui-même sa métairie en pierres non équarries et se confectionne des sandales en peau de taureau (5). La division du travail n'était pas d'ailleurs encore bien avancée; on fabriquait encore dans le même atelier des objets dont la fabrication devint plus tard une industrie spéciale. L'armurier s'occupe également de parures (6); des boucliers en peau de taureau ornés de garnitures métalliques se font aussi bien dans l'atelier du corroyeur (σκυτοτόμος) que dans celui de l'armurier (χαλκεύς) (7). Les termes servant à indiquer les différentes branches de l'industrie du cuir manquent encore : la tannerie même n'est pas mentionnée. Les charrons (8) et les charpentiers (9) coupent eux-mêmes leur bois sur pied.

Étant donné ce mode de fabrication, quelle était la qualité des produits? La réponse à cette question varie selon les diffi-

---

laine par une pauvre femme en dehors de la maison. Studniczka (*Beiträge zur Geschichte der altgriechischen Tracht*, Abh. d. archäolog. epigr. Seminars d. *Universität Wien*, VI, p. 42, note 5) reconnaît là avec raison le commencement de l'exploitation d'une industrie.

(1) Riedenauer, *loc. cit.* p. 6-10. — (2) *Il.* VI, 213. — (3) *Od.* XXIII, 190-201. (4) *Od.* V, 234 et suiv. — (5) *Od.* XIV, 7, 14, 23, 24. — (6) *Il.* XVIII, 401, 478-613. — (7) *Il.* VII, 219-223; XII, 294-297.
(8) *Il.* IV, 485, 486. — (9) *Il.* XIII, 389-391; XVI, 482-484.

cultés inhérentes à tel ou tel métier. Dans le tissage, qui se contente de moyens simples et d'une certaine habileté de main, les maîtresses de maison et leurs servantes peuvent faire d'excellentes choses, bien que l'expérience nous apprenne que cette branche artistique, abandonnée à l'industrie domestique, ne fait que de lents progrès, tant au point de vue du style que de la technique. La division du travail n'existant pas, on ne peut dire *à priori* quelles étaient les conséquences de cet état de choses. Ce qui est certain, c'est que les métiers tels qu'ils nous apparaissent dans l'Épopée indiquent une phase de développement très primitive, car à toutes les époques de l'histoire la division du travail augmente avec les progrès de l'industrie. En tout cas le fait, constaté dans les passages ci-dessus rappelés, que des profanes s'occupaient de travaux de maçonnerie, de charpente et de menuiserie indique que ces professions n'étaient guère développées. L'Odyssée nous apprend (1) que souvent on faisait venir de l'étranger des ouvriers d'arts utiles. Et comme, outre le devin, le médecin et l'aède, cette dénomination comprend aussi le τέκτων δούρων, c'est-à-dire le charpentier, cela prouve que des ouvriers habiles de cette catégorie étaient recherchés et par conséquent étaient rares.

On ne trouve dans l'Épopée aucune trace d'une production considérable, centralisée et destinée à de vastes transactions, que nous appelons industrie. Nulle part un produit manufacturé n'y est nommé d'après le lieu de fabrication, comme dans la période suivante où nous entendons souvent parler des glaives de Chalcis (2), de boucliers béotiens et argiens (3), de cra-

---

(1) *Od.* XVII, 384.
(2) Alkaios dans Athénée, XIV, 627 A (fragm. 15 Bergk). Comp. Büchsenschütz, *Die Hauptstätten des Gewerbefleisses*, p. 39, note 2.
(3) Voy. Büchsenschütz, p. 39 et Furtwängler, *Die Bronzefunde aus Olympia*, p. 80 et 93. Proitos et Akrisios sont désignés comme les inventeurs du bouclier (Pausan. II, 25, 7); il en résulte que la fabrication des boucliers à Argos remonte à une haute antiquité. Les Béotiens attribuaient cette invention à Chalkos, fils d'Athamas, roi des Minyens (Plin. VII, 200. Comp. O. Müller, *Orchomenos*, p. 132.)

tères d'Argos (1), de coupes de Téos (2), de vêtements de laine de Milet (3). Il semble qu'à l'époque florissante de l'Épopée, l'ouvrier grec n'ait travaillé que pour les besoins de sa cité. Cependant un poète raconte (4) que Tychios, un ouvrier peaussier qui avait fait le bouclier d'Ajax, fils de Télamon, demeurait à Hylé : Riedenauer en conclut que les boucliers béotiens étaient exportés à Salamine, patrie d'Ajax (5). Or, si l'on en juge par les traditions des anciennes parties de l'Épopée, Ajax n'avait rien de commun avec Salamine; il était originaire d'une contrée habitée par les Éoliens qu'il est difficile de déterminer (6); en tout cas il est fort douteux que le poète ait songé à la ville béotienne de Hylé. Les recherches de Hercher ont d'ailleurs démontré (7) que le fond topographique de l'Épopée est traité avec une grande liberté, que des fleuves, des montagnes, des vallées, des édifices apparaissent et disparaissent tour à tour. Aussi se demande-t-on si le poète n'a employé le nom de Hylé, qui lui était familier (8), uniquement que pour donner un cachet personnel à son tableau, sans y attacher aucune conception géographique bien déterminée. Il était certain d'avance qu'aucun de ses auditeurs ne lui adresserait la question embarrassante si réellement il y avait une localité de ce nom dans la patrie du fils de Télamon.

De toute façon l'Épopée est muette sur l'exportation des produits grecs à l'étranger (9); elle parle, au contraire, assez sou-

---

(1) Hérodote, IV, 152. — (2) Alkaios dans Athen. XI, 481, A (fragm. 43. Bergk). — (3) L'usage de ces vêtements est déjà limitée par la législation de Zaleukos (Diodore, XII, 21). — (4) *Il.* VII, 220-223.

(5) *Handwerk und Handwerker*, p. 59.

(6) von Wilamowitz-Mœllendorff, *Homerische Untersuchungen*, p. 244-247.

(7) *Homerische Aufsätze*, p. 2 et suiv., p. 26 et suiv.

(8) Une localité de ce nom était située sur le territoire des Locriens ozoliens, une autre dans l'île de Chypre (*Steph. Byz.* Ὕλη.)

(9) Les Grecs ne font du trafic qu'avec les matières premières et les esclaves : Mentes, roi des Taphiens, transporte du fer à Ténédos (*Od.* I, 184). L'*Odyssée* (XIV, 452. XV, 427-430) mentionne le commerce d'esclaves des Taphiens. Les prétendants veulent vendre Ulysse et Théoclymène

vent de l'importation des produits étrangers en Grèce. Il est évident que les Grecs prisaient sous certains rapports les objets fabriqués à l'étranger, qu'ils les faisaient venir chez eux comme supérieurs aux leurs, et n'hésitaient pas à reconnaître cette supériorité dans certaines branches industrielles.

Les Ioniens d'alors prisaient beaucoup les glaives thraces et s'en servaient; cela ressort des deux passages de l'Iliade que nous avons mentionnés plus haut (1). Achille désigne pour prix de combat le glaive thrace d'Asteropaios, non pas comme une curiosité ethnologique, mais comme une arme d'un usage courant. D'ailleurs si le Troyen Helenos combat avec un glaive thrace, on peut admettre que les Grecs se servaient aussi d'armes semblables; car les poètes (nous l'avons déjà fait remarquer) ne font aucune différence entre les armements troyen et achéen.

Quelle était l'importance relative de l'industrie d'art chez les Ioniens d'une part, chez les Lydiens et les Cariens, leurs voisins, d'autre part? Une comparaison de l'Épopée renferme un renseignement précieux, qui permet de répondre à cette question : Ménélas est blessé, et « telle qu'une femme de Mœonie ou de Carie qui, travaillant à une parure de coursier, colore en rouge l'ivoire, telles les blanches cuisses du héros sont arrosées de sang » (2). Nous voyons par là que les Lydiens et

---

comme esclaves aux Sicules (*Od.* XX, 383). Les Achéens vendent aux Lemniens devant Troie du bronze, du fer, des peaux, du bétail et des esclaves, provenant sans doute du butin (*Il.* VIII, 473-475. Comp. XXI, 70-79; XXIII, 745-747).

(1) *Il.* XXIII, 561, 564; 807, 808.
(2) *Il.* IV, 141.

Ὡς δ'ὅτε τίς τ'ἐλέφαντα γυνὴ φοίνικι μιήνῃ,
Μῃονὶς ἠὲ Κάειρα, παρήϊον ἔμμεναι ἵππων
κεῖται δ'ἐν θαλάμῳ, πολέες τέ μιν ἠρήσαντο
ἱππῆες φορέειν; βασιλῆϊ δὲ κεῖται ἄγαλμα,
ἀμφότερον, κόσμος θ'ἵππῳ ἐλατῆρί τε κῦδος·
τοῖοί τοι, Μενέλαε, μιάνθην αἵματι μηροὶ
εὐφυέες κνῆμαί τ'ἠδὲ σφυρὰ κάλ' ὑπένερθεν.

les Cariens s'adonnaient à la fabrication des ivoires polychromes et que les Ioniens reconnaissaient dans ce domaine la supériorité de leurs voisins.

Le poète du quatrième chant de l'Odyssée s'attache évidemment à entourer la demeure et la vie de Ménélas d'un luxe aussi brillant que possible. Parmi les objets mobiliers, il y en a qui sont de provenance égyptienne : deux baignoires d'argent et deux trépieds que Polybos donna à Ménélas, à Thèbes, une quenouille d'or et une corbeille à tapisserie en argent (1) qu'Hélène reçut de la femme de Polybos comme don d'hospitalité.

Mais les poètes de l'Épopée sont surtout pleins d'admiration pour les objets d'art provenant de la Phénicie. Un cratère d'argent, proposé en prix aux funérailles de Patrocle, est appelé le plus beau de la terre, car il aurait été fabriqué par les Sidoniens habiles en art et apporté d'au delà la mer par les Phéniciens (2). C'est reconnaître expressément que les arts du métal étaient très florissants à Sidon. Une appréciation analogue ressort d'un passage de l'Odyssée (3) où il est dit qu'un cratère d'argent que le roi des Sidoniens, Phaidimos, donna à Ménélas, était l'œuvre d'Hephaistos. Le travail sidonien des métaux est donc considéré comme digne du dieu hellénique qui personnifie l'habileté artistique par excellence. Les plus beaux *peploi* qui se trouvent dans le trésor de Priam sont tissés par des esclaves sidoniennes que Pâris avait emmenées à Troie, à son retour de Grèce (4). La cuirasse la plus artistique que mentionne l'Épopée, celle d'Agamemnon, est un don du roi Kinyras de Chypre (5); elle provient donc du rayon où s'étendait la civilisation phénicienne. L'esclave sidonienne à laquelle le roi de Syrie confie la garde de son jeune fils Eumée, est désignée comme habile en des travaux superbes (ἀγλαὰ ἔργ' εἰδυῖα) (6). Un navire phénicien

(1) *Od.* IV, 125-132.
(2) *Il.* XXIII, 741-745. — (3) IV, 615-619. Les mêmes vers sont répétés *Od.* XV, 115-119.
(4) *Il.* VI, 289-292. — (5) *Il.* XI, 19 et suiv. — (6) *Od.* XV, 418.

aborde dans une baie voisine; les navigateurs parviennent à s'entendre avec cette femme, leur compatriote; l'un d'eux va au palais du roi et offre à la mère d'Eumée un collier d'or et d'ambre; pendant que celle-ci admire l'objet précieux avec convoitise, l'esclave s'échappe de la maison et apporte à ses compatriotes le butin désiré, trois coupes qu'elle a volées et le jeune Eumée (1).

La manière dont les Phéniciens trafiquaient alors dans le bassin oriental de la Méditerranée ressort assez distinctement de ce récit de l'Épopée et de plusieurs autres. Ces rusés négociants visitent différentes contrées, l'Égypte (2), la Crète (3), Lemnos (4), Ithaque (5) et l'île quelque peu mythique de Syrie (6). Ils cherchent à se concilier, au moyen de cadeaux précieux, la faveur des rois des territoires avec lesquels ils sont en affaires (7). Ils séjournent dans les ports plus ou moins longtemps (8), jusqu'à ce que leur marchandise soit vendue, et, le cas échéant, ils ne dédaignent pas le métier de voleurs et de ravisseurs d'hommes.

Une autre question se pose enfin. Les poètes décrivent-ils toujours les choses d'après ce qu'ils ont vu, et partant, chaque trait qu'ils mentionnent peut-il servir comme élément d'appréciation du monde qui les entoure? Deux faits rapportés par l'Épopée recommandent une grande circonspection à cet égard. Avant le Massaliote Pythéas aucun Grec n'était arrivé à un degré de latitude Nord où la brièveté des nuits d'été ait pu frapper l'attention d'un habitant du bassin méditerranéen (9). Et cependant un poète (10) a intercalé ce phénomène dans le mythe des Lœstrygones. Comment les Grecs en ont-ils eu connaissance dès une époque très ancienne, c'est ce qu'il est difficile de dire. Le fait que, vers le milieu du septième siècle avant

---

(1) *Od.* XV, 415 et suiv. — (2) *Od.* XIV, 288. — (3) *Od.* XIII, 273. — (4) *Il.* XIII, 745. — (5) *Od.* XV, 482. — (6) *Il.* XXIII, 745. — (7) *Il.* XXIII, 745. — (8) Ils séjournent toute une année dans la baie de Syrie. (*Od.* XV, 455.) — (9) Comp. Müllenhoff, *Deutsche Alterthumskunde* I, p. 5-8. — (10) *Od.* X, 81-86.

J.-C., les Milésiens ont établi des comptoirs sur la côte Nord de la mer Noire nous fait supposer tout naturellement qu'ils y avaient trafiqué auparavant. On peut en conclure que les Scythes, habitant ces parages et qui, de leur côté, étaient en relations avec des peuplades demeurant plus au Nord encore, ont parlé du merveilleux phénomène aux marins milésiens dès qu'ils entrèrent en rapport avec eux. Mais il est tout aussi et même plus probable qu'ici encore les Phéniciens ont servi d'intermédiaires; ceux-ci, grâce à leur commerce d'ambre, qui se propageait de bourg en bourg, étaient en contact avec l'Europe centrale même avant Homère (1) et avaient forcément ainsi des nouvelles des pays septentrionaux. Tel est aussi le cas des Pygmées mentionnés dans l'Iliade (2). Si les Grecs admettaient l'existence en Afrique d'une population d'hommes hauts d'une coudée, cela tient à ce fait que dans les régions équatoriales de cette partie du monde vivait une race de nains dont Schweinfurth a reconnu récemment les descendants dans les Akka établis au Sud des Monbuttu (3). Il est douteux que le pied d'un Grec ait jamais foulé le sol de ces contrées; cela ne pouvait être sûrement avant la domination des Ptolémées. C'est évidemment par le commerce d'ivoire, auquel les Akka d'aujourd'hui se livrent encore activement, qu'on apprit d'abord dans le Nord l'existence de ce peuple de nains et ensuite dans les villes ioniennes, peut-être par l'intermédiaire des Phéniciens.

Mais si les poètes ont utilisé poétiquement un phénomène astronomique et une particularité ethnique qu'ils ne connaissaient que par ouï-dire, on est amené à se demander s'ils ne procédaient pas de même pour la description d'objets d'art.

---

(1) On a trouvé des parures d'ambre dans les tombes en puits de Mycènes (Voy. Schliemann, *Mykenæ*, p. 235, 283, 353). L'analyse chimique a prouvé que cet ambre provient de la mer Baltique (Voy. Schliemann, *Tiryns*, p. 435-452). Un marchand phénicien propose à la mère d'Eumée d'acheter un collier d'or et d'ambre). (Voy. plus haut, p. 24, note 1.

(2) *Il.* III, 6. — (3) *Im Herzen von Afrika*, II, p. 131-155.

En d'autres termes, certains traits de cette description ne sont-ils qu'un reflet du luxe qui régnait dans quelques centres civilisés de l'Asie antérieure et dont les poètes ont entendu parler, ou bien sont-ils plutôt une réminiscence de la vie somptueuse et quelque peu orientale que les ancêtres des Grecs d'Asie-Mineure avaient menée dans la mère-patrie, avant l'invasion dorienne (1)?

(1) Voyez à ce sujet le chapitre V.

CHAPITRE II.

L'INDUSTRIE D'ART PHÉNICIENNE.

Puisque l'Épopée, comme il a été démontré dans le chapitre précédent, attribue les objets d'art les plus précieux aux Sidoniens ou à la civilisation phénicienne en général, quiconque veut étudier l'art à l'époque homérique doit examiner avec un soin minutieux les monuments phéniciens parvenus jusqu'à nous. Mais il faut, avant tout, rectifier à cet égard une opinion de Brunn (1). Selon mon savant maître, les Phéniciens auraient produit très peu en fait d'art; c'étaient surtout des marchands qui, maîtres de toutes les transactions entre l'Orient et l'Occident, apportaient aux Grecs du temps d'Homère des articles fabriqués principalement dans l'intérieur de l'Asie. Brunn (2) suppose que cette pénurie artistique des Phéniciens a duré fort longtemps; ces fameux ustensiles d'argent remontant pour la plupart au VIe siècle, et dont les figures présentent un mélange curieux de style égyptien et assyrien, il ne les attribue point, comme on le fait généralement, à des artistes phéniciens; il y reconnaît plutôt le travail des Grecs de Chypre, dirigés peut-être par des Phéniciens (v. fig. 1 et 2) (3).

---

(1) *Die Kunst bei Homer*, p. 7.
(2) *Ibid.*, p. 17, V. aussi Langbehn, *Flügelgestalten der ältesten griechischen Kunst*, p. 79.
(3) *Ann. dell' Inst.* 1876, p. 199-205. *Bull. dell' Inst.* 1879, p. 251. Les deux spécimens (fig. 1 et 2) de Préneste sont empruntés à l'ouvrage de Perrot et Chipiez, *Histoire de l'art dans l'antiquité* (III, p. 97 et 759).

Que les Phéniciens aient fait le commerce de produits manufacturés étrangers, c'est incontestable. Hérodote (1) raconte que

Fig. 1. — Coupe d'argent de Préneste.

les négociants phéniciens, qui emmenèrent Io, arrivèrent à Argos avec des marchandises égyptiennes et assyriennes. On est arrivé au même résultat en observant certains faits qui

(1) I, 1.

se dégagent des fouilles; nous n'en citerons qu'un seul qui est absolument probant. Les plus anciens tombeaux des Italiotes

Fig. 2. — Coupe d'argent de Préneste.

et des Étrusques sont les *tombe a pozzo* : ce sont des cavités de forme cylindrique, creusées verticalement dans la terre ou dans le rocher; on y rencontre toujours un vase contenant les cendres d'un corps brûlé et entouré d'objets manufacturés de toutes sortes (fig. 3) (1). On renonça cependant de très bonne heure à ce genre de sépulture dans l'Étrurie méridionale; ce qui le prouve, en dehors de tout autre criterium, c'est ce fait que, dans aucune de ces *tombe a pozzo* on n'a trouvé un seul produit fabriqué dont la provenance soit sûrement grecque. Ces *tombe a pozzo* ont fait place, dans l'Étrurie méridionale, comme dans le Latium, aux *tombe a fossa*, sortes de niches oblongues, pratiquées dans la terre ou dans le roc et qui renferment un corps non incinéré déposé soit dans un sarcophage en pierre grossière, soit sur le sol même (2), et entouré également de divers vases et ustensiles (3). Dans les tombes les plus anciennes de cette catégorie de l'Étrurie méridionale, on ne trouve non plus aucun article d'importation hellénique. On ne rencontre guère ceux-ci que dans les plus récentes *tombe a fossa* dont les objets manufacturés forment la transition à ceux qui sont contenus dans les chambres funéraires creusées dans le roc ou construites en maçonnerie (4) (*tombe a camera*). Or, dans une *tomba a pozzo* de la nécropole de Tarquinies, on a trouvé un scarabée en smalt avec le nom du roi Ra-Xa-nofre Sebak-Hotep (13ᵉ dynastie, environ 2100 av. J. C.) (5) et une figurine de

---

(1) *Ann. dell' Inst.* 1884, p. 111-112, 1885, p. 6-8.
(2) Cependant il se peut que les corps aient été déposés dans des sarcophages en bois que le temps a facilement détruits.
(3) *Annal. dell' Inst.* 1884, p. 113-115. 1885, p. 8-9. *Bull.* 1885, p. 115 et suiv. Il serait hors de propos de nous étendre ici sur le développement très spécial de la civilisation dans l'intérieur de l'Étrurie. Il suffit de faire remarquer que les *tombe a fossa* manquent dans la nécropole de Chiusi. La *tomba a pozzo* y a été graduellement agrandie et perfectionnée jusqu'à ce qu'elle formât le type que les Toscans appellent *tombe a ziro* (Comp. Milani, *Museo italiano di antichità classica* 1, p. 299-300, 304-307). Ce sont de profondes cavités en forme de puits, contenant une sorte de grand tonneau d'argile où sont renfermés l'urne funéraire et les objets qui l'accompagnent. A ces *tombe a ziro* ont succédé immédiatement les chambres funéraires.
(4) Comp. *Bull. dell' Inst.* 1885, p. 115 et suiv.
(5) *Bull. dell' Inst.* 1882, p. 211. *Not. d. scavi com. all' acc. dei Lincei*, 1882, p. 183.

même matière représentant la déesse Sechet-Pacht-Bast (1), objets que des égyptologues éminents considèrent comme des produits purement égyptiens. Or comme les *tombe a pozzo* de cette nécropole et même les tombes plus anciennes parmi les *tombe a fossa* ne révèlent aucune trace de commerce hellénique, il est impossible que ces objets aient été importés par des Grecs. Il ne reste donc qu'une hypothèse : les objets égyptiens en smalt ont dû être apportés à Tarquinies par les Phéniciens.

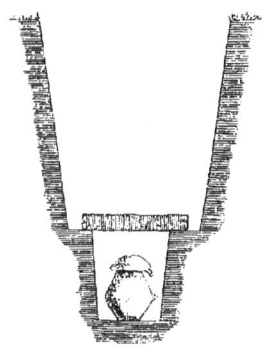

Fig. 3. — Coupe d'une tombe dite « a pozzo ». (Extr. de *l'Art Etrusque* de J. Martha, p. 33, fig. 1).

Cette opinion est confirmée par la présence de perles et de cylindres percés en verre ou en smalt (2) que l'on a trouvés dans la même partie de cette nécropole. Il est difficile d'affirmer que tel ou tel de ces objets est de fabrication égyptienne ou phénicienne; toujours est-il que nous savons que des parures de ce genre faisaient partie de ces articles qui servaient aux Phéniciens pour entamer des négociations commerciales avec les peuples barbares (3).

Mais outre les différents produits de provenance étrangère,

---

(1) *Bull. dell' Inst.* 1882, p. 214-216. *Not. d. Scavi*, 1882. T. XIII bis, 10, p. 185.

(2) *Bull. dell' Inst.* 1882, p. 163, 214, 216. 1883, p. 116, p. 120, nos 17, 18. *Not. d. scavi* 1882, p. 146, 185. Tous les objets trouvés dans ces tombeaux et qui peuvent avec certitude être attribués à l'industrie locale, notamment les produits céramiques, témoignent d'une facture très primitive. Aussi les casques de bronze d'une exécution si parfaite (*Bull. dell' Inst.* 1882, p. 19-21, 41, 166, 175. *Not. d. Scavi*, 1881, T. v. 23, p. 359-361; 1882, T. XIII, 8, p. 162-164, p. 180, 188), et les glaives pourvus de lames de bronze ou de fer (*Bull. dell' Inst.* 1882, p. 166, 167, 176, 215. *Not. d. Scavi*, 1882, T. XII, 1, p. 165. T. XII, 4, p. 180, 186) semblent des objets importés, probablement de fabrication phénicienne.

(3) Skylax, *Peripl.* (p. 112), rapporte que les Phéniciens vendaient aux habitants de la côte Ouest de l'Afrique λίθον Αἰγυπτίαν, c'est-à-dire des objets en verre et en smalt. Comp. Frœhner, *La verrerie antique*, p. 4 et 5.

les Phéniciens apportaient aussi sur le marché un grand nombre d'articles de leur propre fabrication; ils déployaient une activité industrielle bien plus grande que ne le suppose Brunn. Nous ne citerons pas comme preuves les vases de luxe en or et en smalt que les Kefa, c'est-à-dire les Phéniciens (1), offrent, sur les monuments égyptiens, comme tribut aux Pharaons (2); on pourrait nous objecter, en effet, que ces vases, ne portant aucune marque de fabrique, peuvent provenir non pas de villes phéniciennes, mais de la Mésopotamie. En tous cas, l'importance de l'industrie d'art phénicienne éclate dans les livres de l'Ancien Testament. Lorsque Salomon voulut réaliser son projet d'élever un temple à Jéhovah, il conclut un traité avec le roi Hiram de Tyr, afin que celui-ci fournît les artistes et les ouvriers nécessaires pour cette construction. En vertu de cette convention, des maçons et des charpentiers de Tyr et de Byblos (Gebal) (3) travaillaient à cet édifice; un Tyrien, dont le père avait déjà été un habile ouvrier en métaux, exécuta les travaux en bronze du temple, tels que les colonnes, le bassin colossal supporté par quatre taureaux, les tables roulantes, richement ornées de chérubins, lions, palmes et de fleurs diverses, ainsi que tous les vases et autres ustensiles du culte (4). Les descriptions détaillées et souvent répétées prouvent que ces ouvrages de bronze excitaient même plus tard l'intérêt et l'admiration générale. Par conséquent, si la technique des métaux était florissante à Tyr, vers la fin du onzième siècle, époque à laquelle cette ville était le plus important centre commercial dans le bassin de la Méditerranée, il est impossible d'admettre que ses artistes aient travaillé exclusivement pour les besoins de leurs citoyens et des

---

(1) Brugsch, *Geschichte Ägyptens*, p. 208-211.
(2) Voy. le tombeau du roi Toutmès III dans Hoskins, *Travels in Ethiopia*, pl. 47 (2ᵉ série), p. 328-333, et Wilkinson, *The manners of the anc. Egyptians*, I (Ed. Birch), pl. II, A. Voy. aussi Prisse d'Avennes, *Histoire de l'art égyptien*, II, art industriel, « Vases du pays des Kafa, tributaire de Toutmès III ».
(3) I. *Les Rois*, 5, 18. — (4) I. *Les Rois*, 7, 13 et suiv.; II. Chron. 3 et 4.

princes voisins; ils ont dû travailler aussi pour l'exportation au delà de la mer. C'est évidemment à cause de l'exportation d'articles de bronze des ports phéniciens que l'Épopée donne à la ville de Sidon l'épithète de πολύχαλκος (riche en airain) (1). De plus, dans le fameux chapitre où il célèbre la richesse et le commerce des Tyriens, Ezéchiel témoigne d'une manière certaine de la grande activité industrielle qui régnait à Tyr au commencement du sixième siècle. « Aram », c'est ainsi que le prophète s'adresse à cette ville (2) « commerçait avec toi à cause du grand nombre de tes ouvrages d'art : ils ont apporté sur tes marchés des escarboucles, de la pourpre rouge, de la toile multicolore et blanche, des coraux et des rubis ». Plus loin il dit (3) : « Damaskos troquait son vin d'Helbon et sa laine chatoyante contre la grande quantité de tes ouvrages, contre *tous les* biens ». Au contraire, l'importation à Tyr des produits fabriqués étrangers semble avoir été très limitée. On faisait venir les ustensiles de bronze de Javan, de Tubal et de Meschech, d'Aram des étoffes de couleur et de la toile, comme l'indique le passage cité tout à l'heure, de Dedan des couvertures de cheval. Haran, Kanne et Eden, trois localités qu'il faut chercher en Mésopotamie, ainsi que Saba, Assur et Kilmao fournissent des vêtements de luxe, des manteaux de pourpre et des couvertures damassées. Mais cette importation est insignifiante en comparaison de la grande quantité de vivres, vin, huile, miel et de matières premières, métaux, pierres précieuses, ivoire et bois rares, que les Tyriens, au dire d'Ézéchiel, importaient des contrées les plus diverses. Il est probable que ces matières premières étaient travaillées dans les fabriques du pays et que les produits manufacturés étaient transportés dans toutes les directions sur les vaisseaux tyriens. La teinture de pourpre (4), la verrerie (5), la prépara-

(1) *Od.* XV, 425. — (2) XXVII, 16. — (3) XXVII, 18. — (4) Büchsenschütz, *Die Hauptstätten des Gewerbefleisses im Alterthum*, p. 83 et suiv.

(5) Büchsenschütz, *ibid.*, p. 27-28 ; Frœhner, *La verrerie antique*, p. 2, 3, 18-24; Perrot et Chipiez, *Histoire de l'art dans l'antiquité*, III, p. 733 et suiv.

tion de parfums et d'huiles odorantes (1) ainsi que la fabrication de boîtes et de flacons d'albâtre (2) destinés à contenir ces dernières étaient cultivées sur une grande échelle par les Phéniciens : c'est un fait qui est démontré par toute une série de documents et nous pensons que Brunn lui-même ne le nie pas.

Le même savant prétend que les vases d'argent, qui offrent un mélange d'éléments égyptiens et assyriens, sont d'origine grecque. Cette hypothèse serait plausible s'il était démontré que tous ces vases ont été fabriqués dans l'île de Chypre; car sa situation géographique et le cours des événements avaient mis cette île en relations constantes avec la Mésopotamie et l'Égypte; par conséquent, les Grecs qui l'habitaient ont eu l'occasion d'apprendre à connaître l'art de ces deux pays. Cette circonstance jointe à des considérations commerciales a bien pu les déterminer à créer ce style mixte. Mais il est fort peu probable que tous ces vases proviennent d'ateliers cypriotes. Le fait seul qu'on en a trouvé un grand nombre en Italie, nous autorise à mettre en doute cette provenance, car Chypre n'a jamais joué un rôle important dans l'histoire du commerce italien. Ajoutez à cela que l'inscription phénicienne gravée sur une coupe de cette sorte (3), qui a été trouvée dans un tombeau de Preneste (voy. fig. 2) est considérée par Renan comme carthaginoise (4); de plus, les singes qui sont représentés sur un autre spécimen du même genre (fig. 1) appartiennent pour la plupart à des espèces répandues sur la côte Ouest de l'Afrique, comme le *cynocephalus sphinx* et le *papio* (Mandrill) (5). Mais ce qu'il y a de particu-

---

(1) Büchsenschütz (*Ibid.*, p. 95. Skylax, peripl. 112) prétend que les Phéniciens vendaient aussi de l'huile aromatique (μύρον) aux habitants de la côte Ouest de l'Afrique.

(2) Plin., XXXVI, 60, 61. Comp. Abeken, *Mittelitalien*, p. 269; *Ann. dell' Inst.*, 1876, p. 240 et suiv.

(3) *Mon. dell' Inst.* X. Pl. XXXII. I, 1ª; *Gaz. archéol.*, 1877, pl. V; Perrot et Chipiez, *Histoire de l'art dans l'antiquité*, p. 97, fig. 36. Voyez notre figure 2.

(4) *Gazette archéol.*, 1877, p. 18.

(5) *Monum. dell' Inst.* X, Pl. XXXI, 1; Ann. 1876, p. 226, note 1; Perrot et Chipiez, III, p. 759, fig. 543. Voyez notre figure 1.

lièrement important, c'est l'analogie que l'on constate entre les ustensiles d'argent en question et les produits d'art industriel trouvés dans les nécropoles carthaginoises de l'île de Sardaigne (1). Il y a analogie non seulement dans le type des figures représentées, mais encore dans le style. Si dans les coupes d'argent les plus anciennes les figures ont quelque chose de plus sec et de plus roide, les spécimens les plus récents se rapprochent, en revanche, beaucoup des objets trouvés en Sardaigne (2). Un critique impartial attribuera donc les vases d'argent à une phase ancienne et les antiquités sardes à une phase plus récente d'un seul et même processus artistique (3). Lorsque Brunn considère les premiers comme un travail grec, il faut que logiquement il reconnaisse la même origine aux objets

---

(1) Ebers a publié un mémoire intéressant sur les antiquités sardes dans les *Ann. dell' Inst.* 1883, p. 76-132. Il partage l'opinion que nous avons développée dans les *Ann.* (1876, p. 215 et suiv.), à savoir que ces monuments de style égyptien ou égyptisant appartiennent à l'époque de la domination carthaginoise; mais il suppose que quelques-uns d'entre eux sont beaucoup plus anciens. Or toutes les fouilles infirment cette hypothèse. On ne rencontre point de ces objets dans la série précarthaginoise telle qu'elle nous apparait dans les nuraghes et autres monuments contemporains. A part quelques exemplaires que le commerce a apportés dans l'intérieur de l'île, ils semblent exclusivement confinés dans les nécropoles dont l'origine carthaginoise n'est point douteuse. C'est une preuve incontestable que ces antiquités sont entrées en Sardaigne sous l'occupation carthaginoise. Si toutefois la science égyptologique nous forçait à reconnaitre la très haute ancienneté de quelques-uns de ces objets, il faudrait admettre qu'ils s'étaient conservés en grande quantité à Carthage, pendant plusieurs générations, et qu'ils avaient été transportés en partie en Sardaigne par des colons carthaginois. Mais il serait difficile de trouver ailleurs un procédé analogue. Nous ne pouvons donc nous empêcher de maintenir notre opinion primitive (*Ann. dell' Inst.* 1876, p. 215 et suiv.); je crois que l'industrie carthaginoise a continué de reproduire même plus tard les types égyptiens les plus anciens. Mentionnons enfin ce fait que, dans plusieurs localités méridionales de l'île, à Tharros en particulier, on a trouvé des scarabées incomplets du style égyptien; (Spano, *Bullettino arch. sarde*, 1, 1855, p. 84) cela prouve que les graveurs de pierres des colonies carthaginoises travaillaient dans ce style.

(2) *Ann. dell' Inst.* 1876, p. 218-219. — (3) De Longpérier, *Musée Napoléon III*, pl. X, XI; Cesnola-Stern, *Cypern*, t. XIX; *Rev. Archéol.*, XVIII (1877) pl. I; Cesnola-Stern, t. LXVI, I.

trouvés dans les nécropoles sardes. Et alors on arrive à ce singulier résultat que, depuis la fin du sixième jusqu'au troisième siècle (1), les Grecs couvraient Carthage et ses colonies de leurs produits d'art industriel et qu'ils imprimaient constamment à ces produits un style étranger. C'est un résultat trop contraire aux données politiques et historiques du temps pour pouvoir être pris en sérieuse considération.

Ce qui fait supposer à Brunn que ces vases d'argent sont un travail grec, c'est qu'il a remarqué dans la représentation des figures une liberté de mouvement qui, selon lui, est en opposition formelle avec le caractère de l'art oriental. Mais juger l'art de tous les peuples de l'Orient d'après la même mesure, c'est commettre une erreur qui a déjà troublé bien des recherches archéologiques. L'art phénicien n'est pas dû aux mêmes causes efficientes que l'art égyptien et assyrien. Dans la vallée du Nil et en Mésopotamie un régime centralisateur despotique et la raideur immobile de l'état social contribuèrent à développer un style rigoureusement conventionnel. Chez les Phéniciens, au contraire, la vie des villes si riche en vicissitudes et en catastrophes de toute sorte, la navigation qui a reculé les limites de l'horizon, les diverses relations commerciales, enfin toutes les conditions de la civilisation déterminèrent un mouvement plus indépendant et plus libre dans l'art. Par conséquent si les types égyptiens et assyriens de ces vases d'argent portent l'empreinte de cette liberté, ce n'est pas un élément grec,

(1) Unger prétend (*Rhein. Museum*, XXXVII (1882), p. 165-172) que les Carthaginois ne s'établirent définitivement en Sardaigne qu'entre les années 383 et 379 avant J.-C.; mais cette opinion est réfutée par le contenu même des nécropoles carthaginoises de l'île. L'occupation a dû avoir lieu dans les dernières années du sixième siècle au plus tard. Il suffit de rappeler à ce propos que, dans la nécropole de Tharros, on a trouvé plusieurs alabastra corinthiens, ornés de figures d'animaux (collection Spano de Oristano) et trois vases à figures noires insuffisamment publiés et décrits par Crespi (*Catalogo Chessa*, Tav. D, I, 2 p. 62-69); l'Institut archéol. en possède des dessins exacts. Le style des spécimens corinthiens paraît un peu mou, mais il ne dépasse certainement pas la fin du sixième siècle. Celui des vases à figures noires rappelle la première moitié du cinquième.

mais purement phénicien. Nous ne voyons donc aucune raison de modifier l'opinion que nous avons formulée il y a une dizaine d'années (1) sur ces vases et sur d'autres produits similaires.

Tous ces objets ont été fabriqués dans des ateliers phéniciens. Le style mixte égypto-assyrien qui les distingue ne régnait pas seulement chez les Phéniciens orientaux, mais aussi (les trouvailles faites en Sardaigne le prouvent) chez ceux de l'Occident, notamment à Carthage et dans ses colonies (2). Les quelques monuments de ce genre qu'on rencontre à l'Est du bassin méditerranéen viennent des Phéniciens qui s'étaient établis sur la côte de Chanaan ou dans l'île de Chypre. Quant à ceux qu'on a mis au jour en Italie, il est possible, sinon probable, qu'ils aient été fabriqués à Carthage ou dans ses colonies et transportés ensuite de là en Italie. C'est une hypothèse très plausible pour deux coupes d'argent trouvées dans une tombe de Préneste; elle est confirmée par l'inscription d'un caractère carthaginois gravée sur l'une de ces coupes, et par cette particularité que les singes figurés sur l'autre appartiennent à l'espèce dont nous avons parlé plus haut.

Que les Phéniciens soient entrés de très bonne heure en relations avec les Étrusques et avec les habitants du Latium, c'est un fait constaté et par plusieurs témoignages écrits et par les monuments. Il est même démontré qu'ils trafiquèrent avec les Étrusques plus tôt qu'avec les Grecs ; c'est par leur intermédiaire que les influences transmarines pénétrèrent dans l'Étrurie méridionale. Le nom sémitique d'Agylla, c'est-à-dire

---

(1) *Ann. dell' Inst.* 1876, p. 197 et suiv.

(2) Nous avons indiqué dans les *Ann. dell' Inst.* 1876, p. 215-219 les quelques points de contact entre les monuments de la Phénicie orientale et ceux de la Phénicie occidentale. Le nombre s'en est accru depuis les dernières découvertes de Chypre. C'est ainsi qu'une boucle d'oreille trouvée dans cette ile (Cesnola-Stern, *Cypern*, t. LIX, 4, p. 417) se rencontre aussi souvent dans les tombes carthaginoises de Sardaigne (Crespi, *Catalogo Chessa*, Tav. II, 15). Il en est de même de certaines représentations sur les scarabées. Comp. Cesnola-Stern, t. LXXIX, 1, LXXX, 15, 17, LXXXI, 25; et Della Marmora, *Sopra alcune antichità Sarde*, Tav. A, 2, 37, 59

ville ronde, que les Grecs donnèrent à Caeré fut emprunté aux Phéniciens qui en avaient visité les côtes avant eux (1). Nous avons déjà mentionné les traces que les relations avec les Phéniciens ont laissées dans les *tombe a pozzo*, formant la partie la plus ancienne de la nécropole de Tarquinies (2). De même, dans les plus anciennes *tombe a fossa* qui, dans cette nécropole, ont succédé immédiatement aux *tombe a pozzo*, on a trouvé des scarabées en smalt verdâtre, dont la décoration d'un style non égyptien mais seulement égyptisant indique une origine phénicienne (3). Les vases d'argile peints d'une fabrication grecque incontestable n'apparaissent que dans les tombes les plus récentes de cette catégorie (4). Le commerce grec semble depuis cette époque progresser pendant quelque temps. Puis vient de nouveau une période où l'importation phénicienne prend un nouvel essor; cette période qu'on peut placer sûrement au sixième

---

(1) Olshausen, *Rheinisches Museum*, VIII (1853), p. 333-334.
(2) Voir plus haut pages 27-31.
(3) *Bull. dell' Inst.* 1881, p. 40, 1882, p. 333-174, n° 15-18; *Not. d. scavi* 1882 p. 194. On trouve également dans ces tombeaux des parures en verre et en smalt, semblables à celles mentionnées, p. 31 (*Bull.* 1883, p. 122-123).
(4) On n'a trouvé deux vases peints que dans une seule *tomba a pozzo* de la nécropole de Tarquinies; leur panse en forme de boule est ornée de raies rouges; sur l'un d'eux on remarque, en outre, des ornements de forme quadrangulaire (*Mon. dell' Inst.* XI. T. LIX 18, 28; *Ann.* 1883, p. 287-288; *Bullet.* 1883, p. 114, 117). On a retiré tout récemment un vase analogue d'une *tomba a pozzo* de la nécropole de Visentium (Capodimonte sur le lac Bolsena. *Bull. dell' Inst.* 1886, p. 34, n° 7). Dans les *tombe a fossa* qui ont succédé aux *tombe a pozzo*, il y a des vases d'argile décorés de peintures représentant des raies, des ornements géométriques et des oiseaux aquatiques (*Mon. dell' Ins.* X. T. X^c 1-10, T. X^d 21-23^b). Mais on ne peut déterminer l'origine d'aucun de ces vases. Les vases d'argile de fabrication sûrement grecque n'apparaissent que dans les *tombe a fossa* les plus récentes dont le contenu ressemble déjà à celui des *tombe a camera*. Ce sont notamment des vases dont la décoration sur fond blanchâtre ou jaunâtre consiste en bandes horizontales et parallèles tirant sur le noir ou sur le brun (Comp. Helbig, *Die Italiker in der Poebene*, p. 84-86 et le sixième chap. du présent ouvrage). On rencontre, en outre, des vases corinthiens dans quelques tombeaux de cette espèce. (*Ann. dell' Inst.* 1884, p. 116; *Bull.* 1885 p. 121; II, 4-6, p. 122; IV, 3, V, 7, p. 125; XIII, p. 127; XVI, p. 212, 216.)

siècle avant J.-C. (1) est représentée par les objets renfermés dans le tombeau découvert (2) par Regulini et par Galassi près Cæré ainsi que dans la *grotta d'Iside* près Vulci (3). On ne sait pas au juste, il est vrai, si les Phéniciens qui nouèrent les premières relations avec les Étrusques étaient des Carthaginois. Mais, en supposant même que ces relations eussent été nouées au début par d'autres Phéniciens, il est certain que les Carthaginois y prirent une part très active dès le milieu du sixième siècle. Les Carthaginois comme les Étrusques étaient alors également intéressés à mettre un terme aux progrès de la colonisation grecque. C'est ainsi qu'en 537 les flottes réunies des deux peuples combattaient, dans les eaux de la Corse, contre les Phocéens qui avaient essayé de s'établir à Alalia. Par conséquent il semble que les traités d'alliance et de commerce entre les Carthaginois et les Étrusques, mentionnés par Aristote (4), se rapportent principalement à cette époque. En tout cas, il est hors de doute que les importations phéniciennes en Étrurie augmentent au sixième siècle, au détriment des importations grecques, et que ce fait coïncide avec le rapprochement politique qui s'opéra précisément à cette époque entre les Carthaginois et les Étrusques.

Cet état de choses semble avoir réagi également sur le Latium (5). Polybe place le plus ancien traité de commerce entre Carthage et Rome en 509 avant J.-C. (6). Ce n'est pas ici le lieu de discuter cette date, comme on l'a déjà fait maintes fois. Il nous suffira de faire remarquer que les résultats des fouilles concordent on ne peut mieux avec les données de Polybe. Une série de tombeaux de Préneste, qui par leur contenu ont beau-

---

(1) V. *Ann. dell' Inst.* 1876, p. 226 et suiv. Comp. le ch. VI du présent ouvrage.
(2) Grifi, *Monum. di Cere antica*, Rome 1841. *Museo, Gregoriano*, I, t. XI, XV-XX, LXII-LXVII, LXV-LXVII, LXXXII-LXXXV.
(3) Micali, *Mon. ined.*, t. IV, V, 1-2, 6-8.
(4) *Pol.* III, 9 (II p. 1280 Bekker) εἰσὶ γοῦν αὐτοῖς συνθῆκαι περὶ τῶν εἰσαγωγίμων καὶ σύμβολα περὶ τοῦ μὴ ἀδικεῖν καὶ γραφαὶ περὶ συμμαχίας.
(5) *Rhein. Museum*, XXXVIII (1883), p. 540-546.
(6) III, 22.

coup d'analogie avec celui de Regulini et de Galassi et datent par conséquent du sixième siècle (1), prouve qu'à cette époque le marché du Latium, comme celui de l'Étrurie, était littéralement inondé d'articles phéniciens. Dans un de ces tombeaux, on a trouvé la coupe d'argent citée plus haut, ornée d'une inscription que M. Renan considère comme carthaginoise (2). Mais, lors même que ce savant se tromperait sur ce point, il n'en serait pas moins vrai que, vu la situation, il était dans l'intérêt de l'avant-garde des Phéniciens occidentaux de régler leurs rapports avec le Latium par la voie des traités.

Il y a encore trop de lacunes dans la statistique monumentale pour qu'on puisse apprécier les transactions commerciales du Latium au cinquième et au quatrième siècle avant J.-C., mais cette statistique démontre d'une manière frappante que les importations phéniciennes en Étrurie subirent une diminution considérable dès la fin du sixième siècle. Les tombes étrusques appartenant à cette période et aux deux siècles suivants renferment, outre les objets de fabrication locale, presque exclusivement des produits de l'industrie grecque, parmi lesquels un grand nombre de vases d'argile attiques avec peintures; l'on y trouve très peu de produits phéniciens. Dans les tombes du cinquième siècle, on rencontre parfois des anneaux d'or en forme d'étrier dont les ornements gravés rappellent le style assyrien (3) et des scarabées en jaspe vert avec une décoration de style égyptisant (4). Comme ces deux genres d'antiquités sont très fréquents dans les nécro-

---

(1) *Mon. Ann. Bull. dell' Inst.* 1855, p. XLV-XLVII; *Archæologia*, 41, I (Londres 1867), pl. V, 1, 2; VI, 1; VII-XIII, p. 199-206. *Mon. dell' Inst.* VIII, t. XXVI-XXXIII; Ann. 1876, p. 248-254; *Mon.* XI, t. II, Ann. 1879. Tav. d'agg. C, p. 5-18.
(2) Voir plus haut page 34 note 14.
(3) Micali, *Storia*, t. XLVI, 19, 21-23 (cf. vol. III p. 76); *Monum. ined.*, t. LIV, 12; *Bull. dell. Inst.* 1882, p. 36 et 66.
(4) *Bull. dell' Inst.* 1878, p. 83-84, 1880, p. 43-44. Voy. aussi *Bull.* 1878, p. 68, 1881, p. 91-92, 95-97.

poles carthaginoises de la Sardaigne (1), nous sommes en droit d'en conclure que les spécimens trouvés en Étrurie y ont été importés de Carthage ou de ses colonies. De plus il est très probable que les petits flacons à huile en albâtre dont on peut constater l'usage en Étrurie depuis le sixième siècle jusqu'à la période impériale, proviennent, tout au moins en partie, des fameuses fabriques de parfums phéniciennes (2). Enfin on arrivera peut-être avec le temps à distinguer certains objets en verre comme des produits de fabrication phénicienne.

Mais tous les produits d'art industriel dont il vient d'être parlé appartiennent à une époque relativement récente; les plus anciens remontent tout au plus au septième siècle. On est donc tout naturellement amené à se demander s'il n'existe pas de monuments plus anciens qui nous renseigneraient sur l'industrie d'art phénicienne à une époque voisine d'Homère.

Nous aurons donc à examiner avant tout les ouvrages en métal qui ont été découverts dans les tombeaux à fossé de l'acropole de Mycènes et qui, par suite, sont antérieurs à l'invasion des Doriens dans le Péloponèse (3). Une des pièces de cette provenance les plus remarquables au point de vue artistique est une tête de taureau avec des cornes d'or et une rosette d'or au front (4). Newton (5) et Lenormant (6) ont déjà fait remarquer que les peintures murales d'un tombeau appartenant à l'époque du roi Thoutmès III (d'après Lepsius 1591-15 (7) 65 avant J.-C.)

---

(1) Crespi, *Catologo Chessa*, t. A. 15, p. 22, n° 4°. *Bull. dell' Inst.* 1882, p. 66-67. On sait que les scarabées en jaspe vert de style égyptisant sont les objets qu'on rencontre le plus souvent dans ces nécropoles.
(2) Dans les nécropoles des villes de la Phénicie, on trouve des flacons de ce genre qui offrent une grande analogie avec ceux de provenance italique (Perrot et Chipiez, *Histoire de l'Art*, III, p. 197, 198).
(3) Voir le chapitre V du présent ouvrage.
(4) Schliemann, *Mykenæ*, p. 250, 251, fig. 327, 328. — (5) *Essays on art and archæology*, p. 293.
(6) *Les antiquités de la Troade*, t. II, p. 23.
(7) Hoskins, *Travels in Ethiopia*, pl. 47, p. 331. Comp. p. 32, note 2.

W. HELBIG

L'ÉPOPÉE HOMÉRIQUE

EXPLIQUÉE PAR LES MONUMENTS

TRADUCTION FRANÇAISE DE

M. FL. TRAWINSKI
LAURÉAT DE L'INSTITUT

AVEC UNE INTRODUCTION

PAR

M. MAXIME COLLIGNON
MEMBRE DE L'INSTITUT

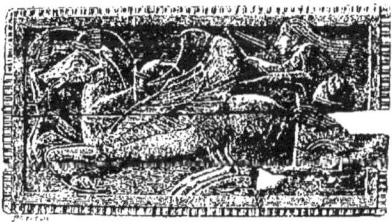

PARIS
LIBRAIRIE DE FIRMIN-DIDOT ET Cie
IMPRIMEURS DE L'INSTITUT, RUE JACOB, 56

L'ÉPOPÉE HOMÉRIQUE

représentent un objet tout à fait semblable parmi ceux qui sont apportés en tribut par les Kefa, c'est-à-dire par les Phéniciens (1). On retrouve quelque chose d'analogue dans une statue-portrait d'homme, découverte dans l'île de Chypre, tenant de la main gauche une tête de taureau (2). Nous pouvons donc en conclure que l'ouvrage en argent de Mycènes provient d'une fabrique phénicienne. Les formes en sont libres de toute convention ; elles trahissent un sentiment délicat de la nature, à ce point qu'un connaisseur très distingué de l'art grec (3) n'hésita point à y reconnaître un travail grec du troisième siècle avant J.-C.

Fig. 4. — Déesse à la colombe de Mycènes.

Dans un autre tombeau de Mycènes, on a trouvé deux figures en or faites au repoussé représentant une déesse nue (fig. 4). Toutes deux ont une colombe sur la tête ; l'une d'elles a, en outre, une colombe sur chaque épaule (4). Milchhœfer (5) et Lenormant (6) ont, indépendamment l'un de l'autre, émis l'avis que ces deux figures représentaient Astarté, et ils ne se sont pas trompés. Le culte d'Astarté était commun presque à toutes les races sémitiques. Cependant il est très probable que nous sommes là en présence d'une divinité phénicienne ; car cinq plaques absolument identiques, qu'on a trouvées dans deux de ces tombeaux, représentent un édifice entouré de colombes (7)

---

(1) Brugsch, *Geschichte Ægyptens*, p. 208-211.
(2) Döll, *Sammlung Cesnola*, t. VI 5 n° 124 ; Cesnola-Stern, *Cypern*, t. XXXVI. — (3) Stephani, *Compte rendu*, 1877, p. 37.
(4) Schliemann, *Mykenä*, p. 209 ; Milchhœfer, *Die Anfänge der Kunst in Griechenland*, p. 8.
(5) *Mittheil. des deutschen archæol. Instit. in Athen*, II (1877), p. 271
(6) *Gaz. archéol.* IV (1878), p. 78-81.
(7) Deux de ces plaques ont été trouvées dans le troisième tombeau, les trois autres dans le quatrième (Schliemann, *Mykenä*, p. 306) ; Milchhœfer, *die Museen Athens*, p. 91ᵇ et *Die Anfænge* p. 8, n° 2 et 95ᵃ).

L'INDUSTRIE D'ART PHÉNICIENNE.

qui rappelle le temple d'Aphrodite de Paphos (1) connu surtout par les monnaies cypriotes. Dans ces deux figures

Fig. 5. — Coupe d'Idalion.

le corps de la déesse est modelé avec molesse, et dans l'une comme dans l'autre, les profils des têtes, quoique dissem-

(1) Millin, *Gal. mythol.* pl. XLIII, 171-173; Gerhard, *Ges. akad Abhandl.*, t. XLI; Perrot et Chipiez, III, p.120. — Voy. aussi *Gaz. arch.* IV (1878), p. 81, n°s 1 et 2.

blables, ont un caractère très individuel C'est tout au plus si l'on peut reconnaître une tendance au style conventionnel dans la manière de traiter les parties sexuelles. De même les colombes qui entourent le temple sont traitées avec un laisser-aller qui est en contradiction avec le type en quelque sorte héraldique d'animaux, tel que l'a imaginé l'art mûr de l'Égypte et de la Mésopotamie. Par conséquent, si cette tête de taureau d'argent et ces feuilles d'or sont, comme c'est probable, des produits de fabrication phénicienne, il en résulte que l'art phénicien avait des tendances naturalistes à l'époque antérieure à la migration dorienne.

Fig. 6. — Figure de guerrier trouvée à Tortosa.

A cette catégorie appartient encore une coupe de bronze, trouvée dans une tombe phénicienne près d'Idalion, dans l'île de Chypre (fig. 5) (1). La danse qui y est représentée n'est pas d'une exécution très soignée; mais ces formes arrondies, cette composition

(1) *Rev. archéol.* XXIV (1872) pl. XXIV; Cesnola-Stern, *Cypern*, t. IX, p. 74; Perrot et Chipiez, III, p. 673, n° 482 d'où notre fig. 5; Holwerda, *Die alten Kyprier in Kunst und Kultur*, t. VII, 20, p. 31-36.

mouvementée et ce caractère bien individuel de chacune de ces figures n'ont rien de commun avec les coupes d'argent du style mixte égypto-assyrien. Cette coupe de bronze révèle des tendances naturalistes très accusées. Elle remonte d'ailleurs à une très haute antiquité : ce qui le prouve c'est que ce tombeau renfermait en outre une pointe de lance et une hache de bronze ainsi que des vases d'argile à ornementation géométrique qui comptent parmi les plus anciens produits cypriotes de cette catégorie (1). Citons enfin deux figurines de guerriers en bronze, trouvées en Phénicie et qui, si l'on en juge par la manière défectueuse dont elles sont fondues, appartiennent à une période très ancienne de la métallurgie phénicienne. L'une (2) qu'on dit avoir été trouvée à Tortosa (Antarados), trahit des aspirations complètement naturalistes (fig. 6). L'autre (3), provenant de Latakieh, se distingue par un caractère très personnel des traits de sa figure; mais dans les rotules des genoux et dans les muscles des mollets on sent déjà une certaine recherche de style conventionnel, d'après des modèles assyriens, à ce qu'il semble. Une remarque de Longpérier permet de déterminer l'âge de cette statuette : la coupe de ses cheveux, dit cet archéologue, rappelle celle des Sémites représentés sur les monuments égyptiens de la treizième dynastie. Une troisième figure de bronze, trouvée en Phénicie, représentant un joueur de lyre, dénote également des tendances franchement naturalistes (4).

Comment les origines de l'art grec se rattachent-elles à tout cela? Sachant que les ancêtres des Hellènes tenaient en très

---

(1) Cesnola-Stern, p. 74, pl. VII.
(2) De Longpérier, musée Napoléon III, pl. XXI, 1 ; Perrot et Chipiez *Histoire de l'art*, III, p. 405, n° 277, reproduit ci-contre fig. 6.
(3) De Longpérier, pl. XXI, 2. — Perrot et Chipiez III, p. 430. n° 304.
(4) Perrot et Chipiez, *Histoire de l'art*, III, p. 406 n° 278. Nous n'osons ranger dans cette catégorie une coupe de bronze, trouvée dans l'Alpheios et pourvue d'une inscription araméenne (Perrot et Chipiez, III, p. 783, n° 550) : certains détails de style et peut-être l'inscription elle-même indiquent qu'elle date d'une époque plus récente.

haute estime les produits d'art phéniciens (1), nous pouvons admettre que dans la plus haute antiquité, les Grecs ont imité les Phéniciens dans leurs productions artistiques. Mais au milieu des vestiges de cette période, on chercherait vainement un motif quelconque qui rappelât le style égypto-assyrien. Bien plutôt tous les monuments de cette catégorie portent l'empreinte d'un art naturaliste très prononcé.

Il est communément admis que l'ornementation figurée des vases du Dipylon d'Athènes (2) est le spécimen grec le plus ancien de cette espèce. Aucun des savants qui ont étudié ces vases n'a songé à les rattacher au type égypto-assyrien. Les recherches les plus approfondies tendent à prouver, au contraire, que ces produits ont été façonnés par les ancêtres des Hellènes d'origine indo-européenne, ou par les Hellènes eux-mêmes; avant que ceux-ci aient subi l'influence de l'art asiatique. La première opinion n'a pas été maintenue par le savant lui-même qui l'avait mise en avant (3); nous n'avons donc pas à nous en occuper ici. Mais il est nécessaire de dire quelques mots de l'autre, celle d'après laquelle l'ornementation serait une œuvre purement grecque. Il est inutile de relever le contre-sens historique de cette opinion que les peintures de vases se chargent elles-mêmes de réfuter. Un des spécimens les plus anciens des vases du Dipylon est un vase colossal dont les peintures représentent un cortège funèbre (4). Le défunt repose sur un char traîné par deux chevaux; devant les chevaux se tiennent des hommes ceints d'un glaive, derrière le char dix femmes en pleurs levant les bras et posant les mains sur la tête. Cinq femmes semblables se voient dans une bordure à côté de la tête des chevaux. Le peintre a représenté ces femmes nues et a fait singulièrement ressortir leur poitrine (fig. 7). Cette représentation ne saurait être le résultat des impressions de la vie grecque. L'expérience nous apprend que tout art qui se développe par lui-même sans aucune influence étran-

(1) Voir pages 22-23. — (2) *Monum. dell' Inst.* IX, t. XXXIX, XL; *Ann.* 1872, p. 131-181. Comp. notre chap. V. — (3) *Ann. dell' Inst.* 1877, p. 395.
(4) *Monum. dell' Inst.*, IX, t. XXXIX, 1, XL; *Ann.* 1872, p. 142-144.

gère s'efforce de reproduire fidèlement la vérité. Or nul n'oserait affirmer qu'à l'époque où ces vases ont été fabriqués les femmes grecques allaient nues, ou que le rite des funérailles exigeait une pareille mise en scène. On sent là l'influence d'un art étranger qui parfois représentait les femmes nues, et l'on pense aussitôt aux statuettes semblables trouvées dans les tombes de Mycènes, notam-

Fig. 7. — Peintures d'un vase du Dipylon.

ment à celles d'Astarté (1). Et l'analogie ne se borne nullement à la nudité ; elle s'étend à des particularités essentielles dans la manière de représenter le corps. Dans les statuettes d'Astarté, comme dans les figures peintes des vases du Dipylon, l'angle du visage est très aigu ; ici comme là, les jambes et la tête sont rendues de profil, la poitrine et le ventre de face ; les jambes sont parallèles l'une à l'autre, les pieds supportent également tous deux le poids du corps. Si nous admettons que le type des statuettes d'Astarté a servi de base à l'ornementation figurée des

(1) Voyez page 42.

vases, nous sommes obligés de convenir que c'est là une phase toute naturelle de l'évolution artistique.

Il faut donc distinguer dans l'histoire de l'art phénicien deux périodes bien différentes. Dans la plus ancienne règne le naturalisme. Les Phéniciens ont-ils créé eux-mêmes cet art naturaliste, ou bien ont-ils subi en cela l'influence de l'Égypte et de la Chaldée, pays où l'art commença par une imitation aussi fidèle que possible de la nature (1), c'est une question qu'il est difficile de résoudre et dont la solution est d'ailleurs indifférente pour notre étude. Cette phase primitive de l'art phénicien a inspiré les premiers essais plastiques des Grecs. Depuis ce temps, un style tout conventionnel s'était développé en Égypte et en Mésopotamie. Les Phéniciens qui avaient des relations politiques et commerciales très suivies avec ces deux pays, ne pouvaient guère se soustraire à leur influence artistique et ne tardèrent pas à emprunter divers éléments à l'art typique des Égyptiens et des Assyriens. A quel moment commence cette seconde période de l'art phénicien, c'est ce qu'on ne saurait préciser. Cependant les artistes de Tyr qui, vers la fin du onzième siècle avant J.-C. travaillaient à la construction et à la décoration du temple de Salomon, employaient déjà des figures comme les Chérubins (2) qui étaient d'un usage courant dans l'art mésopotamique. Seulement nous ne savons pas s'il s'agit là d'un emprunt ou d'une propriété commune aux différentes tribus sémitiques. Si nous connaissions le style de ces figures, le problème serait résolu ; nous n'en possédons que la description qui nous laisse dans l'incertitude. Toutefois il est probable que l'art phénicien de cette époque a déjà subi des influences venant de la vallée du Nil; car le plan fondamental du temple de Salomon était analogue à celui des temples égyptiens (3) et les chapiteaux du vesti-

---

(1) Perrot et Chipiez, *Hist. de l'art*, I, p. 86, 633. II. p. 586 et suiv. 594; Heuzey, *Les figurines antiques de terre cuite du Louvre*. pl. 2, p. 2.

(2) I. *Les Rois*, 6, 23-29, 32, 35. 7, 29, 36 II. Chron. 3, 10-13; Comp. *Ann. dell' Inst.* 1876, p. 208-209. — (3) De Saulcy, *l'Art judaïque*, p. 196 et suiv. de Vogüé, *Le temple de Jérusalem*, p. 27 et suiv.

bule, terminés en fleur de lotus et ornés à la partie renflée de réseaux et d'un cordon de grenades (1) rappellent le type égyptien (2). En tous cas, les vases d'argent souvent cités et les antiquités carthaginoises trouvées dans l'île de Sardaigne démontrent que l'art mêlé d'éléments égyptiens et assyriens a pris une grande extension tout au moins depuis le sixième siècle avant J.-C. et s'est répandu non seulement chez les Phéniciens de l'Est, mais aussi chez ceux de l'Ouest. Néanmoins les Phéniciens ne perdent nullement pour cela leur individualité qui éclate souvent dans les mo-

(1) *Les Rois*, 1, 7, 15, 20, 22, 41, 42, II *chron*. 3, 15, 17; 4, 12, 13.
(2) De Vogüé, p. 29 et suiv. pl. XIV.

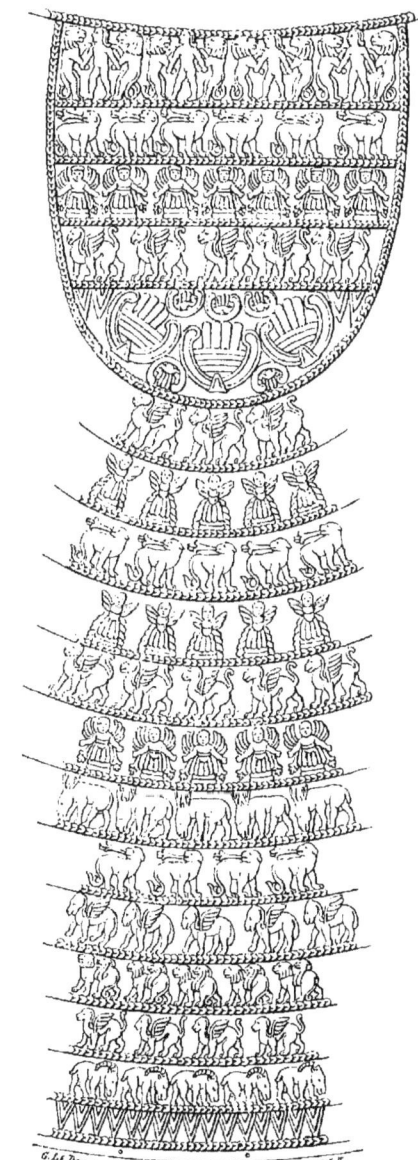

Fig. 8. — Fragment de pectoral en or. (Extr. de *l'Art Étrusque* de J. Martha, p. 111, fig. 103.)

numents à côté des preuves évidentes de l'influence étrangère. La coupe d'argent d'Amathus (1) nous fournit une preuve éclatante de la coexistence des deux manières : si le siège représenté sur la zone extérieure nous frappe par son allure libre et mouvementée, les divinités et les sphinx ailés des deux zones intérieures ont, au contraire, toute la rigidité des personnages égyptiens et assyriens. Parfois cette liberté d'allures prédomine; c'est le cas de certains ouvrages en métal qu'on a trouvés en grand nombre dans le fameux tombeau de Caeré (2), et parmi lesquels nous nous contenterons de signaler les parures d'or, telles qu'un pectoral (fig. 8) deux bracelets (3) et une immense fibule (4). Les figures d'hommes et d'animaux qu'on y voit sont traitées avec un grand laisser-aller. Les tombeaux de Préneste (5) qui appartiennent à la même catégorie que celui de Caeré nous offrent à la fois des spécimens de cet art libre et de l'art mixte. A notre sens, les objets dont la décoration porte l'empreinte de cette liberté sont de provenance phénicienne; Langbehn (6), au contraire, a essayé, dans ces derniers temps, de les attribuer aux Doriens d'Asie Mineure. Mais cette question est en dehors des cadres du présent ouvrage: elle aura sa place dans le deuxième volume de nos *Contributions à l'histoire de l'art et de la civilisation de l'antique Italie*. Peu importe que les monuments de cette espèce soient d'origine grecque ou phénicienne : ils remontent au sixième siècle avant notre ère, et cela seul suffit pour qu'on les examine quand on étudie la civilisation à l'époque d'Homère.

---

(1) *Rev. Arch.* XXXI (1876), pl. 1; Cesnola Stern, *Cypern*, t. LI. Comp. notre pl. 1.
(2) Voy. p. 39, note 2 ; Griff. *Monum. di Cere*, t. I; *Mus. Gregorian.*, I. t. LXXII-III.
(3) Griff, t. III; 4. *Mus. Greg.* I. t. LXXVI. — (4) Griff, t. II; *Mus. Greg.* I. t. LXXXIV-V. Montelius (*Spännen fran Bronsaldern*, p. 145, 147, fig. 148) a reconnu que cette pièce était une fibule. Voy. *Ann. dell' Inst.*, 1885, p. 30.
(5) *Monum. dell' Inst.* X, t. XXXI^a 5 et XI, t. II 9, 9ª.
(6) *Flügelgestalten der ältesten griechischen Kunst*, p. 79, 96 et suiv.

Pl. I. — Coupe d'argent phénicienne.

CHAPITRE III.

L'ART ARCHAÏQUE DE LA GRÈCE ET DE L'ITALIE.

Nous pouvons donc admettre que l'art grec a commencé par l'imitation des produits industriels de l'Orient et que, dans la première phase de son développement, il a subi les influences orientales les plus variées. Le moment précis où l'esprit national s'est manifesté énergiquement, imprimant un cachet original aux productions artistiques, est difficile à déterminer. Il y eut, tout porte à le croire, dans ce procès de transformation, bien des transitions imperceptibles, et l'art grec ne s'est dépouillé que lentement de ses modèles orientaux (1). On sait, il est vrai, que dès le septième siècle, les Grecs transformaient d'une manière originale certains types étrangers (2); il n'en est pas moins vrai que le fond asiatique est parfaitement reconnaissable pendant les septième, sixième et même une partie du cinquième siècle; c'est ainsi, par exemple, que le toupet de cheveux oriental, le *krobylos*, s'est conservé dans l'Attique presque jusqu'à Périclès (3). Les éléments barbares ne se

---

(1) Löscheke, *Arch. Zeit.* 1881, p. 46-52.
(2) Comp. Furtwängler, Die *Bronzefunde aus Olympia*, p. 51 et suiv. et Milchhœfer, *Arch. Zeit.* 1881, p. 289.
(3) Thucydide I, 6, 2 : καὶ οἱ πρεσβύτεροι αὐτοῖς τῶν εὐδαιμόνων διὰ τὸ ἁβροδίαιτον οὐ πολὺς χρόνος ἐπειδὴ χιτῶνάς τε λινοῦς ἐπαύσαντο φοροῦντες καὶ χρυσῶν τεττίγων ἐνέρσει κρωβύλον ἀναδούμενοι τῶν ἐν τῇ κεφαλῇ τριχῶν· ἀφ᾽ οὗ καὶ Ἰώνων τοὺς πρεσβυτέρους κατὰ τὸ ξυγγενὲς ἐπὶ πολὺ αὕτη ἡ σκευὴ κατέσχεν. Nous n'approuvons pas la proposition, faite dans le *Rhein. Mus.*, de biffer τοὺς πρεσβυτέρους

CHAPITRE III.

L'ART ARCHAÏQUE DE LA GRÈCE ET DE L'ITALIE.

Nous pouvons donc admettre que l'art grec a commencé par l'imitation des produits industriels de l'Orient et que, dans la première phase de son développement, il a subi les influences orientales les plus variées. Le moment précis où l'esprit national s'est manifesté énergiquement, imprimant un cachet original aux productions artistiques, est difficile à déterminer. Il y eut, tout porte à le croire, dans ce procès de transformation, bien des transitions imperceptibles, et l'art grec ne s'est dépouillé que lentement de ses modèles orientaux (1). On sait, il est vrai, que dès le septième siècle, les Grecs transformaient d'une manière originale certains types étrangers (2); il n'en est pas moins vrai que le fond asiatique est parfaitement reconnaissable pendant les septième, sixième et même une partie du cinquième siècle; c'est ainsi, par exemple, que le toupet de cheveux oriental, le *krobylos*, s'est conservé dans l'Attique presque jusqu'à Périclès (3). Les éléments barbares ne se

---

(1) Löschcke, *Arch. Zeit.* 1881, p. 46-52.
(2) Comp. Furtwängler, Die *Bronzefunde aus Olympia*, p. 51 et suiv. et Milchhœfer, *Arch. Zeit.* 1881, p. 289.
(3) Thucydide I, 6, 2 : καὶ οἱ πρεσβύτεροι αὐτοῖς τῶν εὐδαιμόνων διὰ τὸ ἁβροδίαιτον οὐ πολὺς χρόνος ἐπειδὴ κιτῶνάς τε λινοῦς ἐπαύσαντο φοροῦντες καὶ χρυσῶν τεττίγων ἐνέρσει κρώβυλον ἀναδούμενοι τῶν εν τῇ κεφαλῇ τριχῶν · ἀφ᾽ οὗ καὶ Ἰώνων τοὺς πρεσβυτέρους κατὰ τὸ ξυγγενὲς ἐπὶ πολὺ αὕτη ἡ σκευὴ κατέσχεν. Nous n'approuvons pas la proposition, faite dans le *Rhein. Mus.*, de biffer τοὺς πρεσβυτέρους

désagrègent complètement que vers le milieu du cinquième

siècle et c'est alors que le génie hellénique trouve enfin son expression particulière et indépendante. Par conséquent, si le principe fondamental des objets d'art importés ou fabriqués par les Grecs eux-mêmes de l'époque homérique se transmet jusqu'à la période florissante de l'art grec, tous les produits de l'art grec archaïque se rattachent à notre étude, et plus un monument touche aux origines de l'Épopée, plus il devient intéressant pour nous.

Il ne faut pas oublier ici l'art italique et notamment l'art étrusque. L'art plastique des Étrusques a subi tour à tour, dans ses phases les plus anciennes, l'influence phénicienne ou

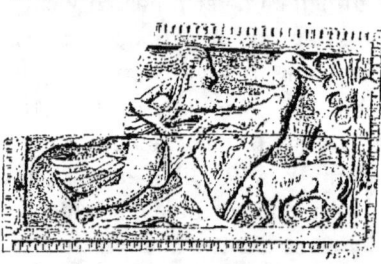

Fig. 9 à 12. — Plaques d'ivoire sculpté du Louvre. (Extr. de l'*Art Étrusque* de J. Martha, p. 306, fig. 205.)

et de lire : Ἰόνων ἐπὶ πολύ. — Voy. *Comm. in honorem Mommseni*, p. 616 et suiv. Voy. aussi Studniczka, *Beiträge zur Geschichte der altgriechischen Tracht* (Abhandl. des archæol. epigr. Seminars der Universität Wien, VI, 1), p. 18-20, 24-26.

carthaginoise (1) et hellénique, et depuis la fin du sixième siècle cette dernière presque exclusivement. Mais les Étrusques étaient très conservateurs et ne s'appropriaient qu'après un long espace de temps les innovations successives de l'art grec. Comme preuve à l'appui, il suffira de citer quelques faits caractéristiques. Il est généralement reconnu que les vases noirs à ornements en relief, dits *vasi di bucchero*, très fréquents dans les tombes étrusques, sont des produits de la céramique locale. Les plus anciens d'entre eux ont une décoration ornementale ou figurée très archaïque, où domine le caractère asiatique avec quelques motifs égyptisants (2). Cependant on a fabriqué de ces vases jusqu'au cinquième siècle, car on en trouve dans les tombeaux étrusques à côté de vases attiques à figures noires et rouges (3). Il en est de même des ouvrages en ivoire et en os qu'on attribue avec raison aux tourneurs étrusques et dont la décoration figurée dénote un style très ancien (4) (fig. 9 à 12). Enfin les figures d'animaux sculptées sur les pierres tombales avec lesquelles les habitants de Tarquinies de la première moitié du cinquième siècle fermaient les issues des tombes importantes (5), révèlent un style asiatique fort ancien.

Ces tendances conservatrices étrusques se retrouvent aussi dans le costume. Dans les plus anciens tombeaux peints de Corneto qui remontent à peu près au milieu du cinquième siècle (6), les femmes portent un costume très ancien où l'on remarque notam-

(1) Voy. la coupe à figures de Patakes : *Bull. dell' Inst.* 1879, p. 6.
(2) Les masques de femmes très fréquents dans ces tombeaux se distinguent par une coiffure d'un style égyptien.
(3) *Bull. dell' Inst.* 1880 p. 248; 1881, p. 271. Comp. *Ann.* 1884, p. 143-145.
(4) *Mon. dell' Inst.* VI, t. XLVI, 1-4 (Comp. *Annal.* 1860, p. 472). *Bull.* 1882, p. 338, 1883, p. 41-42.
(5) Stackelberg et Kestner, *Gräber von Corneto*, t. XXVII. Micali, *Storia*, t. LXVII, 7. — Semper, *Der Stil*, I, p. 435. — *Bull. dell' Inst.* 1882, p. 47. *Not. d. Scav. comm. all' acc. dei Lincei*, 1881, p. 366.
(6) Comp. Helbig, *Ueber den Pileus der alten Italiker* (Sitzungsberichte der bayer. Akad. der Wissensch. Séance de la section philosophico-philologique du 6 nov. 1880), p. 497. Note 1, et Ghirardini dans les *Not. d. scav.*, 1881, p. 366-67.

ment un haut bonnet raide. Comme nous allons le démontrer plus loin, cette coiffure venue de l'Asie, s'est répandue peu à peu dans l'ouest. Peut-être a-t-elle été introduite en Italie par les Phéniciens, les Chalcidiens ou les Phocéens (1); quoi qu'il en soit, le costume de ces tombeaux, s'il concorde avec les données de l'Épopée, est à noter pour l'étude du costume homérique.

Dans certaines contrées situées sur le versant oriental des Apennins, l'industrie et la civilisation en général se sont développées très lentement : c'est un fait qui tient évidemment à ce que l'influence grecque a été bien moins active ici que sur le versant ouest de ces montagnes (2). Rappelons à ce propos avec quelle opiniâtreté les Étrusques de la vallée du Pô, les Picentins et, plus au sud, les peuplades de l'Apulie conservèrent le goût barbare des parures d'ambre (3). L'art cultivé dans la vallée du Pô employait encore au cinquième siècle de très anciens motifs dont l'origine remonte au delà de la migration dorienne et qui, plus ou moins barbarisés, semblent venus ici des Balkans par la voie de terre (4). Parmi les nécropoles picentines, celle de Tolentinum (5) nous est le mieux connue. Les tombeaux découverts à ce jour datent, au moins en partie, du cinquième siècle, car dans quelques-uns on a trouvé des vases attiques à figures noires d'un dessin très lâché (6). Bien que ce soit une époque assez avancée, nous sommes en présence d'une civilisation bien arriérée. Dans

---

(1) Hérodote I, 163 : Οἱ δὲ Φωκαιέες αὐτοὶ ναυτιλίῃσι μακρῇσι πρῶτοι Ἑλλήνων ἐχρήσαντο, καὶ τόν τε Ἀδρίην καὶ τὴν Τυρσηνίην καὶ τὴν Ἰβηρίην καὶ τὸν Ταρτησσὸν αὐτοί εἰσι οἱ καταδέξαντες. On a trouvé à Volterra des monnaies phocéennes très anciennes : *Periodico di numism.* IV, p. 208, VI, p. 55 et suiv. Comp. Deecke dans O. Müller, *Etrusker* I, p. 382.

(2) Helbig, *Die Italiker in der Poebene*, p. 119-122.

(3) Helbig, *Osservazioni sopra il commercio dell' ambra*, p. 15-17 (Acc. de Lincei, a CCLXXIV, 1876-77).

(4) *Ann. dell' Inst.* 1884, p. 164-165.

(5) *Bull. di paletnologia ital.* V, p. 198. VI, p. 158-165. *Not. d. scavi* 1880, p. 122, 262, 373-77. *Ann. dell' Inst.* 1881, p. 214-220.

(6) *Bull. di paletn. ital.* VI. p. 164. *Ann. dell' Inst.* 1880, p. 243.

les tombeaux de guerriers, il n'y a, en fait d'armes d'attaque, que des lances; aucune trace de casques de métal, de cuirasses ni de jambières. Les boucliers devaient être en bois ou en cuir. Un seul tombeau renfermait des garnitures de fer provenant peut-être de boucliers (1). L'armement des Picentins, même au cinquième siècle, était donc bien primitif (2). Avant l'époque caractérisée par ces tombeaux, la civilisation (3) du Picenum était semblable à celle qui a produit les nécropoles de Villanova près Bologne et d'autres vestiges analogues (4). Par quelles influences elle a passé pour entrer dans la phase suivante que distingue l'emploi d'armes et d'ustensiles de fer, c'est ce qu'on ne saurait dire avec certitude. Il y a dans la statistique monumentale de la région est de la péninsule apennine, une lacune qui ne permet pas d'y suivre aisément la marche de la civilisation. C'est ainsi que l'industrie archaïque des Tarentais est pour ainsi dire inconnue; cependant on rencontre souvent leurs monnaies dans le Picenum (5), preuve que leur commerce s'étendait jusque dans cette région. Lors-

(1) *Ann. dell' Inst.* 1881, p. 217. Ce sont peut-être des garnitures des roues de voitures.
(2) Studniczka explique cette simplicité par ce fait que les hommes n'étaient pas enterrés en costume de guerre mais en costume de ville qui comportait, même dans Homère, des lances (*Zeitschr. für œsterr. Gymnas.* 1886, p. 196). Cette opinion est infirmée par les objets trouvés dans une tombe extraordinairement riche découverte récemment près San Ginesio (Picenum). Ce sont : un casque de bronze, un glaive de fer, une lance et un javelot à pointe de fer (*Notizie degli scavi.* 1886, t. I p. 39-48). L'homme enterré là avait donc tout son équipement de guerre. La richesse inaccoutumée de la sépulture fait supposer que c'était là un personnage de distinction. Il est probable que, chez les Picentins, comme chez les Germains (Tacite, *Germania* 6. *Ann.* II, 14) certains individus étaient mieux armés et équipés que la masse du peuple.
(3) *Ann. dell' Inst.* 1885, p. 62-63. De cette époque date la nécropole de Monteroberto, près Jesi (*Not. di. sc.* 1880, t. IX, p. 343-348. *Bull. di paletn. ital.* VII, p. 90-96).
(4) Gozzadini, *Di un sepulcreto etrusco scoperto presso Bologna.* Bol. 1854. Voy. notre chap. VI.
(5) *Bull. dell' Inst.* 1882, p. 84, note 1.

qu'on aura exploré la partie la plus ancienne de la nécropole de Tarente, peut-être verra-t-on que certaines armes et ustensiles des tombeaux de Tolentinum proviennent de Tarente ou bien ont été fabriqués par des ouvriers picentins d'après des modèles tarentais. Quoi qu'il en soit, il est possible que ces tombeaux nous fassent connaître des types grecs très anciens. Il sera donc utile d'examiner les objets qu'ils renferment chaque fois que ces objets auront quelques rapports avec les descriptions de l'Épopée.

Il en est de même des vestiges trouvés dans les régions hautes de l'Apennin, tels que les tombeaux d'Alfedena (Aufidena), sur le territoire des Paeligniens (1). Comme ces tombeaux ne nous sont connus que par des relations sommaires, il est difficile de déterminer exactement leur chronologie. Une seule chose est certaine, c'est qu'ils appartiennent à une époque antérieure à l'établissement de la civilisation gréco-romaine dans ces contrées. Mais, lors même qu'ils dateraient d'une époque relativement récente, du quatrième, voire du troisième siècle avant J.-C., il est probable que ces peuplades, éloignées des grandes voies de communication, ont conservé pendant plusieurs générations certains modèles qu'elles avaient reçus de bonne heure, de Tarente ou d'autres colonies grecques.

(1) *Not. di scavi*, 1877, p. 115, 276-279; 1879, p. 320-325; 1882 p. 68-82; 1885, p. 344-392.

CHAPITRE IV.

L'INDUSTRIE DU NORD.

Nous avons enfin à tenir compte des industries du Nord. La première période de l'industrie du bronze dans l'Europe centrale est née d'un courant de civilisation venu du Sud-Est (1). C'est un fait surprenant que ne confirme ni la tradition historique, ni la légende, mais qui n'en est pas moins établi par les analyses comparées de la paléoethnologie moderne. Vient ensuite une période pendant laquelle l'Europe centrale subit certains effets de la civilisation de la péninsule apennine (2). Cette influence commence à se faire sentir dès l'époque où les peuplades de l'Italie se trouvent dans la phase caractérisée par la nécropole de Villanova (3) et autres semblables, phase de beaucoup antérieure au début de la colonisation hellénique dans l'Ouest (4). Lorsque plus tard des villes helléniques s'é-

---

(1) Comp. Vorsaae, *La colonisation de la Russie et du nord scandinave et leur plus ancien état de civilisation*, dans les *Mémoires de la société des Antiquitaires du Nord*, 1872-77, p. 73 et suiv. — Montelius, *Compte rendu du 7ᵉ congrès international d'archéologie et d'anthropologie* (Stockholm 1876), I, p. 499-501. — Id. *La Suède préhistorique* (Stockholm 1874), p. 38 et suiv. — Sophus Muller, *Die nordische Bronzezeit*, Jena 1878. — Undset, *Études sur l'âge du bronze de la Hongrie*, I, Christiania, 1880.

(2) Comp. Undset, *Das erste Auftreten des Eisens in Nordeuropa*. Hambourg, 1882, où l'auteur résume tout ce qui a été écrit sur ce sujet. Voy. aussi *Bull. di paletnol. ital.* VIII (1882), p. 36-44.

(3) Voy. p. 55, note 4.

(4) Comp. sur ce sujet notre chap. VI.

tablissent sur les côtes de la Sicile et de la Campanie, elles sont aussitôt entraînées dans le courant des transactions qui reliaient la péninsule au Nord (1). Dans les plus anciens tombeaux grecs que nous connaissions en Sicile et en Italie, on rencontre une espèce de vases dont le fond jaune est orné de raies brunâtres (2). Des spécimens analogues ont été mis au jour sur le territoire bavarois (3). Dans la *Roseninsel* du lac Starnberg, on a trouvé des fragments de vases du style corinthien (4). L'hydrie de bronze bien connue trouvée à Grachwyl en Suisse (5) est un travail archaïque grec, probablement chalcidique (6). Des cistes à cordons en tôle de bronze (7), tous semblables au fond, se trouvent dans la nécropole grecque de Cymé, dans les tombeaux des Osques de Campanie, à Allifae dans le Samnium (8), à Tarente (9), dans la péninsule iapygique (10), en Apulie (11), en Étrurie, près de Vulci (12), dans le Picenum (13), dans la vallée du Pô (14) et dans différentes localités de l'Europe centrale (15). Dans la première

(1) Tous ces faits ont été exposés dans les *Ann. dell' Inst.* 1880, p. 236-255. — (2) Voy. Helbig, *Die Italiker in der Poebene.* p. 84-86. — Furtwangler, *Die Bronzefunde in Olympia*, p. 47 et 51. — (3) Lindenschmit. *Die Altertümer unserer heidn. Vorzeit*, 3° vol. — Sur les autres trouvailles analogues faites en Bavière, voir *Ann. dell' Inst.*, 1880, p. 237.

(4) *Beiträge zur Anthropologie und Vorgeschichte Bayerns.*
(5) *Arch. Zeit.* 1854. Pl. LXIII. — *Ann. dell' Inst.* 1880, p. 238, note 2.
(6) *Ann. dell' Inst.* 1880, p. 238-240.
(7) Tout ce qui a été trouvé avant 1879 a été publié dans les *Ann.* 1880, p. 240-255. Nous ne notons ici que les découvertes ultérieures.
(8) *Ann. dell' Inst.* 1884, p. 267.
(9) *Gaz. arch.* VII, p. 93.
(10) Dans la nécropole de Rugge : *Bull. dell' Inst.* 1881, p. 193-194.
(11) Dans la nécropole de Gnathia : *Gaz. ach.*, VII, p. 93.
(12) *Ann. dell' Inst.* 1885, p. 36-37, note 3.
(13) *Ann. dell' Inst.* 1881. *Bull.* 1882, p. 207-208.
(14) Notamment à Castelletto Ticino (*Not. degli scavi*, 1885, p .27) et près d'Este (*Bull.* 1882, p. 81).
(15) Tout récemment on en a trouvé quatorze exemplaires à Kurd, en Hongrie, dans la rivière Kapos ; ils étaient renfermés dans un récipient de bronze. Voy. *Die ungarische Revue*, VI. Wosinsky, *Etruskische Bronzegefässe in Kurd* (Budapest 1886. 4° fasc).

comme dans la seconde de ces périodes on imitait, dans l'Europe centrale, des modèles venus du Midi plus civilisé. Bien que ces derniers aient subi des transformations dans le cours des temps, leurs reproductions n'en sont pas moins très importantes pour l'étude qui nous occupe. Dans le bassin de la Méditerranée, les diverses phases de la civilisation se succèdent rapidement, les types industriels se transforment vite; il n'en est pas de même de l'Europe centrale où les formes d'armes et d'ustensiles, une fois adoptées, se conservent longtemps. Voilà pourquoi telles formes, transportées du bassin méditerranéen dans le Nord, se trouvent ici en plus grand nombre que dans les lieux d'origine. On est même en droit de supposer que certains types archaïques qu'on ne rencontre plus dans le Midi, se sont conservés dans l'Europe centrale. Nous pouvons donc, avec juste raison, utiliser les trouvailles du Nord comme complément des matériaux trouvés dans le Midi.

Après ce coup d'œil sur les différentes phases de la civilisation envisagées dans leurs rapports avec l'âge homérique, nous allons passer en revue les principaux centres de trouvailles dont nous aurons à tenir compte souvent au cours de notre travail. Afin de prévenir toute critique malveillante, nous devons déclarer que nous n'avons pas à recueillir ici tous les matériaux d'une histoire de l'art grec préclassique; de même, une étude approfondie de chacune de ces trouvailles dépasserait les cadres du présent ouvrage. Nous nous bornerons à examiner et, si possible, à déterminer surtout les rapports chronologiques qui peuvent exister entre les groupes d'objets trouvés dans ces centres et l'Épopée. Notre exposé gagnera ainsi en brièveté et en précision. En étudiant plus tard chaque modèle en particulier, nous n'aurons plus qu'à renvoyer le lecteur aux deux chapitres qui vont suivre.

CHAPITRE V.

LES PRINCIPAUX GROUPES D'OBJETS TROUVÉS DANS L'EST.

Les colonies primitives dont Schliemann a découvert les vestiges à Hissarlik, dans la plaine troyenne (1), sont beaucoup plus anciennes que les poèmes homériques : c'est une vérité qu'il est à peine besoin de démontrer. Pendant que, dans ces poèmes, on ne trouve aucune trace de l'époque que les paléoethnologues appellent l'âge de la pierre, on a mis au jour, dans les couches de Troie, un grand nombre d'ustensiles en pierre, tels que : haches, marteaux, ciseaux, scies et couteaux (2). On y a remarqué, par contre, l'absence de glaives et de fibules (περόνη, πόρπη, ἐνέτη), objets qui étaient communément employés du temps d'Homère ainsi que de morceaux d'ustensiles en fer, métal qui est souvent mentionné dans l'Épopée (3). L'armement de cette population consistait simplement en lances, flèches et poignards d'une exécution très primitive. Les pointes

---

(1) Schliemann, *Troianische Alterthümer*. Leipzig, 1874; *Atlas troianischer Alterthümer*, Leipzig, 1874; *Ilios*, Leipzig, 1881, p. 240-655; Troja, Leipzig 1884, p. 33-216. — Du reste, il existe des vestiges d'une civilisation semblable en dehors d'Hissarlik. Les nécropoles cypriotes notamment qui, comme celle d'Alambra. (Cesnola-Stern, *Cypern*. p. 82 et suiv.) sont antérieures à la colonisation phénicienne, témoignent d'une civilisation analogue à celle de l'époque troyenne primitive. Voy. Janitschek, *Das Repertorium für Kunstwissenschaft*, IX, 2, p. 200.

(2) Schliemann, *Ilios*, p. 270-271, 277, 279, 495-496, 634-635. — Schliemann, *Troja*.

(3) Voy. Buchholz, *Die homerischen Realien*, I, p. 355 et suiv. Voy. aussi plus loin chap. XXIV.

de lances des héros d'Homère sont plantées comme dans un tube (αὐλός) au bout de la hampe (1), tandis que les pointes en bronze d'Hissarlik, écrasées à l'extrémité inférieure étaient introduites au bout de la hampe fendu en deux (2). Le métier du tourneur devait être très connu à l'époque d'Homère, car l'Épopée le mentionne dans une comparaison (3). Au contraire, les vases d'argile troyens, sauf de rares exceptions, sont faits à la main (4). L'Épopée nous décrit des objets d'art couverts de riches ornements de toutes sortes; ceux découverts dans la Troade ont une décoration très primitive. Pour les vases d'argile notamment cette décoration se borne à des ornements linéaires en creux excessivement simples et à des essais grossiers de modelage de quelques parties du corps d'hommes et d'animaux (5). Le nombre d'objets qui révèlent des relations commerciales plus étendues est fort restreint : on ne peut citer dans cette catégorie que différents ouvrages en ivoire (6), en particulier des épingles, des poinçons, et quelques fragments qui, d'après Schliemann (7), auraient appartenu à des lyres ou à des flûtes.

Les antiquités d'Hissarlik remontent donc à une époque où le nord-ouest de l'Asie Mineure n'avait encore subi que très

---

(1) *Il.* XVII 297. Voy. plus loin ch. XXIV.
(2) Schliemann, *Ilios*, p. 530, 538, 564, 565, 566; *Troja*, p. 101, 105, 112. De semblables pointes de lances et de flèches se rencontrent également dans la nécropole d'Alambra (Cesnola-Stern, *Cypern*, pl. XI).
(3) *Il.* XVIII, 600 :

> ὡς ὅτε τις τροχὸν ἄρμενον ἐν παλάμῃσιν
> ἑζόμενος κεραμεὺς πειρήσεται, αἴ κε θέῃσιν.

(4) Schliemann, *Troja*, p. 1-6, 38 et suiv. p. 183-184, p. 216.
(5) Dumont et Chaplain, *Les Céramiques de la Grèce propre*, I, p. 9 et 12; Schliemann, *Troja*, p. 458. Les vases d'argile peint manquent dans les couches primitives (*Ilios*, p. 253, 256-257; *Troja*, p. 152-153). Les fragments avec ornements géométriques peints et sphinx ailés ont été trouvés sous les ruines de l'Ilion éolienne. (*Ilios*, p. 684; *Troja*, p. 268; Dumont et Chaplain, *Les Céramiques*, p. 9, fig. 20, 21.)
(6) Schliemann, *Troja*, p. 419 et *Ilios*, p. 840.
(7) *Ilios*, p. 473-475.

superficiellement l'influence de la civilisation qui eut la Chaldée pour point de départ et se propagea de là vers le Nord et vers l'Ouest. Elles datent sans aucun doute d'une époque antérieure à l'établissement des Eoliens sur la colline de Hissarlik, établissement, qui eut lieu au onzième ou dixième siècle et qui a formé sur les débris des stations primitives une couche facile à reconnaître (1). Les découvertes de l'île de Théra offrent à cet égard un autre criterium (2).

Sous une couche de pouzzolane rejetée par l'éruption d'un volcan aujourd'hui éteint au milieu de l'île, on a découvert les ruines de demeures construites en blocs de lave non dégrossis et là toutes sortes d'ustensiles domestiques, surtout des vases d'argile. Ces derniers, comparés aux antiquités troyennes, révèlent une civilisation beaucoup plus avancée. Les ornements en sont peints de différentes couleurs, parfois très vives. Les motifs géométriques sont déjà bien plus nombreux et plus compliqués et témoignent pour la plupart d'un juste sentiment des proportions et de la symétrie. Outre des ornements géométriques, on y remarque des feuilles, des fleurs et çà et là même des quadrupèdes et des oiseaux (3). En même temps que des vases d'argile, on a trouvé divers objets en pierre, notamment des pointes de flèches, des couteaux, des instruments à gratter, le tout en obsidienne (4); preuve certaine que les vestiges de Thera sont également antérieurs à l'époque homérique. Par contre, en fait d'ouvrages en métal, on n'y a trouvé qu'une scie en cuivre et deux petits anneaux d'or ouverts qui ont dû faire partie d'une parure de cou (5). Fouqué suppose que l'éruption volcanique qui a enseveli ces habitations a eu lieu vers l'an 2000 avant Jésus-Christ (6). Cette opinion est partagée par le professeur

---

(1) Schliemann, *Ilios*, p. 684-687; *Troja*, p. 217 et suiv.
(2) Fouqué, *Santorin et ses éruptions*, p. 92-131.
(3) Fouqué, pl. XXXIX-XLII p. 106-108, 112-114, 117, 120, 122-127. — Dumont et Chaplain, *Les Céramiques*, I, pl. I, II, p. 19-42.
(4) Fouqué, p. 98, 105, 112, 121, 124, 125, 128.
(5) Fouqué, p. 105, 121. — (6) Fouqué, p. 129.

Fritsch, un savant distingué qui a étudié avec Fouqué la constitution géologique de l'île de Santorin (1). Si cette hypothèse est exacte, les habitations de Théra et leur contenu dateraient d'avant l'an 2000 et les stations troyennes qui sont de beaucoup antérieures seraient, par conséquent, encore plus anciennes.

Il est difficile de se prononcer sur un groupe de tombeaux (2) découverts à Ialysos, dans l'île de Rhodes, tant que la relation de cette découverte n'aura pas été publiée. Nous ne sommes guère renseignés que sur les vases d'argile et les parures en pâte vitreuse (3). En ce qui concerne les vases, ils ont quelque analogie avec ceux de Théra et sont presque identiques à ceux de la citadelle de Mycènes. Chose importante à noter : dans la nécropole de Rhodes on a mis au jour deux vases, une jarre à anse (4) et une coupe-polype (5) qui manquent encore dans la couche la plus ancienne de Mycènes, formée par les tombeaux en puits et n'apparaissent que dans la couche suivante (6). Il semble en résulter que la nécropole de Ialysos, au moins en partie appartient à une phase contemporaine de celle de Mycènes qui est plus récente. Un fait qui en détermine l'époque, c'est qu'on y a trouvé un scarabée avec le nom du roi Amenophis III (7) qui régnait au seizième siècle avant Jésus-Christ. Mais le meilleur point de départ chronologique, ce sont les tombeaux en puits de Mycènes dont les antiquités se rapprochent de celles de la nécropole de Rhodes, mais sont plus riches et mieux connues (8).

(1) Lettre de F. Dümmler.
(2) *Arch. Zeit.* 1873, p. 104-105; Newton. *Essays on Art*, p. 284 et suiv.; *Gaz. Arch.* V (1879) pl. 26, 27, p. 202; Lenormant, *Les antiquités de la Troade*, II p. 34; Dumont et Chaplain, *Les Céramiques*, pl. III, p. 43-46, p. 60-61, fig. 36. — (3) *Les Céramiques*, pl. III, p. 43-46, 52-54, 60-61.
(4) *Les Céramiques*, pl. III, 9. — (5) *Ibid.* pl. III, 1. — (6) Le tombeau à coupole de Menidi édité par l'Institut arch. allem. d'Athènes, p. 48.
(7) Newton, *Essays on Art*, p. 294; *Gaz. Arch.*, V. 1879, p. 201-202.
(8) A Knossos, dans l'île de Crète, on a trouvé également des vases qui appartiennent à cette période. Mais ils sont en trop petit nombre pour

Pourtant avant d'aborder les fouilles du continent grec, nous avons encore à signaler une découverte importante faite à Camiros, dans l'île de Rhodes (1). On y a trouvé deux cavités creusées dans le rocher de la citadelle et remplies d'antiquités qui, autant qu'on en peut juger par la relation des fouilles, portent l'empreinte évidente d'un art mixte oriento-égyptien et proviennent sûrement en grande partie de fabriques phéniciennes. On est là sans doute en présence d'offrandes endommagées ou insignifiantes qu'on avait enlevées des sanctuaires pour faire place à d'autres plus belles et plus précieuses. Il est impossible de reconnaître dans aucune de ces pièces un produit grec; ces deux dépôts doivent donc dater d'une époque où les Phéniciens occupaient l'île de Rhodes. Leur domination prend fin dans la première moitié du huitième siècle à la suite de la colonisation dorienne (2). Par conséquent Löschcke a raison d'admettre que toutes ces antiquités sont antérieures à cet événement.

Mais les tombeaux découverts par Schliemann dans la citadelle de Mycènes sont plus importants au point de vue de notre étude que tout ce que nous avons mentionné jusqu'à présent (3). Tous les savants qui ont vu par eux-mêmes ces tombeaux et leur contenu sont unanimes pour reconnaître qu'ils remontent à une époque préhomérique. Nous renonçons à réfuter l'opinion de Stephani (4) qui essaie de démontrer que les tombeaux de Mycènes doivent leur origine aux peuples septentrionaux, aux Hérules peut-être qui envahirent la Grèce au troisième siècle après Jésus-Christ. Il est évident que cet archéologue qui joint

---

qu'on puisse déterminer leurs rapports avec des groupes plus importants. *Bull. de corr. hellen.* IV p. 124-127; *Rev. Arch.* 1880, pl. XXIII, p. 359-361; *Les Céramiques*, p. 64-66.

(1) Comp. Löschcke, *Mittheilungen des deutschen Institutes in Athen*, VI. p. 1-9.

(2) Comp. Movers. *Die Phönizier*, II, 2, p. 256.

(3) Schliemann, *Mykenæ*. p. 175 et suiv. — Comp. Milchhœfer, *Die Museen Athens*, p. 86-98. Là est décrit aussi le tombeau découvert par la Société archéologique grecque après les fouilles de Schliemann.

(4) *Compte-rendu* 1877, p. 31-52.

la sagacité à une science profonde a été induit là en erreur faute d'analyse. Nous n'avons pas l'intention non plus de faire ici une revue générale des objets si nombreux et si variés contenus dans ces tombeaux, ni de rechercher quels sont ceux qui viennent du Péloponèse, quels sont ceux de fabrication étrangère, et parmi ces derniers quels sont les produits phéniciens, babyloniens, phrygiens, lydiens ou cariens. Nous nous bornerons à comparer la civilisation en général qui nous est révélée par ces tombeaux à celle décrite par les poètes épiques. Cela suffira pour répondre victorieusement à tous ceux qui, sur la foi d'un examen superficiel, contestent l'origine préhomérique de ces tombeaux.

Si nous considérons d'abord le rite funéraire de Mycènes, nous verrons qu'il diffère de celui qui était en usage à l'époque d'Homère. Selon l'Épopée (1) les corps sont brûlés sur un bûcher, les ossements restants sont recueillis et renfermés dans un vase de métal. Ce vase est enterré et par-dessus on fait un tumulus. Il n'en est pas de même à Mycènes : les tombeaux consistent ici en tranchées oblongues perpendiculaires contenant des squelettes entiers. Sur un de ces squelettes (2) quelques morceaux de chair et de muscles se sont même conservés à la tête surtout, et le type du visage est encore très distinct. De la cendre est répandue sur le sol et parfois sur les squelettes; on aperçoit, en outre, des traces de feu et de fumée sur les parois des tombeaux. Schliemann (3) et Stamatakis (4) en concluent que les cadavres étaient soumis

---

(1) Voy. notamment *Il.*, VI, 418-419, XXIII 139 et suiv. 253-257, XXIV, 787-801. Od. XXIV 65-84. D'après la petite Iliade (*Epicor. græcor. fragm.* édit. Kinkel, I, p. 40), Agamemnon, furieux, n'aurait pas fait brûler le corps d'Ajax, mais l'aurait fait mettre en bière. Donc refuser l'incinération à un mort était considéré comme un déshonneur. Comp. Welcker. *Kleine Schriften*, II, p. 291-292, p. 504.

(2) Schliemann, *Mykenæ*, p. 341.

(3) Schliemann, p. 181, 192, 247, 334 338. Comp. aussi Gladstone dans la Préface, p. XLI.

(4) *Mitth. des deutsch. arch. Inst. in Athen*, III p. 277.

dans les tombeaux à un feu doux. Stamatakis (1) suppose le même procédé dans un tombeau à coupole découvert près de l'Héraion d'Argos, où l'on remarque les mêmes particularités. Mais nous ne voyons pas comment les objets faits de feuilles de métal très mince qui entourent le corps aient pu rester absolument intacts, quand on sait qu'une chaleur très modérée suffit pour les fondre. Dans ces conditions, il est bien permis de mettre en doute l'opinion de Schliemann et de supposer que ces traces de feu proviennent de sacrifices. Dans les tombeaux de Nauplie, semblables par leur contenu à ceux de Mycènes, on a trouvé à côté des squelettes, des poteries où il est facile de constater l'action du feu, ainsi que des ossements de brebis et de chèvres à demi calcinés (2). Lolling y reconnaît, avec raison, des débris de victimes et Köhler (3) se demande s'il ne convient pas d'expliquer de la même manière les mêmes particularités observées dans le tombeau de Menidi qui appartient à la même phase de civilisation. L'usage de sacrifices funéraires est démontré pour l'époque homérique. Achille, avant d'allumer le bûcher de Patrocle, abat tout à côté des taureaux et des brebis (4), couvre le défunt avec la graisse des animaux et entasse tout autour leurs corps dépecés. Construisait-on un cénotaphe, on faisait aussitôt un tumulus, et tout près de là on abattait des victimes (5). On a donc, ce me semble, le droit d'émettre l'hypothèse que les Mycéniens, après avoir enterré leurs morts, brûlaient des victimes expiatoires dans les tombeaux mêmes et répandaient de la cendre encore chaude sur les cadavres avant de les recouvrir de pierres et de terre. Cela explique tout naturellement l'état dans lequel on a trouvé ces tombeaux. L'hypothèse de l'inhumation des corps est

---

(1) *Mitth. des arch. Inst.*, III, p. 277.
(2) *Mitth. des arch. Inst. in Athen*, V, p. 154-155.
(3) *Das Kuppelgrab von Menidi*, édité par l'Inst. arch. all. d'Athènes, p. 55.
(4) *Il.* XXIII, 166-169. Comp. *Od.* XXIV 66.
(5) *Od.* i, 291; II, 222.

Coupe de bronze phénicienne.

Pl. II.

Coupe de bronze phénicienne.

d'ailleurs confirmée par les données que nous avons sur d'autres tombes analogues. Lolling, dans sa relation sur le tombeau à coupole de Menidi (1), ne dit mot de la crémation et se prononce, au contraire, catégoriquement pour l'inhumation dans sa description de la nécropole de Nauplie (2). Milchhœfer est du même avis en ce qui concerne les tombeaux de Spata (3). Ces opinions ont d'autant plus de valeur qu'elles ont été émises après les fouilles de Mycènes, lorsque l'attention était éveillée par la manière étrange dont Schliemann et Stamatakis avaient compris le rite funéraire mycénien. Enfin il importe de remarquer que, plus tard, les Grecs admettaient l'inhumation à l'époque préhomérique. Ils reconnurent les restes de Pelops (4), de Thésée (5) et d'Ariane (6) dans des squelettes que le feu n'avait point touchés (7). Apollonius de Rhodes dit aussi que les Argonautes enterraient leurs morts (8).

Le squelette mentionné plus haut sur lequel on a remarqué des morceaux de chair et de muscles (9) mérite une attention toute particulière. Plusieurs naturalistes que nous avons interrogés à ce sujet nous ont affirmé que, pour un cadavre qui a séjourné à peu près 3000 ans sous une couche de pierres et de terre, ce fait ne peut s'expliquer que par une conservation artificielle. Schliemann (10) compare avec raison l'air qu'a ce cadavre à celui d'une momie égyptienne. Il n'est nullement démontré qu'on ait eu l'usage dans l'antiquité, hors l'empire des Pharaons, d'embaumer précisément les corps. Mais nous savons que, dès les temps les plus reculés, on connaissait en Asie des pratiques au moins analogues destinées à conserver les cadavres. Les

---

(1) *Das Kuppelgrab bei Menidi*, p. 1-14. — (2) *Mitth.* V., p. 153-154, p. 155, note 1, p. 157, 162.

(3) *Mitth.*, III, p. 263.

(4) Pausan., V, 13, 4. — (5) Plutarque, *Thes.* 36. — (6) Pausan., II, 23, 8, d'Oreste (Her. I, 68).

(7) Il en est de même pour les corps de Protesilaos (Hérod. XI, 120).

(8) *Arg.* IV, 480, 1530-1534.

(9) Voy. p. 51, note 2.

(10) *Mykenæ*, p. 340.

procédés d'inhumation des Phéniciens semblent directement inspirés des Égyptiens. Dans les sarcophages de pierre et d'argile des Phéniciens orientaux et occidentaux on remarque souvent des formes qui correspondent aux cercueils en bois des momies ou qui en sont dérivées (1). Dans certains de ces sarcophages, on a trouvé des traces de toile et de cordes qui permettent de soupçonner des procédés semblables à ceux de l'embaumement (2). Le roi de Judée, Asa (944-904 avant J.-C.) paraît avoir été enterré de la même manière (3). Nous savons, en outre, que les Babyloniens avaient l'habitude de plonger leurs morts dans le miel (4) — c'est ainsi d'ailleurs qu'a été enterré Alexandre le Grand, mort à Babylone (5) — et que les Perses enduisaient les cadavres d'une couche de cire (6). Dans l'un et l'autre cas on se proposait évidemment de conserver les corps. Il est évident qu'un enduit de cire empêche la pénétration de l'air qui est un agent de décomposition. Toutefois le bain de miel devait être plus efficace, car non seulement les molécules de cire qu'il contient éloignent l'air, mais encore le sucre absorbe l'eau des tissus et dessèche le corps. Si les Scythes enduisaient de cire la dépouille de leurs rois (7), il est très probable qu'ils avaient emprunté cet usage à l'Asie. Certains témoignages écrits prouvent que les Grecs aussi employaient en pareil cas le miel et la cire. Lorsque le roi de Sparte, Agesipolis, succomba en 380, à la fièvre, dans la Chalcidique, il fut plongé dans le miel et ramené ainsi à Sparte (8). Il y a deux versions différentes sur la manière dont le roi Agésilas fut transporté d'Égypte à

---

(1) Perrot et Chipiez, *Hist. de l'Art*, III, p. 138, 177-191.
(2) De Longpérier, *Musée Napoléon* III, texte de la pl. XVII. — Renan, *Mission de Phénicie*, p. 421.
(3) II, *Chron.* 16, 14. — (4) Hérod. I, 198. — Strabon, XVI, p. 746. — Lucrèce, *De serum nat.*, III, 889. — Comp. Roscher, *Nektar und Ambrosia*, p. 56-58.
(5) Statius, *Silv.* III, 2, 118. — Comp. Curtius, *Alex.* X, 10.
(6) Hérod. I, 40. — Strabon XV, p. 735. — Cic. *Tusculan.*, I, 45.
(7) Hérodote IV, 71.
(8) Xenoph. *Hell.* V, 3, 19.

Sparte. Selon l'une il aurait été immergé dans le miel (1); d'après l'autre il aurait été, faute de miel, garni d'une couche de cire (2). Ces données ont, il est vrai, peu de valeur, dans une étude qui a pour objet la haute antiquité grecque; car il n'est pas certain si cet emploi du miel et de la cire était une vieille tradition du Péloponèse, ou s'il n'a été inventé que plus tard par les Grecs ou emprunté à l'Asie (3). A ce point de vue le mythe de Glaukos, fils de Minos et de Pasiphaë a une grande importance (4). Le jeune Glaukos tombe en jouant dans un pot de miel. Preller (5) fait justement remarquer que cette expression est dérivée de la coutume qu'on avait de déposer les cadavres dans le miel, et désigne simplement la mort. Il en résulte que les Crétois connaissaient, dès la plus haute antiquité, cet emploi funéraire du miel. Hérodote fait à ce propos un récit qu'il faut retenir (6). Le Perse Artayktes, combattant dans l'armée de Xerxès contre la Grèce, dévasta en 479, à Elæus, le tombeau et le bois sacré de Protesilaos, et fut fait prisonnier près de Sestos, par les Athéniens. Pendant que les soldats chargés de le garder faisaient frire du poisson salé ou fumé (τάριχους), il se produisit un miracle. Le poisson posé sur le feu se mit à frétiller comme si l'on venait de le prendre. Alors Artayktes dit à l'homme chargé de la friture : « Ne crains pas ce miracle, car il ne s'adresse pas à toi ; il m'annonce que Protesilaos couché à Elæus, quoique mort et bien salé (τάριχος ἐών), tient des dieux le pouvoir de nuire à son offenseur. » Le mot τάριχος appliqué à Protesilaos indique que son corps était conservé dans de la saumure ou dans tout autre liquide analogue. Le cadavre

---

(1) Diodore, XV, 93. Les Romains de l'époque impériale employaient également le miel comme antiseptique. Plin. VII, 35, XXX, 115. — Colum. XII, 10.
(2) Corn. Nep., XVII *Agesil.* 7. Plutarque, *Agesil.* 40.
(3) Cependant il convient de noter ici tout particulièrement l'observation d'Hérodote (VI, 58) d'après laquelle les pratiques usitées pour l'enterrement des rois lacédémoniens concordaient avec celles usitées chez les Barbares d'Asie. — (4) Hygin, *Fab.* 136. — Apollod. *Bibl* III, 3.
(5) *Griechische Mythol.*, II, p. 475. — (6) IX, 120.

trouvé dans le tombeau en puits de Mycènes se range tout naturellement dans cette catégorie.

Il est très probable que différents peuples eurent, indépendamment les uns des autres, l'idée d'employer certains procédés de conservation pour les corps de personnages de distinction, qui restaient longtemps exposés et dont les funérailles se faisaient avec une pompe toute particulière. Nous savons d'ailleurs que cette coutume existait chez les Guanches des îles Canaries, chez les Mexicains, les Péruviens, les habitants de Tahiti, de Formosa, du Tonkin et autres peuples (1) qui ne pouvaient avoir aucun rapport avec la civilisation du bassin méditerranéen. Cependant tout porte à croire que les Grecs des temps préhistoriques avaient emprunté aux peuples de l'Asie antérieure l'usage de conserver les cadavres. Nous en avons pour preuve les contrées où nous avons constaté cet usage. L'Argolide d'où provient le cadavre de Mycènes a subi, ce n'est pas douteux, diverses influences orientales. Elæus, où l'on vénérait la momie de Protesilaos, était situé sur l'Hellespont, tout près de l'Asie Mineure. L'île de Crète, où le souvenir de l'ancien rite était resté vivace dans le mythe de Glaukos, jouait un rôle très important dans les rapports entre l'Asie antérieure et l'Ouest. En tout cas, le mot ταρχύειν qui revient trois fois dans l'Épopée est une preuve irréfutable que les Grecs d'avant Homère connaissaient l'usage de conserver les cadavres (2).

---

(1) Zœga, *De origine et usu obeliscorum*, p. 268-269. — (2) *Il.* VII, 85 :

ὄφρα ἑ ταρχύσωσι καρηκομόωντες Ἀχαιοί

Il. XVI, 456, 674 :

ἔνθα ἑ ταρχύσουσι κασίγνητοί τε ἔται τε
τύμβῳ τε στήλῃ τε· τὸ γὰρ γέρας ἐστὶ θανόντων

Le même mot revient dans l'*Anth. pal.*, VII, 176 et 537, ainsi que dans les *Épigramm. græca ex lapidibus collecta*, éd. Kaibel, n. 549, 685 et 1083. Dans l'inscription du cénotaphe de l'*Anth. pal.*, VII, 537; le verbe ταρχύειν semble y avoir sa signification primitive. L'expression οὔνομα ταρχύσας (V. 3) a beaucoup plus de sens si on le traduit non par : « enterrant le nom », mais bien par « conservant le nom grâce à l'enterrement ».

Ce verbe signifié *enterrer* et est évidemment synonyme de ταριχεύειν, usité plus tard dans la langue et qui a le sens de *saler, préserver, sécher* et *embaumer* (1). Si cette dernière signification est, comme c'est très vraisemblable, la signification primitive, il en résulte que les Grecs de l'époque préhomérique, qui ne brûlaient point mais inhumaient les cadavres, leur faisaient subir une sorte de momification. Avec le temps, le mot indiquant la plus importante opération de l'enterrement fut appliqué à l'enterrement lui-même et conserva ce sens même après que la crémation eut remplacé l'inhumation.

Il y a d'ailleurs dans l'Épopée comme des réminiscences de procédés usités chez les ancêtres pour la conservation des corps : Hector, chose étonnante, n'est brûlé que vingt-deux jours après sa mort (2); la dépouille mortelle d'Achille est exposée pendant dix-sept jours (3). Et lorsque Thétis, pour conserver le corps de Patrocle dans toute sa fraîcheur, lui verse du nectar et de l'ambroisie par le nez (4), cette description ne fait point l'impression d'une fiction poétique, mais elle semble inspirée par l'idée vague qu'a le poète d'un procédé usité de son temps ou bien autrefois. Enfin il est deux passages de l'Épopée très significatifs à ce point de vue : ce sont ceux (5) où il est dit que le corps, une fois placé sur le bûcher, est entouré de vases remplis de miel. Le miel n'était guère à cette époque un article de consommation courante, ni un comestible favori; il ne possède d'ailleurs pas la vertu d'accélérer la combustion du cadavre. On peut donc se demander, à bon droit, si les Grecs ne posaient pas ces vases sur le bûcher tout simplement parce qu'ils avaient un vague souvenir du rôle important que le miel jouait dans les funérailles des temps préhomériques. Ce n'est pas le lieu ici de nous arrêter aux fonctions du pollinctor ro-

---

(1) Comp. Curtius. *Gr. Etym.*, p. 719. Roscher, *Nektar und Ambrosia*, p. 59.
(2) *Il.* XXIV. 31, 413. 664, 784. — (3) *Od.* XXIV, 63. — (4) *Il.* XIX, 38-39.
(5) *Il.* XXIII, 170. *Od.* XXIV, 68.

main qui consistaient à oindre les cadavres, à les envelopper de bandelettes, en un mot à les préparer pour la *collocatio* (1); cela nous mènerait trop loin. Mais nous ne pouvons nous empêcher de rappeler une observation qui, si elle venait à être confirmée, prouverait qu'un des procédés de conservation usités dans les pays orientaux du bassin méditerranéen, fut également introduit dans l'ancien Latium. Sur le versant nord-est du *mons Albanus* (*monte Cavo*) s'étend une nécropole d'où des pluies fréquentes font rouler des objets manufacturés jusque dans les *campi d'Annibale* situés en contre-bas. Après les pluies de printemps de l'année 1885, on y a trouvé trois bibelots égyptiens. Sur deux d'entre eux, un symbole Ded et une figurine du démon Amset, en smalt bleu, Erman (2) a reconnu des restes de bandelettes analogues à celles des momies égyptiennes. Il en a conclu que si ces objets, comme c'est vraisemblable, proviennent de la nécropole située au pied du mons Albanus, les cadavres de cette dernière ont dû être enterrés à la manière égyptienne. Cette nécropole n'a pu subir directement l'influence de la vallée du Nil, cela va de soi. Mais il est possible que les Phéniciens d'Est ou d'Ouest, dont le rite funéraire ressemblait à celui des Égyptiens (3), aient introduit ces usages en Italie. Autant que nos connaissances nous permettent de l'affirmer, des antiquités égyptiennes ou égyptisantes de ce genre se rencontrent surtout dans les tombeaux italiques appartenant au sixième siècle avant Jésus-Christ (4). Or c'est précisément à ce moment qu'a lieu ce commerce fréquent entre les Phéniciens et les Latins, dont il a été question dans le chapitre II de ce livre. Il n'est donc pas impossible que par ce commerce un rite funéraire égyptien ait été à cette époque introduit dans le Latium.

---

(1) Salmasius, *Vopiscus*, note 3. — Divus Aurelianus, cap. 4. — Hildebrand, *Apul. fragm.*, 9, II, p. 637.
(2) *Bull. dell' Inst.*, 1885, p. 182-183.
(3) Voy. plus haut, p. 67-68. — (4) *Ann. dell' Inst.*, 1831, p. 119-120. 1879, p. 240-245. *Bull.* 1866, p. 179-180; 1886, p. 31-32.

Nous n'avons pas à nous étendre ici sur la conservation des cadavres aux époques ultérieures : il nous suffira de citer ici un exemple de cette espèce. Tacite (1) raconte que Poppœa, femme de Néron, ne fut pas brûlée selon le mode romain, mais que son corps fut, suivant l'usage, adopté pour les rois étrangers (*regum externorum consuetudine*), rempli d'abord de substances odoriférantes et déposé ensuite dans le tombeau des Julii. Par *rois étrangers*, il faut comprendre surtout les monarques des royaumes hellénistiques. Si les corps de ceux-ci étaient conservés par un procédé artificiel, ce fut probablement à l'imitation du procédé adopté par les Babyloniens pour l'inhumation d'Alexandre le Grand (2). Mais, après cette digression, revenons à la comparaison entre la civilisation qui nous est révélée par les tombeaux de Mycènes et celle qui ressort de l'Épopée.

Il n'est nullement question dans l'Épopée de l'habitude qu'avaient les Mycéniens de recouvrir le visage des morts de masques en tôle d'or (3). Cet usage dénote encore des influences orientales. Les visages des momies égyptiennes sont souvent recouverts de masques en or repoussé, particularité dont les plus anciens exemples remontent jusqu'à la dix-huitième dynastie (4). On a remarqué dans les tombeaux phéniciens et carthaginois la présence de masques d'or et d'argile (5).

En général, l'industrie de Mycènes, autant qu'on en peut juger par les tombeaux, semble beaucoup plus riche et luxu-

---

(1) *Ann.*, XVI, 6.
(2) V. plus haut, p. 53. — (3) Schliemann, *Mykenæ*, p. 229, 253-257, 332. — Overbeck, *Geschichte der griech. Plastik*, p. 34, fig. 4, p. 381. — Comp. Benndorf, p. 66.
(4) Benndorf, p. 66. — (5) Perrot et Chipiez, *Hist. de l'Art*, III, p. 464-465, 899-900. Dans la collection d'antiquités sardes appartenant au juge Spano, mort il y a quelques années à Oristano, nous avons pris la note suivante : « masque avec barbe de satyre (haut. 0^m,20, larg. 0,15) en terre jaune rougeâtre avec traces de couleur, trouvé, dit l'étiquette, dans un tombeau de Tharros sur le visage d'un cadavre ; il a un nez camus, sur la partie supérieure du front un diadème bas et le long du visage une série de trous qui servaient à passer des fils ».

euse que celle de l'époque homérique. L'Épopée ne parle point des ornements en feuilles d'or qui brillaient sur les vêtements des Mycéniens. Tout au plus peut-on reconnaître une allusion à cette toilette dans la curieuse expression où il est dit que Zeus et Poseidon se revêtent d'or (1). Aucune mention n'est faite non plus dans l'Épopée de ces plaques d'or qui ornaient la poitrine de trois cadavres de Mycènes (2). Cette parure est évidemment d'origine orientale. On a trouvé de ces pectoraux d'or incrustés de pierres précieuses dans les tombeaux égyptiens (3). Une parure semblable était également un des insignes distinctifs du grand prêtre juif (4). Dans le tombeau découvert à Cœré (5), par Regulini et Galassi, on en a trouvé un spécimen avec figures et ornements repoussés, qui paraît être un travail phénicien ou carthaginois (voy. p. 49-50.). L'état actuel de nos connaissances nous permet d'affirmer que cet ancien accessoire oriental ne se rencontre pas plus tard dans le costume grec, à moins qu'on veuille reconnaître un de ses dérivés dans l'égide qui couvre la poitrine de Pallas. Précisément les objets les plus somptueux des tombeaux mycéniens n'offrent aucune analogie avec les descriptions de l'Épopée. Rappelons-nous les lames d'épée et de poignard en bronze rehaussées de riches ornements figurés (6) ainsi que la poignée en forme de dragon dont les yeux et les écailles sont faits de morceaux de cristal de roche bien ciselés et incrus-

_____

(1) *Il.* VIII 43. XIII 26 :

χρυσὸν δ'αὐτὸς ἕδυνε περὶ χροΐ, γέντο δ'ἱμάσθλην

(2) Schliemann, *Mykenæ*, p. 263, 346.
(3) Mariette, *Notice des principaux monuments du Musée à Boulaq*, p. 261 (de la parure de la reine Aah-hotep, fin de la 17ᵉ dynastie, environ dix-septième siècle avant J.-C.)
(4) *Exod.* XXVIII 15-30, XXIX 8-21.
(5) Grifi, *Mon. di Cœre*, Pl. I. — *Mus. Greg.*, I, 82-83. Voy. plus haut p. 49-50. — On a trouvé récemment un spécimen analogue dans un tombeau de Tarquinies : *Bull. dell' Inst.* 1885, p. 214.
(6) Ἀθήναιον, IX, p. 162-169, X, p. 309-320. *Mitth. des arch. Inst. in Athen*, VII (1882), Pl. VIII. p. 241-250, VIII (1883), p. 3-4. — *Bull. de corres. hellen.*, 1886, pl. I-III, p. 341-356.

tés sur un fond d'or (1). Si les poètes avaient connu ces objets de luxe, peut-on admettre qu'ils ne s'en seraient pas inspirés dans leurs descriptions? Ils ne disent rien non plus des pierres gravées ni des anneaux à cachet. Ulysse ferme le coffre qui contient les présents des Phéaciens, au moyen d'un nœud artistique, sans y apposer aucun cachet (2). Les anneaux ne sont mentionnés ni parmi les parures que prépare Hephaistos (3), ni parmi les cadeaux avec lesquels les prétendants cherchent à se concilier la faveur de Pénélope (4). Les tombeaux de Mycènes renfermaient, au contraire, un grand nombre de pierres gravées et de cachets d'or (5). Il n'est fait non plus nulle mention dans l'Épopée ni du cristal de roche (6) ni de l'albâtre (7), pierres dont sont faits différents objets trouvés dans les tombeaux (8). Ce n'est certes pas un simple effet du hasard si tous ces objets et ces matières premières ont été passés sous silence par les poètes. Nous pouvons en conclure que la civilisation des Mycéniens avait des dehors bien plus brillants que celle des Grecs du temps d'Homère. Cette civilisation ne s'est pas développée d'elle-même, mais bien sous l'influence de peuples étrangers. Les produits artistiques des tombeaux proviennent pour la plupart de fabriques orientales ou sont tout au moins une imitation de modèles étrangers. On ne voit nulle part que le génie grec ait transformé les produits étrangers à sa façon. Autant qu'on peut en juger par le résultat des fouilles, les Mycéniens nous apparaissent comme des Orientaux; nous l'avons vu par leur rite funéraire qui est importé de l'Orient. L'influence étrangère

---

(1) Schliemann, *Mykenae*, p. 330.
(2) *Od.* VIII, 443-448. — (3) *Il.* XVIII, 401. — (4) *Od.* XVIII, 292-301.
(5) Pierres gravées : Schliemann, p. 233 n. 313-315. Anneaux à cacheter, p. 258-259 n. 333-335, p. 402 n. 530, p. 409 n. 531. Cachets d'or carrés, p. 205 n. 253-255.
(6) Schliemann, p. 231, 232, 242, 283, 330, 344.
(7) *Id.* p. 242, 279, 283, 294, 321, 323, 324, 325, 327.
(8) Il faut y ajouter le verre (Schliemann, p. 179, 184, 185) et le smalt (p. 278, 336, 377). Le mot κύανος employé dans Homère indique très probablement le verre. Voyez chapitre VIII.

diminue à l'époque homérique, c'est incontestable ; cependant (et nous le constaterons plus loin) l'art et l'industrie portent encore visiblement, même à cette époque, l'empreinte orientale. Le génie national ne fait que commencer à s'éveiller. Quant au rite funéraire, il diffère de celui de Mycènes en ce que la crémation est venue remplacer l'inhumation.

La civilisation que, pour plus de brièveté, nous appellerons mycénienne (car c'est à Mycènes qu'elle s'est révélée jusqu'aujourd'hui avec le plus d'éclat), n'était point limitée au territoire du golfe saronique ; on en trouve des spécimens dans toute la Grèce orientale, depuis la Thessalie, jusque vers le sud dans la vallée de l'Eurotas. C'est la partie de la péninsule où la côte, déchiquetée, présentait à l'Est des golfes et des ports nombreux qui donnaient accès aux éléments civilisateurs du dehors. Les débris trouvés dans ces diverses contrées n'offrent entre eux aucune des différences locales qui existeraient sûrement si la civilisation avait poussé sur le sol grec et si elle y était arrivée à sa pleine floraison ; partout on remarque une frappante uniformité. Köhler (1) en conclut avec raison qu'il s'agit là d'une civilisation étrangère qui s'est implantée toute prête en Grèce.

Et comment s'est-elle implantée ? Les relations commerciales seules ne suffisent pas à l'expliquer. Il faut plutôt admettre que des Orientaux vinrent s'établir sur différents points de la Grèce orientale et y apportèrent leur culture raffinée. Telle fut d'ailleurs l'opinion des Grecs qui a été confirmée en partie par la science moderne. Les cultes et les noms de localités sémitiques que nous rencontrons dans cette contrée (2) ne s'expliquent que si nous admettons l'établissement de colonies sémitiques, et l'on n'a pas encore, que nous sachions, réfuté l'opinion de Brandis (3) qui prétend que la Thèbes béotienne fut une de ces

(1) *Das Kuppelgrab bei Menidi*, p. 53.
(2) Duncker, *Geschichte des Alterthums*, V, 42 et suiv. — Voy. *Rheinisches Museum*, VIII, 1853, p. 330-332.
(3) *Hermes*, II, p. 259-284. Cette opinion pourtant est attaquée dans le *Hermes*, XXI, p. 106, note 1.

colonies. Si le mythe du Phénicien Cadmus repose sur une base historique, il doit en être de même, à plus forte raison, des mythes qui parlent de l'arrivée de Danaos, de Persée et de Pélops en Argolide. Suivant Aristote (1), Hermione et Épidaure étaient des fondations cariennes.

Il semble tout naturel que la vie grecque ait eu, à l'époque qui suivit immédiatement ces immigrations, un cachet plus oriental qu'à l'époque homérique, où les éléments étrangers avaient déjà disparu ou s'étaient assimilés. La population primitive, très bien douée et avide de progrès, s'abandonna aux charmes d'une civilisation supérieure importée de l'Orient. Mais, à partir de la période homérique, l'influence orientale diminue sensiblement pour disparaître tout à fait lors de l'épanouissement complet du génie grec, c'est-à-dire au cinquième siècle. Par conséquent, si la culture décrite dans l'Épopée est moins orientale, plus simple et plus pondérée à la fois que celle des anciens Mycéniens, elle se rapproche en cela même de la période hellénique ou classique; elle est donc plus récente que la culture mycénienne.

Ce qui démontre encore les relations orientales des Mycéniens, c'est ce fait qu'ils savaient beaucoup mieux travailler la pierre que les Grecs du temps d'Homère. Il ressort d'observations certaines (2) qu'une partie tout au moins du mur de la citadelle construit en blocs polygonaux est antérieure à la construction des tombeaux. De plus les stèles (3) appartenant à ces tombeaux prouvent que les Mycéniens savaient les décorer d'ornements et de figures sculptés. Dans l'Épopée, au contraire, il n'est jamais question de citadelles construites en pierres, mais seulement de tranchées, de remparts en terre et de palissades (4). Il est

---

(1) Strabon, VIII, 15, p. 374. C'est ce que disait aussi de Mégare la tradition populaire : Pausan. I, 39, 5-6.
(2) *Arch. Zeit.* XXXIV (1876, p. 197. 1882, p. 405. Steffen, *Karten von Mykenæ*, p. 21-23. — *Tiryns*, XXX-XXXII.
(3) Schliemann, *Mykenæ*, p. 58, 90, 91, 97, 100, 102, 103. Milchhœfer, *Anfänge der Kunst*, p. 36, 74. — (4) Voy. chap. VII.

parfois fait mention de stèles funéraires (1), mais rien n'indique qu'elles aient été ornées de sculptures. Les Grecs ont appris des Orientaux à construire en pierres et à sculpter sur pierre ; c'est une vérité qu'on ne peut guère contester aujourd'hui (2). La légende rapporte que les murs de Mycènes et de Tirynthe ainsi que la porte des lions de Mycènes étaient l'œuvre des Cyclopes, auxquels on attribuait généralement une origine lycienne (3) ; ces constructions ont dû paraître étranges plus tard et il y eut sans doute entre elles et les constructions ultérieures comme un arrêt dans la civilisation. On ne saurait déterminer avec certitude les causes de cette interruption. On ignore, en effet, pendant combien de temps les émigrants orientaux qui vinrent s'établir dans l'est de la Grèce, conservèrent, au milieu des indigènes, leur nationalité et, par suite, leur civilisation supérieure. Admettons qu'ils se sont assimilés promptement aux peuplades autochtones ; il en est résulté que certains procédés techniques rapportés de leur pays d'origine sont tombés dans l'oubli. Mais les données scientifiques nous autorisent plutôt à supposer un bouleversement historique qui arrêta net les progrès de la civilisation. C'est une thèse que nous étudierons plus loin en détail.

Il y eut d'ailleurs un moment d'arrêt dans toutes les autres branches de l'art architectural. Comme nous le verrons dans le huitième chapitre, le plancher carrelé et le badigeonnage à la chaux des murs, dont il est question dans l'Épopée, donnent l'idée d'une décoration artistique inférieure à celle qui coïncide avec les tombeaux en puits de Mycènes.

Sous d'autres rapports cependant les Grecs de l'âge homérique étaient plus avancés que les Mycéniens. Dans les tombeaux en puits on n'a pas trouvé une seule fibule ni aucune trace d'objets en fer, mais, par contre, un grand nombre d'armes et

(1) *Il.* XI, 371. XII, 437. XVI, 457, 675. *Od.* XII, 14.
(2) Comp. Hehn, *Kulturpflanzen u. Hausthiere*, 3ᵉ édit. 119 et suiv.
(3) Overbeck, *Schriftquellen*, 1-26.

d'ustensiles de pierre. Il suffit de rappeler que l'un d'eux ne contenait pas moins de trente-cinq pointes de flèches en obsidienne (1). Parfois, il est vrai, on rencontre dans les tombeaux italiques des cinquième et quatrième siècles (c'est-à-dire d'une époque où l'âge de pierre avait disparu depuis longtemps), une pointe de flèche ou tout autre objet en pierre, qui accompagnent le défunt en guise d'amulette (2). Mais leur nombre est insignifiant et partant sans aucune importance en comparaison de la quantité considérable d'objets analogues trouvés dans les tombeaux de Mycènes. On peut en conclure simplement que les peuplades de l'Argolide garnissaient encore à cette époque leurs flèches avec des pointes en pierre (3).

C'est un événement historique, avons-nous dit plus haut, qui peut bien être la cause de la différence constatée entre les civilisations mycénienne et homérique. Entre l'époque où les Grecs reçurent de l'Orient les premiers éléments d'une civilisation supérieure et celle où naquit l'Épopée, s'est-il produit quelque événement qui ait enrayé plus ou moins le progrès? En posant cette question, on songe involontairement à la migration dorienne. A la suite de luttes aussi longues que sanglantes, les Doriens réussirent à s'établir dans la plus grande partie du Péloponèse. Les peuplades plus anciennes furent forcées ou de se soumettre aux vainqueurs ou de les recevoir dans leurs villes et de partager avec eux le territoire. Ce bouleversement

---

(1) Schliemann, p. 189, 311, 313. Des couteaux en obsidienne ont été trouvés également dans le tombeau à coupole découvert près de l'Heraion d'Argos (*Mitth. d. deut. arch. Inst. in Athen.*, III, p. 281, 284); des pointes de flèches et des couteaux de même matière sous les ruines du palais de la citadelle supérieure de Tirynthe. (Schliemann, *Tiryns*, p. 88, 195-196.)

(2) Helbig, *Die Italiker in der Poebene*, p. 94, note 3. Zannoni, *Gli scavi della Certosa*, pl. XV, 16-19, p. 66. *Bull. di paletn. italiana*, VI, p. 159.

(3) L'usage des armes de pierre semble s'être conservé longtemps en Orient à côté de celui des armes en fer. Dans le butin que le roi Thutmes III rapporte de ses campagnes d'Asie, il y avait des haches en pierre : Brugssh, *Geschichte Ægyptens*, p. 344. Les Éthiopiens qui combattaient contre la Grèce sous les ordres de Xerxès avaient des flèches à pointes de pierre : Hérod., VII, 69. Comp. Chabas, *Études sur l'antiquité historique*, 2ᵉ éd., p. 129.

dont les effets se firent sentir bien au delà du Péloponèse donna l'impulsion à la colonisation grecque. Afin de se soustraire à l'oppression, les Grecs quittèrent en foule leur pays pour aller fonder une nouvelle patrie sur les côtes de l'Asie Mineure et dans les îles situées en face. C'est pendant qu'ils s'établissaient ici et qu'ils livraient de durs combats aux barbares environnants que se formèrent, au milieu d'eux, les plus anciens chants de l'Épopée.

Un état de guerre qui dure pendant des générations entières entrave tout naturellement les progrès du bien-être et de la civilisation. Les conséquences devaient en être particulièrement tristes pour le Péloponèse, car les conquérants étaient beaucoup moins civilisés que la population indigène, surtout dans la partie est de la péninsule. On sait que la patrie des Doriens était cette contrée montagneuse environnant l'Olympe; elle n'était donc guère accessible à l'influence d'au delà la mer. L'État lacédémonien, où l'ancienne tradition dorienne s'est conservée dans toute sa pureté et toute sa rigidité, offrait nombre de particularités primitives. Sparte resta jusqu'à Démétrius Poliorcète une ville ouverte (1). Une loi attribuée à Lycurgue ordonnait que les portes des maisons ne fussent faites qu'avec la scie et le plafond avec une hache (2). Le bouclier antique, privé de l'anse nécessaire pour passer le bras, ne fut supprimé qu'au troisième siècle avant Jésus-Christ par le roi Cléomène (3). L'origine du vêtement primitif des jeunes filles spartiates et le fameux brouet noir semblent se perdre dans la nuit des âges indo-européens.

Il en fut de même des Étoliens qui s'attachèrent à la fortune des Doriens et arrivèrent ainsi à dominer l'Élide. La situation géographique seule permet de supposer que leur civilisation était très primitive; il est certain, en effet, que la Grèce occi-

---

(1) Pausan. I, 1, 3, 6. — Comp. Helbig, *Die Italiker in der Poebene*, p. 134.
(2) Plutarque, *Lycurgue*, 13. — O. Muller, *Dorier*, II, p. 254.
(3) Plut. *Kleomenes*, 11 ; Kritias près Liban, Or. 24 (περὶ δουλείας), II, p. 86. — Comp. O. Muller, II, p. 245.

dentale, au point de vue du bien-être et de la civilisation, était de beaucoup inférieure à la Grèce orientale. Il suffit de se rappeler à ce propos l'étonnement manifesté par Télémaque à la vue des magnificences du mégaron de Ménélas (1). Dans les fouilles d'Olympie, on n'a constaté aucune trace d'une phase analogue à celle de Mycènes. Les vestiges les plus anciens d'Olympie indiquent, au contraire, une phase plus récente de la civilisation. Même lors de la guerre du Péloponèse, les Étoliens comptaient parmi les peuplades les plus grossières de l'Hellade. Thucydide (2) se plaît à rappeler leurs coutumes lorsqu'il veut dépeindre l'état de choses de la haute antiquité grecque. Il dit des Eurytaniens, une des tribus les plus anciennes et les plus puissantes du peuple étolien, qu'ils parlaient une langue incompréhensible et se nourrissaient de viande crue (3). Dans l'agora d'Elis on se montrait une construction primitive consistant en un toit supporté par des appuis en chêne; c'était, disait-on, le monument d'Oxylos qui avait conduit les Etoliens dans le Péloponèse (4). Ainsi donc, dans l'Argolide, déjà avant l'invasion dorienne, on élevait de superbes fortifications et des monuments funéraires en pierre; néanmoins, même après cette migration, la tradition populaire attribuait aux peuplades septentrionales cette sorte de construction primitive. Le plus ancien temple d'Olympie, l'Heraion, est venu confirmer la tradition. Les murs de la cella, reposant sur un soubassement en pierre équarrie, semblent avoir été faits de briques non cuites. Tout le reste, les colonnes comme les antes qui recouvraient les murs du pronaos et de l'opisthodomos, les montants de la porte de la cella, le plafond de la cella comme celui des portiques, étaient en bois (5).

La civilisation des peuplades du Nord étant peu avancée,

---

(1) *Od.* IV, 44-47, 71-75.
(2) I, 5, 3. III, 94, 4. — Comp. Hérodote, VI, 127. — (3) III, 94, 4. — (4) Pausan. VI, 24, 7.
(5) Pausan. V, 16, 1. Bœtticher, *Olympia*, p. 191 et suiv.; Dörpfeld, dans les *Historische Aufsätze E. Curtius gewidmet*, p. 148-150.

il arriva ce qui devait arriver : leurs conquêtes et leur victoire finale portèrent atteinte à la civilisation du Péloponèse et l'arrêtèrent forcément dans son essor. Cette civilisation, nous l'avons vu, reposait sur des relations intimes avec l'Orient. Or l'incertitude, inhérente à un long état de guerre et la domination d'un peuple nouveau sur la côte est du Péloponèse durent forcément troubler ces relations. La colonisation grecque, d'autre part, amena d'autres perturbations. Les Phéniciens avaient, dès le quinzième siècle avant Jésus-Christ, fondé partout des colonies et factoreries dans les îles de la mer Égée (1); ils entretenaient, par suite, un commerce sûr et agréable avec les Grecs. Leurs vaisseaux voguant vers la Grèce orientale trouvaient, sur leur chemin, à de courtes distances, des stations où ils pouvaient aborder sans le moindre danger, comme sur leur propre littoral. La situation changea du jour où les Grecs vinrent prendre pied dans ces îles. Ceux-ci ne se comportèrent pas de la même manière vis-à-vis des Phéniciens. Les colons doriens chassèrent la plupart d'entre eux de Yalysos; d'autres furent englobés dans les tribus doriennes et chargés de certaines fonctions sacerdotales qui étaient probablement depuis longtemps héréditaires dans leurs familles (2). La tradition relative à Théra laisse supposer que les Phéniciens qui s'y étaient installés n'obtinrent que des droits politiques inférieurs à ceux des nouveaux colons grecs (3). Dans l'île de Thasos, les Pariens semblent s'être assimilé l'élément sémitique peu à peu et par des moyens pacifiques (4). Mais le résultat de ces divers procédés fut le même : les Phéniciens cessèrent de commander les voies de communication qui reliaient l'Asie à la Grèce. Les Orientaux établis sur la côte est de la Grèce avaient-ils conservé jusque-là des traces de leur nationalité primitive, c'est ce que nous ne savons pas. Si oui, leur assimilation à la population indigène a dû faire de très rapides progrès dès

(1) Movers, *Die Phœnizier*, II, 2, p. 129-132, 263. — (2) Movers, II, 2 p. 249-257. — (3) Pausanias, III, 1, 7-8. Movers, II, 2, p. 267. — (4) Movers, I, 2, p. 279.

qu'ils eurent perdu les liens qui les rattachaient à la patrie asiatique. La tradition d'après laquelle Pelops serait venu, avec de nombreux trésors, de l'Asie Mineure en Argolide, pour y fonder un puissant empire (1), s'appuie sur ce souvenir que la brillante civilisation qui florissait dans cette contrée avant l'invasion dorienne reposait sur les relations avec l'Orient.

En tout cas il est parfaitement démontré que la richesse en métaux précieux diminua considérablement dans le Péloponèse après l'immigration dorienne. L'Épopée désigne Mycènes comme une ville pleine d'or (πολύχρυσος) (2) et les fouilles ont démontré que cette épithète lui était applicable à l'époque achéenne. Au contraire, lorsque les Spartiates eurent besoin d'or, dans la première moitié du sixième siècle, pour faire une statue d'Apollon, ils durent, pour s'en procurer, envoyer des délégués à Sardes (3).

En ce qui concerne les Éoliens et les Ioniens qui passèrent en Asie Mineure, la civilisation qu'ils transportèrent ici était sans doute plus ou moins analogue à celle de Mycènes. Seulement elle a dû, dans ce transport, subir diverses modifications. Lorsqu'à l'époque d'Homère la crémation succéda à l'inhumation, ce changement dut se produire juste au moment où les Grecs renoncèrent à demeurer sédentaires sur le sol paternel; car des urnes remplies de cendres pouvaient facilement se transporter dans des voyages sur terre et sur mer; un passage de l'*Iliade* nous apprend effectivement que cela se faisait, le cas échéant (4). De plus le trafic phénicien diminuant dans la mer Égée, l'influence orientale baissa forcément aussi dans la mère patrie comme dans les colonies. Enfin les Grecs,

---

(1) Thucydide, I, 9. — (2) Il. VII, 180. XI, 46. Od. III. 305 : πολυχρύσοιο Μυκήνης.
(3) Hérodote, I, 69. — Pausan. III, 10, 10. Comp. Boeckh, *Staatshaus.*, I, p. 6-7.
(4) VII, 333 :

ἀτὰρ κατακήομεν αὐτοὺς
τυτθὸν ἀπόπρο νεῶν, ὥς κ'ὀστέα παισὶν ἕκαστος
οἴκαδ' ἄγῃ, ὅτ' ἂν αὖτε νεώμεθα πατρίδα γαῖαν.

pendant qu'ils étaient occupés, dans la première phase de leur colonisation, à conquérir une nouvelle patrie, se souciaient bien plus d'avoir le nécessaire et l'utile que d'agrémenter leur vie avec le luxe oriental.

Cette période de recul dans l'art architectural, que nous avons notée plus haut, n'a rien que de très naturel aussi; elle s'explique par les conditions mêmes où se trouvent les émigrants qui arrivent sur une terre étrangère. Une troupe d'Éoliens ou d'Ioniens débarquant sur les côtes d'Asie Mineure, avec la résolution d'y fonder une colonie, n'avaient évidemment rien de plus pressé que d'y construire un abri sûr. Une construction en pierre comme celles de Mycènes et de Tirynthe d'avant la migration dorienne, eût coûté trop de temps et de peine. On se contentait donc de fortifications primitives, telles que l'Épopée nous les décrit, c'est-à-dire on creusait un fossé, on utilisait la terre ainsi obtenue à faire un retranchement qui était peut-être encore fortifié au moyen d'une série de palissades. Il se peut que parfois, lorsque le sol contenait de l'argile, les colons employassent dès le début, pour leurs retranchements, des briques d'argile au lieu de la terre (1); peut-être ne remplaçaient-ils que plus tard la terre par des briques. Ce mode de construction remonte à la plus haute antiquité en Asie Mineure comme en Grèce. Les fouilles d'Hissarlik ont démontré que toute la maçonnerie de Pergame était faite avec ces briques crues, aussi bien les murs des maisons que les murailles de la citadelle (2). Nous verrons, dans le chapitre VIII, que les briques d'argile étaient largement employées à la construction du palais de Tirynthe, qui date d'avant la migration dorienne. On sait, d'autre part, que l'usage de ces matériaux continua

---

(1) C'est ainsi que procédèrent encore les Péloponésiens en 429 av. J.-C. lorsqu'ils entourèrent Platées d'ouvrages de siège : Thucyd. II, 78. — Comp. aussi IV, 67, 1.

(2) Schliemann, *Troja*, Register p. 454. Comp. Dörpfeld dans les *Historische Aufsætze Curtius gewidmet*, p. 141-142.

même plus tard aussi bien en Grèce qu'en Asie Mineure (1),
que des murailles de fortifications et, jusqu'à l'époque romaine,
des maisons d'habitation et même des édifices publics étaient
faits avec ces briques (2). Il est donc permis de supposer que
ce mode de construction était familier aux Éoliens et aux
Ioniens, lorsqu'ils commencèrent la colonisation des côtes de
l'Asie Mineure. Autant qu'on en peut juger par nos sources
très insuffisantes, les Grecs d'Asie Mineure ne se mirent à
élever autour de leurs villes des murailles en pierre que fort
tard et longtemps après la période brillante de l'Épopée. La ville
de Milet, lorsque les rois lydiens Sadyattes (628-617) et Alyattes
(617-560) lui faisaient la guerre, était fortifiée (3), mais rien
ne nous indique si ses remparts étaient en pierre, en briques
ou en terre. C'est vers le milieu du cinquième siècle au plus
tôt que les villes ioniennes s'entouraient d'enceintes de
pierre. Hérodote (4) raconte que les Phocéens, se voyant
menacés par les Perses, fortifièrent de la sorte leur ville; ils y
employèrent les ressources mises à leur disposition par Arganthonios, roi de Tartessos, ami des Grecs. Cela indique que
précédemment la ville était ouverte ou bien protégée par des
ouvrages faits d'autres matériaux que la pierre. La première
hypothèse semble plausible quand on songe aux mesures prises
par les Ioniens (5), en 546, lorsque Cyrus s'empara de Sardes
et s'apprêta à étendre sa domination jusqu'à la côte. Hérodote
dit clairement que les villes ioniennes furent alors en toute
hâte ceintes de murailles. La plupart d'entre elles étaient donc
auparavant dépourvues de toutes fortifications. Si l'on s'en

(1) Telles étaient les murailles de Mantinée (Xenoph. *Hell.* V, 2, 5. Pausan.,
VIII, 8, 5), une partie des murailles d'Athènes (Vitr. II, 8-9. — Pline, XXXV,
172), ainsi que les longs murs conduisant au Pirée, les murailles de la
citadelle de Thespiæ (Ulrichs, *Reisen in Griechenland*, II, p. 84) et les antiques murailles en briques d'Eleusis : Πρακτικά, 1884, p. 75 et suiv.
(2) Comp. Nissen, *Pompeianische Studien*, p. 24 et suiv. — Blümner,
Technologie, II, p. 9-10. — Dörpfeld, p. 141-145.
(3) Hérodote, I, 17. — (4) I, 163.
(5) Hérodote, I, 141.

rapporte à quelques passages de l'Épopée, sur lesquels nous reviendrons dans le chapitre VII, les poètes homériques semblent avoir connu non seulement des villes fortifiées, mais aussi des villes ouvertes. Ces témoignages sont peut-être bien isolés et manquent de précision. En tout cas, on peut en conclure que l'art de construire de puissantes murailles de citadelle en pierre taillée a pénétré de l'Orient dans certaines contrées de la Grèce orientale, et cela bien avant la migration dorienne. Cet art a-t-il disparu parce que les colons orientaux s'assimilèrent trop vite à la population indigène, moins avancée qu'eux, ou parce que l'invasion dorienne arrêta l'essor du progrès, c'est ce qu'il est difficile de dire avec quelque certitude. Quoi qu'il en soit, les Éoliens et les Ioniens, auxquels cet art était familier, lors de leur établissement en Asie Mineure, n'en firent point usage, ils se bornèrent à protéger leurs demeures avec des remparts en terre ou en briques d'argile. Une fois habitués à ce genre de fortifications, ils le conservèrent dans la suite. La situation était-elle pacifique, on négligeait les remparts et les fossés; si, au contraire, elle devenait menaçante, on construisait vite de nouveaux retranchements en terre ou en briques. Et comme ces ouvrages étaient plus faciles à construire et moins coûteux, il est très possible que, même en 546, quelques villes ioniennes en aient fait construire d'analogues. Le fait concernant les Phocéens prouve qu'au milieu du sixième siècle encore un mur d'enceinte en pierre était considéré comme une chose peu ordinaire. Ainsi les Grecs d'Asie Mineure ne revinrent qu'au bout de quelques siècles aux matériaux dont se servaient leurs ancêtres pour fortifier leurs villes avant l'invasion dorienne dans le Péloponèse.

Les constructions couvertes d'une coupole et accessibles au moyen d'un passage ou *dromos* découvert, telles que la tombe connue sous le nom de trésor d'Atrée (1), le tombeau situé près

---

(1) Blouet, *Expédition de Morée*, II, pl., 66-71. p. 152-84. *Mittheil. des arch. Inst. in Ath.*, IV, p. 177-182.

de l'Heraion d'Argos(1), celui d'Orchomène en Béotie (2) et celui de Menidi en Attique (3), appartiennent à la même civilisation que les tombeaux en puits de Mycènes ; c'est un fait généralement reconnu. Mais l'architecture plus soignée dénote ici un certain progrès ; de plus, le tombeau de Menidi contenait deux spécimens de poterie plus récents qui manquent dans les tombeaux en puits (4).

Il en est de même des tombeaux très simples de Nauplie (5) et de ceux de Spata en Attique (6). Ils consistent en chambres sépulcrales creusées dans le rocher, auxquelles mène un dromos. Leur disposition rappelle les tombeaux à coupole et certains tombeaux de Nauplie imitent grossièrement la *tholos* (7). Le tombeau à coupole a dû servir de modèle pour leur construction (8). Les objets qu'ils renferment sont en partie un peu plus récents que ceux des tombeaux en puits (9) ; dans la nécropole de Nauplie l'on a trouvé les mêmes types de poterie plus récents que dans le tombeau à coupole de Menidi (10). Mais ces différences sont insignifiantes en comparaison du grand nombre de types qui sont communs aux trois sortes de tombeaux et appartiennent, sans aucun doute, à un même état de civilisation. Si nous admettons que l'invasion dorienne a entravé dans le Péloponèse l'essor de cette civilisation, les objets qu'on y a trouvés remontent tout au plus à la fin de cette invasion.

---

(1) *Mittheil.*, III, p. 271-286. — Milchhœfer, *Die Museen Athens*, p. 102ᵐ.
(2) Schliemann, *Orchomenos*, Leipzig 1881. — Adler, *Tiryns*, p. XLVI-XLVIII.
(3) *Das Kuppelgrab bei Menidi*, édité par l'Inst. arch. allem. d'Athènes, 1880. — Milchhœfer, p. 105-106.
(4) *Das Kuppelgrab bei Menidi*, p. 48.
(5) Ἀθήναιον, VII, p. 183-201 ; VIII p. 517-526. *Mittheil.*, I, p. 143-163.
(6) Ἀθήναιον, VI, pl. 1-6, p. 167-203. *Mitth.*, p. 82-84, 261-276. — Schliemann, *Mykenæ* p. 431-437. — *Bullet. de corresp. hell.*, I, p. 261-264, II, pl. XIII-XIX, p. 185-228. — Milchhœfer, *Die Museen Athens*, p. 102-104.
(7) *Mittheil.*, I, p. 152. — (8) *Das Kuppelgrab bei Menidi*, p. 52.
(9) *Mittheil.*, II, p. 275. — Dumont et Chaplain, *les Céramiques de la Grèce propre*, p. 61-64.
(10) *Das Kuppelgrab*, p. 48.

Ce critérium ne saurait s'appliquer avec la même certitude à l'Attique. L'Attique n'a été touchée que très superficiellement par les flots de cette invasion; il est donc très probable que la phase orientale de la civilisation y a duré un peu plus longtemps.

Si cette opinion est exacte, les tombeaux de Mycènes dateraient d'avant la fin des conquêtes doriennes dans le Péloponèse, fin qu'on place au dixième siècle avant Jésus-Christ (1). Quelques savants ont essayé de déterminer leur date avec plus de précision La démonstration de Köhler (2) mérite tout particulièrement d'attirer l'attention. Il l'appuie sur les glaives et les poignards trouvés dans les tombeaux en puits (3). Quoique l'origine de ces armes ne puisse être déterminée à coup sûr, il est très probable qu'elles ont été fabriquées par les Phéniciens de la mer Égée ou par ceux de Chanaan. C'est, en tout cas, une imitation de modèles égyptiens du temps des premiers Ramessides (quinzième ou quatorzième siècle avant J.-C.). Les motifs égyptiens y sont très fidèlement reproduits; nous sommes donc amenés à croire que les copies ont suivi d'assez près les originaux. Par conséquent, les tombeaux en puits de Mycènes dateraient du dernier quart du deuxième millier d'années. Les antiquités de Théra sont plus anciennes. Celles d'Hissarlik, enfin, remontent à une époque qui se perd dans la nuit des temps, où la civilisation orientale avait à peine effleuré l'Asie Mineure.

Nous avons, en outre, à mentionner ici la citadelle supérieure de Tirynthe, dont la découverte est due également à Schliemann et qui nous donne une idée très nette du palais des rois de cette époque (4). La construction et la décoration de ce palais remonte à une période qui se termine au moment de l'invasion dorienne; c'est un fait incontestable. Dörpfeld (5)

---

(1) Mullenhoff, *Deutsche Alterthumskunde*, I, p. 58-60.
(2) *Mittheil.*, VII, p. 248-251. — (3) Voy. p. 74, note 6.
(4) Schliemann, *Tiryns*, 1886.
(5) Schliemann, *ibid.*, p. 338-350, 395-397.

a démontré tout au long que les traces des peintures murales trouvées dans cet édifice offrent de nombreuses analogies avec les vestiges artistiques des tombeaux en puits de Mycènes, du plafond sculpté du thalamos d'Orchomène et de beaucoup d'autres monuments de la même époque. Les

Fig. 13. — Plaque du mégaron de Tirynthe.

pièces représentées ci-contre (fig. 13 à 18) sont particulièrement instructives à cet égard. La figure 13 reproduit une plaque en pierres d'un vert pâle, qui formait dans le mégaron, avec

Fig. 14. — Frise du palais de Tirynthe (état actuel).

d'autres morceaux analogues, une corniche de 0,12 de hauteur. Les ornements en relief de cette plaque consistent en une spirale et des motifs de fleurs qui rentrent dans les intervalles

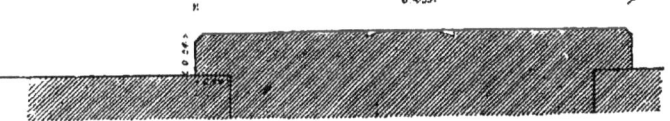

Fig. 15. — Plan de la même frise.

compris entre les bords extérieurs de la spirale. Cet ornement est assez fréquent sur les objets qui proviennent des tombeaux en puits de Mycènes (1). Dans le portique situé devant le mégaron on

---

(1) Voy. *Mykenæ*, p. 175 n° 222 et p. 189. Comp. aussi le fragment de frise, p. 110 n° 153.

a trouvé sept plaques de frise en albâtre qui ne forment qu'un tout (figure 14 à 16) (1). La figure 14 donne la frise telle qu'elle s'est conservée, la figure 15 le plan à l'échelle de 1/5, la figure 16 une restauration de la frise, le tout d'après Schliemann (*Tiryns*, Pl. IV). Les plus grandes plaques ont 0,68, les plus petites 0,43 de largeur. Comme la partie supérieure manque, on ne peut déterminer leur hauteur. Chacune des plaques étroites est munie à sa partie inférieure d'une bande qui a 0,10 de largeur et d'une sorte de bourrelet mesurant 0,02 de haut sur 0,07 de large, qui avait évidemment pour but d'empêcher la chute des plaques. Tout cela prouve que cette frise devait être posée à une certaine hauteur du mur. La décoration se compose en partie de sculptures en relief, en partie d'incrustations de smalt (2). Elle consiste en rosaces et demi-rosaces et en bandes de spirales encadrées de deux rangs de petits rectangles. Toute cette ornementation caractérise la décoration qui a précédé la migration dorienne. La rosace est un des motifs d'ornement préférés de cette époque (3). Cette bande de spirales encadrées d'une suite de petits rectangles, on la rencontre sur les demi-colonnes et sur les chapiteaux du trésor dit d'Atrée (4). Mais l'analogie ne se borne pas aux ornements en eux-mêmes; elle s'étend à la manière dont ces ornements sont disposés. On a trouvé à Mycènes deux frises de porphyre dont l'une est représentée à la figure 17 (5), et dans le tombeau de Menidi plusieurs petites plaques de smalt (figure 18) (6), qui, par la manière dont la décoration est disposée, rappellent absolument la frise de Tirynthe.

Une observation de Dümmler détermine d'une manière encore

---

(1) Dörpfeld, *loc. cit.* p. 323-327.
(2) Tous les petits rectangles sont en smalt bleu, ainsi que toutes les pièces rondes qui se trouvent dans les spirales et au centre des rosaces.
(3) Schliemann, *Mykenæ*, p. 215, 218, 249-250, 262, 264, 270.
(4) Blouet, *Expéd. de Morée*, II, pl. 70. — Murray, *Hist. of gr. sculpt.*, I. p. 40, fig. 5.
(5) Schliemann, *Mykenæ*, p. 109.
(6) *Das Kuppelgrab bei Menidi*, Pl. III, 24.

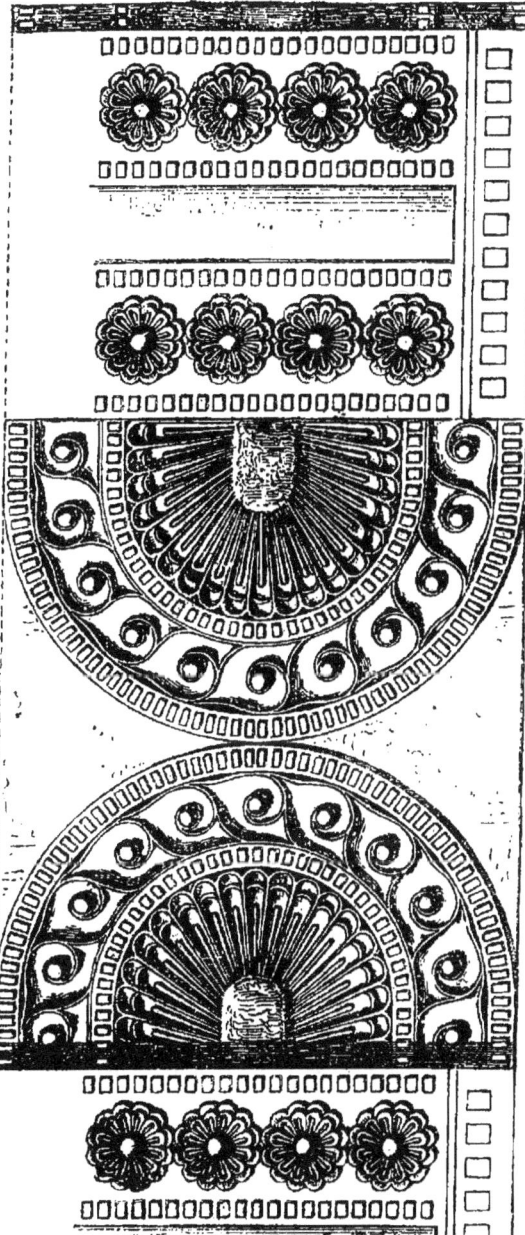

Fig. 16. — Frise du palais de Tirynthe restaurée.

plus précise l'époque de la construction du palais de Tirynthe (1). En effet, si l'on compare les fragments de poterie provenant de cet édifice avec la céramique de Mycènes, on a la preuve qu'ils ressemblent non pas aux types trouvés dans les tombeaux en puits, mais bien à ceux qu'on a trouvés en dehors de ces tombes, sur le sol de l'acropole. Par suite, le palais semble plus récent que les tombeaux en puits et doit appartenir à la période des tombeaux à coupole de Mycènes (2).

Parmi les nombreux faits de la plus haute importance relevés lors des fouilles de Tirynthe, il convient d'en signaler un ici d'une manière toute spéciale. Par les soins de Schliemann, presque toute la muraille de la citadelle supérieure a été déblayée (3). On a reconnu ainsi que tout le long du mur de soubassement sont pratiqués des chambres et des corridors voûtés en ogive, qui paraissent avoir servi de magasins. Une disposition analogue n'existe, que nous sachions, que dans les murs de défense phéniciens, notamment à Byrsa de Carthage, à Thapsos, à Hadrumète, à Utique et à Thysdros (4). Cette coïncidence est une nouvelle preuve des relations suivies que les populations de l'Argolide entretenaient, en ce temps-là, avec l'Orient. On ne saurait guère prétendre que le prince de Tirynthe donnait des subventions aux artistes indigènes pour voyager dans l'Asie antérieure, afin d'y étudier l'architecture. Il n'y a qu'une alternative possible : ces murailles ont été élevées ou bien par des architectes orientaux venus à Tirynthe, ou bien par des architectes indigènes qui avaient été instruits par ces derniers. Que l'on s'arrête à l'une ou à l'autre de ces deux hypothèses, l'immigration d'architectes orientaux en Argolide peut être considérée comme un fait historique.

Arrivons maintenant à un groupe de tombeaux qui est for-

---

(1) *Mittheil., des arch. Inst.*, 1886, p. 39.
(2) Comp. plus haut, p. 86-87.
(3) *Tiryns*, p. 353 et suiv. Plan n° 125.
(4) *Tiryns*, p. 372-374.

cément mentionné très souvent dans le présent ouvrage; nous voulons parler de ceux du Dipylon d'Athènes (1). On s'accorde généralement à reconnaître qu'ils appartiennent à une époque plus récente que toutes les antiquités dont il a été question jusqu'à présent (2). Il suffit de faire observer à ce propos que, dans ces tombeaux, les corps sont pour la plupart (3) incinérés, et qu'au septième (4), voire même au sixième siècle, les Athéniens (5) employaient des poteries semblables à celles qui ont été trouvées dans ces tombeaux. Comme les objets en métal de ces sépultures ne sont qu'insuffisamment connus (6), il faut se bor-

Fig. 17. — Frise de porphyre de Mycènes.

---

(1) *Monum. dell' Inst.*, IX, Pl. XXXIX, XL. — *Ann.*, 1872, p. 131-181. — Comp. Furtwængler, Die *Bronzefunde aus Olympia*, p. 9 et suiv.
(2) Comp. Furtwængler, *Ibid.*, p. 10. — (3) *Annal. dell' Inst.*, 1872, p. 135, 147, 167.
(4) *Annal.*, 1880, p. 133. — *Mittheil des deutsch. arch. Inst. in Athen*, VI, p. 112.
(5) *Ann. dell' Inst.*, 1878, p. 311, 312. A Olympie on a constaté la présence de ces ornements géométriques gravés sur des garnitures de bronze, et qui datent de la fin du sixième jusqu'au commencement du cinquième siècle. Furtwængler, *Die Bronzefunde aus Olympia*, p. 12.
(6) *Ann. dell' Inst.*, 1872, p. 136, 154-155. Des diadèmes d'or avec figures d'animaux repoussées ont été reproduits dans le *Dict. des ant.* de Daremberg et Saglio, p. 788, n° 933, et un exemplaire avec centaures et scènes de guerre dans l'*Arch. Zeit.*, LXII, 1884. Pl. IX. 1, p. 102 (article de Curtius). On a trouvé, en outre, des scarabées en smalt bleu. Six exemplaires que nous avons vus à Athènes sont lisses et dépourvus de toute gravure. Trois autres sont conservés au musée de Berlin : Milchhæfer, *Die Anfænge der gr. Kunst*, p. 45.

ner à étudier les vases peints qu'on y a découverts en grand nombre. Leur décoration est d'un style géométrique tout particulier que, pour cette raison, on appelle simplement le *style du Dipylon*. Des poteries de ce genre ont été trouvées non seulement en Attique, mais encore dans plusieurs localités de la Grèce orientale, dans les îles de la mer Égée, notamment dans celles de Melos et de Théra, en Asie Mineure et dans le nord de l'Afrique (1). Nous sommes en droit d'en conclure que ces poteries ont été fabriquées dans l'Est, soit dans les îles de la mer Égée, soit en Asie Mineure, et non pas en Attique dont l'industrie et le commerce étaient encore fort peu avancés à l'époque à laquelle on est obligé d'attribuer les tombeaux du Dipylon. Par conséquent, si les notices de fouilles, actuellement connues, indiquent une région qui concorde avec celle où prirent naissance les poèmes homériques ou qui seulement en approche, il est extrêmement important pour l'objet de notre étude de déterminer la relation chronologique qui existe entre les vases du Dipylon et l'Épopée. Hirschfeld (2) a déjà attiré l'attention sur ce fait que l'ornementation figurée de ces vases a quelques points de contact avec les descriptions homériques. C'est ainsi que les hommes en costume ordinaire sont, comme dans Homère, ceints d'un glaive (3). Leur équipement militaire comporte déjà des jambières (4) qui ont donné naissance à l'épithète εὐκνήμιδες caractérisant les Achéens. Les peintures d'une jatte trouvée près du Dipylon (5) représentent un navire qui a abordé

Fig. 18. — Plaque de small de Menidi.

(1) *Ann. dell' Inst.*, 1872, p. 140, 151, 174. — Furtwængler, *Die Bronzefunde*, p. 19.
(2) *Annal. dell' Inst.*, 1872, p. 165 et suiv. — (3) *Monum. dell' Inst.*, VIII, Pl. XXXIX, 1, 2.
(4) *Monum. dell' Inst.*, Ibid. (On les reconnaît notamment sur les deux conducteurs de chars). Comp. *Ann.* 1872, p. 139, 143, 145.
(5) *Arch. Zeit.*, XLIII, 1885, Pl. VIII, 1, p. 131.

et dont l'équipage combat contre des guerriers qui courent sur la terre ferme. Évidemment les hommes de l'équipage ont l'intention de se livrer au pillage sur le littoral, et les habitants de la localité menacée cherchent à les en empêcher : c'est un incident très fréquemment mentionné dans l'Épopée (1). Comme le corps de Patrocle (2), un personnage mort, étendu sur le lit de parade (3), est couvert d'un linceul de la tête aux pieds. De même qu'aux jeux funéraires de Patrocle (4), de même sur les vases du Dipylon, on remarque une course de chars donnée en l'honneur du défunt (5) et des

Fig. 19. — Peinture sur vase de Dipylon.

trépieds offerts en prix aux vainqueurs (6). Des danses de jeunes gens et de jeunes filles (7) rappellent celles qui sont représentées sur le bouclier d'Achille (8). Un vase en forme de boîte, dont le couvercle et les bords de la panse sont munis de trous par où l'on faisait passer un cordon (9) pour fermer et attacher le couvercle, fait songer, dit avec raison Hirschfeld (10), au fermoir du coffre dans lequel Ulysse resserrait les présents des Phéaciens (11). D'autre part, les peintures de trois

---

(1) *Od.* III, 73, 105. IX, 38-61, 254. XIV, 85-86, 221-234. XV, 387, 427, XVII, 423-444. XXI, 18 19. XXIV, 111-112.
(2) *Il.* XVIII, 352.
(3) *Monum. dell' Inst.* IX. Pl. XXXIX, 3. — (4) *Il.* XXIII 262 et suiv. — (5) *Monum. dell' Inst.*, Ibid. Comp. *Annal.* 1872, p. 167. — (6) *Monum. dell' Inst.*, IX, Pl. XXXIX. 2. Trépieds offerts en prix : *Il.* XXII, 164; XXIII, 259, 264, 513, 702, 718. — (7) *Monum. dell' Inst.*, Ibid. *Arch. Zeit.*, 1885, Pl. VIII, 2. — (8) *Il.* XVIII, 590 et suiv. — (9) *Monum. dell' Inst.*, IX, Pl. XL', 2. — (10) *Annal.*, 1872, p. 150.
(11) *Od.*, VIII, 443 et suiv.

fragments de vases trouvés près du Dipylon offrent, si on les compare à la civilisation décrite dans l'Épopée, une différence que Hirschfeld et Graser (1) ont remarquée, sans toutefois l'examiner au point de vue chronologique. Elles représentent des vaisseaux (fig. 19 et 20) pourvus d'une proue en pointe (ἔμβολος, *rostrum*) et, par conséquent, armés pour le combat naval (2). Sur un de ces vases était même figuré un combat de ce genre. Le fragment de la figure 19 reproduit un navire armé de cette pointe ; deux hommes y sont occupés à manier les voiles, pendant que d'autres sont étendus sur le pont morts ou blessés et que d'autres

Fig. 20. — Peinture sur vase de Dipylon.

sont précipités à la mer (3). Dans l'Épopée, au contraire, les navires ne sont pas armés pour la lutte et ne servent point à un usage offensif; ils ne servent exclusivement que comme transports (4). Il est donc hors de doute que les tombeaux du Dipylon,

(1) *Annal. dell' Inst.*, 1872, p. 168, 178, 180.
(2) *Monum.*, IX, Pl. XL, 3-4, d'où sont extraites nos deux figures. — Comp. *Annal.* 1872, p. 152-153. Hirschfeld dans les *Hist. Aufsætze E. Curtius gewidmet*, p. 355.
(3) *Monum.*, IX, Pl. XL, 3. — (4) Peut-être faut-il tenir compte ici du style stéréotypé de la description épique (voy. plus haut, p. 2-3). Nous nous demandons même si un épisode de l'Odyssée ne suppose pas l'existence de ces vaisseaux à proue pointue : c'est celui qui traite de l'attaque des prétendants contre Télémaque. Un navire commandé par Antinoüs croise dans le golfe entre Ithaque et Céphallonie pour attaquer le vaisseau de Télémaque revenant du Péloponèse (*Od.* IV, 669-672, 842-847; XV, 28-30; XVI, 351-357, 364-370), tentative qui semble plus naturelle si le navire d'attaque est armé d'une pointe semblable. Cet épisode fait d'ailleurs partie des passages les plus récents de l'Odyssée (Von Wilamowitz-Mœllendorff, *Homerische Untersuchungen*, p. 98-103, p. 93). Cependant les ξυστὰ ναύμαχα

du moins certains d'entre eux, appartiennent à une époque plus récente que les anciens chants de l'Épopée.

Autant que nos connaissances nous permettent de l'affirmer, le monument le plus ancien qui représente un navire à proue pointue est un bas-relief du palais de Sanherib à Kouyoundjik (1); il date, par conséquent, du huitième ou du commencement du septième siècle. Sur ce bas-relief on voit les habitants

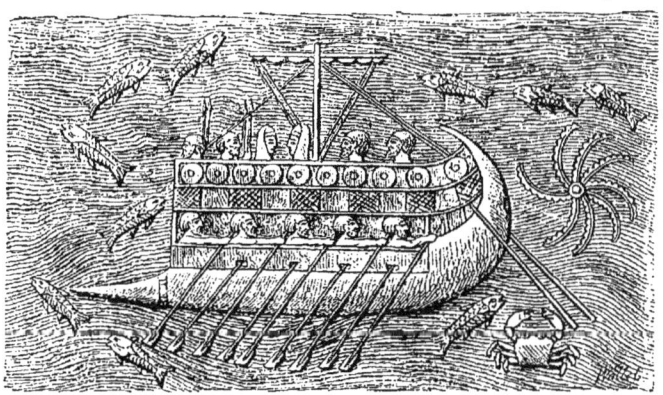

Fig. 21. — Vaisseau d'un bas-relief de Kouyoundjik.

d'une ville située au bord de la mer et assiégée par les Assyriens du côté de la terre, cherchant à gagner le large dans des vaisseaux. Les vaisseaux dans lesquels ils se sont réfugiés ont deux formes différentes. Les uns, dont le pont est très haut, sont pourvus

(lances colossales) avec lesquelles les Achéens luttent contre les Troyens du haut de leurs navires (*Il.* XV, 387-89, 677) n'indiquent pas forcément qu'il y ait eu à cette époque des batailles navales dans la véritable acception du mot. Ces armes peuvent bien n'avoir servi qu'à défendre contre les attaques venant du continent les vaisseaux qui abordaient sur un rivage.

(1) Layard, *Mon. of Nineveh*, pl. 71. Voy. l'éd. allem., fig. 65ª, 67; Perrot et Chipiez, *Hist. de l'Art.*, III, p. 34, nº 8, 9 (d'où sont extraites nos fig. 21 et 22). — Comp. Helbig, *Ueber den Pileus der Alten Italiker* (*Sitzungsber. der bayer. Akad. der Wissensch.*, 6 nov. 1880), p. 530.

de mâts, de voiles et, sur la face antérieure à plan vertical, de la pointe en question (fig. 21). Les autres sont plus bas, également relevés à l'avant et à l'arrière, sans mât et sans pointe (fig. 22). Si, comme on l'admet généralement, l'action retracée sur ce bas-relief se passe sur la côte chananéenne, il s'en suit que, dès le huitième siècle, les Phéniciens armaient d'une pointe un certain genre de navires. Cette invention, qui a acquis plus tard une grande importance dans l'art naval, est-elle due aux Phéniciens, aux Grecs ou aux Cariens (1)? C'est ce qu'on ne saurait dire avec certitude. En tout cas, il est très probable qu'elle coïncide avec la rivalité provoquée par la colonisation grecque parmi les peuples navigateurs du bassin méditerranéen, rivalité qui a survécu aux derniers accents de l'Épopée.

En outre, les vases du Dipylon se présentent en très grand nombre et sont répandus au loin : c'est là une nouvelle preuve qu'ils datent d'une époque relativement récente. Dans le premier chapitre, nous avons montré que les Grecs de l'Épopée n'avaient point d'activité industrielle dans la véritable acception du mot, et que le débit de leurs produits manufacturés se bornait encore au territoire qui entourait le lieu de fabrication. A l'époque du style du Dipylon, au contraire, la fabrication des poteries était devenue une industrie importante d'une population grecque qui habitait l'Asie Mineure ou les îles voisines, et l'on faisait alors un commerce considérable de ces produits.

A ces considérations, il faut ajouter un fait que Dümmler (2) vient d'établir. Dans les tombeaux du Dipylon on a trouvé des armes de fer, plusieurs épées (3), des pointes de lances fol-

---

(1) La tradition latine d'après laquelle le tyrrhénien Pisaeus aurait inventé les *rostra* (Plin. VII, 209), n'a pas besoin de réfutation.
(2) Dümmler a eu l'obligeance de nous en faire la communication par écrit; il se propose de traiter prochainement ce sujet en détail.
(3) Ces épées sont en fer, il est vrai, mais elles conservent encore la forme des épées de bronze. Nous avons représenté plus loin (chap. XXIV) une de ces armes. L'opinion de Dümmler se trouve corroborée par la présence d'épées semblables dans les peintures des vases du Dipylon. (Comp. *Arch. Zeit.* XLIII, 1885, Pl. VIII.)

liformes pourvues d'une douille pour enfoncer la hampe, et la tête d'une hache de combat, qui d'un côté se termine par une lame verticale, de l'autre en une pointe (1). Or, comme nous le verrons dans le chapitre XXIV, l'Épopée ne mentionne que des armes de bronze, excepté la massue de fer de l'Arcadien Arcithoos (2) et la pointe de flèche en fer de Pandaros (3). Il semble en résulter que la nécropole du Dipylon est au moins

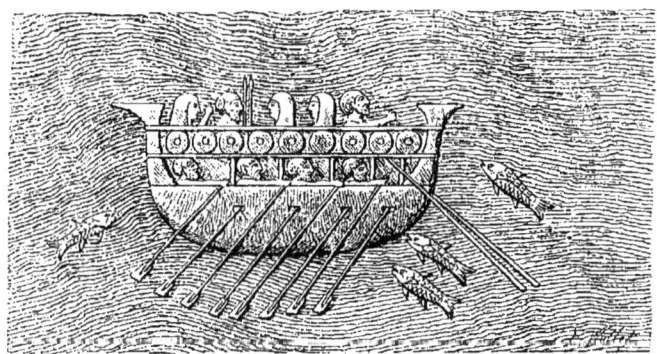

Fig. 22. — Vaisseau d'un bas-relief de Kouyoundjik.

postérieure à l'époque où le style épique fut définitivement fixé.

Les différences que révèlent les tombeaux du Dipylon en comparaison de la couche antérieure sont très instructives pour quiconque veut étudier les progrès de l'hellénisme. On a trouvé, il est vrai, dans ces tombeaux, des produits artistiques de l'Orient. Tels sont les scarabées en smalt, probablement aussi les diadèmes d'or dont les figures d'animaux arrondies se distinguent visiblement de celles des peintures sur vases qui

(1) Elle est semblable à celle représentée dans l'*Ilios* de Schliemann, p. 565, n° 958, qui est en bronze; elle doit donc reproduire un type en bronze.
(2) *Il.* VII, 141, 144.
(3) *Il.* IV, 123.

sont d'un dessin linéaire très accusé (1); mais l'importation orientale est ici beaucoup plus faible que dans la période antérieure. Ce qui caractérise les tombeaux du Dipylon, c'est qu'ils renferment surtout des produits de fabrication grecque et notamment des vases peints. Ces peintures rappellent, il est vrai, à bien des points de vue, des motifs orientaux; presque tous les ornements du style du Dipylon se retrouvent dans la période antérieure; même dans la façon dont la figure humaine est traitée l'influence orientale est incontestable (2). Cependant le génie national a déjà assez de force pour donner une empreinte individuelle à ces éléments étrangers. La syntaxe de l'ornementation a ici un caractère tout à fait spécial et permet d'assigner au style du Dipylon une place à part dans la décoration dite géométrique. Le choix des animaux dans l'ornementation mérite de fixer l'attention. Sauf de rares exceptions (3), on n'y rencontre ni lions, ni panthères, ni bêtes mythologiques, que les peintres connaissaient d'après les produits orientaux; ils se bornent aux animaux qu'ils avaient l'occasion de voir tous les jours de leurs propres yeux, tels que : chevaux, taureaux, cerfs, chevreuils, oies ou canards. Ils ont même fait un pas plus en avant dans cette voie, en reproduisant des scènes de leur vie journalière.

Cette nouvelle tendance eut évidemment pour cause fondamentale le contraste qui existait entre les Orientaux et les Grecs, dès le début de la colonisation grecque. Ce contraste a dû certainement fortifier l'activité des Grecs et favoriser l'expansion de leur individualité. C'est sous l'influence des luttes et des aventures de toutes sortes que se développa l'Épo-

---

(1) Voy. plus haut p. 93, note 6.
(2) Voy. plus haut p. 46-48.
(3) Voy. les deux vases du Dipylon publiés dans l'*Arch. Zeit.*, 1885, Pl. VIII, 2, p. 134-139, où l'on voit des panthères ou des lions dévorant un homme. Ces figures sont évidemment empruntées aux ouvrages d'or importés (Voy. plus haut p. 93, note 6). Leurs formes arrondies ont des analogies avec ces derniers.

pée qui, par le fond comme par la forme, est la manifestation la plus éclatante du génie national. Les poètes tout d'abord, puisant dans le monde extérieur, ont créé, grâce à leur imagination, une foule d'images superbes; les artistes ont suivi leur exemple. Ils se sont même engagés dans cette voie avant la conclusion de l'Épopée. Lorsque, dans l'Iliade (1), Hélène tisse sur une diplax de pourpre des combats entre Achéens et Troyens, elle représente des scènes de la réalité qui l'entoure. On peut donc admettre que les femmes grecques d'alors ornaient d'épisodes de la vie contemporaine les vêtements de luxe qu'elles tissaient. Il est très possible que ces travaux, qui devinrent plus tard la grande industrie des tissus milésiens, aient été inspirés par des modèles orientaux, comme les tissus d'Amorgos et de Théra se rattachent aux industries phéniciennes, très brillantes, dans ces deux îles, avant la colonisation grecque (2). Mais, quel que soit le degré d'imitation, il y a déjà un progrès sensible, ne fût-ce que dans le choix libre des objets représentés, progrès qu'il est important de constater aussi pour étudier fructueusement les vases du Dipylon. Différentes analogies relevées dans les motifs d'ornements peints sur ces vases nous forcent, en effet, de reconnaître que ces motifs n'ont pas été inventés par des potiers, mais bien empruntés à une autre branche de l'art. Et ce ne peut être qu'à l'art textile, disent avec raison Conze (3) et Hirschfeld (4), s'appuyant en cela sur de nombreuses particularités de style; d'ailleurs le choix des motifs transmis par l'époque anté-

(1) III, 125 :

ἡ δὲ μέγαν ἱστὸν ὕφαινεν
δίπλακα πορφυρέην, πολέας δ'ἐνέπασσεν ἀέθλους
Τρώων θ' ἱπποδάμων καὶ Ἀχαιῶν χαλκοχιτώνων.

Comp. Od. XV, 105, 126.
(2) Movers, *Die Phönizier*, II, 2, p. 265, 268.
(3) *Zur Geschichte der Anfänge griechischer Kunst (Sitzungsber. der Wiener Akad.* 1870), p. 18.
(4) *Ann. dell' Inst.* 1872, p. 157, 172.

rieure a été déterminé par les exigences de cet art. Et si, à l'époque florissante de l'Épopée, on tissait sur le costume non seulement des motifs ornementaux, mais encore des épisodes de la vie contemporaine, tout porte à croire que plus tard l'art textile a servi de base à la décoration des vases du Dipylon.

CHAPITRE VI.

LES PRINCIPALES FOUILLES DE L'OUEST.

Les plus anciens vestiges de l'établissement des Italiotes dans la péninsule apennine sont les villages sur pilotis dont on a trouvé des traces nombreuses dans la vallée du Pô (1). Leur industrie était encore à ce moment fort peu avancée. Bien que le travail du bronze leur fût déjà connu, certains objets, tels que les haches et les pointes de lances se faisaient encore en pierre; on ne forgeait pas le bronze, mais on le fondait; quant au travail du fer, il n'en est resté aucune trace. Chose importante à noter (car elle prouve bien que la technique des métaux, comme toute la civilisation, était peu avancée), c'est qu'on n'a découvert dans ces villages ni fibules de bronze (2), ni bracelets, ni colliers, ni boucles, ni garnitures de ceintures. Mais ensuite vient une phase qui dénote des progrès considérables. Les objets en pierre disparaissent; le bronze n'est plus seulement fondu, mais forgé; on voit

---

(1) Comp. sur ce sujet : Helbig, *Die Italiker in der Poebene*, Leipzig, 1879.

(2) Il se peut qu'il y ait eu des fibules de bronze dans les plus récents villages qui constituent une transition à la phase nouvelle. (Voy. Undset dans le *Bull. di pal. ital.* IX, 1883, p. 131-135). Le sens que Studniczka, dans les *Beiträge zur altgriechischen Tracht* (*Abhandl. d. arch. epigr. Seminars der Universität Wien*, VI, 1) donne à l'observation d'Undset, d'après Schliemann (*Troja*, p. 55 n° 1), ne peut qu'embrouiller l'étude de cette question.

paraître quelques objets en fer; le nombre de parures et d'ustensiles augmente très sensiblement; peu à peu enfin se forme et se développe une décoration géométrique dont on ne remarque que des rudiments dans les villages sur pilotis. Les Italiotes, les Étrusques (1) et peut-être aussi les Vénètes de race illyrienne (2) ont passé par cette seconde phase. C'est alors que les deux premiers de ces peuples ont traversé l'Apennin et se sont installés sur le versant ouest de cette chaîne de montagnes. Il serait trop long et superflu d'énumérer les très nombreux vestiges de cette phase; Undset en a donné une excellente nomenclature (3). Nous nous bornerons à mentionner ici les localités où ont été faites les trouvailles les plus importantes. Et tout d'abord il convient de citer deux nécropoles découvertes à l'est de l'Apennin, près de Bologne, celles de Villanova (4) et de Benacci (5); puis en Étrurie deux groupes de tombeaux trouvés à Chiusi (6), la plus ancienne partie des nécropoles de Vetulonia (7) et de Tarquinies (8), ainsi que celles de La Tolfa (près Civitavecchia) (9). Enfin, dans le La-

---

(1) Comp. *Ann. dell' Inst.* 1884, p. 108 et suiv. 1885, p. 6 et suiv.

(2) *Bull. dell' Inst.* 1881, p. 75-76. — *Bull. di pal. ital.* IV, p. 78-81; VI, p. 81. Zannoni, *Gli scavi della Certosa*, p. 157-161. *Not. di scavi comm. all. acc. dei Lincei*, 1882, p. 17-20. — (3) *Ann. dell' Inst.* 1885, p. 32 et suiv.

(4) Gozzadini, *Di un sepolcreto etrusco scoperto presso Bologna*, Bol. 1885. *Intorno ad altre settantuna tombe del sepolcreto etr. scop. presso Bologna* Bologne, 1886.

(5) *Bull. dell' Inst.* 1875, p. 50 et suiv., p. 177-182, 209-216. Zannoni, *Gli scavi della Certosa* p. 34-35, 112 et suiv.

(6) Celui de Poggio Renzo : *Rev. arch.* XXVII, 1874, p. 209 et suiv., XXVIII, 1874, p. 155 et suiv. (*Mem. dell' acc. di Torino*, ser. II, t. XXVIII, p. 28, note 5. — *Bull. dell' Inst.* 1875, p. 216. L'autre est celui de Sarteano : *Bull.*, 1879, p. 233-236.

(7) *Notizie degli scavi*, 1885, p. 98-152. — *Bull. dell' Inst.*, 1885, p. 129, note 1.

(8) *Bull. dell' Inst.* 1882, p. 11-22, 40-42, 163-176, 209-211, 213-216. — *Annal.* 1884, p. 110 et suiv. — 1885, p. 6 et suiv. — *Not. di scavi comm. all' acc. dei Lincei*, 1881, p. 342-362, 1882, p. 136 et suiv.

(9) Klitsche de la Grange, *Intorno ad alcuni sepolcreti arcaici rinv. pr. sso Civitavecchia*, Roma. *Nuovi ritrovamenti paleontologici nei territori di*

tium, la partie septentrionale, c'est-à-dire la plus ancienne de la nécropole d'Albe-la-Longue (1).

Dans cette couche, dont la formation était déjà commencée avant que les Italiotes et les Étrusques eussent occupé leurs positions définitives, il y a un fait extrêmement important à noter. On y a trouvé des ustensiles qui ont une grande analogie avec certains types découverts en Grèce (2); il est même impossible d'admettre que ces produits aient été fabriqués en Italie et en Grèce, en dehors de toute influence commune. Nous sommes, au contraire, autorisé à penser qu'il y avait un trafic très actif entre les deux péninsules classiques et que des produits industriels étaient souvent transportés de l'Est à l'Ouest. Comme quelques-uns d'entre eux ont un certain rapport avec les descriptions d'Homère, nous ne pouvons nous soustraire

---

Tolfa e di Allumiere. Roma, 1881. — *Not. di scavi*, 1880, p. 125-127; 1881, p. 245-247. *Bull. dell' Inst.* 1883, p. 209-212; 1884, p. 110-112, 189-192.

(1) Helbig, *Die Italiker in der Poebene*, p. 82, note 3. Voy. tout ce qui a paru sur ce sujet, depuis 1879, dans les *Ann. dell' Inst.*, 1885, p. 48, note 2.

(2) On rencontre, en Italie, dans les couches préhelléniques, des spécimens de fibules pareilles à celles qu'on trouve en Grèce. La fibule simple (*Bull. di pal. ital.*, IV, p. 106-110), une des espèces les plus anciennes de l'Italie, a été trouvée à Olympie (Furtwængler, *Die Bronzefunde*, p. 37), une autre, en or, à Kition, dans l'île de Chypre (Perrot et Chipiez, *Hist. de l'art*, III, p. 851, n° 595). Une fibule serpentiforme, grossie vers le milieu, a été trouvée à Villanova (Gozzadini, *ibid.*, pl. VIII, 1) et à Olympie (Furtwængler, *Die Bronzefunde*, p. 38); une fibule à nœud dans la nécropole de Benacci, à San Francesco de Bologne (*Bull. di pal. ital.*, IV, p. 53) et à Mycènes (Stamatakis, n° 3141ª. Ce spécimen a été trouvé sous les décombres à 5 mètres de profondeur); enfin une fibule à sept gros nœuds dans le Polytechnion d'Athènes. Certaines fibules de Villanova, de Benacci et d'Arnoaldi sont ornées sur l'arc de trois oiseaux aquatiques (peut-être des canards) : il faut les rapprocher de celle de Camiros, qui n'est décorée que d'un seul oiseau semblable (Perrot et Chipiez, *Hist. de l'art*, III, p. 31, n° 594). On a découvert aussi en Italie des poignards de l'époque préhellénique pareils aux poignards grecs (*Bull. di pal. ital.*, II, p. 44), tel un exemplaire de l'île d'Amorgos (*Mitth. des arch. Inst. athenische Abth.* XI 1886 Beil. 1 n° 6, p. 24). Parmi ces objets les plus intéressants pour nous sont les spirales servant à retenir les boucles de cheveux, les rasoirs en forme de croissant et les garnitures en bronze de larges ceintures (μίτραι) dont il sera question en détail dans les chapitres XVI et XXI.

à la tâche délicate qui consiste à examiner comment ce rapport a pu s'établir.

L'Odyssée (1) témoigne, il est vrai, que dès le début de la colonisation hellénique, les Grecs occidentaux passaient la mer pour aller sur le continent opposé. Mais ce n'était pas assez pour imprimer aux populations de l'Italie un cachet de civilisation avancée. Du reste, ces navigateurs grecs, pour des raisons faciles à comprendre, se rendaient sur les côtes sud-est de la péninsule apennine; or ici on n'a rien trouvé qui appartienne à la civilisation dont il vient d'être parlé.

De même les plus anciennes villes grecques fondées en Sicile ou dans la basse Italie n'ont pu exercer ici aucune influence. Il est, en effet, établi que les Italiotes et les Étrusques se trouvaient dans cette phase de civilisation que nous venons de décrire, avant même de passer l'Apennin, et personne n'osera, croyons-nous, soutenir que ces deux peuples n'abordèrent sur les rivages de la Méditerranée qu'après le commencement de la colonisation grecque.

Si les relations entre la péninsule des Balkans et celle des Apennins remontent à l'époque préhellénique, il est probable qu'elles se transmettaient par la voie de terre, tout autour du golfe d'Istrie; cette hypothèse est d'ailleurs assez clairement démontrée par la légende et par les traditions historiques.

En premier lieu, il faut rappeler ici le récit que fait Diodore (2), probablement d'après Ephoros, de la manière dont Thémistocle se sauva du pays des Molosses : afin de ne pas être livré aux Lacédémoniens, le réfugié athénien se fait conduire vers l'est, au delà des montagnes, par deux jeunes Ligyens, c'est-à-dire Ligures, qui séjournaient chez les Molosses pour faire du commerce; il passe ainsi sain et sauf en Asie Mineure. Comme les anciens auteurs grecs emploient le nom de Ligyens dans un

---

(1) XXI, 383, XXIV, 211, 307, 366, 389. Comp. Müllenhoff, *Deutsche Alterthumskunde*, I, p. 56-58.

(2) XI, 56. Comp. Volquardsen, *Untersuchungen über die Quellen bei Diodor*, p. 60.

sens très large, il est douteux que les guides de Thémistocle soient des Ligures dans l'acception ethnographique du mot; peut-être appartenaient-ils à une peuplade quelconque établie dans la haute Italie, telle que, par exemple, les Vénètes illyriens. Quoi qu'il en soit, il ressort de ce récit que des hommes venus d'Italie trafiquaient, dès la première moitié du cinquième siècle, dans la péninsule des Balkans et qu'ils en connaissaient les chemins et les sentiers.

Un second témoignage de ces relations semble résulter d'un fait (1) raconté par Aristote. Entre la presqu'île d'Istrie et le territoire des Mentores se dressait une montagne nommée Delphion; de son sommet, on voyait jusqu'à la mer Noire et, au milieu, entre les deux mers, était située une localité, centre d'un marché où se vendaient des marchandises de Lesbos, Chios et Thasos, venant du Pont-Euxin, et des amphores corcyréennes venant de l'Adriatique. Ce récit est peut-être à moitié mythique; il nous autorise cependant à admettre que l'intérieur de la presqu'île des Balkans avait des relations commerciales avec la mer Adriatique. C'est ainsi qu'une tradition encore plus légendaire sur le chemin d'Hercule a fait tracer à certains archéologues une vieille route commerciale à travers les Alpes Grées (2).

Nous avons, en outre, à tenir compte ici de la légende hyperboréenne (3). Le chemin par lequel les présents des Hyperboréens parvinrent à Délos se dessine nettement depuis la pointe nord de l'Adriatique. De là ils furent apportés à Dodone, foyer de l'ancienne civilisation grecque le plus rapproché de l'Italie, et de Dodone à Délos par l'Eubée et l'île de Ténos. Plus tard, l'envoi se faisait par étapes, de village en village. Mais au début, les présents étaient apportés du pays hyperboréen à Délos, dit la légende, par deux jeunes filles et cinq hommes. Comme le

---

(1) Aristot., *De incredibil. auscultat.*, 104 (II, p. 839, Bekker). Comp. Müllenhoff, *Deutsche Alterthumskunde*, p. 433.
(2) Genthe, *Ueber den etruskischen Tauschhandel*, p. 8-9.
(3) Hérodote, IV, 33.

nom de ces envoyés, περφερέες ou περφέρες, a une grande analogie avec le verbe latin *perferre* et que, d'autre part (bien des données le prouvent), les Hyperboréens étaient en relations avec les Italiotes, Niebuhr (1) en conclut qu'il faut chercher en Italie le peuple qui fit naître la légende hyperboréenne. Et si Niebuhr a raison, cette légende repose sur les transactions qui s'établirent, dès la plus haute antiquité, par voie de terre, entre la presqu'île des Balkans et celle des Apennins.

Autre remarque importante à noter à ce point de vue : le mythe des Argonautes passant du Pont dans l'Adriatique, après avoir remonté l'Istros, celui d'Ulysse traversant l'Océan (*okeanos*) pour entrer dans la mer occidentale (2), après avoir erré autour de l'ἤπειρος, enfin quelques autres mythes se rattachant au cycle troyen indiquent qu'il existait une voie de terre au milieu de la péninsule des Balkans. Le poète de la Télégonie racontait qu'Ulysse, à son retour en Ithaque, s'étant rendu dans l'intérieur de la Thesprotie, y établit sa demeure, prit femme et devint père (3). Selon une légende, les Eubéens revenant de Troie auraient suivi un chemin à travers le continent et auraient fondé, dans le nord de la Macédoine, une ville près d'Edessa (4). D'après les *Nostoi*, Néoptolème serait arrivé dans le pays des Molosses, en passant par la Thrace (3). Il semble même qu'il y eut une légende d'après laquelle Ulysse serait revenu à Ithaque, non par mer, mais par terre, à travers la Macédoine (5).

Enfin il résulte de la comparaison des deux langues qu'il y eut depuis fort longtemps des relations intimes entre les ancêtres des Grecs et ceux des Italiotes; c'est pour cette raison même que les philologues admettent une époque gréco-italique. Cette

---

(1) *Römische Geschichte* I², p. 84-85.
(2) Von Wilamowitz-Mœllendorff, *Homerische Untersuchungen*, p. 166.
(3) *Epicor. græcor. fragm.*, éd. Kinkel, I, p. 57. Von Wilamowitz-Mœllendorff, p. 187-189.
(4) Strabon, X, c. 449. — (3) *Epicor. græc. fragm.* I, p. 53; Von Wilamowitz-Mœllendorff, p. 173.
(5) Wilamowitz, p. 161-162, 173.

époque n'est probablement autre que celle où les ancêtres des Grecs habitaient le nord-ouest de la péninsule balkanique, dont Dodone était le centre le plus ancien, et où les ancêtres des Italiotes occupaient une région voisine de la presqu'île apennine ; les deux peuples communiquaient entre eux par la voie de terre. Cette époque comprendrait donc, quant aux peuples fixés en Italie, la civilisation des villages sur pilotis et la première phase du développement immédiatement ultérieur, cette phase que les Italiotes avaient franchie avant la dissolution de leurs liens de voisinage avec le peuple frère. Nous ne connaissons, il est vrai, actuellement qu'un seul type où la civilisation des stations sur pilotis offre des points de contact avec l'industrie de la péninsule balkanique. C'est une petite parure de bronze en forme de roue, évidemment une tête d'épingle à cheveux. Elle est la même dans les stations italiques qu'à Olympie (1). Mais, si, dans la presqu'île des Balkans, nous ne pouvons indiquer avec assurance aucune trace sérieuse de la période dite des stations sur pilotis, il ne faut pas oublier que la région nord-ouest de cette péninsule, région qui nous intéresse particulièrement ici, est presque entièrement inconnue au point de vue archéologique. Il y a cependant des traces qui témoignent que les Grecs occidentaux tout au moins ont traversé une phase qui correspond assez bien à celle qui suit chez les Italiotes les stations sur pilotis (2). Comme la civilisation dans le bassin de la Méditerranée marchait de l'est à l'ouest, il est tout naturel que ses progrès se soient fait sentir

(1) Helbig. *Die Italiker in der Poebene*, p. 20, 89. Furtwengler, *Die Bronzefunde*, p. 41. Comp. *Ann. dell' Inst.*, 1884, p. 121. note 2. *Bull.* 1885. p. 117. 124. *Not. degli sc.*, 1885. pl. IX. 29, p. 146, 1886, p. 10. Il est hors de doute aujourd'hui que ces parures en forme de roue faisaient partie d'épingles à cheveux. On en voit une ainsi ornée plantée dans la chevelure tombante d'un portrait d'argile. qui sert de couvercle à un *canopus* (urne cinéraire) de Chiusi : *Museo ital. di antich. classica*. I. pl. IX^a, 14^b, p. 311. On a trouvé un objet semblable dans un tombeau de Corneto, à côté du crâne du défunt (*Bull.*, 1885, p. 117, 124.)
(2) Voy. plus haut, p. 105, note 2.

d'abord dans la presqu'île balkanique, et ensuite en Italie. Les liens qui unissaient les ancêtres des Hellènes à ceux des Italiotes furent rompus lorsqu'à la suite du mouvement des peuples dans l'Europe centrale (1), les Vénètes Illyriens vinrent envahir l'Italie. Mais ce point et la question chronologique qui s'y rattache seront mieux traités dans le second volume de nos *Contributions à l'Histoire de la civilisation et de l'art de l'ancienne Italie*. Pour le moment, il nous suffit d'avoir démontré que l'industrie qui nous est révélée par les deux nécropoles de Bologne et autres semblables a subi l'influence d'une civilisation qui régnait jadis dans la péninsule des Balkans. Par conséquent, si les objets contenus dans ces nécropoles présentent quelque analogie avec la description épique, nous aurons le droit d'en tenir compte au cours de notre étude.

Comment les Italiotes et les Étrusques, une fois installés sur les bords de la Méditerranée, ont-ils pu, grâce à leurs relations avec les Phéniciens ou les Carthaginois et avec les Hellènes, s'approprier une civilisation plus avancée? C'est un problème dont la démonstration dépasserait les cadres de notre ouvrage. Cependant, nous ne pouvons nous empêcher de signaler les principales trouvailles, témoins de l'industrie apportée par les Hellènes lors de leur premier établissement sur les côtes de la Sicile et de la Campanie. La connaissance exacte de cette industrie serait très précieuse pour nos investigations, car nous pouvons admettre que la colonisation de l'ouest commença aussitôt après l'achèvement de la majeure partie de l'Épopée (1); par conséquent, les plus anciens vestiges de l'hellénisme qu'on rencontre en Italie et en Sicile représentent une phase qui suivit immédiatement la période homérique. Les fouilles pratiquées dans les plus anciennes parties des nécropoles de Cumes et de Syracuse sont, à ce

---

(1) Nous croyons avoir réfuté à la fin de ce livre l'opinion erronée d'après laquelle la fondation de Cumes remonterait au delà de l'an mille avant Jésus-Christ.

point de vue, d'une extrême importance. Malheureusement on n'a point fait de procès-verbal des fouilles de Cumes ; il est donc bien difficile de déterminer avec précision les objets provenant de cette nécropole (1); on ne peut les classer chronologiquement que d'après leurs particularités de style. D'autre part, la comparaison entre les tombeaux osques, latins et étrusques, nous offre quelques points de repère. Dans les nécropoles de ces trois peuples on trouve, en effet, souvent des produits industriels qui correspondent aux types de Cumes (2) Si nous pouvons déterminer à peu près l'âge du tombeau contenant un de ces types, ce sera un critérium chronologique pour les exemplaires trouvés à Cumes. Cela posé, voici ce que contiennent les tombeaux de Cumes : un grand nombre de poteries d'argile, souvent mentionnées (3), qui sont décorées d'ornements rayés bruns ou rougeâtres et parfois d'animaux courants (4).

(1) Quelques lignes seulement dans Fiorelli, *Nat. dei. vasi dip. rinv. a Cuma*, p. VIII.
(2) Comp. *Bull. dell' Inst.* 1878 p. 152 et suiv. — *Ann. dell' Inst.* 1880, p. 225 et suiv.
(3) Voy. plus haut, p. 38 note 4 et p. 58.
(4) Le plus connu de ces vases est un lécythe avec l'inscription de Tataié trouvé à Cumes (*Bull. nap.* 1843, Pl. II, 2 p. 20-23). Voy. sur la technique et le style de ces vases : Helbig, *Die Ital. in der Poebene*, p. 84-86; Furtwängler, *Die Bronzefunde*, p. 47-51 et *Arch. Zeit.* XLI, 1883, p. 154-162. On a trouvé à Tirynthe la panse d'un de ces vases : Schliemann, *Tiryns*, p. 400 n° 143. Dümmler veut bien nous écrire que des vases de cette espèce se rencontrent dans les couches les plus profondes à Égine et à Éleusis. « Ce qui prouve, dit-il, la haute antiquité de ces vases, c'est qu'une de leurs formes principales a été trouvée à Athènes parmi des vases du Dipylon, façonnée en terre du Dipylon. Ils se rattachent donc aux types de Mycènes et sont contemporains des plus anciens types du Dipylon. » Nous connaissons trois vases de ce genre qui sont ornés de figures peintes. Ce sont : 1° celui de la Nécropole del Fusco près Syracuse, (*Ann. dell' Inst.* 1877 Tav. d'agg. pl. C D 2, p. 45 n° 7), représentant un homme nu qui s'apprête à abattre un lion ; 2° celui de Nola (*Arch. Zeit.* XLI, 1883, voy. notre chap. XVI), où deux lions attaquent un taureau, pendant que des bergers accourent pour le défendre ; 3° celui de Corinthe (*Arch. Zeit.* XLI, Pl. XI, p. 145) : Hercule luttant contre les Centaures. Les sujets représentés sur les deux premiers rappellent ceux qui sont traités avant les migrations doriennes (*Arch. Zeit.* XLI, p. 159-161).

Le nombre des vases corinthiens paraît, au contraire, fort restreint. Raoul Rochette (1) regarde comme très ancien et même comme préhellénique un morceau de vase trouvé dans la couche la plus profonde d'une localité où étaient superposés plusieurs tombeaux et dont l'ornementation consiste en raies parallèles, lignes brisées et chevrons. Mais il suffit de jeter un coup d'œil sur le dessin pour se convaincre que ce vase appartient à une espèce assez récente, très fréquemment représentée dans les nécropoles grecques de la Sicile (2). La plus ancienne phase de l'industrie de Cumes est, en outre, caractérisée par les parures d'ambre (3) et de verre (4), matières dédaignées par le goût classique. Parmi les ouvrages en métal nous nous bornerons à signaler une amphore de bronze dont les anses ont la forme d'un homme qui étreint deux lions (5). Son style primitif indique que ce vase remonte au moins au commencement du septième siècle : c'est un des plus anciens bronzes grecs qu'on ait découverts dans le sol italien.

Dans les fouilles de Sicile nous devons tout particulièrement faire remarquer un groupe de tombeaux découvert sur le terrain del Fusco, près Syracuse (6). Les objets que renferment ces tombeaux ont, sous plusieurs rapports, une certaine parenté avec ceux de la plus ancienne partie de la nécropole de Cumes : on y rencontre, en effet, de nombreux vases d'argile ornés de zones et d'animaux courants, mais fort peu de vases de Corinthe. Parmi les premiers, un flacon à huile est très curieux, car il est orné d'une figure d'homme nu qui frappe un lion d'un coup d'épée (7). La technique mentionnée plus haut et à laquelle Raoul Rochette attribue une origine préhellénique, est représen-

---

(1) *Mémoires d'arch. comparée*, I, Pl. XI 9. p. 379, note 4.
(2) P. ex. à Syracuse : *Annal*. 1877. Tav. d'agg. C. D. 9; à Sélinonte : *Bull. della commis. di antichità in Sicilia*, 1872. Pl. IV 8, p. 14.
(3) Helbig, *Osservazioni sopra il commercio dell' ambra* (Acc. dei Lincei, Ann. CCLXXIV) p. 10, note 4.
(4) *Annal*. 1877, p. 56, note 2. — (5) *Ann*. 1880. Tav. d'agg. W. 2, 2ᵃ.
(6) *Annal. dell' Inst*. 1877. Tav. d'agg. A D., p. 37-56.
(7) *Annal. dell' Inst*. 1877. Tav. d'agg. C D., 2. Comp. p. 111, note 4.

tée par une boîte peinte (1). Les ornements de verre ont également quelque analogie avec ceux de Cumes (2). Mais il existe dans la nécropole de Syracuse une sorte de vase d'argile (3) à ornementation géométrique, dont on n'a pas encore trouvé d'exemples à Cumes. Les ouvrages en métal mis au jour dans les tombeaux de la propriété del Fusco sont en très petit nombre et d'un style peu caractéristique (4). Cette nécropole est sans aucun doute postérieure à l'année 734, date de la fondation de Syracuse.

Un tombeau découvert à 6 kilomètres au sud de Syracuse, sur le terrain Matrensa, est unique dans son espèce et mérite, à ce titre, une attention toute spéciale (5). La chambre sépulcrale en forme de ruche, creusée dans le rocher, et un dromos (6) qui y conduit, rappellent les anciens tombeaux à coupole (7). Dans la chambre on a trouvé deux vases d'argile rehaussés d'ornements tracés en brun (en bas zones parallèles, en haut une sorte de pampres) sur un fond lisse jaunâtre (8). Au point de vue de la forme (9), de la décoration et de l'exécution technique, ils ressemblent beaucoup aux spécimens retirés des tombeaux en puits de Mycènes et d'autres provenances analogues. Cette chambre funéraire contenait, en outre, deux vases en argile noire (10) qui, selon Löschcke, semblent également avoir beaucoup d'analogie avec la céramique mycénienne. Comme Syracuse ne comptait nullement parmi les plus anciennes colonies grecques de l'Occident et que les vestiges grecs trouvés dans les autres localités de la Sicile et de l'Italie appartiennent tous à

(1) *Ann. dell' Inst.* 1877. Tav. CD, 9. — (2) *Ann.* 1877, p. 56, note 2.
(3) *Ann.* 1877. Tav. CD. 5.
(4) *Ann.* 1877. Tav. AB. 23-25 p. 41, 55-56.
(5) *Ann.* 1877. Tav. E. p. 56-58. — (6) Tav. d'agg. E. 3. — (7) Comp. plus haut, p. 86-87.
(8) *Annal.* 1877, Tav. d'agg. E, 6, 7. — (9) Furtwængler et Löschcke, *Mykenische Thongefässe*, Pl. III, 9-11. Le spécimen qui se rapproche le plus des types siciliens est un vase de Crète qui est conservé actuellement au musée de Berlin (Furtwængler, n° 20).
(10) *Ann.* 1877, Tav. d'agg. E, 4, 5.

une époque relativement récente, nous ne saurions dire s'il faut attribuer ce tombeau aux colons corinthiens ou à la période préhellénique. On sait qu'avant l'arrivée des Grecs, les Phéniciens s'étaient installés dans les îlots de la côte sicilienne et dans les presqu'îles faciles à défendre, afin de commercer avec les indigènes et de se livrer à la pêche des mollusques à pourpre(1). Des traces non douteuses permettent de supposer qu'il existait une colonie phénicienne à Ortygie (2). Le tombeau de Matrensa pourrait bien être l'œuvre des Phéniciens ou des Sicules qui avaient subi l'influence de ces derniers et en avaient reçu ces vases d'argile.

En terminant ce chapitre, il faut que nous revenions encore sur les tombeaux découverts à Cæré (3) par Regulini et Galassi et sur ceux de Préneste (4) qui sont de la même famille; les produits qu'ils renferment nous serviront, en effet, souvent comme pièces à l'appui dans les déductions qui vont suivre. Nous les avons attribués jadis à la seconde moitié du septième ou à la première moitié du sixième siècle (5); on peut aujourd'hui déterminer leur chronologie d'une manière plus précise. Deux coupes d'argent, pourvues d'inscriptions étrusques, découvertes à Cæré (6), indiquent déjà une date moins ancienne. Les Étrusques comme les Latins empruntèrent leur alphabet aux Chalcidiens; par conséquent, les tombeaux avec inscriptions étrusques sont tout naturellement postérieurs à la fondation des premières colonies chalcidiennes dans l'ouest, c'est-à-dire à l'année 740 ou 730 avant J.-C. (7). De plus, il n'est guère probable que les Étrusques, aussitôt que les premiers navigateurs chalcidiens eurent débarqué chez eux, se soient mis à étudier

---

(1) Thucyd. VI 2, 6. — Movers, *Die Phönizier* II, 2, p. 309 et suiv. — *Rhein. Mus.* VIII, 1853, p. 328. — Kiepert, *Lehrbuch der alten Geographie*, p. 464-465.
(2) Movers. Ibid. II 2, p. 325-328.
(3) Voy. plus haut, p. 39, note 2. — (4) Voy. plus haut, p. 40, note 1. —
(5) *Annal. dell' Inst.* 1876, p. 226 et suiv.
(6) *Mus. Greg.* I, Pl. LXII 7, 8, 10. — (7) Comp. le chap. 1er des *additions* de ce livre.

l'alphabet de ces étrangers. Il est certain, au contraire, que l'introduction de l'alphabet en Étrurie fut le résultat de relations longuement entretenues. L'emploi de l'écriture resta d'ailleurs circonscrit tout d'abord aux textes d'un sens religieux et politique, et il s'écoula beaucoup de temps avant qu'elle devînt d'un usage courant. Les données que nous possédons sur les *sæcula* étrusques permettent d'affirmer que les Étrusques ne fixèrent graphiquement leur chronologie que dans le troisième quart du septième siècle avant J.-C. (1). Si les objets de Cæré témoignent d'un usage courant de l'écriture, il s'en suit qu'ils sont d'une époque assez récente; ils remontent tout au plus au commencement du sixième siècle. Cette hypothèse est confirmée par les fouilles pratiquées dernièrement dans les nécropoles de Tarquinies et de Vulci. Elles ont permis de constater que le type de la tombe de Cæré a été précédé de toute une série de tombeaux qui contiennent des produits industriels grecs très anciens, notamment des vases d'argile à zones peintes (2). Et le nombre en est si grand qu'il faut y reconnaître l'œuvre d'une génération au moins. Mais ce sujet rentre plutôt dans le cadre du second volume de nos *Contributions à l'histoire de la civilisation et de l'Art en Italie*. En tout cas, le tombeau de Cæré révèle une situation analogue à ce que nous apprend Hérodote (3) sur la bataille d'Alalia (537 av. J.-C.) et sur les événements suivants. Les coupes d'argent du style mixte égypto-assyrien (4) et d'autres produits artistiques trouvés dans ce tombeau prouvent que les Étrusques entretenaient de nombreuses relations commerciales avec les Phéniciens ou les Carthaginois. D'autre part, il résulte des inscriptions étrusques ci-dessus mentionnées que, avant l'époque à laquelle appartient ce tombeau,

---

(1) Censorin. *De die natali*, XVII, 5 et suiv. — Servius, *ad Vergil. ecl.* IX, 47. — *Ann. dell' Inst.* 1876, p. 227-230.
(2) Ce sont principalement les *tombe a fossa* dont il a été question à la p. 38.
(3) I, 165-167.
(4) *Ann. dell' Inst.* 1876, p. 201-202.

les Étrusques étaient en rapports suivis avec les Grecs. Dans la bataille d'Alalia, les Étrusques et les Carthaginois étaient alliés contre les Grecs. Mais avant les événements qui suivirent cette bataille, il y eut une période où les Grecs exerçaient une grande influence sur les Étrusques. Les Phocéens faits prisonniers dans la bataille navale, furent lapidés sur le marché de Cæré. Lorsqu'une épidémie se déclara aussitôt après, les Cærétaniens demandèrent à l'oracle de Delphes comment ce crime serait expié. Nous voyons par là que, même avant leur alliance avec les Carthaginois, les Étrusques avaient appris à connaître et à craindre l'Apollon grec. Or, ce n'était possible qu'à la suite de longues relations avec les Grecs.

Après avoir passé en revue les principaux documents, nous allons aborder l'étude des produits d'art et d'industrie dont il est fait mention dans l'Épopée. Nous commencerons par l'architecture. Le lecteur pourra ainsi se faire une idée des constructions qui servent de fond aux conceptions des poètes.

L'ÉPOQUE HOMÉRIQUE.

I. L'ARCHITECTURE ET LE MOBILIER

CHAPITRE VII

LES MURS DE DÉFENSE.

Nous avons montré, dans le chapitre V, qu'après l'immigration dorienne, il y eut une période de recul dans l'architecture défensive des Grecs. Pendant que les murailles de Mycènes et de Tirynthe sont construites en puissants blocs de pierre, dans l'Épopée il n'est jamais fait mention de constructions en pierre.

Hirt (1) nous a donné une idée très exacte de la manière dont les poètes de l'Iliade voyaient les fortifications du camp naval des Achéens. Le camp était entouré d'un fossé, garni à l'intérieur d'une rangée de palissades reliées entre elles (2). Derrière le fossé s'élevait un rempart. Le poète nous renseigne à peu près sur la construction de ce dernier : ses fondations consistaient en troncs d'arbres et en pierres (3), les tours sur

---

(1) *Die Geschichte der Baukunst bei den Alten*, I, p. 203-204.
(2) *Il.* VIII 343; IX 350; XV 1; XII 54 et suiv. 63 et suiv.
(3) *Il.* XII 29, 259.

montant le rempart étaient en poutres de bois (1). Si telle était la composition des tours, l'espace qui les séparait, indépendamment des blocs de pierre employés pour les fondations, devait être comblé avec la terre du fossé et avec des fascines. C'est dans ces conditions seulement que Sarpedon a pu arracher avec la main une cuirasse et faire une brèche dans le rempart (2). De telles fortifications étaient considérées comme remarquables, car Poseïdon craint qu'elles n'éclipsent la gloire de la muraille dont il avait ceint la ville de Troie, de concert avec Apollon (3). Il est donc impossible d'admettre que les poètes se représentaient les murailles de Troie comme une construction en pierre. Il est probable, au contraire, qu'ils se les figuraient comme étant des ouvrages en terre et en bois, semblables à ceux qui entouraient le camp des Achéens, ou peut-être comme de simples amas de terre pareils à ceux qu'avaient faits les Troyens et Pallas Athènè, pour servir de refuge à Héraklès dans sa lutte contre les monstres marins (4). Tout au plus peut-on se demander si tel ou tel poète admettait qu'il y ait eu dans la muraille troyenne des briques d'argile, matériaux dont nous avons déjà parlé dans le chapitre V (5). Le témoignage le plus concluant à cet égard se trouve dans la description de Scheria (6). Le poète manifeste clairement l'intention d'attribuer aux Phéaciens la connaissance de tous les arts qu'il a remarqués autour de lui ou dont une vague rumeur était parvenue jusqu'à lui du lointain Orient. S'il avait eu sous les

(1) *Il.* XII 36 : ..... κανάχιζε δὲ δούρατα πύργων
βαλλόμεν...

(2) *Il.* XII 397 et suiv. Comp. 258 et suiv.
(3) *Il.* VII, 445 et suiv. Comp. XXI, 446, 526. — (4) Voy. p. 84-86.
(5) *Il.* XX, 145 :
τεῖχος ἐς ἀμφίχυτον Ἡρακλῆος θείοιο

(6) *Od.* VII 43 :
θαύμαζεν δ' Ὀδυσσεὺς λιμένας καὶ νῆας ἐΐσας,
αὐτῶν θ' ἡρώων ἀγοράς καὶ τείχεα μακρά,
ὑψηλά, σκολόπεσσιν ἀρηρότα, θαῦμα ἰδέσθαι

Comp. VI, 9, 262.

yeux une enceinte de ville en pierre, il eût certainement reproduit poétiquement l'impression puissante que fait une construction de ce genre, et l'eût au moins indiquée par une épithète significative. Il ne le fait pas, mais dit simplement que les murailles étaient longues, hautes et pourvues de palissades.

La muraille d'airain qui entourait l'île d'Aiolos est une exception absolument singulière (1). Comme rien ne prouve que les Grecs aient jamais recouvert de métal leurs murailles défensives, il est probable que cette muraille est sortie de l'imagination du poète qui a voulu donner par là l'idée d'une grande solidité; cette expression est d'ailleurs souvent employée dans ce sens par les auteurs hébreux et les auteurs classiques (2). Il est possible toutefois que nous soyons là en présence d'un vague souvenir de la décoration orientale. Ecbathane, la capitale de la Médie, était ceinte de sept murailles, dont la première à l'intérieur était garnie de créneaux d'or, la suivante de créneaux d'argent (3). Ce fait prouve que dans le centre de l'Asie antérieure certaines parties des murailles défensives étaient garnies de plaques métalliques.

Du reste, il semble qu'à l'époque d'Homère toutes les villes n'étaient pas fortifiées.

Les villes auxquelles l'Épopée attribue une enceinte fortifiée sont en dehors de Troie et de Schéria : Gortys (4), Tirynthe (5),

---

(1) *Od.* X 3 :

> ...πᾶσαν (νῆσον) δέ τέ μιν πέρι τεῖχος
> χάλκεον ἄρρηκτον, λισσὴ δ'ἀναδέδρομε πέτρη

(2) Par ex. Jérémie, 1, 18. — Eschine, *Ctésiph.* 84 p. 64. — Horace, Épitre I, 1, 60.

(3) Hérodote 1, 98. — Comp. Perrot et Chipiez, *Hist. de l'art* II p. 237-289. — Semper (*Der Stil*, 1, p. 428) suppose que les murs cyclopéens attribués aux Lélégiens étaient recouverts de feuilles métalliques. C'est une hypothèse un peu trop hardie qu'il déduit de ce que des trous se voient souvent dans les blocs composant ces murailles (voy. Texier, *Description de l'Asie Mineure* III, p. 147-149).

(4) *Il.* II 646 : Γόρτυνά τε τειχιόεσσαν.

(5) *Il.* II 559 : Τίρυνθά τε τειχιόεσσαν.

Thèbes de Cilicie et de Béotie (1), Lyrnessos (2), Calydon (3), la ville de Curètes (4), sans doute Pleurion, Pheia (5) en Élide et la ville assiégée qu'Hephaistos a représentée sur le bouclier d'Achille (6). De plus, Ajax, fils de Télamon, lorsqu'il encourage les Achéens dans la lutte autour des vaisseaux, crie à Achille qu'il n'existe point dans le voisinage de ville munie de tours (7), et Nestor rappelle comment les aïeux, marchant en rangs serrés contre l'ennemi, s'emparaient des villes et des fortes murailles (8). Au contraire, les poètes semblent s'être imaginé Ithaque, Pylos et Sparte comme des villes ouvertes. En ce qui concerne Ithaque, il est à remarquer que ni Télémaque (9) et Ulysse (10), se rendant de la maison d'Eumaios dans la ville, ni Eumaios, allant, après le meurtre des prétendants, chez Laërte (11), ne passent par des enceintes fortifiées. L'Épopée n'en parle pas non plus à propos de l'arrivée de Télémaque à Pylos (12) et à Sparte (13), ni à propos

---

(1) Celle de Cilicie : *Il.* II 691 τείχεα Θήβης; VI 416 Θήβην ὑψίπυλον. Celle de Béotie : *Il.* IV 378 ἱερὰ πρὸς τείχεα Θήβης. XIX 99 ἐϋστεφάνῳ ἐνὶ Θήβῃ. *Od.* XI 263 :

Ἀμφίονά τε Ζῆθον τε
οἳ πρῶτοι Θήβης ἕδος ἔκτισαν ἑπταπύλοιο,
πύργωσάν τ' ἐπεὶ οὐ μὲν ἀπύργωτόν γ' ἐδύναντο
ναιέμεν εὐρύχορον Θήβην, κρατερώ περ ἐόντε

(2) Achille l'appelle πόλιν εὐτείχεα. (*Il.* XIV, 57.)
(3) *Il.* IX, 573, 574, 588.
(4) *Il.* IX 552.
(5) *Il.* VII 135 : Φειᾶς πὰρ τείχεσσιν.
(6) *Il.* XVIII 514 :

τεῖχος μέν ῥ' ἄλοχοί τε φίλαι καὶ νήπια τέκνα
ῥύατ', ἐφεσταότες, μετὰ δ'ἀνέρες οὓς ἔχε γῆρας.

(7) *Il.* XV 737 : οὐ μέν τι σχεδόν ἐστι πόλις πύργοις ἀραρυῖα.
(8) *Il.* IV 308 : ὧδε καὶ οἱ πρότεροι πόλιας καὶ τείχε' ἐπόρθεον
(9) *Od.* XVII 26-28.
(10) *Od.* XVII 260.
(11) *Od.* XXIII 370-372.
(12) *Od.* III 1 et suiv. XV 193.
(13) *Od.* IV 1-2.

de son départ de cette dernière ville (1), bien que l'allusion au char roulant sous la porte de la ville eût fourni un beau motif épique (2).

Il convient enfin de faire remarquer que la construction des rues n'était guère avancée à cette époque. Le pavé dont on a trouvé les restes à Hissarlik était composé de grosses plaques calcaires (3). Celui qui garnit de chaque côté le seuil du trésor d'Atrée se compose de plaques non dégrossies de calcaire (4). L'Épopée, en parlant du pavé qui couvrait l'agora de Scheria (5) dit qu'il était fait de pierres rapportées. Loin d'indiquer un progrès sur l'époque précédente, ce fait est plutôt la preuve d'un mouvement rétrograde.

(1) *Od.* XV 145-183.
(2) Dans le Ve chapitre (p. 84-85) nous avons montré qu'il en était sous ce rapport des villes plus récentes comme de celles de l'époque homérique.
(3) Schliemann, *Ilios* p. 301-303, 345-346. *Troja* p. 198-199.
(4) *Mittheil. des deutsch. arch. Inst. in Athen*, 1879. Pl. XII DD, p. 178.
(5) *Od.* VI 266 :

ἔνθα δέ τέ σφ' ἀγορή, καλὸν Ποσιδήϊον ἀμφίς,
ῥυτοῖσιν λάεσσι κατωρυχέεσσ' ἀραρυῖα.

CHAPITRE VIII

LES MAISONS D'HABITATION.

On construisait des habitations en pierres taillées; cela ressort des indications que nous donne l'Épopée sur les appartements des fils et des beaux-fils de Priam (1) et sur la maison de Circé (2). De plus, lorsque les Mirmidons rangés en bataille sont comparés, dans l'Iliade, à des pierres dont l'architecte fait la muraille d'une haute maison (3), cette comparaison suppose évidemment des pierres taillées et s'ajustant bien les unes avec les autres. Les mêmes matériaux ont dû être employés

---

(1) *Il.* VI, 242 :

   Ἀλλ' ὅτε δὴ Πριάμοιο δόμον περικαλλέ' ἵκανεν,
   ξεστῇς αἰθούσῃσι τετυγμένον-αὐτὰρ ἐν αὐτῷ
   πεντήκοντ' ἔνεσαν θάλαμοι ξεστοῖο λίθοιο,
   πλησίοι ἀλλήλων δεδμημένοι· ἔνθα δὲ παῖδες
   κοιμῶντο Πριάμοιο παρὰ μνηστῇς ἀλόχοισιν,
   κουράων δ'ἑτέρωθεν ἐναντίοι ἔνδοθεν αὐλῆς
   δώδεκ' ἔσαν τέγεοι θάλαμοι ξεστοῖο λίθοιο,
   πλησίοι ἀλλήλων δεδμημένοι· ἔνθα δὲ γαμβροὶ
   κοιμῶντο...

Il est difficile de dire au juste si les ξεσταὶ αἴθουσαι du vers 243, mentionnées dans un autre passage de l'Iliade (XX, 11) indiquent des constructions en pierre ou en bois.

(2) *Od.* X 210, 253..... δώματα Κίρκης
   ξεστοῖσιν λάεσσι, περισκέπτῳ ἐνὶ χώρῳ

(3) *Il.* XVI 212 :

   ὡς δ'ὅτε τοῖχον ἀνὴρ ἀράρῃ πυκινοῖσι λίθοισιν
   δώματος ὑψηλοῖο, βίας ἀνέμων ἀλεείνων.

pour le thalamos d'Ulysse (1); car l'épithète ajoutée aux pierres (πυκνῇσιν λιθάδεσσιν) fait supposer une construction serrée, et si le poète avait pensé aux moellons reliés au moyen du mortier, il n'eût certainement pas manqué de faire allusion à ce mode de jonction. Mais les ruines de certains monuments semblent prouver qu'outre ces pierres, on se servait aussi de briques crues d'argile et de blocaillons joints au moyen du mortier. Nous avons déjà dit plus haut que tous les murs de la citadelle d'Hissarlik étaient en briques non cuites (2). Dans le palais de Tirynthe, ils sont parfois complètement construits en blocaillons calcaires à mortier, parfois seulement à la partie inférieure qui repose sur les fondations. Le mortier se compose d'argile mêlée de paille et de foin. Pour les parties supérieures du mur, on se servait souvent de briques crues d'argile (3). Les constructions en briques comme celles en moellons étaient très répandues en Grèce et en Asie Mineure, même après la conclusion de l'Épopée. Ces deux modes de construction étaient usités jusqu'à la période romaine pour la plupart des maisons d'habitation grecques et même pour beaucoup d'édifices publics. Le choix des matériaux dépendait beaucoup de la constitution géologique du sol : ainsi dans les régions montagneuses, on employait de préférence les moellons, dans les plaines la brique (4). Or, si les deux procédés de construction étaient usités

(1) *Od.* XXIII 193 :

τῷ δ' (autour de l'olivier) ἐγὼ ἀμφιβαλὼν θάλαμον δέμον,
ὄφρ' ἐτέλεσσα,
πυκνῇσιν λιθάδεσσιν, καὶ εὖ καθύπερθεν ἔρεψα

Le mur de l'αὐλή d'Eumaios, dit l'Odyssée (XIV 10) est fait, en bas, de ῥυτοῖσι λάεσσι, en haut de buissons d'épines (haies vives); il s'agit là évidemment de pierres non taillées, posées les unes sur les autres, comme on les emploie encore dans l'Europe méridionale pour les murs de clôture. Il en est de même des κατωρυχέεσσι λίθοισιν mentionnés dans la description de l'αὐλή de Polyphème. (*Od.* IX 185.)

(2) Voy. plus haut, p. 84-85.
(3) Schliemann, *Tiryns*, p. 288-294.
(4) Sur les briques voy. plus haut p. 84-86; sur les moellons, Dörpfeld, *Historische Aufsætze E. Curtius gewidmet*, p. 141.

à l'époque qui précéda l'Épopée comme pendant celle qui la suivit, on peut admettre qu'il en fut de même à l'époque homérique. L'Épopée, il est vrai, ne mentionne point de murailles de briques et de moellons. Mais cela se conçoit facilement, puisque ces matériaux n'étaient jamais apparents; ils étaient dissimulés par un badigeon à la chaux, des incrustations en tôles métalliques ou en *kyanos* (verre bleu) et souvent par un placage en bois.

En ce qui concerne l'enduit de chaux, nous sommes en droit d'en dire ce que nous avons dit des moellons et des briques. Son emploi chez les peuples orientaux remonte à la plus haute antiquité (1). Il s'est étendu de très bonne heure vers l'ouest, comme le prouvent les maisons très anciennes découvertes dans l'île de Théra (2). Sur les murs d'une grande salle faisant partie d'une de ces maisons, on a remarqué des traces de chaux mélangée avec des éclats de marbre (3). Dans une autre salle, les murs étaient recouverts d'une couche d'argile enduite de chaux et décorée de peintures (4). On a constaté, dans le palais de Tirynthe (5), exactement le même procédé qui a été trop propagé à l'époque historique pour qu'il soit utile d'y insister longuement à cette place.

Nous ne pouvons nous empêcher de voir là une indication pour expliquer un passage de l'Odyssée qu'on a interprété de très différentes manières. L'Épopée parle souvent de pierres bien polies que l'on posait sur les places publiques devant

---

(1) En Égypte, on le trouve dès la dix-huitième dynastie (seizième et quinzième siècles). Voy. *Florentiner Museum*, n° 2470-2472. Comp. Berend, *Principaux monuments du Musée de Florence*, p. 3 et suiv. Comp. aussi Semper, *Der Stil*, I p. 325, 335. — Perrot et Chipiez, *Hist de l'art*. II, p. 273. — Chez les Hébreux : Leviticus XIV 41. — (2) Voy. plus haut p. 62-63.

(3) Fouqué, *Santorin et ses éruptions*, p. 127.

(4) Fouqué, *ibid*. p. 110-111. Les parois d'un tombeau découvert à Syra et appartenant à l'époque des monuments de Théra étaient recouvertes d'une couche quadruple de stuc. *Rev. arch*. VI, 1862, II p. 225. — *Mittheil. des Instituts*, athen. Abth. XI, 1886, p. 34-35.

(5) Schliemann, *Tyrins*, p. 338.

les palais des rois et qui servaient de sièges aux princes ou aux chefs les plus anciens, lorsqu'ils tenaient conseil ou qu'ils rendaient la justice (1). Les sièges de ce genre, placés devant la maison de Nestor, s'appellent dans l'Odyssée λευκοί ἀποστίλβοντες ἀλείφατος (2). Hehn (3) traduit ceci par : « luisants comme s'ils étaient enduits de graisse ». Mais cette comparaison n'existe pas dans le texte. Dans la première édition de ce livre (4), nous avons proposé de traduire : « polis au point d'être luisants ». Ἄλειφαρ signifierait alors cette substance avec laquelle on enduisait la surface de la pierre pour la polir ensuite. Au point de vue linguistique, il n'y a rien à objecter contre cette version; le mot ἄλειφαρ est d'ailleurs employé par Théocrite (5) pour désigner la poix ou le goudron avec lequel on bouchait les fentes du couvercle des récipients à vin en terre glaise. Aujourd'hui, une autre explication nous paraît plus plausible. Dans le palais de Tirynthe non seulement les murs de briques et de moellons, mais aussi les antes en pierre taillée étaient recouverts d'un enduit de chaux (6). Par conséquent, ἄλειφαρ indique peut-être, dans ce passage, un badigeonnage à la chaux d'un blanc brillant.

Les populations qui ont construit les vieilles habitations de Théra savaient déjà couvrir cet enduit de peintures. Dans la salle mentionnée plus haut (7), la partie inférieure des murs était décorée de bandes horizontales alternativement rouges, jaunes, bleues ou d'un brun noirâtre, le reste de la surface était couvert de fleurs rouges sur fond blanc (8). Les peintres de

---

(1) *Il.* XVIII 504. *Od.* III 406, VIII 6.
(2) III 406 :

ἐκ δ'ἐλθὼν κατ' ἄρ' ἕζετ' ἐπὶ ξεστοῖσι λίθοισιν
οἵ οἱ ἔσαν προπάροιθε θυράων ὑψηλάων
λευκοί, ἀποστίλβοντες ἀλείφατος

(3) *Kulturpflanzen und Hausthiere*, 3ᵉ éd. p. 90; 4ᵉ éd. p. 84. — (4) éd. allem. p. 69, note 5. — (5) *Id.* VII 146.
(6) Schliemann, *Tiryns* p. 301. — (7) Plus haut p. 24, note 4.
(8) Fouqué, *Santorin et ses éruptions*, p. 110-111.

Tirynthe semblent s'être tenus, pour la partie inférieure des murs, à la décoration rayée de Théra (1). La partie supérieure, au contraire, montre une quantité d'ornements les plus divers, des motifs en guise d'écailles, des spirales, des rosaces, des feuilles, des fleurs, des étoiles de mer; il est difficile, dans une description sommaire, de donner une idée de leurs formes et de leur groupement (2). Il convient de remarquer surtout une frise composée de deux rangs de spirales comprises entre de simples bandes en haut et, en bas, une série de rosaces; c'est donc une décoration semblable à celle du plafond du thalamos d'Orchomène (3). En dehors de ces motifs d'ornements, il y a aussi des figures, notamment des sphinx ailés (4). Sur un fragment, on voit un taureau s'élançant, et à genoux sur lui ou bien (ceci n'est pas certain) à côté de lui un homme courant (5). Bien que cinq couleurs seulement soient employées, le blanc, le noir, le rouge, le bleu et le jaune, on peut se faire une idée de l'impression de richesse que devait produire la décoration des murs de ce palais, quand elle était intacte et que les couleurs fraîches brillaient de tout leur éclat. Si les poètes de l'Épopée avaient connu une décoration murale de cette espèce, ils n'auraient pas manqué d'y faire allusion. Les sphinx multicolores avec leurs ailes largement éployées se prêtaient merveilleusement à la description épique. L'épithète ποικίλος (6), si familière aux poètes, eût été tout naturellement employée pour donner une idée des peintures de la décoration murale. Or les termes indiquant les appartements (ὑπερώϊα σιγαλόεντα,) (7) et les murs (ἐνώπια παμφανόωντα) (8) sont toujours accompagnés, dans l'Épopée, d'épithètes qui font ressortir l'éclat de la surface et s'appliquent

---

(1) Schliemann, *Tiryns*, p. 349, 395-396 n° 141. — (2) *Id.* pl. VIII-XI, p. 338-350, 395-397.
(3) *Tiryns*, pl. V, p. 340-341. — (4) *Ibid.* pl. VI, VII, XII, p. 341-343, 345, 395.
(5) *Ibid.* pl. XIII, p. 345, 348.
(6) Voy. notre ch. XXX. — (7) *Od.* XVI 449, XVIII 206, XIX 600, XXII 428. — (8) *Il.* VIII 435, XIII 261. *Od.* IV 42, XX 121.

plutôt à un enduit de chaux monochrome que polychrome. On peut donc en conclure, que la décoration murale à l'époque la plus florissante de l'Épopée était plus simple que pendant la période antérieure.

Outre l'enduit de chaux, on se servait, pour le revêtement des murs, de matériaux plus précieux : on incrustait les murs, sur toute la surface ou dans quelques parties seulement, de feuilles métalliques, d'ivoire et d'une substance qui s'appelle dans l'Épopée κύανος. Dans un passage de l'Iliade, la maison de Poseidon est d'or (1), dans un autre celle d'Hephaistos est de bronze (2); les poètes admettaient donc que les demeures de ces dieux étaient rehaussées à l'intérieur ou à l'extérieur d'incrustations métalliques. Mais ce n'est là qu'une indication très vague : ces épithètes ne sont, d'ailleurs, employées que pour des habitations de dieux, et chaque fois qu'il est question dans l'Iliade de la demeure de Priam ou d'un autre mortel, il n'est jamais fait mention d'incrustations métalliques. Les poètes en parlent donc plutôt par ouï-dire que pour les avoir vues de leurs propres yeux. Il n'en est pas de même de l'Odyssée. Si l'on songe que les revêtements du mur du Megaron d'Alcinoüs sont décrits minutieusement et que chaque détail est bien mis en place (3), on reconnaîtra que le poète devait avoir l'occasion

---

(1) *Il.* XIII 21 :

>   Αἰγάς, ἔνθα τέ οἱ κλυτὰ δώματα βένθεσι λίμνης,
>   χρύσεα μαρμαίροντα τετεύχαται, ἄφθιτα αἰεί.

(2) *Il.* XVIII 369 :

>   Ἡφαίστου δ'ἵκανε δόμον Θέτις ἀργυρόπεζα
>   ἄφθιτον ἀστερόεντα, μεταπρεπέ' ἀθανάτοισιν
>   χάλκεον ὅν ῥ'αὐτὸς ποιήσατο κυλλοποδίων

(3) *Od.* VII 86 :

>   χάλκεοι μὲν γὰρ τοῖχοι ἐληλέδατ' ἔνθα καὶ ἔνθα
>   ἐς μυχὸν ἐξ οὐδοῦ, περὶ δὲ θριγκὸς κυάνοιο·
>   χρύσειαι δὲ θύραι πυκινὸν δόμον ἐντὸς ἔεργον.
>   σταθμοὶ δ'ἀργύρεοι ἐν χαλκέῳ ἔστασαν οὐδῷ,
>   ἀργύρεον δ'ἐφ' ὑπερθύριον, χρυσέη δὲ κορώνη

d'admirer des murs décorés de la sorte. Les murs de cette salle étaient recouverts, dans toute leur longueur, de feuilles de bronze; la frise était en *kyanos*, les portes avaient des battants dorés, un seuil de bronze et des jambages d'argent. Dans le megaron de Ménélas, Télémaque est ébloui de l'éclat de l'airain, de l'or, de l'*électron* et de l'ivoire (1); et c'est sûrement sur les murs qu'il voit briller toutes ces richesses.

Pour bien comprendre ces descriptions, il faut que nous sachions au juste ce qu'il faut entendre par le *kyanos* du megaron d'Alcinoüs et ce que peut être cette autre substance désignée par le génitif ἠλέκτρου dans le discours de Télémaque. Comme Lepsius (2) a déjà donné une explication très exacte du mot κύανος, il suffira de résumer ici les recherches de ce savant sur cette question; nous nous bornerons à y ajouter quelques observations que réclame le caractère spécial de notre livre.

Kyanos est pris généralement dans le sens de l'acier bleu, et, tout récemment encore, Evans (3) a vivement soutenu cette manière de voir. Cependant cette traduction est contredite par ce fait que, dans le grec moins ancien, ce mot a toujours eu un autre sens. Il indique premièrement le *lapis-lazuli*, appelé aussi σάπφειρος, deuxièmement le bleu d'outre-mer que l'on obtient par la pulvérisation du lapis-lazuli, troisièmement les minéraux dont on se sert pour imiter la pierre et le véritable bleu d'outre-mer. Il y a sur ce sujet un passage classique dans le *Traité des pierres* de Théophraste (§ 55). Cet écrivain distingue d'abord le *kyanos* qui s'est formé spontanément (κύανος αὐτοφυής), c'est-à-dire le *kyanos* naturel, du *kyanos* artificiel (σκευαστός). La première expression indique sans aucun doute le lapis-lazuli, comme le

---

(1) *Od.* IV, 71 :

.... φράζεο...
χαλκοῦ τε στεροπὴν κὰδ δώματα ἠχήεντα
χρυσοῦ τ' ἠλέκτρου τε καὶ ἀργύρου ἠδ' ἐλέφαντος

(2) *Die Metalle in den ægyptischen Inschriften* (Comptes rendus de l'Acad. de Berlin, 1871), p. 53-79, 117-118, 129-143.

(3) *L'âge du bronze*, p. 14 et suiv.

LES MAISONS D'HABITATION.

démontre un autre passage du même traité (§ 39), où est signalée cette particularité du *kyanos* naturel qu'il est parsemé de poussière d'or, ce qui est une marque distinctive de la lazulite. Après avoir établi la différence entre le *kyanos* naturel et artificiel, Théophraste s'exprime ainsi : « Il y a trois espèces de *kyanos*, l'égyptien, le scythique et le cypriote. Pour les teintes foncées l'égyptien est préférable; le scythique pour les teintes claires. Le kyanos égyptien se prépare artificiellement. Ceux qui ont écrit sur les rois disent quel roi a, le premier, fait préparer le *kyanos* fondu (κ. χυτός) pour imiter le *kyanos* naturel ; ils ajoutent que certains peuples, même les Phéniciens, payaient un tribut de *kyanos*, en partie non brûlé et en partie passé au feu (τοῦ μὲν ἀπύρου, τοῦ δὲ πεπυρωμένου) ».

L'interprétation des inscriptions et des peintures égyptiennes et l'analyse chimique à laquelle il a fait soumettre les objets d'art égyptiens ont conduit Lepsius à déterminer exactement toutes les variétés de *kyanos* citées par l'écrivain grec. Les diverses substances, que les Grecs désignaient par le mot *kyanos*, sont indiquées dans les inscriptions égyptiennes par le mot χesbet. La lazulite et le bleu d'outremer, que l'on en tire, s'appellent χesbet-ma, c'est-à-dire vrai χesbet, quelquefois « bon χesbet de Babylone » ou « bon χesbet de Tefrer (Teflel) ». C'est surtout en Tartarie, notamment dans le Badaschkan actuel que se trouve la lazulite. De là, cette précieuse pierre était transportée, à travers la Médie et le pays des Parthes, jusqu'à Babylone, puis jusqu'aux rivages de la Méditerranée. Tefrer ou Teflel n'était sans doute pas le gisement central, mais une des stations intermédiaires que la lazulite trouvait sur son chemin, avant d'arriver en Égypte. Or, les écrivains grecs postérieurs à Hérodote placent en Scythie le Badaschkan actuel où se trouve principalement la lazulite. Il semble donc certain qu'en parlant du *kyanos* scythique, Théophraste a voulu désigner la lazulite et le véritable bleu d'outremer que l'on en tire.

Dans les inscriptions égyptiennes, on distingue du vrai χesbet le χesbet-iri-t, c'est-à-dire le *kyanos* artificiel qui correspond au χύανος σκευαστός de Théophraste. Le kyanos artificiel était une pâte vitreuse colorée en bleu avec du minerai de cuivre, ou parfois avec du cobalt qui imitait la lazulite. Avec cette matière, les Égyptiens fabriquaient, soit en la moulant, soit en la ciselant, des figurines, des amulettes, par exemple des scarabées, des parures pour orner le cou et la poitrine. De plus, on broyait ce verre et l'on se servait de sa poudre bleue pour remplacer le véritable outremer, procédé déjà employé au temps des antiques dynasties de Memphis. Enfin des objets plus ou moins gros en argile et en pierre furent recouverts, en guise de faïence, avec du χesbet bleu ou verdâtre et l'on a constaté que ces objets étaient faits complètement avec du χesbet. Mais ce qui a un rapport plus direct avec l'objet de notre étude, c'est l'emploi de briques émaillées de cette manière pour couvrir en partie les murs. Ces briques étaient déjà usitées au temps des rois de Memphis, comme le prouve la grande pyramide de Sakkarah, où l'entrée d'une chambre est encadrée de plusieurs couches de briques à émail bleu (1).

On donnait ordinairement la forme des briques à la pâte vitreuse qui servait à fabriquer le bleu d'outremer. Sur les monuments égyptiens, les briques de cette sorte sont représentées entassées par assises horizontales, et l'on en voit qui sont conservées dans les trésors à côté du χesbet naturel. Comme le verre, pour s'assimiler la matière colorante, devait être fondu, Théophraste qualifie ce genre de *kyanos* de χυτός ou πεπυρωμένος, et αἰγύπτιος du nom du pays où il a été inventé. Mais certains indices tendent à prouver que l'invention égyptienne avait été introduite de très bonne heure dans les contrées avoisinantes de l'Asie. Dans le butin conquis par Thoutmès III, lors de sa campagne en Mésopotamie, se trouvait une certaine quantité de χesbet naturel et 24 *ten* (poids égyptien) de χesbet artificiel. Sur les parois d'un tombeau thébain déjà mentionné et appartenant à l'époque du même roi, nous voyons les *Kefa*, c'est-à-dire les

(1) Perrot et Chipiez, *Histoire de l'Art*, I, p. 822-826.

Phéniciens apportant comme tribut du χesbet naturel (1) et de grands vases peints en bleu qui étaient sans doute en χesbet artificiel : c'est un fait qui confirme l'assertion de Théophraste sur le tribut phénicien en *kyanos*. Les Phéniciens ont d'ailleurs travaillé artistement même le *kyanos* artificiel : cela ressort non seulement des vases représentés dans le tombeau ci-dessus mentionné, mais encore d'un grand nombre d'autres antiquités phéniciennes conservées à ce jour, parmi lesquelles nous citerons notamment les figurines de divinités, les scarabées et les flacons à parfums en smalt, qui se rencontrent surtout dans les îles de Chypre et de Sardaigne. De même, l'on trouve en Chaldée et en Assyrie des traces de l'habitude qu'on avait dans ces deux pays d'orner certaines parties des murs de briques émaillées de bleu (2).

Enfin le *kyanos* de Théophraste non soumis à l'action du feu (ἄπυρος) était évidemment la matière colorante qui était mélangée au verre, c'est-à-dire le carbonate bleu de cuivre ou l'ocre bleue. Cette matière se rencontre en cristaux ou sous une forme plus terreuse dans le voisinage des gisements de cuivre, et l'on en tire une poudre bleue, qui cependant change légèrement de ton sous l'action de l'air, inconvénient auquel les Égyptiens cherchaient déjà à remédier en mélangeant le carbonate bleu de cuivre avec la pâte de verre, puis en pulvérisant le tout pour en faire une matière colorante. Le principal gisement de cuivre de la région sud-est de la Méditerranée se trouve à Chypre. Or, comme les Phéniciens ont été pendant longtemps les maîtres absolus de cette île, il est très vraisemblable que le *kyanos* non soumis à l'action du feu, celui que, suivant Théophraste, les Phéniciens fournissaient aux Pharaons, était le carbonate bleu de cuivre recueilli dans les mines de Chypre.

(1) Voy. plus haut p. 32, note 2. Lepsius nous a assuré que sur une corbeille remplie de substance bleue se détachait jadis nettement l'inscription χesbet.
(2) Perrot et Chipiez, *Hist. de l'Art*, II, p. 296-309. Briques émaillées avec divers ornements sur fond bleu : de Longpérier, *Musée Napoléon III*, pl. IV. Frises et socles en briques émaillées bleues dans les édifices du roi Sargon : Place, *Ninive*, pl. 14-21, 24, 26-31.

Tels sont les principaux résultats des recherches de Lepsius : nous n'y ferons qu'une seule objection, c'est que Lepsius ne donne pas au *kyanos* de Chypre un sens assez large. Nous avons vu que les Phéniciens avaient appris de très bonne heure à mêler le carbonate bleu de cuivre avec le verre et qu'ils savaient donner des formes artistiques très variées à la matière bleue obtenue par ce procédé. Si, comparé au *kyanos* égyptien, ce produit avait certaines particularités bien distinctes, il était tout naturel qu'on le considérât comme une espèce à part et qu'on le qualifiât de cypriote; en effet, la matière colorante provenait de Chypre où existaient des fours qui permettaient de la mélanger immédiatement avec le verre. Ceci est une hypothèse d'autant plus vraisemblable que le carbonate bleu de cuivre, laissé longtemps à l'état naturel et transporté ainsi par mer, pouvait facilement changer de couleur. Mais la question se trouve résolue par la manière dont Pline s'exprime sur la matière dite *kyanos* (1); il nous fait savoir, en effet, que le meilleur *kyanos* est le scythique, ensuite vient le cypriote, en dernier lieu l'égyptien. D'après ce qui vient d'être dit, le *kyanos* scythique serait la lazulite naturelle; quant aux deux autres, ce ne serait qu'une pâte vitreuse bleue dont se servaient les Égyptiens et les Phéniciens pour imiter cette pierre. Pline pouvait se tromper lorsqu'il rangea les imitations dans la même catégorie que le minéral; il résulte néanmoins de ses paroles que le *kyanos* de Chypre désigne non seulement le carbonate bleu de cuivre, mais encore une certaine espèce de verre coloré avec ce minéral. Cette espèce ne pouvait être autre que celle qui provenait de fabriques phéniciennes.

Reste maintenant à voir quel genre de *kyanos* était employé dans le *megaron* d'Alcinoüs. Comme la lazulite ne se trouve qu'en petits morceaux, on n'a guère pu se servir de cette coûteuse matière pour en couvrir de larges surfaces murales. Quelques savants semblent supposer que cette frise était composée

(1) *Hist. Nat.*, XXXVII, 119.

de petits morceaux de lazulite liés par le mortier. Mais comme la lazulite était dans l'antiquité une matière rare et coûteuse, il est peu probable qu'on ait pu réunir une assez grande quantité de morceaux pour constituer une vaste décoration murale. Il ne saurait être question non plus de peintures au bleu d'outremer ni d'une couleur semblable; car le poète n'aurait pas dit clairement que la frise était en *kyanos*. Reste donc le verre bleu ou le smalt. Les fouilles de Mycènes et autres analogues ont prouvé que déjà à l'époque préhomérique les objets fabriqués avec cette matière étaient en usage chez les Grecs (1). A cette catégorie appartiennent de petites plaques carrées, rondes ou oblongues, en smalt bleuâtre ou verdâtre, décorées des ornements caractéristiques de cette époque (2). Comme, d'autre part, la plupart de ces plaques sont pourvues de trous et de douilles et que souvent le même tombeau renferme de nombreuses pièces décorées de la même manière (3), nous pouvons admettre que ces plaques, fixées sur un fond quelconque, formaient une sorte de frise. En tout cas, il est douteux qu'une frise composée de cette manière ait jamais orné les parois des tombeaux. Les dimensions relativement petites de ces plaques indiquent plutôt qu'elles étaient appliquées sur des sarcophages ou des caisses en bois. Mais, dans ce cas même, ces frises sont importantes pour nous, car il n'était pas besoin d'une bien grande imagination pour les transporter des sarcophages ou des caisses sur les murs. L'idée a bien pu en venir aux Grecs de ce temps-là, surtout lorsqu'ils eurent

---

(1) Dans un des tombeaux en puits, on a trouvé des cylindres en verre d'un bleu de cobalt (Schliemann, *Mykenae*, p. 183-184), dans deux autres des objets en smalt bleuâtre (p. 278, nos 350-351, p. 279-336).

(2) Un exemplaire provenant du tombeau à coupole de Menidi est représenté p. 94, fig. 18.

(3) Une pièce de ce genre a été trouvée à Mycènes, non pas dans un tombeau en puits, mais sous les décombres. Voy. *Mykenae*, p. 123, n° 166. *Das Kuppelgrab von Menidi*, Pl. III, 12, 13. Pl. IV, 3, 12, 13, 15, 17, 19. Pl. V, 32, 43, 45. A Spata (voy. p. 87) : *Bull. de corresp. hellénique*, II, 1878, p. 192-204. A Ialysos (p. 63-64) : Dumont et Chaplain, *Les Céramiques de la Grèce propre*, I, p. 61, fig. 36.

appris que les Égyptiens, les Chaldéens et les Assyriens avaient l'habitude d'orner de briques émaillées certaines parties de leurs murs. Pourtant le principal monument à ce point de vue est la frise découverte dans le palais de Tirynthe (1) et dont les ornements consistent en partie en incrustations de pâte vitreuse bleue (p. 91, fig. 16). Cette frise appartient à l'époque qui précède immédiatement la formation de l'Épopée; elle était posée à l'endroit où le poète place les incrustations de *kyanos* dans le mégaron d'Alcinoüs et est faite, en partie tout au moins, avec la matière que les anciens appelaient κύανος. De tout ce qui vient d'être dit, nous sommes en droit de conclure que le *kyanos* des bandes supérieures de cette salle, *kyanos* dont parle le poète, n'était autre chose que du verre bleu ou du smalt.

Lepsius a donné une explication tout aussi satisfaisante du génitif ἠλέκτρου qui figure dans le discours de Télémaque (2). Il fait observer à ce propos que l'ancienne langue grecque avait établi une distinction entre le substantif ὁ ἤλεκτρος qui signifie l'alliage bien connu d'or et d'argent, et τό ἤλεκτρον qui indique l'ambre. Lequel de ces deux substantifs est-il employé dans l'Odyssée? Les incrustations murales d'or et d'argent sont parfaitement admissibles. Quant à l'ambre, comme on ne le trouve qu'en morceaux relativement petits, il n'est guère probable qu'on ait couvert avec cette matière de larges surfaces murales. Mais Télémaque admire simplement l'éclat du mégaron de Ménélas, sans dire comment ni à quelle place du mur étaient appliqués les différents matériaux précieux; il est donc possible que le poète ait supposé dans son imagination l'ambre non pas appliqué directement sur le mur, mais posé en petits morceaux sur les incrustations métalliques. Au point de vue archéologique et esthétique, il n'y a rien à dire contre ce genre de décoration qui est confirmée par un pectoral trouvé dans un tombeau très ancien de Préneste (3). Il se compose d'une plaque d'or pâle,

(1) Voy. Ch. V, p. 88-92.
(2) Sur les métaux dans les inscriptions égyptiennes, voy. p. 129 et suiv.
(3) *Archaeologia*, 41, I (Londres, 1867), pl. XIII, 1. Voy. plus haut, p. 31, note 5.

rehaussée d'ornements géométriques et de morceaux d'ambre ronds et triangulaires; il y a là un heureux contraste de couleurs entre le ton brun foncé de l'ambre et le doux éclat du métal. Nous sommes donc obligés de laisser sans solution la question de savoir si par le mot ἠλέκτρου le poète a voulu indiquer des incrustations faites avec un alliage d'or et d'argent, ou une décoration d'ambre appliquée sur des feuilles métalliques.

Le système d'incrustation dont il est question dans l'Épopée provient, autant que nos connaissances nous permettent de l'affirmer, de la vieille contrée civilisée comprise entre le Tigre et l'Euphrate, et de là il s'est propagé peu à peu vers l'ouest. Le revêtement de bronze du tombeau à coupole de Mycènes, connu sous le nom de trésor d'Atrée, et celui de la construction d'Orchomène, connue sous le nom de trésor de Minyas, prouvent que cette décoration était usitée dans la partie orientale de la Grèce tournée vers l'Asie, déjà avant la migration dorienne : c'est un fait qui est d'ailleurs établi par certains mythes et les données de quelques écrivains. Mais, comme l'examen de cette question nous entraînerait ici trop loin, nous l'avons placé dans les additions, à la fin de ce volume. Il demeure acquis que, d'une part, les ancêtres des Grecs d'Asie Mineure couvraient de plaques métalliques les murs de leurs palais, et que, d'autre part, ce genre de décoration était à peine connu des poètes de l'Iliade, nouvelle preuve de ce mouvement rétrograde provoqué dans le bien-être et l'industrie des Grecs par l'invasion dorienne et par les difficultés de la colonisation sur un sol étranger (1). A l'époque des chants les plus récents de l'Odyssée, les circonstances sont déjà plus favorables et les poètes semblent avoir déjà l'occasion de s'inspirer de la vue des salles royales richement incrustées.

S'il n'est pas absolument certain que les poètes de l'Iliade aient vu de leurs propres yeux des murs à revêtement métallique, on avait sûrement l'habitude, de leur temps, de revêtir ainsi les montants et le seuil des portes; car l'Iliade place dans

(1) Comp. plus haut, p. 79 et suiv.

le Tartare une porte de fer et un seuil d'airain (1). Les portes et les seuils qui ont servi de modèles aux poètes n'étaient probablement pas en métal massif, mais bien en bois et en pierre, garnis de plaques de fer et de bronze. Dans le tombeau souvent mentionné d'Orchomène, le seuil en pierre du thalamos, voisin de la coupole, présente des creux qui ont dû être primitivement comblés avec des plaques de bronze (2). Il faut à ce propos remarquer l'épithète χαλκοβατής qui, dans l'Iliade, est appliquée quatre fois à la demeure de Zeus (3), dans l'Odyssée une fois à celle d'Hephaistos (4) et à celle d'Alcinoüs (5). Si cet adjectif est formé, comme on l'a supposé (6), avec le substantif βάτος qui signifierait seuil, il indiquerait un seuil garni de plaques de bronze. Or, on traduit ordinairement ce mot par « posé sur l'airain » : si cette traduction est exacte, il faudrait admettre un plancher tapissé de plaques de bronze. C'est une question que nous examinerons plus loin. Déjà à l'époque de la formation des poèmes de l'Iliade, on avait l'habitude de garnir de feuilles métalliques des objets de bois et de cuir; c'est un fait connu. Nous nous occuperons dans les chapitres IX et XXIII, des garnitures métalliques des chars de combat et des boucliers. L'Épopée parle de bâtons (7), de sceptres (8), de fuseaux (9), de bo-

(1) *Il.* VIII 14 :
χθονός ἐστι βέρεθρον
ἔνθα σιδήρειαί τε πύλαι καὶ χάλκεος οὐδός.

Dans un passage plus récent de la Théogonie (811), il est question de μαρμάρεαί τε πύλαι καὶ χάλκεος οὐδός. De même un χάλκεος οὐδός dans la maison d'Alcinoüs : *Od.* VII 83, 89. (V. plus haut p. 127 note 3).

(2) Schliemann, *Orchomenos* p. 29 fig. 7. — (3) *Il.* I 426. XIV 173. XXI 438, 505. — (4) *Od.* VIII 321. — (5) *Od.* XIII 4. — (6) Düntzer dans *Höfers Zeitschrift* II (1850) p. 108 et dans *Kuhns Zeitschrift für vergl. Sprachforschung* XII (1863) p. 3. — (7) *Od.* XVI, 172 :

ἦ καὶ χρυσείῃ ῥάβδῳ ἐπεμάσσατ' Ἀθήνη.
XXIV 2 (Hermès) : ..... ἔχε δὲ ῥάβδον μετὰ χερσὶν
καλήν, χρυσείην.

De là l'épithète χρυσόρραπις donnée à Hermès :
Od. V 87. X 277, 331. Hymn. III (Mercure) 539, IV 117, 121. V 335, XXIX 8.
(8) *Il.* I 14. II 268. *Od.* XIX 91 569. — (9) *Od.* IV 131 : χρυσέην τ' ἠλακάτην (d'Hélène). χρυσηλάκατος est une épithète appliquée à Artémis : *Il.* XVI 183. XX 70. *Od.* IV 122. Hymn. IV 16, 118. XXVII 1.

bines (1), de paniers à nourriture (2) et de sièges en or (3); le coffre dans lequel Hephaïstos conserve ses outils (4), la corbeille à tapisserie d'Hélène (5), et les tables de Circé (6) sont en argent. Dans la réalité tous ces objets n'étaient sans doute pas pour la

(1) *Od.* V 62 (Circé) : χρυσείη κερκίδ' ὕφαινεν.
(2) *Od.* V 355 : χρύσεια κάνεια. Dans la tente de Nestor, il y a une corbeille de bronze (χάλκειον κάνεον) : *Il.* XI 630.
(3) *Il.* VIII 436 :
αὐταὶ (Héra et Athéné) δὲ χρυσέοισιν ἐπὶ κλισμοῖσι καθῖζον
VIII 442 : αὐτὸς δὲ χρύσειον ἐπὶ θρόνον εὐρύοπα Ζεὺς
ἕζετο.
XIV 238, Héra promet à Hypnos :
....καλὸν θρόνον ἄφθιτον αἰεὶ,
....χρύσεον.
Χρυσόθρονος est une épithète appliquée à Héra : *Il.* I 611, XIV 153. XV 5. Hymn. II (Apoll. Pyth.), 127 (305), XIII 1 ; à Artémis (*Il.* IX 533. *Od.* V 123) ; à l'Aurore : *Od.* X 541. XII 142. XIV 502, XV 56, 250. XIX 319. XX 91 XXIII 244. Hymn. III (Merc.), 326. IV (Vén.), 218. Comp. Od. XXII 198. XXIII 347. Hymn. IV 226.
(4) *Il.* XXIII 412 :
ὅπλα τε πάντα
λάρνακ' ἐς ἀργυρέην συλλέξατο, τοῖς ἐπονεῖτο.
(5) *Od.* IV 125... Φυλὼ δ'ἀργύρεον τάλαρον φέρε.
Ce *talaros*, don de l'Égyptienne Alexandra, revient dans le vers 131 :
χρυσέην τ' ἠλακάτην τάλαρόν θ'ὑπόκυκλον ὄπασσεν
ἀργύρεον, χρυσῷ δ'ἐπὶ χείλεα κεκράαντο.
La corbeille à tapisserie était donc pourvue de roues comme les trépieds d'Hephaïstos. (*Il.* XVIII 375 : χρύσεα δέ σφ' ὑπὸ κύκλα ἑκάστῳ πυθμένι θῆκεν.) Des roues de ce genre sous les vases et autres ustensiles semblent être un ancien motif phénicien. On en rencontre sous les supports (ὑποθήματα) du temple de Salomon : I, *Les Rois*, 7, 27-38.
Des roues et autres fragments de vases de cette espèce ont été trouvés à Olympie : Furtwängler, *Die Bronzefunde aus Olympia*, p. 40. Un brûle-parfum roulant en bronze a été découvert dans le tombeau Regulini-Galassi de Cæré : (voy. p. 39, note 2 et p. 114-116) Grifi, *Mon. di Cere.* Pl. VI, 3. *Mus. gregor.* I Pl. XV, 5, 6. Un autre exemplaire de Véies : *Archæologia*, 41. I (Londres 1867), pl. IV, 2, p. 206. A ces objets à roues se rattachent les voitures dites *à caisse* que l'on trouve en Italie comme dans l'Europe centrale et septentrionale : Genthe, *Ueber den etrusk. Tauschhandel*, p. 61 et suiv. Chantre, *Études paléoethnol. dans le bassin du Rhône, âge du bronze*, I, p. 222 et suiv. Pigorini dans le *Bull. di paletn. ital.* III, p. 59. Undset, *Verhandl. der Berlin. anthrop. Gesellschaft*, 1883, p. 197-201.
(6) *Od.* X, 354 : τραπέζας ἀργυρέας.

plupart en métal massif, mais tout simplement garnis de plaques métalliques. En tout cas, cela est vrai pour les rênes d'or (1), les pendants d'épées (2), les ceintures (3) et les sandales (4), comme pour les courroies de boucliers en argent (τελαμών) (5). Les fouilles de Dodone et d'Olympie ont mis au jour une telle quantité de ces garnitures métalliques, que force nous est de renoncer même à les passer brièvement en revue (6).

Maintenant les murs de la maison homérique, au lieu d'être badigeonnés à la chaux ou garnis de feuilles métalliques ou de *kyanos*, étaient-ils parfois revêtus de plaques de bois? C'est un fait impossible à démontrer, mais qu'on peut considérer comme probable, depuis que Dörpfeld a constaté, dans la salle des bains du palais de Tirynthe, un revêtement en madriers (7) et soupçonné, avec quelque raison, l'existence d'un placage en bois dans le portique situé devant le mégaron (8).

En tout cas, le bois jouait un grand rôle dans la construction des maisons de cette époque. La tente d'Achille construite par les Myrmidons et dont les murs étaient faits de sapin, le toit de paille et de roseaux (9) ne saurait servir d'exemple,

(1) Χρυσήνιος, épithète d'Artémis, *Il.* VI, 205; d'Arès, *Od.* VIII 285.
(2) *Od.* XI, 609 : σμερδαλέος δέ οἱ ἀμφὶ περὶ στήθεσσιν ἀορτὴρ
χρύσεος ἦν τελαμών, ἵνα θέσκελα ἔργα τέτυκτο,
ἄρκτοι τ' ἀγρότεροί τε σύες χαροποί τε λέοντες,
ὑσμῖναί τε μάχαι τε φόνοι τ' ἀνδροκτασίαι τε.
Voy. sur ces vers notre chap. XXX. Comp. aussi *Il.* XVIII 597 (il s'agit ici, il est vrai, de figures plastiques, des danseurs du bouclier d'Achille) :
.... μαχαίρας
εἶχον χρυσείας ἐξ ἀργυρέων τελαμώνων.
(3) *Od.* V, 231. X 544.
(4) *Il.* XXIV, 340. *Od.* I, 96. V, 44 : καλὰ πέδιλα, ἀμβρόσια χρύσεια. Χρυσοπέδιλος épithète d'Héra : *Od.* XI 604. Hésiode, *Theog.* 952. Deux semelles en bois garnies de métal sur les bords, dans Micali, *Mon. ined.* Pl. 19 n° 9, p. 108. *Mus. greg.* I Pl. 58, 7. Une paire semblable a été trouvée dans un tombeau de Cære, qui remonte tout au plus au VI° siècle : *Bull. dell' Inst.* 1881 p. 161 Nᵒˢ 9, 10. — (5) *Il.* XI 38. XVIII 480.
(6) Comp. notamment Curtius, *Das archaische Bronzerelief aus Olympia*, p. 10 et suiv. — (7) Schliemann, *Tiryns*, p. 262-263.
(8) *Ibid.* p. 242. — (9) *Il.* XXIV, 448-453.

puisque cette tente avait une destination toute temporaire. Mais les maisons d'habitation proprement dites, dont les murs étaient en pierres taillées, en blocaillons ou en briques crues, renfermaient certainement aussi quelques éléments en bois. Les plafonds consistaient, comme dans le palais de Tirynthe (1), en un assemblage de poutres de bois : dans un passage de l'Épopée, les poutres en sapin du plafond sont très clairement indiquées (2). De même il est très probable que toutes les colonnes, les appuis (κίων) et les montants des portes (σταθμός) étaient en bois, comme dans ce palais (3). L'Épopée nous apprend (4) que les montants de portes du mégaron d'Ulysse étaient en bois de cyprès et que ceux du mégaron d'Alcinoüs étaient garnis de plaques d'argent (5). Les battants de portes étaient faits de planches (σανίδες) *bien polies* (ἐΰξεσται), *bien liées* (κολληταί) *et bien ajustées* (πυκινῶς ἀραρυῖαι) (6). Les deux dernières épithètes sont appliquées dans un passage de l'O-

---

(1) Schliemann, *Tiryns*, p. 312.
(2) *Od.* XIX, 37 :

ἔμπης μοι τοῖχοι μεγάρων καλαί τε μεσόδμαι
εἰλάτιναί τε δοκοὶ καὶ κίονες ὑψόσ' ἔχοντες
φαίνοντ' ὀφθαλμοῖς ὡς εἰ πυρὸς αἰθομένοιο.

De l'avis général (Buchholz, *Die homerischen Realien*, II, 2, p. 108-110) les μεσόδμαι étaient des poutres transversales placées entre les poutres longues du plafond (δοκοί). Dörpfeld soutient (Schliemann, *Tiryns*, p. 251) qu'il faut comprendre par μεσόδμαι les poutres qui supportaient le plafond, et par δοκοί les poutres dont le plafond était composé.

(3) Schliemann, *Tiryns*, p. 307-310, 318-321. — (4) *Od.* XVII, 339 :

ἷζε δ' ἐπὶ μελίνου οὐδοῦ ἔντοσθε θυράων
κλινάμενος σταθμῷ κυπαρισσίνῳ, ὅν ποτε τέκτων
ξέσσεν ἐπισταμένως καὶ ἐπὶ στάθμην ἴθυνεν.

(5) *Od.* VII, 89 :

σταθμοὶ δ' ἀργύρεοι ἐν χαλκέῳ ἕστασαν οὐδῷ

(6) *Od.* II 344 (il s'agit du thalamos d'Ulysse) :

κληῖσται δ' ἔπεσαν σανίδες πυκινῶς ἀραρυῖαι
δικλίδες.

XXI, 137 (Il s'agit de la porte du mégaron) :

κλῖνας κολλητῇσιν ἐϋξέστῃς σανίδεσσιν

dyssée (1) aux battants de la porte (θύρα), lesquels toutefois sont très souvent appelés *brillants* (φαειναί) (2), qualificatif qui indique peut-être le polissage du bois. Nous avons déjà mentionné plus haut les portes de fer du Tartare (3) et celles en or du mégaron d'Alcinoüs (4). Elles prouvent que le bois était parfois recouvert de plaques métalliques. Quant aux portes d'ivoire, à travers lesquelles passent les songes trompeurs, le poète pensait probablement à de simples incrustations d'ivoire (5).

Les seuils étaient, comme dans le palais de Tirynthe (6), en bois (7) ou en pierre (8). Le polissage d'un seuil en bois est

(1) *Od.* XXIII 194 :

κολλητὰς δ'ἐπέθηκα θύρας πυκινῶς ἀραρυίας

Il. IX, 475 :

θαλάμοιο θύρας πυκινῶς ἀραρυίας

(2) Θύραι φαειναί : *Il.* XIV, 169. *Od.* VI, 19, X 230, 256, 312, XXI, 45, XXII 201.

(3) *Il.* VIII, 15 (Voy. plus haut, p. 136, note 1). — (4) *Od.* VII, 83, 88 (Voy. p. 127, note 3).

(5) *Od.* XIX, 563. Il résulte de la comparaison λευκοτέρην... πριστοῦ ἐλέφαντος (*Od.* XVIII 197) que l'ivoire en lames était généralement connu. On ne peut dire si le fauteuil dont il est question dans l'*Od.* XIX, 55 (κλισίην... δινωτὴν ἐλέφαντι καὶ ἀργύρῳ) était simplement plaqué d'ivoire et d'argent, ou bien tout en ivoire avec garnitures d'argent. L'oreille de la clef de bronze citée dans l'*Od.* XXI, 7 (κώπη δ'ἐλέφαντος ἐπῆεν) était évidemment tout en ivoire.

(6) Schliemann, *Tiryns*, p. 315. — (7) Le seuil du mégaron d'Ulysse (*Od.* XVII, 339) est en bois de frêne (μέλινος οὐδός), celui du thalamos de Pénélope est en chêne (*Od.* XXI 23) :

οὐδόν τε δρύϊνον προσεδήσετο, τόν ποτε τέκτων
ξέσσεν ἐπισταμένως καὶ ἐπὶ στάθμην ἴθυνεν

(8) Le seuil de l'enceinte sacrée ou du temple d'Apollon de Delphes était en pierre (*Il.* IX, 404) :

οὐδ' ὅσα λάϊνος οὐδὸς ἀφήτορος ἐντὸς ἐέργει,
Φοίβου Ἀπόλλωνος, Πυθοῖ ἔνι πετρηέσσῃ

Od. VIII 80 :

Πυθοῖ ἐν ἠγαθέῃ, ὅθ' ὑπέρβη λάϊνον οὐδόν.

De même celui de la maison de Zéphyre : βηλῷ ἔπι λιθέῳ (*Il.* XXIII, 202). Le seuil de la maison d'Eumaïos (*Od.* XVI, 4) comme celui du mégaron d'Ulysse (XVII, 30, XX, 258, XXIII, 88, est appelé λάϊνος οὐδός. Il est hors de

indiqué deux fois dans l'Odysée par le verbe ξέω (1) : il ne faudrait cependant pas en conclure que ξεστὸς οὐδός qui revient dans deux autres passages (2) signifie également un seuil en bois ; car l'adjectif dérivé de ce verbe est employé indifféremment dans l'Épopée pour les ouvrages en bois et en pierre (3). Le seuil était parfois recouvert d'une plaque de bronze ; nous l'avons vu plus haut (4).

Les poètes nous renseignent aussi parfois sur les instruments avec lesquels on travaillait le bois. On se servait de la hache (πέλεκυς) et d'un outil que l'Épopée appelle σκέπαρνον (5). On fabriquait l'une et l'autre à l'époque homérique, non plus seule-

doute que le seuil en pierre du mégaron (*Od.* XVII, 30 et XX, 258) est identique à celui désigné comme étant en frêne (*Od.* XVII, 339). Le λάϊνος οὐδός (*Od.* XXIII, 88) indiquerait, suivant Dörpfeld (dans Schlieman, *Tiryns*, p. 257-258), le même seuil. La différence des matériaux prouve donc que les poètes se faisaient, du moins quant aux détails, des idées différentes, de la maison d'Ulysse. — Gerlach (*Philologus*, XXX, 1870, p. 508, 512, 513) admet un socle proéminent en pierre, un κρηπίδωμα, et l'identifie avec le λάϊνος οὐδός (*Od.* XVII 30, XX 258). Mais cette hypothèse n'est fondée ni sur aucune donnée de l'Épopée ni sur aucune analogie dans les monuments. Du reste, l'emploi du mot οὐδός dans un double sens produirait des obscurités et rendrait fort inexacte la désignation du lieu dans le vers 258 du XXᵉ chant de l'Odyssée.

(1) XVII, 341, (voy. p.139, note 4), XXI, 24 (voy. la note précéd.).
(2) *Od.* XVIII 33, XXII 72.
(3) Comp. Ebeling, *Lexicon homericum*, les mots ξεστός, εὔξεστος et εὔξοος.
(4) *Il.* VIII 14. *Od.* VII, 83, 89 (voy. p 136, note 1).
(5) *Od.* V 234 :

δῶκέν οἱ πέλεκυν μέγαν, ἄρμενον ἐν παλάμῃσιν,
χάλκεον, ἀμφοτέρωθεν ἀκαχμένον· αὐτὰρ ἐν αὐτῷ
στειλειὸν περικαλλὲς ἐλάϊνον, εὖ ἐναρηρός·
δῶκε δ'ἔπειτα σκέπαρνον ἔϋξοον· ἦρχε δ'ὁδοῖο
νήσου ἐπ' ἐσχατιῆς, ὅθι δένδρεα μακρὰ πεφύκει...

243 :

αὐτὰρ ὁ τάμνετο δοῦρα· θοῶς δέ οἱ ἤνυτο ἔργον.
εἴκοσι δ'ἔκβαλε πάντα, πελέκκησεν δ'ἄρα χαλκῷ,
ξέσσε δ'ἐπισταμένως καὶ στάθμην ἴθυνεν.

Bien que le passage ci-dessus se rapporte au radeau qu'Ulysse construit dans l'île de Calypso, il est très probable qu'on employait de la même manière les mêmes instruments pour tous les ouvrages en bois.

ment en bronze, mais déjà en fer (1). La hache est accompagnée de l'expression qualificative : *aiguisée des deux côtés* (ἀμφοτέρωθεν ἀκαχμένον) (2); elle était donc à double tranchant (3), ou bien

(1) *Il.* IV 485 : αἴθωνι σιδήρῳ. *Od.* IX 391 :

ὡς δ'ὅτ' ἀνὴρ χαλκεὺς πέλεκυν μέγαν ἠὲ σκέπαρνον
εἰν ὕδατι ψυχρῷ βάπτῃ μεγάλα ἰάχοντα
φαρμάσσων· τὸ γὰρ αὖτε σιδήρου γε κράτος ἐστίν.

Sont également en fer les tranchants des haches qu'Achille donne en prix aux jeux funéraires de Patrocle (*Il.* XXIII, 850) :

αὐτὰρ ὁ τοξευτῇσι τίθει ἰόεντα σίδηρον,
κὰδ' δ'ἐτίθει δέκα μὲν πελέκεας, δέκα δ'ἡμιπέλεκκα.

Ainsi que les têtes de haches près desquelles se livre le combat à l'arc dans le mégaron d'Ulysse (*Od.* XIX, 578, 587, XXI, 3, 75, 81, 97, 114, 127, 328. XXIV, 168, 177.)

(2) *Od.* V. 235. Les haches à un seul tranchant s'appelaient par opposition ἡμιπέλεκκα, c'est-à-dire demi-haches : *Il.* XXIII 851 (Voy. la note précédente), 883.

(3) Cette espèce de hache doit être extrêmement ancienne en Orient : on la rencontre en Syrie comme attribut du dieu de Gabala (Lenorman *Nouv. gal. myth.* Pl. XIV, 16, p. 89), en Carie comme symbole de Zeus Labrandeus, en Cilicie comme symbole de Sandon de Tarsos (Raoul Rochette, *Mémoires d'archéol. comp.* I, pl. IV, 6, 7, p. 195 et suiv.). Un bas-relief assyrien représente des guerriers qui abattent les palmiers des ennemis avec des haches de ce genre (Layard, *Monum. of Niniveh*, pl. 76). Dans l'île de Chypre, on a trouvé un exemplaire en bronze de cette espèce (Perrot et Chipiez, *Hist. de l'Art*, III, p. 867, n° 634). Des parures d'or reproduisant ce modèle ont été découvertes en Lydie (*Bull. de corresp. hellénique*, III, 1879, pl. IV, V, p. 129-130 ; *Collection H. Hoffmann*, Paris, 1886, pl. XX, p. 50, n°s 3-5). Furtwängler (*Die Bronzefunde aus Olympia*, p. 33-34) a recueilli d'autres spécimens caractéristiques. Mais des haches de bronze pesantes à double tranchant qu'on a trouvées à Mycènes, à Tirynthe et dans d'autres contrées de la Grèce, ainsi que des hachettes votives en or de cette forme découvertes dans les tombeaux en puits de Mycènes et d'autres en bronze provenant d'Olympie prouvent que la hache à deux tranchants a été introduite en Grèce de très bonne heure (Voy. Schliemann, *Mykenæ*, p. 125, n° 173 et p. 291, n° 368. Comp. aussi p. 252, n°s 329, 330 ; Schliemann, *Tiryns*, p. 189, n° 100 ; *Mémoires des antiquaires du Nord*, 1872-1877, p. 130, n° 4, 1878-1883, p. 230, n°s 1, 2 ; Furtwängler, *Die Bronzefunde*, p. 33 ; S. Müller, *Den europaeiske Bronzealders Oprindelse in der Saertryk af Aarboger for nord. Oldk.*, Copenhague, 1882, p. 329, fig. 32 ; Comp. notre chap. XXVI).

n'avait qu'un seul tranchant d'un côté et se terminait de l'autre par une pointe (1). Elle servait non seulement à abattre les arbres (2), mais aussi à dégrossir le bois (3). Le polissage proprement dit se faisait ensuite avec le σκέπαρνον (4), un instrument qu'on ne peut pas définir au juste ; les poètes se conten-

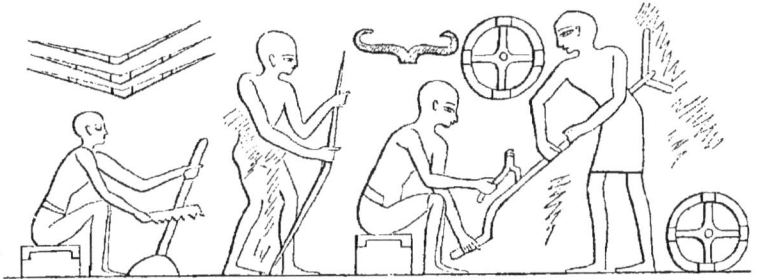

Fig. 24. — Bas-relief égyptien avec instruments à polir le bois.

(1) On a trouvé une hache de cette sorte à Hissarlik (Schliemann, *Ilios*, p. 565, n° 958); de même un exemplaire en bronze dans l'île de Thermia (*Mémoires des antiq. du Nord*, 1872-1877, p. 130, n° 3), et un autre en fer dans un tombeau du Dipylon (voy. p. 98-99, note 1). Sur un bas-relief assyrien, une divinité, probablement le dieu du tonnerre Raman, porte une hache de ce genre (Layard, *Mon. of Niniveh*, pl. 65. Perrot et Chipiez, *Hist. de l'Art*, II, p. 76, fig. 13). Sur les vases à figures foncées, les archers vêtus à la manière des Scythes sont souvent armés de cette hache (Par ex. *Mon dell'Inst.*, IX, pl. IX, X). Enfin les deux sortes de haches se rencontrent ensemble sur des vases à figures noires, qui représentent des ateliers de forgerons (*Berichte d. saechs. Ges. d. Wissensch.* 1867, pl. V, 2; *Monum. dell'Inst.* IX, pl. IX, X, XI, pl. XXVIII, 1.)

(2) *Il.* III, 60-62, XIII, 391, XXIII, 114. *Od.* V. 243.

(3) *Od.* V. 244. Cette action s'y trouve exprimée par les mots πελέκκησεν δ'ἄρα χαλκῷ, par conséquent par un verbe dérivé de πέλεκυς.

(4) *Od.* V, 234-245 (voy. p. 141 note 5). Ulysse a reçu de Calypso une cognée et un σέπαρνον. Comme avec le premier de ces instruments, il abat et dégrossit les arbres (πελέκκησεν), le dernier n'a guère pu servir qu'à polir les poutres (245 : ξέσσε δ'ἐπισταμένως). Ce même travail d'abattage et de polissage se trouve décrit dans l'Odyssée (XXIII, 195), mais sans qu'il y soit fait mention d'aucun instrument :

καὶ τότ' ἔπειτ' ἀπέκοψα κόμην τανυφύλλου ἐλαίης
κορμὸν δ'ἐκ ῥίζης προταμὼν ἀμφέξεσα χαλκῷ
εὖ καὶ ἐπισταμένως.

tent d'en dire qu'il était plus petit que la cognée (1). On remarque souvent sur des monuments égyptiens et sur des scarabées carthaginois un instrument servant à polir le bois. C'est un petit crochet planté à angle aigu sur un manche relativement court; tantôt il a la forme d'une feuille, tantôt il est légèrement recourbé en dehors, vers le milieu (fig. 23) (2). D'autre part, de nos jours encore, on appelle en Grèce σκεπάρνι un petit rabot tranchant avec lequel les charpentiers polissent le bois; nos figures 24 à 26 reproduisent cet instrument sous trois faces différentes. Un bas-relief trouvé à Larissa en Thessalie et représentant un charpentier qui « fait une poutre au moyen d'une hache à main » (3), n'est malheureusement pas encore publié. Lequel de ces types se rapproche le plus du σκέπαρνον homérique, c'est ce qu'il est impossible de dire avec certitude.

Bien que le sol (δάπεδον οὖδας) fût *artistement arrangé* (τυκτός) (4) et que le poète l'indique même une fois comme étant *solide* (κραταίπεδος) (5), il est tout probable que cette solidité laissait à désirer. Lorsqu'il s'agit, à propos du combat à l'arc, de placer les douze haches dans le mégaron d'Ulysse, Télémaque n'a pas de peine à faire une large fente dans le plancher, pour y ranger les haches qu'il entoure de terre ensuite (6).

(1) Dans l'Od. (IX, 391. Voy. p. 142, note 1), le πέλεκυς en tant que μέγας est opposé au σκέπαρνον. Si la dérivation de ce dernier mot du verbe σκάπ-τω est exacte (Curtius, *Grundz. d. griech. Etymol.*, 4ᵉ édit., p. 166, n° 109, p. 682. Comp. p. 153, n° 686), il est très probable qu'il désignait un outil primitif, semblable au *celte* et que l'on pouvait employer de différentes manières, soit comme houe, soit comme hachette ou comme ciseau.

(2) Voy. Chabas, *Études sur l'antiquité historique*, 2ᵉ éd., p. 68-69, 305-306. Notre figure 23 est la reproduction d'un bas-relief égyptien trouvé à Thèbes, d'après Wilkinson-Birch, *The manners and customs of the ancient Egyptians*, I, p. 227, n° 6. — (3) *Mittheil. des arch. Inst. Athen. Abtheil.* XI, 1886, p. 53, n° 26. — (4) *Od.* IV, 627, XVII 169 : ἐν τυκτῷ δαπέδῳ. — (5) *Od.* XXIII, 46 : κραταίπεδον οὖδας. — (6) *Od.* XXI, 120 :

πρῶτον μὲν πελέκεας στῆσεν, διὰ τάφρον ὀρύξας
πᾶσι μίαν μακρήν, καὶ ἐπὶ στάθμην ἴθυνεν,
ἀμφὶ δὲ γαῖαν ἔναξε.

De même, après la lutte avec les prétendants, le sol est remué si bien que Télémaque et les deux bergers sont obligés de l'égaliser avec des instruments de labour (1). Il en résulterait que ce plancher se composait simplement de terre battue ou d'une couche d'argile étendue sur le sol.

Cela, comparé à l'époque précédente, indique de nouveau un mouvement rétrograde. Dans le prétendu trésor d'Atrée, le sol est enduit d'argile comprimée, « peut-être un mélange de chaux, d'argile et de terre glaise » (2). Tel était probablement aussi le sol du tombeau à coupole de Ménidi (3). Le sol du tombeau à coupole découvert près de l'Hèraion d'Argos est fait de terre glaise et de cailloux (4). Celui du palais de Tirynthe est fait

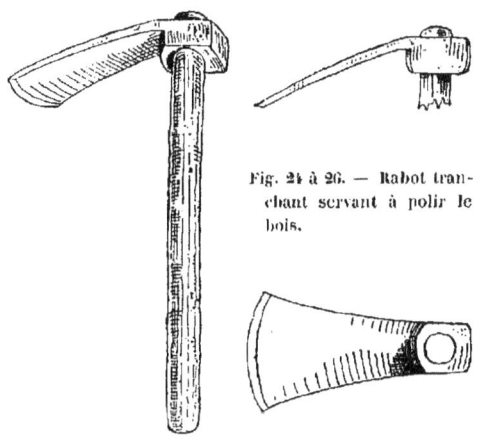

Fig. 24 à 26. — Rabot tranchant servant à polir le bois.

Voy. notre Ch. XXVI. Dans les *Jahrbücher für class. Philol.* de Fleckeisen (XXXI, 1885, p. 99-100), Breusing soutient qu'un sol si peu solide était impossible et suppose que Télémaque avait fait entasser dans le mégaron de la terre et avait planté des haches dans ce tas. Mais alors le poète n'eût pas manqué de dire que cette terre était rapportée et qu'on avait fait un monceau. Breusing a, en outre, oublié de tenir compte d'un passage où le peu de solidité du sol est péremptoirement démontré (v. la note suiv.).

(1) *Od.* XXII, 455 :

λίστροισιν δάπεδον πύκα ποιητοῖο δόμοιο
ξύον.

Comp. Fabricius, *De archit. graeca comm. epigr.*, p. 70.
(2) *Mittheil. des deutsch. arch. Inst. in Athen*, IV, 1879, p. 117.
(3) *Das Kuppelgrab von Menidi*, éd. par l'Inst. arch. all. d'Athènes. p. 46.
(4) *Mittheil. des deutsch. arch. Inst. in Athen*, 1878, p. 277.

avec un soin tout particulier (1). Dans quelques appartements, il se compose d'une couche de mortier étendu sur un fond de terre ordinaire mêlée avec de la terre glaise. Dans d'autres, le même fond est recouvert d'une double couche de mortier, d'abord une assez épaisse mais peu durable, ensuite une plus mince mais plus solide. Des cailloux sont ajoutés là où le sol était plus particulièrement exposé aux intempéries de l'air, comme dans la grande cour des hommes et dans le grand portique. Ces cailloux manquent dans les appartements; le sol y a, par conséquent, une surface plus polie. Tous ces planchers sont d'une solidité qui contraste absolument avec les données de l'Épopée sur le plancher du mégaron d'Ulysse. Dans certaines parties du palais, le plancher est même décoré : par exemple dans le portique situé devant le mégaron, il offre une ornementation formée de carrés et de losanges (2). Le même motif orne le sol du mégaron où l'on remarque encore sur les carrés des traces de couleur rouge, tandis que les bandes qui les séparent sont encore légèrement colorées en bleu (3). Des ornements géométriques rouges sur fond jaune ou blanc sont visibles dans le corridor situé à l'est de la salle des bains (4), et des traces de couleur rouge dans une chambre contiguë à ce corridor (5); enfin dans le mégaron des femmes, on observe des traces analogues ainsi que des lignes gravées (6). Si les poètes de l'Épopée avaient connu des parquets ainsi décorés, ils n'auraient pas manqué de les mentionner dans tel ou tel passage, ne fût-ce que par l'épithète ποικίλος qui caractérisait le mieux les parquets de ce genre (7).

Il convient de noter tout particulièrement le parquet d'or sur lequel les dieux s'assemblent, d'après un passage de l'I-

---

(1) Dörpfeld dans Schliemann, *Tiryns*, p. 313-314.
(2) Dörpfeld, *Ibid.*, p. 242-243. Comp. notamment la restauration du plan, p. 237, n° 113.
(3) *Ibid.*, p. 255-256, n° 116. — (4) *Ibid.*, p. 266-267.
(5) *Ibid.*, p. 267. — (6) *Ibid.*, p. 274.
(7) Voy. ch. XXX de ce livre.

liade, autour de Zeus (1). Est-ce un simple effet de l'imagination? C'est douteux, car des parquets de ce genre apparaissent de très bonne heure, chez les peuples de l'Asie antérieure. Le sol était doré à l'intérieur et autour du temple de Salomon, dont la construction et la décoration étaient dirigées par un artiste de Tyr (2). Le même luxe régnait dans le temple de Bel, à Babylone (3). Cet usage asiatique fut adopté par les Grecs; on en a peut-être une preuve dans l'ancien chant des moissons connu sous le nom de l'Eirésionè (4). Les chanteurs souhaitent à la maîtresse de la maison dont ils approchent, de tisser en marchant sur de l'*élektros*. Cette expression, à moins qu'on la prenne dans un sens figuré, indique qu'à l'époque où parut ce chant, un sol garni d'un alliage d'or et d'argent était considéré comme le signe d'une maison tenue avec magnificence. En tout cas, un tombeau de Chiusi, qui remonte au commencement du sixième siècle avant J.-C. (5), prouve que l'usage de couvrir le sol de plaques métalliques pénétra de très bonne heure en Étrurie. On a trouvé dans ce tombeau une partie du sol recouverte de plaques de bronze clouées au bord

---

(1) *Il.* IV, 1 :

οἱ δὲ θεοὶ πὰρ Ζηνὶ καθήμενοι ἠγορόωντο
χρυσέῳ ἐν δαπέδῳ

(2) I. *Les Rois*, 6, 30 : « il étendit aussi une couche d'or sur le sol, à l'intérieur et à l'extérieur du temple ».

(3) Avienus, *Descr. Orbis*, 1200 :

Stat maxima Beli
Aula quoque argento domus Indo et dente nitescit,
Aurum tecta operit, sola late contegit aurum.

(4) Hom. epigr. XV, 10 :

αὐτὴ δ'ἱστὸν ὑφαίνοι ἐπ' ἠλέκτρῳ βεβαυῖα.

Voy. plus haut la distiction entre ὁ ἤλεκτρος et τὸ ἤλεκτρον (p. 134). En tout cas, si l'on applique à un parquet le vers de l'*Eirésioné*, il ne peut être question ici que d'une couche d'un mélange d'or et d'argent et non d'ambre qui était trop fragile et en trop petits morceaux pour pouvoir se prêter à cet usage.

(5) *Mon. dell' Inst.* X, Pl. 49ᵃ. *Annal* 1877. Tav. d'agg. U. V, p. 397-410.

et soutenues par des barres de fer superposées à angle droit. La décoration de ces plaques avait bien souffert; on a cependant reconnu sur quelques fragments des traces d'une sorte de décoration asiatique en forme de lotus (1). Par conséquent si le parquet d'or mentionné dans l'Iliade fait allusion à un modèle réel, il ne faut pas en conclure que les parquets de cette espèce étaient très fréquents dans les villes ioniennes. Au contraire, deux raisons combattent cette hypothèse. La première, c'est que l'Épopée ne mentionne un parquet d'or qu'une seule fois, et le place non pas dans la demeure d'un mortel, mais dans un lieu de réunion des dieux. La seconde c'est que, dans la description des maisons de Ménélas et d'Alcinoüs, que les poètes ornent de tout le luxe imaginable, il n'est nullement question d'une décoration de ce genre. Il est donc probable que le poète de ce chant de l'Iliade n'a pas vu de parquets d'or; il n'en parle que parce que la réputation de luxe des constructions orientales était parvenue jusque chez les Ioniens.

L'épithète χαλκοβατής a, au point de vue qui nous occupe, une importance toute particulière (2); il faut donc y revenir. S'il signifiait *posé sur l'airain*, il indiquerait un sol garni de plaques de bronze, comme celui du tombeau de Chiusi, que nous venons de mentionner.

Pour compléter le tableau de la maison homérique, il faut enfin envisager deux choses. Non seulement dans le mégaron d'Ulysse (3) et d'Alcinoüs (4), mais aussi dans le thalamos de Nausicaa (5), il y avait un foyer où l'on faisait rôtir journellement des pièces de viande; les armes d'Ulysse souffraient beaucoup (6) de la fumée qui s'en répandait. La fumée de ce foyer et du bois résineux avec lequel on éclairait et l'on chauf-

---

(1) *Bull dell' Inst.* 1874, p. 205.
(2) Voy. plus haut p. 136. — (3) Comp. *Od.* XVIII, 43 et suiv. XX, 123. XXI, 176, 181. XXIII 71, 89.
(4) *Od.* VII, 153.
(5) *Od.* VII, 7-13.
(6) *Od.* XVI, 288-290. XIX 17-20.

fait (1) les appartements, à l'approche de la nuit, devaient à la longue noircir les murs et les plafonds; l'épithète *enfumé* (αἰθαλόεις) est, en effet, appliquée au plafond de la maison de Priam (2) et au mégaron d'Ulysse (3). Il faut en conclure que le fond des appartements d'une maison homérique était généralement terne et sombre. Quant à la propreté, elle laissait beaucoup à désirer. Des débris d'animaux récemment abattus, tels que pieds de vache et peaux de taureaux (4) sont disséminés sur le parquet du mégaron où sont venus banqueter et s'enivrer les prétendants de Pénélope, la fine fleur de la jeunesse achéenne. Comme on préparait les mets dans le même local et que le tirage de la fumée, comme nous venons de le dire, était insuffisant, l'air devait être fortement saturé d'une odeur de cuisine. Cela n'empêchait nullement les Grecs de cette époque de se sentir parfaitement à l'aise. Bien au contraire, les vapeurs de graisse leur causaient un plaisir tout particulier, à tel point que, pour les poètes de l'Épopée, cette odeur très intense est la marque d'une maison bien montée (5). La graisse fumant dans les sacrifices procure même de grandes jouissances aux dieux immortels (6). Devant la maison d'Ulysse se trouvait, en outre, un tas d'ordures sur lequel couchait

---

(1) *Od*. XVIII. 307 : αὐτίκα λαμπτῆρας τρεῖς ἵστασαν ἐν μεγάροισιν,
ὄφρα φαείνοιεν· περὶ δὲ ξύλα κάγκανα θῆκαν,
αὖα πάλαι, περίκηλα, νέον κεκεασμένα χαλκῷ
καὶ δαΐδας μετέμισγον.

Comp. XVIII, 343. XIX, 63 et suiv. — (2) *Il*. II, 414; Πριάμοιο μέλαθρον αἰθαλόεν.

(3) *Od*. XXII, 239 : αἰθαλόεντος ἀνὰ μεγάροιο μέλαθρον.
(4) *Od*. XX, 299. XXII, 362-364.
(5) *Il*. VIII, 549 :
κνίσην δ'ἐκ πεδίου ἄνεμοι φέρον οὐρανὸν εἴσω
ἡδεῖαν.

Od. XII, 369 :
καὶ τότε με κνίσης ἀμφήλυθεν ἡδὺς ἀϋτμή.

Od. X, 10 :
κνισσῆεν δέ τε δῶμα (d'Aiolos) περιστεναχίζεται αὐλῇ.

(6) *Il*. I, 66. IV, 49. VIII, 549-551. IX, 500. XXIV, 70.

le chien Argos couvert de vermine (1); il y avait également un tas d'ordures devant la maison de Priam (2). Si nous rassemblons tous ces faits, nous arriverons à cette conclusion que l'atmosphère d'une maison royale au temps d'Homère aurait impressionné d'une manière fort désagréable un odorat tant soit peu délicat.

Parmi les meubles garnissant les maisons, les sièges se trouvent très souvent mentionnés. Ils sont désignés par les mots θρόνος et κλισμός, et dans deux endroits par κλισίη. Le poète du XXIV⁰ chant de l'Iliade (3) emploie θρόνος et κλισμός comme synonymes; mais dans d'autres passages (4) ces mots indiquent des sièges de deux sortes différentes. Cela est surtout très clairement établi dans le 1ᵉʳ chant de l'Odyssée (5), où le poète raconte que Télémaque fait asseoir sur un θρόνος Athèna qui vient d'entrer dans le mégaron sous les traits de Mentès, tandis qu'il prend pour lui-même un κλισμός. Le premier de ces sièges, étant offert à un hôte, était sans doute plus convenable. Cette explication est confirmée par ce fait que, partout dans l'Épopée, sauf dans un seul passage (6), les sièges des dieux s'appellent θρόνοι (7). Cette explication concorde aussi avec l'unique vers où le κλισμός est désigné comme siège divin. Lorsqu'Iris, sur l'ordre de Zeus, eut défendu à Héra et à Athèna d'aller au secours des Achéens, ces deux déesses rentrent dans l'Olympe et s'asseoient, au milieu d'autres dieux, sur des κλισμοί d'or; là-dessus Zeus entre et prend place sur un

---

(1) *Od.* XVII, 291 et suiv. Comp. *Philologus*, XXX (1870) p. 506.
(2) *Il.* XXIV, 640. Comp. 164. — (3) *Od.* IV, 123, XIX, 55.
(4) *Il.* XXIV, 515 (il est question d'Achille) : ἀπὸ θρόνου ὦρτο. 597 : ἕζετο δ᾽ἐν κλισμῷ πολυδαιδάλῳ, ἔνθεν ἀνέστη. Comp. *Il.* XI, 623 : ἐς κλισίην ἐλθόντες ἐπὶ κλισμοῖσι καθῖξον, et 645 : ἀπὸ θρόνου ὦρτο φαεινοῦ.
(5) *Od.* I, 145. III, 389. X, 233. XV, 134. XVII, 86, I, 79. XX, 249. XXIV, 385 : κατὰ κλισμούς τε θρόνους τε.
(6) 130 : αὐτὴν δ᾽ἐς θρόνον εἷσεν ἄγων, ὑπὸ λῖτα πετάσσας... παρ᾽ δ᾽αὐτὸς κλισμὸν θέτο ποικίλον.
(7) *Il.* VIII, 436. — (8) *Il.* I, 536. VIII, 199, 442. XIV, 238. XV, 124, 142, 150. XVIII, 389, 422. XX, 62. *Od.* V, 86, 195. X, 314, 366. *Hymn.* I (Apoll. Del.) 9.

θρόνος d'or (1). Le poète a sans doute assigné ce siège au roi des dieux, afin de le distinguer des autres divinités.

La seule épithète qui accompagne θρόνος et qui indique une particularité bien déterminée est ὑψηλός *haut* (2). Deux autres qualités ressortent du passage qui dépeint la mort d'Antinoüs (3). Antinoüs est asssis à table et s'apprête à porter la coupe à ses lèvres lorsque la flèche d'Ulysse le frappe à la gorge. Il est sans doute assis sur un θρόνος, comme les autres prétendants (4). Blessé mortellement, il penche d'un côté, laisse tomber la coupe et repousse avec les pieds la table placée devant lui. Le poète ne dit pas que le siège est dérangé, ni que le prétendant en est tombé ; il est donc probable qu'il se représentait le θρόνος resté debout et Antinoüs affaissé sur lui-même ; il en résulte que ce siège devait avoir une base solide et des bras élevés. Si nous résumons tout ce qui précède, nous devrons faire remarquer surtout ce fait que dans la langue homérique, comme dans la langue ultérieure, les sièges des dieux sont appelés presque exclusivement θρόνοι (5). Il suffit de rappeler ici le trône de l'Apollon amycléen (6) et celui du Zeus olympien (7). Les descriptions contenues

Fig. 27. — Revers d'une monnaie avec un *thronos*.

dans les auteurs et les monuments nous renseignent assez bien sur ces deux sièges ainsi que sur les sièges des autres divinités. Tous ces sièges avaient une base carrée très solide, un dossier montant au moins jusqu'à la nuque et des bras élevés,

(1) *Il.* VIII, 442. — (2) *Od.* VIII, 422 :
ἐλθόντες δὲ καθῖζον ἐν ὑψηλοῖσι θρόνοισιν.
(3) *Od.* XXII, 8-20.
(4) *Od.* XXII, 21 : τοὶ δ'ὁμάδησαν μνηστῆρες... ἐκ δὲ θρόνων ἀνόρουσαν.
(5) Milani l'a démontré dans le *Museo italiano di antich. classica*, I, p. 312, note 1.
(6) Pausanias III, 18, 9. — Comp. Klein, *Arch. epigr. Mitth. aus Oesterreich*, IX, p. 147, 166 et suiv. — (7) Paus. V, 11.

tout au moins à la hauteur de la poitrine du dieu. Nous donnons ci-contre comme spécimen (fig. 27) le revers d'une monnaie frappée sous Adrien à Élis; elle représente la statue du Zeus olympien et reproduit assez clairement un modèle de thrônos (1). Comme tous ces sièges ont un dossier très élevé, l'épithète ὑψηλός leur convient parfaitement. De plus, la manière dont l'Épopée fait mourir Antinoüs est très possible dans l'hypothèse d'un siège solide muni de bras très élevés. Si l'on veut une autre preuve curieuse à l'appui, l'on n'a qu'à regarder le vase phénicien trouvé à Chypre et dessiné à la figure 28 (2). Le peintre a représenté ici deux hommes à demi couchés sur des sièges dans le genre de ceux qui nous occupent (3); s'ils ne tombent pas de ce siège ou avec celui-ci, c'est grâce à la construction particulière du meuble.

Voyons maintenant les adjectifs qui nous renseignent sur les matériaux dont les sièges sont faits. Tout d'abord ξεστός, poli, indique le bois (4). De même σιγαλόεις et γανόεις, qu'on rencontre une fois comme épithètes d'un seul et même thrônos (5), indiquent l'éclat d'un bois poli et frotté avec de la graisse. Très souvent le θρόνος est appelé χρύσεος, d'or (6). Il est évident qu'il faut entendre par là un meuble non point en or massif, mais bien en bois garni de feuilles métalliques. Nous citerons comme spécimen de cette espèce de siège un fauteuil trouvé dans une très ancienne chambre funéraire de Chiusi (7), et qui

---

(1) Overbeck, dans sa *Geschichte der gr. Plastik*, I, p. 167 note 18, a rassemblé tout ce qu'on sait sur cette monnaie.

(2) D'après Perrot et Chipiez, *Hist. de l'art*, III, p. 711, n° 523.

(3) M. Perrot prétend que ce peintre a voulu représenter des personnages assis, et que c'est par maladresse qu'il les a dessinés ainsi. Nous ne saurions nous ranger à cette opinion ; il eut été, en effet, beaucoup plus commode pour l'artiste de faire un corps droit et des membres raides qu'un corps à demi couché et des membres pendants.

(4) *Od.* XVI, 408 : ἐπὶ ξεστοῖς θρόνοισιν. (5) *Od.* V, 86 : ἐς θρόνον σιγαλόεντα, γανόεντα. — θρόνος γανόεις : *Il.* XI, 645, XIX, 122, *Od.* VII, 169.

(6) V. plus haut, p. 137, note 3.

(7) *Ann. dell' Inst.* 1878 Tav. d'agg. Q 1 P, p. 296-297.

LES MAISONS D'HABITATION. 153

correspond assez bien au type du θρόνος homérique, bien que ses

Fig. 28. — Vase phénicien trouvé à Chypre.

bras soient moins hauts et moins solides (fig. 29). Ce siège fait de plaques de bronze qui n'auraient pu résister au poids d'un

tout au moins à la hauteur de la poitrine du dieu. Nous donnons ci-contre comme spécimen (fig. 27) le revers d'une monnaie frappée sous Adrien à Élis ; elle représente la statue du Zeus olympien et reproduit assez clairement un modèle de thronos (1). Comme tous ces sièges ont un dossier très élevé, l'épithète ὑψηλός leur convient parfaitement. De plus, la manière dont l'Épopée fait mourir Antinoüs est très possible dans l'hypothèse d'un siège solide muni de bras très élevés. Si l'on veut une autre preuve curieuse à l'appui, l'on n'a qu'à regarder le vase phénicien trouvé à Chypre et dessiné à la figure 28 (2). Le peintre a représenté ici deux hommes à demi couchés sur des sièges dans le genre de ceux qui nous occupent (3) ; s'ils ne tombent pas de ce siège ou avec celui-ci, c'est grâce à la construction particulière du meuble.

Voyons maintenant les adjectifs qui nous renseignent sur les matériaux dont les sièges sont faits. Tout d'abord ξεστός, *poli*, indique le bois (4). De même σιγαλόεις et φαεινός, qu'on rencontre une fois comme épithètes d'un seul et même thronos (5), indiquent l'éclat d'un bois poli et frotté avec de la graisse. Très souvent le θρόνος est appelé χρύσεος, *d'or* (6). Il est évident qu'il faut entendre par là un meuble non point en or massif, mais bien en bois garni de feuilles métalliques. Nous citerons comme spécimen de cette espèce de siège un fauteuil trouvé dans une très ancienne chambre funéraire de Chiusi (7), et qui

---

(1) Overbeck, dans sa *Geschichte der gr. Plastik*, I⁰ p. 467 note 18, a rassemblé tout ce qu'on sait sur cette monnaie.

(2) D'après Perrot et Chipiez, *Hist. de l'art*, III, p. 711, nᵒ 523.

(3) M. Perrot prétend que ce peintre a voulu représenter des personnages assis, et que c'est par maladresse qu'il les a dessinés ainsi. Nous ne saurions nous ranger à cette opinion : il eût été, en effet, beaucoup plus commode pour l'artiste de faire un corps droit et des membres raides qu'un corps à demi couché et des membres pendants.

(4) *Od*. XVI, 408 : ἐπὶ ξεστοῖσι θρόνοισιν. — (5) *Od*. V, 86 : ἐν θρόνῳ θρύσαζε φαεινῷ, σιγαλόεντι. — θρόνος φαεινός : *Il*. XI, 645, XIX, 422, *Od*. VII, 169.

(6) V. plus haut, p. 137, note 3.

(7) *Ann. dell' Inst*. 1878 Tav. d'agg. Q 1ʳᵉ Pᵗᵉ, p. 296-297.

correspond assez bien au type du θρόνος homérique, bien que ses

Fig. 28. — Vase phénicien trouvé à Chypre.

bras soient moins hauts et moins solides (fig. 29). Ce siège fait de plaques de bronze qui n'auraient pu résister au poids d'un homme assis, était sans doute destiné simplement à un usage funéraire. Mais il reproduit évidemment un siège usité dans la vie quotidienne d'alors, qui devait être en bois garni de plaques de bronze. Une autre épithète ἀργυρόηλος (1) prouve que le θρόνος d'Homère était souvent consolidé avec des clous d'argent, ou bien seulement garni de ces clous, dans certains

Fig. 29. — Fauteuil de bronze portant un ossuaire de même métal.
(Extrait de l'*Art Étrusque* de J. Martha, p. 204, fig. 157.)

endroits, en guise d'ornements (2). C'est ce qui ressort du siège de Chiusi. Les plaques dont il est fait sont maintenues au moyen de gros clous de bronze, pendant que de petites bossettes faites au repoussé, simulant des têtes de clous, décorent le dos du siège. Enfin le siège de Chiusi était recouvert d'un

---

(1) *Il.* XVIII, 388. *Od.* VII, 162. VIII, 65. X, 314. 366. XXII, 341. *Hymn.* IV (in Vener.) 165.
(2) Comp. le chap. XXIX.

drap de lin : c'est un détail tout à fait homérique. L'Épopée mentionne, en effet, dans quatre endroits (1), l'usage d'étendre des étoffes sur les θρόνοι, afin de les rendre plus moelleux. Sur

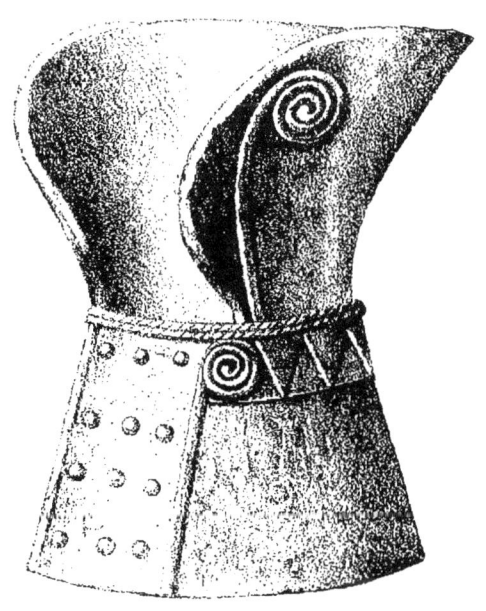

Fig. 30. — Siège en argile de Chiusi.

le siège de Chiusi se trouvait posé un vase de bronze avec les

(1) *Od.* I, 130. Voir p. 150, note 6. — VII, 95 :

ἐν δὲ θρόνοι περὶ τοῖχον ἐρηρέδατ' ἔνθα καὶ ἔνθα,
ἐς μυχὸν ἐξ οὐδοῖο διαμπερές, ἔνθ' ἐνὶ πέπλοι
λεπτοὶ ἐΰννητοι βεβλήατο, ἔργα γυναικῶν.

X, 352 :

ἡ μὲν βάλλε θρόνοις ἔνι ῥήγεα καλὰ,
πορφύρεα καθύπερθ', ὑπένερθε δὲ λῖθ' ὑπέβαλλεν

XX, 150 :

... ἐν τε θρόνοις εὐποιήτοισι τάπητας
βάλλετε πορφυρέους.

Dans un passage, cet usage est indiqué aussi pour le κλισμός (*Il.* IX, 200). Il est probable que le tapis de laine (τάπης μαλακοῦ ἐρίου) qu'on apporte

homme assis, était sans doute destiné simplement à un usage funéraire. Mais il reproduit évidemment un siège usité dans la vie quotidienne d'alors, qui devait être en bois garni de plaques de bronze. Une autre épithète ἀργυρόηλος (1) prouve que le θρόνος d'Homère était souvent consolidé avec des clous d'argent, ou bien seulement garni de ces clous, dans certains

Fig. 29. — Fauteuil de bronze portant un ossuaire de même métal.
(Extrait de l'*Art Étrusque* de J. Martha, p. 201, fig. 157.)

endroits, en guise d'ornements (2). C'est ce qui ressort du siège de Chiusi. Les plaques dont il est fait sont maintenues au moyen de gros clous de bronze, pendant que de petites bossettes faites au repoussé, simulant des têtes de clous, décorent le dos du siège. Enfin le siège de Chiusi était recouvert d'un

(1) *Il.* XVIII, 388. *Od.* VII, 162. VIII, 65. X, 314, 366. XXII, 341. *Hymn.* IV (in Vener.) 165.
(2) Comp. le chap. XXIX.

drap de lin : c'est un détail tout à fait homérique. L'Épopée mentionne, en effet, dans quatre endroits (1), l'usage d'étendre des étoffes sur les θρόνοι, afin de les rendre plus moelleux. Sur

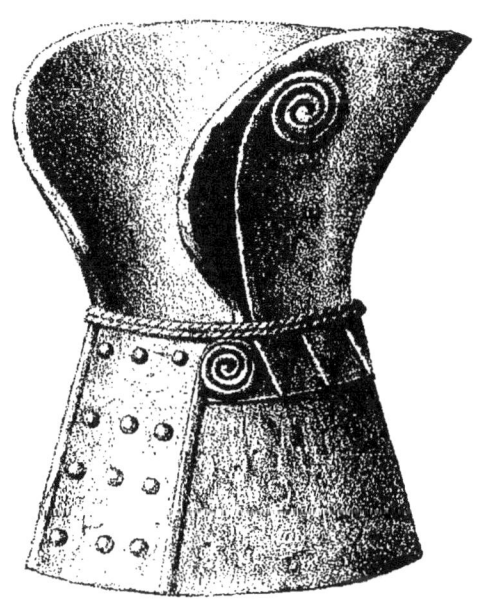

Fig. 30. — Siège en argile de Chiusi.

le siège de Chiusi se trouvait posé un vase de bronze avec les

(1) *Od.* I. 130. Voir p. 150, note 6. — VII. 95 :

ἐν δὲ θρόνοι περὶ τοῖχον ἐρηρέδατ' ἔνθα καὶ ἔνθα,
ἐς μυχὸν ἐξ οὐδοῖο διαμπερές, ἔνθ' ἐνὶ πέπλοι
λεπτοὶ ἐΰννητοι βεβλήατο, ἔργα γυναικῶν.

X, 352 :

ἡ μὲν ἔβαλλε θρόνοις ἔνι ῥήγεα καλά,
πορφύρεα καθύπερθ', ὑπένερθε δὲ λῖθ' ὑπέβαλλεν

XX, 150 :

... ἔν τε θρόνοις εὐποιήτοισι τάπητας
βάλλετε πορφυρέους.

Dans un passage, cet usage est indiqué aussi pour le κλισμός (*Il.* IX, 200). Il est probable que le tapis de laine (τάπης μαλακοῦ ἐρίοιο) qu'on apporte

cendres d'un corps. La pensée qui avait dicté cette disposition est assez claire : ce siège représentait celui sur lequel le personnage vivant avait coutume de s'asseoir ; placé dans le tombeau, il portait le vase contenant les cendres du défunt.

En ce qui concerne le κλισμός, ce devait être, si l'on en juge par la forme du mot, un siège dont le dossier attirait surtout l'attention. L'épithète χρύσειος (1), dont il est accompagné dans l'Épopée, fait supposer qu'il s'agit là d'un meuble garni de feuilles métalliques ; une autre épithète (ποικίλος) suppose des motifs décoratifs (2). Enfin le fait que Télémaque avance de sa propre main un κλισμός vers le θρόνος où son hôte s'était assis (3), prouve que le premier de ces sièges était relativement facile à déplacer. Si l'on veut se faire de la forme du κλισμός, une idée approximative que ne peuvent donner les indications très vagues qui précèdent, le plus simple est de regarder les sièges qui se trouvent dans les *tombe a ziro* de Chiusi (4), où ils servent aussi de supports aux vases funéraires (5). Notre fig. 30 représente un de ces sièges en argile, qui est conservé au *museo degli asili* de Chiusi (6). Le fond de tous ces sièges est rond et relativement bas ; le dossier, solide et très haut, entoure presque entièrement la base, ne laissant qu'une étroite ouverture sur le devant. Ces sièges sont en métal battu (7) ou en argile (8) ; ils imitent évidemment des modèles en bois

---

dans le mégaron à Hélène (*Od.* IV, 123-124), en même temps que le siège (κλισίη), est destiné aussi à recouvrir ce siège. Nous allons démontrer plus loin (ch. XI) que l'épithète λεπτός appliquée aux πέπλοι (*Od.* VII, 97) signifie *de toile*. Le sens du mot *λίς (Od.* I, 130 et X, 353) est incertain (natte d'écorce ou couverture de lin ? Voy. ch. XI).

(1) *Il.* VIII, 436. — (2) *Od.* I, 132. Comp. le ch. XXX. — (3) *Od.* I, 132 (voy. plus haut p. 150, note 6).

(4) Voy. plus haut p. 29-30 note 3. — (5) Comparez Milani, *Museo ital. di antichità classica*, I (1885) p. 289 et suiv. Un siège en marbre du Palazzo Corsini prouve que ce type se retrouve aussi à une époque plus récente (*Mon. dell' Inst.* XI, pl. IX. *Ann.* 1879, p. 312 et suiv. *Bull.* 1843, p. 68. — (6) *Mus. ital. di ant.*, I, pl. IX, 10, p. 323. — (7) *Bull. dell' Inst.* 1883, p. 194. *Mus. ital.* I, pl. 9, 9ª pl. IX, p. 327. — (8) *Mus. ital.* I, 308-309, pl. VIII, 10, p. 323 (notre fig. 30), pl. XII, 1, 315, pl. XII, 2, p. 316, XIII 2, 318.

garnis de métal. Dans les spécimens en argile, l'imitation du travail des métaux se reconnaît aux têtes de clous modelées dans l'argile : les clous servaient, en effet, à consolider les feuilles métalliques. Il en résulte que les modèles primitifs de tous ces objets avaient une couverture métallique désignée par l'épithète χρύσεος. Le dossier et le fond sont souvent ornés de motifs géométriques (1) qui, comme nous le verrons au chapitre XXX, correspondent à l'expression ποικίλος.

Les baignoires (ἀσάμινθος) (2) faisaient également partie de l'ameublement de la demeure des rois. Dans la luxueuse maison de Ménélas, il s'en trouvait deux en argent que Ménélas avait reçues en don du roi d'Égypte Polybe (3). Mais l'épithète εὔξεστος (*bien poli*) (4), qui accompagne généralement la baignoire, fait supposer une matière autre que le métal. Ce mot est employé partout dans l'Épopée pour désigner des objets de bois (5); il est donc tout naturel d'admettre que ces baignoires étaient en bois. Seulement ici se présente une objection. Les peuples classiques se servaient du bois beaucoup moins que les barbares et que les modernes pour fabriquer des récipients d'un certain volume. Chez les Grecs et chez les Romains le tonneau de bois était beaucoup moins fréquent que le *dolium* ou l'amphore d'argile (6); on ne le rencontre guère que dans les colonies où les peuples classiques étaient en contact immédiat avec les barbares (7). Ajoutons à cette remarque générale ce fait que la seule baignoire datant d'une époque voisine de la période florissante de l'Épopée n'est pas en bois, mais en terre. Dans le

---

(1) *Mus. ital.* I, pl. XII, 1-3. — (2) *Il.* X, 576. *Od.* III, 468. IV, 48, 128. VIII, 450, 456. X, 361. XVII, 87-90. XXIII, 163. XXIV, 370.
(3) *Od.* IV, 128 : ὅς Μενελάῳ δῶκε δύ' ἀργυρέας ἀσαμίνθους.
(4) *Il.* X, 576. *Od.* IV, 48. XVII, 87 :

ἐς δ'ἀσαμίνθους βάντες ἐϋξέστας λούσαντο.

(5) Ebeling, *Lexicon homericum*.
(6) Hehn, *Kulturpflanzen und Hausthiere*, 3ᵉ éd., p. 508-511, 4ᵉ édit. p. 470 472.
(7) Tel est le cas des Massaliotes : Cæsar, *De bello civ.* II, 11.

palais de Tirynthe qui renfermait, on le sait, une chambre de bains spéciale, on a trouvé le fragment d'une baignoire en argile rouge grossière. Si l'on en juge par ce fragment, cette baignoire ressemblait comme forme à celle des baignoires modernes; elle avait un rebord saillant et était pourvue de chaque côté d'une forte poignée horizontale. Le fond rouge du fragment en question est décoré d'ornements blancs; la surface extérieure et le rebord sont couverts de bandes horizontales, la poignée, qui s'est conservée, de bandes verticales; à l'intérieur, on voit trois bandes horizontales entremêlées de spirales (1). Il est évident que des récipients ovales de cette dimension n'étaient point fabriqués au tour, mais faits à la main et polis ensuite avec un polissoir, procédé qui explique parfaitement l'épithète εὔξεστος. On se demande donc si les baignoires *bien polies* mentionnées dans l'Épopée étaient en argile.

Les renseignements que fournit l'Épopée sur les sièges bas sans dossier (δίφρος) (2), sur le banc de pieds (θρῆνυς) (3), σφέλας) (4), les tables (τράπεζα) et les lits (λέχεα) (5) sont trop in-

---

(1) Schliemann, *Tiryns*, pl. XXIV e. p. 158, 263-264.
(2) *Il.* III, 424. VI, 354. XXIV, 578. *Od.* IV, 717. XVII, 330, 602. XIX, 97, 101, 506, XX, 259, 387. XXI, 243, 392, 420 XXIV, 408.
(3) Le θρόνος était généralement accompagné d'un θρῆνυς (*Il.* XIV, 238-241. XVIII, 389-390. — *Od.* I, 131. X, 314-315, 366-367. Comp. XVII, 409, 462, 504). Il en est de même du κλισμός (*Od.* IV, 136).
Le θρῆνυς était fixé à la κλισίη de Pénélope (*Od.* XIX, 55) :

κλισίην..... ἥν ποτε τέκτων.
ποίησ' Ἰκμάλιος, καὶ ὑπὸ θρῆνυν ποσὶν ἧκεν
προσφυέ' ἐξ αὐτῆς.

Devant le siège à dossier de Chiusi dont il a été question plus haut (p. 152-153) on a trouvé un meuble très endommagé en bronze, (*Ann. dell'Inst.* 1878 Tav. d'agg. Q 1ª) dans lequel nous avions reconnu un banc de pieds (*Bull. dell' Inst.* 1877 p. 195 *Ann.* 1878, p. 257). Mais pendant la restauration, on a constaté que ce meuble symbolisait plutôt une table. Comp. Milani, *Museo ital. di antichità class.* I, p. 312, note 4.
(4) *Od.* XVII, 231, XVIII, 394. — (5) L'épithète δινωτός indique un travail de tourneur très soigné (*Il.* III, 391). On n'a pas encore trouvé d'explication

suffisants pour qu'on puisse les rapprocher des spécimens conservés sur les monuments plastiques. Au contraire, nous sommes assez bien renseignés sur la construction d'un engin très important de l'art militaire, nous voulons parler du char de combat.

Nous allons donc quitter la demeure des rois et nous prions le lecteur de bien vouloir nous suivre dans la plaine de Troie, où les armées ennemies s'avancent l'une contre l'autre, en première ligne les chars de combat portant les chefs, en seconde ligne l'infanterie (1).

satisfaisante pour l'épithète τρητός, *percé* (*Il*. III, 448. *Od*. III, 399. VII, 345. X, 12. *Il*. XXIV, 720. *Od*. I, 440). Le lit le plus ancien de l'antiquité classique est celui du tombeau découvert à Caerè par Regulini et Galassi (voy. plus haut p. 39 note 2, 114-116 Grifi, *Mon. di Cere*. pl. IV, 6. *Mus. gregor*. I, pl. XVI 8). Le fond de ce lit est un treillis de lattes de bronze. Telle est aussi la disposition d'une couchette funèbre figurée sur un vase du Dipylon (*Mon. dell' Inst*. IX, pl. XXXIX, 1). Braun (*Ruinen und Museen Roms*, p. 784, note 2) pense que l'épithète τρητός indique les ouvertures comprises entre les sangles de bronze. Mais c'est une erreur : car ces ouvertures n'ont pas été percées ; elles sont formées tout naturellement par la superposition des sangles.

(1) *Il*. IV, 297 et suiv. XXIII, 133. Dans un passage de l'Épopée (*Il*. VI, 46-52), lorsque les Grecs sortent du camp, c'est l'infanterie qui passe d'abord le fossé ; les chars ne viennent qu'ensuite. L'ordre a été interverti ici à cause de la proximité menaçante de l'ennemi victorieux. Les guerriers qui montaient les chars étaient, au moment du passage des fossés, pour ainsi dire hors de combat et auraient fait des pertes très sensibles si les Troyens les avaient attaqués. Il était donc d'une tactique rationnelle de laisser marcher d'abord l'infanterie, afin de faciliter aux chars ce passage des fossés et de les couvrir contre une attaque subite de l'ennemi. Voy. sur l'emploi des chars de combat : Albracht, *Kampf und Kampfschilderung bei Homer*. Naumburg, 1886, p. 13 et suiv.

CHAPITRE IX.

LES CHARS.

(ἅρμα, ἅρματα, ὄχεα, δίφρος)

On peut constater l'usage des chars de combat en Égypte et dans l'Asie Antérieure jusque dans les premières années du dix-septième siècle (1); il se répandit plus tard à chaque génération dans ces deux pays (2). Lorsque Rhamsès II entra en campagne contre les Hittites, au quatorzième siècle, les chars de combat constituaient les principales forces de son armée comme de celle de son adversaire. La division des Hittites qui se mit en embuscade à Kadesch était, suivant la version du manuscrit de Pentaour, accompagnée de 2,500 attelages (3). Les sculptures d'Ibsamboul, très vivantes (4), représen-

(1) Le roi Aahmès Ier (d'après Lepsius 1684-1659 av. J.-C.) qui délivra l'Égypte de la domination des Hyksos, combattait déjà sur un char de guerre (Chabas, *Études sur l'antiquité historique*, 2e éd., p. 422). Il semble même que ce char ait été employé plus anciennement chez les peuples de l'Asie antérieure, auxquels les Égyptiens n'ont fait que l'emprunter (Brugsch, *Geschichte Aegyptens*, p. 273 et suiv. Ebers, *Aegypten und die Bücher Moses*, I, p. 221. Hehn, *Kulturpflanzen und Hausthiere*, 3e éd., p. 32-33, 4e éd., p. 26, 30-31). En tout cas, le char de combat était déjà très usité chez les populations de la région arrosée par l'Euphrate (Naharina), à l'époque où Thoutmès Ier entreprit sa campagne en Mésopotamie (1646-1625). Voy. Chabas, *ibid.* p. 441. Brugsch, *ibid.* p. 235, 236.

(2) Thoutmès III, dans sa première campagne de Syrie (1591-65), ne conquit pas moins de 924 chars de combat sur l'ennemi : Brugsch, p. 303

(3) Brugsch, p. 504, 506. — (4) Rosellini, *Mon. dell' Egitto*, I, pl. CIII-CX.

tent fort bien le spectacle grandiose des deux armées se ruant l'une sur l'autre (1).

Étant donné que des relations multiples s'établirent dès le milieu du second millier d'années entre les contrées sud-ouest de l'Asie Antérieure et la Grèce Orientale, l'emploi des chars de guerre ne tarda pas à se propager dans le Péloponèse. Ils ont

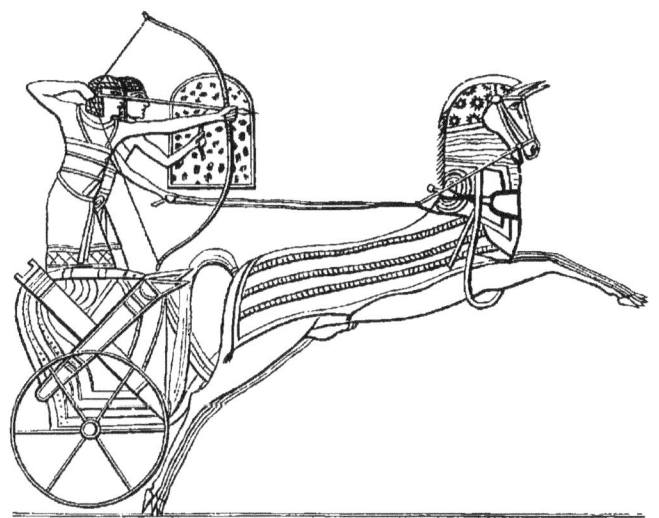

Fig. 31. — Char de guerre égyptien.

dû s'y introduire avant la migration dorienne, puisqu'on en trouve sur des stèles funéraires de Mycènes (2). En tout cas, les héros d'Homère adaptent de mille façons différentes leur manière

---

(1) La renommée de la puissance des chars égyptiens pénétra jusqu'aux oreilles des aèdes homériques. On lit, en effet, dans l'*Iliade* (IX, 383), à propos de Thèbes d'Égypte :

αἵθ' ἑκατόμπυλοί εἰσι, διηκόσιοι δ' ἂν' ἑκάστην
ἀνέρες ἐξοιχνεῦσι σὺν ἵπποισιν καὶ ὄχεσφιν.

(2) Schliemann, *Mykenæ*, p. 58, 90, 91, 92, 97, 100-102, n°ˢ 24, 140, 141 (d'où est extrait notre fig. 40).

de combattre aux chars de guerre (ἅρμα, ἅρματα, ὄχεα, δίφρος); les poètes de l'Épopée nous le disent assez clairement (1). Les chars transportent rapidement les guerriers d'un point du champ de bataille sur un autre, accélèrent la fuite et facilitent la poursuite. Quand un guerrier combat à pied, le conducteur se préoccupe de tenir son char aussi près que possible du combattant. Le char est en réalité un lieu d'attaque et de retraite (2).

Si nous examinons les données de l'Épopée sur la construction de ce véhicule, nous serons amenés à constater les particularités suivantes.

Les chars de guerre étaient très légers. Ils volent à travers le champ de bataille sans être arrêtés par les morts ni par les débris d'armes qui jonchent le sol (3); ils passent même par-dessus les fossés (4). Eumélos, dont le joug s'est brisé pendant la course et dont les chevaux ont été tués, tire son char avec les mains à travers la carrière jusqu'au lieu de refuge (5). Diomède se demande même s'il ne doit pas emporter sur ses épaules le char de Rhésos du bivouac des Thraces (6). Les chars de guerre avaient un seul axe (7), par conséquent deux roues (8). Sur l'axe était posée la caisse (δίφρος) (9) qui consistait en une plate-forme

---

(1) Voy. surtout l'*Od.* XVIII, 263 :

ἵππων τ' ὠκυπόδων ἐπιβήτορας, οἵ κε τάχιστα
ἔκριναν μέγα νεῖκος ὁμοιΐου πολέμοιο.

(2) Les principaux passages de l'*Iliade* sont : V, 108, 249, 329. XI, 339-342, 488. XIII, 385, 535-538, 657. XIV, 430. XV, 456. XVI, 864 et suiv.; XVII, 130, 500-502, 613-615, 699.

(3) *Il.* XI, 534-537. XX, 499-502. Comp. XX, 394. — (4) *Il.* VIII, 179. XII, 110-113. XVI, 380.

(5) *Il.* XXIII, 533. — (6) *Il.* X, 505. XXIII, 533.

(7) *Il.* V, 838 : ἔβραχε φήγινος ἄξων. *Il.* XIII, 30.

(8) *Il.* VI, 42 :

αὐτὸς δ' ἐκ δίφροιο παρὰ τρόχον ἐξεκυλίσθη
πρηνὴς ἐν κονίῃσιν.

(9) Ce mot a dû signifier primitivement un siège bas sans dossier (Voy. plus haut, p. 158, note 2). Ensuite il a été étendu au plancher (fond) de la

bordée d'un entourage ou garde-fou (ἐπιδιφριάς) (1). Suivant les données de l'Épopée, le bois (2), le treillis (3) et les garnitures métalliques (4) entraient dans la composition de cette caisse. La caisse était garnie d'une *antyx* (ἄντυξ) (5), en bois recourbé et par conséquent très flexible (6), qui servait de bordure à l'entourage ou formait une espèce de main-courante. C'est à l'*antyx* qu'on attachait les rênes, lorsque le char était au repos (7). Les épithètes καμπύλος et ἀγκύλος (8) accompagnant les chars de combat ne peuvent s'appliquer qu'à leur partie principale, c'est-à-dire à la caisse de la voiture; il faut donc admettre que cette caisse était munie d'un entourage courbe. Elle était d'ailleurs relativement basse, puisque les conducteurs de chars sont souvent blessés à la partie inférieure du corps (9). Bien que, dans les combats décrits par l'Épopée, il ne soit question que de chars à deux chevaux, les poètes semblent cependant avoir connu les attelages à un seul cheval. D'abord Agamemnon dit, avant la bataille, qu'en ce jour le coursier de plus d'un guerrier suera

caisse de la voiture, ensuite à la caisse même, puis, comme *pars pro toto*, à la voiture tout entière. C'est dans ce dernier sens qu'il est employé dans l'Iliade, p. ex. V. 193. X, 305. XVII, 436.

(1) *Il.* X, 475. — (2) *Il.* XVI, 402 : ἐϋξέστῳ ἐνὶ δίφρῳ. *Od.* IV, 590 : δίφρον ἔξυον (de même dans Hésiode *scut. Herc.* 352). *Il.* II, 390. XIX, 395. IV, 366. XI, 198. XXIII, 286. *Od.* XVII, 117. *Il.* V, 193. Le fabricant de voitures s'appelle ἁρματοπηγὸς ἀνήρ : *Il.* IV, 485.

(3) *Il.* XXIII, 335 : ἐϋπλέκτῳ ἐνὶ δίφρῳ. XXIII, 436. Voy. Hésiode (*scut. Herc.* 63, 306 et 370).

(4) *Il.* XXIII, 503 :

ἅρματα δὲ χρυσῷ πεπυκασμένα κασσιτέρῳ τε

X, 438. IV, 226. X, 322, 393. Hymn. IV (in Vener.) 13. V, 239. XIII, 537; XIV, 431. *Od.* III, 492; XV, 145, 190 : ἅρματα ποικίλα. *Il.* X, 501. Comp. *Il.* VIII, 320, XXIII, 509. *Hymn.* V (in Cerer.) 19, 375, 431; Hymn. IX, 4.

(5) *Il.* V, 262, 322, 728. XI, 535. XX, 500. XXI, 38.

(6) Le Priamide Lykaon coupe à cet effet les jeunes branches d'un figuier sauvage. *Il.* XXI, 36-38.

(7) *Il.* V 262, 322 : ἐξ ἄντυγος ἡνία τείνας.

(8) *Il.* V, 231 : καμπύλον ἅρμα (de même Hesiod. *scut. Herc.* 324). VI, 38 : ἀγκύλον ἅρμα.

(9) *Il.* XIII, 398. XVI, 463.

en traînant son char (1). En second lieu, il est question, dans une comparaison (2), d'un cheval qui traîne son maître à travers les champs dans une course rapide. Enfin, à propos d'Achille, il est dit qu'il se précipite comme un coursier qui emporte légèrement son char dans la carrière (3). Ces comparaisons semblent beaucoup plus naturelles avec l'hypothèse, qu'à côté des attelages à deux chevaux, il y en avait à un seul cheval, et si les poètes ne mettent en scène que les premiers, c'est que ceux-ci font plutôt image et flattent mieux l'imagination.

On ajoutait quelquefois aux attelages de deux chevaux un cheval de réserve (παρήορος) (4), qui était attaché à l'un des che-

---

(1) *Il.* II 390 : ἱδρώσει δέ τευ ἵππος ἐΰξοον ἅρμα τιταίνων.
(2) *Il.* XXIII, 517 : ὅσσον δὲ τροχοῦ ἵππος ἀφίσταται, ὅς ῥά τ' ἄνακτα
ἕλκῃσιν πεδίοιο τεταινόμενος σὺν ὄχεσφιν·
τοῦ μέν τε ψαύουσιν ἐπισσώτρου τρίχες ἄκραι
οὐραῖαι· ὁ δὲ τ' ἄγχι μάλα τρέχει, οὐδέ τι πολλὴ
χώρη μεσσηγύς, πολέος πεδίοιο θέοντος.
(3) *Il.* XXII, 22 : σευάμενος ὥσθ' ἵππος ἀεθλοφόρος σὺν ὄχεσφιν,
ὅς ῥά τε ῥεῖα θέῃσι τιταινόμενος πεδίοιο. Comp. XII, 58.
(4) *Il.* VIII 80-88. XVI, 152, 467-475 : ὁ δὲ Πήδασον οὔτασεν ἵππον
ἔγχεϊ δεξιὸν ὦμον· ὁ δ' ἔβραχε θυμὸν ἀΐσθων.
κὰδ δ' ἔπεσ' ἐν κονίῃσι μακών, ἀπὸ δ' ἔπτατο θυμός.
τὼ δὲ διαστήτην, κρίκε δὲ ζυγόν, ἡνία δέ σφιν
σύγχυτ', ἐπειδὴ κεῖτο παρήορος ἐν κονίῃσιν.
τοῖο μὲν Αὐτομέδων δουρικλυτὸς εὕρετο τέκμωρ.
σπασσάμενος τανύηκες ἄορ παχέος παρὰ μηροῦ,
ἀΐξας ἀπέκοψε παρήορον οὐδ' ἐμάτησεν.
τὼ δ' ἰθυνθήτην, ἐν δὲ ῥυτῆρσι τάνυσθεν.

L'action représentée dans ces vers a été souvent mal comprise, même par Grashof (*Das Fuhrwerk bei Homer und Hesiod*, p. 36, note 35). Grashof adopte la version du Scholiaste ἐν δὲ ῥυτῆρι τάνυσθεν et, pour expliquer ces mots, dit qu'Automédon, après la rupture de l'attelle, a été forcé de les atteler au timon (ῥυτήρ pour ῥυμός) même. Mais l'expression κρίκε δὲ ζυγόν ne peut signifier : *l'attelle s'est brisée*, mais bien : *l'attelle a craqué* (les chevaux effarouchés s'étant brusquement séparés). Du reste le poète, si l'on en juge par les passages analogues de l'Épopée, nous aurait présenté Automédon attachant les chevaux au timon et ne se serait point borné à nous indiquer le fait accompli. Évidemment les mots ἐν δὲ ῥυτῆρσι τάνυσθεν doivent être traduits par : *les chevaux se rangèrent sous les rênes*, que les chevaux effarouchés avaient embrouillées. Deux passages de l'*Iliade* (III, 261, 311, et XXIII, 323), mon-

vaux d'attelle ou à l'attelle elle-même (1) et courait à côté sans tirer (2). Il est certain que ce cheval était muni de guides, sans quoi le conducteur n'aurait pu le maîtriser. Il était destiné à effrayer l'ennemi en mordant et se jetant en tous sens, et sans doute aussi à remplacer immédiatement les chevaux d'attelle qui succombaient (3).

La comparaison des monuments permet de déterminer les contours de certains détails.

Si, comme c'est très probable, les Égyptiens, de même que les Grecs, ont emprunté l'usage des chars de combat aux contrées du sud-ouest de l'Asie Antérieure (4), il convient d'examiner ici les monuments égyptiens à ce point de vue spécial. On y remarque trois sortes de chars de combat qu'on ne peut pas distinguer toujours très nettement, car ils sont reliés par des types de transition (5).

Nos figures 31, 32 et 33, représentent trois chars de guerre appartenant à l'époque de Rhamsès II (6). La différence consiste

---

trent que τανύειν est le verbe consacré pour indiquer que les chevaux sont bien droits et alignés sous les rênes. Hésiode (*scut. Herc.* 308) appelle les rênes ῥυτά. Il est donc très probable que ῥυτῆρες a le même sens.

(1) Cette attache s'appelait παρηορίαι (*Il.* VIII, 87. XVI, 152).

(2) Lorsque Ménélas offre à Télémaque trois coursiers et un char bien poli (*Od.* IV, 590), le nombre trois indique deux chevaux d'attelle et un cheval de réserve. Il faut supposer deux chevaux d'attelle et deux chevaux de réserve au char d'Hector (*Il.* VIII, 185-191), à moins de biffer, avec Aristarque, le vers 185 où Hector mentionne quatre chevaux. (Comp. Lehrs, *De Aristar. Stud. homer.*, 2ᵉ éd., p. 195). En tout cas, *deux* chevaux seulement tiraient le char, car Hector leur parle au duel (ἀλλ' ἐφομαρτεῖτον καὶ σπεύδετον). Du reste, les attelages de quatre chevaux ne sont mentionnés que dans des passages qui sont probablement des interpolations. (Voy. la comparaison de l'*Od.* XIII, 81-83 et le discours confus de Nestor *Il.* XI, 698-702, où les τέσσαρες ἀθλοφόροι ἵπποι αὐτοῖσιν ὄχεσφιν que Neleus envoie à Élis font songer involontairement aux jeux olympiques).

(3) Comp. Schlieban, *Die Pferde des Alterthums*, p. 157-160.

(4) Voyez plus haut, page 160, note 1.

(5) Textor de Ravisi a réuni les spécimens les plus importants des chars égyptiens (Voy. *Congrès provincial des orientalistes français, Égyptologie : Études sur les chars de guerre égyptiens.* (*Bull.* 1. 2 vol. p. 439-464).

(6) Fig. 31 : attelage égyptien de la bataille de Kadesch (plus haut, p. 160

surtout dans la construction de la caisse. Dans le premier (fig. 31) cette caisse est fermée de tous côtés; dans le second (fig. 32) elle offre de chaque côté une ouverture limitée en haut par une main-courante qui correspond à l'*antyx* homérique; dans le troisième (fig. 33) elle est réduite à une bande étroite, sorte de tablier qui ne couvre que la partie antérieure du corps du guerrier et court le long de la plate-forme. Ici la balustrade ou l'*antyx* part de l'extrémité supérieure du tablier en question, et, faisant une courbe, vient rejoindre les deux extrémités de la bordure du marchepied. La caisse était, dans ses parties essentielles, tout en bois; mais les rangs de clous, souvent visibles sur les bords de la caisse (fig. 33), le caractère de l'ornementation et certaines données des inscriptions (1) indiquent que le bois était souvent garni de métal.

Les chars des Chetites (Hittites) qui guerroyaient contre Rhamsès II (fig. 34 et 35) (2) ont une caisse entièrement fermée; elle se distingue des chars égyptiens construits de la même façon (voy. fig. 31) en ceci que, au lieu d'être bombée par derrière, elle descend en ligne courbe jusqu'à la plate-forme. La manière dont les artistes ont figuré la caisse indique bien qu'ils ont voulu représenter un objet en bois. Cependant les rangées de clous et les disques cloués près de la face antérieure du char (3)

d'après Rosellini *Monum. dell' Egitto* (*Monum. reali*) I, pl. CIII. — Fig. 32 : char de Rhamsès II, d'après Rosellini, *loc. cit.*, pl. I, CII. — Fig. 33: Char du même roi, *ibid.* (*Mon. civ.*) pl. CXXII, 2.

(1) Voy. un char de bronze du roi Thoutmès III dans Brugsch, *Geschichte Ægyptens*, p. 300. Un autre d'Amenhotep IV (Chunate) en or et en bronze, *ibid.*, p. 429 et 431. La lettre bien connue du papyrus Anastasi I, mentionne des ornements de chars et des incrustations métalliques (Textor de Ravisi, loc. cit. p. 464).

(2) Rosellini, *I Mon. dell' Egitto*, I (*mon. reali*), t. CIII-CX. Comp. aussi Wilkinson-Birch, *The manners of the anc. Egyptians*, I, p. 259, n° 5. Nos figures 34 et 35 reproduisent deux attelages de la bataille de Kadesch d'après Rosellini I. pl. CIII.

(3) Un bas-relief assyrien représentant une machine de siège dont les parois sont consolidées au moyen de disques semblables (Perrot et Chipiez, *Histoire de l'art*, II, p. 105, fig. 26) nous confirment dans l'idée que ces disques étaient en métal.

LES CHARS.

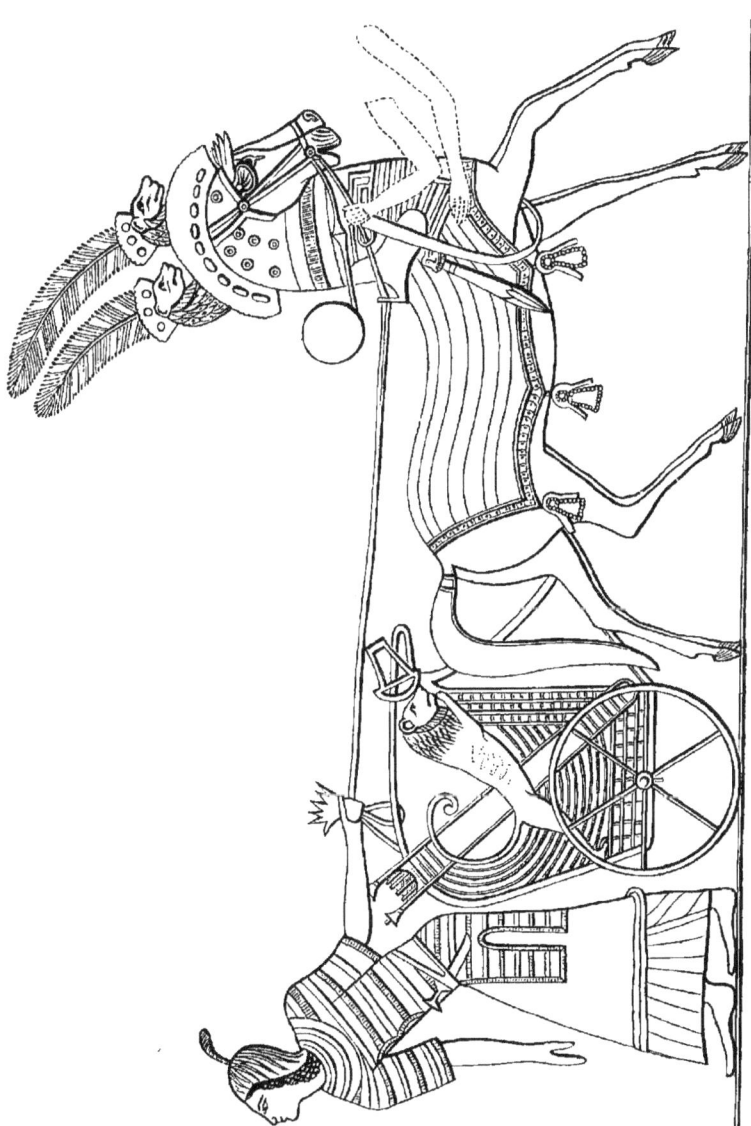

Fig. 32. — Char de guerre égyptien.

prouvent que les planches de la caisse étaient consolidées au moyen de garnitures métalliques. En tout cas, les incrustations métalliques chez les peuplades du sud-ouest de l'Asie Antérieure remontent à une très haute antiquité : des inscriptions égyptiennes rapportent, en effet, que déjà Thoutmès III (1591-65), dans les campagnes qu'il fit contre les Rutennu ou les Lutennu éta-

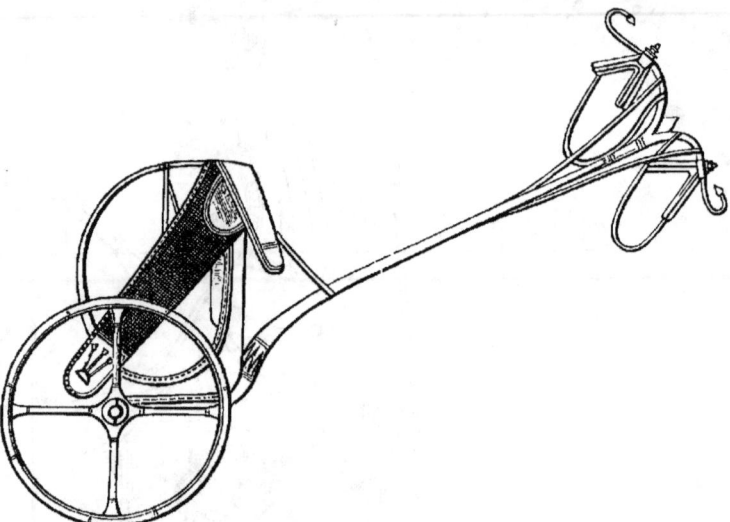

Fig. 33. — Char de guerre égyptien.

blis en Syrie et en Mésopotamie, emportait dans son butin des chars d'or et de vermeil (1) et recevait comme tribut des peuplades de l'Asie Antérieure des chars garnis d'or, d'argent et de bronze (2). Lorsque les Israélites vinrent, au treizième siècle, sous la conduite de Josué et des Juges, se fixer sur la terre de

---

(1) Lepsius, *Die Metalle in den ægyptischen Inschriften* (Abhandl. der. Berl. Akademie 1871), p. 48 et 51. — Brugsch, *Geschichte Ægyptens*, p. 300-303.
(2) Lepsius, *ibid.*, p. 40. — Brugsch, p. 305, 309, 310, 315.

Chanaan, ils évitèrent de lutter contre les peuplades établies dans la plaine, car ils redoutaient leurs chars de guerre en fer (1).

Les chars assyriens (2) ont tous des parois très solides, et leur ornementation offre toutes les particularités du style métallique. La caisse rappelle, sur les anciens monuments (fig. 36 et 46) (3), la caisse fermée des chars égyptiens (voy. fig. 31), avec cette dif-

Fig. 34. — Char de guerre hittite.

férence toutefois que la bordure en est légèrement abaissée sur la face antérieure et qu'elle descend verticalement par derrière. Plus tard, au contraire (fig. 37) (4), la bordure supérieure est tout à fait horizontale, parallèle à la plate-forme et recourbée seulement

(1) Josué XVII, 16. Les Juges I, 19. IV, 3.
(2) Comp. Layard, *Niniveh and its remains*, II, chap. IV.
(3) La figure 36 est tirée de l'ouvrage de Layard, *The Mon. of Niniveh*, p. 28; la figure 46 à la page 16 du même ouvrage.
(4) Layard, *ibid*. pl. 72.

aux deux extrémités. En même temps, la caisse devient plus large et plus haute; avant elle n'arrivait que jusqu'au milieu des cuisses du guerrier, maintenant elle le couvre jusqu'au bas-ventre. De plus, dans les types plus anciens, l'extrémité du timon était reliée à la face antérieure de la caisse par des traverses, probablement en bois recouvertes de riches étoffes de lin ou de coton. Sur les monuments plus récents, ces traverses sont remplacées par de simples tringles ou lattes. Cette disposition, qu'on rencontre aussi dans les chars grecs, était évidemment motivée par la loi qui régit le levier à bras inégaux : le bras le plus court, c'est-à-dire le lien entre le timon et la caisse était plus fort que le bras plus long, c'est-à-dire le timon. Le timon et l'attelle étaient, de cette façon, pour ainsi dire suspendus et ne pesaient plus sur les chevaux qui, par suite, pouvaient employer toute leur force à tirer.

Les chars assyriens sont en général attelés de deux chevaux auxquels souvent est ajouté un cheval de réserve, comme à l'époque homérique (fig. 36) (1). Mais parfois on rencontre aussi des attelages d'un cheval (2).

(1) Le seul monument de sculpture qui nous renseigne un peu sur l'attelage des chars de guerre assyriens est un bas-relief représentant le passage d'un fleuve par une armée assyrienne et l'embarquement des chars de guerre (Layard, *Mon. of Niniv.*, pl. XVI). Malheureusement les chars placés sur les navires sont pour la plupart fort endommagés. Cependant on distingue nettement, dans un de ces chars, outre la pointe du timon, une attelle pour deux chevaux. Ce char n'était donc traîné que par deux chevaux, et, s'il y en avait un troisième, ce ne pouvait être qu'un cheval de réserve; car on ne remarque point de rênes sur les monuments assyriens. Un autre bas-relief (Perrot et Chipiez, *Hist. de l'art*, II, p. 100, fig. 23) nous montre, il est vrai, un char fait pour trois chevaux de trait; en effet, le timon, forme une fourche à deux branches dont les pointes sont engagées dans l'axe; aux deux branches, à l'endroit où elles se réunissent, est adapté un joug extérieur. Évidemment le cheval du milieu tirait sous la fourche, les deux chevaux extérieurs chacun sous le joug. Mais un siège à dossier placé sur l'axe indique bien que ce véhicule n'était point un char de guerre, mais de parade.

(2) Place, *Ninive*, pl. L, LI n°ˢ 3-4, LX n° 1. — Perrot et Chipiez, *Hist. de l'art*, II, p. 491, fig. 221.

Des peintures de vases cypriotes offrent un spécimen très ancien du char de guerre phénicien (fig. 38) (1). La caisse correspond, au point de vue de la forme et des proportions, à l'ancien char assyrien (fig. 36). Faut-il voir dans les motifs d'ornementation demi-circulaires une couverte d'écailles métalliques ou simplement une balustrade percée à jour? C'est ce qu'on ne saurait dire au juste, car l'exécution en est bien négligée. De même, on se demande si nous sommes ici en présence d'un attelage de deux ou d'un seul cheval. Le peintre, il est vrai, n'a représenté qu'un seul cheval; mais on distingue nettemen dans les mains du conducteur des guides doubles : l'artiste a donc peut-être voulu représenter un attelage à deux chevaux, et s'il a négligé de peindre le second cheval, c'est parce qu'il eût été caché par celui du premier plan. Les coupes d'argent (2), souvent citées, nous offrent un type de chars plus récent (fig. 39) (3). Autant que l'exiguïté des figures

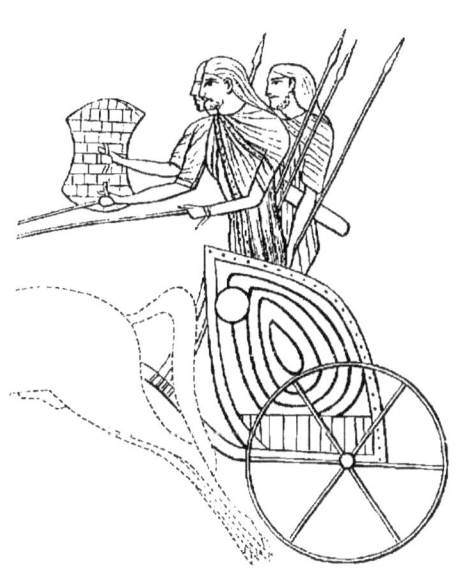

Fig. 35. — Char de guerre hittite.

---

(1) Voy. p. ex. les vases cypriotes du British Museum. Perrot et Chipiez, *Hist. de l'art*, III, p. 715-720, n° 527, 528. Notre figure 38 est tirée de cet ouvrage. — (2) Voy. plus haut p. 27, note 3, et p. 34-37.
(3) *Mus. gregor.*, I, pl. LXIII, 2, 3, pl. LXIV, 2, 3. — *Mon. dell'Inst.* t. XXXI, 1 (c'est à cette publication que nous avons emprunté notre fig. 39). Voy. Perrot et Chipiez, *loc. cit.*, III, p. 759, n° 543.

permet de formuler un jugement, ce type paraît, au point de vue de la construction de la caisse, analogue aux plus récents chars assyriens (fig. 37); seulement ses roues sont plus basses.

L'exécution des stèles funéraires de Mycènes (1) est trop grossière pour qu'on puisse, d'après elles, se faire une idée exacte des chars de guerre qui étaient employés dans le Pélo-

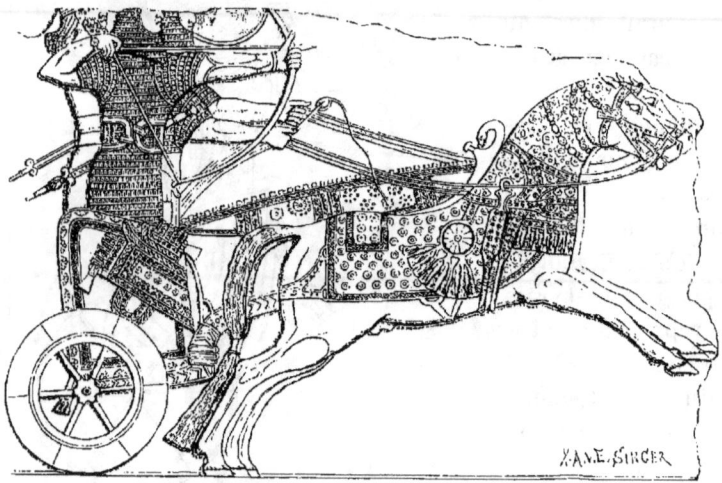

Fig. 36. — Char de guerre assyrien.

ponèse avant la migration dorienne. Les véhicules qui y sont représentés semblent être des chars à deux roues attelés d'un seul cheval et dont la caisse est si basse qu'elle couvre à peine le guerrier jusqu'au milieu des cuisses. Cependant il est à peu près certain que, si nous n'y voyons qu'un seul cheval, c'est que le sculpteur n'était pas capable d'en représenter deux. Une des stèles de ce genre les mieux conservées est reproduite à la fig. 40 (2). Il est difficile de dire ce que peut bien signifier l'objet cunéiforme placé immédiatement derrière la caisse de la voiture.

(1) Voy. p. 77, note 3. — (2) D'après Schliemann, *Mykenae*, p. 97, n° 141.

Mais, comme sur les monuments égyptiens, assyriens et phéniciens, des arcs, des carquois et des haches de combat sont fréquemment attachés à la caisse du char, il est permis de supposer que le sculpteur de Mycènes a voulu représenter ici un

Fig. 37. — Char de guerre assyrien.

carquois, ou un large couteau, ou tout autre objet semblable; seulement ne sachant pas le sculpter sur le char même, il l'a placé par derrière. C'est là d'ailleurs un procédé dont on trouve de nombreux exemples dans l'art archaïque grec. Nous avons à mentionner encore ici un cachet d'or provenant des tombeaux en puits et dont la gravure représente un archer qui, monté sur un char, poursuit un cerf (1). Cette voiture paraît être à deux

(1) Schliemann, *Mykenae*, p. 259, n° 334.

roues et attelée de deux chevaux; autant que l'exiguïté de l'image nous permet d'en juger, la caisse qui couvre le chasseur jusqu'au bas-ventre, semble être plus haute par devant et par derrière que sur les côtés.

Sur les vases du Dipylon (1) il n'y a point de chars de guerre, mais seulement des chars de courses. Mais nous devons également en tenir compte dans notre étude. En effet, tant que les chars de guerre étaient en usage chez les Grecs, ils servaient indistinctement à la lutte et aux jeux. Il suffit de rappeler à cette occasion que les rois achéens, aux funérailles de Patrocle, s'élancent dans la carrière sur les mêmes chars qui les avaient conduits au combat. Lorsque le char de guerre disparut, il conserva longtemps son type caractéristique dans le char de course. Sur les monuments grecs archaïques, les deux sortes de chars ont la même forme (2). Il est même permis d'admettre que les artistes, en représentant les chars de guerre, s'inspiraient des chars qu'ils avaient l'habitude de voir dans les hippodromes. Nous sommes donc en droit d'examiner ces derniers chars, à titre de comparaison, surtout s'ils remontent à une époque rapprochée des temps homériques.

Mais les vases du Dipylon offrent deux sortes de chars de course qu'il est bien difficile d'apprécier à cause de la grossièreté de l'exécution. Voici d'abord un attelage de deux chevaux (fig. 41) (3). La caisse est extrêmement basse et oblongue; sur le côté tourné vers le spectateur elle est ornée de lignes qui se croisent en losange; sur les faces antérieure et postérieure, on remarque une balustrade en forme de fer-à-cheval (ἄντυξ). Les deux roues qu'on aperçoit sous la caisse semblent indiquer une voiture à quatre roues. Mais ici encore il est possible que le peintre, embarrassé de faire deux roues se couvrant plus ou moins, ait trouvé

---

(1) Voy. plus haut, p. 92-100.
(2) Il suffit de rappeler ici le vase de Cærè où le char de guerre d'Amphiaraos a la même forme que les chars qui ont couru aux funérailles de Pelias (*Mon. dell' Inst.* X, pl. IV, V).
(3) D'après les *Mon. dell' Inst.*, IX, pl. XXXIX 1.

Fig. 38. — Char de guerre phénicien.

plus simple de les placer l'une à côté de l'autre. En tout cas, c'est évidemment à son inhabileté qu'il faut attribuer la manière dont il a placé le conducteur : il est debout sur la bordure de la caisse ou sur une surface couvrant cette dernière au lieu de se tenir sur le plancher. L'autre voiture représentée sur un vase du Dipylon (fig. 42) (1) est évidemment un attelage d'un cheval à deux roues. Sur le devant de la plate-forme s'élève un tablier auquel le peintre a donné une singulière forme triangulaire, lorsqu'en réalité son bord devait être courbé. Il consiste en un cadre rempli de bandes croisées. Le timon, de même que sur le vase assyrien plus récent (fig. 37), est relié au moyen d'une latte ou d'une corde à la bordure de la caisse. Il convient de mentionner, en outre, ici deux fragments de vase trouvés à Tirynthe et dont les peintures se rattachent à la série céramique découverte dans les fouilles de Mycènes. Ces fragments méritent de fixer notre attention, parce que des attelages d'un cheval y sont très nettement indiqués. Mais ils ne nous renseignent nullement sur la construction du char, car les morceaux où les chars étaient représentés manquent (2).

Si maintenant nous examinons les monuments d'un style archaïque plus avancé (fig. 43) (3), nous y remarquerons une tendance à alléger la caisse du char, comme chez les Égyptiens (4). La caisse ici a un tablier qui couvre jusqu'aux genoux ou jusqu'au bas-ventre les personnes placées sur la plate-forme. Partie de là, l'*antyx* se recourbe élégamment en arrière et forme ainsi une sorte de balustrade qui est reliée de chaque côté par une latte verticale plus (5) ou moins large (6) avec le tablier

---

(1) D'après les *Ann. dell' Inst.* 1872, tav. d'agg. J. — (2) Schliemann, *Tiryns*, pl. XIV, p. 116-117 pl. XV, p. 101 (voy. notre chap. XII).
(3) Cette figure est une reproduction du char représenté sur le vase François d'après les *Monum. dell' Inst.*, IV, pl. LIV, LV. Mais le dessin de M. Milani, comparé à l'original, a été rectifié dans certains détails.
(4) Voy. plus haut p. 166, fig. 33. — (5) Voy. le char d'Hector sur le vase corinthien des *Monum. dell' Inst.*, 1855, pl. XX.
(6) Voy. le char d'Amphiaraos sur un vase corinthien dans les *Mon. dell' Inst.*, X, pl. IV, V.

ou avec la bordure du plancher. De même que dans le char de guerre assyrien plus récent (fig. 37) et dans le char de courses d'un des vases du Dipylon (fig. 42), le timon est généralement relié à la caisse au moyen d'une barre (1) ou d'une corde (2).

Enfin puisque les Étrusques, comme nous l'avons vu dans le chapitre III, ont longtemps conservé certains vieux types de l'industrie grecque, il faut mentionner encore ici les chars représentés dans les peintures murales d'une tombe de Corneto (3) fig. 44 et 45 (4). Nous y voyons des jeunes gens occupés des préparatifs d'une course qui doit avoir lieu en l'honneur du défunt reposant dans cette tombe. Le peintre a reproduit ici d'une manière très claire la construction du tablier fixé à la plate-forme. On y reconnaît distinctement un cadre à bordure plusieurs fois recourbée et couvert d'un treillis de courroies ou de lisières.

Fig. 39. — Char phénicien.

Quelle est parmi les formes de chars que nous venons de

---

(1) C'est le cas des attelages du vase François (voy. p. 183, fig. 43) et des vases attiques à figures noires (Gerhard, *Auserlesene Vasenbilder*, IV, pl. 250). Sur le vase du Dipylon reproduit dans *l'Arch. Zeit.*, XLIII (1885, p. 129), autant qu'on peut en juger par une peinture incorrecte, l'extrémité du timon et la caisse semblent être reliées à la fois par une barre et par une corde.

(2) Il est hors de doute que l'artiste a voulu représenter une corde, p. ex. sur le vase corinthien dans le char d'Amphiaraos (*Mon. dell'Inst.*, X, pl. 4,5), ainsi que sur les vases attiques de style sévère à figures rouges, tels que le vase Troilos de Campana (*Mon. dell' Inst.*, X, pl. 22, 2) et dans le char de Dionysos sur la coupe d'Euxitheos (*Mon. dell' Inst.*, X, pl. 23, 24, auxquels est empruntée notre fig. 48).

(3) Dans la *tomba delle bighe* : Kestner et Stackelberg, *Graeber von Corneto*, pl. 1 et suiv. — Micali, *Storia*, pl. LXVIII. — *Museo Gregor.*, I, 101. — Canina, *Etruria maritima*, II, pl. LXXXV. — Hittorf, *l'Architecture polychrome*, pl. XIX, 2. — (4) Kestner et Stackelberg, *loc. cit.* pl. XVI, XVII.

passer en revue, celle qui donne l'idée la plus exacte du char de guerre homérique? Tout d'abord les épithètes καμπύλος et ἀγκύλος (1) adjointes à ce char excluent la caisse rectangulaire, que nous avons vue, par exemple, sur un vase du Dipylon (fig. 32). Ces épithètes s'appliquent au contraire fort bien à toutes les autres sortes de chars, et surtout à ceux des Égyptiens (fig. 31 et 32) et des Hittites (fig. 34 et 35), ainsi qu'aux attelages à un cheval d'un vase du Dipylon (fig. 42), aux chars de guerre

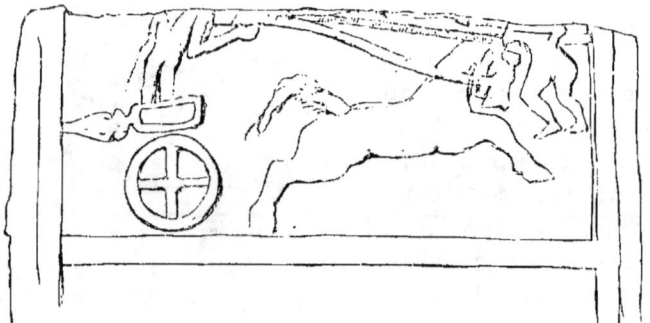

Fig. 40. — Char de guerre mycénien.

et de course de l'art grec archaïque (fig. 43) et aux chars de course du tombeau de Corneto (fig. 44 et 45); dans tous ces chars, en effet, non seulement la balustrade se replie, mais encore ses bords offrent une ligne courbe. L'épithète *bien tressé* (2) employée dans l'Épopée se trouve d'ailleurs expliquée par la manière dont cette balustrade du char est traitée dans les vases du Dipylon (fig. 41 et 42) et dans le tombeau étrusque (fig. 44, 45); car les lignes ou bandes croisées qu'on remarque sur le tablier indiquent bien quelque chose de tressé. Ces sortes d'entrelacs étaient souvent faits de courroies; cela ressort du reste de la description de la caisse du char d'Héra,

(1) Voy. p. 163. note 8.
(2) Voy. plus haut p. 163, note 3.

dont il est dit qu'il était tendu de courroies d'or et d'argent (1).
Et ce n'étaient point des bandes de cuir recouvertes de métal;
il faut prendre à la lettre l'expression du poëte; elle est, en effet,
confirmée par un lit trouvé dans un tombeau de Caerè dont le

Fig. 41. — Char de course représenté sur un vase du Dipylon.

dessus consistait en une série de lattes de bronze croisées (2).
Toutefois, indépendamment de cette sorte de caisse de char,

(1) *Il.*, V, 722 :

>   .... καμπύλα κύκλα,
>   χάλκεα ὀκτάκνημα, σιδηρέῳ ἄξονι ἀμφίς.
>   Τῶν ἤτοι χρυσέη ἴτυς ἄφθιτος, αὐτὰρ ὕπερθεν
>   χάλκε᾽ ἐπίσσωτρα προσαρηρότα, θαῦμα ἰδέσθαι.
>   πλῆμναι δ᾽ ἀργύρου εἰσὶ περίδρομοι ἀμφοτέρωθεν.
>   Δίφρος δὲ χρυσέῃσι καὶ ἀργυρέῃσιν ἱμᾶσιν
>   ἐντέταται, δοιαὶ δὲ περίδρομοι ἄντυγές εἰσι.
>   Τοῦ δ᾽ ἐξ ἀργύρεος ῥυμὸς πέλεν.

(2) Grifi, *Monum. di Cere*, pl. IV, 6. — *Mus. Gregor.*, I, pl. XVI, 8. Comp.
plus haut, p. 158, note 5.

il devait y en avoir une autre. Lorsque le poète nous dit que le char de Diomède (1) était consolidé avec de l'or et du *kassiteros* (2), cette indication s'applique évidemment à la partie principale du véhicule, c'est-à-dire à la caisse. Mais il est clair qu'une garniture métallique ne pouvait guère consolider une simple maille de courroies ou de lanières. D'un autre côté, on ne peut supposer que le tablier de la caisse n'ait été tout entier qu'un simple assemblage de bandes métalliques, puisque les paroles du poète laissent entrevoir un fond que le métal doit consolider. Il ne reste qu'une hypothèse plausible, correspondant bien à la description du poète, celle d'une surface en bois garnie de métal. Cette manière de consolider la caisse de la voiture était en usage dans l'Asie antérieure au moins jusqu'au seizième siècle av. J.-C. (3); il n'est donc pas étonnant qu'elle ait été employée chez les Grecs de l'époque homérique. Enfin la légèreté des chars qui ressort des descriptions de l'Épopée n'est point un argument contre les incrustations métalliques. Le char assyrien lui-même était relativement assez léger, malgré ses garnitures de métal; car, sur un bas-relief représentant le passage d'un fleuve par une armée assyrienne et l'embarquement de chars de guerre, nous voyons que chaque voiture n'est portée que par deux hommes (fig. 16).

Outre le tablier, d'autres parties du char homérique étaient peut-être garnies de métal ou bien étaient faites de métal massif. L'Épopée nous apprend (4) que, dans le char d'Héra, le timon était en argent, l'essieu en fer, les rais en bronze, les jantes en or, le moyeu en argent, et que les roues étaient toutes garnies de bronze. On considère généralement cette description comme un jeu de l'imagination du poète. Cependant quelques-

---

(1) Comp. le chap. xxi. — (2) *Il.*, XXIII, 503 (Voy. plus haut, p. 163, note 4).
(3) Voy. plus haut, p. 160.
(4) *Il.*, V, 722-729 (Voy. plus haut, p. 179, note 1). — Le char de Poseidon a un essieu d'airain (χάλκεος ἄξων) *Il.*, XIII, 30.

uns de ces détails tout au moins se retrouvent dans les documents archéologiques. En Égypte, les essieux et les roues étaient souvent en métal massif, ou bien les jantes de bois étaient munies de garnitures de bronze ou de fer; de même le timon avait parfois une garniture métallique (1). Les

Fig. 42. — Char représenté sur un vase du Dipylon.

deux roues d'une voiture dont les débris ont été trouvés dans un tombeau de Capoue du sixième siècle av. J.-C., sont en fer massif (2). Une autre voiture à quatre roues, découverte près de Pérouse, a des essieux en fer terminés aux deux extrémités par des têtes de lion en bronze. Le tablier en bois des deux

(1) Textor de Ravisi, *Études* (Voy. p. 165, note 5), p. 452-454. — (2) *Bull. dell' Inst.*, 1874, p. 245, n° 8. Comp. *Annal.*, 1880, p. 223, note 1. Ce char, comme la plupart des ouvrages en métal trouvés dans ce tombeau (*Annal.*, 1880, p. 225 et suiv.), a dû être apporté à Capoue de la ville grecque de Cumes, sa voisine.

véhicules était garni de plaques de bronze dont les ornements faits au repoussé dénotent un style très archaïque (1).

Nous avons maintenant à rechercher, à l'aide des monuments, comment il faut expliquer l'*antyx* double du char d'Hèra (2) et le pluriel de ce mot, qui revient souvent dans la description d'un seul et même char (3). En ce qui concerne le char d'Hèra, Grashof (4) suppose que la seconde *antyx* est parallèle à l'antyx supérieure et qu'elle était placée à peu près au milieu du tablier, afin de donner à celui-ci plus de solidité. Mais on ne trouve point cette disposition sur les monuments. Il est donc, selon nous, hors de doute que partout où plusieurs ἄντυγες sont attribuées à un char, il faut entendre par là les rampes ou mains-courantes qui descendent par derrière jusque sur la plate-forme (fig. 33, 43). Du reste, cette hypothèse seule rend compréhensibles les paroles du poète disant que la double *antyx* court tout autour de la caisse du char (5).

Enfin, à propos de quelques passages de l'Iliade, nous nous sommes demandé, si, à l'époque homérique, il y avait des chars à un cheval à côté des chars à deux chevaux (6). L'examen des documents semble le démontrer : peut-être y a-t-il un attelage d'un cheval sur les stèles funéraires de Mycènes (fig. 40) et sur un vase cypriote (fig. 38) ; il y en a un certainement sur un vase du Dipylon (fig. 42), sur deux fragments de vase trouvés à Tirynthe (7) et sur des bas-reliefs assyriens (8).

(1) Vermiglioli, *Saggio di bronzi etruschi trov. nell' agro perugino*, Perugia, 1813. — Micali, *Storia*, pl. XXVIII-XXXI. — Inghirami, *Mon. etr. ser.*, III, pl. XXII-XXXVIII. — Millingen, *Anc. ined. Mon.*, II, pl. XIV. — *Denkm. der alt. Kunst.*, I, pl. LIX, 297, 298. Pour quelques-uns de ces fragments on ne saurait dire avec certitude s'ils ont appartenu à des chars ou à d'autres objets. Le candélabre et le bassin de bronze (Vermiglioli *loc., cit.*, pl. II, 9, 16) n'ont, bien entendu, rien de commun avec un char. Les essieux sont reproduits dans Vermiglioli, pl. II, 19, p. 105, et Inghirami, pl. XXII, XXVII, 3.
(2) *Il.*, V, 728 (Voy. plus haut, p. 179, note 1).
(3) *Il.*, XI, 535. XX, 500. XXI, 38. De même dans Hésiode, *Scut.*, 64.
(4) *Ueber das Fuhrwerk bei Homer und Hesiod*, p. 28.
(5) *Il.*, V, 728 : δοιαὶ δὲ περίδρομοι ἄντυγές εἰσιν. — (6) Voy. plus haut, p. 163.
(7) Voy. plus haut, p. 176, note 2. — (8) Voy. plus haut, p. 170, note 2.

Les mots ἅρμα (1) ἅρματα (2) et δίφρος (3) servaient à désigner non seulement les chars de guerre, mais aussi une voiture légère qui était employée dans les excursions pacifiques et dans les voyages. L'Épopée ne nous renseigne pas exactement sur sa construction. Elle nous apprend seulement que la voiture dans

Fig. 43. — Char représenté sur le vase François.

laquelle Télémaque et Peisistratos étaient partis de Pylos pour Sparte, était pourvue d'une πείρινς, c'est-à-dire probablement d'un *panier* tressé (4). Ce panier devait être très vaste, puisqu'il pouvait contenir les présents de Ménélas, à savoir : un peplos,

(1) *Il.*, XXIV, 440. — (2) *Od.*, III, 473, 492. IV, 42. XV, 47, 145, 190. XVII, 117.
(3) *Il.*, III, 262, 310, 312. XXIV, 322, 701. *Od.*, III, 481, 483.
(4) *Od.*, XV, 131. Comp. les vers 51 et 75. On remarque un panier semblable sur une voiture de transport des Tekkri dans les bas-reliefs de Medinet-Abou ; ce char à deux roues est traîné par quatre taureaux. Voy. Rosellini, *Mon. dell' Egitto*, I (mon. reali), pl. CXXVII. — Chabas, *Études sur l'antiquité historique*, 2ᵉ éd. p. 314, pl. II.

une coupe à boire et un bassin à mélange en argent. Il devait renfermer, en outre, une planche formant siège; car il est très probable que les deux jeunes gens ne se tenaient pas constamment debout pendant leur voyage qui a duré deux jours (1).

Les données de l'Épopée sur les fardiers ou voitures de charge (ἄμαξα ἀπήνη) (2) sont trop générales pour qu'on puisse les rapprocher des représentations figurées sur les monuments. Ces véhicules avaient quatre roues (3) et étaient traînés par des mulets ou des taureaux (4). Priam fait attacher à son ἄμαξα une πείρινς (5) où étaient sans doute déposés les présents destinés à Achille. Le dessus de ces voitures s'appelait ὑπερτερίη (6). Dans l'ἀπήνη de Nausicaa il était assez vaste pour contenir le linge de toute la maison.

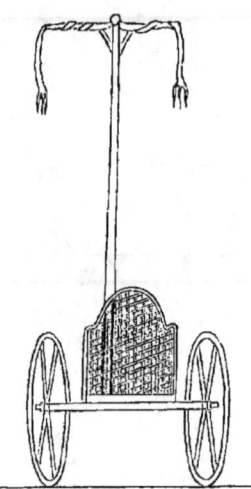

Fig. 44. — Char étrusque.

Si l'on examine l'attelage dans ses détails, on remarquera que, d'après l'Épopée, le char de cette époque n'avait point de traits : c'est là une

(1) *Od.*, III, 485-497. XV, 185-194.

(2) Ces deux mots sont synonymes. Ce qui le prouve notamment, c'est que la voiture de Nausicaa est appelée ἀπήνη dans les vers 57, 69, 73, 75, 78 et 88 du chant VI de l'*Odyssée* et ἄμαξα dans le vers 73.

(3) *Il.*, XXIV, 324: τετράκυκλον ἀπήνην; *Od.*, IX, 241 : ἄμαξαι ἐϋσθλαὶ τετράκυκλοι. Cette épithète, comparée au τάλαρος ὑπόκυκλος (muni de roues en dessous) d'Hélène (*Od.*, IV, 131. Comp. plus haut p. 137, note 5) nous autorise à affirmer que l'ἀπήνη εὔκυκλος (*Od.*, VI, 58, 70) indique non pas une voiture bien cerclée, mais pourvue de belles roues (*Il.*, V, 722 : καμπύλα κύκλα. XXIV, 340 : κύκλου ποιητοῖο.) Comp. *Il.*, VIII, 438. XII, 58 : ἐΰτροχον ἅρμα. XXIV, 150, 179, 189, 266, 711. *Od.*, VI, 72 : ἄμαξαν ἐΰτροχον.

(4) Mulets : *Il.*, XXIV, 150, 179, 189, 266, 277, 324, 350, 362, 442, 471, 690, 697, 702. *Od.*, VI, 37, 68, 72, 73, 82, 88, 111, 253, 261, 317. Taureaux : *Il.*, XXIV, 782. Comp. VII, 333, 426.

(5) *Il.*, XXIV, 190, 267. — (6) *Od.*, VI, 70. Comp. Platon, *Theaet.*, 207, A.

particularité commune à tous les chars à deux chevaux ou à un seul cheval dont on trouve des exemples analogues dans les monuments (1). Si le timon vient à se briser, le char s'arrête et les deux chevaux courent tout seuls attachés seulement par le joug (2). Si, au contraire, c'est le joug qui se brise (3), comme c'est ar-

Fig. 45. — Char étrusque.

(1) Il n'en était pas de même des attelages à quatre chevaux. Les épithètes mêmes σειραῖοι, σειραφόροι, παράσειροι (*equi funales*), indiquent que les deux chevaux extérieurs tiraient sur les traits. Comp. Schlieben, *Die Pferde des Altertums*, p. 159. Le char de course, probablement étrusque, au *Museo gregoriano* (Visconti, *Museo Pio, Cl. V*, pl. B II, III) montre comment les traits étaient fixés de chaque côté de la caisse immédiatement au-dessus de l'essieu. Au contraire, les cordes qui, dans les attelages à quatre chevaux des monuments archaïques (Voy. p. 183, fig. 43), contournent la caisse du char, ne pouvaient être des traits; d'abord parce qu'on ne les voit jamais tendues, lors même que les chevaux courent ou sont en marche, ce qui serait inévitable avec des traits; en second lieu, autant qu'on peut en juger par la représentation plastique, ces cordes vont jusque dans l'intérieur de la caisse. Il est évident que les traits n'auraient pu être attachés de cette façon; les chevaux auraient alors fait basculer le char par devant et il eût été impossible de se tenir debout sur la plate-forme.

(2) *Il.*, VI, 38 :

ἵππω γάρ οἱ ἀτυζομένω πεδίοιο
ὄζῳ ἔνι βλαφθέντε μυρικίνῳ, ἀγκύλον ἅρμα
ἄξαντ' ἐν πρώτῳ ῥυμῷ αὐτὼ μὲν ἐβήτην
πρὸς πόλιν.

Il., XVI 370 :

πολλοὶ δ'ἐν τάφρῳ ἐρυσάρματες ὠκέες ἵπποι
ἄξαντ' ἐν πρώτῳ ῥυμῷ λίπον ἅρματ' ἀνάκτων.

(3) *Il.*, XXIII, 392 :

ἵππειον δέ οἱ (à Eumelos) ἦξε θεὰ ζυγόν· αἱ δὲ ὁ ἵπποι
ἀμφὶς ὁδοῦ δραμέτην, ῥυμὸς δ'ἐπὶ γαῖαν ἐλύσθη,

où ἀμφίς est employé adverbialement dans le sens de *séparément* (Comp. *Il.*, XIII, 345 : ἀμφὶς φρονέοντε, XV, 709. *Od.*, I, 54, XIX, 220), et où le génitif dépend de δραμέτην, comme dans θεῖν πεδίοιο (*Il.*, XXIV, 264. *Od.*, III, 476)

rivé au char d'Eumelos, chaque cheval se sauve séparément et le char arrête également. S'il y avait eu des traits, les chevaux auraient, dans le premier cas, emporté le char léger; dans le second cas, ils l'auraient forcément renversé, après s'être emballés dans toutes les directions, comme les juments d'Eumelos.

Fig. 46. — Char assyrien porté par deux hommes.

Le joug était fait de bois dur (1); mais, comme un joug en or est attribué au char d'Héra (2) et à celui d'Hélios (3), il est probable qu'il était quelquefois muni d'une garniture métallique (4). Il était placé près de l'extrémité du timon (5), laquelle pouvait bien être recouverte de métal, ou bien, comme dans les chars représentés sur les vases du Dipylon (fig. 41, 42), pourvue d'un bourrelet en forme de coin (6).

Les vers décrivant la manière dont les fils de Priam attellent la voiture de leur père, nous apprennent comment le

et dans πρήσσειν ὁδοῖο (*Il.*, XXIV, 264. *Od.*, XV, 47, 219). Donc il faut traduire : *les juments partirent séparées du char*. Comp. Grashof, *Ueber das Fuhrwerk bei Homer und Hesiod*, p. 35.

(1) Le joug du char de Priam était en buis : *Il.*, XXIV, 269.
(2) *Il.*, V, 729 :

..... αὐτὰρ ἐπ' ἄκρῳ (s. ent. ῥυμῷ)
ὅησε χρύσειον καλὸν ζυγόν, ἐν δὲ λέπαδνα
κάλ' ἔβαλε, χρύσει'· ὑπὸ δὲ ζυγὸν ἤγαγεν Ἥρη
ἵππους.

(3) *Hymn. hom.*, XXXI, 15. — (4) Jérémie XXVIII, 14 et Jésus Sirach, XXVIII, 24, mentionnent des jougs de fer.
(5) *Il.*, V, 729 (voy. note 2). XXIV, 272 : πέζῃ ἔπι πρώτῃ.
(6) Plus tard, l'extrémité du timon fut artistement ornée de figures. Une

joug était attaché au timon. Cette description se rapporte, il est vrai, à une ἄμαξα, c'est-à-dire à un charriot lourd à quatre roues, qui au besoin transportait de fortes charges (1) et dont le harnachement était peut-être tout autre que celui d'un char de guerre. Voici les paroles du poète (Il., XXIV, 266 et suiv.) :

> ἐκ μὲν ἄμαξαν ἄειραν εὔτροχον ἡμιονείην,
> καλὴν πρωτοπαγῆ, πείρινθα δὲ δῆσαν ἐπ' αὐτῆς,
> κὰδ δ'ἀπὸ πασσαλόφι ζυγὸν ᾕρεον ἡμιόνειον,
> πύξινον ὀμφαλόεν, εὖ οἰήκεσσιν ἀρηρός·
> 270 ἐκ δ'ἔφερον ζυγόδεσμον ἅμα ζυγῷ ἐννεάπηχυ,
> καὶ τὸ μὲν εὖ κατέθηκαν ἐϋξέστῳ ἐπὶ ῥυμῷ,
> πέζῃ ἔπι πρώτῃ, ἐπὶ δὲ κρίκον ἕστορι βάλλον,
> τρὶς δ'ἑκάτερθεν ἔδησαν ἐπ' ὀμφαλόν, αὐτὰρ ἔπειτα
> ἑξείης κατέδησαν, ὑπὸ γλωχῖνα δ'ἔκαμψαν.

Il ne peut y avoir aucun doute sur les parties constitutives du char et du harnachement citées par le poète (2).

L'ἕστωρ est la cheville ou le crochet d'attelage planté près de l'extrémité du timon ; le κρίκος est l'anneau attaché au joug, qui s'engageait dans le crochet pour relier le joug au timon ; le ζυγόδεσμον est la lanière fixée près de l'anneau et du crochet et qui servait à attacher le timon. L'ὀμφαλός était sans doute une pièce terminée par une sorte de bouton et qui s'élevait à l'extérieur et au milieu du joug (que le poète vient d'appeler ὀμφαλόεν v. 269), comme nous en avons remarqué souvent sur les jougs égyptiens (fig. 31) (3), hittites (fig. 34) et assyriens (fig. 36). L'action décrite par le poète est également très claire. Les jeunes

---

amphore, dont les peintures appartiennent au style géométrique assez récent, nous montre un timon terminé par une tête d'animal (Furtwaengler, *Beschreibung der Berliner Vasensammlung*, p. 9, n° 56). Sur un char de course, probablement étrusque, qui se trouve au *Museo gregoriano* (Visconti, *Museo Pio-Cl.* pl. B, III, 5), le timon se termine par une tête d'épervier.

(1) Voy. plus haut, p. 184 notes 2 à 5. — (2) Comp. Grashof, *Ueber das Fuhrwerk bei Homer und Hesiod*, p. 37 et suiv.

(3) Wilkinson-Birch, *The manners and customs of the ancient Egyptians*, I, p. 229, n° 61.

gens mettent le joug près de l'extrémité du timon (εὐξέστῳ ἐπὶ ῥυμῷ, πέζῃ ἔπι πρώτῃ), passent l'anneau (κρίκος) dans le crochet (ἕστωρ) et réunissent ensuite le joug au timon en enroulant trois fois la lanière du joug (ζυγόδεσμον) longue de neuf aunes. Néanmoins ce passage présente quelques difficultés grammaticales. Après les mots τὸ μέν (v. 271) se rapportant à ζυγόν on attend un τὸ δέ ou un terme analogue se rattachant à ζυγόδεσμον. On se demande involontairement s'il ne manque pas, avant le vers 273, une

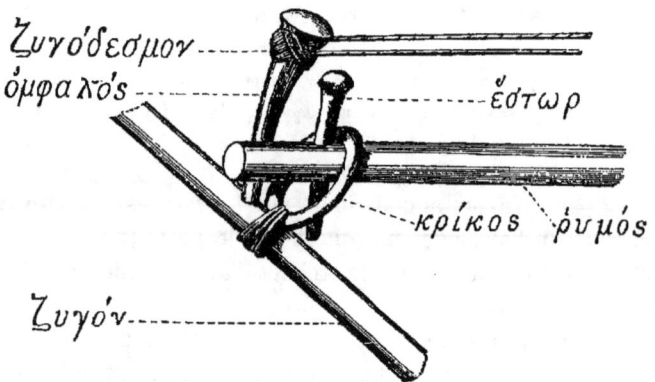

Fig. 47. — Mécanisme de l'attelage homérique, d'après Leaf.

phrase commençant par τὸ δέ ou quelque chose de semblable, phrase qui montrerait comment les jeunes gens enroulaient la courroie sous le bout de timon, afin de relier celui-ci au joug même. En tout cas, il faut admettre que ζυγόδεσμον est le complément direct de ἔδησαν et de κατέδησαν. Enfin dans le vers 274, l'adverbe ἐξείης surprend un peu. Étant donnée la précision des descriptions de l'Épopée, on s'attendait plutôt ici à un substantif qui indiquerait l'objet ou la place où étaient attachés les bouts de la courroie, restés libres après son triple enroulement.

Il est singulièrement difficile d'expliquer la description du poète au moyen des représentations figurées sur les monuments; car l'art archaïque nous offre presque exclusivement des attelages à quatre chevaux et encore vus de côté. Comme les chevaux sous le joug sont, pour la plupart, couverts par l'animal du premier plan, il n'est guère possible de voir dans son ensemble le mécanisme qui réunit le joug au timon; on ne peut en distinguer que certaines parties. On remarque souvent, au haut de l'endroit où doit se trouver le joug, une cheville et un anneau passé autour et dont on n'aperçoit que l'arc supérieur (page 183, fig. 43) (1). Leaf (2) a reconnu avec raison dans le

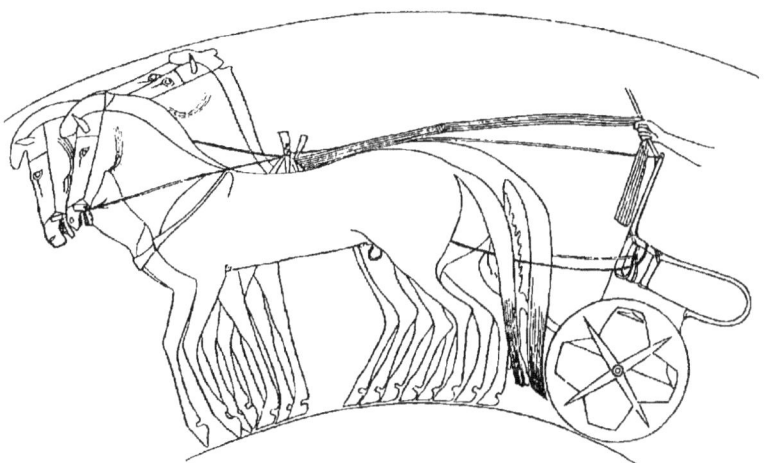

Fig. 48. — Attelage représenté sur la coupe d'Euxitheos.

premier de ces objets le crochet d'attelage (ἔστωρ), dans le second l'anneau du joug (κρίκος). Partant de là, il a reconstitué

(1) Sur le vase François la cheville et l'anneau sont visibles presque dans tous les attelages à quatre chevaux (Voy. p. 183, fig. 43), de même sur la coupe de Phineus trouvée à Vulci et qui semble avoir été faite dans une fabrique ionienne, pendant la seconde moitié du sixième siècle (*Mon. dell' Inst.*, X pl. 8. — *Heidelberger Festschrift zur 21 Philologenversammlung*, p. 118, 119. Comp. von Duhn, p. 109-124). Voy. aussi Gerhard, *Auserlesene Vasenbilder*, IV, pl. 310, pl. 311, pl. 314 n° 2, pl. 315 n° 2. La cheville seule est visible par exemple dans Gerhard, *Ausert. Vas.*, IV, pl. 250, 251 n° 2, sur la coupe d'Oltos et d'Euxitheos (*Mon. dell' Inst.*, X, pl. 23, 24, d'où nous avons tiré la fig. 48), ainsi que sur le vase de Troilos (*Mon. dell. Inst.*, X, pl. 22 n° 2). — (2) Dans le *Journal of hellenic studies*, V (1884), p. 185 et suiv.

l'attelage homérique ; cette reconstitution, reproduite à la fig. 47 (1), vaut mieux qu'une description détaillée. Nous aurions cependant à faire ici deux objections. Tout d'abord, Leaf place le joug *sous* le timon, tandis que, d'après les données très claires de l'Épopée, il est situé *dessus*, aussi bien dans les chars de guerre (2) que dans l'ἄμαξα (3). En second lieu, Leaf ne semble pas avoir bien compris le sens de l'ὀμφαλός. Il le confond avec cette pièce en forme de coin qui, dans les monuments archaïques, se dresse immédiatement derrière l'encolure des chevaux de joug (4), et comme, suivant l'Épopée, l'*omphalos* était planté sur le joug, il suppose, dans sa restauration, que celui-ci était muni de cette pièce en forme de coin. Nous ne voulons pas insister sur ce point qu'un Grec n'eût jamais appelé ὀμφαλός une pièce de ce genre, car il se peut que cette pièce, à l'époque où fut écrit le 24ᵉ chant de l'Iliade, ait eu une autre forme à laquelle s'appliquait cette dénomination d'ὀμφαλός et ne soit devenue que plus tard ce qu'elle est sur les monuments, c'est-à-dire cunéiforme. Mais ce qui combat d'une manière irréfutable l'hypothèse de Leaf, c'est qu'il est très facile de démontrer que ce *coin* n'avait rien à faire avec le joug. Nous y voyons tout simplement l'extrémité supérieure du timon se dressant entre les deux chevaux de joug. Pour se convaincre de la justesse de cette hypothèse, il suffit de comparer les chars représentés sur les vases du Dipylon (p. 179, 181, fig. 41, 42) (5). La direction du timon est ici très claire : il est re-

---

(1) D'après *loc. cit.*, Leaf, p. 189.
(2) *Il.*, V, 728 (en parlant du char de guerre d'Héra) :

τοῦ δ'ἐξ ἀργύρεος ῥυμὸς πέλεν· αὐτὰρ ἐπ' ἄκρῳ
δῆσε χρύσειον καλὸν ζυγόν.

(3) *Il.*, XXIV, 271-272.
(4) Comp. p. 183, fig. 43. Il est inutile de citer des exemples particuliers, car ce motif est très visible dans presque tous les chars de l'art archaïque.
(5) Comp. le fragment reproduit en vignette dans l'*Arch. Zeit.*, XLIII (1885), p. 139.

courbé près de l'extrémité supérieure et se termine par une pointe cunéiforme que l'on aperçoit entre les chevaux du milieu dans les peintures de vases plus récentes (1).

Sur les monuments archaïques, ce bout de timon est souvent relié par une corde à la partie supérieure de la caisse (fig. 48) (2). Leaf, bien qu'il ait mal compris l'*omphalos*, a certainement deviné juste en rattachant cette corde au ζυγόδεσμον. Mais, avant d'être fixé sur ce point, il faut se rendre compte de l'usage que le poète fait faire de cette courroie. Grashof (3), qui en parle avec le plus de détails, l'explique de la manière suivante : après avoir appliqué la lanière du joug par son milieu au bout du timon en avant de l'anneau du joug (κρίκος), on remontait les deux bouts libres de la lanière vers le bouton du joug (ἐπ' ὀμφαλον) en les croisant à droite et à gauche (ἐκάτερθεν), on les enroulait autour de ce bouton et on les redescendait en arrière de l'anneau; cet enroulement était répété trois fois (τρίς), et enfin les bouts restés libres de la courroie étaient solidement fixés (ἐξείης κατέδησαν) à côté du crochet d'attelage ou sur ce crochet même.

Rien à objecter contre la façon dont Grashof comprend le triple enroulement de la courroie, mais nous ne voyons pas pourquoi il suppose que les bouts demeurés libres à la fin étaient fixés tout près de l'endroit où la courroie avait été enroulée.

Le ζυγόδεσμον avait, suivant l'indication du poète, la longueur respectable de neuf aunes; mais lors même qu'on admettrait que le timon et le joug du char homérique étaient très gros, il eût été impossible d'employer environ neuf aunes de cette

---

(1) Le vase de Patrocle trouvé à Canossa prouve que l'extrémité supérieure du timon a longtemps conservé cette forme (*Monum. dell' Inst.*, IX, pl. 32-33).

(2) Voy. page 177, note 2. Notre figure 48 est une réduction du char de Dionysos représenté sur la coupe d'Euxitheos, d'après les *Mon. dell' Inst.*, X, pl. 23, 24.

(3) *Ueber das Fuhrwerk bei Homer und Hesiod*, p. 38.

courroie pour l'enrouler autour des deux pièces. Or tout porte à croire que le timon et le joug étaient faits de tiges de bois relativement mince. L'Épopée (1) nous apprend, en effet, que l'un et l'autre se brisent souvent. D'autre part, sur les monu-

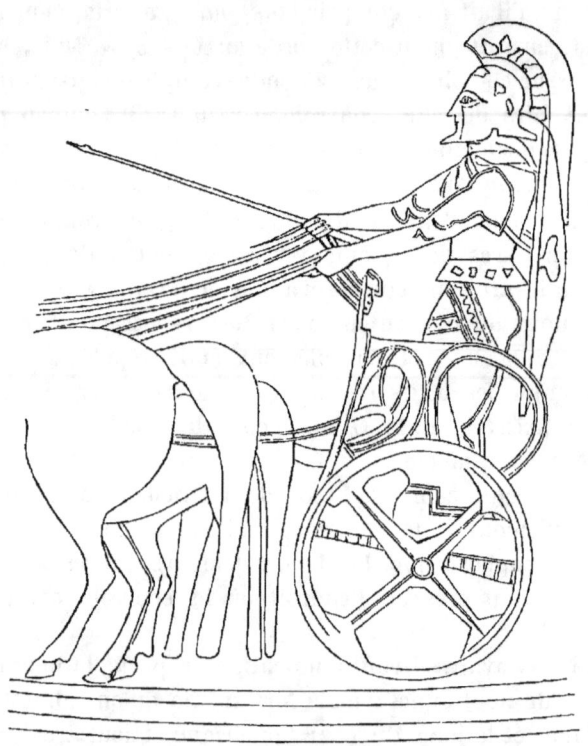

Fig. 49. — Char de guerre d'Hector, d'après un vase corinthien.

ments grecs archaïques, le timon est toujours une tige de bois extrêmement mince. Si ces monuments ne nous renseignent pas assez sur la solidité du joug, il importe de faire remarquer que, dans les anciens monuments orientaux où le

(1) Voy. plus haut, p. 185, note 2-3.

joug est facile à reconnaître, il se présente toujours sous forme d'une tige de bois très mince courbée en arc (1) et semble également très léger dans le char de course d'une peinture qui décore un tombeau de Corneto (voy. p. 177, 178, fig. 44, 45). Supposons que, pour enrouler trois fois autour d'un timon et d'un joug si léger, une courroie de neuf aunes, il ait fallu en employer 2 aunes et demie : c'est bien compté. Par conséquent il resterait encore dans l'attelage de Priam au moins trois aunes et demie de courroie libre, qui n'étaient certainement pas attachées au

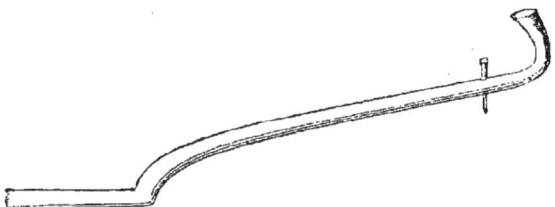

Fig. 50. — Timon avec la cheville d'attelage.

bout du timon, mais beaucoup plus loin. Nous supposons donc, avec Leaf, que ces bouts étaient ramenés vers la caisse du char et fixés au tablier. Il en résultait un équilibre que nous avons déjà expliqué à propos des chars assyriens (2). L'adverbe ἐξείης semble, comme d'ailleurs Leaf l'a fait observer (3), corrompu. Il a dû remplacer un substantif ancien tombé plus tard en désuétude et qui désignait une partie du tablier ou bien une poignée qui y était fixée.

Suivant le poète, on consolidait définitivement les bouts de la courroie restés libres en les attachant autour d'une pointe ou d'un crochet. Toutefois l'expression employée ici (ὑπὸ γλω-

(1) Comp. les jougs égyptiens dans Wilkinson-Birch, *The manners and customs of the ancient Egyptians,* 1, p. 227, n° 60, p. 229, n° 61, p. 236, n° 68, — le joug du char d'un Rutennu ou Lutennu (nom collectif des peuplades établies en Syrie et en Mésopotamie) dans le même ouvrage, p. 230, n° 63, et les jougs assyriens dans Layard, *The Mon. of Nineveh,* pl. 16.

(2) Voy. plus haut 169-170. — (3) *Journal of hell. studies,* V, p. 169-170

χῖνα δ'ἔκαμψαν) est trop générale pour qu'on puisse en déduire une conclusion certaine. Aucun document archéologique ne nous permet non plus de rien affirmer à cet égard. Cependant, pour ne rien omettre, nous signalerons un vase corinthien où le char de guerre d'Hector présente sur le bord supérieur du tablier une sorte de crochet à charnière qui pouvait bien servir à l'usage dont il vient d'être parlé (fig. 49) (1).

Afin de rendre bien claire notre opinion, terminons par quelques dessins.

La fig. 50 représente le timon avec la cheville d'attelage, qui y est enfoncée. La forme que nous lui avons donnée est le plus communément usitée, depuis les vases du Dipylon jusqu'à ceux de la Grande-Grèce (2).

Fig 51 : le joug. Nous ne pouvons en garantir la forme; car on ne la voit clairement indiquée sur aucun monument de l'art grec archaïque. La bosse du milieu est l'*omphalos*. L'anneau du joug était-il placé à l'endroit où nous l'indiquons, c'est ce qu'on ne saurait affirmer. On pourrait le placer tout aussi bien un peu plus bas au milieu de la branche verticale.

La fig. 52 donne une idée de la manière dont nous comprenons le joug attaché au timon, la cheville d'attelage (ἔστωρ) étant engagée dans l'anneau (κρίκος).

Enfin la fig. 53 montre comment la cheville d'attelage (*c*) étant engagée dans l'anneau (*d*), le ζυγόδεσμον (*fff*) est enroulé trois fois autour du joug et comment les bouts restés libres sont fixés à la caisse du char.

L'usage d'attacher ces bouts de la lanière à la caisse de la voiture était-il général à l'époque d'Homère? C'est un point douteux. En tout cas ils ne sont pas attachés dans les chars de guerre qui s'arrêtent pendant que les chevaux, unis encore par le joug, s'emportent (3). On voit aussi très souvent sur les monu-

(1) D'après les *Mon. Ann.* et *Bullet. dell' Inst.*, 1855, pl. 20.
(2) Voy. p. 191, note 1. Un vase du Dipylon prouve que cette forme de timon était usitée également dans les chars à quatre roues (*Monum. dell' Inst.*, VIIII, pl. 39). — (3) Voy. p. 185, note 2.

ments archaïques des chars de guerre et de course où il n'y a point de liaison entre la pointe du timon et la caisse (1). On peut en dire autant du char à quatre roues d'après les renseignements que nous possédons sur le nœud gordien. Ce nœud était, on le sait, fait avec une courroie enroulée autour du joug et du timon du char (ἄμαξα) de Gordios. On raconte que le commencement et la fin de la courroie étaient invisibles (2), et Aristobule (3) rapporte qu'Alexandre le Grand, après avoir ôté la cheville d'attelage, avait simple-

Fig. 51. — Le joug.

ment enlevé le joug avec la courroie qui était dessus. Donc la courroie ne pouvait être attachée à la caisse de la voiture. S'il en avait été ainsi, les bouts de la courroie attachés à la caisse auraient été visibles, et, pour séparer le joug du timon, Alexandre eût été obligé non seulement d'enlever la cheville d'attelage, mais encore de détacher les bouts de la courroie du tablier de la caisse.

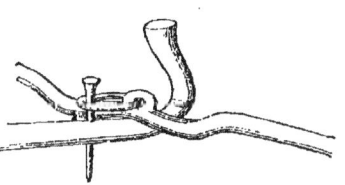

Fig. 52. — Le joug et le timon réunis.

L'Épopée (4) nous apprend que le timon cassait souvent tout près de la pointe. Il est évident que la fracture à cet endroit était très possible avec le mécanisme que nous venons d'indiquer, car la force du timon à son extrémité était naturellement

---

(1) Comp., par exemple, le vase du Dipylon dans les *Mon. dell' Inst.*, VIIII, pl. 39 (p. 174, fig. 41), les vases corinthiens dans les *Mon. dell' Inst.*, X, pl. 3, 4 (les attelages à quatre chevaux courant aux funérailles de Pelias) et *Monum. Annal. Bull. dell' Inst.*, 1885, pl. 20 (notre fig. 49).
(2) *Arrian. Anab.*, II, 3, 7 : ἦν δὲ ὁ δεσμὸς ἐκ φλοιοῦ κρανέας καὶ τούτου οὔτε τέλος οὔτε ἀρχὴ ἐφαίνετο.
(3) *Arrian. Anab.* II, 3, 7.
(4) *Il.*, VI, 38-41; XVI, 370-371 (voy. p. 185, note 2).

diminuée par la tension de la cheville d'attelage et aussi par la pression du joug.

Les chevaux étaient harnachés de larges sangles de cuir (λέπαδνα) (1) qu'on leur passait à l'encolure. Ces traits étaient souvent déjà posés sur le joug au moment où l'on plaçait les chevaux dessous (2), mais parfois aussi on ne les posait que lorsque les chevaux étaient déjà placés sous le joug (3). Il est dit dans

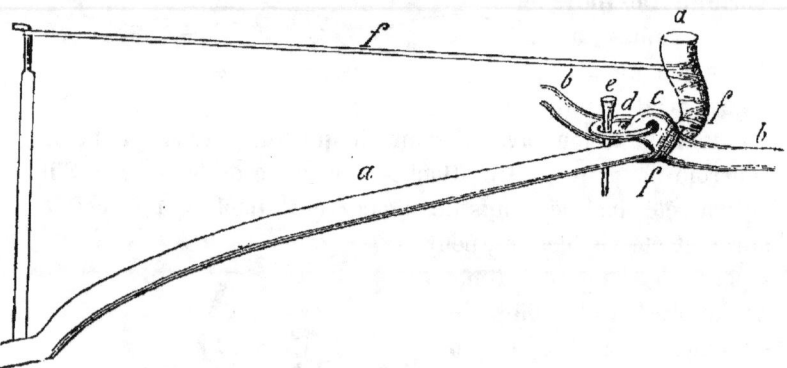

Fig. 53. — Ensemble de l'attelage.

l'Épopée que le joug faisant partie de l'attelage de Priam est bien *pourvu de crochets ou de boucles* (4) (οἴηκες). C'étaient peut-être des crochets et des boucles en métal qui servaient à consolider les traits (5). Grashof (6) croit au contraire qu'ils avaient pour but d'empêcher le glissement sur les côtés des rênes qui

---

(1) *Il.* V, 730 (voy. p. 186, note 2). XIX, 392 :

> Ἵππους δ'Αὐτομέδων τε καὶ Ἄλκιμος ἀμφιέποντες
> ζεύγνυον· ἀμφὶ δὲ καλὰ λέπαδν' ἔσαν, ἐν δὲ χαλινοὺς
> γαμφηλῇς ἔβαλον.

(2) *Il.* V, 730, 731. — (3) *Il.* XIX, 393. — (4) *Il.* XXIV, 269 (voy. p. 186).
(5) On peut admettre que le joug était muni de crochets que l'on engageait dans des anneaux fixés aux courroies du poitrail, ou réciproquement. L'expression dont se sert le poète pour indiquer l'attachement de ces courroies du joug (ἐν δὲ λέπαδνα κάλ' ἔβαλε, χρύσει' (*Il.* V, 720) s'applique à l'un et à l'autre cas. — (6) *op. l.*, p. 37.

flottaient sur le joug; on pourrait, d'après lui, les comparer aux anneaux fixés, avec la même destination, non pas sur le joug, mais sur la housse recouvrant l'encolure des chevaux dans les monuments égyptiens (fig. 32) (1) et assyriens (fig. 36). Ce savant suppose, en outre, que les traits étaient reliés à une sangle qui serrait le cheval sous le ventre à la hauteur de l'omoplate, au moyen d'une courroie qui passait entre les deux jambes de devant (2). En cela il a parfaitement raison, bien que l'Épopée ne mentionne ni cette courroie ni la sangle du ventre (sous-ventrière); car, sans ce lien, les traits auraient glissé et étranglé l'encolure du cheval. Certains bas-reliefs assyriens, qui représentent très nettement le harnachement des chevaux, ne nous montrent, il est vrai, qu'une seule sangle de poitrail (voy. fig. 37). Mais comme la polychromie jouait un rôle considérable dans la sculpture assyrienne (3), on se demande si certains détails n'avaient pas été notés avec la couleur, et si, par suite, ils ne sont pas devenus méconnaissables avec le temps.

De même qu'en Égypte et en Assyrie (fig. 31, 36, 37), le joug était placé dans un endroit relativement élevé, de manière à pouvoir maintenir la crinière des chevaux; car l'Épopée dit que, lorsqu'un cheval penche la tête, la crinière s'échappe du harnachement et retombe de chaque côté du joug (4); ces deux côtés sont naturellement les côtés antérieurs du joug.

(1) En outre, par exemple sur l'attelage de Ramsès dans Rosellini, *Mon. dell' Egitto*, I (*Mon. reali*), pl. LXXXIV. — (2) P. 39.
(3) Perrot et Chipiez, *Histoire de l'Art*, II, 653-661.
(4) *Il.* XVII, 436 :

ὣς μένον ἀσφαλέως περικαλλέα δίφρον ἔχοντες,
οὔδει ἐνισκίμψαντε καρήατα...

439 :   θαλερὴ δέ, μιαίνετο χαίτη,
ζεύγλης ἐξεριποῦσα παρὰ ζυγὸν ἀμφοτέρωθεν

XIX, 405 :

ἄφαρ δ' ἤμυσε καρήατι· πᾶσα δὲ χαίτη
ζεύγλης ἐξεριποῦσα παρὰ ζυγὸν οὖδας ἵκανεν

Comp. XXIII, 283-284. Ζεύγλη indique évidemment ici tout l'appareil servant au harnachement, par suite le joug et les courroies qui en partaient.

Le mors (χαλινός) (1) était attaché à une courroie qui passait sur les mâchoires et sur la tête et s'appelait κορυφαία (2) dans la langue grecque ultérieure. L'Épopée ne mentionne nulle part cette courroie; mais il est question, dans un passage de l'Iliade (3), d'un ornement d'ivoire qui ne pouvait être appliqué que sur une courroie longeant la mâchoire. Dans les sculptures égyptiennes (4) et assyriennes (voy. p. 165, fig. 32, et p. 170, fig. 36) cette courroie porte souvent une plaquette ornée, dont il est cependant difficile de dire si elle est en ivoire ou faite d'une autre matière. La courroie longeant la mâchoire était croisée par une autre qui contournait le front et la naissance de l'encolure. L'épithète χρυσάμπυκες (5), souvent appliquée aux chevaux, prouve que cette courroie s'appelait ἄμπυξ et qu'elle était parfois dorée, ne fût-ce que sur le front de la bête. Les rênes (ἡνία) enfin consistaient en lanières de peau de taureaux (βόεοι ἱμάντες) (6); elles étaient ornées de plaquettes d'ivoire (7) et de garnitures d'or (8).

Nous aurons à nous étendre moins sur les vaisseaux (9) que sur les chars. Comme il n'existe point de monuments qui nous renseignent sur la construction intérieure des navires, nous nous bornerons forcément à en étudier la forme extérieure.

(1) *Il.* XIX, 393 (voy. p. 196, note 1). — (2) Pollux, *Onom.* I, 147. (3) *Il.* IV, 141 :

ὡς δ'ὅτε τίς τ' ἐλέφαντα γυνὴ φοίνικι μιήνῃ
Μῃονὶς ἠὲ Κάειρα, παρήϊον ἔμμεναι ἵππων.

(4) Voy. par ex. les chevaux de Ramsès II dans Rosellini, *Mon. dell' Egitto,* I, pl. LXXXIV.
(5) *Il.* V, 358, 363, 720; VIII, 382 : χρυσάμπυκας ἵππους.
(6) *Il.* XXIII, 324 (voy. p. 164-165, note 4). — (7) *Il.* V, 583 : ἡνία λεύκ' ἐλέφαντι. — (8) *Il.* VI, 205. *Od.* VIII, 285 (voy. plus haut, p. 138, note 1). — (9) Voy. surtout à ce sujet Grashof, *Ueber das Schiff bei Homer und Hesiod,* Düsseldorf, 1834, p. 8 et suiv. et Brieger dans le *Philologus,* XXIX (1870), p. 193-210.

CHAPITRE X.

LES VAISSEAUX.

Le sens de l'adjectif ὀρθόκραιρος (*qui dresse les cornes*), appliqué indifféremment aux taureaux (1) et aux navires (2), est très clair; dans ce dernier cas, il ne peut désigner que la proue ou la poupe qui se dresse en forme de cornes. De même il est évident que cette épithète, employée pour les navires, n'était juste que lorsque les deux extrémités du navire avaient, comme les cornes du taureau, la même hauteur. Ainsi étaient construites les barques des populations du Nord (3) qui essayèrent, au treizième siècle avant J.-C. d'envahir l'Égypte, mais furent repoussées sur terre comme sur mer par Ramsès III, populations qui semblent avoir eu pour patrie l'Asie Mineure. La proue et la poupe de leurs navires sont également hautes. Elles consistent en une grosse poutre insensiblement penchée au dehors et terminée par un bout recourbé qui a la forme d'un bec d'oiseau (fig. 54) (4). De même les deux extrémités sont

---

(1) *Il.* VIII, 231; XVIII, 573. *Od.* XII, 948. *Hymne* III (à Mercure), 220 : βοῶν ὀρθοκραιράων. Comp. *Hymn.* III (à Mercure) 209 : βουσὶν ἐϋκραίρῃσιν. Eschyle, *Suppl.*, 300 : ἐπ' εὐκραίρῳ βοΐ.
(2) *Il.* XVIII, 3; XIX, 344 : προπάροιθε νεῶν ὀρθοκραιράων. Comp. Grashof dans l'ouvr. cité p. 17. — Dœderlein, *Homerisches Glossarium*, II, p. 201-202. — Ebeling, *Lexicon Homericum*, II, au mot ὀρθόκραιρος.
(3) Rosellini, *Monum. de l'Egitto*, I (*mon. reali*) pl. CXXXI (d'où notre fig. 54). — Champollion, *Mon. de l'Egypte*, III, pl. CCXXII. — Chabas, *Étude sur l'antiquité préhistorique*, 2ᵉ éd. pl. I, p. 309-313.
(4) Le motif en tête d'oiseau semble être la forme primitive du χηνίσκος.

égales dans les navires phéniciens sans éperon figurés sur un bas-relief déjà mentionné du palais de Sanherib; seulement ici elles ne se dressent pas perpendiculairement à la surface de l'eau, mais forment une courbe élégante qui s'épanouit en haut (voy. p. 98, fig. 22) (1).

Le vaisseau de l'époque homérique ressemblait-il davantage au premier ou au second de ces deux types? Les adjec-

Fig. 54. — Vaisseau égyptien.

tifs κορωνίς et ἀμφιέλισσα répondent à cette question d'une manière très satisfaisante. Le premier (2) est employé chez les auteurs grecs (3) plus récents comme épithète des taureaux et se rapporte évidemment dans ce cas aux cornes recourbées. Em-

---

(1) Comp. p. 97-98. — (2) Νηυσὶ κορωνίσι (ν) : *Il.* I, 170; II, 392; IX, 609; XI, 228; XV, 597; XVIII, 58, 338, 439; XX, 1; XXII, 508; XXIV, 115, 136. Νήεσσι κορωνίσι(ν) : *Il.* II, 771. *Od.* XIX, 182, 193; XXII, 465.
(3) Dans l'*Idyll. incert.*, IX (Théocr. XXV), 151 : ἐπὶ βουσὶ κορωνίσι. Archiloque dans l'*Etym.*, 530, 27. *Etym. gud*, p. 339, 31 (fragm. 38 Bergk) : βοῦς ἐστὶν ἡμῖν ἐργάτης ἐν οἰκίῃ κορωνός. L'épithète ἕλιξ appliquée aux bœufs dans l'Épopée paraît signifier aussi *aux cornes recourbées* (*Il.* IX, 466; XV, 633;

ployé substantivement, il désigne, en outre, la ligne courbe par laquelle on indiquait dans les éditions antiques des tragédies grecques la sortie du chœur ou d'un acteur, ainsi que le paragraphe que les écrivains mettaient à la fin d'un livre ou d'un chapitre (1). L'expression νῆες κορωνίδες doit donc se traduire par *navires recourbés*. En tout cas, elle est applicable à certaines parties ainsi qu'aux membrures et à la carène du navire. Mais l'allusion à certaines parties seulement du navire serait contraire aux principes adoptés par les poètes de l'Épopée pour le choix des épithètes. Les épithètes homériques traduisent la qualité essentielle de l'objet qu'elles doivent caractériser; elles ne font jamais ressortir les qualités secondaires, mais seulement celles qui frappent vivement les yeux et impriment à l'objet un caractère particulier. Par conséquent il est bien difficile de se ranger à l'opinion de ceux qui voudraient faire rapporter l'adjectif κορωνίς à la courbe des membrures ou de la carène (2). La forme des membrures n'était visible que pour les personnes se trouvant dans l'intérieur du navire. Quant à la courbure de la carène, soit que le vaisseau fût en pleine mer ou sur le rivage, elle était certainement loin de produire l'impression que produisait tout le corps du navire avec ses extrémités dressées vers le ciel. Cette épithète ne peut donc représenter que la ligne courbe formée par les contours de toute la masse du navire. Et si cette interprétation est juste, la forme du navire homérique doit se rapprocher beaucoup plus des vaisseaux phéniciens également épanouis à la proue et à la poupe que des navires du Nord où les deux extrémités forment une ligne perpendiculaire à la surface des eaux.

Ce qui nous confirme surtout dans notre hypothèse, c'est l'ad-

---

XXI, 448; XXIII, 166. *Od.* I, 92, etc). Comp. *Hymne* III (*à Mercure*), 192 : βοῦς... κεράεσσιν ἑλικτάς.

(1) Comp. Gardthausen, *Griechische Palaeographie*, p. 277. — Birt, *Das Antike Buchwesen*, p. 102, 444, 468.

(2) Dœderlein (*Homerisches Glossarium*, II, p. 47) fait rapporter cette épithète à la carène du navire.

jectif ἀμφιέλισσα (1). Cet adjectif, qu'on ne trouve d'ailleurs employé qu'au féminin (2), est dérivé du même radical que le verbe ἑλίσσω ; il faut donc le traduire par : *contourné* ou *épanoui des deux côtés* (3). Nous n'insisterons pas sur l'explication déjà ancienne, d'après laquelle il signifierait *muni d'avirons des deux côtés ;* en dehors de Düntzer (4) cette version a été rejetée par tous les plus récents commentateurs (5). De même il est inutile de nous arrêter sur cette hypothèse que l'épithète en question pourrait bien s'appliquer aux membrures ou à la carène du navire (6) : elle est, en effet, réfutée par les raisons qui ont été exposées à propos de l'adjectif κορωνίς ; de plus, on sait que les mots dérivés du radical ἑλιϰ ne désignent jamais une courbe simple comme celle des membrures et de la carène, mais bien une ligne recourbée plusieurs fois ou élargie (épanouie) à son extrémité (7). Il en résulte que l'épithète ἀμφιέλισσα ne peut se rapporter qu'aux extrémités très développées du navire : c'est ce qui a d'ailleurs été admis par presque tous les commentateurs de notre temps ; par conséquent, elle s'applique parfaitement à un navire comme le navire phénicien que nous venons de mentionner. Enfin l'hypothèse que le vais-

(1) Νεὸς ἀμφιελίσσης : *Od.* VII 252 ; X 156 ; XII 368 ; XV 283 ; XXI 390. Νῆες ἀμφιέλισσαι : *Od.* VI 264 ; IX 64. Νέες ἀμφιέλισσαι : *Il.* XIII 174 ; XV 549. *Od.* VII 9. Νῆας ἀμφιελίσσας : *Il.* II 165, 181 ; IX 683 ; XVIII 260. Νέας ἀμφιελίσσας *Il.* XVII 612. *Od.* III 162 ; X 91 ; XIV 258 ; XVII 427.

(2) Le masculin eût été ἀμφιέλιξ. Comp. Lobeck, *Paralip. gramm. græcæ*, p. 472-473.

(3) Comp. surtout l'ouvrage cité de Grashof, p. 17, ainsi que Murray dans ses notes sur l'ouvrage de Butcher et Lang : *The Odyssey done into english prose*, 2e éd. p. 413-414, qui cherche à expliquer cette épithète par la comparaison avec les vaisseaux des peuples du Nord.

(4) *Neue Jahrbücher für Philologie*, 69, p. 607.

(5) Comp. Grashof, *loc. cit.* p. 17. — (6) Tel est l'avis de Dœderlein, *Hom. Glossarium*, II, p. 41. Ahrens (*Zeitschr. für Alterthumswissenschaft*, 1836, p. 820, no 7) pense que ἀμφιέλισσαι, comme εἶσαι et ἔοικε vient du même radical Fλικ et qu'il faut, par suite, le traduire par *ajustables aux deux côtés* ou *pouvant convenir aux deux côtés*.

(7) Comp. Curtius, *Grundzüge der griech. Etymologie*, 4o édit., p. 361, no 527.

seau homérique ressemblait aux vaisseaux phéniciens plutôt qu'à ceux sur lesquels les peuplades du Nord partaient en guerre contre l'Egypte concorde beaucoup mieux avec les données chronologiques; car la floraison de l'Épopée coïncide plutôt avec l'époque de Sanherib, à laquelle appartiennent les représentations figurées d'exécution phénicienne, qu'avec le treizième siècle av. J.-C. où les peuplades du nord menaçaient l'Égypte.

Ce fait confirme l'hypothèse que nous avons émise dans notre chapitre V et d'après laquelle le vaisseau homérique n'aurait

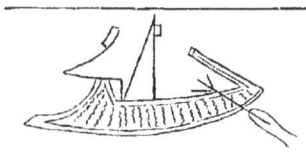

Fig. 55. — Vaisseau gravé sur un diadème trouvé en Béotie.

pas eu d'éperon. Il est évident, en effet, qu'il était inutile de placer une pointe sous une pièce courbe pour attaquer un navire ennemi ; en cas d'abordage les parties saillantes auraient été forcément endommagées. Les populations maritimes du bassin de la Méditerranée ont compris cette difficulté et ont cherché à la vaincre de différentes manières en construisant leurs vaisseaux à éperon. Les constructeurs phéniciens qui travaillaient sous le règne de Sanherib fermaient le devant des navires par une paroi lisse et perpendiculaire (page 97, fig. 21). On remarque un genre de construction non moins pratique dans les vaisseaux à éperon représentés sur les vases du Dipylon (fig. 19 et 20) et autres semblables (fig. 55) (1); ici la proue descend en ligne légèrement concave jusqu'à la surface des eaux.

(1) Ce vaisseau est gravé sur un diadème trouvé en Béotie près de Thèbes, diadème dont les figures et les ornements rappellent le style des vases du Dipylon : *Ann. dell' Inst.*, 1880, Tav. d'agg. G. 1-3, p. 124 et suiv. Comp. notre chap. XXX.

Dans l'une et l'autre construction l'éperon avait un jeu absolument libre; la proue, en cas d'attaque, ne pouvait être endommagée.

La forme du vaisseau homérique ajoute un trait caractéristique au fond du tableau de l'Iliade. Supposons le lecteur au sommet du mont Ida et contemplant de là le rivage troyen tel qu'il se présentait à l'imagination des poètes : son regard serait d'abord frappé par le panorama du camp achéen où se meuvent tant de formes variées, où brillent tant de couleurs. La campagne tout au loin est couverte de cabanes en bois (1), dont les toits jaunes couverts de paille ou de joncs font un contraste singulier avec les poutres des murs grises et desséchées par la chaleur. Çà et là la garniture métallique d'un char de combat (2) appuyé avec le timon contre un mur brille sous les rayons ardents du soleil. Sur les routes qui coupent le camp vont et viennent, vêtus de mille couleurs, les Achéens vaquant à leurs occupations guerrières ou pacifiques. Plus près du rivage la scène devient plus calme. Les dunes s'étendent au loin et sur leur sable blanc sont rangés les vaisseaux en longues files innombrables. Les proues et les poupes se dressent hardiment; leurs tons sombres se détachent sur la ceinture bleu sombre de la mer (3) et sur l'azur lumineux et transparent du ciel de l'Asie Mineure.

Nous voudrions maintenant montrer l'homme qui animait ce paysage.

(1) *Il.* XXIV 448-456. — (2) *Il.* VIII 435. *Od.* IV 42.
(3) Les vaisseaux avaient en général une teinte noire qui était faite probablement avec de la poix liquide. D'où les épithètes μελαίνη et κυανόπρωρος ou κυανοπρώρειος; κύανος indique évidemment ici la même couleur que μέλας. (Comp. notamment *Od.* XIV, 308 et 311, où le même vaisseau est appelé μελαίνη et aussitôt après κυανόπρωρος). Les côtés de la proue étaient au contraire peints en rouge (*Il.* II, 637. *Od.* IX, 125 : νέες μιλτοπάρῃοι. *Od.* XI, 124, XXIII, 271 : νέας φοινικοπαρῄους). Les deux extrémités ayant la même forme, il pouvait être utile, dans certains cas, que l'une d'elles fût marquée d'une couleur différente.

II. LE COSTUME.

Afin de bien faire comprendre le costume homérique, il est nécessaire de noter avant tout certains faits qui se rattachent à l'histoire du costume grec en général et que Studniczka (1) a récemment fort bien exposés, sans se référer tout d'abord aux passages les plus typiques de l'Épopée.

Le costume des Grecs, comme celui de la plupart des peuples indo-européens, semble avoir consisté à l'origine en une pièce d'étoffe de laine jetée sur le corps et attachée près des épaules (2), et d'une sorte de tablier en guise de pantalon. Mais de très bonne heure, même avant la naissance de l'Épopée, ce tablier fut remplacé par le *chiton*, vêtement cousu que l'on *passait* et qu'on n'avait pas besoin de consolider d'une manière ou d'une autre. Ce vêtement fut emprunté par les Grecs aux peuples sémitiques. Χιτών, en ionien moderne κιθών, provient d'un substantif sémitique qui signifie vêtement de corps et s'appelait probablement *kuttonet* en hébreu (peut-être le féminin de *kuttôn* qui n'existe pas), *kuttin* en syriaque et *kittân* ou *kittânithâ* dans les autres dialectes araméens (3). Ce substantif est évidemment de la même famille que le mot désignant la toile et que l'on rencontre dans la langue araméenne sous la forme de *kettân* ou *kittân*, de *kattân* ou *kittân* en arabe (4). Nous pouvons en conclure que ce vêtement était dénommé d'après l'étoffe, et par conséquent, était fait en toile. Les Grecs connaissaient ce vêtement oriental et son nom déjà avant Homère; la preuve, c'est que le mot χιτών est d'un usage courant dans

---

(1) *Beiträge zur Geschichte der altgriechischen Tracht* (*Abhandlungen des archæologischen epigr. Seminars der Universität Wien*, VI, 1), p. 1-30.
(2) Studniczka, p. 76-77, 82-83.
(3) Movers, *Die Phönizier*, III, 1. p. 97. — Hahn, *Kulturpflanzen und Hausthiere*, 3ᵉ éd. p. 146, 4ᵉ éd. p. 137. — Nöldeke dans l'ouvrage de Studniczka, p. 15-16.
(4) Nöldeke, *op. l.*, p. 15.

l'Épopée. Mais comme les poètes ne l'emploient que pour le costume masculin, il est probable que les hommes seuls portaient à ce moment le vêtement oriental cousu, tandis que les femmes en étaient restées encore à l'ancien habillement jeté sur le corps et agrafé sur les épaules. Studniczka a élucidé ce point en expliquant fort bien un passage longtemps discuté d'Hérodote (1). Voici, résumé très brièvement le récit d'Hérodote : un seul homme revint à Athènes d'une malheureuse expédition que les Athéniens avaient entreprise contre Egine, et fut massacré par les veuves des soldats morts, à coups d'agrafes de leurs *himatia*. Les Athéniens ordonnèrent en conséquence qu'à l'avenir leurs femmes ne porteraient point le vêtement dorien, mais bien le *chiton* ionien de lin qui n'avait pas besoin d'épingles aussi dangereuses. Cet écrivain ajoute que le vêtement appelé dorien de son temps était jadis commun à toutes les femmes d'origine grecque et que le vêtement dit ionien provenait de la Carie. L'expédition des Athéniens contre Egine eut lieu très probablement dans la première moitié du sixième siècle. On peut donc admettre qu'à cette époque les femmes de l'Attique quittèrent l'ancien costume dorien pour s'habiller à la mode ionienne. De plus, les noms des deux costumes autorisent une double déduction. Si le plus récent s'appelle ionien, cela prouve qu'il fut importé d'Ionie en Grèce et que, par suite, les femmes ioniennes l'avaient porté avant les femmes de l'Attique. D'autre part, l'ancien costume, que les écrivains du cinquième siècle désignent comme étant dorien, a dû être conservé par les femmes doriennes, après avoir été abandonné par les Ioniennes et les Athéniennes; Hérodote nous apprend d'ailleurs (2) que, de son temps, les femmes de Corinthe, d'Argos et d'Egine portaient un vêtement dorien. Enfin il est à remarquer qu'Hérodote oppose le *chiton* de lin ionien au costume dorien. On est en droit d'en conclure que ce dernier était fait d'une autre étoffe, de laine, par exemple.

(1) V, 82-88. — (2) V, 87, 88.

A côté des données qui résultent du récit d'Hérodote sur l'histoire du costume des femmes grecques, il faut placer les renseignements fournis par Thucydide (1) sur l'évolution du costume masculin. Il dit que les Athéniens furent les premiers parmi les Grecs qui aient renoncé à une manière de vivre barbare pour des mœurs plus douces sinon plus efféminées. Il n'y a pas longtemps, dit-il, que les hommes âgés des classes aisées d'Athènes ont cessé de porter le *chiton* de lin et d'accommoder artistement leur chevelure. Les hommes d'âge en Ionie auraient, à cause de leur communauté de race avec les Athéniens, suivi longtemps la même mode. Le costume simple et imposant, qui était en usage au temps de Thucydide, aurait été d'abord adopté par les Lacédémoniens qui, par suite supprimèrent les premiers la différence de costume entre riches et pauvres. Thucydide fait venir la mode ionienne de l'Attique, quand c'est le contraire qui eut lieu; mais c'est là une erreur bien compréhensible si l'on réfléchit à l'idée que se faisaient les Athéniens de leurs relations avec les colonies ioniennes. A part cela, il n'y a rien à objecter contre le système de Thucydide. Il distingue trois périodes de civilisation. La plus ancienne, la période barbare, caractérisée par l'usage général de porter les armes, s'était prolongée jusqu'à l'époque où vivait cet historien, chez certaines peuplades arriérées de l'Hellade, telles que les Épirotes, les Acarnaniens, les Étoliens et les Locriens. La seconde période, celle des mœurs plus douces, commence avec l'organisation municipale des villes. Pendant cette période, les hommes portaient principalement le chiton de lin qui, nous l'avons vu plus haut, fut introduit en Grèce avant la naissance de l'Épopée, c'est-à-dire au moins trois siècles avant que le chiton analogue des femmes ne fût adopté en Attique, et fut porté en Ionie et en Attique par les hommes d'âge des classes aisées jusque vers le milieu du cinquième siècle. Ce fait que le vêtement sévère de la troisième période *apparut* d'abord à Lacédémone permet de

---

(1) I, 6, 2 (voy. p. 51, note 3).

supposer que le chiton de lin fut adopté aussi par certaines peuplades doriennes; c'est une hypothèse qui se trouve confirmée par les monuments, comme nous le verrons dans le chapitre XII. A quel moment précis commence la troisième période à Lacédémone? C'est ce qu'on ne saurait dire avec certitude. A Athènes, le changement eut lieu aussitôt après les guerres persiques. Les hommes abandonnèrent alors la toile pour la laine et le mot χιτών continua à désigner le vêtement fait avec cette dernière étoffe. La modification fut moins radicale dans le costume des femmes attiques qui, depuis le milieu du cinquième siècle, portaient simultanément le chiton dorien et le chiton ionien.

Voyons maintenant comment les données de l'Épopée sur le costume peuvent se concilier avec ces faits parfaitement établis. Nous emploierons, dans les chapitres qui vont suivre, les expressions *costume dorien* et *costume ionien*; cela pourra paraître assez singulier dans une étude sur l'époque homérique, c'est-à-dire de beaucoup antérieure; nous le ferons néanmoins, d'abord pour être plus bref et ensuite parce que ces désignations sont faciles à comprendre. Que le lecteur veuille bien se rappeler seulement ceci : le *chiton* ou l'*himation* dorien était une pièce d'étoffe rectangulaire jetée sur le corps et agrafée non loin des deux épaules (1); le *chiton* ionien au contraire était un vêtement cousu, fait à l'instar d'une chemise et que l'on *passait*. La différence ne consistait pas seulement dans la forme, mais aussi dans l'étoffe; le chiton dorien était fait de laine de mouton, l'ionien était généralement en toile.

Nous nous arrêterons, par conséquent, tout d'abord aux passages de l'Épopée où il est question des étoffes qui servaient à faire les vêtements.

---

(1) Nous verrons pourtant dans la suite que la couture était employée quelquefois pour fermer les ouvertures latérales.

CHAPITRE XI.

LES ÉTOFFES DES VÊTEMENTS.

Nous avons, dans plusieurs endroits de l'Épopée, la preuve qu'à l'époque homérique on travaillait beaucoup la laine des brebis. Dans un passage de l'Odyssée (1) il est dit qu'une laine couleur de violette entourait la quenouille d'Hélène. Était-ce une couleur artificielle ou la couleur sombre naturelle de la laine? c'est une question à laquelle il est difficile de répondre. Ce qui parle en faveur de la première hypothèse, c'est le luxe qui régnait à la cour du roi de Sparte; la seconde semble confirmée par ce fait que les brebis de Polyphème sont désignées par la même épithète (2). La préparation de la laine était une des principales occupations des nombreuses servantes qui faisaient partie de toute maison bien tenue (3). On en fabriquait des tapis (4), des couvertures de lit (5) et des manteaux (χλαῖνα), pour lesquels on employait de préférence des étoffes velues (6). Mais il est dans l'Épopée des expressions qui font supposer aussi d'autres étoffes. Le *chiton* qu'Ulysse porte, lors de son départ pour Troie, est fin comme la pelure d'un oignon sec et lumineux

---

(1) IV, 135 : ἠλακάτη τετάνυστο ἰοδνεφὲς εἶρος ἔχουσα.
(2) *Od.* IX, 426 : (ὕιες) ἰοδνεφὲς εἶρος ἔχοντες.
(3) *Il.* III, 387, 388. *Od.* XVIII, 316. XXII, 423. Comp. *Il.* XII, 433-435.
(4) *Od.* IV, 124. — (5) *Od.* I, 443.
(6) *Il.* X, 133; XXIV, 646. *Od.* IV, 50, 299; VII, 338; X, 451; XVII, 89; XIX, 225.

comme le soleil (1); le blanc voile d'Hèra (κρήδεμνον) est également comparé au soleil (2). Ces qualificatifs ne peuvent guère s'appliquer à des étoffes de laine dont la surface est toujours plus ou moins rugueuse et n'est jamais brillante. Il en est de même de l'épithète σιγαλόεις (*éclatant*) (3) que les poètes ajoutent deux fois à un chiton (4), aux vêtements (εἵματα) (5) en général et surtout aux couvertures (ῥήγεα) (6), et de λιπαρός (*brillant d'huile, éclatant*) (7), employé pour le voile (καλύπτρη, κρήδεμνον) (8), et d' ἀργύφεος (d'une blancheur éclatante), qui qualifie le vêtement principal (φᾶρος) de Calypso et de Circé (9). Par contre, toutes ces épithètes sont justes si on les fait rapporter à des étoffes de toile qui ont quelque chose de moelleux et de brillant. Deux passages de l'Iliade où il est question du voile d'Hélène méritent à ce propos une attention toute particulière (10). Ce voile est désigné, dans le premier passage (11), par les mots ἀργεννῇσι ὀθόνῃσιν, dans le second (12) par ἑανῷ ἀργῆτι φαεινῷ. Nous verrons plus loin que les ὀθόναι étaient des étoffes de lin. Il en résulte que les épithètes ἀργεννός et ἀργής qui indiquent une blancheur éclatante s'appliquent à un vêtement de toile. De même νηγάτεος qui apparaît comme épithète du chiton (13), du voile (κρήδεμνον) (14) et des langes (φᾶρος) (15), semble avoir désigné un brillant gras, comme σιγαλόεις et λιπαρός (16). A cette catégorie

(1) *Od.* XIX, 232. Comp. aussi *Hymne* XXXI, 13 (sur le chiton d'Héleos).
(2) *Il.* XIV, 185 : λευκὸν δ'ἦν ἠέλιος ὥς.
(3) Il est très probable que σιγαλόεις est dérivé de σίαλον (bave), σίαλος (graisse). Comp. Curtius, *Grundzüge der griech. Etymol.*, 4ᵉ éd., p. 599 et Studniczka, *Beiträge*, p. 50, note 43. — Ebeling, *Lexicon homer.*, II, p. 276.
(4) *Od.* XV, 60; XIX, 232. — (5) *Il.* XXII, 154. *Od.* VI, 26. *Hymn. hom.* IV (*in Venerem*), 85, 164.
(6) *Od.* VI, 38; XI, 189; XIX, 418, 337; XXIII, 180.
(7) Du radical λιπ, d'où vient aussi ἀ-λείφ-ω. Curtius, *Grundzüge*, 4ᵉ éd., p. 266. — (8) *Il.* XXII, 406. *Od.* I, 334. XVI, 416. XVIII, 210. XXI, 65. *Il.* XVIII, 328. *Hymn.* V (*in Cererem*) 25, 438, 459.
(9) *Od.* V, 230. X, 543. Voyez sur le φᾶρος des femmes notre chap. XIII.
(10) Voy. chap. XIII. — (11) III, 141. — (12) III, 419.
(13) *Il.* II, 43. — (14) *Il.* XIV, 185. — (15) *Hymn.* I (*in Apoll. Del.*), 122.
(16) Schmalfeld (*Jahrbücher für classische Philologie*, Suppl. VIII, p. 293, 295) fait dériver le mot de la racine sanscrite *snih*' qui sous ses différentes

appartient encore le mot λεπτός, *fin*. Si cet adjectif, comme le suppose Hehn (1) avec raison, vient de λέπειν, *peler, écorcer*, cette expression a dû être employée à l'origine pour les étoffes faites de fibres végétales. Aussi est-il probable sinon certain que les étoffes auxquelles cette épithète est jointe dans l'Épopée sont en toile. Dans un passage de l'Iliade (2) λεπτός est l'épithète d'un drap de lit que le poète indique clairement comme étant de toile. Comme nous le verrons plus loin, c'est en toile également que sont les λεπταὶ ὀθόναι que portent les jeunes filles dansant représentées sur le bouclier d'Achille (3). Le linceul (φᾶρος) que Pénélope tisse pour Laerte s'appelle λεπτόν (4); il y a tout lieu de supposer que c'est encore de la toile. Tout d'abord, en effet, l'Épopée nous dit que ce drap, une fois enlevé du métier et blanchi, brille comme le soleil et comme la lune (5); or cette comparaison ne saurait s'appliquer à la laine, mais bien à la toile. En second lieu, les morts à cette époque semblent avoir été enveloppés exclusivement dans la toile (6). Aussi lorsque Andromaque se plaint de ce que le cadavre d'Hector soit étendu tout nu à côté des vaisseaux achéens, pendant qu'il y a encore dans son appartement beaucoup de εἵματα λεπτά τε καὶ χαρίεντα (7), la première de ces épithètes paraît avoir été choisie à dessein, car il s'agit précisément de vêtements qui devaient servir pour les funérailles. Les thorax de lin (8) et les draps de lits (9) étaient déjà

formes, indique l'humidité grasse ou huileuse. Comp. Curtius, *Grundzüge*, p. 318 et Studniczka *Beiträge*, p. 51, note 45.

(1) *Kulturpflanzen und Hausthiere*, 3ᵉ éd. p. 521, 4ᵉ éd. p. 481. — (2) *Il.* IX, 660.

(3) *Il.* XIX, 594. — (4) *Od.* II, 95. XIX, 140; XXIV, 130. La même épithète qualifie le φᾶρος de Calypso et de Circé (*Od.* V, 231. X, 544) ainsi que les langes qui enveloppent le corps d'Apollon enfant (*Hymn. in Apoll. Del.*, 121).

(5) *Od.* XXIV, 147.

(6) Comp. Studniczka, *loc. cit.*, p. 88. — (7) *Il.* XXII, 508-511.

(8) Λινοθώρηξ. *Il.* II, 529, 830. — (9) *Il.* IX, 661. *Od.* XIII, 73 et 117. Il faut sans doute rattacher à cela les mots λιτί et λῖτα qui ne s'emploient qu'au datif et à l'accusatif. D'après l'étymologie de Hehn (3ᵉ éd. p. 521, 4ᵉ éd. p. 481) qui a adopté l'opinion de Pott, les mots des anciens dialectes

en usage; l'Épopée nous le dit. Mais ce qui est plus important pour l'objet de notre étude, c'est le passage relatif aux ὀθόναι.

Le septième chant de l'Odyssée (1) nous fait assister aux occupations des servantes de la maison d'Alcinoüs. Après nous avoir appris que les unes sont occupées à moudre du blé, les autres à tisser et à faire de la tapisserie, le poète s'exprime en ces termes :

$$\text{καιροσέων δ'ὀθονέων ἀπολείβεται ὑγρὸν ἔλαιον.}$$

Καιροσέων est la version adoptée par Aristarque; dans les autres textes on lit κροσσωτῶν, *pourvu de houppes*. Quelque singulière (2) que soit la forme de la terminaison, il ne saurait y avoir aucun doute sur le sens du mot. D'après l'avis unanime des commentateurs et lexicographes anciens καῖρος ou καίρωμα c'était cette disposition que nos ouvriers tapissiers appellent le peigne, c'est-à-dire ce tissu de fils qui empêche les fils de la chaine de s'embrouiller et permet à la trame de passer librement (3). L'adjectif dérivé de ce substantif signifie donc que le tissu en question était largement pourvu de καῖροι. L'huile, comme le croient certains savants (4), ne dégouttait pas des vêtements des servantes,

allemands *linta, lind, linde* (tilleul) et *lindi* (ceinture) viendraient directement du latin *linteum* et les mots λιτί et λῖτα (pour λιντί, λίντα) auraient signifié primitivement une natte en liber de tilleul et plus tard un tissu végétal. Dans l'Épopée, ces mots indiquent les couvertures dont on recouvrait les chars remisés (*Il.* VIII, 441), soit des couvertures que l'on étendait sur les θρόνοι avec le ῥῆγος de pourpre (*Od.* I, 130. X, 353), soit le drap qui enveloppe le corps de Patrocle (*Il.* XVIII, 352), ou bien le vase contenant ses cendres (*Il.* XXIII, 264). L'épithète ἑανός *flexible* ne permet pas de supposer que ces mots aient conservé le sens primitif de natte. Si l'on considère enfin qu'il s'agit dans les deux passages de draps servant à une inhumation, on sera en droit de conclure que λιτί signifie drap de toile.

(1) *Od.* VII, 105.
(2) Bergk (*Philologus*, XVI, 1860, p. 578-581) a probablement raison quand il suppose que cette orthographe est un reste de l'ancienne orthographe et qu'il faudrait écrire καιρουσσέων qui serait le génitif pluriel féminin de καιρόεις.
(3) Hertzberg *Philologus*, XXXIII, 1874, p. 8-9. Comp. Ebeling, *Lexicon homericum*, au mot καιροσέων.
(4) Hehn, *Kulturpflanzen und Hausthiere*, 3ᵉ éd., p. 149, 4ᵉ éd., p. 140.

mais bien des tissus auxquels elles travaillaient. Cette hypothèse s'accorde d'ailleurs avec tout ce qui précède le vers cité plus haut. Il y est question, en effet, non pas des vêtements de ces servantes, mais bien de leurs occupations, en dernier lieu du tissage et de la tapisserie. D'autre part, le poète nous parle dans la suite de l'habileté artistique dont Athèna avait doué les Phéaciennes : le vers qui précède doit forcément faire ressortir quelque chose d'extraordinaire dans les travaux dont elles s'occupent. Ainsi il ressort de ce récit que les fils de certains tissus, pour être plus souples et plus brillants, étaient mouillés avec de l'huile. Un passage de l'Iliade mentionne d'ailleurs ce procédé (1). Il y est dit que les *chitones* des danseurs figurés sur le bouclier d'Achille sont luisants d'huile : le poète a voulu évidemment indiquer par là que les vêtements avaient conservé le brillant que leur avait donné l'apprêt à l'huile lors du tissage (2). L'huile n'a jamais été employée dans le tissage des laines; les filateurs s'en servent au contraire encore de nos jours, indépendamment du cylindre, pour rendre les fils plus lisses et plus souples (3). Les ὀθόναι étaient donc des vêtements de lin. Il convient de faire remarquer en outre que les servantes phéacien-

---

(1) *Il.* XIX, 594. Il est permis d'ailleurs de faire rapporter l'expression στίλβοντας ἐλαίῳ aussi bien aux *chitones* des jeunes gens qu'aux ὀθόναι des jeunes filles et d'admettre l'apprêt à l'huile pour ces ὀθόναι.

(2) Cette sorte d'apprêt est mentionnée aussi dans Plutarque (*Alex. le Grand*, 36). Lorsque Alexandre eut prit Suse (331 av. J. C.), il y trouva quantité de vêtements de pourpre qui avaient été livrés depuis 190 ans par les fabricants de la ville d'Hermione (Argolide) à la cour persane, mais avaient absolument conservé la couleur primitive. Cette conservation était expliquée par ce fait que ces vêtements auraient subi une βαφή de miel et d'huile. Il est possible du reste que l'épithète νεκτάρεος employé deux fois dans l'*Iliade* (III, 385, XVIII, 25) pour les vêtements, indique un apprêt au miel, en admettant que le mot νέκταρ ait signifié *miel* à l'origine (Roscher, *Nektar und Ambrosia*, p. 38 et suiv. 67 et suiv. *Lexicon der Mythol.*, p. 279 et suiv.). Petersen dans les *Beiträge* de Studniczka (p. 51, note 45), rappelle cette interprétation.

(3) Hertzberg, *Philologus*, XXXIII, p. 38. Les foulons grecs rafraichissaient avec l'huile les vêtements fanés par l'usage. Voy. Machon, dans *Athen.* XIII, 582, D. Comp. von Leutsch. *Philol.*, XV, p. 329.

nes travaillent non pas debout, comme Calypso et Circé (1), mais bien assises (ἥμεναι V. 106). Le plus ancien métier de tapisserie ne permettait de travailler assis que tout à fait exceptionnellement (2); de l'avis d'une autorité très compétente en cette matière, il ne se prête nullement à la confection d'étoffes de toile (3). Le métier de tapisserie proprement dit exige, au contraire, qu'on travaille assis et se prête à la fabrication des étoffes de ce genre. Si par conséquent les servantes, contrairement à l'usage mentionné dans l'Épopée, travaillent assises, cela prouve qu'elles se servent du métier proprement dit qui permettait la confection d'étoffes de toile. Il est hors de doute que plus tard le mot ὀθόνη était employé exclusivement pour ce genre d'étoffes. Empédocle compare la cornée blanche de l'œil aux λεπταὶ ὀθόναι (4), comparaison qui ne serait juste que si ὀθόναι signifiait ici étoffe fine de lin. Démocrite (5) appelle également ainsi les bandes d'étoffe avec lesquelles il faut attacher les ouvertures du taureau tué pour multiplier les abeilles. Chez d'autres écrivains (6) la voile qui est naturellement en toile est dénommée ὀθόνη. Le diminutif ὀθόνιον désigne aussi les voiles (7), ou des bandages qui ne pouvaient être qu'en toile (8) ainsi qu'une sorte particulière de vêtement de femme, comme les ὀθόναι de l'Épopée. Quelles que soient les hésitations des savants au sujet des ὀθόνια, leur lieu de fabrication indique que c'étaient des vêtements ou des étoffes de lin. En effet, autant que l'état de nos connaissances nous permet de l'affirmer, ces vêtements étaient fabriqués en

---

(1) *Il.* I, 31. *Od.* V, 62; X, 222, 226, 254 : ἱστὸν ἐποιχομένη.
(2) Studniczka, *loc. cit.*, p. 49, note 38.
(3) Benndorf et Niemann, *Reisen im südwestlichen Kleinasien*, I, p. 19.
(4) *Fragm.* περὶ φύσεως. *Il.* 322-323 éd., Stein : ὡς δὲ τότ' ἐν μήνιγξιν ἐεργμένον ὠγύγιον πῦρ λεπτῇς εἰν ὀθόνῃσιν λοχάζετο κύκλοπα κούρην.
(5) *Geopon.* XV, 2, § 25 (frag. 1, III, p. 252 éd. Mullach) : ἀποπεφράχθω πᾶς οὗ βοὸς πόρος ὀθόναις καθαραῖς καὶ λεπταῖς πίσσῃ κεχρισμέναις.
(6) Lucien, *Jupiter tragœdus*, 46. Pollux, 1, 103.
(7) Pseudo-Démosth. or. 47, p. 1146. Polybe, V, 89, 2.
(8) Aristoph. *Acharn.* 1176.

Égypte ainsi que dans l'île de Mélite (Malte), colonisée de bonne heure par les Phéniciens et conquise plus tard par les Carthaginois (1). Or la culture du coton et l'industrie cotonnière n'avaient qu'une importance secondaire dans la vallée du Nil (2) et l'on n'en trouve point de traces certaines dans les contrées de civilisation phénicienne. Nous savons, au contraire, que le tissage de la toile fut une branche industrielle très florissante en Égypte, en Phénicie et dans les colonies phéniciennes (3). Si, d'après tout ce qui précède, les ὀθόναι étaient des tissus humectés d'huile, il est permis de supposer que ces étoffes étaient employées pour la confection de vêtements accompagnés d'épithètes comme σιγαλόεις ou λιπαρός; car ces deux qualificatifs indiquent précisément un brillant gras que l'apprêt signalé dans l'Épopée devait forcément donner à la toile.

Les philologues ne sont pas d'accord sur la question de savoir si le mot ὀθόναι est de formation indo-européenne (4) ou bien s'il est dérivé d'une langue orientale (5). Si cette dernière hypothèse était vraie, les étoffes fines de lin qu'ils appelaient ainsi seraient parvenues chez les Grecs par l'intermédiaire des marchands phéniciens. D'autre part, la connaissance exacte de la fabrication des ὀθόναι dont témoignent les poètes, prouve qu'on

---

(1) Blümner, *Die gewerbliche Thätigkeit der Völker des klassischen Alterthums*, p. 9-10, 126.

(2) Blümner, *loc. cit.*, p. 10.

(3) Blümner, *loc. cit.*, p. 6, 19, 21, 23, 53, 30, 4, 126, 129-130, 133. Novius dans *Non.*, p. 530 (*Com. lat.* éd. 2 Ribbeck, p. 265-70) : supparum purum melitensem, linteum. Melitensem est mis ici pour belliensem qui n'a pas de sens. Si cette substitution est juste, il ressort de ce fragment que les vêtements de Mélite étaient en toile. Comp. Studniczka, p. 90, note 68.

(4) C'est l'opinion de Fick (*Vergleichendes Wörterbuch der indogermanischen Sprachen* 1³, 209, 767). Ce mot serait dérivé de la racine *vadh*, lier, tresser, vêtir.

(5) Movers, *Die Phönizier*, II, 3, p. 319. Suivant ce savant et d'après l'*Encyclopédie* d'Ersch et Gruber (3ᵉ section, 24ᵉ partie au mot *Phönizier*), ὀθόναι serait d'origine sémitique et s'écrirait en hébreu אטון qui signifie fil ou tissu (Proverb. Salom. VII, 16). Comp. A. Müller, *Beiträge zur Kunde der indogermanischen Sprachen*, 1, p. 294.

faisait déjà de ces étoffes sous leurs yeux dans les villes ioniennes. Il faudrait, par suite, admettre que les Ioniens s'étaient approprié de très bonne heure les procédés de fabrication de l'Orient, ce qui n'a rien de suprenant. Bien au contraire, les Grecs étaient tout naturellement amenés à imiter des étoffes de toile étrangères, puisqu'ils savaient depuis longtemps travailler le lin. Ce fait, récemment mis en doute, ressort des différentes données (1) et notamment de cette particularité qu'Αisa et Moira (2) filent le lin dans l'Épopée. Il est évident que l'action de la déesse du destin ne pouvait être symbolisée par l'emploi d'un article d'importation récente, mais bien par celui d'une matière devenue respectable de par une longue tradition.

(1) Comp. Studniczka, *Beiträge*, p. 45 et suiv. — (2) *Il.* XX, 127. XXIV, 209. Od. VII, 197.

CHAPITRE XII.

LE COSTUME DES HOMMES.

Le costume ordinaire des hommes (1) se composait du *chiton* et d'un manteau qui s'appelle généralement *chlaïna,* souvent *pharos* (2) et qui correspondait à ce vêtement auquel les Grecs donnèrent plus tard le nom d'*himation* (3). Les verbes dont les poètes se servent (δύω, δύνω, ἐνδύω, ἐνδύνω) (4) pour indiquer la manière dont on mettait le chiton, indiquent une sorte de chemise dans laquelle on se laissait glisser. Il n'est dit nulle part que le chiton ait été attaché au moyen d'agrafes (περόνη, πόρπη, ἐνετή) (5); il est donc probable qu'il était simplement maintenu par les coutures. Il faisait donc partie du costume que les Grecs de l'époque ultérieure désignaient comme étant ionien et qui se distinguait du costume dorien parce qu'il n'avait point besoin d'agrafes (6). Il semble en outre (si toutefois il est permis de tirer cette conclusion de l'Épopée) que le chiton de cette

---

(1) Les idées émises dans le présent chapitre s'appuient en partie sur les résultats auxquels est arrivé Studniczka, dans ses *Beiträge zur Geschichte der altgriechischen Tracht,* chap. IV, p. 55 et suiv.

(2) *Il.* II, 43, VIII, 221. *Od.* III, 467, VI, 214, VII, 234, VIII, 84, 88, 392, 425, 441, XIII, 67, XVI, 173, XXIII, 155, XXIV, 277. Hymn. VII, 5.

(3) Aristoph. av.] 493 et 498 emploie indistinctement χλαῖνα et ἱμάτιον comme synonymes. Voy. Becker, *Charikles,* III³, p. 184.

(4) *Il.* XVIII, 416, XXIII, 739. *Od.* XV, 60. *Il.* V, 736, VIII, 387. *Il.* II, 42, X, 21. L'action d'ôter le chiton est exprimée par περιδύω ou ἐκδύνω. *Il.* XI, 100. *Od.* I, 437.

(5) Comp. le chap. XIX. — (6) Voy. p. 206.

époque était fait d'une toile caractéristique de la mode ionienne. Nous avons vu dans le chapitre précédent que la description du chiton d'Ulysse se précipitant dans Troie (1) ainsi que l'épithète σιγαλόεις et peut-être aussi νηγάτεος qualifiant dans d'autres passages le chiton (2), supposaient une surface brillante que n'ont pas les étoffes de laine; nous avons montré que les chitons luisants d'huile des danseurs figurés sur le bouclier d'Achille n'étaient possibles que s'ils étaient en étoffe de lin (3). A cela, il faut ajouter cette remarque importante que l'Épopée ne mentionne nulle part un chiton bariolé. C'est tout naturel si le chiton était en toile; on sait, en effet, que le fil de lin s'assimile mal les couleurs (4) et, par suite, ne se prête guère à la teinture. C'est pourquoi les Orientaux comme les Grecs anciens avaient généralement le bon goût de laisser à la toile le ton éclatant du lin blanchi. Enfin il nous faut revenir encore une fois sur l'étymologie du mot χιτών (5). Ce mot, nous l'avons vu plus haut, est formé d'un substantif sémitique, qui indique un surtout de lin; les Grecs avaient emprunté le mot et la chose aux Orientaux bien avant Homère. Si ces vêtements importés étaient en toile, il est probable que les Grecs, en les imitant, se servirent d'abord du même genre d'étoffes : c'est d'autant plus vraisemblable que les Grecs s'entendaient fort bien depuis longtemps à travailler le lin (6). Par conséquent, plus un chiton était ancien et plus il est permis d'affirmer qu'il était en toile.

Les poètes de l'Épopée, en décrivant les toilettes de femmes, parlent de la ceinture (7); mais ils ne la mentionnent jamais quand il s'agit du costume masculin. Dans un seul endroit (8) il est dit qu'un homme, occupé chez lui, se ceint les reins : c'est

---

(1) Voy. p. 210, note 1. — (2) Voy. p. 210-211.
(3) Voy. p. 210. — (4) Semper, *Der Stil*, I, p. 129.
(5) P. 214.
(6) P. 215. — (7) *Il.* XIV, 181. *Od.* V, 231, X, 544, XI, 245; *Hymne* IV (*in Vener.*), 164, 255, 282. Comp. le chap. suivant.
(8) *Od.* XIV, 72.

Eumaios, au moment où il sort de sa maison pour saigner deux porcs. Il semble donc que les hommes portaient le chiton sans ceinture et ne la passaient autour des reins que quand ils avaient un travail fatigant à faire. Dans les plus anciennes sculptures grecques le chiton, surtout le chiton long, apparaît généralement sans ceinture (fig. 56) (1). La ceinture était, au contraire, de rigueur dans la lutte et dans le pugilat : l'Épopée nous le dit très clairement (2). Nous parlerons dans le chap. XXI du ceinturon qui faisait partie de l'équipement guerrier.

Le *chiton* était de différentes longueurs. Ceux que portaient les guerriers sous la cuirasse ne couvraient même pas complètement le haut des cuisses : cela ressort des vers de l'Iliade (3) qui nous affirment que les cuisses, les mollets et les chevilles de Ménélas, frappé au travers de la ceinture, sont inondés de sang, « comme de l'ivoire qu'une femme de Mœonie ou de Carie aurait teint en rouge ». Mais rien ne nous oblige à admettre que ce *chiton* court faisait exclusivement partie du costume guerrier et jamais du costume ordinaire. L'Épopée ne dit nulle part que les héros en s'armant (4), changeaient de *chiton*, il est donc très probable que

Fig. 56. — Chiton archaïque sans ceinture.

---

(1) Ceci est la figure de Pélée reproduite d'après une peinture sur vase publiée par Heydemann (*Griechische Vasenbilder*, Pl. 6, 4). Elle est empruntée aux *Beiträge* de Studniczka, p. 66, n° 14. Comp. aussi Böhlau, *Quæstiones de re vestiaria Græcorum*, p. 33, fig. 10.

(2) *Il.* XXIII, 685, 710. *Od.* XVIII, 30, 67, 76, XXIV, 89.

(3) IV, 141. Voy. p. 22, note 2. — (4) Comp. notamment *Il.* XV, 113-120, XVI, 130, XIX, 364, XXIII, 813.

les guerriers mettaient leur cuirasse par-dessus le *chiton* qu'ils avaient sur eux. Tout porte à croire qu'Ulysse, assistant aux jeux des Phéaciens, était vêtu de ce *chiton* court; car, si ce vêtement avait dépassé les genoux, Laodamos n'eût pas été à même d'apprécier la forme des cuisses du héros (1). Il en est de même de Télémaque qui s'assied sur son lit pour ôter son fin *chiton* (2); il est évident, en effet, qu'il eût été obligé de rester debout pour ôter un vêtement descendant jusqu'à la cheville. Il est vrai que le premier chant de l'Odyssée où se trouve ce passage est dû à un poète compilateur peu habile qui composa l'Odyssée avec plusieurs autres poésies anciennes (3). Nous n'avons cependant pas le droit de le déclarer absurde, ce qui serait le cas s'il avait représenté un acte absolument impossible.

Mais en dehors du *chiton* court qui ne couvrait pas entièrement le haut des cuisses, on portait aussi, en temps de paix, un *chiton* un peu plus long. Eurykleia ne remarque la cicatrice qu'a Ulysse au-dessus du genou, qu'au moment où elle lui lave les pieds (4); Ulysse montre aux deux bergers cette cicatrice en écartant le vêtement qui la recouvre (5); les prétendants n'aperçoivent les fortes cuisses d'Ulysse que lorsque celui-ci se ceint pour lutter avec Iros (6). Par conséquent, le *chiton* que portait le héros métamorphosé en mendiant (7) devait descendre tout au moins jusqu'aux genoux. Autrement la partie supérieure des cuisses et la cicatrice qui s'y trouvait eussent été visibles avant. Il ne faudrait pas en conclure que ce vêtement recouvrait entièrement les jambes. Nous serons plutôt dans le vrai si nous admettons un *chiton* descendant un peu au-dessous des genoux et tel, par exemple,

---

(1) *Od.* VIII, 134. — (2) *Od.* I, 437. — (3) Von Wilamowitz-Mœllendorff, *Homerische Untersuchungen*, p. 228. D'après Kirchhoff et Wilamowitz, p. 8, c'est le vers 42 du IIe chant de l'Iliade qui aurait servi de modèle pour ce vers.

(4) *Od.* XIX, 450, 467-468. — (5) *Od.* XXI, 221.
(6) *Od.* XVIII, 74. — (7) *Od.* XIII, 434.

que le portent les quatre figures d'hommes gravées sur une cuirasse de bronze qui a été trouvée dans l'Alphée (fig. 57) (1). La plupart des savants anciens et modernes veulent voir un vêtement long jusqu'à la cheville dans le χιτὼν τερμιόεις qui est mentionné une fois dans l'Odyssée (2) et une autre fois dans *les OEuvres et les jours* d'Hésiode (3) : ici le poète engage les paysans à se vêtir l'hiver d'une *chlaïna* moelleuse et d'un χιτὼν τερμιόεις.

Fig. 57. — Personnages vêtus d'un chiton (cuirasse de bronze trouvée dans l'Alphée).

Toutefois cette explication repose sur une base bien fragile, notamment sur un prétendu substantif τέρμις qui aurait signifié *le pied* et qui pourrait bien avoir été inventé précisément en vue de cette explication. Nous croyons beaucoup mieux fondée l'hypothèse de Düntzer (4) développée par Studniczka (5) et appuyée sur ce fait que le mot τέρμα, employé dans la langue ultérieure pour les vêtements, signifie *rayure* ou bande. Par

(1) *Bull. de corresp. hellén.* VII, 1883, pl. I. III, p. 1-5; (notre fig. 57).
— (2) *Od.* XIX, 241. — (3) 537 : καὶ τότε ἕσσασθαι, etc.
(4) Voy. son édition de l'*Od.* XIX, 242 et la *Zeitschr.* de Kuhn, XII, p. 17, note*.
(5) *Loc. cit.*, p. 58-59.

suite τερμιόεις, par analogie avec ταχιόεις, θυσανόεις, etc., signifierait *pourvu d'une ou de plusieurs bandes* et le χιτών τερμιόεις indiquerait un *chiton* dans lequel la ou les bandes sautaient aux yeux. Cette épithète s'appliquerait donc à un chiton de lin orné en haut comme en bas d'une triple rayure, comme, par exemple, le Pélée de notre figure 56. Studniczka suppose ici une bordure entourant l'ouverture du cou et telle qu'on la reconnaît généralement sur le chiton ionien de lin, bordure qui n'était peut-être pas un simple ornement, mais servait en même temps à réunir et à maintenir les plis nombreux d'un vaste vêtement (1).

Le chiton long, tel que le portaient exclusivement plus tard les Ioniens, est mentionné clairement dans un passage de l'Iliade (2). Parmi les peuplades achéennes qui résistent à Hector s'avançant vers les vaisseaux, sont nommés aussi les Ioniens traînant après eux le *chiton* ('Ιάονες ἑλκεχίτωνες) : il résulte de ce qui suit que ces *Ioniens* étaient des Athéniens conduits par Menestheus. L'épithète ici n'est pas heureusement choisie, car il est impossible que les guerriers grecs aient jamais guerroyé vêtus de *chitons* longs. C'est aux commentateurs d'Homère à déterminer l'âge de ces vers. Comme un Athénien n'aurait jamais donné le nom d'Ioniens à ses compatriotes (3), ils ne peuvent être une de ces interpolations introduites dans l'Épopée, du temps de Pisistrate par les littérateurs athéniens (4). Ils

(1) Rhomaïdes-Cavvadias, *Die Museen Athens*, pl. II, IV. *Bull. de corresp. hellénique*, III, 1879, pl. 17. *Arch. Zeit.* XXXVIII, 1880, pl. 6, *Ann. dell' Inst.* 1847. Tav. d'Agg. F, 1867, D, 1869, IK. Cette bordure ne se retrouve pas à l'époque classique, mais elle reparaît de nouveau dans la sculpture de Pergame et dans la sculpture archaïstique. Comp. Brunn, *Jahrbuch der kgl. preuss. Kunstsammlungen*, V, 1884, p. 238-239.

(2) XIII, 685 : ἔνθα δὲ Βοιωτοί, etc.

(3) Wilamowitz-Mœllendorff (p. 249, note 14) prétend que Menestheus n'était pas localisé à Athènes; mais son opinion se trouve réfutée par un vase attique à figures noires de style sévère appartenant au sixième siècle. Le peintre patriote y a inscrit à côté de la figure de Menestheus les mots όδὶ Μενεσθεύς. (Voy. Furtwængler, *Beschreib. der Berliner Wasensamml.*, nº 1737). — (4) Voy. plus haut, p. 4.

paraissent être beaucoup plus anciens; ils doivent être l'œuvre d'un habitant de l'Asie Mineure qui comptait les Athéniens au nombre des Ioniens et qui, en donnant à ces guerriers l'épithète de ἑλκεχίτωνες, était fier de son costume national; mais il a exprimé ce sentiment de fierté bien mal à propos. Il convient d'ajouter à ce passage une description de l'Hymne à l'Apollon Délien, un poème dont le fond remonte sans aucun doute à une époque relativement lointaine. Le poète parle à la fin des fêtes célébrées à Délos en l'honneur d'Apollon; il nous montre à cette occasion les Ioniens aux *chitones* traînants affluant de toutes parts avec leurs femmes et leurs enfants (1). Mais nous sommes obligés de laisser également aux savants commentateurs d'Homère le soin de déterminer la date de ce passage.

Il faut attacher la plus grande importance à une description qui revient deux fois dans l'Iliade et qui certainement fait partie de l'ancien fond de l'Épopée. Studniczka (2) a su en apprécier toute la valeur. Lorsqu'Athèna s'arme pour le combat, elle laisse glisser son peplos et revêt le *chiton* de Zeus, assembleur de nuages (3). Si le poète et ses auditeurs se représentaient Zeus avec un chiton court, il faudrait supposer qu'Athèna était vêtue du même costume. La jeune déesse, représentée de la sorte, c'est-à-dire avec un vêtement laissant à nu les cuisses, ç'eût été un contraste frappant avec la manière ordinaire de s'habiller des femmes et des jeunes filles grecques (4). Cette contradiction disparaît si nous admettons que Zeus et par suite aussi Athèna portaient un chiton long. L'usage de ce vêtement semble donc remonter jusqu'à la période florissante de l'Épopée.

(1) *Hymne*, I, 146.
(2) *Beiträge*, p. 59-61. Comp. *Zeitschr für die österr. Gymn.*, 1886, p. 199.
(3) *Il.*, V, 734. VIII, 385.
(4) On ne connaît jusqu'à présent qu'une seule Pallas vêtue d'un *chiton* court de guerrier : elle est figurée sur un vase qui rappelle ceux de la Chalcidique. Voy. Heydemann, *Die Vasensamml. des Museo nazionale zu Neapel*, p. 661, n° 120. Comp. Studniczka dans la *Zeitschr für œsterr. Gymnasien*, 1886, p. 199, note 2.

Toutefois cette mode était limitée et subordonnée à certaines conditions qui ressortent de l'étude des plus anciens monuments grecs.

Il est impossible de démontrer que le *chiton* long ait jamais été le costume ordinaire d'une peuplade grecque quelconque; bien plus, on peut en nier l'emploi, du moins pour les époques sur les mœurs desquelles nous sommes renseignés par les monuments. Il est certain que les hommes mûrs comme les jeunes gens, chaque fois qu'ils avaient besoin de se mouvoir à l'aise, soit à la guerre, soit à la chasse, soit dans les exercices corporels, ne portaient jamais le *chiton* long. Les vases à ornements géométriques (1) ne nous ont révélé jusqu'à ce jour qu'un seul exemple de ce costume : il est peint sur une amphore qui provient d'un tombeau découvert sur le versant occidental de l'Hymette : conformément au type de l'art grec ultérieur, il nous montre un conducteur de char habillé d'un long vêtement (2). Au contraire, le *chiton* long ne se retrouve ni sur les anciens vases de Mélos (3) ni sur ceux de Rhodes (4). Mais cela peut être un simple hasard; car sur les exemplaires actuellement connus, à part un Apollon citharède (5) d'un vase de Melos, on ne rencontre aucune des figures dont le *chiton* long de l'art ultérieur soit le vêtement caractéristique.

Le *chiton* long était en usage chez les Ioniens de l'Asie Mineure, où l'Épopée parvint à son entière floraison; la preuve la plus ancienne que nous ayons de cet usage, c'est la série des figures plus grandes que nature qui étaient rangées le long de la route conduisant du port de Milet au temple de l'Apollon didyméen (6). Il y a dans le nombre plusieurs portraits

---

(1) Voy. p. 93 et suiv.
(2) Furtwängler, *Beschreibung der Berliner Vasensamml.*, p. 9, n° 56.
(3) Conze, *Melische Thongefässe*, pl. 2-4.
(4) Salzmann, *Nécropole de Camiros*, pl. 53. *Verhandlungen der 23 Philologenversammlung, in Hannover*, pl. I.
(5) Conze, *loc. cit.*, pl. 4.
(6) Newton, *Hist. of discoveries at Halicarnassus, Cnidus and Branchidae*, pl. 74, 75, Vol. II, 2, p. 548-553, 777. — Rayet et Thomas, *Milet*,

d'hommes habillés du *chiton* long. On peut déterminer approximativement la date où fut sculptée une de ces statues qu'une inscription désigne comme étant une offrande de Charès, souverain de Teichioussa (1). Elle doit dater d'une époque postérieure aux débuts de la domination persique qui facilita l'éclosion de ces petits despotes, mais antérieure à l'insurrection ionienne qui détruisit pour longtemps le bien-être des Milésiens; par conséquent, on peut la placer entre 546 et 500 (2) avant Jésus-Christ. Mais son style très archaïque nous autorise à admettre la première plutôt que la seconde de ces dates. Parmi les autres figures d'hommes qui ont été trouvées sur cette route, il en est une qui semble contemporaine de celle de Charès (3), deux autres sont sans doute plus récentes (4). Une quatrième (5) où les plis des draperies sont grossièrement indiqués par des lignes creusées au ciseau dénote un style plus primitif. Il faut, en outre, ajouter à cette catégorie le Dionysos vêtu d'un long *chiton*, qui figure sur la coupe de Phineus (6) trouvée près de Vulci, laquelle semble avoir été faite dans une fabrique ionienne vers la deuxième moitié du sixième siècle.

Le *chiton* long apparaît très rarement sur les vases de Chalcis (7). On le voit porté par Minos qui assiste au combat entre Thésée et le Minotaure (8), par un vieillard (Polybos) regardant une sortie de guerriers (9), ainsi que par Mopsos et

---

pl. 25-26. — Overbeck, *Geschichte der griech. Plastik*, I³, p. 93-96. — Furtwängler, *Mittheil. des arch. Inst. in Athen.*, VI, 1881, p. 180.

(1) Newton, pl. 74 à gauche. — Rayet et Thomas, pl. 25.

(2) Kirchhoff, *Studien zur Geschichte des griechischen Alphabets*, 3ᵉ édit., p. 17-19.

(3) Newton, pl. 74 à droite. — (4) *Id.*, pl. 75, 2 et 4 à gauche. — (5) *Id.*, pl. 75, n° 3 à gauche. — Rayet et Thomas, pl. 26.

(6) *Monum. dell' Inst.*, X, pl. 8. — *Heidelberger Festschrift zur 21 Philologenversammlung*, p. 118, 119. Comp. *ibid.* von Duhn, p. 109-124.

(7) Kirchhoff, *Studien zur Geschichte des griech. Alphabets*, 3ᵉ éd., p. 110-113. — Klein, *Euphronios*, p. 31-34, 2ᵉ éd., p. 64-72. — *Annal. dell' Inst.* 1879, p. 145, 146. — *Arch. Zeit.*, 1881, p. 36 note 33. — *Jahrbuch des Arch. Inst.*, 1886, I, p. 89-94. — (8) *Mon. dell' Inst.*, VI, pl. 15. — (9) Gerhard, *Auserlesene Vasenb.*, III, pl. 190, 191.

deux vieillards qui assistent avec lui à la lutte entre Pélée et Atalante (1). Sur un quatrième exemplaire, Adraste reposant sur une *klinè* semble aussi vêtu d'un *chiton* long (2), bien qu'on ne puisse pas l'affirmer, car un manteau couvre la partie inférieure du corps.

Parmi les vases attiques qui appartiennent à la période la plus ancienne du style à figures noires, il faut examiner surtout le vase François, le plus remarquable par la richesse de la décoration (3). Le peintre a revêtu du chiton long tous les dieux qui arrivent pour complimenter Pélée et Thétis au sujet de leur mariage. Dans le nombre, on reconnait distinctement Zeus, Dionysos, Hermès, Arès, Hephaistos et Nereus (4). En outre, le fiancé Pélée semble, dans cette scène, porter un long vêtement. Le même costume a été adopté pour Priam et Anténor dans la zone représentant la fuite de Troïlos, et pour Thésée dans le χορός qu'il mène avec ceux qu'il a sauvés. Sur les autres vases attiques du même genre, Zeus (5), Poseidon (6), Dionysos (7) et Apollon (8), dans quelque situation qu'ils soient représentés, sont toujours habillés de ce *chiton*. Enfin on le voit chez les hommes d'un âge avancé, qui ne s'occupent plus de luttes ni d'exercices corporels (9), sur ceux qui prennent part à des fes-

---

(1) Gerhard, III, pl. 237. — (2) *Ann. dell' Inst.*, 1839, Tav. d'agg. P. — Overbeck, *Gal.*, pl. 3, n° 4. — *Arch. Zeit.*, 1866, pl. 206.

(3) *Mon. dell' Inst.*, IV, pl. 54, 55. — *Arch. Zeit.*, 1850, pl. 23-24. — Overbeck, *Gal.*, pl. 9, n° 1, pl. 15, n° 1. — *Ann. dell' Inst.*, 1869, Tav. d'agg. D.

(4) *Ann. dell' Inst.*, 1869, Tav. d'agg. D. — (5) *Mon. dell' Inst.*, III, pl. 44, VI, pl. 56, n° 2, 3, IX, pl. 55 (Comp. *Arch. Zeit.*, 1876, p. 108 et suiv.). *Arch. Zeit.*, 1858, pl. 114, n° 2, p. 166-168. — Panofka, *Musée Blacas*, pl. 19. — Heydemann, *Griech. Vasenb.*, pl. I, n° 4.

(6) *Mon. dell' Inst.*, III, pl. 45, VI, pl. 56, n° 2, IX, pl. 55 (dans la 2e figure à droite de Zeus, Heydemann croit reconnaître Hadès; *Rhein. Mus.*, n. F. XXXV, p. 465, 466). — Panofka, *Musée Blacas*, pl. 19.

(7) *Mon. dell' Inst.*, VI, pl. 56, n°s 2-3, IX, pl. 55. Panofka, *Musée Blacas*, pl. 19. — (8) *Mon. dell' Inst.*, IV, pl. 44 et IX, pl. 55. — *Arch. Zeitg.*, 1858, pl. 114, n° 2, p. 166-168.

(9) OEneus dans le combat entre Héraclès et Nessos : *Mon. dell' Inst.*, VI, pl. 56, n° 4. — *Bull. dell' Inst.*, 1881, p. 165. Deux vieillards présents au

tins ou apportent des offrandes, sur les joueurs de flûte (1), les conducteurs de chars qui maîtrisent les chevaux dans les combats ou dans la carrière (2), ainsi que sur les juges des combats (3). Sur la coupe d'Archiklès et Glaukytès (4) il est porté par les jeunes Athéniens qui assistent à la lutte de Thésée con-

Fig. 58. — Couvercle du vase de Thersandros. (Extr. de l'*Histoire de la céramique grecque*, par O. Rayet et Max. Collignon, p. 65, fig. 34.)

tre le Minotaure. Hermès n'en est vêtu que dans certains cas, une fois dans la naissance de Pallas (5), une autre fois dans la

départ de Kallias : *Monum.*, III, pl. 44. Deux autres vieillards qui assistent à la lutte pour un cadavre : *Bull.*, 1881, p. 164. — (4) *Arch. Zeit.*, 1881, pl. 3, II et VI. Si le joueur de flûte qui, sur ce vase, accompagne le Komos est nu, c'est parce que le Komos ne fait point partie d'un cortège solennel de fête.

(2) Tel le conducteur de Kallias sur le vase reproduit dans les *Monum. dell' Inst.*, III, pl. 44, ainsi que celui d'un bas-relief archaïque bien connu (Schöll, *Mittheil. aus Griechenland*, pl. 2, n° 4). — Comp. Conze dans les *Memor. dell' Inst.*, II, p. 419.

(3) *Arch. Zeit.*, 1881, pl. 3, n° V. — *Bullet. dell' Inst.*, 1881, p. 164. — (4) *Mon. dell' Inst.*, IV, pl. 59. — Gerhard, *Auserl. Vasenb.*, III, pl. 235-236. — (5) *Mon. dell' Inst.*, VIIII, pl. 55.

délivrance de Prométhée (1), une troisième fois dans l'attaque de Troïlos (2). Il faut, en outre, mentionner ici une statue vêtue d'un long chiton de pourpre et trouvée récemment dans l'Acropole d'Athènes : ce doit être le portrait d'un Athénien de distinction de la seconde moitié du sixième siècle (3).

Si maintenant nous passons à l'examen des monuments de la civilisation dorienne, nous remarquons que les bas-reliefs archaïques qui se trouvent sur le territoire de Sparte représentent toujours le défunt héroïsé vêtu d'un *chiton* long (4). Studniczka a montré que l'idole de l'Apollon amycléen était habillée de même (5). Sur les vases corinthiens et les tablettes votives (*pinakes*), on le retrouve dans les mêmes conditions que sur les vases de Chalcis et sur les anciens vases attiques. Ici également le *chiton* long est le vêtement typique de Poseidon (6), des hommes d'un âge avancé (7), des convives dans les festins (8), des conducteurs de chars (9) et des joueurs de

---

(1) *Arch. Zeit.*, 1858, pl. 114, n° 2, p. 166-168. — (2) Overbeck, *Gal.*, pl. 15, n° 2. — (3) *American Journ. of Archeol.*, 1886, p. 63. Nous en avons sous les yeux une esquisse de Studniczka.

(4) *Mittheil. des Arch. Inst. in Athen*, II, 1877, pl. 20, 22-24, p. 443-474. VII, 1882, pl. 7, p. 160-173. — (5) *Zeitschr. für œsterr. Gymn.*, 1886, p. 199, note 3 (par la comparaison de Pausanias, III, 19, 2 avec Gardner, *Types of greek coins*, pl. XV, 28). — (6) Furtwængler, *Berliner Vasensamml.*, n°s 347-462, 474-537, 563 (?), 787, 789, 796.

(7) Priam dans la sortie des Troyens : *Mon. Ann. Bull. dell' Inst.*, 1855, pl. 20. Priam et un Troyen âgé : *Arch. Zeit.*, 1863, pl. 175, p. 58-66. Œneus dans le combat d'Hercule et de Nessos : *Mus. greg.*, II, pl. 28, n° 2ᵃ. Un vieillard présent au départ d'Amphiaraos : Micali, *Storia*, pl. 95. Inghirami, *Vasi fittili*, IV, pl. 305. — *Monum. dell' Inst.*, X, pl. 4-5. Ici la figure à laquelle est ajouté le nom de Halimedes n'est pas, comme pourrait le faire croire la reproduction, un jeune homme, mais un vieillard. Voy. Furtwængler, *Berliner Vasensamml.*, n° 1655, p. 207. — Deux vieillards près de deux combattants : *Mus. gregor.*, II, pl. 28, n° 1ᵃ.

(8) Raoul Rochette, *Choix de peintures*, p. 73. — (9) Tels les héros luttant dans la course aux jeux funèbres de Pelias : *Monum. dell' Inst.*, X, pl. 4, 5. — Inghirami, *Vasi fittili*, IV, pl. 307. — Le conducteur du char d'Amphiaraos : *Mon. dell' Inst.*, X, pl. 4, 5. — Inghirami, IV, pl. 305. Celui d'Héraklès : *Mon. dell' Inst.*, III, pl. 46, n° 2. — Welcker, *Alte Denkm.*, III, pl. 6. — D'autres conducteurs de chars dans Heydemann, *Vasensamml. zu Neapel*, n° 685.

flûte (1). C'est aussi celui des demi-dieux qui assistent aux jeux funéraires de Pelias (2), d'Hadès (3) et, sur le vase de Thersan-

Fig. 59. — Coupe d'Arcésilas. (Extr. de l'*Histoire de la céramique grecque*, par O. Rayet et Max. Collignon, p. 81, fig. 43.)

dros (4) (fig. 58), celui d'Agamemnon qui, le sceptre à la main, assiste à une chasse au sanglier, sans y prendre part.

(1) Raoul Rochette, *Choix de peintures*, p. 73.— (2) *Monum.*, X, pl. 4, 5.— Inghirami, *Vasi fittili*, IV, pl. 307. — (3) *Arch. Zeitg*, 1859, pl. 125, n° 3, p. 34-37. Les doutes au sujet de l'authenticité de ce vase sont maintenant dissipés (*Bull. dell' Inst.*, 1875, p. 116). Comp. Furtwængler, *Die Bronzefunde aus Olympia*, p. 100, note 3. — (4) *Denkmäler der alt. Kunst*, I, pl. 3, n° 18.

Enfin il est nécessaire de ranger dans cette catégorie le groupe de vases peints dont l'exemplaire le plus remarquable est la coupe d'Arcésilas (fig. 59). Tout porte à croire que ces vases ont été fabriqués à Cyrène ; en tout cas, les inscriptions indiquent une fabrique dorienne (1). Sur cette coupe (2) on voit, vêtus du *chiton* long, le roi Arcésilas et le fonctionnaire qui surveille les porteurs de sacs de silphium; sur d'autres exemplaires, Zeus (3) et un citharède (4). Si tous les vases de cette espèce étaient publiés ou exactement décrits, on trouverait peut-être d'autres exemples du même costume (5).

Les résultats qui ressortent de cette revue concordent parfaitement avec les renseignements mentionnés plus haut, que donne Thucydide (6) sur l'histoire de l'ancien costume d'hommes grec, et complètent en même temps ces données sur plusieurs points. L'historien athénien signale le *chiton* de lin comme caractérisant des mœurs plus douces qui naissent avec l'organisation municipale des villes : les monuments que nous venons de parcourir témoignent que ce vêtement n'est autre que le chiton long, qui nous occupe actuellement. Le récit de Thucydide permet de supposer que ce costume avait été également introduit à Lacédémone. Voilà pourquoi nous trouvons le *chiton* long non seulement sur les monuments ioniens, mais encore sur ceux de

---

(1) Loeschcke, *De basi quadam prope Spartam reperta*, p. 12 et suiv. — Klein. *Euphronios*, p. 36, 2º éd., p. 75-77. — *Arch. Zeit.*, 1880, p. 185-186. 1881, p. 215-250. — Milchhœfer, *Die Anfänge der Kunst in Griechenland*, p. 171-183. — *Mitth. des Arch. Inst., Athenische Abtheil.*, XI, 1886, p. 90-92. — Ἐφημ. ἀρχ. IV, 1886, p. 127.

(2) Welcker, *Alte Denkm.*, III, pl. 34. — *Arch. Zeit.*, 1881, p. 217, nº 1.

(3) *Arch. Zeit.*, 1881, pl. 12, nº 3, p. 218, nº 11. Comp. *Mitth. des Arch. Inst. Athen. Abth.*, XI, 1886, p. 90.

(4) *Arch. Zeit.*, 1881, p. 217, nº 9. — (5) Nous renonçons à passer en revue les figures d'hommes vêtues du *chiton* long, que l'on rencontre sur les monuments plus récents, voisins du cinquième siècle déjà; cela nous entraînerait trop loin de l'objet de notre étude, et ne ferait qu'ajouter quelques spécimens aux catégories que nous venons de voir, sans nous révéler aucune catégorie nouvelle.

(6) I, 6, 2. Voy. plus haut p. 207-208.

la civilisation dorienne, notamment sur des bas-reliefs de Sparte, sur l'idole de l'Apollon amycléen, sur des vases corinthiens et sur les vases de l'espèce de la coupe d'Arcésilas. De plus il résulte de tout ce que nous venons de dire que, chez les Ioniens comme chez les Athéniens et chez les Doriens, l'usage de ce costume était subordonné à certaines conditions. Le *chiton* long est d'abord le vêtement des hommes d'âge et de condition élevée, catégorie à laquelle appartiennent aussi Zeus, Poseidon et Hadès par l'âge et le rang qu'ils occupent parmi les dieux (1). C'est un fait qui concorde avec les données de Thucydide, lequel dit que ce vêtement était celui des πρεσβύτεροι τῶν εὐδαιμόνων. L'étude des monuments nous montre, en outre, que le *chiton* long était porté indistinctement par les hommes jeunes ou vieux dans les fêtes et les cérémonies : tel est le cas du vase corinthien où les héros assistant aux jeux funéraires de Pélias sont tous vêtus de longs habits; tel aussi et à un degré plus caractéristique encore celui du vase François, où tous les dieux, y compris Arès, Hephaistos et Hermès (2) sont vêtus de longs *chitons*, bien que les deux premiers de ces dieux et même Hermès, sauf de rares exceptions (3), portent généralement le *chiton* court. Si donc ce *chiton* était un vêtement de fête, il semble tout naturel que les Ioniens et les Athéniens se

(1) Cette remarque s'applique aussi à Dionysos. Mais comme ce dieu, en sa qualité d'échanson, joue un rôle important dans toute fête, son *chiton* long peut être considéré comme un vêtement de cérémonie.

(2) Il est à remarquer que, dans le même vase, Hermès, échappé au joyeux cortège et assistant à la poursuite de Troïlos, porte son costume court ordinaire.

(3) Voy. p. 227, notes 4 et 5. Le costume de cérémonie s'explique dans ce cas par la qualité de θεῶν κήρυξ appliquée à Hermès (Hésiode, *Théog.* 939, op. 80. — Eschyle, *Agam.*, 515. *Choeph.*, 125). Si les jeunes gens de l'Attique qui, sur la coupe d'Archiklès et de Glaukytès, assistent à la lutte de Thésée contre le Minotaure portent le chiton long, c'est peut être pour indiquer le caractère sacré de la jeunesse destinée au sacrifice. Il est possible du reste que le peintre ait songé au fameux chœur de danse, que mène Thésée après sa victoire et que, par une *prolepsis*, assez fréquente dans l'art antique, il ait employé le vêtement de cérémonie dans la scène immédiatement précédente.

soient fait représenter avec ce costume ; les premiers quand ils offraient leur portrait à l'Apollon didyméen, les autres quand ils l'offraient à la déesse de l'Acropole ; il est donc tout naturel que ce vêtement ait été adopté par tous ceux qui de près ou de loin touchaient au culte, tels que prêtres (1), citharèdes, joueurs de flûte, conducteurs de chars, et cela aussi bien avant la période classique que plus tard. Enfin il est logique que le *chiton* long soit resté le vêtement caractéristique de la tragédie pour une série de rôles (2).

Sauf les cas spéciaux que nous venons de mentionner, l'art archaïque emploie partout le *chiton* court. Ce fut le costume *de tous les jours* des jeunes gens et des hommes mûrs, quand ils avaient besoin de se mouvoir librement, soit au combat, soit à la chasse, soit à la gymnastique ou à l'atelier (3). Les très rares indications qu'on trouve dans l'Épopée sur le *chiton* permettent d'en tirer la même conclusion. Les guerriers et, en temps de paix, le jeune Télémaque, sont court vêtus. Par contre, les poètes semblent s'être figuré Zeus, comme le plus important des dieux, avec un chiton descendant jusqu'à la cheville, tel que le portaient les anciens Ioniens de distinction. Si le poète appelle Ἴονες ἑλκεχίτωνες les Athéniens combattant contre Hector, ce n'est pas qu'il ait traduit ce qu'il avait constamment

---

(1) Voy. Michaelis, *Der Parthenon*, pl. 14, V, nº 34. — *Mittheil. des deutsch. arch. Instituts in Athen*, IV, 1879, pl. 1, p. 41.

(2) Comp. notamment Strabon, XI, c. 530, 12 et les passages reproduits dans Bernhardy, *Griech. Litt.*, II², 2, p. 30 et 31. Sur les monuments, les acteurs tragiques représentant des personnages de distinction non combattants sont toujours vêtus du chiton long. Wieseler, *Theatergeb.*, pl. 4, nº 12. pl. 7-9, nº 1, pl. 13, nº 2, A 24. — *Monum. dell' Inst.*, XI, pl. 13. — *Mittheil. des arch. Instituts in Athen*, VII, 1882, pl. 14.

(3) L'art archaïque revêt parfois du *chiton* court les dieux qui ont l'habitude de porter le chiton long, et cela lorsqu'ils prennent part à des actes qui exigent une certaine violence de mouvements. C'est ainsi que, sur les vases à figures noires et sur ceux de style sévère à figures rouges, Zeus et Poseidon, contrairement à l'usage, sont vêtus de court presque toujours. (Overbeck, *Kunstmythologie*, Atlas, pl. 4, nºˢ 3, 9, 12, pl. 5, nºˢ 1ᵇ 1ᶜ. — Poseidon combattant vêtu d'un chiton long fait exception à la règle : *ibid.* pl. 5, nº 1ª).

sous les yeux, les soldats de son pays et le costume national ordinaire : il songeait tout simplement au costume des Ioniens de distinction ou à une solennité ionienne. Il est probable que, dans son imagination, il croyait voir le tableau que signale le poète de l'hymne à Apollon, mentionnant l'assemblée solennelle de Délos (1), ou Asios (2) décrivant la fête d'Héra où les Samiens « couvraient au loin le sol avec leurs *chitons* blancs comme neige ».

Dans deux endroits de l'Iliade, le vêtement sous la cuirasse est appelé στρεπτὸς χιτών (3). Cette épithète semble indiquer que les fils étaient fortement tordus, ce qui donnait à l'étoffe une apparence de frisure qu'on remarque souvent dans les *chitons* ioniens de lin sur les monuments. On peut donc la traduire, avec Studniczka (4), par *bien fourni de fil*. D'aucuns ont voulu voir dans le στρεπτὸς χιτών une cuirasse chaînée; nous réfuterons cette opinion dans le chapitre XXI.

Dans un passage de l'Odyssée (5) le *chiton* court des guerriers est désigné par le mot ζῶμα : cette désignation a déjà été reconnue par un ancien commentateur (6) et, parmi les modernes, par Studniczka(7). Ulysse métamorphosé en mendiant raconte à Eumaios qu'il était un jour couché devant Troie, en embuscade, avec Ulysse et Ménélas; pendant la nuit, il commença à geler; ses camarades, vêtus d'un *chiton* et d'une *chlaina*, dormirent tranquillement; quant à lui, il avait eu l'imprudence de laisser sa *chlaina* au camp, car il ne s'attendait pas au froid et était parti « σάκος οἶον ἔχων καὶ ζῶμα φαεινόν ». Comme le froid aug-

---

(1) *Hymne* 1 (à Apollon Délien), 145 et suiv. — (2) *Athen.*, XII, 525 F.
(3) V, 113 : αἷμα δ'ἀνηκόντιζε διὰ στρεπτοῖο χιτῶνος,
    XXI, 30 : δῆσε δ'ὀπίσσω χεῖρας ἐϋτμήτοισι ἱμᾶσιν,
              τοὺς αὐτοὶ φορέεσκον ἐπὶ στρεπτοῖσι χιτῶσιν.
L'adjectif est formé de στρέφειν, *tourner*. Comp. *Od.* II, 426; XV 291 : ἕλκον δ'ἱστία λευκὰ ἐϋστρεπτοῖσι βοεῦσιν, c'est-à-dire des cordes faites de lanières de cuir. *Il.* XV, 463. *Od.* IX, 427; X. 167; XIV, 346; XXI, 408. *Il.* XIII, 599, 716.
(4) *Beiträge*, p. 63-64. — (5) *Od.* XIV, 482 : ἀλλ' ἑπόμην σάκος οἶον ἔχων καὶ ζῶμα φαεινόν. — (6) Schol. sur l'*Od.* XIV, 482 : νῦν προφανῶς ζῶμα τὸν χιτῶνά φησιν. — (7) *Beiträge*, p. 70.

mente d'intensité vers le matin, il dit à Ulysse qu'il a peur de geler, car il n'a point de *chlaina*, mais seulement un *chiton* (οἰοχίτων); il ajoute qu'à la fin il s'appropria la *chlaina* de Thoas. La conclusion logique de ce récit c'est que ζῶμα est ici synonyme de χιτών. Il se peut que le mot ζῶμα ait été employé d'abord pour désigner la cotte que les Grecs portaient sous la *chlaina* avant d'avoir adopté le *chiton* (1). Il est permis de supposer qu'on s'est servi du même mot pour désigner à l'occasion le *chiton* serré par une ceinture qui, avec le temps, remplaça cette cotte, désignation très plausible quand il s'agissait d'une cotte d'armes très courte.

Ce que nous venons de dire du ζῶμα peut sans doute aussi s'appliquer à la ζῶστρα, mentionnée dans un passage de l'Odyssée (2). Athèna ordonne à Nausicaa de demander à Alcinoüs une voiture pour envoyer les vêtements au blanchissage (3) :

...ἄμαξαν ἐφοπλίσαι, ἥ κεν ἄγῃσιν
ζῶστρά τε καὶ πέπλους καὶ ῥήγεα σιγαλόεντα.

Nous voyons mentionnés dans ces vers les principaux vêtements de femmes (πέπλοι) (4). D'autre part, dans les vers qui précèdent, Athèna pense aux habits dont le futur époux de Nausicaa pourrait avoir besoin. Nausicaa, de son côté, aussitôt qu'elle a transmis à Alcinoüs la demande d'Athèna, rappelle qu'il faudrait pour elle-même et pour ses cinq sœurs, à elle, un grand choix de vêtements bien blanchis (5); plus tard, elle prend parmi les vêtements qu'elle a apportés sur le rivage un *chiton* et un manteau qu'elle donne à Ulysse (6). Il y avait dans cette garde-robe des vêtements d'homme, et le mot ζῶστρα est le seul qui, suivant le scholiaste, puisse se rapporter aux *chitons*.

Les Grecs ayant, comme nous l'avons vu plus haut (7), emprunté le chiton à l'Orient, une question importante pour l'histoire du style, se pose, à savoir : ont-ils en même temps que ce

---

(1) Voy. p. 205. — (2) VI, 38. — (3) *Od*. VI, 60-65. — (4) Comp. le chap. XIII. — (5) *Od*. VI, 60-65. — (6) *Od*. VI, 141; VII, 234. — (7) Voy. p. 205.

vêtement adopté les procédés d'apprêtage qui étaient usités chez les Orientaux?

L'art de tuyauter la toile, de la plisser au moyen de l'empesage ou du repassage remonte en Orient à la plus haute antiquité. Il était connu des Égyptiens dès l'an 4000 avant J.-C. : car le *schenti* de lin de Snefrou, premier roi de la quatrième dynastie, sur le bas-relief de Maghara, dans la presqu'île de Sinaï (1), semble artificiellement plissé. Il en est de même du long vêtement de lin (peut-être la *kalasiris* d'Hérodote) (2), que les Pharaons et leurs grands dignitaires avaient l'habitude de porter dans les circonstances solennelles dès la 18ᵉ dynastie, c'est-à-dire dès le dix-septième siècle avant J.-C. (3). Les très anciens monuments chaldéens, plusieurs cylindres (4), un portrait d'homme (5), et deux figures de femmes assises trouvées à Tello (6) prouvent que cette manière d'apprêter la toile fut de très bonne heure familière à la population de la Mésopotamie. Nous trouvons sur des monuments phéniciens des vêtements de lin artificiellement drapés (7). Telle est aussi la draperie du

(1) Lepsius, *Denkmäler aus Ægypten.*, Abth. II, Bl. 2a. Voy. un instrument de bois à tuyauter dans Witkinson-Birch, *The manners and customs of the ancient Egyptians*, I, p. 185, n° 15.

(2) II, 81.

(3) Par ex. Lepsius, Abth. III, Bl. 109, 115, 118. — (4) Perrot et Chipiez, *Histoire de l'art*, II, p. 86, n° 17, p. 97, n° 20, p. 647, n° 314, p. 678, n° 353.

(5) De Longpérier, *Musée Napoléon III*, pl. I°. — Perrot et Chipiez, II, p. 606, n° 296.

(6) Perrot et Chipiez, II, p. 599, n° 289, p. 600 n° 290. Comp. l'ancienne divinité chaldéenne du soleil Samas sur le bas-relief de Sippara, p. 211, n° 71, ainsi que le bas-relief p. 554, n° 257.

(7) Les plis du vêtement de la très ancienne figure de bronze de Latakieh (voy. p. 45, note 3), paraissent être artificiels ; ils le sont sûrement dans le torse de Sarepta (De Longpérier, *Musée Napoléon III*, pl. XVIII, 1. — Perrot et Chipiez, III, p. 428, n° 302), ainsi que dans le vêtement du tueur de lion sur la stèle d'Amrit (Perrot, III, p. 413, n° 283). Enfin, il faut citer les plis artificiels dans les chitons des ivoires phéniciens, dans ceux des statues chypriotes (Perrot, II, p. 222, n° 80, p. 533, n° 247, et III, p. 538, 547, n°ˢ 364 et 372), ainsi que ceux qu'on remarque sur les vases d'argent souvent mentionnés (voy., p. 27, note 3). Comp. p. 29, fig. 2.

schenti d'une figure d'homme du bas-relief en basalte trouvé près d'Ascalon et qui représente probablement un roi moabite (fig. 60) (1). Dans les sculptures grecques, on ne rencontre les draperies conventionnelles qu'à une époque relativement tardive. Parmi les plus anciennes que nous connaissions à ce jour et où elles sont faciles à reconnaître, il faut citer deux statues assises de Milet : celle de Charès (2), dont l'exécution, nous l'avons dit, date à peu près de l'année 546 avant J.-C. (3), et un portrait qui s'en rapproche beaucoup par le style (4). Les longs *chitons*, de lin probablement, dont les deux figures sont vêtues montrent sur la face antérieure une bande formée de petits plis verticaux, bande qui descend de l'ouverture du cou jusqu'au bas du vêtement. Sur deux autres sculptures également fort anciennes, une statue d'Héra trouvée à Samos (5) et une figure de femme assise découverte en Attique (6), le *chiton* offre partout des plis verticaux; cette disposition revient très fréquemment sur les statues et les bas-reliefs du style archaïque avancé. Dans les peintures de vases, nous voyons les premiers essais plus ou moins heureux de vêtements de ce genre sur les vases les plus récents à figures noires : quant à ceux à figures rouges, les artistes y sont en possession de tous les moyens d'expression, et les *chitons* artificiellement plissés y paraissent presque exclusivement pendant la période archaïque. Mais si la plissure artificielle ne paraît point dans la sculpture grecque avant le sixième siècle, il ne s'en suit pas que les Grecs ne connaissaient point ce procédé dès la plus haute antiquité. Le caractère individuel ne commence à se développer dans la plastique grecque qu'avec le sixième siècle; il a fallu certainement

---

(1) De Longpérier, *Musée Napoléon III*, pl. 28. — Perrot et Chipiez, III, p. 443, n° 316. — (2) Newton, *Hist. of discov. at Halicarnassus*, pl. 74 à gauche. — Rayet et Thomas, *Milet*, pl. 25.
(3) Voy. plus haut p. 225. — (4) Newton, *loc. cit.*, pl. 74 à droite.
(5) *Bull. de corresp. hellén.*, IV, 1880, pl. 13, 14.
(6) Le Bas, *Voyage archéologique*, pl. 3, 1. — Von Sybel, *Katalog der Skulpturen zu Athen*, n° 5001.

LE COSTUME DES HOMMES.   237

une longue période d'observation et d'exercices préparatoires avant que les sculpteurs se soient hasardés à traduire ces motifs

Fig. 60. — Bas-relief d'Ascalon (portrait d'un roi moabite?)

en marbre. Quant aux peintres céramistes, ils étaient, jusqu'à la période des vases à figures noires, très sobres dans la reproduction des détails; ils ne se souciaient pas de les reproduire, car étant donnée la petitesse des figures à peindre, ils se seraient heurtés à de grandes difficultés. Mais dès que les peintres et les sculpteurs surent tenir compte des détails, ils ne tardèrent pas à mettre cette aptitude à profit et à représenter des vêtements artificiellement drapés. Il n'est pas téméraire d'avancer que ce procédé était connu des Grecs bien avant que leurs artistes aient pu le traduire; ils ont dû le connaître en même temps que le *chiton* de lin oriental. Si tout ce que nous venons de dire est exact, le *chiton* homérique ressemblait à ces vêtements à plis artificiels, que l'on voit dans les anciennes sculptures orientales et dans les sculptures grecques archaïques.

Les Grecs des temps homériques ne portaient le *chiton* seul qu'à la maison. Quand ils allaient sortir, ils mettaient, par-dessus, un manteau qui s'appelle généralement *chlaina*, quelquefois *pharos*. L'expression ἐπὶ στιβαροῖς βάλετ' ὤμοις (1), « *il le (le manteau) jeta sur ses fortes épaules* » vise le port du manteau dit symétrique qui consistait en ce que les deux bouts de la pièce d'étoffe oblongue, jetée sur les épaules, retombaient en longueur égale sur le devant du corps; cette disposition, sans être la seule, est une des plus usitées dans les monuments archaïques de l'art grec (2) (fig. 61 (3). Comp. fig. 56). Cette disposition explique l'épithète ἐκταδίη (4) appliquée une fois à la *chlaina* de Nestor. Elle signifie que l'étoffe souple et bien tendue enveloppe les épaules du héros. *Extensible* est, à notre avis, le mot qui traduirait le mieux cet adjectif (5).

(1) *Od.* XV, 61 : καὶ μέγα φᾶρος ἐπὶ στιβαροῖς βάλετ' ὤμοις. Comp. *Od.* XIII, 224 : δίπτυχον ἀμφ' ὤμοισιν ἔχουσ' εὐεργέα λώπην.
Hymne, VII, 5 : φᾶρος δὲ περὶ στιβαροῖς ἔχεν ὤμοις
πορφύρεον.
(2) Sur les anciennes stèles funéraires de Sparte (*Mittheil. des arch. Inst. in Athen,* II, 1877, pl. XX et suiv.), sur la cuirasse trouvée dans l'Alphée (voy. p. 221, fig. 57) et sur d'autres monuments archaïques que Boehlau a recueillis (*Quæstiones de re vestiaria Græcorum,* p. 33 et suiv.), le manteau d'homme n'est jeté que sur une seule épaule.
(3) Cette figure est empruntée à Gerhard, *Etruskische und campanische Vasenbilder.* Comp. Studniczka, *Beiträge,* p. 66, n° 15.
(4) *Il.* X, 133 : χλαῖναν περονήσατο φοινικόεσσαν,
διπλῆν, ἐκταδίην, οὔλη δ'ἐπενήνοθε λάχνη.
(5) Telle est aussi à peu près la traduction de Studniczka (*Beiträge,*

LE COSTUME DES HOMMES.

Le substantif χλαῖνα semble dérivé du radical χλι qui signifie *réchauffer* (1) et par conséquent fait partie du verbe χλιαίνω (2). Cette dérivation concorde bien avec le but auquel la *chlaina* semblait destinée dans le costume grec ainsi qu'avec les qualificatifs ἀνεμοσκεπής (3), ἀλεξάνεμος (4) et autres qui sont appliqués à ce vêtement dans l'Épopée (5).

La χλαῖνα était un vêtement chaud fait de laine de brebis; en parlant de celle de Nestor, le poète dit qu'elle était couverte de touffes de laine crépue (6); l'adjectif οὔλη, *crépue*, est d'ailleurs souvent employé pour la *chlaina* (7). Les manteaux de cette sorte étaient couverts non seulement de divers motifs d'ornements, mais aussi de dessins de figures. C'est un point sur lequel nous reviendrons plus tard; pour le moment, il suffit de dire que cette décoration, possible sur la laine, était incompatible avec les procédés de fabrication de la toile (8).

Il y avait deux sortes de χλαῖναι : les simples et les doubles, comme on voit sur les monuments des manteaux grands et petits (9).

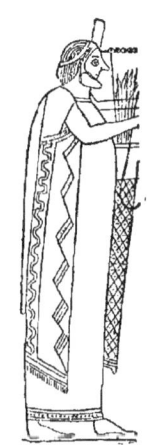

Fig. 61. — Personnage vêtu d'une *chlaina* symétrique.

p. 75). Mais ce savant suppose que cette épithète signifie que la *chlaina* pouvait être portée non seulement double (διπλῆ), mais encore dans toute son étendue et que parfois elle servait de couverture. Il était inutile de mentionner cette particularité d'ailleurs toute naturelle et qui ajouterait une nuance discordante à la caractéristique du héros, tel que le poète l'a représenté. — (1) Fick, *Vergleichendes Wörterbuch der indogermanischen Sprachen*, II³, p. 84. — (2) Studniczka, *Beiträge*, p. 73. La même racine se trouve dans le synonyme χλαν-ί-ς et dans la forme thessalo-éolienne χλαμ-ύ-ς. Curtius, *Grundzüge*, 4° éd., p. 536. — G. Meyer, *Griechische Gramm.*, § 256, p. 227. — Studniczka, p. 73. — (3) *Il.* XVI, 224. — (4) *Od.* XIV, 529. — (5) *Od.* XIV, 520. (Comp. Hésiode, *Op.* 537. Voy. plus haut p. 221, note 3). — (6) *Il.* X, 134 (voy. p. 238, note 3). — (7) Voy. plus haut, p. 209, note 6. — (8) Voy. p. 218.

(9) Parmi les vases peints de Corinthe, le manteau court d'Hippotion sur le vase d'Amphiaraos de Caeré (*Mon. dell' Inst.*, X, pl. IV, V), semble correspondre à la *chlaina* simple et à la *chlaina* double le vaste manteau de

Les premières s'appellent ἁπλοΐδες χλαῖναι (1); la seconde sorte (2) est désignée par le terme χλαῖνα διπλῆ ou par le multiplicatif (3) δίπλαξ (4). Les deux dernières dénominations s'expliquent moins par les dimensions doubles du vêtement que par la manière dont on le portait et sur laquelle nous sommes renseignés par un passage de l'Odyssée (5). Le jeune berger sous les traits duquel Athèna apparaît à Ulysse porte sur les épaules une λώπη à doubles plis et bien ouvragée. Évidemment ici λώπη, comme plus tard λῶπος, est une expression générale que le poète a employée pour désigner le manteau habituellement appelé χλαῖνα (6). Comme l'indique l'adjectif δίπτυχος,

Priam dans une peinture représentant la sortie d'Hector (*Monum. Annal. Bull.*, 1855, pl. XX). Les peintres céramistes de Chalcis ont habillé du premier de ces vêtements : Persée (Gerhard *Auserles. Vasenb.*, IV, pl. CCCXXIII), et trois hommes armés de lances qui assistent à la lutte entre Pélée et Atalante (Gerhard, III, pl. CCXXXVII). Ils ont donné le grand manteau à deux vieillards vêtus du long chiton qui assistent au même combat (Gerhard, *ibid*), ainsi qu'à Adraste, Polynice et Tydée sur le vase d'Adraste (voy. p. 226, note 2). Sur le vase François (voy. p. 226, note 2) ce manteau court, correspondant à la chlaina simple, se voit sur les épaules des jeunes gens de l'Attique qui assistent au chœur de danseurs dirigé par Thésée ainsi que sur celles d'Apollon dans la scène de Troïlos; les grands manteaux du fiancé Pélée et des divinités venant assister à la noce peuvent être comparés à la double *chlaina*. Comp. Bœhlau, *Quæstiones de re vestiaria Græcorum*, p. 33.

(1) *Il.* XXIV, 229 : ἔνθεν δώδεκα μὲν περικαλλέας ἔξελε πέπλους
δώδεκα δ'ἁπλοΐδας χλαίνας τόσσους δὲ τάπητας,
τόσσα δὲ φάρεα καλά, τόσους δ'ἐπὶ τοῖσι χιτῶνας.

Comp. *Od.* XXIV, 276, où les deux derniers vers de ce passage sont répétés.

(2) *Il.* X. 134 (voy. p. 238, note 4). *Od.* XIX, 225.

(3) J. Schmidt, dans la *Zeitschrift* de Kuhn, XVI, p. 430, n'admet pas, sans doute avec raison, que ce mot soit dérivé de πλέκειν et prétend que, par l'adjonction du suffixe αχ, est devenu διπλός δίπλαξ et que ce mot est à διπλοῦς ce que ἐριώλαξ est à ἐρίωλος. — (4) *Il.* III, 126. XXII, 440. *Od.* XIX, 241.

(5) XIII, 224 : δίπτυχον ἀμφ' ὤμοισιν ἔχουσ' εὐεργέα λώπην.

(6) Studniczka (*Beiträge*, p. 74), signale, à juste titre, les *Fragm.* d'Hipponax, 3 (Bergk) et le mot λωποδύτης appartenant à l'ancienne langue juridique de l'Attique.

l'étoffe était pliée en deux sur les épaules. Ainsi donc la χλαῖνα διπλῆ ou la δίπλαξ était un vaste manteau qui, suivant les besoins, pouvait être porté dans toute son étendue ou réduit aux dimensions d'une *chlaïna* simple (1). Cette dernière disposition était usitée notamment lorsqu'on avait besoin de se mouvoir librement. Elle est facile à reconnaître sur plusieurs sculptures archaïques (2) et, entre autres, sur l'Oinomaos du fronton Est d'Olympie (3), statue qui mérite ici une attention toute particulière, car le manteau y est posé symétriquement, selon le mode indiqué dans l'Épopée.

La *chlaïna* était attachée au moyen d'une agrafe (περόνη, πόρπη) (4). Mais on ne saurait affirmer qu'on la portait toujours agrafée, car on trouve, sur les monuments archaïques, des manteaux tour à tour agrafés ou simplement jetés sur les épaules. En tout cas la *chlaïna*, devait être forcément attachée quand on voulait avoir l'usage libre de ses bras. Ce n'est donc pas par hasard que l'Épopée mentionne, dans deux endroits (5), une χλαῖνα διπλῆ fixée par une agrafe, c'est-à-dire un manteau qui, recouvrant deux fois les épaules, laissait toute la liberté des mouvements.

Dans plusieurs passages de l'Épopée où les agrafes ne sont point mentionnées, l'ensemble du récit en fait supposer l'existence. Lorsqu'Eumaios se dispose à faire la garde la nuit, il s'habille d'une *chlaïna* et met une peau de chèvre par-dessus (6). Ulysse déguisé en mendiant est vêtu d'un *chiton*, d'un manteau

---

(1) Aristarque *Schol. Il.* III, 126 dit : δίπλαξ χλαῖνα, ἣν ἔστι διπλῆν ἀμφιέσασθαι. Cette explication serait donc exacte. Comp. Lehrs, *De Aristarchi stud. hom.* 2ᵉ éd. p. 193. — (2) Studniczka, *Beiträge,* p. 78 et suiv.
(3) *Ausgrabungen zu Olympia,* I, 1875-76, pl. XVI. M. Studniczka nous a dit de vive voix que l'éphèbe, portant un veau, qui a été trouvé dans l'Acropole d'Athènes, n'appartient pas à cette catégorie (*Arch. Zeitg.* 1868, pl. 187. — Overbeck, *Gesch. der Griech. Plastik,* I³, p. 146, fig. 25), car le motif signalé dans ses *Beiträge* (p. 78) comme un manteau plié en deux, n'apparait dans l'original que comme une bordure représentée plastiquement. — (4) Comp. notre chap. XIX. — (5) *Il.,* X, 133. (Voy. plus haut p. 238 note 4). *Od.,* XIX, 226. (Voy. plus haut p. 239 note 6). — (6) *Od.,* XIV, 529 :

ἀμφὶ δὲ χλαῖναν ἐέσσατ' ἀλεξάμενον, μάλα πυκνήν,
ἂν δὲ νάκην ἕλετ' αἰγὸς εὐτρεφέος, μεγάλοιο.

en guenilles (ῥάκος) et d'une peau de cerf (1). Dans les deux cas, le manteau était forcément agrafé, sans quoi il se serait dérangé sous la fourrure au moindre mouvement. Il en est de même du manteau que portait Ulysse lorsque, congédié par Calypso, il chercha à gagner sa patrie sur un radeau (2). Les vêtements parfumés dont Calypso revêt le héros avant son départ et qui l'empêchent de nager (3), lorsque le radeau se disjoint, sont naturellement un chiton et un manteau. Un manteau simplement jeté sur les épaules aurait nécessairement glissé pendant les mouvements que faisait Ulysse pour s'occuper des voiles et du gouvernail. Le manteau était donc agrafé comme plus tard le palliolum des bateliers (4). La place de l'agrafe dépendait, bien entendu, de la manière dont on mettait le manteau. Étant donnée la disposition symétrique du vêtement telle qu'elle est indiquée dans l'Épopée, l'agrafe devait se trouver au milieu du bord supérieur, sur la poitrine.

Les couleurs mentionnées de la *chlaïna* sont le rouge (5) et le pourpre (6). Cette dernière couleur qui est celle du manteau d'homme nommé φᾶρος (7), des couvertures (8), des draps (9) et du ballot de Nausicaa (10), rappelle l'influence orientale, car on sait que les Grecs connurent la pourpre par l'intermédiaire des Phéniciens (11). Mais les contemporains des poètes épiques ne furent pas les seuls à aimer la pourpre; cette couleur est un

---

(1) *Od.* XIII, 434 : ἀμφὶ δέ μιν ῥάκος ἄλλο κακὸν βάλεν ἠδὲ χιτῶνα...
ἀμφὶ δέ μιν μέγα δέρμα ταχείης ἕσσ' ἐλάφοιο
ψιλόν.

(2) *Od.* V, 321 et suiv. — (3) *Od.* V, 321, 343, 372. — (4) Plaute, *Miles glor.* 4, 4, 43. Comp. Studniczka, *Beiträge*, p. 75.

(5) *Il.* X, 133. *Od.* XIV, 500. XXI, 118 : χλαῖνα φοινικόεσσα. — (6) *Od.* IV, 115 154 : χλαῖναν πορφυρέην, XIX, 225 :

χλαῖναν πορφυρέην οὔλην ἔχε δῖος Ὀδυσσεύς,
διπλῆν.

Il. III, 126. (Voy. p. haut p. 101 n. 1). XXII, 441. *Od.* XIX, 241 : δίπλακα πορφυρέην.

(7) *Il.* VIII, 221. *Od.* VIII, 84. *Hymn.* VII, 5, 6. Comp. *Od.* XIII, 108.

(8) Τάπητες : *Il.* IX, 200 (voy. p. 155, note 1). *Od.* XX, 151 (voy. p. 155, note 1). Ῥήγεα : *Il.* XXIV, 645. *Od.* IV, 298; VII, 337; X, 353.

(9) Πέπλος : *Il.* XXIV, 796. — (10) *Od.* VIII, 373. — (11) Comp. Büchsenschütz, *Die Hauptstätten des Gewerbefleisses*, p. 83 et suiv.

de ces éléments orientaux que les Grecs de l'époque classique surent s'assimiler et conserver.

La grande diplax était souvent ornée de dessins. Andromaque a parsemé un vêtement semblable à fond de pourpre d'ornements que le poète appelle θρόνα ποικίλα (1). Le mot θρόνα semble avoir signifié primitivement *herbe*, *plante* ou *tige de blé* (2); les poètes ultérieurs s'en servent pour désigner des plantes salutaires ou vénéneuses (3); enfin Hesychios et les scholiastes traduisent ce substantif par ἄνθη, fleurs (4). On pourrait donc croire que cette diplax était couverte d'ornements semblables à ceux qu'on rencontre sur les vases qui proviennent des tombes en puits de Mycènes et d'autres localités analogues (5). Mais l'objection qui se présente ici, c'est qu'on ne trouve nulle part, sur les vêtements, d'ornements de ce genre. On serait peut-être mieux fondé à supposer que c'étaient des ornements en forme de rosettes, comme on en voit sur un chiton de la cuirasse trouvée dans l'Alphée et qui a déjà été maintes fois mentionnée (voy. p. 221, fig. 57) (6). Mais les costumes figurés dans les monuments de l'art grec archaïque n'offrent généralement qu'une ornementation géométrique et rarement végétale (7). Cette dernière correspondait d'ailleurs

---

(1) *Il.* XXII, 440. Comp. *Rhein. Mus.* XXIII, 1868, p. 238. — (2) Curtius (*Grundzüge der griech. Etymologie*, 4ᵉ éd., p. 492) compare ce mot au sanscrit *trna-s* (*herbe*, *plante*, *tige*), en gothique *thaurnu-s*, *trünü* (épine) en celte.

(3) Théocrite, id. II, 59. Nicandros, *Theriac.* 493 (comp. le scholiaste), 936; *Alexipharm.* 155. Lykophron, *Alexandra*, 674, 1138, 1313.

(4) Hesych. θρόνα· ἄνθη καὶ τὰ ἐκ χρωμάτων ποικίλματα Κύπριοι. Le même : τρόνα ἀγάλματα. ἢ ῥάμματα ἀνθινά. Schol. sur l'*Il.* XXII, 440 et Théocrite, id. II, 59. Sur la dérivation des aspirées voyez Curtius. *Grundzüge der griech. Etymologie*, 4ᵉ éd., p. 492. — (5) Studniczka, *Beiträge*, p. 55, note 60.

(6) Voy. p. 221, note 1. — (7) Les exemples les plus anciens se trouvent sur le vase François où le vêtement de la Parque du milieu (sur la zone principale. Voy. notre chap. XIII, fig. 65), celui de Thésée et celui de l'Artémis dite persique (représentée sur une anse) est orné de palmettes. De même, on remarque des palmettes et des feuilles de lotus dans la décoration polychrome des vêtements des sculptures archaïques trouvées sur l'Acropole d'Athènes. Tel est le vêtement du *xoanon* (Ἐφημερὶς ἀρχαιολογική, 1886, p. 132); il a été décrit en détail dans l'*American Journal*

beaucoup moins que la première aux conditions de la fabrication primitive. En outre, on a fait remarquer bien souvent que l'expression ἀνθινὰ ἱμάτια et autres semblables que l'on rencontre dans la langue ultérieure ne s'appliquent pas nécessairement à des motifs exclusivement végétaux (1). Nous conseillerions donc de prendre le mot homérique θρόνα dans une acception plus vaste et de l'interpréter comme signifiant aussi *motifs géométriques*.

Hélène orna une *diplax* à laquelle elle travaillait, de figures représentant les combats entre Troyens et Achéens (2), travail dont nous avons apprécié, dans le chapitre V, toute l'importance au point de vue de l'histoire de l'art (3). L'usage de couvrir les manteaux d'ornements figurés étonne moins quand on réfléchit que ces vêtements étaient alors portés droits (4); l'étoffe retombant dans le dos sur un plan bien vertical, on voyait distinctement toute la décoration dont elle était rehaussée.

Et maintenant en quoi la *chlaïna* diffère-t-elle du *pharos*? L'Épopée établit une double différence. La *chlaïna* est portée non seulement par des personnages de distinction, mais aussi par des gens de basse condition, tels que porchers (5) et leurs compagnons (6) et par les domestiques des prétendants (7); le

of archaeology, 1886, p. 63, n° 10. Cet ornement est encore visible sur le cou et sur les épaules d'une figure de femme (Ἐφημ. ἀρχ., 1883, pl. 8; communication de Studniczka), ainsi que sur des bandeaux de tête (*Ibid.*, 1883, pl. 5 et 6, p. 41, n° 10). Il convient encore de citer ici deux fragments des Ἀθηνᾶς γοναί, comédie d'Hermippos, de l'époque de Périclès (*Fragm. comic. graecor.* éd. Meincke, II, 1, p. 380 et suiv.) :

Καιροσπάθητον ἀνθέων ὕφασμα καινὸν Ὡρῶν
λεπτοὺς διαψαίρουσα πέπλους ἀνθέων γέροντας.

Il semble résulter de ces vers qu'Athèna se soit occupée de faire des *peploï* ornés de fleurs aussitôt après sa naissance. Comp. R. Schneider, *Die Geburt der Athene* (*Abh. des arch. epigr. Seminars der Univ. Wien*) p. 7. Les vêtements à ornements végétaux ne deviennent plus fréquents que sur les vases peints des quatrième et troisième siècles (Voy. Stephani, C. r. 1878 et 1879, p. 98 et suiv.).

(1) Marquardt, *Das Privatleben der Römer*, II^2, 2, p. 533. — (2) *Il.* III, 125 (voy. p. 101, note 1). — (3) p. 101-102. — (4) Voy. p. 237-238. — (5) *Od.* XIV, 529. — (6) *Od.* XIV, 514. — (7) *Od.* XV, 331.

pharos, au contraire, est le vêtement des rois. De plus, il devait être beaucoup plus vaste que la *chlaïna*, car il est souvent accompagné de l'épithète μέγα *grand* (1) qu'on ne trouve jamais appliqué à la *chlaïna*. Il est une troisième différence probable, signalée par Studniczka (2). La *chlaïna* semble avoir été faite de laine de mouton, le *pharos* en toile. Les poètes emploient le mot φᾶρος non seulement pour le manteau d'homme qui nous occupe actuellement, mais aussi pour des vêtements de femme (3) et pour différentes pièces de tissus, telles que langes (4), linceuls (5) et voiles de navires (6). Par conséquent, ce terme désignait primitivement des morceaux d'une certaine étoffe et fut appliqué plus tard aux vêtements et aux pièces qui en étaient faits. Cette étoffe ne peut avoir été que la toile; la toile seule, en effet, se prêtait à la confection des voiles marines. Il est évident, d'autre part, que des langes lisses de toile étaient mieux appropriés que la laine rugueuse pour emmailloter les nouveaux-nés. Nous avons déjà dit, dans le chap. XI(7), ce qu'il fallait penser des linceuls en général et en particulier de celui que Pénélope a tissé pour Laerte; nous avons aussi expliqué le sens des épithètes ἀργύρεος (8) λεπτός (9), et ναύκτεος (10). Il faut y ajouter l'épithète εὔπλυνής, *bien lavé* qui accompagne quatre fois le *pharos* d'Ulysse (11). Or, le blanchissage ne confère, à part la propreté, aucun charme particulier à la laine; cette épithète ne serait donc pas juste si on l'employait pour un manteau de laine. Elle est, au contraire, toute naturelle pour la toile qui devient, par le blanchissage, lisse et brillante. Parfois le *pharos* des hommes est qualifié de *pourpre* (12); mais cette qualification ne saurait

(1) *Il.* II, 43; VIII, 221. *Od.* VIII, 84; XV, 61. — (2) *Beiträge*, p. 87 et suiv.
(3) *Od.* V, 230; X, 543 (voy. p. 210, note 9). Comp. le chap. suivant.
(4) *Hymn.* I (à Apollon. Dél.) 121. (Voy. p. 211 note 4). — (5) *Od.* II, 93-99; XIX, 138-145; XXIV, 129-138, 147-148 (voy. p. 211, note 5).
(6) *Od.* V, 258.
(7) P. 211. — (8) P. 211-212. — (9) P. 211. — (10) P. 211.
(11) *Od.* VIII, 392, 425; XIII, 67; XVI, 173. — (12) *Il.* VIII, 221. *Od.* VIII, 84. *Hymn.* VII, 5, 6. *Od.* XIII, 108.

empêcher que ce soit là un vêtement de lin. Simonide de Kéos (1) mentionne, en effet, une voile rouge, et l'on sait que les marins albanais se servent encore aujourd'hui de voiles de cette couleur. De tout ce qui précède, il résulte que le *pharos* était un vaste manteau de lin, un vêtement de luxe que seuls les gens riches pouvaient se procurer; étant donnée l'étoffe dont il était fait, il ne remplissait guère les conditions habituelles d'un vêtement de dessus qui est destiné à protéger le corps contre le froid.

Il nous reste à déterminer l'origine du mot φᾶρος. Pendant que χλαῖνα semble être de formation purement grecque (2), il n'y a point d'étymologie satisfaisante pour le φᾶρος dans le trésor des langues indo-européennes. Les linguistes le font dériver de φέρειν (3), dérivation assez logique en apparence. Mais ce mot n'était pas exclusivement employé pour les vêtements; il désignait aussi à l'origine, nous venons de le voir, des morceaux d'une certaine étoffe. D'autre part, il n'est guère probable que, pour des vêtements de luxe, comme les φᾶρεα, on ait formé un substantif avec le verbe φέρειν qui avait un sens tout-à-fait général et s'employait pour tous les vêtements, quels qu'ils fussent. Studniczka (4), à qui cette difficulté n'a point échappé, suppose donc que φᾶρος vient d'une langue étrangère. Il lui compare le vieux mot égyptien *p(h)aar* ou *p(h)âār* qui lui a été signalé par l'égyptologue Krall et qui signifiait le morceau d'étoffe dont on enveloppait les cadavres. Cette étoffe était de la toile, le rite funéraire qui était en usage dans la vallée du Nil ne laisse aucun doute à cet égard. Studniczka suppose que le mot grec est formé du mot égyptien et que l'île de Pharos, si-

---

(1) *Frag.* 54 Bergk. — (2) Voy. p. 239.
(3) Curtius, *Grundzüge*, 4ᵉ éd., p. 107 et 301. Il y compare φᾶρος au mot allemand *Tracht* dérivé de *tragen*. — Vaniček, *Etymolog. Wörterbuch*, p. 596. — Fick, *Vergleichendes Wörterb.* II³, p. 165 et dans les *Beitr. zur Kunde der indogerm. Sprachen* de Bezzenberger, I, p. 244.
(4) *Beiträge*, p. 88-90. Selon ce savant, la même racine se retrouve en latin dans *supparus* (*sub* comme dans *subsericus*, en demi-soie).

tuée près du delta du Nil, avait reçu ce nom parce qu'elle était
connue des Grecs comme marché d'exportation des étoffes de ce
nom. Les Grecs ont-ils emprunté les étoffes égyptiennes et le mot
qui les désignait directement aux Égyptiens ou par l'intermédiaire des Sémites? C'est à quoi Studniczka n'ose répondre catégo-

Fig. 62. — Personnages vêtus de peaux de panthère (vase de Tirynthe).

riquement. Il est cependant disposé à admettre la première hypothèse, car le nom de cette île n'était familier qu'aux Grecs,
lesquels par suite ont dû l'inventer. Cette hypothèse cependant
semble quelque peu hasardée, puisqu'on ne connaît guère
d'exemple d'une contrée qui tiendrait son nom d'une marchandise d'exportation. De toute façon, l'analogie d'un ancien substantif égyptien, qui signifie un morceau de toile, avec le φᾶρος

grec est digne d'attention. D'autres explications assez plausibles ont encore été données sur l'étymologie de ce mot. M. Siegmund Fraenkel en propose une sémitique. Voici ce qu'il nous écrit à ce sujet : « En hébreu et en arabe il existe un radical *áfar* (*àfar*) qui signifie *couvrir;* de là vient en hébreu *áfèr* (I. *Rois,* 20, 38), *bandeau de tête* (LXX τελαμών). Dans la langue araméenne sont formés du même radical : *afrà* (Bible. syr. Jud. 8, 27), traduction de l'hébreu *éfôd, vêtement*; *afòrà* qui équivaut à κωνοπεῖον; *mà ferà*, couvre-chef (d'où μαφύριον. Comp. Sachs, *Beiträge zur Sprach-und Alterthumsforschung* s. v.). Il faudrait supposer une racine fondamentale araméenne, comme *è fàr(à)*, dont l'équivalent en arabe est *gifàra, couverture* (employé dans différents sens). L'objection qu'en araméen le mot a dû commencer par un *g* (Gajin) est réfutée par ce fait qu'en hébreu il commence par le son aspiré le plus faible (Alef). Il n'y a rien d'étonnant à ce que ce son (à peine vocalisé) ait été abandonné en grec. C'est, bien entendu, aux philologues qu'il faut laisser le soin d'apprécier la valeur des étymologies proposées par Studniczka et par Fraenkel. Quoi qu'il en soit, nous sommes maintenant en droit de dire que φᾶρος est un mot dérivé et que les étoffes ou les vêtements qu'il désignait étaient importés de l'étranger en Grèce. Tout cela concorde parfaitement avec ce que nous avons dit plus haut, à savoir que le φᾶρος était un vêtement de luxe.

Une peau de bête remplaçait au besoin le manteau. Nous en avons surtout de nombreux témoignages dans la *Doloneia*, où Agamemnon et Diomède mettent une peau de lion, Ménélas une peau de panthère et Dolon une peau de loup (1). Pàris va au combat armé d'un arc, d'une épée et de deux flèches avec une peau de panthère sur les épaules (2). Si l'on peut tirer une conclusion d'une description épique, ces peaux étaient portées droit et symétriquement, comme les manteaux (3). Il est probable que ces

---

(1) *Il.* X, 23, 29, 177, 234. — (2) *Il.* III, 17. — (3) Cela résulte du pluriel ὤμοισιν employé dans l'*Il.* III, 17 et X, 177.

peaux ne tombaient pas librement dans le dos, mais étaient adhérentes au corps : telle est la peau du lion dont est recouvert Héraklès et les autres vêtements analogues d'autres figures sur les sculptures archaïques. Parmi les monuments grecs qui représentent ce costume, le plus ancien à notre connaissance est un vase peint à décorations géométriques, dont on a trouvé des fragments à Tirynthe (fig. 62) (1). Entre autres exemples, citons une figure d'Hermès du vase François, où la fourrure est

Fig. 63. — Hermès du vase François.   Fig. 64. — Guerrier d'une coupe de Rhodes.

maintenue près de la taille par deux broches en forme de palmettes (fig. 63) (2) et un guerrier sur une coupe de Rhodes, (fig. 64) (3).

Les personnes de condition inférieure se contentaient de fourrures moins rares. Nous avons déjà mentionné plus haut la peau de chèvre d'Eumaios, pendant la garde de nuit (4) et la peau de cerf que portait Ulysse déguisé en mendiant, sur son manteau (5). Hésiode conseille de porter des peaux cousues de chevreaux nouveaux-nés pour se garantir l'hiver contre le froid (6). D'après l'un des Hymnes (7), Pan, en sa qualité de dieu des champs, est vêtu de la peau d'un lynx.

(1) Schliemann, *Tiryns,* pl. XIV, p. 116, d'où est tirée notre fig. 62.
(2) Studniczka, *Beiträge,* p. 72, fig. 19. — (3) *Journal of hell. studies,* 1884, pl. XLIII. Notre fig. 64, d'après Studniczka, p. 72, fig. 18. — (4) *Od.* XIV, 530 (voy. p. 241, note 6). — (5) *Od.* XIII, 436 (voy. p. 242, note 1). — (6) *Op.* 543-545. — (7) XIX, 23.

CHAPITRE XIII.

LES VÊTEMENTS DES FEMMES.

Le principal vêtement de femme s'appelle, dans l'Épopée, ἑανός (1) (εἱανός) (2), πέπλος (3), et dans deux endroits de l'Odyssée φᾶρος. (4). Le premier de ces mots dont l'*a* est bref, appartient évidemment au radical sanscrit *vas* qui signifie *endosser, se vêtir*. Il en est de même, semble-t-il, de l'adjectif ἑανός bien que l'*a* en soit long (5), adjectif qui revient dans l'Épopée comme épithète de πέπλος (6) λίς (7) et κασσίτερος (8), et, comme tel, peut signifier simplement *qui habille, qui enveloppe*, c'est-à-dire, *qui est souple*. On n'a pas encore

---

(1) *Il*. III, 385; XIV, 178; XXI, 507. *Hymn. hom*. V (*in Cererem*) 176. Nous verrons plus loin que ἑανός (*Il*. III, 419) ne signifie pas le principal vêtement, mais le voile d'Hélène.
(2) *Il*. XVI, 9. — (3) Πέπλος a sûrement ce sens dans les passages suivants : *Il*. V, 315, 338, 734; VI. 90, 271, 289, 302; VIII, 385. *Od*. VI, 38 (voy. p. 234); XV, 105, 124; XVIII, 292. *Hymn* IV (*in Venerem*), 86, V (*in Cererem*), 182, 277. En outre, dans les épithètes : ἑλκεσίπεπλος (*Il*. VI, 442; VII, 297; XXII, 105); εὔπεπλος : *Il*. V, 424; VI, 372, 378, 383; XXIV, 769. *Od*. VI, 49; XXI, 160. Hésiode, *Théog*. 273. κροκόπεπλος *Il*. VIII, 1; XIX 1; XXIII, 227; XXIV, 695; Hésiode, *Théog*., 273. κυανόπεπλος (*Hymne* V *in Cererem*), 360; Hésiode, *Théog*., 406). — τανύπεπλος *Il*. III, 228; *Od*. IV, 305; XII, 375; XV, 171, 363. *Batrachom*. 36; Hésiode, *Fragm*. XIII. — Il est très probable aussi que les πέπλοι faisant partie des présents que Priam offre à Achille (*Il*. XXIV, 229) sont des vêtements destinés aux femmes qui se trouvent dans le camp de ce dernier, de même qu'Hélène offre à Télémaque un *peplos* que doit porter sa future épouse (*Od*. XV, 104-107, 123-127). — (4) *Od*. V, 230, X, 543. — (5) Curtius, *Grundzüge*, 4ᵉ éd., p. 379-380. — (6) *Il*. V, 734; VIII, 385. — (7) *Il*. XVIII 352, XXIII, 254. — (8) *Il*. XVIII, 613.

trouvé d'étymologie satisfaisante pour πέπλος. Studniczka (1) a rassemblé les différentes hypothèses émises à ce sujet et en a ajouté une de son côté : d'après lui, πέπλος serait formé par le redoublement d'un radical πλο, formation qui correspondrait au latin *palla, pallium*. Nous avons démontré dans le chap. précédent que φᾶρος est probablement un mot dérivé (2).

Il ressort clairement de l'Épopée que le *héanos*, le *peplos* et le *pharos* n'étaient point des vêtements de dessus, mais des habits adhérant au corps. Héra, après s'être lavée, peignée et parfumée, met le *héanos*, puis la ceinture (3). Lorsque Pallas Athéna, s'apprêtant au combat, laisse glisser son *peplos* par terre pour revêtir le *chiton* de Zeus (4), il est évident que le vêtement dont elle se débarrasse correspond, dans le costume féminin, au *chiton* d'homme. Dans l'Hymne à Aphrodite (5), le *peplos* est le principal vêtement de la déesse. Calypso et Circé, après avoir quitté leur lit, endossent le *pharos*, se ceignent et jettent le voile (καλύπτρη) sur la tête, pendant qu'Ulysse revêt en même temps le *chiton* et la *chlaïna* (6).

(1) *Beiträge*, p. 92-93. — (2) P. 246-247. — (3) *Il.* XIV, 178 :
  ἀμφὶ δ'ἄρ' ἀμβρόσιον ἑανὸν ἕσαθ', ὅν οἱ Ἀθήνη
  ἔξ' ἀσκήσασα, τίθει δ'ἐνὶ δαίδαλα πολλά
  ..... ζώσατο δὲ ζώνην.
(4) *Il.* V, 734, VIII, 385 (voy. p. 233, note 3). — (5) IV, 86.
(6) *Od.* V, 230; X, 543. Studniczka se trompe (*Beiträge*, p. 95) lorsqu'il cite à cette occasion Hésiode (*Op.* 198). Le poète raconte comment Aidos et Némésis quittent la terre et se rendent dans l'Olympe λευκοῖσιν φάρεσσιν καλυψαμένω χρόα καλόν. Comme le poète ne pouvait guère se figurer nues les deux déesses tant qu'elles étaient sur terre, le φᾶρος a évidemment ici le même sens que κρήδεμνον, καλύπτρη, c'est-à-dire long voile que les déesses mettaient en partant, conformément aux usages du temps. Le mot φᾶρος ayant signifié à l'origine grand morceau d'étoffe de lin, il n'y a aucun inconvénient à l'appliquer à ce voile qui n'était autre chose qu'une pièce carrée de cette étoffe. Χρώς signifie dans l'Épopée non seulement la peau nue, mais aussi la peau couverte d'un vêtement. En effet, les héros mettent souvent leur armure sur le χρώς (*Il.* IX, 596; XVII, 210; XIX, 233), tout en portant un *chiton* sous la cuirasse. Comp. aussi deux passages des Hymnes, notamment Hymn. IV (*in Vener.*) 162 (dont il sera plus longuement question dans le chap. XX) et VI, 14. De même κόλπος, comme nous le verrons tout à l'heure, signifie tantôt le sein nu, tantôt le sein couvert.

Le *héanos* descendait jusqu'aux pieds. Nous en avons une preuve dans l'Hymne à Déméter (1) : les filles de Keleos se dépêchent pour conduire Déméter auprès de leur mère, et, afin de ne pas être gênées en courant, elles retroussent leur *héanos*. Le *peplos* avait la même longueur, comme le prouve l'épithète ἑλκεσίπεπλος (*trainant son peplos*) (2) fréquemment employée, ainsi que ce détail de l'Hymne à Déméter (3), où il est dit que le sombre peplos flotte autour des pieds grêles de la déesse. Bien que nous n'ayons point à cet égard de témoignage certain pour le *pharos*, son analogie avec le *héanos* et le *peplos* nous autorise à admettre que ce vêtement descendait aussi jusqu'aux pieds.

Le *héanos* (4) et le *peplos* (5), nous dit l'Épopée, étaient maintenus au moyen d'agrafes. Il n'y a rien de semblable à propos du *pharos*.

Telles sont, sur le vêtement principal des femmes, les données essentielles que fournit l'Épopée. Par une série d'heureuses combinaisons et surtout en comparant des chitons du vase François fermés d'une manière toute spéciale, Studniczka (6) a réussi à compléter les renseignements fournis par les poètes et à déterminer les particularités du costume de femme homérique; le résultat de ses recherches ne laisse rien à désirer tant au point de vue des faits que de l'histoire. Nous avons dit autrefois que ce costume consistait en une sorte de chemise pourvue de trous à manches et d'une forte agrafe au milieu de la poitrine. Cette opinion n'est plus soutenable. Nous ne pouvons nous empêcher d'admettre à cet égard, sans réserves, les conclusions de Studniczka.

Pour bien comprendre le sens de πέπλος, il importe de savoir que ce mot a autant de sens différents que le φᾶρος (7). Il désigne non seulement le vêtement principal des femmes, mais aussi des couvertures que l'on étend sur les chars de combat (8) et sur les sièges (θρόνοι) (9), ainsi que des pièces de pourpre dont les

---

(1) V, 176. — (2) *Il.* VI, 442; VII, 297; XXII, 105. — (3) V, 182. — (4) *Il.* XIV, 178-180. — (5) *Il.* V, 424-425. *Od.* XVIII, 292-294. — (6) *Beiträge*, p. 92 et suiv. — (7) Voy. p. 244-245. — (8) *Il.* V, 193. — (9) *Od.* VII, 96.

Troyens enveloppent le vase d'or qui renferme les cendres d'Hector (1). Il indiquait donc probablement à l'origine une pièce d'étoffe carrée. L'extension du mot au vêtement principal des femmes s'expliquerait tout naturellement si l'on admettait que ce vêtement n'était pas, comme le *chiton* d'homme, une chemise cousue que l'on passait sur le corps, mais un grand morceau d'étoffe dont on s'enveloppait, comme l'*himation* ou le *chiton* dorien (2). Cette hypothèse est nettement confirmée par ce témoignage de l'Épopée que le *peplos* comme le *héanos* avait besoin d'agrafes qui servaient à attacher les bords de cette étoffe. Sur le *peplos* qu'Antinoüs donna à Pénélope, il y avait douze agrafes d'or (περόναι) (3). Il est dit du *héanos* d'Héra qu'il était « κατὰ στῆθος » attaché avec des agrafes d'or (χρυσείης ἐνετῆσι) (4). L'opinion erronée que nous avions émise précédemment sur le costume homérique des femmes reposait principalement sur ces dernières paroles. Nous avions

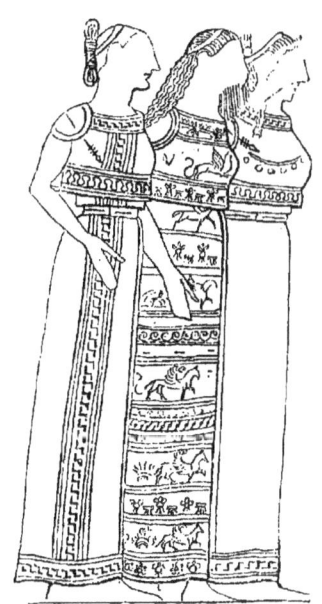

Fig. 65. — Les Parques du vase François.

traduit κατὰ στῆθος par : *sur la poitrine* et supposé une fente longeant la poitrine et agrafée. Mais Studniczka (5) fait observer avec raison que, dans ce passage, κατὰ peut aussi bien signifier *vers, du côté de* que *sur*. Il était donc important de savoir si, dans l'art archaïque, il existe un exemple de vêtement féminin agrafé de la sorte. Studniczka (6) l'a trouvé sur plu-

---

(1) *Il.* XXIV, 795. — (2) Voy. p. 205-208. — (3) *Od.* XVIII, 292.
(4) *Il.* XIV, 178. — (5) *Beiträge*, p. 97. — (6) *Beiträge*, p. 89-100.

sieurs figures de femmes du vase François, dont trois (les Parques) sont reproduites d'autre part (fig. 65) (1). On remarque ici, en dessous de l'épaule, une ligne oblique coupée par trois petits traits et terminée en une sorte de bouton rhomboïdal. Elle est

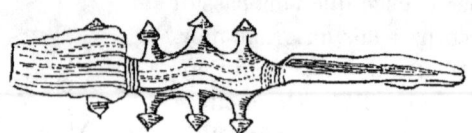

Fig. 66. — Épingle trouvée à Tarquinies.

évidemment en rapport avec cette pièce semi-circulaire qui couvre l'épaule et sur laquelle se voit une autre petite ligne qui est le prolongement de la première. On ne saurait hésiter à reconnaître dans la pièce semi-circulaire le bout du vêtement, ramené de derrière le dos, pour être attaché avec l'épingle que représentent certainement les deux lignes obliques. La ligne

Fig. 67. — Épingle trouvée à Tarquinies.

coupée par les trois petites raies est probablement la tête, et la petite ligne de l'épaule la pointe de l'épingle qui attache l'extrémité du vêtement.

Nous pouvons même déterminer le genre d'épingle que le peintre a voulu représenter. Dans l'état actuel de nos connaissances, nous devons surtout envisager ici les épingles d'argent qu'on a trouvées dans les *tomba a fossa* de la nécropole de Tarquinies (2), c'est-à-dire dans des tombeaux qui remon-

(1) Cette figure est empruntée aux *Beiträge*, p. 98, fig. 28.
(2) Voy. p. 29-30.

tent au moins au commencement du sixième siècle. Nos fig. 66 et 67 en donnent une idée très suffisante. La première, déjà signalée par Studniczka (1), est ornée de filigranes d'or pâle. Elle provient de la *tomba del guerriero*, la plus riche *tomba a fossa* de cette nécropole (2); la seconde (3) d'une tombe du même

Fig. 68. — Atalante du vase François.

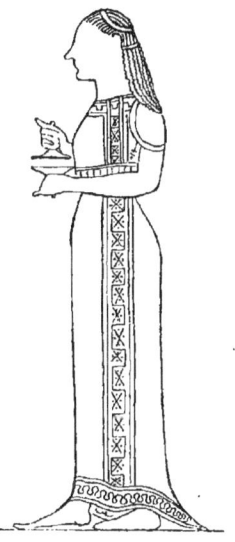

Fig. 69. — Une nymphe du vase François.

genre qui a déjà été pillée dans l'antiquité. Ces spécimens, vus de face, rappellent parfaitement les épingles peintes sur le vase François. Tout récemment on a trouvé, dans une *tomba a fossa*, une épingle d'argent qui offre avec ces dernières une analogie plus frappante encore; on y remarquait à la tête une sorte de bouton longitudinal (4). Malheureusement nous ne pouvons en donner aucune reproduction; car cette épingle était très-oxydée et, à peine retirée du sol, s'est émiettée.

Les autres figures du vase François dont le vêtement est attaché comme celui des Parques, sont : sur la bordure supérieure, Atalante, où les épingles sont faciles à reconnaître sur les deux pièces d'épaules (fig. 68) (5); une nymphe du cortège d'Hephaïstos serrée par un Silène;

---

(1) *Beiträge*, p. 100. — (2) *Mon. dell' Inst.* X, pl. X^b 7, 7ª (d'où est extraite notre fig. 66). *Ann.* 1874 p. 259. Comp. *Ann.* 1885, p. 17.
(3) Elle est conservée au musée municipal de Corneto. On a trouvé des exemplaires analogues en bronze dans la nécropole de Suessula (Cancello). — Museo rom. preistorico, n° 32638 — et dans celle de Visentium (Capodimonte sur le lac Bolsena). Comp. les fibules de bronze à quatre raies transversales terminées en bouton; on en a mis au jour 18 à Suessula. *Notizie degli sc.* 1878, pl. V, 10, p. 107.
(4) *Bull. dell' Inst.* 1886, p. 89, n° 2. — (5) *Beiträge*, p. 99, fig. 31.

Hippodameia dans le chœur de danse de Thésée; la nymphe qui vient immédiatement derrière Apollon (fig. 69) (1); enfin Rhodia dans la représentation de Troïlos. Ce mode d'attachement concorde bien avec ce que dit l'Épopée du *heanos* d'Héra. Rien ne nous autorise à supposer que le *peplos* fût attaché d'une autre manière. On peut donc admettre, avec Aristarque (2), que ἑανός et πέπλος étaient synonymes et correspondaient au vêtement que les Grecs appelaient plus tard *himation* ou *chiton* dorien.

Fig. 70. — Polyxène, d'après la coupe de Xénoclès.

La pièce d'étoffe jetée sur le corps et retenue au moyen d'épingles, dont se composait ce vêtement, était primitivement ouverte d'un côté (p. ex. fig. 70) (3); plus tard, les monuments le prouvent, cette ouverture était généralement cousue. Rien d'étonnant par conséquent que le peplos offert à Pénélope par Antinoüs ait été attaché avec douze épingles (4). Les épingles ici remplaçaient simplement la couture.

Studniczka (5) signale avec raison le chiton de la Pallas peinte sur une pinax corinthienne (fig. 71) (6). Dans l'ornement qui court verticalement sur la partie inférieure du vêtement, le peintre semble avoir pris pour modèle une fente attachée avec plusieurs épingles. Mais il est probable que, dans la partie in-

---

(1) *Beiträge*, p. 98, fig. 29.
(2) Schol. *Il.* XIV, 178; XVI, 9. Comp. Lehrs, *De Aristarchi stud. homericis*, 2ᵉ éd., p. 193.
(3) D'après une figure de Polyxène publiée dans les *Monum. inéd.* de Raoul Rochette (pl. 49, 1ᵇ) et les *Etr. und Camp. Vasenb.* de Gerhard E 2 (coupe de Xénoclès). Comp. Studniczka, p. 6-9 et 109-110.
(4) *Od.* XVIII, 293 (voy. p. 253, note 3).
(5) *Beiträge*, p. 96. — (6) *Ibid.* p. 96, fig. 27.

férieure du moins; le costume féminin du temps d'Homère était souvent ouvert. En voici une preuve concluante : Aphrodite cherche à couvrir de son peplos son fils Énée étendu à terre par Diomède (1); il est clair qu'elle pouvait le couvrir beaucoup mieux avec un vêtement ouvert d'un côté que fermé tout autour. D'autre part, le chiton dorien est indiqué par un passage deux fois répété : c'est celui où Athèna, s'apprêtant au combat, laisse glisser son peplos (2); il est évident que les épingles qui attachaient ce chiton près des épaules, une fois enlevées, le peplos pouvait glisser facilement.

Les épithètes accompagnant le costume féminin concordent d'ailleurs avec l'opinion émise ci-dessus. Ἑλκεσίπεπλος, *trainant le peplos* (3), ne doit pas être rapporté forcément au costume ionien mais aussi au vêtement genre dorien. Il suffit de rappeler à ce propos que le *chiton* dorien de plusieurs figures de femmes du vase François touche le sol par derrière, pendant que les pieds restent découverts (p. 253, fig. 65, p. 255, fig. 69). Cette dernière circonstance explique les qualificatifs εὔσφυρος (4), καλλίσφυρος (5) et τανύσφυρος (6) qui prouvent bien que, dans le costume féminin de cette

Fig. 71. — Pallas d'une pinax corinthienne.

époque, les chevilles étaient visibles. Comme, d'autre part, dans le costume dorien, les bras étaient entièrement nus, l'épithète λευκώλενος, *aux blancs bras* (7) s'applique bien aussi à une femme qui en est vêtue.

(1) *Il.* V, 315 : πρόσθε δὲ οἱ πέπλοιο φαεινοῦ πτύγμ' ἐκάλυψεν,
   ἕρκος ἔμεν βελέων... Comp. 335 et suiv.
(2) *Il.* V, 734. VIII, 385 : πέπλον μὲν κατέχευεν ἑανὸν πατρὸς ἐπ' οὔδει. — (3) *Il.* VI, 442. VII, 297. XXII, 105 : Τρῳάδας ἑλκεσιπέπλους.
(4) Hésiode, *Theog.* 254, 961. *Scut. Herc.*, 16, 86. — (5) *Il.* IX, 557, 560. XIV, 319. *Od.*, V, 333. XI, 603. *Hymn.* V (*in Cerer.*), 453, XV, 8. XVII, 19. Hésiode, *Theog.*, 384, 507, 526, 950. — (6) *Hymn.* V (*in Cerer.*), 2, 77. Comp. aussi ἀργυρόπεζα, *aux pieds d'argent*, épithète fréquente de Thétis. — (7) Ebeling, *Lexicon homer.* Voy. ce mot.

Le qualificatif τανύπεπλος semble avoir à peu près le même sens que ἑλκεσίπεπλος (1). Studniczka (2) propose de le traduire par : *vêtu d'un peplos vaste, largement étendu*. Il n'y a pas d'objection à faire à cette traduction au point de vue linguistique; mais les vêtements de ce genre manquent dans l'art grec archaïque. Nous acceptons donc l'interprétation de ce savant avec cette différence que l'idée d'étendue, contenue dans le verbe, s'applique à la longueur et non à la largeur de la pièce d'étoffe oblongue dont se composait le *peplos*. Τανύπεπλος serait donc à traduire par : *étendant au loin son peplos*, ce qui est équivalent à ἑλκεσίπεπλος.

La couleur du peplos était très variable. On se figurait Éos vêtue d'un *peplos* couleur de safran (3), sans doute à cause de l'éclat doré de l'aurore. Nous retrouvons de nouveau ici l'influence orientale si, comme c'est probable, le mot κρόκος vient de l'hébreu *karkôm* (4). Il ne faudrait cependant pas y voir une opposition avec l'époque classique qui conserva et utilisa de diverses manières la couleur de safran comme la pourpre (5). Déméter en deuil porte un peplos d'un bleu noir (6); Aphrodite en a un *qui est éclatant comme le feu* (φαεινότερος πυρὸς αὐγῆς) (7), c'est-à-dire probablement d'un rouge foncé. Mais les femmes semblent avoir porté beaucoup plus de vêtements *de fantaisie* que d'une seule couleur. L'Épopée appelle souvent les πέπλοι *bigarrés* ou *très bigarrés* (ποικίλος (8), παμποίκιλος) (9) et fait ressortir dans deux endroits (10) les ποικίλματα de ces vêtements. Athéna, dit le poète, a couvert son *héanos* de nombreux orne-

---

(1) *Il.* III, 228. XVIII, 385, 424. *Od.* IV, 305. XII, 375. XV, 171, 363. Hésiode, *Scut.* 83 et *fragm.* XIII. — (2) *Beiträge*, p. 117.
(3) Ἠὼς κροκόπεπλος : *Il.* VIII, 1. XIX, 1. XXIII, 227. XXIV, 695. — Hésiode (*Théog.* 273, 358) attribue cette épithète à Enyo et à l'océanide Telesto.
(4) Hehn, *Kulturpflanzen und Hausthiere*, 3º éd., p. 227, 4º éd., p. 212.
(5) Comp. Becker, *Charikles*, III², p. 178, 202-203. — (6) Hymn. V (*in Cerer.*), 182-183, 360 : παρὰ μητέρα κυανόπεπλον. — Hésiode, *Théog.*, 406 : Λητὼ κυανόπεπλον. — (7) *Hymn.* IV (*in Vener.*), 86. — (8) *Il.* V, 735. VIII, 385. *Od.* XVIII, 293 : πέπλον ποικίλον.
(9) *Il.* VI, 289. *Od.* XV, 105 : πέπλοι παμποίκιλοι. — (10) *Il.* VI, 294.

ments (δαίδαλα πολλά) (1). Nous avons fait remarquer, dans le chapitre XII (2), que la toile par sa nature même ne se prêtait guère à un tissage multicolore. Donc si le *peplos* ou le *héanos* était garni d'ornements, il est permis de supposer que ces vêtements étaient en laine de mouton et que, par suite, ils avaient de commun avec le *chiton* dorien non seulement la forme, mais encore l'étoffe (3).

Au contraire, les épithètes du φᾶρος (4) supposent la toile (5). Ce vêtement se distinguait-il du *peplos* et du *héanos* non seulement par la nature de l'étoffe, mais encore par la coupe, et était-ce un vêtement cousu, semblable au *chiton* ionien? C'est ce qu'il est difficile de dire. On serait cependant tenté de le croire, puisque chaque fois qu'il est question du φᾶρος, l'Épopée ne mentionne point d'épingles. Mais ce peut être un simple hasard. Quoi qu'il en soit, nous inclinons à penser que ce n'était point un vêtement cousu; ce qui nous confirme dans cette opinion, c'est que le φᾶρος n'est pas désigné seulement comme un vêtement de femme, mais aussi comme un manteau d'homme et même comme un simple morceau d'étoffe servant à différents usages (6), désignation qui s'explique fort bien si ce vêtement de femme était un morceau d'étoffe oblong que l'on jetait sur le corps comme le *peplos* ou le *héanos*. Un des passages plus récents de l'Iliade (7), nous apprend qu'on fai-

Od. XV, 107 : (πέπλος) ὃς κάλλιστος ἔην ποικίλμασιν ἠδὲ μέγιστος. — (1) *Il.* XIV, 178 :

ἀμφὶ δ'ἄρ ἀμβρόσιον ἑανὸν ἕσαθ', ὅν οἱ Ἀθήνη
ἔξυσ' ἀσκήσασα, τίθει δ'ἐνὶ δαίδαλα πολλά.

(2) Voy. p. 218.
(3) Cependant cela n'empêche pas que les couvertures dites πέπλοι étaient souvent en toile (voy. notamment, *Od.* VII, 97). Comp. p. 155, note 1 et p. 210-211.
(4) *Od.* V, 230. X, 543 (voy. p. 210, note 9). — (5) Voy. p. 209-210.
(6) Voy. p. 244-245. — (7) *Il.* XVIII, 597 (les jeunes gens et jeunes filles dansant, sur le bouclier d'Achille) :

αἱ μὲν λεπτὰς ὀθόνας ἔχον, οἱ δὲ χιτῶνας
εἴατ' ἐϋννήτους ἦκα στίλβοντας ἐλαίῳ.

sait aussi des vêtements de femme avec les étoffes de lin dites ὀθόναι (1); mais on n'y trouve aucun renseignement sur la nature de ces vêtements.

Contrairement au *chiton* cousu d'hommes, le vêtement féminin ainsi jeté sur le corps nécessitait forcément une ceinture (ζώνη). La ceinture est d'ailleurs mentionnée dans toutes les descriptions quelque peu détaillées des toilettes féminines (2). Studniczka (3) a eu tort de citer comme exception à cette règle la manière dont Athéna revêt le costume de Zeus (4). La déesse ne fait point ici une toilette de femme: elle met un *chiton* d'homme et tout un équipement guerrier dont une double ceinture, le ζωστήρ et la μίτρη, faisait forcément partie (5). Hésiode emploie ζῶσαι (6) pour la toilette de Pandore.

La ceinture *d'or* de Calypso et de Circé (7) était probablement en cuir garni de lames d'or. Nous sommes mieux renseignés sur la ceinture d'Héra; l'Épopée dit qu'elle était garnie de cent franges ou houpettes (θύσανοι) (8). Studniczka (9) a apprécié cet ornement mieux que nous ne l'avons fait dans la première édition de ce livre; il est vrai que nous ne pouvions pas connaître à ce moment la très importante cuirasse, trouvée dans l'Alphée (p. 221, fig. 57) (10). La description suivante de l'égide (11) peut servir de point de départ à l'explication du mot θύσανοι :

τῆς ἑκατὸν θύσανοι παγχρύσεοι ἠερέθονται,
πάντες ἐϋπλεκέες, ἑκατόμβοιος δὲ ἕκαστος.

(1) Voy. p. 211-216.
(2) *Il.* XIV, 178 et suiv. (Voy. p. 250. note 1). *Od.* V, 231. X, 544. (Voy. p. 251, note 6). XI, 245. Hymn. IV. (*in Vener.*), 164. 255, 282. Il faut y ajouter les épithètes βαθύζωνος, εὔζωνος, καλλίζωνος qualifiant les ceintures de femmes.
(3) *Beiträge*, p. 119. — (4) *Il.* V, 734. VIII, 385 (voy. p. 223).
(5) Comp. le chap. XXI. — (6) *Op.* 72 : ζῶσαι δὲ καὶ κόσμησε θεὰ γλαυκῶπις Ἀθήνη. — (7) *Od.* V, 232. X, 545 (Voy. p. 251. note 6).
(8) *Il.* XIV, 181 : ζώσατο δὲ ζώνῃ ἑκατὸν θυσάνοις ἀραρυῖαν.
(9) *Beiträge*, p. 121-123. — (10) Voy. p. 221, note 1. — (11) *Il.* II, 448.

Fig. 72. — Bas-relief assyrien (Assournazirpal accomplissant un sacrifice).

Ces θύσανοι pendantes en fil d'or étaient évidemment une garniture de franges et de houppes, que l'art grec a transformées plus tard en serpents. Hérodote (1) emploie encore le même substantif pour la bordure serpentine et appelle, dans un autre endroit (2), κιθῶν θυσανωτός la *kalasiris* de lin des Égyptiens garnie de franges. Les θύσανοι de la ceinture d'Héra peuvent donc être considérées comme des franges ou houppes faites tantôt de fils d'or, tantôt de lamelles très minces de même métal, comme on en a trouvé dans un tombeau en puits de Mycènes (3). Cette parure est évidemment d'origine orientale. Les anciens Assyriens en faisaient un usage très varié. On la remarque au bas de presque tous les vêtements représentés sur leurs monuments. Les bandes en guise d'écharpes, garnies de franges, étaient les signes distinctifs du roi et des grands dignitaires (4). Souvent on rencontre des ceintures garnies de franges (5). Citons comme exemple le bas-relief (fig. 72) (6) qui représente le roi Assournazirpal accomplissant un sacrifice, à la suite d'une chasse heureuse. Ici les deux musiciens qui accompagnent le sacrifice portent des ceintures semblables. Le spécimen provenant du tombeau de Mycènes, que nous venons de citer, prouve que cette houppe ou clochette orientale fut introduite en Grèce avant l'époque homérique. Comme elle a été trouvée près d'une épée, Schliemann (7) suppose qu'elle était attachée à cette arme ou tout au moins à sa poignée. Mais il n'existe point de monuments orientaux ou grecs sur lesquels les épées soient ornées de cette façon. Il est probable que cette clochette faisait partie d'une ceinture. Dans un autre tombeau en puits, de Mycènes, on a découvert trois reproductions d'é-

---

(1) IV, 189. — (2) II, 81.
(3) Schliemann, *Mykenæ*, p. 348, n° 461. — (4) Perrot et Chipiez, *Hist. de l'art*, II, p. 99-101, n°s 22-24, p. 109, n° 29, p. 631, n° 304.
(5) Voy. Place, *Ninive et l'Assyrie*, III, pl. 46, 3. — Perrot et Chipiez, II, p. 455, n° 205.
(6) D'après Perrot et Chipiez, II, p. 455, n° 205.
(7) *Mykenæ*, p. 349.

charpes garnies de franges; une d'elles est en smalt bigarré (1), les deux autres en albâtre (2). Un vase trouvé à Mycènes et dont les peintures rappellent celles des vases du Dipylon (3), est orné de guerriers dont les *chitones* sont bordés de franges (4). Une garniture analogue se voit à la ceinture d'un citharède et d'une femme qui sont au nombre des figures gravées sur la cuirasse trouvée dans l'Alphée (p. 221, fig. 57) (5); c'est donc une cein-

Fig. 73. — Fragment d'une ceinture d'argent cypriote.

ture pareille à celle d'Héra dans l'Épopée.

Signalons enfin les fragments d'une ceinture d'argent trouvée dans un tombeau de Marion, dans l'île de Chypre (fig. 73) (6). Le bord inférieur est garni de clochettes d'argent dont la forme et la disposition sont évidemment copiées sur une de ces

(1) *Mykenæ*, p. 278, n° 351. Comp. p. 279-280. — (2) *Ibid.* p. 279, n° 352. — (3) Voy. plus haut p. 92-102.
(4) *Mykenæ*, p. 153, n° 213. On rencontre souvent des *chitones* analogues sur les vases du genre de la coupe d'Arcésilas (Voy. plus haut, p. 230, note 1) et sur ceux du peintre Amasis, ce qui indique peut-être une influence égyptienne (Studniczka, Ἐφημερὶς ἀρχ. 1886, p. 127-128).
(5) Voy. p. 221, note 1. — (6) Notre fig. 73 reproduit un de ces fragments ainsi qu'une clochette qui s'y rapporte, d'après une photographie que nous devons à F. Dümmler. Autant qu'on peut en juger par cette photographie qui est prise non sur l'original mais sur une aquarelle, nous sommes là en présence d'un travail phénicien. Remarquons ici la forme de la tête des griffons qui semblaient être jusqu'à présent une invention de l'art grec (Furtwängler, *Die Bronzefunde aus Olympia*, p. 51 et suiv.). Par

garnitures de glands. Cette garniture déparait les formes du corps; aussi rien d'étonnant à ce que le goût épuré des Grecs ait rejeté cet ornement oriental (1).

La manière dont on était ceint était qualifiée par les épithètes βαθύζωνος (2) εὔζωνος (3) et καλλίζωνος (4). Quelques anciens commentateurs pensent que la première se rapporte à un costume féminin barbare; mais un passage de l'Iliade (5) réfute cette opinion. Cléopâtre, femme de Méléagre, c'est-à-dire Grecque, supplie son mari de sauver la ville de Calydon en détresse. Elle dépeint les horreurs qu'ont à endurer les femmes et les enfants d'une ville prise à l'ennemi; au milieu de cette description elle appelle les premières βαθύζωνοι et attribue, par conséquent, aux femmes grecques de Calydon, la propriété que représente cette épithète (6). L'explication la plus plausible est celle proposée par Studniczka (7) : suivant lui βαθύζωνος indique l'entaille profonde qu'une ceinture produit autour des reins; plus cette entaille est profonde, et plus la taille paraît svelte. La traduction libre serait donc : *remarquable par sa taille svelte*. Les Grecs, avec leur sens plastique, se préoccu-

---

conséquent de deux choses l'une : ou la ceinture cypriote infirme l'opinion de Furtwængler, ou bien l'artiste phénicien qui a exécuté ces griffons a subi l'influence hellénique.

(1) Mais Léonidas de Tarente (*Anth. Pal.* VI, 202) mentionne une εὔζωνος ζώνη; on peut en conclure que la ceinture de franges, comme beaucoup d'autres objets orientaux, reparut à l'époque hellénistique. Comp. un vase attique de basse époque dans Dumont et Chaplain, *Les céramiques de la Grèce propre*, pl. 38.

(2) *Il.* IX, 594. *Od.* III, 154. Hésiode, *fragm.*, XCIII, 4. *Hymn.* V (*in Cerer.*), 95, 161. 201.

(3) *Il.* I, 429. VI, 467. IX, 366. 590, 667. XXIII, 261, 760. *Hymn.* V (*in Cerer.*), 212, 234, 243, 255. Hés. *Scut.* 31. *Fragm.* CXXXVIII.

(4) *Il.* VII, 139. XXIV 698. *Od.*, XXIII, 147. Hymn. I (*in Apoll. Del.*), 154. Hymn. II (*in Apoll. Pyth.*), 268.

(5) *Il.* IX, 594.

(6) D'ailleurs le poète de l'Hymne à Déméter donne cette épithète à Persephonè, à Metaneira et aux femmes en général. Voy. ci-dessus les renvois de la note 2.

(7) *Beiträge*, p. 120-121.

paient de la forme de cette partie du corps : nous en avons la preuve dans le célèbre passage (1) où la taille d'Agamemnon est comparée à celle d'Arès. Sur les vases du Dipylon (2) et autres de style analogue (3) ainsi qu'en général sur tous les monuments archaïques de la Grèce, on voit des femmes à ceinture très serrée; donc une taille élancée passait pour une beauté au temps qui suivit immédiatement l'époque homérique. Rien ne nous empêche de supposer qu'il en fût de même à l'époque immédiatement précédente. Les adjectifs εὔζωνος et καλλίζωνος se rapportent-ils à la beauté de la taille ou de la ceinture? c'est ce qu'il est difficile de dire. Studniczka (4), en se rangeant à la première de ces hypothèses, s'appuie sur ce que ces deux épithètes s'appliquent aussi bien aux femmes de basse condition qu'aux femmes de distinction (5). Mais il ne faut pas oublier que les poètes en usaient très librement avec le trésor de brillantes épithètes qui étaient à leur disposition.

Voyons maintenant quel est le sens exact du κεστὸς ἱμάς (*courroie historiée*) qui renfermait le charme d'amour d'Aphrodite. Les commentateurs entendent par là généralement une ceinture, le *ceste* (6). Mais en étudiant de près les vers (7) où il en est question, on y découvre toute autre chose. Tout d'abord il est à remarquer que le poète ne se sert pas du mot ζώνη (8), habituellement usité pour la ceinture de femme, mais bien du

---

(1) *Il.* II, 479. — (2) Comp. *Mon. dell' Inst.*, IX, pl. XXXIX, 2.

(3) Voy. un exemple très caractéristique dans Schliemann, *Tiryns*, pl. XVIIa, p. 103-105.

(4) *Beiträge*, p. 121.

(5) La gardienne d'Astyanax est εὔζωνος (*Il.* VI, 467). Les servantes d'Ulysse sont καλλίζωνοι (*Od.* XXIII, 147).

(6) Comp. *Ann. dell' Inst.* 1842, p. 50-53. — Dœderlein, *Homerisches Glossarium*, III, p. 116.

(7) *Il.* XIV, 214 (Aphrodite) : ἦ καὶ ἀπὸ στήθεσφιν ἐλύσατο κεστὸν ἱμάντα ποικίλον ἔνθα τε οἱ θελκτήρια πάντα τέτυκτο.
Puis elle dit à Héra 219 : τῇ νῦν τοῦτον ἱμάντα τεῷ ἐγκάτθεο κόλπῳ, ποικίλον, exhortation à laquelle obéit l'épouse de Zeus, 221 : μειδήσασα δ'ἔπειτα ἑῷ ἐγκάτθετο κόλπῳ. — Comp. Schol. *Il.* XIV, 214 et Lehrs, *De Arist. stud. hom.* 2ᵉ éd. p. 193. — (8) Voy. p. 259, note 7.

mot ἱμάς, *courroie*. Ensuite Aphrodite détache cet objet de sa poitrine; or on sait que les femmes grecques, jusqu'au milieu du cinquième siècle, ne se ceignaient pas immédiatement sous la poitrine, mais plus bas, au-dessus des hanches (1). Enfin, Hèra, après avoir reçu *l'himas* des mains d'Aphrodite, ne le met pas du tout en guise de ceinture, mais le cache dans son *kolpos*, conformément au désir de cette déesse; et le *kolpos*, comme nous le verrons plus loin, c'est le creux formé par les deux seins et le vêtement qui couvre la poitrine. Nous prendrons donc l'expression du poète dans son sens le plus précis et admettrons une courroie historiée qu'Aphrodite serrait contre sa poitrine d'une manière qu'on ne peut guère déterminer avec exactitude. Par conséquent, il ne s'agit pas ici d'un objet de toilette, mais d'un *charme* ou talisman. Les savants plus familiarisés que nous avec ces questions seront à même de dire s'il existe d'autres exemples de courroies rehaussées de dessins ou d'ornements. L'adjectif κεστός dérivé du verbe κεντέω (2) suppose des motifs imprimés ou gravés, comme on en trouve à toutes les époques sur les objets en cuir, et concorde du reste parfaitement avec l'épthète ποικίλος (*orné*) (3).

Nous avons à parler encore de l'épithète βαθύκολπος (4) qui qualifie trois fois dans l'Épopée les femmes troyennes. Aristarque (5), Otfried Müller (6) et Dœderlein (7) supposent que ce qualificatif désigne un costume féminin barbare. Que cette épithète soit exclusivement appliquée aux Troyennes ou non, nous

---

(1) Flasch, dans les *Ann. dell' Inst.*, 1873, p. 18. — Petersen, dans les *Archæol-epigraph. Mittheilungen aus Oesterreich*, V (1881), p. 2-13.

(2) *Kuhns Zeitschrift für vergl. Sprachvorschung*, VII, p. 88; VIII, p. 151, 354. Comp. le πολύκεστος ἱμάς qui sert de courroie d'attaque à Pâris (*Il.* III, 371). Voy. Studniczka, *Beiträge*, p. 123, note 89.

(3) Comp. notre ch. XXX. — (4) *Il.* XIX, 122, 339; XXIV, 215.

(5) *Etym.*, p. 185, 33, 41. — *Schol. Il.* II, 484; XVIII, 339; XXIV, 215. — *Od.*, III, 154. — Eustath. sur l'*Od.*, III, 154, p. 1462, 3. — Comp. Lehrs, *De Arist. stud. homer.*, 2ᵉ éd., p. 111-112.

(6) *Handbuch der Archæol.* § 339, 3. — (7) *Homerisches Glossarium*, III, p. 117, n° 2112.

ne saurions partager l'avis de ces savants. Comme nous l'avons déjà fait remarquer dans notre chapitre Ier (1), les poètes ne font aucune différence entre les formes achéennes et troyennes. De plus dans l'édition de l'Iliade due à Zenodotos (2) l'adjectif βαθύκολποι est adjoint aux Muses, et dans les hymnes homériques aux Nymphes (3) et aux Océanides (4). Nous pouvons donc admettre que les poètes l'ont employé en regardant autour d'eux les femmes grecques. Aristarque (5) et les commentateurs modernes (6) prétendent que cet adjectif fait allusion au *bouffant* du peplos remonté au-dessus de la ceinture; mais on ne rencontre cette disposition sur aucun monument de l'art grec archaïque (7). En outre, Studniczka a prouvé que le mot κόλπος, partout où il revient dans l'Épopée, autorise une tout autre interprétation (8).

Κόλπος, comme en latin *sinus*, *sein* en français, *Busen* en allemand, désigne en général un creux, une place concave. L'acception de tous ces mots s'est également élargie. Dans le corps de la femme ils signifient d'abord l'espace vide compris entre les deux seins, puis, par extension, toute la poitrine; dans ce dernier sens, ils sont employés pour la poitrine de l'homme. Ils peuvent aussi s'appliquer parfois au vêtement qui recouvre la poitrine, de même que dans notre expression moderne *poitrine couverte de décorations* (9). Κόλπος et *sinus* ne sont employés pour désigner le vêtement que si celui-ci forme un

---

(1) P. 6 et suiv. — (2) Son texte dit : Μοῦσαι Ὀλυμπιάδες βαθύκολποι (de même Pindare, *Pyth.* I, 12) au lieu de : Μοῦσαι Ὀλύμπια δώματ' ἔχουσαι (Schol. *Il.* XVIII, 339; XXIV, 215. Comp. Lehrs, p. 112). *Il.* V, 424. Plutarch (*Symp.* 9, 2, 3) lisait : Ἀχαιάδων βαθυκόλπων au lieu de Ἀ. εὐπέπλων.
(3) IV (*in Vener.*), 257. — (4) V (*in Cerer.*) 5. — (5) Voy. ci-dessus note 4 et Lehrs, *De Arist. stud. hom.*, 2e éd., p. 150.
(6) Notamment Böckh sur Pindare, *Ol.* III, 36. (II², p. 140) et Stark à propos des *Griech. Privatalterth.* de Hermann, 2e édit., p. 169, note 21.
(7) On en trouve les exemples les plus anciens sur les vases corinthiens : Boehlau. *Quæstiones de re vestiaria Græcorum*, p. 68-70.
(8) *Beiträge*, p. 101-104.
(9) Studniczka, *Beiträge*, p. 102.

bourrelet ou mieux un *bouffant*. Or il n'est pas un seul passage caractéristique de l'Épopée qui nous oblige à prendre κόλπος dans ce sens; il a, au contraire, partout la signification très claire de poitrine nue ou couverte.

Ce mot a évidemment son sens primitif dans ce passage de l'Iliade (1) où il est dit que Hèra serre dans son κόλπος le ἱμάς que lui donne Aphrodite. Il désigne certainement ici le creux compris entre les deux seins et le vêtement de la poitrine. Supposons la déesse vêtue d'une sorte de *chiton* dorien et ce fait nous paraîtra tout naturel. Hèra n'avait même pas besoin de se dégrafer pour serrer le *himas*; elle n'avait qu'à le glisser par l'ouverture pratiquée sous l'aisselle.

Il en est de même pour un passage de l'Odyssée (2). Lorsque la gardienne d'Eumaios s'échappe pour aller rejoindre ses compatriotes sidoniens, elle emporte trois coupes qu'elle cache ὑπὸ κόλπῳ. Κόλπος ne peut signifier ici que le sein, et pour contenir les trois coupes ce κόλπος devait être un espace vide assez considérable et accessible par l'ouverture latérale sans qu'il fût besoin de dégrafer le vêtement.

Il faut, en outre, rappeler ici les vers par lesquels Hécube conjure Hector de renoncer au combat avec Achille (3) :

μήτηρ δ' αὖθ' ἑτέρωθεν ὀδύρετο δακρυχέουσα,
κόλπον ἀνιεμένη, ἑτέρηφι δὲ μαζὸν ἀνέσχεν.

Κόλπον ἀνιεμένη doit être traduit ici par *faisant ressortir*, c'est-à-dire *découvrant* le sein. Aristonicus (4) a déjà compris ainsi ce passage et signalé à ce propos les vers suivants de l'Odyssée (II, 299).

εὗρε δ' ἄρα μνηστῆρας ἀγήνορας ἐν μεγάροισιν,
αἶγας ἀνιεμένους σιάλους θ' εὔοντας ἐν αὐλῇ,

---

(1) *Il.* XIV, 219, 223 (voy. p. 265, note 4).
(2) *Od.* XV, 469. — (3) *Il.* XXII, 79-80.
(4) Schol. *Il.* XXII, 80.

où αἶγας ἀνίεσθαι ne peut signifier que *dépouiller les chèvres de leur peau*, c'est-à-dire *dépecer*; ce verbe a donc ici exactement le même sens que dans le passage ci-dessus de l'Iliade. Si nous traduisons κόλπον ἀνιεμένη par *découvrant le sein,* nous sommes en présence d'un vêtement du genre dorien. Hécube désagrafe son vêtement d'une main, acte tellement naturel qu'il n'avait pas besoin d'être signalé. De l'autre main (ἑτέρηφι), elle soulève l'un de ses deux seins (μαζόν), qui se trouve être ainsi complètement dénudé, et par ce sein, qui l'a calmé, elle adjure son fils d'épargner sa vie. Au contraire, lorsque les poètes nous apprennent que les κόλποι d'Althaia, quand elle invoque Hadès et Perséphonè contre son fils Méléagre, sont mouillés de larmes (1), lorsqu'Astyanax, effarouché par le panache du casque de son père, se serre contre le κόλπος de sa gardienne (2), lorsqu'enfin Néoptolème, pour briser Astyanax contre terre, l'arrache ἐκ κόλπου de sa gardienne (3), dans tous ces cas il s'agit évidemment d'un sein recouvert d'un vêtement. Il est, en effet, difficile d'admettre que les poètes s'imaginaient voir Althaia et la gardienne d'Astyanax avec la partie supérieure du corps entièrement dénudée. Pour le même motif, il convient d'attribuer au κόλπος le même sens dans trois passages de l'hymne à Déméter (4), où il est dit que Metaneira, tenant son enfant sous le κόλπος, est assise devant la porte de sa maison, — que Déméter,

---

(1) *Il.* IX, 569 : κικλήσκουσ' Ἀΐδην καὶ ἐπαινὴν Περσεφόνειαν,
πρόχνυ καθεζομένη, δεύοντο δὲ δάκρυσι κόλποι.

(2) *Il.* VI, 467 : Ἂψ δ' ὁ πάϊς πρὸς κόλπον ἐϋζώνοιο τιθήνης
ἐκλίνθη ἰάχων.

(3) *Petite Iliade*, Fragm. 18. (*Epicor. gr. fragm.* éd. Kinkel, I, p. 46.) :
παῖδα δ' ἑλὼν ἐκ κόλπου ἐϋπλοκάμοιο τιθήνης
ῥῖψε ποδὸς τεταγὼν ἀπὸ πύργου.

(4) *Hymn.* V (*in Cerer.*) 186 : ἧστο παρὰ σταθμὸν τέγεος πύκα ποιητοῖο
παῖδ' ὑπὸ κόλπῳ ἔχουσα.

231 : ὣς ἄρα φωνήσασα θυώδεϊ δέξατο κόλπῳ
χερσίν τ' ἀθανάτῃσι.

238 : ... χρίεσκ' ἀμβροσίῃ, ὡσεὶ θεοῦ ἐκγεγαῶτα
ἡδὺ καταπνείουσα καὶ ἐν κόλποισιν ἔχουσα.

en l'attendant, prend l'enfant sur son κόλπος odoriférant, qu'elle le parfume d'ambroisie, en le tenant ἐν κόλποισι.

Par suite, il ne peut subsister aucun doute sur la signification de βαθύκολπος. Cet adjectif indique le creux profond compris entre les deux seins de la femme qui font une forte saillie. Pour le prouver mieux encore il est à peine besoin de citer un passage d'Eschyle (1) où il est dit qu'Antigone et Ismène ἐρατῶν ἐκ βαθυκόλπων στηθέων donnent libre cours à leur douleur, passage où cette épithète ne saurait avoir un autre sens. On peut donc la traduire par *au sein abondant*, ou bien, avec Voss, par *au sein gonflé* (2). Cette épithète correspond parfaitement au goût esthétique des Grecs de ce temps-là qui aimaient (l'Épopée le prouve surabondamment) (3) non pas un type de femme délicat, éthéré, mais bien d'une apparence forte et luxuriante.

Outre le ἑανός, le πέπλος et le φᾶρος, le costume féminin comprenait un grand voile, sorte de manteau, que les femmes jetaient sur leurs épaules, lorsqu'elles se disposaient à sortir.

---

(1) *Septem*, 863 : ... οὐκ ἀμφιβόλως
οἶμαί σφ' ἐρατῶν ἐκ βαθυκόλπων
στηθέων ἥσειν ἄλγος ἐπάξιον.

(2) La désignation de cette particularité est bien conforme au génie de l'Épopée. Voy. *Il.* III, 397, où le poète fait ressortir les στήθεα ἱμερόεντα d'Aphrodite. Dans la petite Iliade, Ménélas, sur le point de tuer son infidèle épouse, laisse tomber le glaive en voyant son sein nu : *Epicor. grœc. fr agm.* éd. Kinkel, I, p. 45, n° 16.

(3) *Od.* VI, 151 : Ἀρτέμιδί σε ἔγωγε, Διὸς κούρῃ μεγάλοιο,
εἶδός τε μέγεθός τε φυήν τ'ἄγχιστα ἔϊσκω

Od. XIII, 288; XVI, 157 (Athèna) : ... δέμας δ'ἤϊκτο γυναικὶ
καλῇ τε μεγάλῃ τε καὶ ἀγλαὰ ἔργ' εἰδυίῃ.

De même, *Od.* XV, 418, et *Od.* V, 215 Ulysse dit à Calypso :
..... οἶδα καὶ αὐτὸς
πάντα μάλ', οὕνεκα σεῖο περίφρων Πηνελόπεια
εἶδος ἀκιδνοτέρη μέγεθός τ' εἰσάντα ἰδέσθαι.

XVIII, 195 : καί μιν μακροτέρην καὶ πάσσονα θῆκεν ἰδέσθαι.
XVIII, 249 : ..... ἐπεὶ περίεσσι γυναικῶν
εἶδός τε μέγεθός τε ἰδὲ φρένας ἔνδον ἐΐσας.

Od. XX, 70 : Ἥρη δ'αὐτῇσιν περὶ πασέων δῶκε γυναικῶν
εἶδος καὶ πινυτήν, μῆκος δ' ἔπορ' Ἄρτεμις ἁγνή.

LES VÊTEMENTS DES FEMMES. 271

Il est désigné ordinairement par les termes κρήδεμνον (κρήδεμνα) (1), καλύπτρη (2) et κάλυμμα (3). Le premier, comme le

Fig. 74. — Bas-relief montrant une femme coiffée d'un *kalymma*.

(1) Κρήδεμνον : *Il.* XIV, 184; XXII, 470. *Od.* V, 346, 351, 373, 459; VI, 100. Κρήδεμνα : *Od.* I, 334; XVI, 416; XVIII, 210; XXI 65. *Hymn.* (*in Cerer.*) 41. Καλλικρήδεμνος : *Od.* IV, 623. Λιπαροκρήδεμνος : *Il.* XVIII, 382. Hymne V (*in Cerer.*), 25, 438, 459.
(2) *Il.* XXII, 406. *Od.* V, 232; X, 545. *Hymn.* V. (*in Cerer.*). 197. Hésiode, *Theogon.* 574. — (3) *Il.* XXIV, 93. *Hymn.* V, 42.

en l'attendant, prend l'enfant sur son κόλπος odoriférant, qu'elle le parfume d'ambroisie, en le tenant ἐν κόλποισι.

Par suite, il ne peut subsister aucun doute sur la signification de βαθύκολπος. Cet adjectif indique le creux profond compris entre les deux seins de la femme qui font une forte saillie. Pour le prouver mieux encore il est à peine besoin de citer un passage d'Eschyle (1) où il est dit qu'Antigone et Ismène ἐρατῶν ἐκ βαθυκόλπων στηθέων donnent libre cours à leur douleur, passage où cette épithète ne saurait avoir un autre sens. On peut donc la traduire par *au sein abondant*, ou bien, avec Voss, par *au sein gonflé* (2). Cette épithète correspond parfaitement au goût esthétique des Grecs de ce temps-là qui aimaient (l'Épopée le prouve surabondamment) (3) non pas un type de femme délicat, éthéré, mais bien d'une apparence forte et luxuriante.

Outre le ἑανός, le πέπλος et le φᾶρος, le costume féminin comprenait un grand voile, sorte de manteau, que les femmes jetaient sur leurs épaules, lorsqu'elles se disposaient à sortir.

---

(1) *Septem*, 863 : ... οὐκ ἀμφιβόλως
οἶμαί σφ' ἐρατῶν ἐκ βαθυκόλπων
στηθέων ᾕσειν ἄλγος ἐπάξιον.

(2) La désignation de cette particularité est bien conforme au génie de l'Épopée. Voy. *Il.* III, 397, où le poète fait ressortir les στήθεα ἱμερόεντα d'Aphrodite. Dans la petite Iliade, Ménélas, sur le point de tuer son infidèle épouse, laisse tomber le glaive en voyant son sein nu : *Epicor. graec. fragm.* éd. Kinkel, I, p. 45, n° 16.

(3) *Od.* VI, 151 : Ἀρτέμιδί σε ἔγωγε, Διὸς κούρῃ μεγάλοιο,
εἶδός τε μέγεθός τε φυήν τ'ἄγχιστα ἐΐσκω

Od. XIII, 288; XVI, 157 (Athéna) : ... δέμας δ'ἤϊκτο γυναικὶ
καλῇ τε μεγάλῃ τε καὶ ἀγλαὰ ἔργ' εἰδυίῃ.

De même, *Od.* XV, 418, et *Od.* V, 215 Ulysse dit à Calypso :
..... οἶδα καὶ αὐτὸς
πάντα μάλ', οὕνεκα σεῖο περίφρων Πηνελόπεια
εἶδος ἀκιδνοτέρη μέγεθός τ' εἰσάντα ἰδέσθαι.

XVIII, 195 : καί μιν μακροτέρην καὶ πάσσονα θῆκεν ἰδέσθαι.
XVIII, 249 : ..... ἐπεὶ περίεσσι γυναικῶν
εἶδός τε μέγεθός τε ἰδὲ φρένας ἔνδον ἐΐσας.

Od. XX, 70 : Ἥρη δ'αὐτῇσιν περὶ πασέων δῶκε γυναικῶν
εἶδος καὶ πινυτήν, μῆκος δ' ἔπορ' Ἄρτεμις ἁγνή.

LES VÊTEMENTS DES FEMMES.   271

Il est désigné ordinairement par les termes κρήδεμνον (κρήδεμνα) (1), καλύπτρη (2) et κάλυμμα (3). Le premier, comme le

Fig. 75. — Bas-relief montrant une femme coiffée d'un *kalymma*.

(1) Κρήδεμνον : *Il.* XIV, 184; XXII, 470. *Od.* V, 346, 351, 373, 459; VI, 100. Κρήδεμνα : *Od.* I, 334; XVI, 416; XVIII, 210; XXI 65. *Hymn.* (*in Cerer.*) 41. Καλλικρήδεμνος : *Od.* IV, 623. Λιπαροκρήδεμνος : *Il.* XVIII, 382. Hymne V (*in Cerer.*), 25, 438, 459.
(2) *Il.* XXII, 406. *Od.* V, 232; X, 545. *Hymn.* V. (*in Cerer.*). 197. Hésiode, *Theogon.* 574. — (3) *Il.* XXIV, 93. *Hymn.* V, 42.

fait observer avec raison Ameis (1), indique la place exacte où était posé cette espèce de châle (2), les deux autres l'effet que produisait ce vêtement. Il résulte d'ailleurs de l'hymne à Déméter notamment que ces trois substantifs désignent le même vêtement. Lorsque cette déesse entend le cri que pousse sa fille ravie par Hadès, une douleur violente s'empare d'elle ; elle déchire alors ses κρήδεμνα qui couvrent ses boucles d'ambroisie et jette un κάλυμμα foncé sur ses deux épaules (3). Cela veut dire évidemment que cette déesse, dans sa douleur, met un autre voile que celui qu'elle portait d'habitude, et cela afin de bien marquer son deuil. Ceci est à rapprocher du passage de l'Iliade où Thétis, émue de la douleur de son fils Achille, se rend auprès de Zeus vêtue d'un κάλυμμα très noir (4). Le κάλυμμα de Déméter est appelé καλύπτρη plus loin dans le même hymne (5). Donc κρήδεμνον, καλύπτρη et κάλυμμα sont bien synonymes.

Le voile désigné par ces trois substantifs était généralement posé sur le derrière de la tête (6) et, laissant le visage à découvert, pendait dans le dos et sur les épaules. Les femmes ne s'en couvraient le visage que lorsqu'elles voulaient rester inconnues (7) ou se retrancher, en deuil, du monde extérieur (8). Si elles étaient pressées, elles se contentaient de jeter ce châle

---

(1) Sur l'*Odyssée*, V, 232.
(2) Κρήδεμνον de κάρ, κάρα et δέω. Curtius, *Grundzüge*, 4ᵉ éd., p. 233, nº 264.
(3) 40 : .... ἀμφὶ δὲ χαίταις
ἀμβροσίαις κρήδεμνα δαίξετο χερσὶ φίλῃσι,
κυάνεον δὲ κάλυμμα κατ' ἀμφοτέρων βάλετ' ὤμων.
(4) *Il.* XXIV, 93 : ὣς ἄρα φωνήσασα κάλυμμ' ἕλε δῖα θεάων
κυάνεον, τοῦ δ' οὔτι μελάντερον ἔπλετο ἔσθος
(5) 197 : ἔνθα καθεζομένη προκατέσχετο χερσὶ καλύπτρην.
δηρὸν δ' ἄφθογγος τετιημένη, ἧστ' ἐπὶ δίφρου.
(6) *Il.* XIV, 184 : κρηδέμνῳ δ' ἐφύπερθε καλύψατο δῖα θεάων
Od. V, 232 (βάλετο) : κιφαλῇ δ' ἐφύπερθε καλύπτρην. Comp. *Od.* X, 545. *Hymn.* V (*in Cerer.*) 182, et Hesiode, *Theog.* 574.
(7) *Il.* III, 419. — (8) *Hymn.* V (*in Cerer.*), 197

non sur le derrière de la tête, mais sur les épaules, comme fait Déméter lorsqu'elle s'élance pour aller chercher sa fille (1). On ôtait le κρήδεμνον quand on avait besoin d'avoir les mouvements du corps libres, par exemple en jouant à la balle (2). Les femmes qui sont en proie à une violente douleur le rejettent au loin (3). Comme dans les conditions normales, ce voile était simplement posé sur la tête, il fallait, pour qu'il ne pût glisser de la tête,

Fig. 75. — Pénélope coiffée d'un *kalymma*.

tout au moins le maintenir avec la main (4). Les règles de la convenance prescrivaient, en effet, aux femmes de tenir le voile devant la joue, lorsqu'elles conversaient avec les hommes; cette coutume, confirmée par les monuments archaïques (5), se

(1) Hymne V, 42. Voy. p. 272 note 3.
(2) Comme les compagnes de Nausicaa (*Od.* VI, 100).
(3) *Il.* XXII, 406 : (Hécube) : τίλλε κόμην, ἀπὸ δὲ λιπαρὴν ἔρριψε καλύπτρην τηλόσε.
  XXII, 470 (Andromaque) : τῆλε δ'ἀπὸ κρατὸς βάλε...
    κρήδεμνον θ', ὅ ῥά οἱ δῶκε χρυσέη Ἀφροδίτη.
(4) Hésiode, *Théog.*, 575. Comp. p. 272 note 6.
(5) Artémis sur un fragment de vase : Conze, *Melische Thongefässe*, vi-

maintint à l'époque ultérieure. C'est ainsi que Pénélope tenait son voile quand elle se montra aux prétendants (1). Cette disposition ne portait nullement atteinte à la beauté de la femme; elle imprimait au contraire un caractère charmant au profil et faisait valoir admirablement la forme du bras.

Les épithètes accompagnant le κρήδεμνον (2) et la καλύπτρη (3) indiquent des étoffes de lin, nous l'avons déjà démontré dans le chapitre XI (4). Dans un passage (5) ce voile est appelé précisément ὀθόναι, c'est-à-dire étoffe de lin. Lorsqu'Iris se rend chez Hélène pour l'engager à regarder les deux armées du haut des murailles, elle la trouve dans son *megaron*, occupée à son métier de tapisserie. Dès que la déesse l'exhorta à sortir et qu'elle lui inspira le désir de voir son premier époux, Hélène s'enveloppe dans ses ἀργενναὶ ὀθόναι et, toute en larmes, quitte son appartement. Comme il est certain qu'Hélène n'était pas nue auparavant, mais bien vêtue d'un *heanos*, d'un *peplos* ou d'un *pharos*, nous sommes obligés d'admettre, avec Ameis, que ὀθόναι signifiait le voile dont Hélène se couvrit, au moment de sortir, suivant la mode de son temps. Il est vrai qu'en parlant du même vêtement, dans un autre passage du même chant (6), le poète dit : ἑανῷ ἀργῆτι φαεινῷ; mais cela n'a rien d'étonnant, puisque le substantif ἑανός a ici un sens général, de même que le κάλυμμα

gnette, p. V. — Une femme assistant à un combat : Conze, pl. 3. — Des femmes sur des stèles funéraires de Sparte : *Mittheil. des arch. Inst. in Athen*, II, pl. 20, 22-24; VIII, pl. 16. — Eriphyle sur un vase de Corinthe : *Mon. dell' Inst.* X, pl. 4, 5. — Thétis en fiancée sur le vase François (voy. plus haut, p. 6, note 1). — Hélène en présence de Ménélas sur des vases à figures noires : Overbeck, *Galerie*, pl. 26, 1-3; *Mus greg.*, II, pl. 49, 2, notre fig. 75. Comp. Löschcke, *De basi quadam prope Spartam reperta*, p. 7.

(1) *Od.* I, 334; XVI, 416; XVIII, 210; XXI, 65 . ἄντα παρειάων σχομένη λιπαρὰ κρήδεμνα.

(2) Νηγάτεος : *Il.* XIV, 185. Λιπαρός : *Od.* XXI, 65. — (3) Λιπαρός : *Il.* XXII, 406. Comp. λιπαροκρήδεμνος (voy. p. 210, note 8).

(4) P. 210-211. — (5) *Il.* III, 141 :

αὐτίκα δ'ἀργεννῇσι καλυψαμένη ὀθόνῃσιν
ὡρμᾶτ' ἐκ θαλάμοιο. Voy. p. 212-214 sur les ὀθόναι.

(6) 419 (voy. p. 210).

de Thétis prend le nom d'ἔσθος (1). L'identité des ὀθόναι avec le ἑανός est en outre démontrée par la parenté des épithètes dont ces deux substantifs sont accompagnés. On semble avoir laissé presque toujours au κάλυμμα la couleur naturelle de la toile; car les épithètes font ressortir presque toujours la blancheur éclatante de cette partie de la toilette; un κάλυμμα bleu foncé n'est mentionné que dans deux passages cités plus haut (2). Les monuments archaïques reproduisent très souvent cette partie du vêtement : ils nous le montrent ou bien tombant de derrière la tête dans le dos et sur les épaules (fig. 74) (3); ou bien, comme celui de Pénélope, se montrant aux prétendants, écarté d'une main devant la joue (fig. 75) (4).

La coiffure d'Andromaque, décrite dans le 22° chant de l'Iliade, est particulièrement compliquée. Comme il faut l'envisager à divers points de vue, nous allons lui consacrer un chapitre spécial.

(1) *Il.* XXIV, 94 (voy. p. 272, note 4). Comp. Studniczka, *Beiträge*, p. 127.
(2) *Il.* XXIV, 93 (voy. p. 272, note 4). Hymn. V (*in Cerer.*), 42 (voy. p. 272, note 3).
(3) Exemples : une femme sur un vase de Mélos — Conze, *Melische Thongefässe*, pl. 3; Hélène sur une basis de Sparte — *Ann. dell' Inst.* 1861. Tav. d'Agg. C. 2; Löschcke, *De basi quadam prope Spartam reperta*, n° 1, p. 7 et suiv. Notre fig. 74; les trois déesses sur la coupe de Xénoclès — Raoul Rochette, *Mon. inéd.* pl. 49, 1; Overbeck, *Galer.*, pl. 9, 2.
(4) Exemples cités à la p. 273, note 5. Notre fig. 75 empruntée au *Mus. Grey.*, II, pl. 49, 2.

CHAPITRE XIV.

LA COIFFURE D'ANDROMAQUE.

Lorsqu'Andromaque apprend la mort d'Hector, dans son désespoir, elle jette au loin sa coiffure (1):

τῆλε δ'ἀπὸ κρατὸς βάλε δέσματα σιγαλόεντα,
ἄμπυκα, κεκρύφαλόν τ'ἠδὲ πλεκτὴν ἀναδέσμην
κρήδεμνόν θ', ὅ ῥά οἱ δῶκε χρυσέη Ἀφροδίτη.

Comme les poètes ne font aucune différence entre les mœurs achéennes et troyennes, il est certain tout d'abord que les Ioniennes portaient la même coiffure. Il ne peut y avoir non plus aucun doute sur trois des objets de toilette mentionnés par le poète. L'*ampyx* est un diadème de métal (2), semblable à celui qui, dans un autre endroit de l'Iliade, est appelé *stephané* (3),

---

(1) *Il.* XXII 468-470. — (2) Hymn. hom. VI, 5 : τὴν δὲ χρυσάμπυκες Ὧραι
δέξαντ' ἀσπασίως, περὶ δ'ἀμβρότα εἵματα ἕσσαν·
κρατὶ δ'ἐπ' ἀθανάτῳ στεφάνην εὔτυκτον ἔθηκαν
καλὴν, χρυσείην.

D'après ce passage, l'*ampyx* serait en or. Comp. le même Hymne V, 12 et Hésiode, *Théog.* 916 : Μοῦσαι χρυσάμπυκες. Nous avons expliqué plus haut (p. 198) cet adjectif en tant qu'épithète des chevaux.
(3) XVIII, 597. Εὐστέφανος est l'épithète d'Artémis (*Il.* XXI, 511), de Mycèné (Od. II. 120), d'Aphrodite (Od. VIII, 267, 288. XVIII, 193. *Hymn.* IV, 6, 175, 287) et de Déméter (*Hymn.* V. 224, 307, 384, 470). Comp. Hessling, *De usu coronarum apud Græcos* (Lugd. Bat. 1886) p. 17. L'hymne VI, 5 (voy. la note précédente), attribue aux Heures des *ampykes* d'or et une stéphané d'or à Aphrodite. Il est donc tout naturel de supposer que cette dernière passait pour être une parure plus brillante et plus distinguée. L'*ampyx* est probablement ce diadème étroit que l'on rencontre déjà, par exemple, sur les anciens vases de Mélos (Conze, *Melische Thongefässe*, pl. 4); la sté-

le *kekryphalos* (1) un bonnet, le *kredemnon* (nous l'avons vu dans le chapitre précédent) cette sorte de mantelet qui, jeté sur la tête, laissait à découvert le visage (2). Il est beaucoup

Fig. 76. — Peinture étrusque (scène de banquet d'après l'*Art Étrusque* de Jules Martha, fig. 262).

plus difficile de déterminer le sens exact de πλεκτή ἀναδέσμη.

phanè, au contraire, ce haut diadème dont sont ornées les anciennes idoles (Panofka, *Terracotten des Museums zu Berlin*, pl. 1, n°s 2, 3; Gerhard, *Ges. ak. Abhandlungen*, pl. 22, n°s 1, 5. Comp. les têtes de Megara Hyblaia dans le *Bull. della Comm. di antichità in Sicilia* 1872, pl. 1, n°s 1, 3. pl. III n°s 9, 10) et surtout les têtes de femmes qui forment le milieu des briques de frontons archaïques.

(1) Sur les étymologies indo-européennes de ce mot voyez: Ebeling, *Lexicon homer.* s. v. κεκρύφαλος. L'hypothèse la plus satisfaisante semble être celle d'après laquelle il serait formé du radical κρυφ redoublé avec adjonction du suffixe αλος, de même que dans ἥαλος, γέφαλος, βέταλος, Μαίναλος, Πήδαλος. Comp. Studniczka, *Beiträge*, p. 129. — M. Siegmund Frænkel a eu l'obligeance de nous adresser à ce sujet la communication suivante : « κεκρύφαλος pourrait bien être aussi d'origine sémitique. Dans la langue araméenne *karkaf* signifie *crâne*, karkaflâ existe dans le langage judaïco-araméen; ce dérivé paraît avoir le sens de *peau, couverture du crâne*, et par extension *couvre-chef* ou coiffure. De là à κεκρύφαλος il n'y a pas loin, surtout si nous admettons une dérivation populaire de κρύπτειν. » — (2) Voy. p. 273.

Ces deux mots, si l'on en juge par leur étymologie, indiquent nécessairement un objet tressé, qui est lié lui-même ou qui lie quelque chose en hauteur (1); on en conclut en général que c'était un ruban ou un réseau de rubans servant à attacher les cheveux (2). Mais il suffit de lire attentivement les vers de l'Iliade pour se convaincre que cette hypothèse est insoutenable. Andromaque, en effet, portait un bonnet (*kekryphalos*); ce bonnet couvrait naturellement en grande partie la chevelure; le ou les rubans qui attachaient les cheveux sous ce bonnet n'étaient donc point ou étaient peu visibles. Or la πλεκτὴ ἀναδέσμη qui faisait partie des δέσματα σιγαλόεντα devait être un objet de toilette parfaitement visible.

L'hypothèse de Böttiger n'est pas plus satisfaisante (3) : il s'appuie sur la coiffure d'une figurine de bronze du cabinet des antiques de Dresde (4). Le bonnet de cette figurine est ouvert sur le derrière de la tête et les boucles qui s'en échappent sont serrées au bout par un ruban de manière à former une petite touffe de cheveux. C'est ce ruban qui serait, selon Böttiger, la πλεκτὴ ἀναδέσμη. Mais nous ferons remarquer, en premier lieu, qu'une figurine d'un style aussi avancé ne saurait servir de base à l'étude d'une coutume homérique. En second lieu, ce petit ruban n'est pas un objet de toilette tellement saillant que l'Épopée doive le signaler. Enfin il résulte des vers ci-dessus que la πλεκτὴ ἀναδέσμη pouvait être arrachée vivement et d'un seul coup, tandis qu'il eût fallu procéder à une opéra-

---

(1) Bopp, *Vergleichende Grammatik* III³ p. 177 et suiv. — *Zeitschr. für vergl. Sprachforschung* X, p. 452. — G. Curtius, *Studien zur griech. und lat. Grammatik* V, p. 64.

(2) Heyne, *ad Homeri Carmina* II, p. 533, VIII, p. 344. Friedreich, *Die Realien in der Iliade und Odyssee*, 2ᵉ éd. p. 239. Le commentaire du Schol. (Il. XXII, 469) n'est pas clair. Il dit : ἀναδέσμη δὲ λέγεται σειρὰ ἣν κύκλῳ περὶ τοὺς κροτάφους ἀναδοῦνται. καλεῖται δὲ ὑπ' ἐνίων καλαυδάκη (καλυνδεύκη V. *Calantica*, Heyne, VIII, p. 344).

(3) *Kleine Schriften* III, p. 294.

(4) Montfaucon, *L'antiquité expliquée* I, 2, pl. 213. 1. — Hettner, *Bildwerke des k. Antiquariums zu Dresden*, 2ᵉ éd., p. 114, 438.

tion exigeant un certain temps pour défaire le ruban en question.

Gladstone et Schliemann (1) supposent un bandeau frontal en or, pareil aux spécimens trouvés dans le trésor troyen et dans les tombeaux de Mycènes. Cette opinion est réfutée par ce fait que l'adjectif πλεκτή (tressée) ne saurait s'appliquer à ces bandeaux d'or battu et repoussé. Un poète homérique se serait servi plutôt du mot ἄμπυξ pour désigner ces bandeaux.

Toutes les difficultés d'interprétation disparaissent, au con-

Fig. 77 à 79. — Coiffures archaïques.

traire, si nous consultons les monuments étrusques (2). Dans les plus anciennes peintures funéraires de Tarquinies et dans d'autres monuments étrusques du style archaïque les femmes portent un bonnet haut, raide, en forme de boule, qui couvre entièrement la tête et ne laisse apercevoir qu'un étroit bandeau de cheveux le long du front. Immédiatement au-dessus du front cette coiffe est entourée d'un bandeau d'étoffe plissée (fig. 76-78) (3) ou d'un diadème métallique (fig. 79) (4).

(1) Schliemann, *Ilios*, p. 507-511 n°s 685-687; *Mykenae*, p. 287. Gladstone dans sa préface à ce dernier ouvrage, p. XXIV; fig. p. 285 n° 358.
(2) Comp. p. 52-53.
(3) *Mon. dell' Inst.* VIII, pl. 13, n°s 1 et 5 (nos fig. 76 et 78), pl. 14, n° 1ª (notre fig. 77).
(4) Comme dans la tombe del Barone de Corneto : Micali, *Storia* pl. 67; *Mus. greg.* I, pl. 100. — Canina, *Etruria Marittima* II, pl. 86. — Hittorf, *L'archit. polychrome*, pl. 19, n° 8. — Stackelberg und Kestner, *Gräber von Corneto*, pl. 28-33 (d'où notre fig. 79).

Au sommet de la tête, on remarque un bourrelet épais qui maintient la coiffe sur le crâne et corrige agréablement au point de vue de la plastique et de la couleur la raideur de cette sorte d'entonnoir en étoffe (fig. 76-78) (1). Une espèce de mantelet est jeté sur les épaules (fig. 77, 78) (2) ou posé sur le bonnet (fig. 76, 79) ; dans ce dernier cas, il tombe des deux côtés de la tête, laissant le visage à découvert (3). Au premier coup d'œil, il est visible que cette coiffure a trois de ses parties qui sont communes avec la coiffure d'Andromaque. Le bonnet correspond au *kekryphalos*, le diadème métallique, ornant le front ainsi que le bandeau d'étoffe, à *l'ampyx*, le mantelet enfin au *kredemnon*. En présence de cette corrélation, il est permis de se demander si la quatrième partie de la coiffure étrusque, à savoir le bourrelet au sommet du crâne ne pourrait pas être identifié avec la *plektè anadesmè*. Et, en effet, ce bandeau offre toutes les particularités que semble lui attribuer l'Épopée. C'est un objet très décoratif. Comme il enserrait la coiffe, il était facile de l'enlever d'un coup en même temps que celle-ci. Comme, d'autre part, il était placé sur un point *élevé* de la coiffe, cela explique l'étymologie du substantif *anadesmè*. Il en est de même de l'adjectif: car, dans l'art étrusque, ce bandeau se compose le plus souvent de différentes bandes d'étoffe entrelacées et formant torsade (fig. 78) (4). Si nous sommes bien là en présence de la πλεκτή ἀναδέσμη, nous connaîtrons par cela même d'une façon précise le *kekryphalos homérique*. Ce n'est point une coiffe légère, s'adaptant bien aux formes de la tête, comme on en voit sur les monuments de la période classique, où le bandeau en question n'existe nulle part, car il jurerait avec le style de l'époque. Le *kekryphalos* des femmes ioniennes était un haut

(1) *Monum. dell' Inst.* IX, pl. 13, n° 1 ; pl. 14, n° 1ª. — (2) *Monum. dell' Inst.* IX, pl. 13, n° 5, pl. 14 n° 1ª.
(3) *Monum. dell' Inst.* IX, pl. 13, n° 1.
(4) *Mon. dell' Inst.* IX, pl. 13, n° 3. — Micali, *Storia*, pl. 29, n° 2, pl. 31, n° 4, pl. 33, n°s 1, 2.

bonnet, raide, semblable à celui que portaient avec orgueil les femmes des Lucumones de Tarquinies, dans la première moitié du V⁰ siècle avant J.-C. Andromaque portait le *kredemnon* sur

Fig. 80. — Groupe cypriote représentant un chœur de danse.

sa coiffe, comme faisaient généralement les femmes étrusques de leurs mantelets-fichus: elle s'arrache, en effet, de dessus la tête en même temps que l'*ampyx*, le bonnet et la *plektè anadesmè*.

Cette coiffure compliquée, d'un style si tourmenté et si

peu classique dénote, plus que tout autre détail du costume homérique, une origine orientale. Mais puisque nous avons étudié ailleurs cette question avec plus de détails (1), il nous suffira de faire ressortir ici quelques faits particulièrement importants et qui se rattachent plus directement à l'objet de ce livre.

Dès la plus haute antiquité, les hommes et les femmes portaient en Asie une coiffure compliquée comme celle-là. Parmi les attributs du grand-prêtre de la Judée, figuraient un bonnet qui, conformément au style asiatique, devait être haut et raide, ainsi qu'un bandeau frontal en or; à ce dernier était attaché un cordon d'un bleu pourpre qui s'enroulait autour du bonnet (2). Sa coiffure se composait donc, comme celle d'Andromaque, d'un *kekryphalos*, d'une *ampyx* et d'une πλεκτὴ ἀναδέσμη. Les Juives en grande toilette étaient coiffées d'un haut bonnet, comme on peut s'en convaincre par plusieurs passages de l'Ancien Testament (3) dont un (4) mentionne aussi le bandeau d'or qui enserre le front. Comme le costume des anciens Hébreux se ressentait beaucoup de l'influence des villes voisines de la Phénicie, il est très probable que des coiffures de ce genre étaient également en usage chez les Phéniciens. Effectivement, on a trouvé dans l'île de Chypre des statues-portraits d'hommes coiffés d'un bonnet haut et raide; elles présentent un mélange du style égyptien et assyrien, qui est caractéristique pour une certaine phase de l'art phénicien (5). C'est un

(1) Helbig, *Ueber den Pileus der Alten Italiker* dans les *Sitzungsberichte der Münchener Ak. der Wiss. philosoph-philol. Cl.* 1880, p. 527-548.
(2) *Exod.* XXVIII 36, 37, XXIX 6, XXXIX, 28, 30, 31. Les autres prêtres portaient le bonnet sans ornements. *Exod.* XXVIII, 40, XXIX, 9; *Levit.* VIII, 13. — (3) *Judith* X, 3; *Isaïe* III, 20, 23; *Jesus Sirach* VI, 30.
(4) *Jesus Sirach* VI, 30.
(5) Cesnola-Stern, *Cypern*, pl. 27, 28, 30, n° 5, pl. 40 n° 1. — Une coiffure semblable se rencontre sur d'autres monuments cypriotes, par exemple sur les figures d'argile de guerriers et de cavaliers (Cesnola-Stern, pl. 37, n°s 2, 3, pl. 39, n°s 2, 4, p. 125. Comp. p. 82. — *Gaz. arch.* 1878 p. 108, 109). Voyez un bas-relief dans Cesnola-Stern, pl. 96, 3, deux sarcophages (pl. 18 et 44) et un scaraboïde (pl. 79, 8, et *Gaz. arch.* 1878, p. 107).

bonnet semblable, attaché dans un cas en dessous avec un bandeau, qui est la coiffure d'homme, sur quatre coupes phéniciennes en argent, dont deux ont été découvertes à Chypre (1), les deux autres en Italie (2). Si ces deux dernières proviennent, comme c'est très probable, de Carthage ou de ses colonies (3), on peut admettre que cette coiffure était en usage non seulement chez les Phéniciens orientaux, mais aussi chez ceux de l'Occident. Certains faits prouvent que les femmes phéniciennes portaient une coiffure semblable. Une haute coiffe faisait partie des attributs de l'Aphrodite cypriote (4). Les sculpteurs (5) et les céramistes cypriotes (6) en ornent les femmes qui

Fig. 81. — Coiffure assyrienne.

paraissent exécuter un chœur de danse en l'honneur de cette déesse (voy. fig. 80) (7). Enfin il faut mentionner ici un bas-relief assyrien mentionné plus haut (p. 97, fig. 21) (8). Les femmes qui y sont représentées portent un bonnet haut et raide coupé de rubans ou de galons, et sur ce bonnet une sorte de fichu-mantelet (fig. 81); c'est donc une coiffure qui ressemble beaucoup à celle d'Andromaque. Cette coiffe haute

---

(1) *Revue arch.* XXXI, 1876, pl. 1. — Cesnola-Stern pl. 51 (le bonnet entouré d'un bandeau). — *Rev. arch.* XXXIII, 1877, pl. 1. Cesnola, pl. 66, 1.
(2) *Mon. dell' Inst.* IX, pl. 44, 1 (Comp. *Bullet.* 1874, p. 285). X, Pl. 31, 1. — Perrot et Chipiez, *Hist. de l'art.* III, p. 97, n° 36, reproduit à la page 28 de ce livre (fig. 1). — (3) Comp. 37-41.
(4) Cesnola-Stern pl. 12. — Lajard, *Recherches sur le culte de Vénus*, pl. 20. — Clarac, *Musée de sculpture* IV, pl. 560 B. n° 1283 A. — Paciaudi, *Mon. Pelop.* II p. 130. — Bernouilli, *Aphrodite*, p. 29 et suiv. Cet attribut se retrouve aussi sur les monuments de l'époque greco-romaine. Voy. Arneth, *Die Gold-und Silbermonumente in Wien*, pl. S, VII, 90.
(5) Perrot et Chipiez, *Hist. de l'art*, III, p. 587, n° 399.
(6) Heuzey, *Catalogue des figurines antiques de terre cuite du Louvre* I, p. 200, n°s 248-250.
(7) C'est un groupe en pierre calcaire d'après Perrot et Chipiez, III, p. 587, n° 399.
(8) Voy. note 1 de la page 97.

était également en usage chez les Grecs; nous en avons la preuve dans les idoles de femmes en argile du style archaïque avancé, trouvées à Assos (1) et dans d'autres, com-

Fig. 82. — Coiffure d'une idole de Tirynthe.

plètement primitives qui ont été mises au jour à Tirynthe (fig. 82) (2).

(1) Elles se trouvent au Musée de Constantinople et dans une collection particulière de Smyrne.
(2) Schliemann, *Tiryns*, p. 173, n° 83 (notre fig. 82) et p. 177 n° 87. Dans cette dernière idole, on reconnaît une sorte *d'ampyx* à la bordure inférieure du bonnet. Les objections que fait Studniczka (*Beiträge*) p. 128-131, contre l'opinion émise ci-dessus, nous paraissent erronées. Ce savant suppose que les objets énumérés par le poëte tombent de dessus la tête d'une femme qui s'affaisse évanouie : cette hypothèse repose sur une interprétation inexacte du vers d'Homère. Τῆλε δ' ἀπὸ κρατὸς βάλε ne signifie pas : *ils lui tombèrent de la tête*, mais bien : *elle les rejeta loin de la tête*. Tel est aussi le cas d'Hécube (*Il.* XXII, 406) : ἀπὸ δὲ λιπαρὴν ἔρριψε καλύπτρην τηλόσε. Cette explication écarte du même coup cette autre opinion de Studniczka

En ce qui concerne les autres questions relatives à cette coiffure, mais qui ne rentrent pas précisément dans le cadre du présent ouvrage, nous prions le lecteur de vouloir bien consulter notre étude mentionnée plus haut (1).

D'ailleurs si le *kekryphalos* et la πλεκτὴ ἀναδέσμη, qui devaient cependant imprimer à la figure un cachet tout particulier, ne paraissent qu'une seule fois dans l'Épopée, — ce ne peut être l'effet d'un simple hasard. La description très détaillée de la toilette d'Héra, que fait le poète au XIV° chant de l'Iliade (2), est très importante à cet égard. Le *kekryphalos* n'y est point mentionné : c'est que certainement la déesse, suivant ce poète, ne portait point de bonnet et mettait le *krédemnon* à même la tête. Il faut en conclure ou bien que le bonnet n'était pas la coiffure générale des femmes ioniennes de cette époque, ou bien que la coiffure se transforma dans les intervalles entre lesquels parurent les différentes parties de l'Épopée.

(qui ne concorde pas d'ailleurs avec sa propre manière de voir), à savoir que la πλεκτὴ ἀναδέσμη serait un ruban qui tiendrait les cheveux attachés sous le bonnet. Pour enlever ce ruban, il fallait se donner le temps et une certaine peine, tandis qu'Andromaque désespérée arrache évidemment d'un seul coup et jette au loin sa coiffure. Le même savant prétend que le *kekryphalos* était un petit fichu généralement carré que l'on mettait en guise de bonnet; quant au bonnet s'adaptant à la forme de la tête et dont les artistes de la période classique coiffent les femmes *en négligé*, Studniczka soutient qu'il s'appelait κεφαλὴ περίθετος. Cette opinion encore s'appuie sur une base peu solide : Studniczka croit que κεφαλὴ περίθετος dans Aristoph. *Thesmoph.* 257, signifie forcément ce bonnet. Mais il est inadmissible qu'un objet de toilette aussi commun ait été désigné par un terme si compliqué. Ces deux mots indiquent plutôt un objet particulier dont se servaient les femmes coquettes pour conserver leur chevelure ou pour soigner leur teint ou pour toute autre précaution semblable, avant d'aller se coucher.

(1) P. 280, note 1. — (2) *Il.* XIV, 170-186.

CHAPITRE XV.

DES RELATIONS DU COSTUME HOMÉRIQUE AVEC LE COSTUME CLASSIQUE.

Ce qu'il y a de caractéristique dans le costume de la période florissante de l'art grec que l'on appelle classique, c'est que l'étoffe librement plissée s'adapte aux formes du corps, produisant ainsi un effet harmonieux de proportions, de symétrie et de lignes. C'est là un principe conforme aux tendances générales de l'esprit qui se manifestent dès les guerres persiques, pour pénétrer ensuite dans toute la vie des Grecs. Nous pouvons donc admettre que le costume classique est issu de ce mouvement intellectuel et que, par suite, il diffère complètement du costume de la période homérique. C'est un fait qu'il est facile de démontrer.

Si nous considérons tout d'abord la différence qui existe entre les *chitones* d'hommes des deux époques, nous remarquons que le *chiton* homérique était en toile (1), tandis que celui de l'époque classique était en laine de brebis. Les étoffes de laine devaient être plus conformes au goût de cette dernière époque, parce qu'elles se prêtaient mieux au jeu libre et charmant des draperies. La toile, il est vrai, forme aussi des plis; mais ses plis n'ont point la beauté ni la variété des étoffes de laine. Veut-on savoir d'après quel principe était traité le chiton de lin de l'époque homérique, qu'on se reporte à l'hypothèse, émise plus haut, que l'usage de plisser artificiellement la toile remonte précisément à cette époque (2). Si le chiton de ce temps-

---

(1) Voy. plus haut, p. 218.
(2) Voy. plus haut, p. 235-238.

là était plissé artificiellement, on comprend qu'il offre un contraste frappant avec le style libre et dégagé qui distingue le costume classique. Ici c'était la ceinture qui imprimait surtout à l'étoffe le mouvement si gracieux des plis. Le *chiton* homérique était privé de ce charme, puisque dans la vie journalière on le portait généralement sans ceinture. Si donc il n'était pas apprêté selon une règle conventionnelle, c'est-à-dire artificiellement plissé, il faudrait supposer que c'était un vêtement dépourvu de tout style, qui pendait le long du corps comme un sac, un vêtement qui eût semblé absolument barbare à un Athénien du temps de Périclès.

Même différence entre les manteaux des deux époques. Il résulte, comme nous l'avons dit plus haut (1), des données de l'Épopée, que le port du manteau était *symétrique*, c'est-à-dire que les deux bouts supérieurs de la pièce d'étoffe carrée, passant sur les épaules, étaient tirés sur le devant, en sorte que toute la masse de l'étoffe pendait dans le dos. A l'époque classique, au contraire, le Grec, quand il se disposait à sortir, jetait d'abord son manteau sur l'épaule gauche, puis le tirait le long du dos jusque sur ou sous le bras droit et le rejetait enfin sur l'épaule gauche ou sur le bras gauche (2). Il est clair que dans le premier, surtout si le manteau n'était pas très large, le jeu des plis ne pouvait être aussi riche que dans le second. Pour se rendre compte de l'admirable effet artistique de cette draperie, il suffit de se rappeler la statue de Sophocle (3). Nous allons plus loin : nous croyons que les Grecs de l'époque homérique, en tirant les deux bouts de l'étoffe, supprimaient les plis autant que possible. C'est une hypothèse qui se trouve d'ailleurs confirmée par les monuments archaïques. La diplax d'Hélène (4), ornée de scènes de combats, en est une preuve, entre beaucoup d'autres : il était évident, en

---

(1) Voy. plus haut, p. 238-239.
(2) Becker, *Charikles* III², p. 171. — (3) Benndorf und Schöne, *Die antiken Bildwerke des lateranischen Museums,* n° 237.
(4) *Il.* III 125-128 (voy. p. 101, note 1).

effet, qu'il eût été impossible de faire valoir cette décoration si le vêtement n'avait pas été bien tiré et bien appliqué sur le corps, de manière à tomber droit dans le dos.

En ce qui concerne le costume de femme homérique, le *peplos* ou le *heanos* avait, il est vrai, conservé la forme transmise dès la plus haute antiquité (1), et Studniczka a raison de soutenir qu'il n'y a point de différence fondamentale entre ce vêtement et le *chiton* dorien de l'époque classique (2). Néanmoins ici encore il faut noter une nuance sensible dans le jeu des draperies. Et pour s'en convaincre, il est inutile de prendre à témoin les monuments archaïques; il suffit de se rendre compte de l'effet que devait forcément produire sur la *tenue* de l'étoffe la manière dont les femmes du temps d'Homère agrafaient et serraient leurs vêtements autour de la taille. A l'époque classique, le *chiton* dorien était attaché sur les deux *épaules* et retombait librement sur la poitrine et dans le dos. Au contraire, la femme des temps homériques tirait les deux bords supérieurs du *peplos* par-dessus les épaules vers les seins et les attachait sur la *poitrine* (3). L'étoffe s'aplatissait ainsi sur le dos, et les extrémités trop tendues sur le devant détruisaient l'effet plastique des épaules et de la poitrine. De plus, nous n'avons, à l'époque classique, aucun témoignage qui attribue une importance exceptionnelle à la taille élancée. Dans tous les monuments de la période florissante, la ceinture est loin de serrer la taille, en sorte que l'étoffe peut ici se développer en toute liberté. Au contraire, l'épithète βαθύζωνος (4) de l'Épopée prouve qu'à l'époque homérique une taille svelte était un signe de beauté, par conséquent les femmes se serraient fortement la taille, comme nous le prouvent d'ailleurs les monuments archaïques. Le vêtement bien appliqué contre le dos et contre la taille ne produisait guère de plis qu'à la partie inférieure, et si l'art archaïque est très sobre de plis, c'est que les artistes de ce temps n'y voyaient qu'un motif de décora-

---

(1) Voy. p. 251 et suiv. — (2) *Beiträge*, p. 12, 114-117.
(3) Voy. plus haut, p. 251 et suiv. — (4) Voy. plus haut, p. 264-265.

tion très secondaire. Cette façon de traiter les draperies tenait naturellement au caractère même du costume que représentaient les artistes. Nous sommes, par conséquent, en droit d'admettre que les draperies ne jouaient pas à ce moment le même rôle prépondérant qu'à l'époque classique.

Une autre différence consiste dans la couleur des vêtements. L'Épopée, comme nous l'avons vu dans le chapitre XIII, mentionne souvent des *peploï* plus ou moins bigarrés (ποικίλος, παρποίκιλος) et fait ressortir, à propos du *heanos* d'Héra, cette particularité qu'Athèna l'avait rehaussé de nombreux ornements (δαίδαλα πολλά) (1). Ici le goût du temps se manifeste comme étant diamétralement opposé à celui de l'époque classique. Les étoffes d'une seule couleur sont les seules dignes de l'homme, car elles seules peuvent faire valoir les formes du corps dont l'harmonie serait rompue par les lignes des étoffes historiées. Voilà pourquoi, lorsque le sens du beau eût atteint son apogée à l'époque classique, les Grecs ne portaient de vêtements historiés que rarement et dans certains cas particuliers. Tout autre était à cet égard le goût à l'époque homérique et pendant toute la période suivante jusqu'à l'époque classique. Les vases peints, depuis l'espèce du Dipylon jusqu'aux spécimens à figures noires du style sévère, dénotent la prédilection des Grecs pour les vêtements richement ornés (2). A ce point de vue, le vase François est très instructif : on y remarque, en effet, des vêtements couverts de motifs d'ornements et même de figures. Le

---

(1) Voy. plus haut, p. 258. — (2) *Chitones* de femmes avec des dessins de dés sur un vase du Dipylon : *Monum. dell' Inst.* VIII, pl. 39, 2. — Dés et carrés sur les vases de Melos : Conze, *Melische Thongefässe,* pl. 3, 4. — Dessins d'écailles dans Conze, pl. 4, et sur le *chiton* d'une femme représentée sur la cuirasse trouvée dans l'Alphée (voy. p. 221, figure 57). — Une idole de femme en argile avec un *chiton* à carreaux, trouvée à Tirynthe : Schliemann, *Tiryns,* pl. XXV c. — Stephani, 1878 et 1879, p. 49-103, a recueilli les divers motifs d'ornementation des costumes antiques. Ce recueil très savant gagnerait beaucoup en clarté si l'auteur avait eu le soin de bien déterminer les époques ainsi que les divers genres de vêtements de dessus et de dessous.

peplos d'une des Parques offre des chevaux ailés et des griffons (voy. p. 253, fig. 65); celui d'une Heure la même ornementation et un oiseau (1). Des chevaux ailés rangés par zones ornent également le *chiton* de Thésée conduisant le chœur de danse (2).

Les autres peuples indo-européens, notamment les Celtes (3), avaient aussi une prédilection marquée pour les vêtements décorés; on est donc tout naturellement porté à croire que, dans la Grèce préhistorique, cette prédilection était un legs de la barbarie indo-européenne. Cependant il est vraisemblable que là également les influences orientales jouent le rôle prépondérant.

Pour la coloration des étoffes, comme pour tout le reste, les

(1) *Monum. dell' Inst.* IV, pl. 54, 55, 56. — *Arch. Zeit.* 1850, pl. 23, 24. — Overbeck, *Gal.*, pl. 9, 1.

(2) *Monum. dell' Inst.* IV, pl. 56, et *Arch. Zeit.* 1850, pl. 23, 24. Le *chiton* de Leto, sur une coupe très ancienne à figures noires, est coupé au milieu par une bande contenant des lions et des sphinx ailés : Ἐφημερὶς ἀρχ. 1883, pl. 3, p. 53, 58. Une statue de femme archaïque trouvée dans l'Acropole d'Athènes présente parallèlement à la bande du cou une peinture figurant une course de chars : Ἐφ. ἀρχ. 1883, p. 44, n° 26. Le *Peplos* du Palladion, sur une coupe à figures rouges, est orné de figures de trois lutteurs de courses et de trois danseurs : Ἐφ. ἀρχ. 1884, pl. 5, 3, p. 123; 1886, p. 131. Héraclide de Sinope (Athen, XII, 512 c. *Fragm. Hist. græc.* éd. Müller II, p. 200) dit que les soldats de Marathon portaient des *himatia* de pourpre et des *chitones* bigarrés (ποικίλους χιτῶνας). Mais cette allégation est absolument fausse; car nous savons à n'en pas douter que, précisément à l'époque des guerres persiques, le chiton de lin blanc était généralement usité en Attique (Comp. Studniczka, *Beiträge*, p. 25, note 75). On ne sait au juste si un passage de Sophron (Athen II, 48 c. : Σώφρων δὲ στρουθωτὰ ἑλίγματά φησιν ἐντετμημένα) se rapporte aux vêtements de dessus ou de dessous (Comp. Ahrens, *De dial. dorica*, p. 472, 68). L'adjectif στρουθωτός (*orné d'oiseaux*) indique probablement des oiseaux aquatiques qui reviennent le plus souvent dans la décoration géométrique, tels que : des cygnes et des oies (vases de Corinthe, de Mélos et de l'Attique) et des cygnes du style asiatisant, employés souvent à l'époque hellénistique pour les bordures des vêtements. Comp. Stephani, 1878 et 79, p. 108, note 2.

(3) Strabon IV, 4, c. 197. — Diodore V, 30. — Cassius Dio. LXX, 2. — Virgile, Énéide VIII, 659, 660. — Comp. Böttiger, *Kleine Schriften*, III, p. 39 et suiv. Les linguistes comparent ποικίλος au sanscrit pêças = *image*, pêçala-s = *artistement formé*. Voy. Curtius. *Grundzüge*, 4° éd. p. 164. — G. Meyer *Griech. Gramm.* § 184, p. 170.

Grecs étaient, pendant la phase la plus ancienne de leur civilisation, tributaires de l'Orient. Il suffit de rappeler que, par l'intermédiaire des Phéniciens, ils apprirent à connaître la pourpre (1), déjà très recherchée à l'époque homérique, et peut-être aussi le safran (2). L'Épopée nous dit (3) que les plus beaux *peploi* du trésor de Priam étaient l'œuvre d'esclaves sidoniennes que Pâris, à son retour de Grèce, avait amenées à Troie; ce fait indique que le tissage phénicien était considéré comme supérieur à celui des Grecs. Il est donc permis d'admettre que les vêtements et les tapis richement ornés qui de tout temps faisaient partie des articles les plus renommés de l'industrie orientale (4) et occupaient la place principale dans le commerce phénicien (5), ne manquaient pas d'influer sur le tissage de l'ancienne Grèce.

Cette opinion se trouve confirmée par bien des faits. Les plus anciens tisserands en fils de couleur, dont les noms nous aient été transmis par la tradition hellénique, sont Akesas et Helikon (6). Si généralement on les prend pour des Chypriotes (7), c'est pour désigner un centre de civilisation qui a particulièrement contribué à répandre en Occident les éléments de la culture orientale. L'Egyptien Pathymias, qu'on nomme en même temps qu'eux (8), ne fut probablement que le repré-

(1) Voy. p. 242, note 11.
(2) Voy. plus haut, 258, note 4. — (3) *Il.* VI. 289-292.
(4) Sur les produits babyloniens de ce genre voy. : Movers, *Die Phönizier*, III 1, p. 260-263. — Büchsenschütz, *Die Hauptstätten des Gewerbefleisses im Alterthum*, p. 60-61. — Sur les produits assyriens : Perrot et Chipiez, *Hist. de l'art*, II, p. 769-776. — Sur les produits phéniciens : Movers, dans l'*Encyklopädie* d'Ersch und Gruber, 3e sect., 24e partie, au mot *Phönizier*, p. 375-376. — Büchsenschütz, *loc. cit.*, p. 61-62.
(5) Movers, *Die Phönizier*, III 1, p. 258-263.
(6) Overbeck, *Schriftquellen*, nos 385-387. — Comp. Völkel, *Archæol. Nachlass*, p. 118 et suiv. — Julius, *Ueber die Agonaltempel*, p. 17 et suiv.
(7) Contrairement à la tradition admise, *Zenob. proverb.* I, 56 (p. 22 Leutsch) indique Patara en Lycie comme étant la ville natale d'Akesas et Karystos, en Eubée, comme celle d'Helikon; mais c'étaient également des villes situées dans le cercle de l'influence asiatique en Occident.
(8) Athen II, 48 *b*.

sentant d'une industrie phénicienne du style égyptisant. L'influence orientale est facile à reconnaître, même plus tard, dans le tissage hellénique. Sur le fameux tapis que fabriqua ou fit fabriquer le Sybarite Alkimènès ou Alkisthénès, le principal motif qui se rapporte sans doute à la première scène des *Cypriens*, se terminait en haut par des animaux légendaires imitant le type de Suse, en bas par des animaux du style persan (1). Même à l'époque classique, les tapis et les vêtements

(1) Aristote, *De mirabil. auscult* 96 (II, p. 838, éd. Bekker). Ἀλκιμένει τῷ Συβαρίτῃ, φασὶ κατασκευασθῆναι ἱμάτιον τοιοῦτον τῇ πολυτελείᾳ, ὥστε προτίθεσθαι αὐτὸ ἐπὶ Λακινίῳ τῇ πανηγύρει τῆς Ἥρας, εἰς ἣν συμπορεύονται πάντες Ἰταλιῶται, τῶν τε δεικνυμένων μάλιστα πάντων ἐκεῖνο θαυμάζεσθαι· οὗ φασι κυριεύσαντα Διονύσιον τὸν πρεσβύτερον ἀποδόσθαι Καρχηδονίοις ἑκατὸν καὶ εἴκοσι ταλάντων· ἦν δ'αὐτὸ μὲν ἁλουργές, τῷ δὲ μεγέθει πεντεκαιδεκάπηχυ. ἑκατέρωθεν δὲ διείληπτο ζῳδίοις ἐνυφασμένοις, ἄνωθεν μὲν Σούσοις, κάτωθεν δὲ Πέρσαις· ἀνὰ μέσον δὲ ἦν Ζεύς, Ἥρα, Θέμις, Ἀθηνᾶ, Ἀπόλλων, Ἀφροδίτη· παρὰ δὲ ἑκάτερον πέρας Ἀλκιμένης ἦν, ἑκατέρωθεν δὲ Σύβαρις.— Athen. XII, 541 *a*. — Comp. Stephani C. r. 1865, p. 53, 1878 et 79 p. 104. Comme la longueur de cet himation est de 15 aunes, c'est-à-dire environ 6ᵐ93, ce ne pouvait être un manteau mais un tapis. Ἱμάτιον est d'ailleurs employé dans ce sens par plusieurs auteurs (Ex. : Diodore XIV, 109. — Ælien *Var. hist.* VIII, 7. — Comp. Jamblich *Vita pythag.* 21, p. 216. — Hérodote IV, 23). — Nous empruntons ce qui suit à une communication écrite de Benndorf : « Ce motif représente la scène d'exposition des *Cypriens* (*Epicor. græc. fragm.* éd. Kinkel I, p. 17, p. 20-21) : Conseil tenu par Jupiter et par Thémis sur la guerre de Troie, en présence d'Hèra, d'Athéna et d'Aphrodite qui arrivent pour le jugement de Pâris. Apollon est présent comme dieu-oracle et successeur de Thémis, en possession de l'oracle de Delphes, comme dans une peinture de vase de la basse Italie dont il a été souvent parlé (Benndorf, *Griech. und sicilische Vasenb.* p. 78). Les figures du donateur ou de l'appariteur et de la divinité locale s'expliquent d'elles-mêmes ». Si cette explication très séduisante est exacte, on ne peut guère s'en tenir à l'ancienne hypothèse communément admise et d'après laquelle ce tapis a été fabriqué avant 510 av. J.-C., année de la destruction de la ville de Sybaris. Les sujets qui y sont représentés semblent indiquer plutôt la période de la peinture qui suivit Polygnote. De même, les animaux persans correspondent mieux au cinquième qu'au sixième siècle. Cependant il ne faut pas perdre de vue ici que l'auteur a pu se tromper sur la désignation du style. Les Sybarites sont, il est vrai, mentionnés, même après la **destruction** de leur ville, comme établis dans leur ancienne patrie et sur le territoire de Métaponte (Strabon, VI, p. 263, 264. — Tite-Live XXVI, 39). Mais ces Sybarites ultérieurs, dont nous ne connaissons que le nom, ne semblent avoir joué qu'un rôle très secondaire, et il est

de l'Orient passaient en Grèce pour des objets de luxe (1). Euripide décrit en détail la tente que dressa Ion pour en faire une salle à manger destinée à recevoir les Delphiens invités par Xuthos; il appelle des merveilles les tapis employés à cet effet (2). Il y a dans le nombre des tapis asiatiques sur lesquels sont tissés des combats marins ainsi que des figures fantastiques d'hommes et d'animaux et des scènes de chasse (3). Si, à l'époque la plus florissante de leur art, les Athéniens prisaient encore si fort les produits de la tapisserie orientale, il est évident que ceux-ci devaient provoquer l'admiration des Grecs de la période homérique et exercer une influence considérable sur l'industrie ionienne de ce temps. Enfin il convient de faire remarquer que le *peplos* ou le *heanos* homérique était une pièce d'étoffe carrée (4) dont la surface se prêtait sans difficulté au développement des motifs d'ornementation d'un tapis oriental.

Pourquoi les vêtements ornementés étaient-ils beaucoup moins usités depuis le cinquième siècle? C'est une question dont l'étude nous écarterait trop du but que nous nous sommes proposé. Nous nous contenterons de donner à cet égard quelques indications seulement. Pour des raisons faciles à comprendre, on conserva dans les cérémonies du culte l'ornementation des vêtements telle qu'elle avait été transmise par une antique tradition. Quant au costume de tous les jours, on suivit un tout autre principe. Tout d'abord aucun texte ne nous

peu probable qu'une œuvre aussi remarquable que ce tapis soit sortie de leurs mains.

(1) Comp. Stephani C. r. 1886, p. 145-146; 1878 et 79, p. 105.
(2) *Ion*, 1142 : θαύματ' ἀνθρώποις ὁρᾶν. — Comp. de Ronchaud, *La tapisserie dans l'antiquité*, p. 127 et suiv.
(3) *Ion*, 1158 : τοίχοισιν δ'ἔπι
ἤμπεσχεν ἄλλα βαρβάρων ὑφάσματα,
εὐηρέτμους ναῦς ἀντίας Ἑλληνίσιν,
καὶ μιξόθηρας φῶτας ἱππείας τ'ἄγρας
ἐλάφων λεόντων τ'ἀγρίων θηράματα.

(4) Voy. plus haut, p. 252 et suiv.

apprend qu'on ait porté à l'époque classique des vêtements de dessous ornés de figures. On reconnaissait à juste titre que le jeu libre des draperies n'aurait pas fait suffisamment valoir les dessins de figures, et que, d'autre part, ces dessins mêmes, nettement accusés, en forçant l'attention, auraient nui à l'effet du corps humain qui en était couvert. Quant aux autres motifs d'ornementation, s'il s'en trouve parfois sur les *chitones* aux plis libres des vases classiques, ils sont traités avec une grande légèreté de touche, de manière à ne pas détruire l'harmonie des formes du corps. Dans certaines peintures sur vases appartenant à la seconde moitié du cinquième et au quatrième siècle, on constate, à côté du *chiton* largement plissé, une autre sorte de *chiton* où la lourdeur et la raideur de l'étoffe empêchent la formation de tous plis (1). Le fait que ces *chitones* sont parfois rehaussés d'ornements semble confirmer la règle qui présidait au goût de cette époque. En effet, si, pour des raisons pratiques qui nous échappent on confectionnait des vêtements de dessous avec des étoffes qui ne faisaient point valoir les formes du corps, on songeait tout naturellement à compenser leur aspect disgracieux par le charme du dessin et de la couleur.

C'est avec intention que nous avons limité les considérations qui précèdent aux vêtements de dessous, car les vêtements en forme de manteaux sont régis par d'autres principes. A l'époque homérique, les manteaux étaient rehaussés d'ornements : telle était la *diplax* d'Andromaque (2), telle aussi celle d'Hé-

---

(1) Sont vêtus de *chitones* de ce genre par ex. : Apollon (*Mon. dell' Inst.* IX, pl. 28); deux guerriers, un homme âgé et un hérault (Millingen, *Anc. uned. mon.*, pl. 21, 22); Héphaïstos (*Elite céramogr.* I pl. 43, 46 A, 47). — On peut admettre que les χιτῶνες στόλππινοι souvent mentionnés dans les inventaires de temples (*Corpus inscript. attic.*, II, 2 n° 571 Col. II B fr. a 8, 10; n° 758 Col. II 9, 10 15, 27, 47; n° 759 Col. II 5, 6, 10, 20; n° 760 B 19; n° 762 Col. II 2, 5; n° 763 Col. I 15-17, 20; G. Curtius, *Inschriften und Studien zur Geschichte von Samos*, p. 10 n° 20; Meineke *fragm. com. graec.* II, 1 p. 503), ainsi que les vêtements en crin (τρίχαπτον, Curtius, *Ibid.* p. 10, n° 37), ne formaient pas de plis non plus.

(2) *Il.* XXII, 440-441 (voy. p. 243, note 1).

lène où étaient retracés les combats entre les Troyens et les Achéens (1). Cette dernière rappelle les vêtements et les tapis d'Orient richement ornés de figures, d'animaux fantastiques, de scènes de chasse et de combat, que nous avons mentionnés plus haut (2). Toutefois la décoration de la *diplax* d'Hélène prouve que l'industrie ionienne de ce temps-là ne se contentait plus de copier tant bien que mal les modèles étrangers, mais qu'elle affirmait déjà son indépendance dans le choix des sujets. Quoi qu'il en soit, cette ornementation trahit un goût orientalisant dont les Hellènes ne purent jamais s'affranchir complètement, lorsqu'il s'agit de fabriquer des manteaux somptueux.

Parmi les données que nous possédons sur la manière dont les Grecs de l'époque classique décoraient leurs manteaux, rien ne nous indique qu'on y ait employé des dessins de figures (3). Mais Aristophane (4) et Platon (5) disent en propres termes que des *himatia* bigarrés et décorés étaient de leur temps des vêtements de luxe très appréciés. Par conséquent, si le goût de l'époque classique différait de celui de l'époque antérieure, au point de vue de la décoration des *chitones*, le contraste est bien moins frappant quand il s'agit des manteaux. La raison en est bien simple. Le goût classique voulait que le vêtement fût adapté aux formes du corps; il tenait, par conséquent, à écarter tout ce qui pouvait nuire à l'effet plastique. Il est évi-

---

(1) *Il.* III, 125-128 (voy. p. 101, note 1).
(2) Voy. p. 290, note 4.
(3) Bien entendu il n'en était pas de même pour les manteaux employés dans les cérémonies du culte. Sur une coupe d'Hieron, Déméter, présente au départ de Triptolème, porte un manteau richement orné de divers motifs, de conducteurs de chars, de chevaux ailés, d'oiseaux et de dauphins (*Mon. dell' Inst.* IX, pl. 43). Kekulé (*Ann.* 1872, p. 227) suppose avec raison que l'artiste a voulu rappeler là un vêtement usité dans le culte d'Eleusis. Un autre manteau orné de chevaux et de dauphins couvrant un Hermès de Dionysos sur une coupe du même artiste, appartient également à cette garde-robe sacrée (Gerhard, *Trinkschalen und Gefässe*, I, pl. 4, 5. Comp. *Mus. Borb.* XII, pl. 22).
(4) *Plut.* 530 : οὔτ' ἱμάτιον βαπτὸν δαπάναις κοσμῆσαι ποικιλομορφῶν.
(5) *De Republ.* VIII, p. 557, C.

dent que le *chiton* s'appliquant directement sur la peau pouvait mieux satisfaire ce sens esthétique qu'un vêtement en forme de manteau, qui ne suivait pas rigoureusement les lignes du corps; les motifs décoratifs qui rompent l'harmonie des lignes, étaient, par conséquent, ici moins choquants que sur le *chiton*. Quoi qu'il en soit, les témoignages écrits et figurés prouvent que ces *himatia* bigarrés n'étaient, à l'époque classique, que des vêtements de luxe; là prédominaient les étoffes monochromes qui étaient tout au plus rehaussées par des bordures de différentes couleurs. Ce n'est qu'au temps d'Alexandre le Grand, lorsque les Grecs se mirent à imiter de nouveau l'Asie, qu'on vit reparaître la mode des vêtements ornés. Détail à noter: ce roi lui-même portait un manteau aux couleurs variées qui passait pour être l'œuvre d'Hélikon (1). Quant aux costumes variés qu'on vendait, pendant la période hellénistique, au bazar d'Éphèse, on peut s'en faire une idée très exacte par le compte rendu d'un contemporain, Démocrite d'Éphèse (2). A partir d'Alexandre, les peintures sur vases nous montrent quantité de vêtements ornés, aussi bien des manteaux que des *chitones*.

Il est inutile d'insister davantage sur la ceinture d'Héra et sur la coiffure d'Andromaque. Nous venons de voir (3) que l'une et l'autre n'étaient que des motifs d'ornementation baroques empruntés à l'Orient et diamétralement opposés au goût classique.

---

(1) Plutarque, *Alex. le Grand*, 32. — (2) Athen. XII, 525 CD. Studniczka (*Beiträge*, p. 22, note 64) a fort bien déterminé l'époque où vivait ce Démocrite ainsi que le caractère de ses écrits. Démocrite mentionne aussi des vêtements rehaussés d'ornements en lamelles d'or : (une ὀκταία), κατάπαστα δὲ χρυσοῖς κέγχροις· οἱ δὲ κέγχροι νήματι πορφυρῷ πάντες εἰς τὴν ἔσω μοῖραν ἅμματ' ἔχουσιν ἀνὰ μέσον. Le nom attique ordinaire de ces applications d'or appelées ici κέγχροι, est πασμάτια: C. I. A. II 2 n° 758. Col. II, 6, n° 759. Col. II, 2. Comp. Boekh, *Staatshaushalt* II², p. 254. Les objets trouvés dans les fouilles de la Russie méridionale, notamment, prouvent qu'on en faisait usage au temps d'Alexandre et à l'époque hellénistique (Stephani, C. r. 1865, p. 9-10).

(3) Voy. p. 260-263, 276 et suiv.

Ainsi donc le costume homérique se ressent beaucoup de l'influence orientale, et son style, partout où l'on peut le reconnaître, se distingue par sa raideur. Cette dernière circonstance nous oblige encore à revenir ici sur le *chiton* de lin des hommes. De deux choses l'une : ou ce vêtement s'écartait complètement des principes qui prédominaient alors dans le costume, ou bien il était d'un style conventionnel. L'hypothèse émise dans le chapitre XII que le *chiton* de ce temps-là était plissé artificiellement concorderait parfaitement avec le principe admis pour les autres vêtements. Si nous admettons que le chiton est conforme à ce principe, il n'y a, dans ce cas, en dehors du plissement artificiel qu'une seule disposition possible : on pourrait admettre que le *chiton* dans sa partie supérieure collait étroitement au corps, produisant ainsi un effet de rendu minutieux semblable au vêtement principal des femmes (*peplos*), bien serré à la ceinture (1). En tout cas, l'opinion que nous avons développée au sujet du costume homérique se trouve confirmée par la façon dont on portait les cheveux et la barbe. Ici encore, comme nous allons le voir tout à l'heure, régnait une mode rigide obéissant à des influences asiatiques.

(1) Voy. p. 263-264.

CHAPITRE XVI.

LES OBJETS DE TOILETTE.

Certaines données de l'Épopée semblent indiquer que les Ioniens de l'époque homérique portaient une longue chevelure. Les Achéens sont très souvent appelés κάρη κομόωντες (1). Les cheveux des héros qui se disputent le prix aux jeux funéraires de Patrocle flottent au gré du vent (2). La coutume d'offrir une chevelure coupée aux dieux (3) ou à des morts aimés (4) est mentionnée plus d'une fois. La chevelure que se coupe Achille sur le bûcher de Patrocle est *florissante* τηλεθόωσα (5). Pâris était fier de sa chevelure (6), qui, par conséquent, devait être longue. Il en est de même de Zeus, à en juger par les célèbres vers suivants (7) :

$$\text{ἀμβρόσιαι δ'ἄρα χαῖται ἐπερρώσαντο ἄνακτος}$$
$$\text{κρατὸς ἀπ' ἀθανάτοιο· μέγαν δ'ἐλέλιξεν Ὄλυμπον.}$$

(1) *Il.* II, 11, 28, 51, 65, 323, 443, 472. *Il.* III, 43, 79; IV 261, 268; VII, 85, 328, 442, 448, 459, 472, 476; VIII, 53, 341, 510; IX, 45; XIII, 310; XVIII, 6, 359; XIX, 69. — *Od.* I, 90; II, 7, XX 277. Cette épithète est donnée une fois aux ἑταῖροι (compagnons) d'Ulysse (*Od.* II, 408).
(2) *Il.* XXIII. 367 : χαῖται δ' ἐρρώοντο μετὰ πνοιῇς ἀνέμοιο. — (3) *Il.* XXIII, 146. — (4) *Il.* XXIII, 46, 135, 141, 152. *Od.* IV 198, XXIV 46. — (5) *Il.* XXIII 142.
(6) *Il.* III 54 : οὐκ ἄν τοι χραίσμῃ κίθαρις τά τε δῶρ' Ἀφροδίτης,
  ἥ τε κόμη τό τε εἶδος, ὅτ' ἐν κονίῃσι μιγείης. Le chevrier Mélanthios avait sans doute aussi une longue chevelure, puisque Eumaios et Philoitios le trainent par les cheveux jusqu'au *thalamos* (*Od.* XXII, 187 : ἔρυσαν τέ μιν εἴσω κουρίξ).
(7) *Il.* I, 529.

LES OBJETS DE TOILETTE.

Dans l'Épopée, Apollon est ἀκερσεκόμης (1), c'est-à-dire *à la chevelure non coupée*, et, dans un hymne homérique, (2) ses larges épaules sont couvertes de boucles (χαίτης εἰλυμένος ὤμους εὐρέας). Sur les monuments archaïques, les hommes (3) sont toujours représentés avec des cheveux longs qui tombent

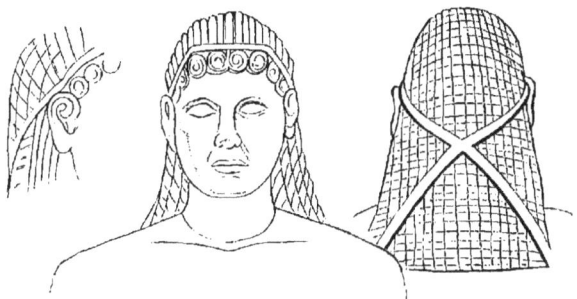

Fig. 83 à 85. — Coiffure d'une statue d'éphèbe d'Orchomène.

généralement jusqu'au milieu des omoplates (4). Cette coutume s'est donc maintenue durant plusieurs siècles, même

---

(1) *Il.* XX, 39. Hymn I (*in Apoll. Del.*) 134. Comp. Hesiode, *Fragm.* CXXV Göttling, 148 Rzach. — (2) II (*in Apoll. Pyth.*) 272. Comp. la façon dont Jason est représenté dans Pindare, *Pyth.* IV, 82.

(3) Des figures d'éphèbes ont souvent une chevelure assez courte sur les vases corinthiens, ex. : Ajax jeune (*Ann. dell' Inst.* 1862, Tav. d'agg. B).

(4) Les quelques rares exceptions à cette règle s'expliquent soit par la négligence du peintre ou par des difficultés techniques. Sur une assiette bien connue de Camiros (Salzmann, *Nécropole de Camiros*, pl. 53. — *Verhandlungen der 23 Versamml. deutscher Philologen*, Hanovre, 1865, pl. I, p. 37 et suiv.) la longue chevelure de Ménélas, d'Hector et d'Euphorbos, qu'on devrait apercevoir sous la bordure postérieure du casque, n'est pas visible; cela tient à la grossièreté primitive de l'exécution. L'artiste ne s'est même pas donné la peine d'indiquer les doigts et les pouces de ces trois personnages. On ne voit pas non plus la longue chevelure dans la figure d'un Achille casqué sur un vase corinthien (*Annal. dell' Inst.* 1862, Tav. d'agg. B). Le peintre n'a pas su évidemment séparer la chevelure brune d'un cou brun dans une figure de petites dimensions. Le même artiste a cependant indiqué les longs cheveux d'Hector luttant contre Achille, au moyen d'une ligne gravée sur le cou.

après l'époque homérique. Et, autant qu'on en peut juger par les monuments, on eut recours à divers artifices pour arranger cette longue chevelure.

Sur les statues d'éphèbes d'Orchomène (fig. 83 à 85) (1), de

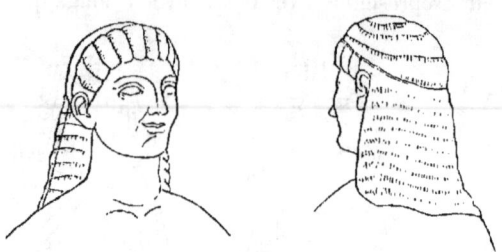

Fig. 86 et 87. — Coiffure d'une statue d'éphèbe de Tenea.

Théra (2) et de Tenea (fig. 86 et 87)(3), comme en général dans les

(1) *Ann. dell' Inst.* 1861, Tav. d'agg. E 1. — Overbeck, *Gesch. der griech. Plastik* I³, p. 88, fig. 8 (nos fig. 83 à 85).
(2) Schöll, *Arch. Mittheil*, pl. IV, 6. — Overbeck, p. 89, fig. 9.
(3) *Mon. dell' Inst.* IV, t. 44. — Overbeck, *loc. cit.*, p. 91, fig. 10 (nos fig. 86 et 87). Studniczka (*Beiträge*, p. 60, note 13) rejette les conclusions que nous avons tirées de ces statues en alléguant que le style primitif était pour beaucoup dans la manière dont les sculpteurs traitent la chevelure. Il serait trop long et superflu de nous étendre ici sur cette question. Qu'il nous suffise de faire ressortir ici un point de vue qui a échappé à l'attention de Studniczka et qui justifie l'emploi que nous avons fait de ces statues. Admettons que les sculpteurs aient reproduit ici, avec une recherche de style, des boucles de cheveux naturelles; il en résulterait qu'on portait à cette époque les cheveux d'une façon qui n'a rien de commun avec la mode ultérieure. Afin de ne pas faire une trop longue digression, nous nous contenterons de prendre pour exemple l'Attique. Sur les monuments attiques remontant au sixième siècle, comme le vase François et les vases d'Exekias, on remarque que les hommes ont derrière la tête une touffe de cheveux, retenue en haut par une spirale métallique, en bas généralement par un ruban. Dans la première moitié du cinquième siècle cette touffe fut remplacée par une tresse qui s'enroulait sur la tête de différentes manières (*Mitth. des arch. Inst. in Athen*, VIII 1883, pl. XI. XII). Studniczka ne prétendra sans doute pas que ces touffes et ces tresses dénotent une tendance bien accusée au rendu, à l'exécution minutieuse, et reconnaîtra plutôt que les artistes n'ont fait que reproduire une mode du temps. Cela une fois établi,

figures d'hommes et de jeunes gens des anciennes peintures sur vases (fig. 88)(1), les cheveux du dessus sont ramenés jusqu'au milieu du front, tandis que les autres, après avoir contourné l'oreille, retombent sur la nuque. Dans les statues d'Orchomène et de Théra, ils forment des boucles raides et verticales; dans celle de Tenea, ils ondulent horizontalement. Les deux premières présentent le long du front une série de petites boucles, en forme de spirales qui, dans celle de Tenea, sont remplacées par un toupet frisé. Pour des motifs faciles à comprendre, les peintres de vases ont généralement renoncé à représenter ces détails. Néanmoins sur certains vases contenant des figures d'assez grande dimension et soigneusement exécutées, on remarque tout au moins des tentatives de reproduction de frisure artificielle. Lorsque, par exemple, le peintre d'un vase corinthien (2) exprime au moyen d'une ligne ondulée la masse capillaire tombant sur la nuque (fig. 89), c'est que probablement il essaie de reproduire la même disposition que le sculpteur de la statue de Tenea. Nous n'avons nullement l'intention de passer en revue toutes les coif-

Fig. 88. — Tête de jeune homme d'un vase de Melos.

---

il faut supposer un port conventionnel de la chevelure avant l'époque qui précède la mode des touffes : il est, en effet, inadmissible qu'après avoir porté les cheveux tombant naturellement, on ait adopté aussitôt et sans transition une coiffure aussi compliquée. Mais cette *convention* consistait sans aucun doute à porter les cheveux bouclés de différentes manières. Ces modifications successives de la coiffure peuvent se comparer à des changements analogues dans les temps modernes. Sous Louis XIV, on bouclait ses cheveux ou bien on portait une perruque bouclée; puis vint la mode de réunir les cheveux sur l'occiput et de les mettre dans un filet; enfin vers l'année 1770 cette coiffure fit place au chignon natté.

(1) Voy. Apollon sur un vase antique trouvé à Melos : Conze, *Melische Thongefässe*, pl. 4, d'où est extraite notre figure 88.

(2) *Mon. dell' Inst.* X pl. 4, 5; notre figure 89.

fures de l'époque archaïque (1). Mais il résulte des renseignements transmis par Thucydide (2) et par Héraclide de Sinope (3), que les Athéniens portaient une coiffure artificielle jusque peu de temps avant l'époque de Périclès. La coiffure simple et naturelle, propre à l'époque classique, n'apparaît que dans les sculptures des écoles de Myron et de Phidias ainsi que sur les vases à figures rouges de style libre.

Cette coiffure conventionnelle remonte-t-elle jusqu'à l'époque homérique? Il est permis *a priori* de répondre affirmativement à cette question. Nous avons démontré que le costume de cette époque se distinguait par sa raideur (4). Qu'on se représente un Achéen, vêtu d'un *chiton* de lin, artificiellement drapé ou collé contre le corps, et d'un manteau tombant symétriquement, bien tendu sur les épaules. Si sa chevelure tombe simplement et sans artifice, comme sur les statues des prisonniers Daces, il y aura évidemment un contraste trop grand entre le vêtement et cette coiffure, contraste impossible à admettre chez un peuple qui, en poésie, a fait preuve d'un sens si délicat de l'harmonie. Par conséquent, lorsqu'Athéna orne de boucles la tête d'Ulysse (5) :

Fig. 89. Peinture d'un vase corinthien (tête d'Apollon).

κὰδ δὲ κάρητος
οὔλας ἧκε κόμας, ὑακινθίνῳ ἄνθει ὁμοίας,

le poëte n'a probablement pas songé aux boucles tombant naturellement, comme dans la statue d'Ulysse au Vatican, mais

---

(1) Comp. *Mittheil des arch. Inst. in Athen.* VIII 1883, p. 246 et suiv. IX (1884) p. 232 et suiv.

(2) I, 6, 20 (voy. plus haut p. 51 note 3). — (3) Athen XII, 512 C. κορυμβους δ' ἀναδούμενοι τῶν τριχῶν χρυσοῦς τέττιγας περὶ τὸ μέτωπον καὶ τὰς κόμας ἐφόρουν (κόβας au lieu de κόμας est une hypothèse plausible de Birt. *Rhein. Mus.* XXXIII, 1878 p. 626).

(4) Voy. plus haut p. 287 et suiv. — (5) *Od.* VI, 230, XXIII, 157.

à des cheveux artificiellement arrangés, comme on en voit sur les monuments archaïques. Nous pouvons d'ailleurs nous en tenir là sur ces questions de style qui, dans une étude exacte, n'ont qu'une valeur relative, puisque l'Épopée parle clairement de coiffure artificielle.

Les Abantes d'Eubée sont qualifiés de ὄπιθεν κομόωντες (1); nous pouvons en conclure, avec les savants de l'antiquité (2),

Fig. 90. — Anse d'argile d'un vase archaïque.

qu'ils avaient l'habitude de se couper les cheveux sur le devant et de les laisser croître derrière la tête. Les Thraces, appelés ἀκρόκομοι, dans l'Épopée (3), avaient coutume de faire tout le contraire.

Diomède insulte en ces termes Pâris qui, caché, l'a blessé d'un coup de flèche :

τοξότα, λωβητήρ, κέρα ἀγλαέ, παρθενοπῖπα (4).

(1) *Il.* II 542. — (2) Archemachos dans Strabon X c. 465, 6. — Plutarque, *Thésée* 5. Les opinions sont partagées sur l'origine de cette coutume. Les uns prétendent que les Abantes l'ont empruntée aux Arabes, c'est-à-dire aux Phéniciens venus avec Cadmus en Eubée (Strabon X, p. 447, 8) ou aux Mysiens. D'après d'autres, l'idée leur en serait venue à eux-mêmes, afin d'empêcher les ennemis de les saisir par les cheveux pendant le combat.
(3) *Il.* IV 533. Peut-être faut-il rapporter à cette coutume thrace le passage suivant d'Archiloque (*Etym. magn.* s. v. ἀγκαὶ p. 311, 40. Fragm. Bergk. 36) : χαίτην ἐπ' ὤμων ἐγκατὰ κεκαρμένος. — (4) *Il.* XI 385.

Ordinairement on traduit κέρᾳ ἀγλαέ par *fier de son arc*. Il est clair que cette traduction est inexacte (1). Tout d'abord κέρας au singulier n'est jamais employé dans le sens de *l'arc* (2). En second lieu, ἀγλαός a partout le sens de *éclatant, magnifique, remarquable*, nulle part celui de fier. Mais, point essentiel, κέρᾳ ἀγλαέ, avec l'interprétation communément admise, indiquerait à peu près la même chose que τοξότα. A tous les points de vue,

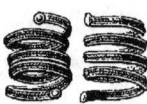 

Fig. 91 à 93. — Spirale à cheveux en métal, trouvées dans des tombeaux étrusques.

l'explication déjà donnée dans l'antiquité nous paraît acceptable : c'est celle d'après laquelle κέρας voudrait dire *mèche* ou *tresse de cheveux* (3) ; d'ailleurs un poète voisin de la période brillante de l'Épopée, Archiloque, emploie ce mot dans le même sens (4). Cette explication est corroborée par un autre passage de l'Iliade, où Pâris est fier de sa belle chevelure (5). Κέρας est donc évidemment une mèche roulée en spirale à son extrémité, comme on en trouve fréquemment sur les monuments archaïques de l'Orient et de l'Occident (6). Comme preuve à l'appui,

(1) Comp. par ex. Ameis, *Anhang zu Homers Ilias* IV, p. 92.
(2) Le pluriel signifie les cornes dont l'arc est fait (*Od.* XXI, 395). — (3) Schol. *Il.* XI, 585. Schol. *Od.* XXIV, 81. — Etym. m. s. v. κέρα (p. 490, 24), κάρη (p. 491, 14), κέρας (p. 504, 42 et 55), κόρσωφος (p. 531, 27). — Etym. gud. s. v. κέρα (p. 298, 41), κείριον (p. 309, 38), κείρειν (p. 311, 31), κέρας (p. 315, 40 et 50). — Hesych. Zonar. p. 1192 : κέρας,...θρίξ. Orion p. 80. 24 ; p. 83, 9. — Apoll. Soph. lex. p. 98, 11. — Juvénal, *Sat.* XIII, 165 : *madido torquentem cornua cirro*. — *Serv. ad Vergil. En.* XII, 89 : *cornua autem sunt proprie cincinni*. — Comp. Ebeling, *Lex. hom.* s. v. κέρας.
(4) Schol. *Od.* XXIV, 81 : οἱ νεώτεροι κέρας τὴν συμπλοκὴν τῶν τριχῶν ὁμοίαν κέρατι τὸν κεροπλάστην ἄειδε Γλαῦκον Ἀρχίλοχος. — Comp. Bergk. fragm. 59 qui a recueilli toutes les autres données sur cette question.
(5) *Il.* III, 55 (voy. p. 297, note 6). — (6) Des têtes avec des mèches de cheveux de ce genre se trouvent, par exemple, sur les inscriptions hittites : Harry Rylands, *The inscribed stones from Jerabis, Hamath, Aleppo* (Trans-

nous citerons l'anse d'argile reproduite à la figure 90, peut-être de provenance grecque, où cette disposition est rendue d'une manière très-typique (1). Enfin l'Épopée, en parlant du Troyen Euphorbos, fils de Panthos, dit :

πλοχμοί θ' οἳ χρυσῷ τε καὶ ἀργύρῳ ἐσφήκωντο (2),

c'est-à-dire des mèches ou des boucles retenues par des liens d'or et d'argent. La coiffure que signale le poëte se trouve confirmée par les observations faites dans les tombeaux étrusques (3). Les plus anciens de ces tombeaux appartiennent à

act. of the. Soc. bibl. arch., vol. VIII, sur les deux inscriptions de Jerabis; sur un diadème d'or trouvé en Attique (*Arch. Zeitg.* 1884, pl. 9, 2, p. 102); sur des monnaies d'argent de Tarente (Carelli, *Num. Ital. Veter*, pl. 105, n° 44); sur une amphore à figures noires dite tyrrhénienne (Micali, *Storia*, pl. 77, 78); enfin très souvent sur les vases étrusques d'argile noire (*Vasi di bucchero*), p. ex. : Micali, *Storia* pl. 21. n° 5, pl. 25 n° 2.

(1) Cette anse dont l'argile est d'un gris noir qui, à la surface, tire sur le vert, nous l'avons achetée, en même temps qu'un vase publié dans les *Mon. dell' Inst.* (IX, pl. 5, n° 2) à un marchand de bric-à-brac de Civitavecchia qui prétendait l'avoir reçu d'un capitaine de vaisseau grec. Furtwaengler (*Beschreibung der Vasensamml. des Berl. Antiq.*, p. 191, n° 1615. Voy. aussi les *Histor. und. philog. Aufsätze E. Curtius gewidmet*, p. 192) le classe parmi les vases *in bucchero* étrusques à hauts reliefs. Nous ne sommes pas en état de réfuter cette opinion d'une manière catégorique, mais nous devons faire observer que nous n'avons rencontré nulle part cette qualité d'argile dans cette catégorie de vases.

(2) XVII 52. Schol. : οἳ ὑπὸ χρυσοῦ καὶ ἀργύρου συνεσφιγμένοι ἦσαν. De même Eustath. sur le passage, p. 1099, 56-63. Etym. m. s. v. ἐσφηκωμένον p. 385, 5 : ἀντὶ τοῦ ἐσφιγμένοι ἦσαν, ἐδέδεντο. Schol. *Il.* XVIII 402 : κάλυκας· ἐμφερῆ ῥόδοις· οἱ δὲ δακτυλίους· οἱ δὲ χρυσᾶς σύριγγας, αἳ τοὺς πλοκάμους περιέχουσιν, ὥς φησιν (*Il.* XVII.52) « οἱ χρυσῷ τε καὶ ἀργύρῳ ἐσφήκωντο. » Eustath. ad *Il.* XVIII 400, p. 1204, 22 : οἱ δὲ χρυσᾶς εἶπον σύριγγας, ὡς οἷον σωληνίσκους, αἷς πλόκαμοι περιέχονται. Suid. et Phot. κάλυκας· σύριγγας.

(3) Voy. sur ce sujet notre étude détaillée : *Commentationes in honorem Mommseni*, p. 619 et suiv. La figure 93 reproduit un spécimen en or trouvé dans une tombe de Cæré, celle de Regulini et de Galassi probablement (voy. p. 39, note 2, p. 112-115), d'après le *Mus. greg.* I, pl. LXXV, 8. Les figures 91 et 92 représentent une paire également en or provenant d'une *tomba a fossa* de la nécropole de Visentium (Capodimonte sur le lac de Bolsena) : *Bull. dell' Inst.* 1886, p. 27.

l'époque où l'inhumation commença à succéder à l'incinération, ils remontent par conséquent au moins au septième siècle ; les plus récents, au contraire, semblent appartenir au second tiers du cinquième siècle. Près de l'endroit où reposait la tête du cadavre se trouvent souvent des spirales en bronze, en argent et en or (fig. 91 à 93), et généralement il y en a une de chaque

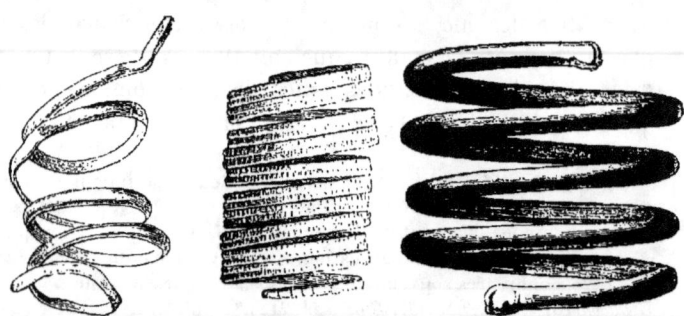

Fig. 94 à 96. — Spirales à cheveux, trouvés en Béotie et à Olympie.

côté du menton (1). Comme, dans les antiquités de ce genre, il est impossible de songer aux boucles d'oreilles (2), il faut rat-

(1) De nouvelles observations sont venues s'ajouter aux renseignements que nous avons recueillis dans les *Commentationes*. Bologne, nécropole Arnoaldi Veli : *Notizie di scavi com. all' acc. dei Lincei* 1881, p. 84. Orvieto, dans une *tomba a fossa* : *Bull. dell' Inst.* 1887, p. 227. Visentium, dans des *tombe a fossa* : *Bull. dell' Inst.* 1886, p. 27, nos fig. 92 et 93. Corneto, dans des *tombe a fossa* : *Not. di Scavi* 1882, p. 196, n° 1 ; *Bull.* 1885, p. 117-118, 127. Dans une chambre funéraire du sixième siècle : *Bull.* 1882, p. 45.

(2) Heydemann a essayé de soutenir cette thèse (*Gigantomachie auf einer Vase aus Altamura*, p. 5) ; nous l'avons réfutée dans le *Bull. dell' Inst.* 1882, p. 17. — Mentionnons ici en passant un *canopus* trouvé récemment sur le territoire de Chiusi (*Mus. ital. di ant. class.*, I pl. VIIII^a 14, 14^a p. 311-313. Comp. *Not. di scavi*, 1884, p. 383-384 et *Bull. dell' Inst.*, 1885, p. 118, note 1). Le portrait de femme qui lui sert de couvercle, présente dans chaque oreille une spirale en fil rond de bronze enroulée deux fois. Studniczka (*Beiträge*, p. 114, note 66) en a pris texte pour soutenir que ces spirales que je considère comme des liens de boucles de cheveux,

tacher ces spirales à la chevelure et admettre qu'elles servaient à lier les boucles ou les mèches qu'on portait à l'époque archaïque. On a trouvé des spirales semblables en Grèce, notamment en Béotie (fig. 94 à 96) et à Olympie (1). L'hypothèse que ces rubans métalliques étaient employés au temps d'Homère n'a rien qui doive nous surprendre, puisqu'il est démontré qu'on s'en servait déjà à l'époque antérieure. Schliemann, dans ses fouilles de Troie, a mis au jour beaucoup de petits cylindres en or, ouverts sur la face postérieure, ornés sur le devant de bossettes parallèles et terminés en pointe flexible (fig. 97 et 98) (2). Ils ne pouvaient servir qu'à attacher les boucles de cheveux qu'on introduisait dans le cylindre par l'ouverture et qu'on fixait à celui-ci au moyen de la pointe. On a, en outre, découvert, dans les mêmes fouilles, des spirales lourdes qui se composent d'un bandeau d'or enroulé deux fois seulement (fig. 99) et que Schliemann déjà avait reconnues pour être des attache-boucles (3). Les tombeaux en puits de Mycènes enfin renfermaient des spirales d'or (4) qui ressemblent beaucoup aux spirales béotiennes et italiques, sauf qu'elles paraissent être plus primitives, car le fil métallique est tourné moins régulièrement (fig. 100). Il en résulte, par conséquent, que la popu-

sont des boucles d'oreilles. Mais il suffit de comparer les spirales de ce *canopus* avec celles dont nous parlons ici pour se convaincre qu'elles n'ont rien de commun ensemble et qu'elles appartiennent à une toute autre catégorie.

(1) Des spécimens de Béotie en bronze à l'ancien Varvakion d'Athènes (actuellement musée central) : *Katalog* ΧΑΛΚ. 169, 422, 526, auquel sont empruntées nos fig. 94 à 96. Il y a deux exemplaires du type de la fig. 96. Pour Olympie voy. Furtwaengler, *Die Bronzefunde aus Olympia*, n. 39.

(2) Schliemann, *Atlas trojanischer Alterthümer*, pl. 196, n°ˢ 3512-3541, 3544-3561, 3566-3568, pl. 207-209 (notre fig. 97 d'après pl. 196, n° 3546). — *Ilios*, p. 514, n°ˢ 694, 695, 698-702, p. 515, n°ˢ 754-764, p. 559, n°ˢ 906, 907, 910 (notre fig. 98 d'après ce dernier n°). Comp. Schliemann, *Troja*, p. 115-116, n° 39.

(3) Schliemann, *Ilios*, p. 554, n° 878 (d'où notre fig. 99), 880. Comp. p. 555.

(4) Schliemann, *Mykenæ*, p. 401 n° 529 (les deux spécimens du milieu dont l'un pareil à notre fig. 100). Comp. aussi p. 165, n° 220.

lation du nord-ouest de l'Asie Mineure et des pays voisins du golfe argolique avait coutume, bien avant la naissance de l'Épopée, de partager sa chevelure en boucles ou en mèches et de maintenir celles-ci au moyen de griffes métalliques. Si cette

Fig. 97 à 99. — Spirales à cheveux, trouvées à Troie.

coutume remonte à une si haute antiquité dans les contrées orientales du bassin méditerranéen, on comprend qu'elle paraisse de bonne heure en Italie. Les tombeaux ci-dessus mentionnés appartenant à la période où l'on commença à inhumer

Fig. 100. — Spirale à cheveux, trouvée à Mycènes.

les corps sont, il est vrai, les plus anciens qui nous renseignent sur l'usage des spirales, mais non pas les plus anciens qui renferment de ces objets. Au contraire, on a trouvé des spirales en bronze dans les tombes à corps incinérés (1) qui sont antérieures à la période de l'inhumation et aux rapports avec les colonies helléniques. Ces spirales semblent donc appartenir à cette catégorie de produits fabriqués qui, avant la colonisation de l'Occident par les Grecs, furent importés par voie de terre de la péninsule des Balkans dans celle de l'Apennin (2).

Il est très probable qu'un autre passage de l'Iliade fait allusion à un détail de coiffure analogue. Il est dit d'Amphimachos, le chef des Cariens (3).

ὃς καὶ χρυσὸν ἔχων πολεμόνδ' ἴεν, ἠΰτε κούρη.

(1) *Bull. dell' Inst.* 1882, p. 16-18, 169, 170, 172, 176.
(2) Comp. p. 105-110. L'usage des attache-boucles métalliques s'est d'ailleurs propagé jusque chez les barbares de l'Europe centrale (Comp. par ex. von Sacken, *Grabfeld von Hallstadt*, pl. XVII, 16, p. 74-75.)
(3) *Il.* II, 872.

Les anciens commentateurs déjà (1) ont comparé cette description à la parure des cheveux d'Euphorbos et admis que l'or dont il est question ici indique des attache-boucles.

D'autre part, cette interprétation une fois admise, nous sommes en présence d'une coutume homérique qui concorde bien avec les usages de la période suivante. Une chevelure longue et artistement arrangée est regardée par les écrivains ultérieurs comme une particularité de l'ancien luxe ionien. Agathon (2) appelle les longues boucles les *témoins de la prospérité*. Une ancienne inscription persane (3), énumérant les peuples sujets de Darius, fils d'Hystaspe, cite aussi les Ioniens pourvus de tresses. Nous avons déjà parlé plus haut de la tresse en forme de corne, que les Ioniens appelaient κέρας (4). Tels étaient probablement aussi les κορῶναι mentionnés par Sophron (5); ce mot indique, on le sait, des objets pliés ou recourbés, comme l'extrémité d'un arc, du timon de la charrue ou une poupe de navire. Un fragment d'Archiloque (6) témoigne que les guerriers ioniens étaient particulièrement fiers de leurs longues boucles. Les Athéniens faisaient remonter à Thésée l'usage de porter les cheveux longs derrière la tête et appelaient cette coupe Θησηΐς (7). Magnès, le favori smyrnéen de Gygès, portait son abondante chevelure ramassée en un chignon et maintenue au moyen d'une attache en or (8). Le poète Asios (9) dit, en parlant des Samiens qui célèbrent la fête d'Hèra, qu'ils

---

(1) Schol. *Il.* II, 872. — (2) Athen. XII, 528, D : κόμας ἐκειράμεσθα μάρτυρας τρυφῆς. — (3) Spiegel, *Die altpersischen Keilinschriften*, 2ᵉ éd., p. 119 et 219, au mot *Takabara*. — (4) Voy. p. 303-304. — (5) Schol. *Il.* XI, 385 : κορώνας ἀναδούμενοι (fragm. 97, Ahrens).

(6) Fragm. 60 Bergk : οὐ φιλέω μέγαν στρατηγὸν οὐδὲ διαπεπλιγμένον,
οὐδὲ βοστρύχοισι γαῦρον οὐδ' ὑπεξυρημένον.

Ce dernier participe fait évidemment allusion à l'usage de raser la lèvre supérieure, dont il sera question plus bas.

(7) Plutarque, *Thésée*, 5. Comp. p. 301, note 2.

(8) Nicol. Damasc. VII, 62 (*fragm. hist. gr.* éd. Müller III, p. 395) : κόμην τρέφων χρυσῷ στροφίῳ κεκορυμβωμένην.

(9) Athen. VII, 525 F. — Comp. *Rhein. Mus.* XXXIV, 1879, p. 485-486.

sont bien peignés et que le vent fait flotter leurs boucles maintenues par des attaches d'or. Ajoutons à cela les témoignages de Thucydide (1) et d'Héraclide de Sinope (2), d'après lequel jusqu'au cinquième siècle les Ioniens et les Athéniens portaient des touffes de cheveux (κρώβυλος) qui étaient consolidés avec des cigales (τέττιγες) en or. Ces attache-boucles, mentionnées par divers écrivains et dénommées de différentes manières, ne pouvaient être que des spirales métalliques, semblables à celles qui brillaient sur la tête d'Euphorbos et qu'on a trouvées dans les tombeaux grecs et italiques.

Ce que nous venons de dire de la coiffure des hommes s'applique naturellement aussi à celle des femmes. Artémis, Circé ou Calypso *aux belles boucles* (3) évoquera dans l'esprit d'un lecteur de notre temps l'idée d'une forêt de boucles semblable à celle qui encadre la tête d'Aréthuse sur les monnaies de Syracuse. Cependant, il faut faire observer tout d'abord que le sens primitif du substantif πλόκαμος (4), dérivé du verbe πλέκω

---

(1) 1. 6, 2 (voy. p. 51 note 3). — (2) Athen. XII, 512 C. (voy. p. 391, note 3). Sur les τέττιγες comp. *Commentationes in honorem Mommseni*, p. 616-626. — *Rhein. Mus.* XXXIV 1879, p. 484-487. Les matériaux relatifs à cette question se sont enrichis récemment d'un détail de l'inventaire du trésor de l'Héra de Samos : voy. Curtius, *Inschriften zur Geschichte von Samos*, p. 11, 51 : αὕτη ἔχει τέττιγας ἐπιχρύσους : ἐν(λε)ίπει τῶν τεττίγων τριῶν καὶ τῶν ἐνωδίων. Il est question ici d'une statue d'Héra pourvue de τέττιγες d'or dont trois manquent. Ce fait contredit l'opinion de Conze (*Memor. dell' Inst.*, II, p. 416) d'après laquelle les τέττιγες seraient des épingles à cheveux terminées par une spirale en or. Du moment que trois τέττιγες manquent, c'est qu'il y en avait un grand nombre. Or, un grand nombre d'épingles serait anormal. Toute coiffure archaïque contenait, au contraire, beaucoup d'attache-boucles, c'est certain : on n'a pas trouvé moins de sept de ces spirales de bronze dans un tombeau à corps incinéré appartenant à la partie la plus ancienne de la nécropole de Corneto, tombeau qui ne renfermait qu'*une seule* urne funéraire et par suite les cendres d'*un seul* cadavre (*Bull. dell' Inst.* 1882, p. 176).

(3) Pour les différents passages où sont employées les épithètes : εὐπλόκαμος, εὐπλοκαμίς, καλλιπλόκαμος, λιπαροπλόκαμος, voy. Ebeling, *Lexicon homericum*.

(4) Curtius, *Grundz. der gr. Etym.* 4° éd., p. 164, n° 103.

tresser, n'est pas *boucle*, mais *tresse*. Le mot a sans contredit cette signification dans le 14° chant de l'Iliade (1) où est décrite la toilette que fait Hèra avant de se rendre auprès de Zeus sur le mont Ida. La déesse, après avoir peigné avec soin sa chevelure, en fait des tresses brillantes parfumées d'ambroisie (πλοκάμους). Sa coiffure ne consistait donc pas en boucles tombant librement, mais bien en tresses artificiellement réunies. En second lieu, le vers de l'Iliade où il est question de l'or d'Amphimachos prouve, si l'explication donnée ci-dessus est exacte (2), que les femmes aussi portaient une coiffure conventionnelle avec attaches métalliques. En outre, les boucles tombant librement n'étaient pas possibles par cela seul que les femmes se frottaient la chevelure avec des huiles odorantes, ce qui l'aurait empêchée de se développer naturellement. Le poète d'un hymne homérique (3) dit, en effet, que la chevelure d'Hestia dégouttait constamment d'huile. Enfin il convient de noter que, dans les monuments, la coiffure des femmes suit les mêmes phases de développement que celle des hommes; chez les unes comme chez les autres la coiffure *naturelle* n'apparaît qu'à l'époque florissante de l'art grec.

Si les cheveux avaient des formes stéréotypées, il en était probablement aussi de même de la barbe. Les masques d'or (4), trouvés dans les tombeaux en puits de Mycènes et qui sont évidemment des portraits de défunts, prouvent que, déjà avant la migration dorienne, les habitants de l'Argolide

---

(1) XIV 175 : ...... ἰδὲ χαίτας
πεξαμένη, χερσὶ, πλοκάμους, ἔπλεξε φαεινοὺς,
καλοὺς ἀμβροσίους ἐκ κράατος ἀθανάτοιο

(2) P. 307.

(3) XXIV, 3 : ἀεὶ σῶν πλοκάμων ἀπολείβεται ὑγρὸν ἔλαιον.
Les adjectifs φαεινός (*Il.* XIV, 176), qualifiant les tresses d'Hèra, λιπαροπλόκαμος (*Il.* XIX, 126), épithète d'Atè et l'expression ἀεὶ δὲ λιπαροὶ κεφαλὰς καὶ καλὰ πρόσωπα, caractérisant les prétendants (*Od.* XV, 332), font très probablement aussi allusion à l'emploi des huiles.

(4) Voy. plus haut, p. 73, note 3.

avaient adopté une coupe conventionnelle de la barbe. Sur l'un des exemplaires les mieux conservés, les favoris sont taillés en demi-cercle tandis que les pointes de la moustache sont relevées, ce qui dénote l'emploi d'une pommade durcissante (1). D'un autre côté, l'examen des monuments grecs nous apprend que la taille conventionnelle de la barbe s'est maintenue jusqu'à la période florissante de l'art. Puisque cette mode régnait à l'époque qui a précédé et pendant celle qui a suivi l'Épopée, il est présumable qu'elle existait également au temps d'Homère.

Cette hypothèse est confirmée par ce fait surprenant que les contemporains des poètes homériques se servaient déjà du rasoir. Dans l'Iliade, on rencontre l'expression proverbiale ἐπὶ ξυροῦ ἵσταται ἀκμῆς, c'est-à-dire *cela tient sur le fil d'un rasoir*, expression employée dans les moments critiques où l'épaisseur d'un cheveu peut tout décider. Nestor crie aux Achéens accablés par les Troyens (2) :

νῦν γὰρ δὴ πάντεσσιν ἐπὶ ξυροῦ ἵσταται ἀκμῆς
ἢ μάλα λυγρὸς ὄλεθρος Ἀχαιοῖς ἠὲ βιῶναι.

Il ne peut y avoir aucun doute sur l'espèce de rasoirs à laquelle ce proverbe doit son origine. En Grèce (3) comme en Italie (4) on trouve des rasoirs de bronze, dont le tranchant a

---

(1) Schliemann, *Mykenæ*, p. 332, nº 474. — (2) *Il.* X, 173.

(3) Albert Dumont en a noté un exemplaire de bronze trouvé en Attique (*Ann. dell' Inst.* 1874, p. 258). Un marchand d'antiquités d'Athènes nous en a montré, en 1875, deux exemplaires en bronze et trois en fer qui, disait-il, provenaient des îles de la mer Égée. Mais nous ne pouvons considérer ce témoignage comme sérieux, depuis que nous avons acquis la conviction que ce marchand achète souvent des antiquités en Italie, pour les revendre ensuite comme étant de provenance grecque.

(4) Fig. 101 : rasoir de bronze de Cervetri (F. Martinetti) demi-grandeur de l'original. Fig. 102 à 104 : trois exemplaires provenant des *tombe a pozzo* de Corneto (p. 29-30), quart de grandeur de l'original. — Gozzadini (*Intorno agli scavi fatti dal sig. Arnoaldi Veli*, p. 59-91), énumère toutes les localités de l'Italie, où des rasoirs analogues ont été trouvés. Depuis des rasoirs semblables ont été mis au jour dans les contrées suivantes : à Mon-

la forme d'un croissant (fig. 101 à 104); on en rencontre déjà dans des couches où il n'existe aucune trace d'influence hellénique (1). La nature de cet instrument explique parfaitement le proverbe en question; il n'est pas d'objet, en effet, sur lequel il soit plus difficile de prendre pied que sur une lame bien effilée et courbe en même temps, comme celle de ces rasoirs. Il est vrai que le X° chant de l'Iliade, la *Doloneia*, où se trouvent les deux vers cités, est comprise dans les parties plus récentes de l'Épopée. Mais l'expression proverbiale dont il s'agit n'aurait pu naître si le rasoir n'avait été

Fig. 101. — Rasoir en bronze de Cervetri.

tebelluna (*Not. d. scav. com. all' acc. dei Lincei*, 1883, p. 108), à Este (*ibid.* 1882, pl. IV, 52, p. 22), sur le territoire des Vénètes à Piacenza (*Ann. dell' Inst.* 1885, p. 61), à Imola (*Not. d. scavi*, 1886, p. 119 e), à S. Egidio al Vibrata (*ibid.* 1878, p. 27), à Tolentinum dans le Picenum (*Ibid.* 1883, pl. XVI, 1, p. 336), à Cesi en Ombrie (*Bull. dell' Inst.* 1881, p. 212, n° 7), dans les nécropoles d'Interamna (Terni, *Not. d. Sc.* 1886, p. 10, 252, 258), de Visentium sur le lac Bolsena (*Not. d. sc.* 1886, p. 297, 299, 309), de Vetulonia (Falchi, *Gli avanzi di Vetulonia sul poggio di Colonna*, p. 22, 23; *Not. d. sc.* 1885, pl. IX, 28), de Tarquinies (*Bull. dell' Inst.* 1882, p. 17, 18, 19, 162, 165, 171, 175; 1883, p. 121; *Mon.* XI, pl. LX, 22; *Ann.* 1883, Tav. d'agg. R. 3, p. 292; *Not. d. sc.* 1881, pl. V, 5-7, p. 349), et dans les tombeaux primitifs trouvés à Rome sur l'Esquilin (*Annal. dell' Inst.* 1884, p. 137, note 4). — Nous avons démontré, dans la revue *Im neuen Reich*, 1875, I, p. 14-15, et Gozzadini dans l'ouvrage ci-dessus cité (*Intorno agli scavi fatti dal sign. Arnoaldi Veli*, p. 54-56), que ces instruments étaient bien des rasoirs. Il y aurait à ajouter que la lame du rasoir conserva même plus tard cette forme de croissant. Il suffit de rappeler le rasoir de Kairos (*Arch. Zeitg* 1875, pl. I), ainsi qu'un autre trouvé à Rome; la finesse de la lame en fer et le manche couvert d'ornements en relief qui laisse prise à trois doigts tout au plus (*Bull. dell' Inst.* 1878, p. 97) indiquent que c'est un rasoir. Enfin la description que Martial (*ép.* XI, 58, 8) nous a laissée de l'étui, prouve bien que la lame était recourbée :

Sed fuerit *curva* cum tuto novacula *theca*,
Frangam tonsori crura manusque simul.

(1) Voy. plus haut p. 105 à 110.

préalablement consacré par un long usage comme un outil courant; il est clair, par suite, que les Grecs se servaient de cet instrument bien longtemps avant l'apparition de la *Doloneia*.

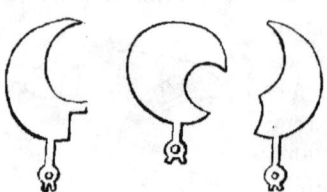

Fig. 102 à 104. — Rasoirs de Corneto.

Tout porte à croire que les Ioniens de l'époque homérique se rasaient la moustache. Chez les Égyptiens on peut suivre jusque sur les monuments les plus anciens qui nous soient parvenus la coutume de raser la lèvre supérieure et les joues et de ne laisser subsister que la barbe du menton. De même les monuments égyptiens prouvent que l'usage de raser la lèvre supérieure s'est introduit de très bonne heure chez les peuples de l'Asie Antérieure. Déjà dans le tombeau de Chnumhotep, qui occupait les plus hautes fonctions au vingt-quatrième siècle sous le roi Usurtasen II, on voit des Amu, c'est-à-dire des habitants de l'Asie Antérieure immigrant dans la vallée du Nil et apportant des cadeaux à Chnumhotep : ils ont tous des favoris courts taillés en pointe au-dessous du menton; aucun d'eux n'a de moustaches (1). Il serait trop long de nommer ici tous les habitants de l'Asie qui figurent sur les monuments égyptiens avec la moustache rasée (2). Notons seulement

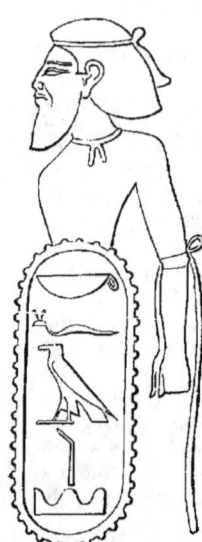

Fig. 105. — Kéfa (Phénicien) d'une colonne d'Aménophis III.

---

(1) Lepsius, *Denkm.* IIe partie, Pl. 131-133. — Perrot et Chipiez, *Histoire de l'art*, I, p. 154 n° 98. — Comp. Brugsch, *Geschichte Ægyptens.* Voy. les Amu dans Lepsius, IIIe partie, Pl. 97 d., 109 (Époque du roi Amenophis IV).

(2) Tels les Rutennu ou Lutennu (nom collectif des peuplades syriennes)

que les Phéniciens (Kefa) en font aussi partie; un de leurs représentants figure sans moustaches, mais avec une barbe taillée en pointe (fig. 105), sur une inscription de colonne du temps d'Aménophis III (quinzième siècle) (1). Les Phéniciens conservèrent cette habitude dans la suite; cela ressort des vases d'argent cités maintes fois (2), des figurines d'argile de Chanaan (3) et des statues-portraits de Chypre qui offrent un mélange d'éléments assyrio-égyptiens caractéristique de l'art phénicien plus récent (4). Le roi Eschmunazar de Sidon est représenté sur le couvercle

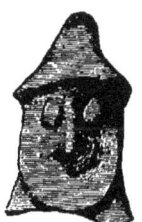

Fig. 105. — Idole trouvée à Tirynthe.

dans le tombeau souvent mentionné du temps de Thoutmès III : Hoskins, *Travels in Ethiopia*, pl. 48, p. 331-333; Wilkinson-Birch, *The Manners of the ancient Egyptians* I, pl. II *b*, 6, p. 38 (voy. p. 32). — Il convient d'y ajouter : les hommes du Nord-Est, c'est-à-dire les Asiatiques au-dessus desquels Amenophis II (16e siècle) brandit la massue (Lepsius, III partie, Pl. 61); le représentant des pays du Nord, c'est-à-dire de l'Asie sous le siège du roi Amenophis III (Lepsius III, 76); des Sémites attachés plus loin à un socle; les Rutennu ou Lutennu apportant un tribut (Lepsius III, 116); quelques représentants du Nord (Asie) au-dessus desquels Sethos 1er brandit la massue (Lepsius III, 129); des prisonniers enchaînés parmi lesquels un représentant du Pun (Arabie méridionale et côte de Samola) et un autre de Naharina (Mésopotamie); d'autres prisonniers semblables (Lepsius III, 131a). — Comp. Wilkinson-Birch, *The Manners* I, p. 259 [(les Khita (Hittites), les Amauru (Amorites?) n° 6, les Remènes (Arméniens?) n° 7, les Kanana (Chananéens)], n° 8.

(1) Lepsius, *Denkm* III, 88 a (premier bouclier à gauche). — Comp. Chabas, *Études sur l'antiquité historique*, 2e éd., p. 121.

(2) Coupes trouvées dans l'île de Chypre : De Longpérier, *Musée Napoléon* III, pl. 10, 11. — *Rev. arch.* XXXI, 1876, pl. 1, p. 26. — Cesnola-Stern, *Cypern*, pl. 51, voy. notre pl. 1. *Rev. arch.* XXXIII, 1877 pl. 1; Cesnola-Stern, *Cypern*, pl. 66. — Comp. les coupes de Salerno (*Mon. dell' Inst.* IX pl. 44 1, Comp. *Bullet.* 1874, p. 285), de Cærè (Grifi, *Mon. di Cere*, pl. 10, 1, *Mus. Greg.* I, Pl. 65, 2. Ici la façon de traiter la barbe est visible sur un des cavaliers de la deuxième zone); Grifi, *loc. cit.* pl. 10, 2; *Mus. Greg.* I, Pl. 65, 1 (sur une figure du cercle central). Les vases de Præneste (*Mon.* X, pl. 31, 1. — Perrot et Chipiez, *Hist. de l'art*, III, p. 759 n° 543; notre fig. 1, *Mon. dell' Inst.* X, pl. 33, 4a).

(3) De Longpérier, *Musée Napoléon III*, pl. 23, 24, 1.

(4) Döll, *Sammlung Cesnola*, pl. 1, 4, 11-13; pl. II, 4. 6, 9; pl. VII, 9; pl. VIII, 1-10. — Cesnola-Stern, *Cypern*, pl. 21-23, 27, 30, n°s 1-3, 6; pl. 40, n° 1.

de son sarcophage avec une barbe au menton à la manière égyptienne, le reste de la figure entièrement rasé (1).

Il n'est donc pas surprenant que l'usage de se raser ainsi ait été introduit en Grèce de très bonne heure. La tête en argile d'une antique idole trouvée à Tirynthe (fig. 106), a la barbe des joues et du menton coupée en rond, sans aucune trace de moustaches (2). On voit des hommes sans moustaches, mais avec une longue barbe taillée en pointe sur les monuments qui

Fig. 107. — Taureau attaqué par deux lions (peinture d'un lécythe).

rappellent le style des vases du Dipylon, notamment sur les bronzes en relief de provenance béotienne (3) et sur un vase peint dont plusieurs fragments ont été découverts à Mycènes (4). Le même port de la barbe se retrouve sur cette catégorie de vases qui est caractérisée par des zones peintes et par des quadrupèdes (5). C'est celui des bergers et des chasseurs qui volent au secours d'un taureau attaqué par deux lions, sur un lécythe de cette espèce (fig. 107) (6). Un autre exemplaire est orné de Centaures sans moustaches,

(1) De Longpérier, pl. 16. — Perrot et Chipiez, *Hist. de l'art.*, III, p. 138, n° 86.
(2) Schliemann, *Tiryns*, p. 180, n° 93, d'où notre figure 106.
(3) *Ann. dell' Inst.* 1880, Tav. d'agg., II, 1.
(4) Schliemann, *Mykenæ*, p. 153 — 158, (n° 213) p. 161, n° 214.
(5) Comp. p. 38, note 4; p. 58 et 111. — (6) *Arch. Zeitg.* XLI, 1883, pl. 10, 2, à laquelle est empruntée notre figure 107.

mais avec une longue barbe au menton (1). Ce raffinement de toilette contraste avec le caractère des Centaures : si néanmoins le peintre les a représentés avec la lèvre supérieure rasée, c'est que ses yeux étaient habitués à la voir telle (2). C'est ainsi qu'Aristonophos (3), probablement potier d'Asie Mineure, a représenté Ulysse (fig. 108) et ses compagnons; c'est ainsi encore qu'est peint Apollon (voy. p. 300, fig. 88) sur un vase antique de Mélos (4). L'examen des monuments de l'époque

Fig. 108. — Vase d'Aristonophos. (D'après Rayet et Collignon, *Céramique grecque*, fig. 22.)

suivante prouve que les diverses populations de la Grèce avaient l'habitude de se raser la lèvre supérieure. Nous pouvons le constater sur la frise d'un ancien temple d'Assos, en Éolide (5). Parmi les monuments purement Ioniens appartiennent à cette catégorie un bas-relief de Samothrace (6) (figures

(1) *Arch. Zeitg.* XLI, pl. 10, 1.
(2) Comp. un Centaure sur un vase primitif de Camiros (Salzmann, *Nécropole de Camiros*, pl. 39).
(3) *Mon. dell' Inst.* VIIII, pl. 4. — Comp. Klein, *Euphronios*, p. 35, note 1; *Vasen mit Meistersignaturen*, 2e éd. p. 27, et Bolte, *De Mon. ad Odysseam pertinentibus*, p. 25.
(4) Conze, *Melische Thongefässe*, pl. 4.
(5) *Mon. dell' Inst.* III, pl. 34.
(6) *Denkm. der alt. Kunst* I, pl. XI, 39. — Comp. Kirchhoff, *Studien zur Gesch. d. gr. Alphabets*, 3e éd., p. 31-33.

d'Agamemnon et de Talthybios), un autre de Thasos (un Hermès) (1), enfin la coupe ionienne de Vulci souvent mentionnée avec Phineus, les Boréades, Dionysos et quatre Silènes (2), auxquels s'applique l'observation faite ci-dessus à propos des Centaures. L'Ionien Archiloque fait allusion à cette

Fig. 109. — Persée et Andromède. Olpé de Cæré. (D'après Rayet et Collignon, *Céramique grecque*, fig. 38.)

mode quand il s'écrie qu'il ne veut point avoir pour chef d'armée un petit-maître paradant avec ses longues boucles et rasé sous le nez (3). Sur les vases de Chalcis (4) connus jusqu'à présent, il n'y pas d'exemples de moustaches. Non seulement des dieux comme Zeus et Typhon (5) et des héros comme

---

(1) *Rev. Arch.* XII, 1865 pl. 24, 25, p. 438-444. — *Arch. Zeitg.* 1867, pl. 217, p. 1-14. — Fröhner, *Notice de la sculpture antique*, n°s 9-11, p. 32-41.
(2) *Mon. dell' Inst.* X, pl. 8. — Comp. p. 225, note 6.
(3) Voy. p. 308, note 6. — (4) Voy. p. 225, note 7. — (5) Gerhard, *Auserlesene Vasenb.*, III, pl. 237.

Heraklès, Iolaos (1), Minos, Thésée (2), Adraste (3) et Pélée (4), mais encore des Silènes (5) sont représentés avec de la barbe aux joues et au menton seulement. Il en est de même des figures d'Égisthe et d'Oreste sur un bas-relief découvert à Ariccia (6) et d'une tête en bronze repoussé trouvée à Capoue, qui sert d'enveloppe à un filtre à vin (7), deux monuments qui semblent être l'œuvre de Cyméens de la Campanie. Parmi les sculptures archaïques de l'Attique, on remarque ce port de la barbe sur la statue du jeune homme portant un veau, trouvée sur l'Acropole (8) ainsi que sur une tête-portrait en marbre (9). Il est également le plus commun sur les plus anciens vases attiques (10); cependant sur cer-

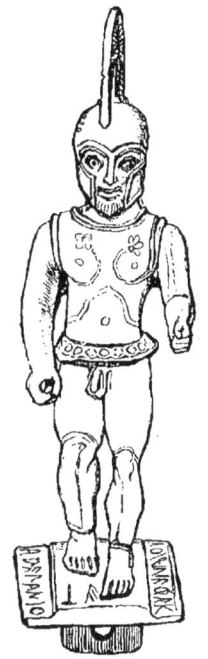

Fig. 110. — Guerrier spartiate sans moustaches.

(1) Gerhard I, pl. 95, 96; IV, pl. 323. — (2) *Mon. dell' Inst.* VI. pl. 15.

(3) Voy. p. 226, note 2. — (4) Gerhard, III, pl. 237. (5) Roulez, *Choix de vases peints du Musée de Leyde*, pl. 5.

(6) Overbeck, *Gal.* pl. 28, n° 8. — *Arch Zeitg.* 1849, pl. 1. — Comp. von Duhn, *Ann. dell' Inst.* 1879, p. 156, note 1, et les procès-verbaux de la 35° assemblée des Philologues de Trèves, p. 150.

(7) *Ann. dell' Inst.* 1880, Tav. d'agg. V, 1, p. 232 et suiv.

(8) *Arch. Zeitg.* 1864, pl, 187 — Overbeck, *Geschichte der griech. Plastik* I², p. 146, fig. 25. Ce personnage est représenté de la même manière sur des vases peints. Voy. ci après note 10 et p. suiv. n. 1 et 3.

(9) *Mon. grecs publiés par l'Association pour l'encouragement des études grecques*, 1878, pl. 1. — Rayet, *Monuments de l'art antique*, 1, livr. 3, pl. III.

(10) *Arch. Zeitg.* XL, 1882, pl. 9. (C'est peut-être le plus ancien vase attique décoré de figures que l'on connaisse) : Persée. *Mon. dell' Inst.* VIIII, pl. 55 : Zeus, Hermès, Hephaistos, Dionysos. — Benndorf, *Griech. und. sicil. Vasenbilder*, pl. XI, 5 : Poseidon. — Gerhard, *Etrusk. und camp Vasenbilder*, pl. 10; *Bull. dell'Inst.* 1879, p. 227, 228 : chasseurs de Calydon. — Gerhard, *Etrusk. und camp. Vasenb.* pl. 13 : Ulysse et Ménélas. — Roulez, *Vases de Leyde*, pl. 10 : Thésée, Hermès, Astydamas, Minos. — *Bull. dell' Inst.* 1881, p. 163, 164 : guerriers, vieillards, un cavalier, deux juges de combat.

tains exemplaires, comme le vase François (1) et sur la coupe d'Archiklès et de Glaukytès (2), on voit côte à côte des personnages sans moustaches et avec moustaches (3).

En ce qui concerne les Doriens, il est certain que les Spartiates, c'est-à-dire les Doriens les plus *conservateurs*, les plus respectueux des anciens usages, avaient l'habitude de se raser la lèvre supérieure. Les éphores, en entrant en fonctions, ordonnent aux citoyens de se raser les moustaches et d'obéir aux lois (4). Ce fait est confirmé par deux monuments archaïques de Sparte; un bas-relief d'argile (5) et une figurine de bronze (fig. 110) (6), qui représentent des guerriers avec toute

(1) Voy. p. 226, note 3. Sont représentés sans moustaches : les chasseurs de Calydon, Pélée, Diomède, Ajax, les matelots de Thésée et peut-être Dionysos; avec moustaches : Zeus, Hermès, Hephaistos, les Silènes et des Centaures.

(2) *Mon. dell' Inst.* IV, pl. 59. — Gerhard, *Auserles. Vasenb.* III, pl. 235-236.

(3) Cela se voit aussi sur certains vases plus récents à figures noires : Voy. Gerhard, *Griech. und etrusk. Trinkschalen*, pl. 2, 3, 4, 5. — *Élite céram.* I, pl. 62. — *Mon. dell' Inst.* X, pl. 48. — Gerhard, *Etrusk und camp. Vasenb.*, pl. 3. — Salzmann, *Nécropole de Camiros.* pl. 57, 2. — Hermès est souvent représenté de cette façon (Gerhard, *Auserles. Vasenb.* I, pl. 10, 13, 17, 55, 66. — *Arch. Zeitg* 1868, pl. 9. 10). — Au contraire, sur les vases à figures rouges, la lèvre supérieure est rarement rasée (voy. Eurytion sur une coupe d'Euphronios dans les *Monum. inéd. publiés par la Section française de l'Inst. archéol.* pl. 16, 17. Comp. Klein, *Euphronios*, p. 8, n° 1; 2° éd., p. 11, n° 1, p. 53-58. — Voy. aussi Pluton (?) dans les *Auserles. Vasenb.*, de Gerhard, I, pl. 46).

(4) Plutarque, *Cléomènes*, IX : διὸ καὶ προεκήρυττον οἱ ἔφοροι τοῖς πολίταις εἰς τὴν ἀρχὴν εἰσιόντες, ὡς Ἀριστοτέλης φησί, κείρεσθαι τὸν μύστακα καὶ προσέχειν τοῖς νόμοις, ἵνα μὴ χαλεποὶ ὦσιν αὐτοῖς. Cf. Plutarque. *De sera num. vindicta*, IV, p. 550. — Proclus ad Hesiod. opp. 722, p. 323 Gaisf. — Rose, *Aristot. pseudepigr.* p. 492.

(5) Le Bas, *Voyage archéol. en Grèce.* pl. 105. — *Mitth. des deutsch. arch. Inst. in Athen*, II, 1877, p. 318 n° 19.

(6) *Mitth. des arch. Inst. in Athen*, III, 1878, pl. 1, 2 p. 16-18. Les vers d'Antiphanès qui décrivent la vie spartiate (Athen. IV, 143 A; *fragm. com. gr. ed.* Meineke III, p. 22) sont altérés :

ἀπόλαυε τοῦ ζωμοῦ, ῥόφει, τοὺς μύστακας,
μὴ καταφρόνει, μηδ' ἕτερ' ἐπιζήτει καλά,
ἐν τοῖς δ'ἐκείνων ἔθεσιν ἴσθ' ἀρχαϊκός.

leur barbe, mais sans moustaches. Tel est aussi un bas-relief archaïque en bronze trouvé dans l'île de Crète (1). Sur les vases corinthiens, tous ceux qui semblent avoir un caractère archaïque (2) ont des figures d'hommes dont la lèvre supérieure est nue; la moustache n'apparaît que sur des exemplaires qui appartiennent à une époque plus récente (3). Quant aux vases de fabrication dorienne dont le spécimen le plus célèbre est la coupe d'Arcésilas (4), il y a partout absence complète de moustaches (5). Il en est de même pour les plus anciens produits de l'art

Les mots *ne méprise pas les moustaches* n'ont certainement pas de sens ici. Comme les Athéniens de ce temps-là laissaient pousser leurs moustaches, Antiphanès ne pouvait signaler celles-ci comme une particularité propre aux Spartiates. De plus, les témoignages relatifs aux cinquième et quatrième siècles, ne disent point que les Spartiates portaient des moustaches, mais font ressortir la longueur de leur barbe (Aristoph. *Vesp.* 476, *Lysistr.* 1073; Platon dans Meineke, *fragm. com.* II 2, p. 656, n° II; Plut. *Lysandre* I, *Agésilas* 30). Il semble donc que les Spartiates aient conservé l'habitude de se raser la lèvre supérieure jusqu'à l'époque d'Antiphanès, et il est probable qu'après βύστακας a disparu un vers où il était fait allusion à cet usage et où le poète faisait ressortir un autre désagrément que ne devait point mépriser (μὴ καταφρόνει), c'est-à-dire dont devait s'accommoder toute personne vivant à la manière spartiate.

(1) *Ann. dell' Inst.* 1880, Tav. d'agg. T. — Milchhœfer, *Die Anfænge der Kunst in Griechenland*, p. 169.
(2) *Mon. Ann. Bull. dell' Inst.* 1855, pl. 20. *Mon.* VI pl. 14; X pl. 52, 1. — *Arch. Zeitg.* 1873, pl. 175. — Micali, *Storia*, pl. LXXIII, 2. — *Gaz. arch.* VI, 1880, p. 104. — Comp. Furtwœngler, *Berliner Vasensamml.* n° 764. — Deux types très anciens, une divinité terminée en serpent (*Étite céram.* III, pl. 31, 32 B. — Salzmann, *Nécropole de Camiros*, pl. 31, Comp. *Bull. dell' Inst.* 1874, p. 59, note 1) et une figure-harpye (de Longpérier, *Musée Napoléon III*, pl. 64) sont toujours représentés sans moustaches sur les vases corinthiens.
(3) *Mon. dell' Inst.* VI, pl. 33. — De Longpérier, *Musée Napoléon III*, III, pl. 71, 72. — *Mon. dell' Inst.* X, pl. 4, 5.
(4) Voy. p. 230, note 1.
(5) Sont représentés sans moustaches : Arcésilas et deux de ses ouvriers (Welcker, *Alte Denkmæler*, III, pl. 34), Atlas (*Denkm. der alt. Kunst*, II, pl. LXIV, 825), Zeus (*Arch. Zeitg.* 1881, pl. 12, 3. Comp. plus haut p. 230, note 3), Héraklès, les Centaures et deux buveurs (*Arch. Zeitg.* 1881, pl. 12, 1), Ulysse et Polyphème (Overbeck, *Gal.* pl. XXXI, 4. *Mon. dell' Inst.* X, p. 53, 2. Comp. Bolte, *De mon. ad Odysseam pertinentibus*, p. 5-7), un homme

étrusque qui nous soient connus (1) (fig. 111). L'usage du rasoir dans la péninsule des Apennins remonte toutefois à une époque beaucoup plus ancienne, car le couteau en forme de croissant se rencontre déjà dans des couches qui ne renferment aucune trace d'influences d'outre-mer (2). Mais, faute de représentations figurées, nous ne sommes pas en état d'affirmer si les Italiotes et les Étrusques s'en servaient déjà, comme plus tard, pour raser la lèvre supérieure ou bien une autre partie de la figure.

D'ailleurs l'Épopée semble elle-même témoigner que les héros avaient la lèvre supérieure nue. Nous n'attachons aucune importance à ce fait que la langue homérique n'a pas de terme particulier pour la moustache, et n'emploie que les mots γενειάς et ὑπήνη (3), dont l'étymologie indique les poils poussant sur le menton. De même il n'y a, croyons-nous, aucun argument décisif à tirer de cette circonstance que, lorsqu'il s'agit de caractériser les vieillards (4), les poètes ne font res-

vêtu d'un long costume (*Arch. Zeitg.* 1881, pl. 13, 5 ; un cavalier (Micali, *Storia*, t. LXXXVII, 2), un chasseur (Micali, *Mon. ined.* pl. LXII, 1).

(1) Sarcophage d'argile polychrome de Caeré : *Mon. dell' Inst.*, VI, pl. 59; De Longpérier, *Musée Napoléon III*, pl. 90, notre fig. 111. — Plaques de briques polychromes de Caeré : *Mon. dell' Inst.* VI, pl. 30. — De Longpérier, pl. 83. Comp. Micali, *Storia*, pl. 22, 28, 31, 51. — *Mon. ined.* pl. 36. Appartiennent à une époque encore plus ancienne les portraits-masques en bronze battu qui sont attachés aux urnes funéraires des plus anciennes *tombe a ziro* de la nécropole de Chiusi (voy. p. 30, note 3), ainsi que les *canopes*, c'est-à-dire les urnes funéraires en argile ou en bronze dont le couvercle a l'aspect d'un portrait et qui se rencontrent dans les *tombe a ziro* plus récentes. Ces masques (*Museo italiano di antichità classica* I, pl. X, 1, p. 293) comme les couvercles-portraits des canopes (*Mus. ital.* I pl. IXa, 1, p. 301, pl. XI, 3, p. 301, pl. XI, 4, p. 313, Daremberg et Saglio. *Dictionnaire des antiquités*, p. 668, fig. 784; *Mus. ital.* I, p. 334) ont souvent la lèvre supérieure rasée. — (2) Voy. p. 103-108, 311, note 2.

(3) *Od.* XVI, 176 : παρειαὶ δ'ἐγένοντο γενειάδες ἀμφὶ γένειον. C'est la version d'Aristarque. D'autres lisaient ὑπηνάδες au lieu de γενειάδες. Comp. Lehrs, *De Arist. stud. hom.*, 2e éd., p. 115. — *Il.* XXIV, 347, *Od.* X, 278 : πρῶτον ὑπηνήτη.

(4) *Il.* XXII, 74 :
ἀλλ᾽ ὅτε δὴ πολιόν τε κάρη πολιόν τε γένειον,
αἰδῶ τ᾽ αἰσχύνωσι κύνες κταμένοιο γέροντος.

XXIV, 516 : οἰκτείρων πολιόν τε κάρη, πολιόν τε γένειον.

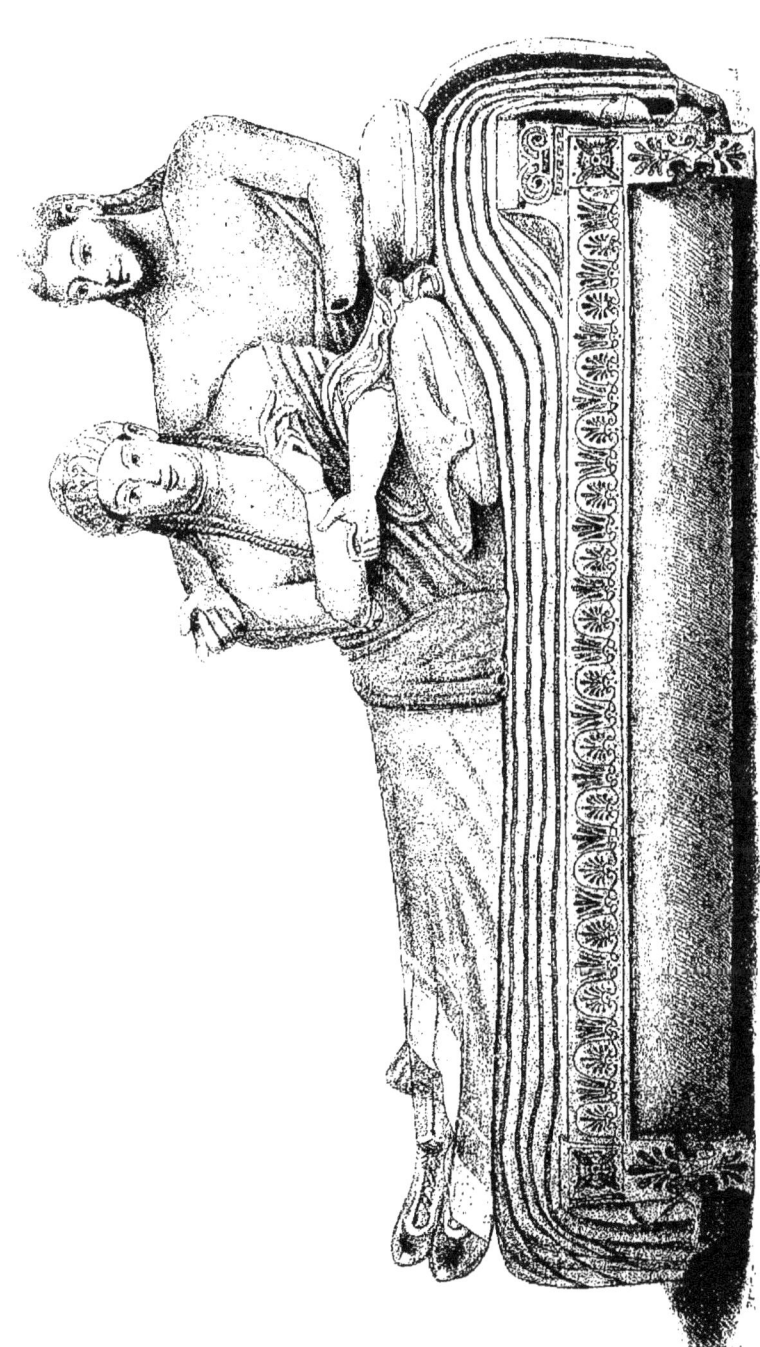

Fig. 111. — Sarcophage de Cerveteri (Musée du Louvre). Extrait de l'Art étrusque, de J. Martha, p. 309, fig. 202.

étrusque qui nous soient connus (1) (fig. 111). L'usage du rasoir dans la péninsule des Apennins remonte toutefois à une époque beaucoup plus ancienne, car le couteau en forme de croissant se rencontre déjà dans des couches qui ne renferment aucune trace d'influences d'outre-mer (2). Mais, faute de représentations figurées, nous ne sommes pas en état d'affirmer si les Italiotes et les Étrusques s'en servaient déjà, comme plus tard, pour raser la lèvre supérieure ou bien une autre partie de la figure.

D'ailleurs l'Épopée semble elle-même témoigner que les héros avaient la lèvre supérieure rase. Nous n'attachons aucune importance à ce fait que la langue homérique n'a pas de terme particulier pour la moustache, et n'emploie que les mots γενειάς et ὑπήνη (3), dont l'étymologie indique les poils poussant sur le menton. De même il n'y a, croyons-nous, aucun argument décisif à tirer de cette circonstance que, lorsqu'il s'agit de caractériser les vieillards (4), les poètes ne font res-

vêtu d'un long costume (*Arch. Zeitg.* 1881, pl. 13, 5 ; un cavalier (Micali, *Storia*, t. LXXXVII, 2), un chasseur (Micali, *Mon. ined.* pl. LXII, 1).

(1) Sarcophage d'argile polychrome de Caeré : *Mon. dell' Inst.*, VI, pl. 39; De Longpérier, *Musée Napoléon III*, pl. 90, notre fig. 111. — Plaques de briques polychromes de Caeré : *Mon. dell' Inst.*, VI, pl. 30. — De Longpérier, pl. 83. Comp. Micali, *Storia*, pl. 22, 28, 31, 51. — *Mon. ined.* pl. 36. Appartiennent à une époque encore plus ancienne les portraits-masques en bronze battu qui sont attachés aux urnes funéraires des plus anciennes *tombe a ziro* de la nécropole de Chiusi (voy. p. 30, note 3), ainsi que les *canopes*, c'est-à-dire les urnes funéraires en argile ou en bronze dont le couvercle a l'aspect d'un portrait et qui se rencontrent dans les *tombe a ziro* plus récentes. Ces masques (*Museo italiano di antichità classica* I, pl. X, 1, p. 293) comme les couvercles-portraits des canopes (*Mus. ital.* I pl. IXa, 1, p. 311, pl. XI, 3, p. 301, pl. XI, 4, p. 313, Daremberg et Saglio, *Dictionnaire des antiquités*, p. 668, fig. 784; *Mus. ital.* I, p. 334) ont souvent la lèvre supérieure rasée. — (2) Voy. p. 103-108, 311, note 2.

(3) *Od.* XVI, 176 : ϰυάνεαι δ'ἐγένοντο γενειάδες ἀμφὶ γένειον. C'est la version d'Aristarque. D'autres lisaient ἰδυίηισι au lieu de γενειάδες. Comp. Lehrs, *De Arist. stud. hom.*, 2e éd., p. 115. — *Il.* XXIV 347. *Od.* X, 278 : πρῶτον ὑπηνήτῃ.

(4) *Il.* XXII, 74 :

ἀλλ' ὅτε δή, πολιόν τε κάρη πολιόν τε γένειον,
αἰδῶ τ' αἰσχύνωσι κύνες κταμένοιο γέροντος.

XXIV, 516 : οἰϰτείρων πολιόν τε κάρη πολιόν τε γένειον.

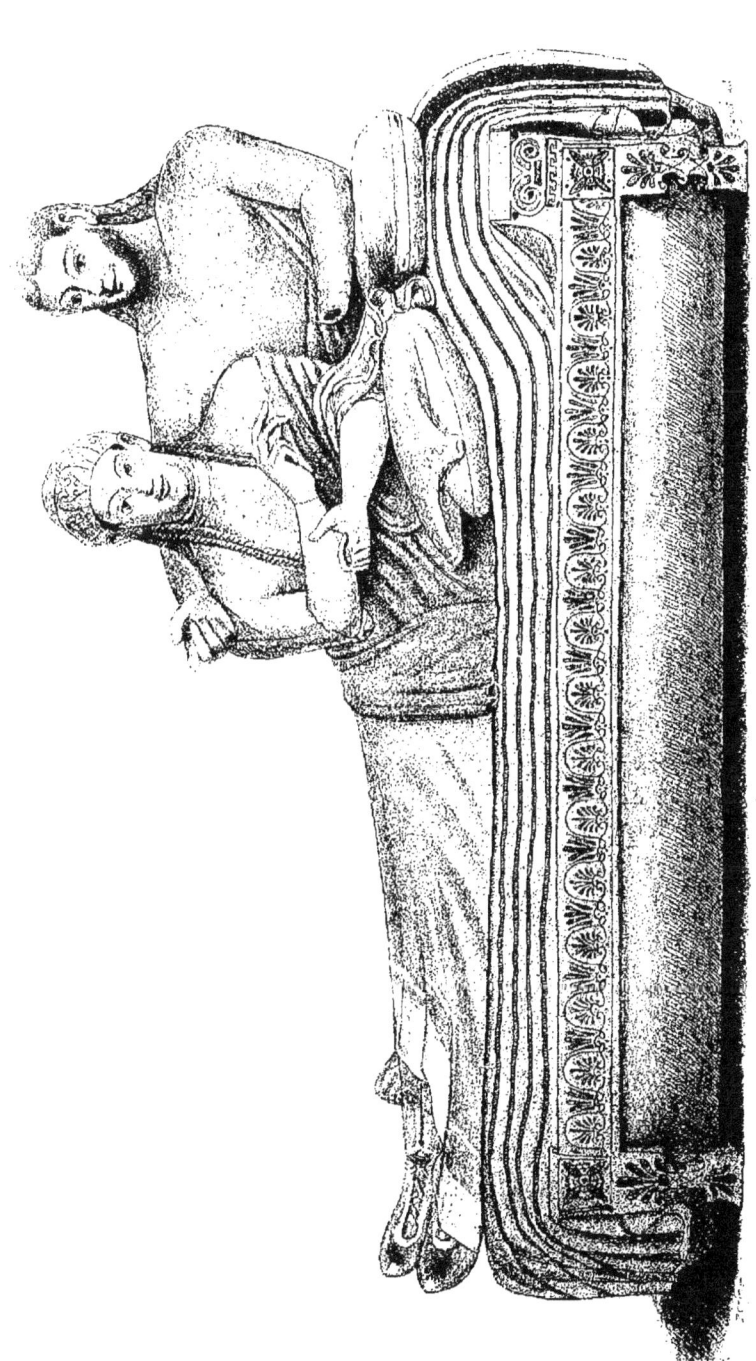

Fig. 111. — Sarcophage de Cerveteri (Musée du Louvre). Extrait de l'Art étrusque, de J. Martha, p. 390, fig. 262.

sortir que leur tête grise et leur menton gris. Nous n'en dirons pas autant du vers où Athéna rend sa figure primitive à Ulysse transformé en mendiant (1). Touché de la baguette d'or de la déesse, le héros reprend son teint foncé plein de santé, ses joues se remplissent, une barbe d'un bleu noir se développe sur son menton :

κυάνεαι δ'ἐγένοντο γενειάδες ἀμφὶ γένειον.

Si l'on réfléchit à la précision ordinaire de la description épique, on est surpris que le poète ne parle que de la barbe au menton et ne dit rien de la moustache qui cependant accentue beaucoup mieux le type d'une figure. Mais on reconnaîtra que cette caractéristique est très exacte si l'on suppose que le poète s'est figuré tout simplement Ulysse tel que le représentaient le potier d'Asie Mineure Aristonophos (2) et les peintres de vases doriens (3).

Si les hommes à l'époque homérique se servaient du rasoir, les femmes faisaient déjà usage du fard. Cela pourra paraître extraordinaire. Dans un poème relativement récent (4), Eurynome engage Pénélope, qui a manifesté le désir de se montrer aux prétendants, à se laver et à mettre du fard sur ses joues (5). Pénélope refuse; mais elle s'endort aussitôt après, et, pendant son sommeil, Athéna la pare de tous les artifices de beauté qu'emploie Aphrodite lorsqu'elle rejoint le chœur char-

Hymn. IV (in Vener.) 228 :
αὐτὰρ ἐπεὶ πρῶτα πολιαὶ κατέχυντο ἔθειραι
καλῆς ἐκ κεφαλῆς εὐηγενέος τε γενείου.

(1) *Od.* XVI, 175, 176. Voy. aussi *Od.* XI, 319-320, où il n'est fait mention que du duvet qui pousse au menton.
(2) P. 315, fig. 108, note 6. — (3) Voy. p. 308, note 3. — (4) *Od.* XVIII, 188-303. Comp. plus haut, p. 2-3.
(5) Les expressions ἐπιχρίσασα παρείας *Od.* XVIII, 172) et ἐπιχρίσασα ἑαυτῇ 179, font allusion au fard et non aux parfums voy. Wilamowitz-Moellendorff, *Homerische Untersuchungen,* p. 32.

mant des Grâces (1). Parmi ces artifices se trouvait probablement le fard blanc (ψιμύθιον, *cerussa*, blanc de céruse), car Pénélope a alors un teint plus blanc que de la sciure d'ivoire (2). Les peuples de l'Orient se servaient du fard dès la plus haute antiquité (3); nous le rencontrons chez les Étrusques, dès le sixième siècle (4); il n'est donc pas étonnant qu'on le constate chez les Ioniennes vers la fin du huitième ou au commencement du septième siècle (5), époque à laquelle on vit naître probablement ce poème. Cette mode ne disparut point à l'époque classique. Nous savons, au contraire, que les femmes d'Athènes et d'autres grandes villes de la Grèce avaient coutume, même pendant les périodes les plus brillantes de la civilisation classique, de rajeunir leur teint au moyen du fard (6).

Mais à l'époque homérique les soins de propreté domestique et corporelle étaient beaucoup moins développés qu'à l'époque classique, aussi bien en ce qui concerne la maison que le corps lui-même (7). Le bain est dans l'Épopée un luxe qu'on ne s'offre qu'à la suite de grandes fatigues, après des combats (8) ou après de longs voyages (9). Lorsque Héra, avant de se rendre sur le

---

(1) XVIII, 192 :

κάλλεϊ μέν οἱ πρῶτα προσώπατα καλὰ κάθηρεν
ἀμβροσίῳ, οἵῳ περ ἐυστέφανος Κυθέρεια
χρίεται, εὖτ' ἂν ἴῃ Χαρίτων χορὸν ἱμερόεντα.

(2) XVIII, 196 :

λευκοτέρη δ' ἄρα μιν θῆκε πριστοῦ ἐλέφαντος

(3) Schenkel, *Bibel-Lexicon* V, p. 234.
(4) Les petites spatules en ivoire ou en os qui ont été trouvées dans un tombeau de Caeré du sixième siècle (*Bull. dell' Inst.*, 1881, p. 161, n°s 6, 7) et dans d'autres tombeaux étrusques (*Bull.* 1883, p. 42) ne peuvent avoir servi qu'à prendre du fard.
(5) Wilamowitz-Moellendorff, p. 34. — (6) Becker, *Charikles* I², p. 297-300. — Marquardt, *Privatleben der Römer*, II², p. 788.
(7) Voy. p. 148-149. — (8) *Il.* V 905, X 574, XIV 6, XXII 442-444, XXIII 40, 41. *Od.* IV 252, XXIII 131, 142, 154.
(9) *Od.* III 464, IV 48, VI 219 et suiv. X 360-365, 450, XVII 88. On se baigne généralement pour se préparer au voyage (*Od.* V, 264, VIII 449-456).

mont Ida auprès de Zeus, fait minutieusement sa toilette, elle commence par purifier entièrement son corps avec de l'ambroisie (1). En plein épanouissement de la civilisation hellénique, lorsque le bain journalier était de rigueur, un poète n'aurait jamais eu l'idée de signaler ce détail au milieu d'une description de ce genre. Ce n'est que dans le récit idéalisé de la vie des Phéaciens (2) et dans quelques chants plus récents de l'Épopée (3) qu'on rencontre des expressions relatives au bain qui dénotent un rapprochement de la manière classique.

Par un contraste singulier, si les soins de propreté étaient plus qu'insuffisants, on aimait beaucoup les parfums très forts. Héra se frotte avec une huile dont l'odeur pénètre le ciel et la terre (4). Les Grâces parfument Héra, dans l'île de Chypre, avec l'huile immortelle dont les dieux éternels sont imprégnés (5). L'huile odoriférante faisait partie, avec l'or, le bronze, les vêtements et les vins généreux, des provisions de toute grande maison bien tenue (6). On s'en frottait après s'être baigné ou simplement lavé (7). Lorsque Nausicaa se rend sur le rivage, elle reçoit de sa mère un lécythe d'or rempli d'huile:

Le bain est considéré surtout comme un fortifiant, ainsi qu'il résulte de l'*Od.* X, 360 :

ἐς ῥ' ἀσάμινθον ἕσασα λό᾽ ἐκ τρίποδος μεγάλοιο
θυμῆρες κεράσασα, κατὰ κρατός τε καὶ ὤμων,
ὄφρα μοι ἐκ κάματον θυμοφθόρον εἵλετο γυίων.

(1) *Il.* XIV, 170 :

ἀμβροσίῃ μὲν πρῶτον ἀπὸ χροὸς ἱμερόεντος
λύματα πάντα κάθηρεν, ἀλείψατο δὲ λίπ᾽ ἐλαίῳ,
ἀμβροσίῳ ἑδανῷ, τό ῥά οἱ τεθυωμένον ἦεν·
τοῦ καὶ κινυμένοιο Διὸς κατὰ χαλκοβατὲς δῶ
ἔμπης ἐς γαῖάν τε καὶ οὐρανὸν ἵκετ᾽ ἀϋτμή.

(2) *Od.* VIII, 249. — (3) *Od.* XIX, 320-322, XXIV, 254-255.
(4) *Il.* XIV, 174-174. — (5) *Od.* VIII, 364-365 répétés dans l'hymne IV (*in Venere*) 61-62. — (6) *Od.* II, 339.
(7) *Il.* X, 577, *Od.* III, 466, IV, 49, 252, VIII, 454, X, 364, 450, XVII, 88, XIX, 320, 505, XXIII, 154, XXIV, 366. — Les observations qu'on faisait à propos des bains expliquent ce passage de l'*Il.* II, 754, où il est dit que les eaux du Titaresios, qui se jette dans le Pénée, ne se mêlent pas avec celui-ci, mais surnagent comme de l'huile (ἠΰτ᾽ ἔλαιον).

elle s'en frictionne avec ses compagnes, après avoir pris un bain; puis elle passe le flacon d'huile à Ulysse qui est heureux de pouvoir s'en servir après en avoir été privé pendant si longtemps (1). L'usage de frotter les morts avec de l'huile est attesté bien des fois (2). Patrocle avait l'habitude d'humecter avec de l'huile la crinière des chevaux immortels du fils de Pélée (3). Dans ces conditions, on comprend que les appartements (4) et les habits (5) fussent, comme en témoignent plusieurs épithètes, imprégnés de parfums. Cette particularité avait son bon côté : elle préservait les vêtements des mites et des souris (6) et neutralisait en même temps les mauvaises odeurs que dégageaient les vapeurs de graisse et le fumier de la maison homérique (7).

L'influence de l'Orient est visible dans le goût qu'avaient les Grecs de ce temps-là pour les huiles et les onguents odoriférants. Les livres de l'Ancien Testament témoignent que les peuples de l'Asie Antérieure poussaient jusqu'au luxe le plus raffiné l'usage de ces articles, et qu'ils les employaient dans les mêmes conditions que les Ioniens du temps d'Homère (8).

---

1) *Od.* VI, 79, 96, 219, 227. — (2) *Il.* XVI, 670, 680, XVIII, 350, XXIII, 186, XXIV, 582, 587. — *Od.* XXIV, 45.

3) *Il.* XXIII, 281. — (4) *Il.* 382 : θαλάμου θυώδεα κηώεντα. Hymn. III (*in Mercur.*) 65 : εὐώδεος δὲ μεγάροιο. — *Od.* III, 121 : θαλάμοιο θυώδεος. — Comp. Hymn. V (*in Cerer.*) 244, 288. — *Il.* VI, 288. *Od.* XV, 99 : ἐς θάλαμον κηώεντα. XXIV, 191 : ἐς θάλαμον κηώεντα κέδρινον. Ici l'épithète *parfumé* se rapporte peut-être au bois de cèdre dont l'appartement était fait ou plaqué.

5) *Od.* V, 264 : εἵματα θυώδεα. Hymn. II (*in Apoll. Pyth.*) 6 : ἱδρῶτα ἅμα ἑῶν ἐθόωρνα. Hymn. V (*in Cerer.*) 231 : θυῶδες κόλπος. *Il.* VI, 483 : χιτῶνι κόλπῳ. — Hymn. V (*in Cerer.*) 277 : ὀδμὴ δ' ἱμερόεσσα θυηέντων ἀπὸ πέπλων κεδώνυτο. Hymn. III (*in Mercur.*) 237 : σπάργανʼ ἔσω κατέδυνε θυήεντ'..... Les Charites et les Heures plongent les vêtements d'Aphrodite dans des parfums de fleurs : Athen. XV, 682 *e*. Xénophanès dans Athen. XII, 526 *b*, désigne les Colophoniens comme ἀσκητοῖς ὀδμὴν χρίμασι δευόμενοι.

6) *Batrachomyom.* 182. — (7) Voy. p. 148-149.

8) Voy. notamment : *Ézéchiel*, 16, 9. *Judith*, 10, 3. *Psaumes* 133, 2. L'absence de parfums était un signe de deuil : II *Sam.* 14, 2. *Daniel*, 10, 3). *Psaumes* 45, 8. *Prov. de Salom.* 7, 16. — Voy. sur ce sujet Schenkel, *Bibel-Lexicon*, V, p. 674-675. En Égypte, on se parfumait les jours de fête (Brugsch, *Geschichte Ægyptens*, p. 308 148-149).

Il est donc possible que les huiles précieuses qui inspiraient les poètes n'aient pas été fabriquées dans les villes ioniennes, mais importées par les Phéniciens (1). Les parfumeries phéniciennes ont conservé leur réputation pendant toute l'antiquité, et leurs produits s'exportaient en grande quantité même chez les peuples primitifs (2).

Faisons enfin remarquer ici que le style conventionnel du costume homérique était en parfaite harmonie avec toutes les autres particularités de la civilisation de l'époque. Comme une étude approfondie de cette question nous écarterait beaucoup trop du sujet que nous avons à traiter, nous nous bornerons à faire ressortir quelques faits saillants qui frapperont tout lecteur attentif d'Homère et qui, par suite, n'auront pas besoin d'autres explications.

Nous avons démontré plus haut que la langue épique, où le génie des Grecs de ce temps-là se manifeste dans tout son éclat, était un produit conventionnel (3). Le langage de la conversation n'était pas non plus tout à fait *naturel*, exempt de certaines formes. La facilité d'élocution était très prisée, et c'était chez un homme une qualité essentielle que de se distinguer sous ce rapport soit dans les Assemblées populaires, soit dans les délibérations publiques, soit dans un simple entretien (4): aussi exerçait-on déjà à ce moment les jeunes gens à l'usage de la parole, comme au maniement des armes (5). Malheureusement le mode de cet enseignement nous est inconnu; mais les discours et les dialogues de l'Épopée nous donnent une idée approximative de ses résultats. Nous y voyons que le

---

(1) Hehn, *Kulturpflanzen und Hausthiere*, 3ᵉ éd. p. 40, 4ᵉ éd. p. 84-85.
(2) Voy. p. 34, notes 1 et 2. L'échelle des impôts de Palmyre (*Hermes* XIX, 1884, p. 506-507, 514) prouve la grande importance qu'avait encore sous l'empire romain le commerce de la parfumerie en Orient.
(3) Voy. p. 1-2.
(4) *Il.* IX 443, XX 248-250, *Od.* III 124-125, VIII 168-175, XI 367-368, 511-512, XIII 298, XIV 419-420.
(5) *Il.* IX 442: τοὔνεκά με προέηκε διδασκέμεναι τάδε πάντα,
μύθων τε ῥητῆρ' ἔμεναι πρηκτῆρά τε ἔργων.

langage parlé est soumis à certaines règles bien déterminées qui varient suivant les situations. Tout d'abord en ce qui concerne la manière dont on s'adressait à son interlocuteur, il faut distinguer trois cas. Dans la conversation familière, lorsque les circonstances exigent qu'on soit aussi bref que possible, les héros causent simplement entre eux à la seconde personne, en ajoutant quelquefois le nom personnel ou le nom d'origine (patronymique) de leur interlocuteur. Un personnage de distinction parle généralement aussi à la seconde personne (1) aux gens de condition inférieure ou les nomme par leur nom; de même dans les rapports de supérieurs à inférieurs. Quant aux héros séparés par une certaine distance sociale ou obligés à une certaine déférence, ils ajoutent d'ordinaire les épithètes : *divin*, *égal aux dieux*, *issu de Zeus*, *nourrisson de Zeus*, *magnifique*, *illustre* ou *héros*. Enfin quand
δῖος, θεοείκελος, διογενής, διοτρεφής, φαίδιμος, ἀγακλυτός, ἥρως (2).
il s'agit de produire un effet extraordinaire ou que la situation est exceptionnellement grave, le discours est précédé d'un hexamètre qui énumère pompeusement les principaux titres de gloire de la personne à laquelle il est adressé. Presque pour tous les personnages importants de l'Épopée, il y a un vers semblable qui est employé d'une façon typique, si les circonstances l'exigent. Les poètes ultérieurs ont, il est vrai, abusé parfois de ces vers dont la superbe ampleur et la belle sonorité imposaient aux auditeurs; quelques-uns d'entre eux ont été mal intercalés, même dans les anciennes parties de l'Épopée. Cependant, les endroits où ces vers semblent être tout à fait à leur place sont encore assez nombreux pour qu'on puisse reconnaître les conditions dans lesquelles on s'en servait primitivement. Quelques exemples nous le feront mieux comprendre.

Pour des raisons faciles à saisir, on rencontre souvent des

---

(1) *Il.* I, 85, 322. *Od.* VII, 180. XVI, 69. XVII, 345, 393, 576, XVIII, 164, 178, etc.

(2) Voy. à ce mot les nombreux passages dans Ebeling, *Lexicon homericum*.

introductions de ce genre là où il s'agit de se concilier la faveur de quelqu'un. Lorsque Héra veut pousser Hypnos à l'acte dangereux d'endormir Zeus, elle l'interpelle en ces termes :

Ὕπνε, ἄναξ πάντων τε θεῶν πάντων τ' ἀνθρώπων (1)!

Ulysse, s'adressant à Alcinoüs, de la faveur de qui dépend son sort, fait largement usage de l'apostrophe suivante :

Ἀλκίνοε κρεῖον, πάντων ἀριδείκετε λαῶν (2)!

Lorsque le même, déguisé en mendiant, appelle plusieurs fois Pénélope

ὦ γύναι αἰδοίη Λαερτιάδεω Ὀδυσῆος (3)!

il est parfaitement dans son rôle.

Des apostrophes semblables sont encore employées dans le même but quand il s'agit de refuser quelque chose à quelqu'un, de lui faire une proposition désagréable ou de lui infliger un blâme. C'est ainsi que Hypnos, dans le passage cité tout à l'heure, commence son refus par ces paroles :

Ἥρη, πρέσβα θεά, θύγατερ μεγάλοιο Κρόνοιο (4)!

Euphorbos, lorsqu'il a l'impudence de demander à Ménélas de lui livrer le corps de Patrocle, l'appelle :

Ἀτρεΐδη Μενέλαε, διοτρεφές, ὄρχαμε λαῶν (5)!

Lorsque Patrocle se dispose à reprocher à Achille sa dureté à l'égard des Achéens accablés par l'infortune, il lui dit :

ὦ Ἀχιλλεῦ, Πηλέος υἱέ, μέγα φέρτατ' Ἀχαιῶν (6)!

Dans tous ces cas l'*introduction* flatteuse doit atténuer dans une certaine mesure la communication désagréable qui suit. Dans d'autres cas, elle a pour objet de se réconcilier avec une personne que l'on aura blâmée précédemment. Agamemnon a injurié Ulysse, parce que ses hommes ne sont pas assez tôt prêts au combat; Ulysse a repoussé cette accusation. Alors le

---

(1) *Il.* XIV, 233. — (2) *Od.* VIII, 382, 401, IX, 2, XI, 355, 378, XIII, 38. — (3) *Od.* XIX, 165, 262, 336, 583.
(4) *Il.* XIV, 243.
(5) *Il.* XVII, 12. — (6) *Il.* XVI, 21.

roi des hommes commence en ces mots le discours où il retire son blâme :

Διογενὲς Λαερτιάδη, πολυμήχαν' Ὀδυσσεῦ (1) !

Les qualificatifs élogieux servent fréquemment à fortifier les louanges qu'on décerne à quelqu'un. Ainsi Agamemnon louant Teucros de sa vaillance, l'appelle :

Τεῦκρε, φίλη κεφαλή, Τελαμώνιε, κοίρανε λαῶν (2) !

Hector, avant son combat singulier, s'écrie :

Αἶαν διογενὲς Τελαμώνιε, κοίρανε λαῶν (3) !

Ces paroles s'expliquent par la solennité du moment et le respect que lui inspire son adversaire.

Parfois une apostrophe élogieuse rappelle le héros, auquel elle s'adresse, au sentiment de ses devoirs. Athéna, s'adressant à Ulysse, emploie le vers qui le caractérise, lorsqu'elle l'engage à mettre un terme à la fuite honteuse des Achéens (4); de même Diomède quand il cherche à arrêter les héros fuyant devant les Troyens (5).

Enfin ces apostrophes se trouvent partout où la situation a pour ainsi dire un caractère officiel et où, par conséquent, les orateurs se sentent obligés de rendre à leurs interlocuteurs les honneurs qui leur sont dus. C'est ainsi que Nestor, en engageant Agamemnon à donner l'ordre de marcher en avant, commence en ces termes :

Ἀτρεΐδη κύδιστε, ἄναξ ἀνδρῶν Ἀγάμεμνον (6) !

Il faut surtout remarquer à ce point de vue les parties de l'Iliade qui montrent comment les rois des Achéens délibèrent sur la délégation à envoyer à Achille (7), comment les délégués négocient avec Achille (8), et comment ils réconcilient solennellement les deux héros (9). Les discours prononcés

1. *Il.* IV, 358. — 2. *Il.* VIII, 281. — 3. *Il.* VII, 234.
4. *Il.* II, 173. — 5. *Il.* VIII, 93. — 6. *Il.* II, 434.
7. *Il.* IX, 89-181. Voy. notamment les vers 96 et 163.
8. *Il.* IX, 223-655. Voy. notamment les vers 229, 308, 434, 607, 624, 644.
9. *Il.* XIX, 55-275 et notamment 78, 115, 155, 199, 216.

à cette occasion sont remplis de qualificatifs élogieux et débutent presque tous par des vers qui font ressortir l'importance du personnage auquel ils s'adressent.

Ainsi donc la manière d'adresser la parole à son interlocuteur varie systématiquement dans l'Épopée, suivant les personnages; il est présumable que ces règles systématiques ont pénétré également dans les relations de la vie privée. Tout Grec bien élevé de l'époque homérique devait savoir forcément dans quel cas il devait interpeller une personne seulement par son nom ou par son nom patronymique, dans quel autre il devait y ajouter une épithète flatteuse ou bien faire précéder ses paroles d'une série de titres ronflants. L'Épopée nous fournit d'ailleurs une preuve indiscutable que, dans certaines circonstances, les Grecs se servaient de ce dernier procédé en parfaite connaissance de cause. Quand il s'agit, par exemple, de réunir les chefs des Achéens pour une délibération nocturne, Agamemnon dit à Ménélas :

φθέγγεο δ', ᾗ κεν ἴῃσθα, καὶ ἐγρήγορθαι ἄνωχθι,
πατρόθεν ἐκ γενεῆς ὀνομάζων ἄνδρα ἕκαστον,
πάντας κυδαίνων· μηδὲ μεγαλίζεο θυμῷ (1)!

Évidemment le poète fait allusion ici à ces brillantes apostrophes que nous venons de mentionner. Agamemnon lui-même prêche d'exemple; il s'adresse à Nestor en ces termes :

ὦ Νέστορ Νηληϊάδη, μέγα κῦδος Ἀχαιῶν (2)!

Il est incontestable que les apostrophes de ce genre forment un contraste frappant avec la simplicité naturelle de l'époque classique; cela est tellement vrai que les Grecs se sont plu, dans la suite, à les parodier. Elles rappellent plutôt les titres pompeux qu'on donnait aux Pharaons et aux rois d'Assyrie que la façon pleine d'abandon et d'un charme si naturel dont un citoyen d'Athènes ou un métèque conver-

(1) *Il.* X, 67.
(2) *Il.* X, 87.

sait avec le grand Périclès (1). On songe involontairement que les Grecs des temps homériques ont dû subir en cela l'influence du langage fleuri qu'employaient les marchands phéniciens et les chefs des caravanes, arrivant du fond de l'Asie antérieure sur la côte, pour se recommander aux bonnes grâces des rois éoliens et ioniens.

Les *introductions* que nous venons de voir déterminent aussi très fréquemment le diapason des discours prononcés dans les grandes Assemblées. Les héros, dans ces occasions-là, aiment à se glorifier mutuellement: le ton de leur langage monte alors et devient en quelque sorte pathétique. Il suffit de rappeler les paroles que Nestor adresse à Agamemnon au début de la séance, que tiennent les rois achéens en vue d'apaiser la colère d'Achille :

> Ἀτρείδη κύδιστε, ἄναξ ἀνδρῶν Ἀγάμεμνον,
> ἐν σοὶ μὲν λήξω, σέο δ'ἄρξομαι, οὕνεκα πολλῶν,
> λαῶν ἐσσὶ ἄναξ, καί τοι Ζεὺς ἐγγυάλιξεν
> σκῆπτρόν τ'ἠδὲ θέμιστας, ἵνα σφίσι βουλεύῃσθα (2).

Parfois il s'y glisse quelques exagérations, comme, par exemple, lorsque Agamemnon dit à Nestor que, s'il avait dans l'armée achéenne dix conseillers comme lui, la ville de Priam tomberait bientôt au pouvoir des Grecs (3).

Dans la conversation courante ces habitudes de langage prennent la forme d'une politesse de convention, qui rappelle, suivant l'observation judicieuse de Wilamowitz (4), la *courtoisie* qui régnait dans la société chevaleresque du moyen âge. Télémaque, le modèle d'un prince bien élevé, dit à son hôte Ménélas, lorsque celui-ci l'engage à rester plus longtemps chez lui :

(1) Il est vrai que Nikias, lorsqu'il s'agit de rompre le blocus des Syracusains, interpella chacun des triérarques sous ses ordres par son nom ainsi que par le nom de son père et de la *phylè* (Thucydide, VII, 69, 2); mais entre ceci et les apostrophes pompeuses de l'Épopée, il y a une très grande différence. — (2) *Il.* IX, 96. — (3) *Il.* II, 370-374. — (4) *Homerische Untersuchungen*, p. 91, note 3.

Je resterais chez toi, même une année entière, sans avoir le désir de revoir ma maison et mes parents; car je suis heureux au fond de mon âme d'écouter tes discours et tes récits. . . . .

. . . . .
Mais le présent que tu m'offres, je le garderai comme un joyau (1).

En général, il était de bon ton de dire des choses aimables aux personnes qu'on fréquentait (2). La façon dont Ulysse, parlant à Calypso, justifie son *mal du pays*, frise presque ce que nous appelons la galanterie :

Ne te fâche pas, ô déesse. Je sais bien qu'en comparaison avec toi, les formes et la taille de la sage Pénélope me paraissent insignifiantes; car c'est une mortelle, tandis que toi, tu brilles d'une éternelle jeunesse (3).

La société ionienne de ce temps-là prisait beaucoup les compliments faits à propos et bien tournés; en effet, les personnages de l'Épopée les reçoivent toujours avec un vif plaisir (4).

En somme, ce style conventionnel du discours n'était qu'un vernis. Les hommes comme les femmes de l'Épopée le quittent dès qu'ils causent avec familiarité ou avec passion, et ils expriment alors, sans la moindre réserve, leurs idées et leurs sentiments. Toutefois, c'est une chose curieuse pour ce temps-là qu'il ait fallu certaines circonstances spéciales pour mettre en relief avec une entière liberté tout ce qu'il y a d'humain dans l'homme. Le progrès de la civilisation qui débarrassa les Grecs du style de convention en littérature comme dans tout le reste, ne parvint à son apogée qu'au cinquième siècle.

Une étiquette rigoureuse dans les relations sociales était intimement liée avec les faits que nous venons de signaler.

---

(1) *Od.* IV, 595-598, 600 :
δῶρον δ'ὅττι κέ μοι δοίης, κειμήλιον ἔστω.
(2) *Il.* XXIII, 792, 890-891. XXIV 376-377. *Od.* IV, 63, 160, 204-206. VI, 150-169. VIII, 382-384. XI, 367-369. XIII, 297-298, 232. XVII, 416. XIX, 108 et suiv. — (3) *Od.* V, 215. — (4) *Il.* XXIII, 795. *Od.* VIII, 387.]

L'Ionien des temps homériques était très jaloux de sa dignité (1). Les personnages de distinction ou âgés marchaient (2) et buvaient (3) avant ceux d'un rang inférieur ou plus jeunes. Si un hôte distingué entrait, pendant que les convives étaient réunis, dans le *megaron*, la bienséance voulait qu'on se levât, qu'on allât au devant de lui et qu'on lui offrît la coupe (4). Le maître de la maison ou son représentant prenait l'hôte par la main et le conduisait jusqu'au siège qui lui était destiné (5). La maîtresse de la maison faisait de la même façon les honneurs quand elle recevait la visite d'une femme (6). Si l'hôte était un étranger inconnu, il était de bon ton de lui donner d'abord à manger et de ne lui demander qui il était, d'où il venait et ce qu'il voulait que lorsqu'il avait apaisé sa faim (7). Télémaque et Pisistrate, allant reposer dans la maison de Ménélas, sont conduits avec cérémonie par un héraut dans leurs appartements à coucher (8). Alcinoüs fait donner un héraut à Ulysse lorsque celui-ci se rend sur le rivage, afin de s'embarquer sur le navire qui doit le reconduire dans sa patrie (9).

(1) Voy. notamment *Il.* XVII. 567-568, XXIII, 647-650. *Od.* III, 53. A noter la satisfaction avec laquelle Nausicaa se laisse reconnaître comme fille du roi des Phéaciens et décrit la demeure et la vie de ses parents : *Od.* VI, 196-197, 300-309.

(2) *Il.* IX, 192, 657. XIV, 134. XIX, 248. *Od.* III, 386. VIII, 46, 421.

(3) *Od.* III, 49-50. — (4) *Il.* I. 533-535. IX, 193-200, 670-671. XI, 777-778. XXIII, 203. Comp. aussi *Il.* XVIII, 382-384. *Od.* XIV, 48. XV, 285-286, XVI, 42. Si les dieux ne se lèvent pas à l'entrée de Thétis dans l'Olympe, (*Il.* XXIV, 98-102), c'est que Thétis, en sa qualité de Néréide, n'occupait qu'un rang inférieur.

(5) *Il.* IX, 200. XI, 778. *Od.* I, 130. III, 37, 416. Le héraut de Priam n'étant qu'un personnage de second ordre, ce n'est pas Achille lui-même, mais Automédon et Alcinoüs qui lui rendent les honneurs (*Il.* XIX 577-578).

(6) *Il.* XVIII, 339. XXIV, 101. — (7) *Od.* III, 67 et suiv. IV, 60-62. Jobates ne demande qu'au bout de dix jours à Bellérophon quel est l'objet de son voyage (*Il.* VI, 175). Les Celtes avaient aussi cette politesse (Diod. V, 28). Le brutal Polyphème s'en dispense naturellement (*Od.* IX, 251 et suiv.).

(8) *Od.* IV, 301. — (9) *Od.* XIII, 64.

L'ébriété était considérée comme une inconvenance (1). Le poète du III° chant de l'Odyssée raconte (2) avec une sorte d'horreur que les Achéens arrivèrent ivres à l'Assemblée convoquée par les Atrides après la prise de Troie. De nos jours, on trouverait tout naturel que des troupes qui ont longtemps et vaillamment combattu bussent, après la victoire, un peu plus qu'il ne faut pour étancher leur soif.

La femme mariée avait une situation dans la société. Elle se tenait dans la salle des hommes lorsque son mari recevait des amis (3) ou des étrangers (4); elle assistait aux sacrifices que les siens célébraient en dehors de la maison (5). Mais elle aussi, elle était esclave d'une étiquette compliquée. Les femmes d'un haut rang ne pouvaient se montrer en public qu'accompagnées de leurs servantes (6). Andromaque, saisie d'une frayeur mortelle quand elle court vers les murailles de la ville pour chercher Hector, n'oublie pas de dire à deux de ses servantes de l'accompagner (7). Même dans sa propre maison, Pénélope se rendant au *megaron* des hommes, auprès des prétendants, est toujours suivie de deux servantes (8). Elle tient alors son voile devant sa joue (9), détail d'étiquette de cette époque et dont nous avons parlé plus haut (10). Hélène en entrant dans la salle des hommes où son mari reçoit Télémaque et Pisistrate, est suivie de trois servantes dont l'une lui porte un siège, l'autre le tapis servant à le couvrir, la troisième le métier à tisser (11). Deux servantes dorment la nuit auprès de la jeune Nausicaa (12). Bien qu'elle soit accompagnée de nombreuses compagnes, celle-ci prie Ulysse de ne pas entrer en même temps qu'elle dans la ville, car on lui fe-

(1) *Od.* XIV, 463-466. XXI, 293-294. Οἰνοβαρής est une injure (*Il.* 1. 225).
(2) *Od.* III, 139.
(3) *Od.* VI, 305. XI, 335. — (4) *Od.* IV, 121. — (5) *Od.* III, 450-451.
(6) *Il.* III, 143. — (7) *Il.* XXII, 450.
(8) *Od.* I, 331. XVI, 413, XVIII, 198, 207, 211, XXI, 61, 66.
(9) *Od.* I, 334. XVI, 416. XVIII, 210. XXI, 65. — (10) Voy. plus haut p. 273-274.
(11) *Od.* IV, 123-125. — (12) *Od.* VI, 18.

rait observer que c'est mal de se montrer en public avec un homme étranger (1).

Il nous serait facile de multiplier les exemples de ce genre. Mais ceux que nous avons rapportés suffisent pour indiquer à quel point la vie grecque d'alors était soumise à des règles conventionnelles. Il est tout naturel que cette convention ait réagi sur le costume; le costume, en effet, suit toujours plus ou moins certaines règles qui donnent le ton à la civilisation.

Et maintenant il faut jeter un coup d'œil sur les parures qui étaient en usage et qui imprimaient à la physionomie des femmes de ce temps-là un caractère tout autre que celui de l'époque classique.

(1) *Od.* VI, 273 et suiv.

III. LES PARURES.

Des données que renferme l'Épopée sur le commerce phénicien en général (1) et en particulier sur le *hormos,* qu'un marin phénicien offre à la mère d'Eumaios (2), on peut conclure que les parures des temps homériques furent en partie introduites par les Phéniciens. De nombreux témoignages prouvent, d'autre part, qu'on fabriquait aussi de ces objets dans les villes ioniennes. Les poètes se faisaient une idée très exacte du travail des métaux précieux ainsi que des instruments à main et autres qu'on y employait. A Pylos, il y a déjà un certain Laerkes qui exerce le métier d'orfèvre et qui est appelé χρυσοχόος (3). Malheureusement l'ouvrage que lui fait faire le poète est trop simple et n'a, par suite, que fort peu d'importance pour l'histoire des procédés techniques : Laerkes ne fait que dorer les cornes de la vache que Nestor sacrifie à Athèna. L'expression χρυσὸν περιχεύεν dont se sert le poète n'implique nullement une dorure au feu, qui, si nous ne nous trompons pas, ne fut jamais usitée à l'époque archaïque (4). Le procédé de Laerkes consistait plutôt à étendre l'or au marteau en lames très minces qu'il appliquait ensuite

---

(1) Voy. p. 23-27. — (2) *Od.* XV, 459-460.
(3) *Od.* III 425 :

> εἰς δ' αὖ χρυσοχόον Λαέρκεα δεῦρο κελέσθω
> ἐλθεῖν ὄφρα βοὸς χρυσὸν κέρασιν περιχεύῃ.

432 : ... ἦλθε δὲ χαλκεὺς
> ὅπλ' ἐν χερσὶν ἔχων χαλκήϊα, πείρατα τέχνης,
> ἄκμονά τε σφῦράν τ' εὐποίητόν τε πυράγρην,
> οἷσίντε χρυσὸν εἰργάζετο· ἦλθε δ' Ἀθήνη
> ἱρῶν ἀντιόωσα. γέρων δ'ἱππηλάτα Νέστωρ
> χρυσὸν ἔδωχ'· ὁ δ'ἔπειτα βοὸς κέρασιν περίχευεν
> ἀσκήσας, ἵν' ἄγαλμα θεὰ κεχάροιτο ἰδοῦσα.

Diomède (*Il.* X, 294) fait aussi vœu d'offrir à Athèna une vache, χρυσὸν κέρασιν περιχεύας.

(4) Il appartient naturellement aux savants spécialistes de rechercher à quelle époque on commença à se servir du mercure ou du borax pour la dorure. Théophraste (*De lapid.* § 26) connaît déjà la dorure au borax, Pline (*Nat. Hist.* XXXIII, 64, 65, 92, 93) la connaît également ainsi que la dorure au mercure.

sur les cornes. S'il avait doré à l'or liquide, il eût été obligé d'avoir recours au feu et au soufflet. Or, il se servait tout simplement de l'enclume, du marteau et de la pince, c'est-à-dire il mettait le morceau d'or sur l'enclume, l'y maintenait avec la pince et le *laminait* au marteau. Par conséquent, les mots βοὸς κέρασιν περίχευεν ne doivent pas être traduits par *il versa de l'or sur les cornes*, mais par *il mit de l'or sur les cornes* (1). La même expression revient avec la même signification dans deux passages de l'Odyssée (2) qui témoignent d'un degré de perfectionnement de l'art de l'orfèvre beaucoup plus grand que les vers ci-dessus expliqués.

Tel un homme habile, instruit dans ces divers arts par Hephaïstos et par Athèna, applique l'or sur l'argent et exécute des œuvres charmantes, telle Pallas Athèna étend la grâce sur sa tête (d'Ulysse) et sur ses épaules.

Ainsi donc les poètes avaient parfaitement connaissance du procédé qui consiste à nuancer un fond d'argent au moyen d'une application de lamelles d'or, procédé employé sur plusieurs des coupes phéniciennes bien connues (3). Enfin, dans le dix-huitième chant de l'Iliade, les préparatifs que fait Hephaïstos pour forger le bouclier d'Achille (4) sont décrits avec une telle précision que le poète a dû nécessairement avoir vu de ses propres yeux ce qui se passait dans un atelier d'orfèvre.

Nous commencerons l'étude des parures de l'époque homérique par les joyaux du cou et de la poitrine.

---

(1) Dans un autre endroit περιχέειν est employé à propos d'une matière sèche (*Il.* XXI, 319), le sable; χέειν (*Il.* VI, 147) pour les feuilles sèches et pour les tiges de blé qui tombent pendant la moisson (*Il.* XIX, 222); διαχέειν (*Od.* III, 456) pour les animaux coupés en morceaux dans les sacrifices; καταχέειν à propos du πέπλος (voy. p. 257, note 2).

(2) *Od.* VI 232, XXIII 159 :

ὡς δ' ὅτε τις χρυσὸν περιχεύεται ἀργύρῳ ἀνὴρ
ἴδρις, ὃν Ἥφαιστος δέδαεν καὶ Παλλὰς Ἀθήνη,
τέχνην παντοίην, χαρίεντα δὲ ἔργα τελείει,
ὣς ἄρα τῷ κατέχευε χάριν κεφαλῇ τε καὶ ὤμοις.

(3) Voy. p. 27, note 3. — (4) Notamment vers 468-472.

CHAPITRE XVII.

LE HORMOS ET L'ISTHMION.

Le *hormos* (1) n'était point un collier entourant le cou; partant de la nuque, il retombait sur la poitrine et se développait par suite sur le buste. Cela ressort d'une manière frappante de deux passages des hymmes homériques. Dans l'un (2), le poète nous représente les Heures ornant de *hormoï* d'or « la nuque délicate et la poitrine blanche comme l'argent » d'Aphrodite. Dans l'autre (3), il est dit que la déesse de l'amour porte au cou de beaux *hormoï* d'or et que « sa poitrine délicate brille comme un clair de lune ». On rencontre sur les monuments orientaux (4) de ces colliers retombant sur la poitrine (fig. 112, 113); on en rencontre aussi sur les monuments grecs archaïques (5) et étrus-

---

(1) *Il.* XVIII, 401. *Od.* XV, 460. XVIII, 295. Hymn. hom. I (*in Apoll. Del.*) 103, IV (*in Vener.*) 88, VI, 11.

(2) VI, 10. — (3) IV, 88. Comp. la longueur considérable du *hormos* qu'Iris promet à Eileithyia dans l'*Hymn. hom.* I, 103.

(4) Par ex. sur une idole chaldéenne d'Istar : Heuzey, *Les figurines du Louvre*, pl. II. — Perrot et Chipiez, *Hist. de l'Art*, II, p. 82, fig. 16. — Sur les figures d'Astarté de Chypre : Cesnola Stern, *Cypern* 50, 3 p. 235 (d'où notre fig. 112), pl. 45. — *Ges. akadem. Abhandl.* de Gerhard, pl. XLVII. — Une figure votive chypriote avec trois *hormoï* dans Perrot et Chipiez, III, p. 257, n° 196 (d'où notre fig. 113).

(5) Voy. Salzmann, *Nécropole de Camiros*, pl. 15. — Heuzey, loc. cit. pl. XVII, 4. — Kekulé, *Die Terracotten von Sicilien*, pl. II, 1. Comp. une Parque sur le vase François (p. 253, fig. 65). Eriphyle sur un vase corinthien (*Mon. dell'Inst.* X, pl. IV, V, A) tient dans la main un *hormos* dont la longueur est à peu près d'un tiers de la hauteur totale du corps. Comp. celui

ques (1). Des spécimens analogues ont été trouvés dans les tom-

Fig. 112. — Astarté ornée d'un *hormos*. Fig. 113. — Idole chypriote ornée d'un *hormos*.

qui est représenté sur un autre vase corinthien : *Annal. dell'Inst.*, 1864, tav. d'agg. O. P. — (1) Micali, *Mon. ined.* pl. XXVI, 3.

beaux étrusques dont le contenu a des points de contact avec l'époque homérique (1).

Les *hormoï*, dit l'Épopée, étaient en or et en ambre (2). Toutefois, comme dans les passages où il en est question, l'ambre n'est employé qu'au datif (ἠλέκτροισι), on se demande s'il faut entendre par là l'argent doré ou l'ambre (3). Des raisons linguistiques et archéologiques nous engagent à accepter cette dernière interprétation. Tout d'abord, en effet, le mot χρύσος est employé dans ces passages au singulier; ἠλέκτροισι, au contraire, est au pluriel. Or, nous n'avons pas d'exemple de ce fait que le nom d'un métal, employé au pluriel, désigne des morceaux de ce métal. Au contraire, cet emploi est très logique quand il s'agit de l'ambre, puisqu'on le trouve en morceaux. En second lieu, la superposition de l'or sur l'or argenté, n'aurait produit aucun effet décoratif, car le second ne se distingue du premier que par une couleur un peu plus pâle. Par contre, l'ambre, grâce à ses nuances (brun ou rouge brun) et à sa transparence, se détache merveilleusement sur un fond d'or. Enfin, on a trouvé dans les tombeaux étrusques des parures de poitrine faites d'or et d'ambre (4). Le spécimen le plus curieux de ce genre provient d'un tombeau de Cæré, que nous avons eu l'occasion de mentionner

Fig. 114. — Garniture d'ambre étrusque.

---

(1) Grifi, *Mon. di Cere*, pl. III, 2, 3. *Mus. gregor.* I, pl. LXVII, 3-5. LXXVII, 1. LXXIX, 5. LXXXI, 1, 2. — *Mon. dell'Inst.* VI, pl. XLVI *b*.

(2) *Od.* XV, 460. XVIII, 295. *Hymn. hom.* I, 103 (voy. p. 240, note 3; Comp. Lepsius, *Die Metalle in den ægypt. Inschriften* (compte rendu de l'Ac. des sciences de Berlin. Section philosophico-historique, 1871, p. 129-143).

(3) Voy. p. 134-135.

(4) Grifi, *Mon. di Cere*, pl. III, 3. — *Mus. Gregor.* I, pl. LXVII, 3-5, pl. LXXVII, 1. Comp. *Mon dell'Inst.* X, pl. XXIII^a, 6. *Ann. dell'Inst.* 1875, p. 225, n° 6 et *Bull.* 1874, p. 56, n° 3.

déjà plusieurs fois (1) : c'est une série de morceaux d'ambre ovoïdes dont la longueur moyenne est d'environ 6 centimètres (fig. 114); ces morceaux sont garnis à la périphérie d'une sertissure en forme de *grecque* granulée (*lavoro a granaglia*).

Il va de soi que les Grecs de la grande époque ne portaient point de ces joyaux qui dissimulaient trop les formes du buste; ils se contentaient d'un collier étroit bien adhérent au cou.

L'*isthmion* (2), au contraire, semble être le type primitif du

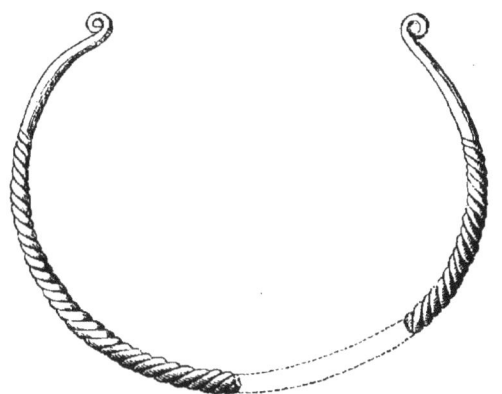

Fig. 115. — Collier à torsade de l'Europe méridionale.

collier classique. En effet, le substantif ἰσθμός est formé d'ἴσθμιον et indique un objet étroit, entre autres le cou et la gorge (3); cela explique l'opinion des commentateurs anciens (4), d'après lesquels l'*isthmion* ne pendait pas sur la poitrine comme le *hormos*, mais entourait le cou. D'ailleurs, dans le sud (fig. 115)

(1) Grifi, *Mon. di Cere*, pl. III, 3. — *Mus. Gregor.* I, pl. LXVII, 3-5, pl. LXXVII, 1, notre fig. 114. Voy. p. 39, note 2 et p. 114-115.

(2) *Od.* XVIII, 300. — (3) Galen. *comm. in aphorism. Hippocratis* XXVI (vol. XVII, 2, p. 632 Kühn) : παρίσθμια φλεγμονὰς τῶν κατὰ τὸν ἰσθμὸν χωρίων. ἀκούειν δὲ νῦν ἰσθμὸν χρὴ τὸ μεταξὺ τοῦ στόματός τε καὶ τοῦ στομάχου μόριον, c'est-à-dire la partie comprise entre la bouche et le gosier. Les Schol. *Od.* XVIII, 300 et Eustath. p. 1847, 44, traduisent ἰσθμός par τράχηλος.

(4) Schol. *Od.* XVIII, 300. Comp. Eustath. p. 1847, 49-51.

comme dans le nord de l'Europe (1), des cercles métalliques polis ou cannelés (2) sont une parure très ancienne; rien ne s'oppose donc à ce qu'un collier de ce genre soit attribué à l'époque homérique.

(1) Des cercles de bronze de ce genre se rencontrent déjà en Italie dans les couches préhelléniques (voy. plus haut p. 105-112), p. ex. dans la nécropole de Villanova : Gozzadini, *Di un sepolcreto etr. scop. presso Bologna*, pl. VII, 28. Un exemplaire d'Oppeano (près Vérone) : *Bull. di paletn. ital.* IV, pl. VII, 1, p. 118. D'autres provenant de Bismantova : *Bull. di paletn. ital.* VIII, pl. VI. 1, 2 (notre fig. 115 est la reproduction du n° 1, aux 2/3 de la grandeur de l'original). Il en existe un de Cæré : *Mon. dell'Inst.* X, pl. XXIII[a], 1. Comp. aussi Friederichs, *Kleinere Kunst*, p. 124, n°s 533-535[a]. Du reste, sur les monuments étrusques, les figures d'hommes sont également ornées de colliers semblables : Gerhard, *Etruskische Spiegel*, 1, pl. 74 et 83. Comp. Stephani, *Compte-rendu*, 1874, p. 173. Des spécimens en or se rencontrent souvent dans les tombeaux scythes de la Russie méridionale : *Antiquités du Bosphore Cimmérien*, pl. VIII, 1. 2 (le n° 1 provient d'un tombeau de guerrier, le n° 2 d'un tombeau de femme). — Stephani. *Compte-rendu*, 1876, pl. IV, 6, p. 156, 1877. pl. III, 6, p. 224 (Comp. 1876, pl. XVIII), 1877, p. 221, note 1 (Comp. 1876, pl. XX). Tous ces exemplaires ont été trouvés dans des tombeaux d'homme; *Recueil d'Antiquités de la Scythie*, publié par la Comm. imp. archéol. liv. 2 (St-Pétersbourg 1873), pl. XXXVII, 2, 4, 7, 9, dont le n° 2 ornait un corps de femme, les n°s 4 et 9 un corps d'homme. *Ibid.*, p. 102, un spécimen en bronze qu'on a trouvé sur un cadavre d'homme.

(2) Von Sacken, *Grabfeld von Hallstadt*, pl. XVI, 22. — Lindenschmit, *Alterthümer unserer heidnischen Vorzeit*, 1 vol. liv. VIII, pl. 5. — Friederichs, *Kleinere Kunst*, p. 122, n°s 527-532. — On sait que le *torques* gaulois appartient aussi à cette catégorie.

CHAPITRE XVIII.

LES BOUCLES D'OREILLES.

Le sens des épithètes des boucles d'oreilles (ἕρματα τρίγληνα μορόεντα) (1) a déjà beaucoup préoccupé les grammairiens anciens. Les uns écrivaient τρίγλην' ἀμορόεντα ou τρίγληνα' μορόεντα et attribuaient à ce dernier adjectif la signification d'*indestructible* (2), ce qui correspondait à ἄφθιτος, autre épithète homérique. Aristarque lisait, au contraire, τρίγληνα μορόεντα et traduisait le second adjectif par *péniblement ouvragé* (3). Mais les deux versions sont inadmissibles; la première, parce qu'on ne connaît point d'exemple de la terminaison όεις dans un adjectif formé de μόρος et de α privatif; la seconde, parce que μόρος signifie destin, mauvais destin, mort, mais jamais peine ni souci (4). Parmi les commentaires modernes, celui d'Ernesti (5) mérite d'attirer l'attention. Ce savant fait venir μορόεντα du substantif μόρον (baie de ronce, mûre), et en conclut que ces boucles d'oreilles étaient rehaussées d'ornements ayant la forme de ces baies, probablement de pierres taillées de couleur sombre. Il n'y a rien

---

(1) *Il.* XIV, 182. *Od.* XVIII, 297. Les boucles d'oreilles d'Aphrodite, dites ἄνθεμα (Hymn. hom. VI, 8) sont probablement rehaussées de fleurs en rosettes, semblables à celles qui ornent deux têtes de marbre attiques (Ἐφημ. ἀρχαιολ. 1883, pl, 5, 6).

(2) Schol. *Il.* XIV, 183. Apollon. *lex. hom.*, p. 113, 30, Bekker.

(3) Schol. *Od.* XVIII, 298. Eustath. *Il.* XIV, 183, p. 964, 40. — Lehrs, *De Aristarchi stud. homer.* 2ᵉ éd., p. 152.

(4) Comp. Gœbel, *De epithetis hom. in* εις *desinentibus*, p. 35-36.

(5) Comp. Heyne, *Homeri Carmina*, VI, p. 562.

à dire contre cette interprétation au point de vue linguistique, et un ornement semblable sur une boucle d'oreilles en or est parfaitement admissible. Seulement il ne faut point supposer ici de pierres précieuses, car l'Épopée ne mentionne nulle part de parures de cette espèce (1). Quant à l'épithète τρίγληνα, Apion (2) pensait qu'elle signifiait *digne d'occuper la prunelle des yeux* (γλήνη); le nombre trois ne servirait, comme dans beaucoup d'autres cas semblables, qu'à accentuer le sens. Mais ce qui contredit cette hypothèse, c'est que le mot n'a point de partie verbale qui

Fig. 116 et 117. — Boucles d'oreilles.

exprime l'action. Héliodore (3) suppose des boucles d'oreilles garnies d'ornements qui rappellent la prunelle des yeux et c'est là, selon nous, l'hypothèse la plus vraisemblable; τρίγληνα correspondrait alors au substantif τριώττιον ou τριωττίς dont on se servait dans l'Attique pour désigner une certaine espèce de boucles d'oreilles et qu'Eustathios (4), sans doute à l'exemple d'Héliodore, cite comme synonyme du précédent. Citons enfin, à titre de curiosité, cette opinion d'un ancien commentateur, que la décoration des boucles d'oreilles consistait dans les figures des trois Grâces (5). Ce qui a motivé cette interprétation, c'est évidemment un vers de l'Iliade (6) où γλήνη est employé dans le sens de

(1) Comp. plus haut, p. 75. — (2) Apoll. *lex. hom.* p. 154, 26. Hesych. au mot τρίγληνα. Schol. *Il.* XIV, 183. Eustath. *Il.* XIV, 183, p. 954-36.
(3) Apoll. *lex. hom.*, p. 154, 24. Schol. *Il.* XIV, 183. *Od.* XVIII, 298. Eustath. *Il.* XIV, 183, p. 964, 38.
(4) Sur l'*Il.* XIV, 183, p. 964, 38. Comp. *Pollux onomast.* V, 98 : τριοπίς δὲ ὅρμου εἶδος, τρεῖς ὥσπερ ὀφθαλμοὺς κρεμαστοὺς ἔχοντος, où au lieu de τριοπίς il faut peut-être lire τριοττίς.
(5) Schol. *Il.* XIV, 183. Eustath. p. 984, 38 et suiv.
(6) VIII, 164.

jeune fille. Le grammairien en a conclu que τρίγληνα pouvait signifier *orné de trois figures de jeunes filles.* Le nombre trois et le fait que τρίγληνα μορόεντα est suivi de χάρις δ'ἀπελάμπετο πολλή l'ont amené à conclure que les trois figures de jeunes filles n'étaient autres que les trois Grâces. Il serait superflu de réfuter cette singulière déduction. Qu'il nous suffise de faire remarquer que la mythologie figurée ne commençait qu'à se développer à l'époque homérique et que, par suite, les figures

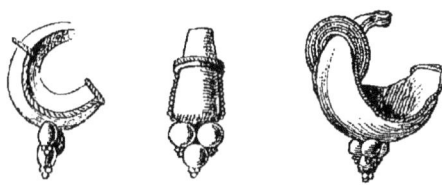

Fig. 118 à 120. — Boucles d'oreilles étrusques.

de dieux ou de déesses ne pouvaient guère servir alors de motifs d'ornementation.

Parmi les boucles d'oreilles antiques conservées à ce jour, nous n'en connaissons que deux sortes qui puissent servir d'illustration aux deux épithètes dont il s'agit. Ce sont d'abord celles que les antiquaires italiens appellent *orecchino a baule,* à cause de leur forme qui les fait ressembler à un coffre bombé (fig. 116 et 117) (1). On y voit souvent, sur le bord antérieur et placées à égale distance, trois boules d'or; c'est un ornement qui rappelle l'épithète τρίγληνα, c'est-à-dire *garni de trois prunelles.* La lame d'or bombée est, en outre, couverte d'ornements en forme de petites boules ou de lentilles, qui parfois sont parsemées de grains d'or (*lavoro a granaglia*), ce qui les fait ressembler à des baies de ronce ou à des mûres; de là l'é-

---

(1) Voy. *Museo gregor.* 1. pl. LXII (1er et 2e rang d'en haut) et LXIV (avant-dernier rang d'en bas). Nos fig. 116, 117 sont la reproduction grandeur naturelle de deux spécimens de la collection Augusto Castellani, trouvés près de Cervetri.

pithète μοροέντα. De toute façon, ce type est très ancien; on a, en effet, trouvé une paire de boucles d'oreilles semblables dans un tombeau de Cæré dont les vases peints datent au plus tôt de la fin du sixième siècle (1).

L'autre type (2) est celui qui, dans l'état actuel de la science, semble remonter jusqu'au cinquième siècle (fig. 118, 119, 120) (3). La boucle d'oreille est garnie en dessous d'une grappe de trois lentilles dont deux juxtaposées et la troisième soudée dans l'intervalle laissé libre à leur partie inférieure (4). Il était tout naturel de comparer à trois prunelles ces trois lentilles qui, vues de n'importe quel côté, sautaient aux yeux. D'autre part, l'extrémité inférieure de chacune de ces lentilles est garnie d'une pyramide formée de petites boules d'or, dont la structure rappelle les granulations des baies; de là l'épithète de μοροέντα.

(1) *Bull. dell'Inst.* 1881, p. 160, et une autre paire, peut-être plus ancienne, trouvée dans une *tomba a fossa* (*Ibid.* 1881, p. 245) de Vulci. Une paire analogue a été mise au jour dans un tombeau d'Orvieto où des corps nombreux ont été enterrés au V° siècle av. J.-C. (*Bull.* 1881, p. 272), et trois autres exemplaires dans la couche supérieure de la nécropole de Visentium (Capodimonte sur le lac de Bolsena), couche qui remonte tout au plus au milieu du V° siècle av. J.-C. (*Bull.* 1886, p. 23).

(2) Voy. *Mus. Gregor.* I, pl. LXXII (dans les quatre rangs d'en bas) et LXXIII (dans les trois rangs d'en bas).

(3) Les fig. 118 et 119 sont empruntées aux *Mon. dell'Inst.* VI, pl. XLVI *d*. La fig. 120 est un spécimen de la collection Augusto Castellani, trouvé près Cervetri. Les exemplaires des *Mon. dell'Inst.* VI, pl. XLVI *d*, pl. XLVII *g, g** étaient placés dans un tombeau de Corneto avec des incrustations d'ivoire d'un style très archaïque et un cratère à figures rouges, sur lequel malheureusement nous ne savons rien de plus (*Annal dell' Inst.* 1860, p. 473). Un autre spécimen analogue provient d'un tombeau d'Orvieto (ci-dessus note 1) (Voy. *Bull.* 1881, p. 272).

(4) Tel est le type le plus simple. *Mon. dell'Inst.* VI, pl. XLVI *d;* nos fig. 118 et 119. Quelquefois le nombre de lentilles est porté à quatre (notre fig. 120) ou à cinq (spécimen provenant d'un tombeau de Corneto : *Mon. dell'Inst.* VI, pl. XLVII, *g**) et à sept au moins sur un exemplaire de l'île de Chypre (Cesnola-Stern, *Cypern,* pl. 54).

CHAPITRE XIX.

LES AGRAFES (περόνη, πόρπη, ἐνετή).

L'agrafe, en latin *fibula*, est désignée dans l'Épopée par les mots περόνη, πόρπη et ἐνετή.

Le modèle le plus simple et le plus fréquent d'agrafe antique consiste en un arc qui, à l'une de ses extrémités, se termine par une épingle flexible, à l'autre par un crochet où passe l'épingle, après avoir percé l'étoffe qu'il s'agit de consolider.

Tel était évidemment l'objet que l'Épopée désigne sous le nom de περόνη. La περόνη était pourvue d'une épingle : cela ressort d'un discours railleur qu'Athèna prononce contre la déesse de l'amour, blessée par Diomède : elle dit qu'Aphrodite, voulant inspirer à une Délienne de l'amour pour un Troyen, s'est égratignée avec une περόνη d'or (1). A maintes reprises, la περόνη est citée comme attache-vêtement (2). De ce mot est même formé déjà le verbe περονάω qui signifie, au sens propre, *attacher un vêtement* (3), et au figuré *transpercer quelqu'un avec une flèche* (4).

Les περόναι du peplos dont Antinoüs fait don à Pénélope, sont munies de κληῖδες εὔγναμπτοι (5). Il est certain (et c'est d'ailleurs l'avis des commentateurs anciens) (6), que ces mots indiquent le crochet destiné à recevoir la pointe de l'épingle.

---

(1) *Il.* V 424. — (2) *Od* XVIII 293, XIX 293, XIX 226 et suiv., 256.
(3) *Il.* X 133, XIV 180. — (4) *Il.* VII 145, XIII 397. Pour l'emploi ultérieur de ce mot voy. notamment Sophocle *O. R.* 1265 : Euripide, *Phœn.* 805; Hérodote, V, 87.
(5) *Od.* XVIII, 293. Comp. plus haut p. 256. — (6) Schol. *Od.* XVIII, 294. Eustath., p. 1847, 35-37.

Dans la langue homérique, κληΐς ne signifie pas seulement *clef*, mais encore tout autre objet crochu servant à ouvrir ou à fermer quelque chose (1); il a donc été tout naturellement appliqué au crochet qui servait à recevoir la pointe de l'épingle. L'épithète *bien recourbée* s'adapte d'ailleurs mieux qu'à toute autre à la partie de la fibule où la lame d'or est recourbée. Enfin, c'est pour se conformer aux règles de la description épique que le poète fait ressortir non pas l'épingle, qui est cachée en grande partie, mais bien le crochet, lequel frappe bien plus directement la vue.

L'agrafe prend aussi le nom de πόρπη (2). Dooderlein (3) prétend que πόρπη indique la partie formant boucle et περόνη l'épingle de la fibule : cette distinction, juste au point de vue étymologique (4), ne s'explique pas dans la pratique. Les grammairiens anciens expliquent πόρπη par περόνη et inversement, en rattachant les deux termes au latin *fibula* (5). Dans certains passages, du reste, πόρπη comprend aussi l'épingle. Dans l'*Hécube* d'Euripide notamment (6), les Troyennes crèvent les yeux à Polymestor avec leurs πόρπαι, et, dans le prologue des *Phéniciennes* (7), Œdipe est aveuglé avec des πόρπαι en or. Dans un autre passage de la même tragédie (8) et dans *Œdipe-Roi* (9), de Sophocle, le même objet est appelé περόνη, ce qui démontre bien l'identité des deux termes. Les anciens lexicographes (10) prétendent que περόνη était une épingle qui

---

(1) Les verroux : *Il.* XXIV, 455. *Od.* I, 442. Le plat de la clef : *Il.* V, 146, 579; XVII, 309; XXI, 117 (voy. Eustath. Il. V 144, p. 403, 39-40). Quelquefois les dispositions prises pour empêcher le glissement du gouvernail : Grashof, *Das Schiff bei Homer und Hesiod*, p. 19-20. — Dœderlein, *Hom. Glossarium*, III, p. 119.

(2) *Il.* XVIII, 401. — *Hymn. Hom.* IV (*in Venerem*), 162 et suiv.

(3) *Hom. Glossarium*, I, p. 242-243 n° 374. II, p. 126 n° 650.

(4) Studniczka, dans ses *Beiträge* (p. 113, note 66) fait remarquer avec raison que πόρπαξ, terme le plus rapproché de πόρπη, signifie la poignée demi-circulaire du bouclier.

(5) Suid. περόνη· πόρπη. Le même : πόρπη, ἡ παρὰ Ῥωμαίοις φίβλα. Hesych. πεούναι· πόρπαι. Etym. m. p. 665, 31; p. 683, 40. Phot. πόρπη : φίβλα.

(6) 1170. — (7) 60. — (8) 805. — (9) 1269. — (10) Pollux VII 54. Cf. Hesych et Phot. s. v. σχιστός.

servait à maintenir le vêtement sur l'épaule et πόρπη sur la poitrine : cette hypothèse est inadmissible, car Euripide (1) emploie l'épithète πόρπαμα pour une sorte de chlamyde épinglée précisément sur l'épaule.

Gerlach (2) soutient que la περόνη et la πόρπη différaient de forme et de grandeur et que le premier de ces mots, le plus fréquemment employé, indique la petite fibule à courbure lisse, tandis que l'autre, plus grande, serait une sorte de broche en spirale, dont il sera question dans le chapitre suivant. Mais rien

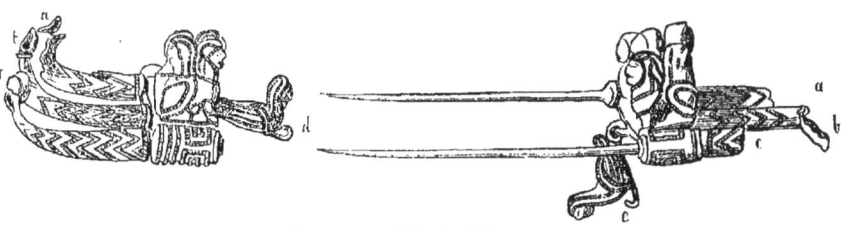

Fig. 121. — Fibule de Préneste.

n'autorise cette hypothèse. La broche en spirale serait plutôt identique aux ἕλικες homériques.

Le substantif ἐνετή est aussi employé souvent pour les épingles-agrafes (3).

Il suffit de jeter un coup d'œil sur une collection complète d'ouvrages antiques en métal, pour se convaincre que ces épingles affectaient les formes les plus diverses (4). Il s'agit donc de rechercher s'il est possible de préciser les formes usitées à l'époque homérique.

(1) *Electre*, 820. De plus, les ἐπωμίαι περόναι dans Lucien (*Amor.* 44) constitueraient un pléonasme inadmissible.
(2) *Philolog.* XXX (1870), p. 498.
(3) *Il.* XIV, 180. Comp. plus haut p. 252-256. Le mot dérivé d'ἐνίημι, *être fixé, pénétrer*, ne se trouve plus que dans Callimaque : *Fragm.* 194. Comp. *Callimachea*, éd. Schneider, II, p. 417-418.
(4) Montelius a recueilli tous les types les plus importants dans son ouvrage : *Spännen från Bronsåldern*, Stockholm, 1880-1882.

352   L'ÉPOPÉE HOMÉRIQUE.

Athèna dit en raillant qu'Aphrodite, blessée par Diomède, s'est égratignée avec une περόνη d'or : c'était évidemment une fibule à pointe découverte. Mais un passage de l'Odyssée (1) fait supposer une toute autre disposition. Le poète dépeint la περόνη d'or avec laquelle Ulysse partant pour Troie avait épinglé sa *chlaïna* de pourpre. Elle était pourvue d'un double tuyau (αὐλοῖσιν διδύμοισι) et ornementée d'un groupe représentant un chien qui tenait un chevreau se débattant entre ses pattes de devant (2). Il existe en Italie cinq de ces fibules à étuis. Toutes les cinq sont or-

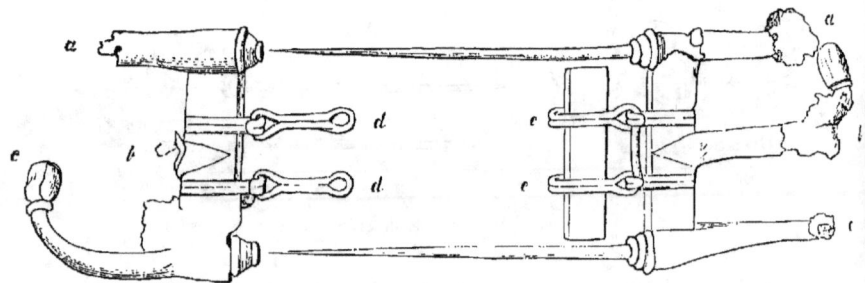

Fig. 122. — Disposition intérieure d'une fibule de Préneste.

nées sur le devant de figures de sphinx (fig. 121). Trois d'entre elles (3) proviennent du groupe des tombeaux de Préneste qui sont remarquables par les produits de l'industrie phénicienne et carthaginoise (4). Le quatrième spécimen a été trouvé dans un ancien tombeau de Cære (5), le cinquième probablement dans

---

(1) *Od.* XIX, 225. — (2) Il sera question dans le chapitre XXX du mode de représentation plastique.

(3) L'une d'elles, trouvée dans les fouilles faites sous les auspices du duc Barberini, se trouve actuellement à la bibliothèque Barberini (*Archæologia*, 41, I, Londres 1867, pl. VII, 3, p. 201, n° 1). Les deux autres, mises au jour dans le tombeau découvert par les frères Bernardini, sont exposées au musée Kircher (*Mon. dell'Inst.*, X pl. XXXI, 6, 7. Comp. *Annal.* 1876, p. 249-250.

(4) Voy. plus haut p. 40 note 1. — (5) *Bull. dell'Inst.* 1866, p. 178, 179. — *Archæologia*, 41, I, Londres 1867, p. 203, note.

la campagne romaine (1). Deux des fibules de Préneste sont en argent avec des grains d'or qui font ressortir les sphinx; les trois autres sont en or. Les fibules, dans l'état où on les a découvertes, n'offraient aucune trace d'épingles; on s'est donc demandé comment elles pouvaient servir à épingler un vêtement. Mais une des fibules de Préneste s'était cassée et, comme on a pu ainsi en examiner l'intérieur, la question a été résolue (fig. 122) (2). On y a remarqué la construction suivante : ces fibules se composent de deux parties dont chacune se termine par trois saillies légèrement recourbées (*a, b, c*). Dans les deux parties la saillie du milieu (*b*) est simplement décorative; les deux autres extérieures (*a, c*) se terminent, dans la première partie, en épingles, dans la seconde elles sont creuses de manière à pouvoir recevoir l'épingle. Les épingles, après avoir transpercé le vêtement, s'engageaient dans les gaînes de la seconde partie. Puis on consolidait les deux parties au moyen d'un crochet et d'un trou qui se correspondaient en bas (*d, e*). On voit que cette disposition est très pratique et mériterait d'être imitée par les bijoutiers de nos jours. En tout cas, elle rendait impossible toute égratignure pareille à celle dont parle Athéna dans le passage mentionné de l'Iliade, puisque les pointes des épingles étaient cachées dans les gaînes. Telle a dû être aussi la περόνη d'Ulysse; comme les anciens commentateurs l'ont déjà fait observer (3) avec raison, les αὐλοὶ δίδυμοι ne peuvent indiquer que ces étuis ou gaînes où étaient engagées les épingles et ressemblent, par conséquent, aux κληῖσιν ἐϋγνάμπτοις dont il a été question plus haut (4).

(1) *Archæologia*, 41, I, p. 203, note.
(2) Cette fibule est au musée Kircher. La partie postérieure où l'on voit mieux la construction est reproduite dans les *Ann. dell'Inst.*, 1879, tav. d'agg. C 9. Notre fig. 122 en est la copie. La fig. 121 représente l'autre spécimen trouvé dans le même tombeau. Nous en donnons les deux parties séparément, afin d'en faire mieux comprendre la construction.
(3) Schol. *Od.* XIX, 227 : αὐλοῖσιν διδύμοισι] ἀνατάσεσι δυσὶ πρὸ τῆς χλαμύδος, ὅ ἐστιν εἰς τὸ ἔμπροσθεν μέρος τῆς χλαμύδος ἐπάνωθεν τῆς πόρπης ἐξημμένους, B. αὐλοῖσι] ῥάβδοις εὐθείαις, εἰς ἃς κατακλείονται αἱ περόναι διδύμοισι διπλαῖς, ἢ συμφυέσι περόναις V. — (4) P. 253 et 349.

352   L'ÉPOPÉE HOMÉRIQUE.

Athèna dit en raillant qu'Aphrodite, blessée par Diomède, s'est égratignée avec une περόνη d'or : c'était évidemment une fibule à pointe découverte. Mais un passage de l'Odyssée (1) fait supposer une toute autre disposition. Le poète dépeint la περόνη d'or avec laquelle Ulysse partant pour Troie avait épinglé sa *chlaïna* de pourpre. Elle était pourvue d'un double tuyau (αὐλοῖσιν διδύμοισι) et ornementée d'un groupe représentant un chien qui tenait un chevreau se débattant entre ses pattes de devant (2). Il existe en Italie cinq de ces fibules à étuis. Toutes les cinq sont or-

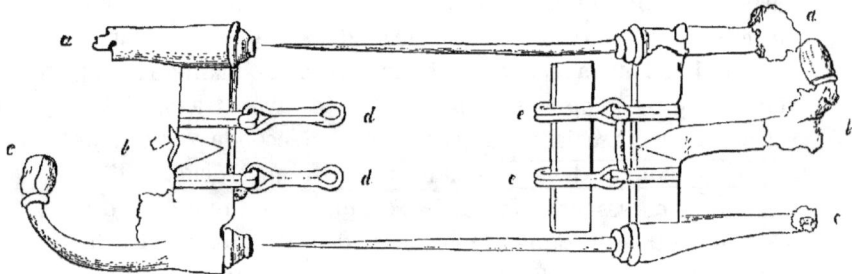

Fig. 122. — Disposition intérieure d'une fibule de Préneste.

nées sur le devant de figures de sphinx (fig. 121). Trois d'entre elles (3) proviennent du groupe des tombeaux de Préneste qui sont remarquables par les produits de l'industrie phénicienne et carthaginoise (4). Le quatrième spécimen a été trouvé dans un ancien tombeau de Cæré (5), le cinquième probablement dans

---

(1) *Od.* XIX, 225. — (2) Il sera question dans le chapitre XXX du mode de représentation plastique.

(3) L'une d'elles, trouvée dans les fouilles faites sous les auspices du duc Barberini, se trouve actuellement à la bibliothèque Barberini (*Archæologia*, 41, 1, Londres 1867, pl. VII, 3, p. 201, n° 1). Les deux autres, mises au jour dans le tombeau découvert par les frères Bernardini, sont exposées au musée Kircher (*Mon. dell'Inst.*, X pl. XXXI, 6, 7. Comp. *Annal.* 1876, p. 249-250.

(4) Voy. plus haut p. 40 note 1. — (5) *Bull. dell'Inst.* 1866, p. 178, 179. — *Archæologia*, 41, 1, Londres 1867, p. 203, note.

la campagne romaine (1). Deux des fibules de Préneste sont en argent avec des grains d'or qui font ressortir les sphinx; les trois autres sont en or. Les fibules, dans l'état où on les a découvertes, n'offraient aucune trace d'épingles; on s'est donc demandé comment elles pouvaient servir à épingler un vêtement. Mais une des fibules de Préneste s'était cassée et, comme on a pu ainsi en examiner l'intérieur, la question a été résolue (fig. 122) (2). On y a remarqué la construction suivante : ces fibules se composent de deux parties dont chacune se termine par trois saillies légèrement recourbées (*a*, *b*, *c*). Dans les deux parties la saillie du milieu (*b*) est simplement décorative; les deux autres extérieures (*a*, *c*) se terminent, dans la première partie, en épingles, dans la seconde elles sont creuses de manière à pouvoir recevoir l'épingle. Les épingles, après avoir transpercé le vêtement, s'engageaient dans les gaines de la seconde partie. Puis on consolidait les deux parties au moyen d'un crochet et d'un trou qui se correspondaient en bas (*d*, *e*). On voit que cette disposition est très pratique et mériterait d'être imitée par les bijoutiers de nos jours. En tout cas, elle rendait impossible toute égratignure pareille à celle dont parle Athèna dans le passage mentionné de l'Iliade, puisque les pointes des épingles étaient cachées dans les gaines. Telle a dû être aussi la περόνη d'Ulysse; comme les anciens commentateurs l'ont déjà fait observer (3) avec raison, les αὐλοὶ δίδυμοι ne peuvent indiquer que ces étuis ou gaines où étaient engagées les épingles et ressemblent, par conséquent, aux κληῖσιν εὐγνάμπτοις dont il a été question plus haut (4).

(1) *Archæologia*, 41, I, p. 203, note.
(2) Cette fibule est au musée Kircher. La partie postérieure où l'on voit mieux la construction est reproduite dans les *Ann. dell'Inst.*, 1879, tav. d'agg. C 9. Notre fig. 122 en est la copie. La fig. 121 représente l'autre spécimen trouvé dans le même tombeau. Nous en donnons les deux parties séparément, afin d'en faire mieux comprendre la construction.
(3) Schol. *Od.* XIX, 227 : αὐλοῖσιν διδύμοισι] ἀνατάσεσι δυσὶ πρὸ τῆς χλαμύδος, ὅ ἐστιν εἰς τὸ ἔμπροσθεν μέρος τῆς χλαμύδος ἐπάνωθεν τῆς πόρπης ἐξημμένους, B. αὐλοῖσι] ῥάβδοις εὐθείαις, εἰς ἃς κατακλείονται αἱ περόναι· διδύμοισι] διπλαῖς, ἢ συμφυέσι περόναις V. — (4) P. 253 et 349.

CHAPITRE XX.

LES HÉLIKÈS ET LES KALYKÈS.

Ces mots qu'on ne trouve que dans un seul passage de l'Épopée (1) sont difficiles à expliquer; seul l'hymne à Aphrodite (2) nous renseigne un peu à ce sujet. Le poëte nous représente Anchise déshabillant Aphrodite pour la cérémonie du mariage. Le jeune homme ôte d'abord à la déesse les *porpaï*, les *hélikès*, les *kalykès* et les *hormoï*; ensuite il détache sa ceinture et enlève son brillant vêtement. Les commentateurs anciens et modernes ont passé en revue toutes les parures pour les appliquer aux *hélikès* et aux *kalykès*. Les premiers seraient tantôt des bandeaux de tête, tantôt des appendices des *hormoï*, des boucles d'oreilles, des bracelets ou des anneaux (3). Gerlach (4), qui a étudié cette parure tout récemment avec plus de soin que tout autre, s'appuie sur la signification primitive du mot et en conclut que c'étaient des spirales métalliques qui servaient de bracelets, d'anneaux et d'attaches-boucles (5); il ajoute qu'on en a trouvé un assez grand nombre dans les

---

(1) *Il.* XVIII, 401. Hephaïstos forge, lorsqu'il est accueilli par Eurynome et Thétis : πόρπας τε γναμπτάς θ'ἕλικας κάλυκάς τε καὶ ὅρμους.

(2) *Hymn. hom.* IV (à Aphrodite), 86 et suiv. 162 et suiv.

(3) Schol. *Il.* XVIII, 401. Comp. XVII, 52. — Eustath. p. 1150, 21-23. Comp. p. 1394, 42. — Apoll. *Lex. hom.*, p. 66, 17 : ἕλικας... κόσμου τι γένος. οἱ μὲν δακτυλίους ποιούς, οὕς δρακοντώδεις καλοῦσιν, οἱ δὲ ἐνώτια, ἃ καλοῦσιν ἑλικτῆρια οἱ δὲ τὰ περὶ τοὺς καρποὺς ψέλια. — Hesych. s. v. ἕλικες·... ἢ ἐνώτια. ἢ ψέλλια. ἢ δακτύλιοι. — Le même au mot κάλυξ.... καὶ τὸ ἐνώτιον. καὶ ἡ χρυσῆ σύριγξ ἡ τοὺς πλοκάμους περιέχουσα. Le même au mot κάλυκα... περιτραχηλίους κόσμους. *Etym. magn.* p. 486, 38 : κάλυξ... καὶ το ἐνώτιον.

(4) *Philolog.* XXX, p. 490. — (5) Voy. plus haut, p. 305-309.

fouilles de Grèce, d'Italie et du Nord. Même incertitude quant aux *kalykès* que l'on traduit également par anneaux, boucles d'oreilles et attache-boucles, tandis que Gerlach (1), s'en tenant à la racine du mot, les considère comme des têtes d'épingles à cheveux en forme de calice. Mais il suffit d'examiner de près ce passage pour réfuter toutes ces tentatives d'explication. Anchise pouvait bien en cette circonstance laisser à la déesse ses bracelets, ses anneaux et ses boucles d'oreilles, et il n'a-

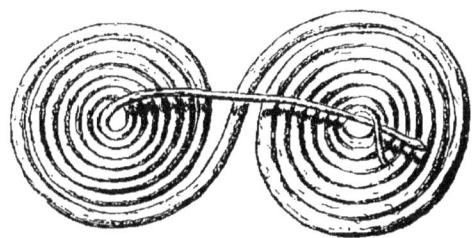

Fig. 123. — Broche (*helyx*) de Mégare.

vait aucun motif de la décoiffer en lui enlevant ses bandeaux de tête et ses attache-boucles. Prendre les *kalykès* pour des épingles à cheveux comme le fait Gerlach, ce serait prendre l'ornement de la tête d'épingle pour l'épingle elle-même, c'est-à-dire la partie pour le tout, ce qui serait ici une singulière catachrèse. En second lieu, on ne comprend pas comment dans une description de ce genre le poète passerait directement des fibules du peplum à la parure de la tête pour revenir aux *hormoï* garnissant la poitrine. Enfin les *hélikès* ne peuvent pas avoir été des appendices des *hormoï*, puisque le poète établit entre eux une différence et sépare les deux termes par les *kalykès*.

En tout cas, si l'on s'en rapporte à la description de l'hymne dont il s'agit, il est probable que les *hélikès* comme les *kalykès*

---

(1) *Philologus*, XXX p. 490-491.

étaient attachés au peplum et devaient en être enlevés lorsqu'on ôtait ce vêtement. Cette hypothèse doit servir de base à toute tentative d'explication. Si l'on réfléchit que *helix*, traduit littéralement, signifie *sinuosité, méandre,* on aura tout de suite présente à l'esprit une sorte de broche de bronze en spirale (1), qu'on rencontre en Grèce (fig. 123, 124) (2), en Italie (fig. 125) (3) et dans l'Europe centrale (4) et qui sont les produits les plus anciens de l'art du joaillier. L'épithète *courbé* (γνκμπτός) ou *bien recourbé* (εὔγνκμπτος) s'applique parfaitement à une parure où il s'agissait surtout de former deux ou plusieurs spirales en recourbant avec habileté le fil métallique. Par conséquent, les *hélikès*, si nous l'avons bien compris,

(1) Il n'en existe, à notre connaissance, qu'un seul spécimen en or; il aurait été trouvé près de Cæré et appartenait jadis à la collection Campana. (Voy. *Im neuen Reich*, 1874, 1, pl. correspondant à la page 721 et suiv. fig. 2.)

(2) Voy. Marchesetti, *La necropoli di S. Lucia*, Trieste, 1886, p. 52-54. — Voy. aussi Furtwängler, *Bronzefunde aus Olympia*, p. 37. — Notre fig. 123 reproduit un exemplaire provenant de Mégare, la fig. 124 un spécimen de Thèbes; les deux sont aux deux tiers de la grandeur de l'original. Le premier se trouve dans une collection particulière d'Athènes, le second à l'ancien Varvakion (actuellement Musée central) d'Athènes (χαλ. n° 182).

(3) En Italie, ce type se rencontre déjà dans les couches préhelléniques (voy. p. 101-110) : dans les *tombe a pozzo* de Corneto (*Bull. dell'Inst.* 1882, p. 210. — *Not. di scavi com. all' acc. dei Lincei*, 1882, pl. XIII *bis*, 14 (d'où est extraite notre fig. 125 demi-grandeur de l'original) p. 183; dans la nécropole de Monteroberto (voy. plus haut p. 55, note 3; *Not. d. scavi*, 1880, pl. IX, 6, 13); dans un tombeau très ancien de Catanzaro (*Bull. di paletn. ital.* VIII, pl. IV, 2, p. 95); dans les tombeaux de Suessula, on trouve des broches semblables (*Not. d. scavi*, 1878, pl, VI, n°s 2, 4, 5 p. 107; les n°s 2 et 4 sont mieux représentés dans Montelius, *Spännen från Bronzåldern*, p. 192, fig. 197 et p. 191, fig. 196) à côté d'objets qui rappellent ceux provenant de Cumes (*Bull. dell'Inst.*, 1878, p. 152 et suiv.). Elles sont très fréquentes dans la basse Italie, surtout en Apulie (Angelucci, *Gli ornamenti spiraliformi in Italia*, Torino, 1876, p. 4 et suiv. où sont mentionnés également des spécimens d'Ombrie, p. 9, note, et du Picenum, p. 6, note 1). Comp. Montelius, *Spännen från Bronzåldern*, p. 188, 189, 190, fig. 192-195.

(4) Von Sacken, *Grabfeld von Hallstatt*, pl. XIII, 9, 10. — Lindenschmit, *Alterthümer unserer heidn. Vorzeit*, vol. I, fasc. III, pl. VI, fasc. IX, pl. II, 8, 9, pl. III, 1, 2; vol. II, fasc. XI, pl. II, 7. — Kemble, *Horae ferales*, pl. XII, 1, 2. — Marchesetti, *loc. cit.*, 52-53.

servaient, tout comme les πόρπαι et les περόναι, à attacher les vêtements. Mais si le peplos d'Aphrodite était fermé au moyen de πόρπαι et de ἕλικες, il est impossible de préciser la manière dont ces deux objets étaient attachés au vêtement. Peut-être le poète voyait-il les broches-spirales fixées près des deux épaules et les fibules le long de la fente latérale (1). Mais la disposition contraire ne serait pas non plus impossible; les

Fig. 124. — Broche (*helyx*) de Thèbes.

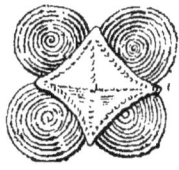

Fig. 125. — Broche (*helyx*) de Corneto.

fibules pouvaient bien être placées en haut et les broches sur le côté (2).

(1) Voy. p. 256.
(2) Studniczka (*Beiträge*, p. 114, note 60) considère l'ancienne opinion, d'après laquelle les ἕλικες en spirale auraient été des bracelets ou des boucles d'oreilles, comme plus vraisemblable que la nôtre. Il nous oppose les arguments suivants : « Nous y lisons ἀπὸ χροός, ce qui serait inexact si l'on supposait tout le κόσμος sur le vêtement. Le ὅρμος tout au moins que la déesse porte ἀμφ'ἁπαλῇ δειρῇ (V, 88) ne servait nullement à attacher le vêtement. On s'étonnerait enfin d'y voir mentionner les ἕλικες s'ils ne devaient être qu'une variété spéciale des πόρπαι précédemment nommées. » Nous avons déjà répondu plus haut (p. 251, note 6), à l'objection concernant ἀπὸ χροός. Le *hormos* n'était pas placé sur la nuque seulement; il retombait sur le buste (voy. p. 340); il fallait donc l'enlever nécessairement quand la déesse voulait se débarrasser de son *peplos*. Les broches en spirale et les fibules servaient assurément au même usage; mais elles ne se ressemblaient point; le poète a donc bien pu les nommer les unes après les autres. Quant au dicton pythagoricien χρυσὸν ἐχούσῃ μὴ πλησίαζε ἐπὶ τεκνοποιΐᾳ (Mullach, *Fragm. philos. grœc.* I, p. 507, 37), Sudniczka aurait pu s'épargner la peine de le citer; car ce dicton n'a rien à faire avec la situation

Quant aux *kalykès*, il nous paraît impossible d'en déterminer exactement l'usage. Comme le mot, dans son acception primitive, signifie calice, il pourrait à la rigueur se rapporter à une parure qu'on rencontre souvent dans les tombeaux étrusques qui remontent apparemment à la fin du 6ᵉ ou aux premières années du 5ᵉ siècle (1). C'est une tige d'or recourbée d'une manière particulière et terminée à l'une de ses extrémités en une sorte de bouton de fleur (fig. 126, 127). Comme ces objets sont généralement rangés par couples à côté ou dans l'intérieur de la poitrine du squelette, nous sommes autorisés à admettre qu'ils étaient fixés d'une manière ou d'une autre

Fig. 126 et 127. — Parures trouvées dans les tombeaux étrusques.

sur le vêtement même, ou bien sur des parures qui dépassaient le vêtement. Mais il n'y aurait aucun avantage à les identifier avec les *kalykès* homériques, puisque nous ne savons rien de certain ni de leur disposition ni de l'usage auquel ils pouvaient servir.

Si maintenant nous résumons ce qui a été dit dans les dix

---

décrite dans l'hymne homérique. Il met les gens en garde contre le mariage avec une femme trop riche, dont l'arrogance serait insupportable pour le mari comme pour les enfants (Voy. Hermann-Blümner, *Lehrbuch der griech. Privatalterthümer*, p. 267).

(1) Les parures de ce genre n'ont pas été mises au jour dans les fouilles que nous avons eu l'occasion d'examiner nous-même. Mais tous les *scavatori*, que nous avons interrogés, nous ont assuré qu'on en trouvait à la place ci-dessus indiquée et dans les tombeaux renfermant des vases à figures noires. Nos fig. 126 et 127 représentent des spécimens en or trouvés à Cære et conservés autrefois dans la collection Castellani.

chapitres précédents, nous verrons les personnages de l'Épopée sous un aspect tout particulier qui n'a rien de commun avec les idées généralement admises. Un homme de notre temps, en lisant par exemple ce passage de l'Épopée où Hélène s'avance sous les murailles de la ville vers les vieillards troyens (1), se représentera à peu près cette scène d'après la frise du Parthénon, avec une grande liberté d'allures dans les costumes et dans les parures. Tel n'était point le tableau qui se déroulait devant l'imagination du poète, auteur de cette scène admirable : il voyait, lui, Priam et les vieillards vêtus de longs *chitones* de lin et de manteaux rouges ou pourpres, ornés en partie de beaux dessins et se détachant vigoureusement sur le fond blanc comme neige des vêtements de dessous. Sur le manteau du roi se développe une ornementation figurée, quelque chose comme une bataille. Nulle part on n'aperçoit les plis libres et variés des draperies classiques. Les *chitones* de lin sont artificiellement plissés, ou sont vers le haut collés contre le corps, tandis qu'en bas ils tombent droit. Les manteaux reposent sur le dos symétriquement; bien tirée sur les épaules et sur la poitrine, l'étoffe n'a de jeu libre que dans la partie inférieure du vêtement. Le visage est encadré d'une barbe en pointe; la lèvre supérieure est rasée; de chaque côté des joues pendent des boucles de cheveux, peut-être maintenues par des spirales d'or.

De même la figure d'Hélène ne correspond guère au type classique : le corps puissant est habillé d'un *peplos* bigarré, richement orné, parfumé d'un parfum pénétrant et bien serré à la taille; bien tendus sur les épaules, les bords supérieurs du vêtement retombent sur le sein où ils sont attachés de chaque côté avec une agrafe d'or. Sur le buste s'étale le *hormos* dont l'ambre rouge sombre produit avec l'or des parties constitutives du costume un vigoureux contraste de couleurs. La chevelure est disposée en nattes artificielles. La tête est peut-être sur-

---

(1) *Il.* III, 145-160.

montée d'un bonnet haut et raide (κεκρύφαλος), serré au milieu dans un bourrelet de couleur (πλεκτὴ ἀναδέσμη), pendant que sur le devant brille *l'ampyx* d'or. Le voile (κρήδεμνον, καλύπτρη), partant de la coiffe ou du crâne, couvre les épaules et le dos; fait de toile d'une blancheur éclatante, il est comme une douce apparition pour les yeux au milieu du chatoiement des couleurs et du miroitement des métaux qui domine sur le devant du *peplos*. Partout des formes conventionnelles et une magnificence de couleurs qui rappelle l'Orient; nulle part cet abandon plein de dignité et cette harmonie si simple qui caractérise le véritable hellénisme.

Voilà, en résumé, notre conclusion sur le costume et les parures de l'époque homérique. Nous tâcherons maintenant de tracer un tableau aussi exact que possible de l'équipement de guerre pendant la même période.

CHAPITRE XXI.

LES JAMBIÈRES ET LES CUIRASSES.

Comme il était difficile de plier le corps une fois couvert d'une cuirasse, le guerrier antique mettait d'abord ses jambières et la cuirasse ensuite; plusieurs passages de l'Épopée en témoignent (1). Les jambières étaient déjà tellement usitées à l'époque homérique, que l'adjectif εὐκνήμιδες est une épithète typique des Achéens. Elles étaient généralement en bronze (2) et quelquefois garnies d'une bordure d'argent à l'extrémité saillante d'en bas (3).

Les jambières d'Achille méritent une attention toute particulière; suivant deux passages de l'Iliade (4), elles étaient en κασσίτερος. Comme, dans la langue grecque ultérieure, ce mot signifie *étain*, il est permis d'admettre que les poètes épiques l'employaient dans la même acception. Cependant l'emploi de l'étain pour confectionner des jambières est assez étrange, car ce métal est trop malléable pour qu'on en puisse faire des objets d'armement. Ajoutons à cela que la jambière du fils de Pélée, quand elle est atteinte par la flèche d'Agenor (5), résonne

---

(1) *Il.* III, 330; XI, 17; XVI, 131; XIX, 369 :
    κνημῖδας μὲν πρῶτα περὶ κνήμῃσιν ἔθηκεν
    καλὰς, ἀργυρέοισιν ἐπισφυρίοις ἀραρυίας·
    δεύτερον αὖ θώρηκα περὶ στήθεσσιν ἔδυνεν.

(2) *Il.* VII, 41 : χαλκοκνήμιδες Ἀχαιοί. — (3) Voss traduit assez bien : *mit silbernen Knöchelbedeckung (avec une garniture d'argent sur les chevilles)*.
(4) *Il.* XVIII, 613. XXI, 592. — (5) *Il.* XXI, 592 :
    ἀμφὶ δέ μιν κνημὶς νεοτεύκτου κασσιτέροιο
    σμερδαλέον κονάβησε.

terriblement; or l'étain frappé ne produit, on le sait, qu'un son très sourd. On se heurte à des difficultés d'explication semblables presque partout où l'Épopée parle d'ouvrages en κασσίτερος (1). Quelques savants (2) prétendent que ce mot n'indiquait pas exclusivement l'étain, mais aussi le plomb : cette explication ne supprime point la difficulté, puisque ce dernier métal est encore plus tendre et, par conséquent, plus impropre que le premier à l'usage dont il s'agit (3). Peut-être les objets en κασσίτερος mentionnés dans l'Épopée ne sont-ils en partie que des produits de l'imagination poétique. Nous sommes fondés à croire qu'à l'époque homérique l'étain pur n'arrivait de ses lieux d'origine très éloignés que très rarement et en petites quantités en Grèce et en Asie-Mineure (4). Il est donc possible que les poètes, ne songeant qu'à la rareté de ce métal, voulaient, en en parlant, ajouter à leur description le charme du merveilleux, sans se rendre bien compte des propriétés réelles de l'étain. Il resterait encore une seule interprétation plausible, dans l'hypothèse où les jambières en κασσίτερος auraient réelle-

---

(1) Voy. *Il.* XI, 34, où vingt *omphaloï* en κασσίτερος sont attribués au bouclier d'Agamemnon. Voy. aussi *Il.* XXIII, 503 (p. 163, note 4), où il est dit que le char de Diomède est muni de garnitures d'or et de κασσίτερος. Il est évident que l'étain n'a pu être employé ni pour les *omphaloï* qui devaient augmenter la force de résistance du bouclier, ni comme garniture d'une caisse de voiture (v. p. 180-181). Remarquons aussi que, sur le bouclier d'Achille, la haie de la vigne est en κασσίτερος, les taureaux de même métal mélangé d'or (*Il.* XVIII, 565, 574); l'étain n'aurait fait aucun effet à côté de l'argent qui y est employé (vers 577). Enfin les monuments antiques ne nous offrent aucun spécimen *d'omphaloï* ni de garnitures d'étain ni d'aucune des pièces métalliques mentionnées par le poète qui a décrit le bouclier. Sur les couches de bronze, de κασσίτερος et d'or dont se composait le bouclier d'Achille (*Il.* XX 269-272) voy. ch. XXIII.

(2) Beckmann, *Geschichte der Erfindungen* IV, p. 346 et suiv. et Ridenauer, *Handwerk und Handwerker in den homerischen Zeiten*, p. 112-113, 206-207.

(3) Comp. Lenz, *Mineralogie der Griechen und Römer*, p. 6, note 13.

(4) Comp. Von Baer, *Historische Fragen mit Hülfe der Naturwissenschaften beantwortet*, p. 329 et suiv.

ment servi comme pièces d'armure : ce serait d'admettre qu'elles étaient simplement étamées (1).

La cuirasse était assez longue pour couvrir la plus grande partie du bas-ventre et devait être très ample : l'Épopée dit, en effet, que les coups dirigés vers le milieu du ventre fracassent la plaque de bronze qui protège cette partie du corps (2); d'autre

Fig. 128. — Guerriers d'une peinture de vase de Chalcis.

part, si une cuirasse est percée par un trait, le guerrier se retire en quelque sorte dans l'intérieur de la cuirasse et échappe ainsi à la blessure (3).

(1) Tels ont dû être aussi d'autres objets en κασσίτερος mentionnés dans l'Épopée, tels que les *omphaloï* du bouclier d'Agamemnon (*Il.* XI, 34), la bordure de la cuirasse de bronze d'Asteropaios (*Il.* XXIII, 561, 562), peut-être aussi les zones de la cuirasse d'Agamemnon (*Il.* XI, 25; comp. notre chap. XXX), les garnitures métalliques du char de Diomède (*Il.* XXIII, 503. Voy. p. 163, note 4). En fait de monuments à l'appui, nous ne pouvons guère citer que la garniture en bronze d'une ceinture trouvée dans la nécropole d'Allifae (Samnium) et sur laquelle on peut constater des traces d'un ancien étamage (*Ann. dell'Inst.* 1884, p. 246). Il semble résulter d'un passage de l'Iliade (XVIII, 474) que les Grecs d'Homère savaient fondre le κασσίτερος.
(2) *Il.* XIII, 372, 398, 506. XVII, 313, 519. Comp. V, 615-616; XIII, 567, 568; XVI, 465; XVII, 519. — (3) *Il.* III, 358, VII, 252 :

καὶ διὰ θώρηκος πολυδαιδάλου ἠρήρειστο·
ἀντικρὺ δὲ παραὶ λαπάρην διάμησε χιτῶνα
ἔγχος· ὁ δ' ἐκλίνθη καὶ ἀλεύατο κῆρα μέλαιναν.

Ces deux particularités, la longueur et l'ampleur sont faciles à reconnaître sur les monuments archaïques. Les cuirasses qui y sont représentées descendent au moins jusqu'au haut des hanches et sont très distantes de la partie du corps qu'elles recouvrent (1).

Comment étaient disposées les plaques de bronze repoussées (γύαλα) (2) dont était formée la cuirasse homérique? Un passage de l'Iliade est particulièrement instructif à cet égard (3). Polydore, fils de Priam, qui passe en courant devant Achille, est frappé par celui-ci dans le dos à l'endroit « où les boucles d'or de la ceinture rentraient l'une dans l'autre et où la cuirasse était double ». Cela prouve que les bords des deux plaques se rencontraient sur le côté du corps. Il est donc probable que la cuirasse de ce temps-là consistait en deux plaques de bronze, dont l'une recouvrait la poitrine, l'autre le dos, et étaient maintenues sur les épaules comme sous les aisselles au moyen d'agrafes, de boucles et de nœuds. Cette disposition concorde d'ail-

(1) Comp. p. 319, fig. 110 et p. 363, fig. 128.
(2) *Il.* V 99, 189, VII 314, XIII 507, 587, XV 530, XVII 314. Comp. Schol. *Il.* V, 99. — Hesych. s. v. γύαλον. — Lehrs, *De Aristar. studiis hom.* 2ᵉ éd., p. 106-107. D'où le θώρηξ κραταιγύαλος (*Il.* XIX 361), χάλκεος (*Il.* XIII, 372, 398, XXIII, 561). Comp. *Il.* IV, 448, VIII, 62 : χαλκεοθώρηξ. XIII, 265 : Θώρηκες λαμπρὸν γανόωντες. XIII, 341 : αὐγὴ χαλκείη... θωρήκων τε νεοσμήκτων. XVIII, 610 : θώρηκα φαεινότερον πυρὸς αὐγῆς.
(3) *Il.* XX, 413 : τὸν βάλε μέσσον ἄκοντι ποδάρκης δῖος Ἀχιλλεύς,

νῶτα παραΐσσοντος, ὅθι ζωστῆρος ὀχῆες
χρύσειοι σύνεχον καὶ διπλόος ἤντετο θώρηξ·
ἀντικρὺ δὲ διέσχε παρ' ὀμφαλὸν ἔγχεος αἰχμή.

Le guerrier pouvait d'ailleurs être atteint à cet endroit lors même qu'il se présentait de face à son adversaire. Voy. *Il.* IV, 132 :

αὐτὴ (Pallas) δ'αὖτ'ἴθυνεν, ὅθι ζωστῆρος ὀχῆες
χρύσειοι σύνεχον καὶ διπλόος ἤντετο θώρηξ.
ἐν δ' ἔπεσε ζωστῆρι ἀρηρότι πικρὸς ὀϊστός·
διὰ μὲν ἄρ ζωστῆρος ἐλήλατο δαιδαλέοιο
καὶ διὰ θώρηκος πολυδαιδάλου ἠρήρειστο
μίτρης θ' ἣν ἐφόρει ἔρυμα χροὸς, ἕρκος ἀκόντων,
ἥ οἱ πλεῖστον ἔρυτο· διαπρὸ δὲ εἴσατο καὶ τῆς.

leurs avec l'expression λύειν θώρηκα (1), *défaire la cuirasse* (2).

Sous l'armure, on portait le *chiton* (3). Dans deux passages (4) il est dit que les guerriers portaient un χιτὼν στρεπτός. Quelques commentateurs anciens et modernes (5) en ont conclu que c'était une cotte faite d'anneaux métalliques que des écrivains grecs plus récents appellent θώραξ ἁλυσιδωτός (*lorica annulata*). Mais cette hypothèse n'est-elle pas contestée par l'Épopée elle-même? Le trait de Pandaros vient frapper Diomède au γύαλον de la cuirasse et pénètre au travers de celui-ci dans l'épaule droite (6). Quand ensuite Sthenelos retire la flèche de la blessure, le sang jaillit du στρεπτὸς χιτών (7). La présence du γύαλον ici prouve d'une manière indubitable que la cuirasse de Diomède se composait non pas d'anneaux, mais de plaques. Nous avons vu, dans le chapitre XII (8), que le στρεπτὸς χιτών était plutôt un vêtement adhérant au corps, sous la cuirasse, et remarquable surtout par la manière dont il était tissé; nous avons ajouté que l'adjectif στρεπτός semble devoir être traduit par *bien tissé*. C'est à ce vêtement de dessous que songe Agamemnon quand il prie Zeus de lui permettre de déchirer sur la

---

(1) *Il.* XVI, 804 où Apollon désarme Patrocle :
λῦσε δέ οἱ θώρηκα.

IV, 215 : λῦσε δέ οἱ ζωστῆρα παναίολον ἠδ' ὑπένερθεν
ζῶμά τε καὶ μίτρην.

Ζῶμα, dans ce passage, indique, comme nous le verrons tout à l'heure, la bordure inférieure de la cuirasse.

(2) Polygnote a représenté une cuirasse de ce genre sur la Leschè des Cnidiens à Delphes. Pausanias la désigne comme un spécimen très ancien (X, 26, 5) et la décrit de la manière suivante : δύο ἦν χαλκᾶ ποιήματα, τὸ μὲν στέρνῳ καὶ τοῖς ἀμφὶ τὴν γαστέρα ἁρμόζον, τὸ δὲ ὡς νώτου σκέπην εἶναι· γύαλα ἑκαλοῦντο· τὸ μὲν ἔμπροσθεν τὸ δὲ ὄπισθεν προσῆγον, ἔπειτα περόναις συνῆπταν πρὸς ἀλλήλα.

(3) *Il.* II, 416; III, 359; V, 113; VII, 253 (voy. p. 363, note 3) ; XI, 100, 621; XVI, 841; XXI, 31.

(4) *Il.* V, 113; XXI, 31. — (5) Apollon. soph. *Lex. hom.*, p. 145, 21 (Bekker). — Baerwinkel, *De heroum homericorum armatura* (Arnstadt, 1839), p. 24-25. Friedreich, *Die Realien in der Iliade und Odyssee*, p. 364.

(6) *Il.* V, 99, 189. — (7) *Il.* V, 113. — (8) P. 233-234.

poitrine le *chiton* d'Hector transpercé par la flèche (1). C'est à ce vêtement aussi que fait allusion Hector lorsqu'en raillant Patrocle blessé, il lui dit qu'Achille lui avait cependant ordonné de ne pas rejoindre les vaisseaux tant qu'il n'aurait pas déchiré sur la poitrine le *chiton* sanglant d'Hector (2).

Studniczka (3) a précisé le sens de ces deux passages beaucoup mieux qu'on ne l'avait fait jusqu'à présent. Puisque les épithètes accompagnant le *chiton* supposent une blessure, le verbe δαΐξαι ne saurait indiquer une perforation du *chiton* avec l'arme; il fait plutôt allusion à l'habitude qu'avaient les vainqueurs non seulement de dépouiller de son armure l'ennemi tombé, mais encore de lui ôter son chiton et de le déchirer, par un raffinement de cruauté (4). Idoménée transperce, il est vrai, le *chiton d'airain* d'Alkathoos (5) et les guerriers sont souvent appelés χαλκοχίτωνες (6); mais il est évident que, dans ces deux endroits, le *chiton d'airain* n'est qu'une expression poétique remplaçant le mot *cuirasse*.

La ceinture nommée ζωστήρ accompagne toujours la cuirasse (7). Elle servait à deux fins : d'abord elle augmentait la force de résistance de la cuirasse à l'endroit où celle-ci devait

(1) *Il.* II, 416 :
   Ἑκτόρεον δὲ χιτῶνα περὶ στήθεσσι δαΐξαι
   χαλκῷ ξυγαλέον

(2) *Il.* XVI, 840 : ...... πρὶν Ἕκτορος ἀνδροφόνοιο
   αἱματόεντα χιτῶνα περὶ στήθεσσι δαΐξαι.

(3) *Beiträge*, p. 64. — (4) Comp. *Il.* XI, 100 (Agamemnon couche sur le sol deux Troyens qu'il a tués :

   στήθεσσι παμφαίνοντας, ἐπεὶ περίδυσε χιτῶνας.

(5) *Il.* XIII, 439 : χιτῶνα χάλκεον. — (6) Les Achéens, *Il.* I, 371; II, 47, 163, 187, 437, III 127, 131, 251, IV 199 etc.; les Épéens : *Il.* IV, 537; XI, 694; les Béotiens : XV, 330; les Crétois : XIII, 255. Les Troyens : V, 180; XVII, 485. Le mot est donc synonyme de χαλκεοθώρηξ (*Il.* IV, 448; VIII, 62). — Le λάϊνος χιτών, expression analogue, mais beaucoup plus hardie, s'applique probablement à la lapidation ou plutôt au tas de pierres qui formait le monument funèbre des personnages lapidés (Studniczka, *Beiträge*, p. 62, suivant en cela l'opinion de Hartel). — (7) *Il.* IV, 132, 135, 213, 215; V, 539, 615; VI, 219; VII, 305; X, 77; XI 236; XII, 189; XVII, 519, 578; XX, 414.

protéger les parties délicates du bas-ventre; en second lieu, elle consolidait les plaques métalliques de la cuirasse à l'endroit où elles se fermaient; cette mesure de précaution était d'autant plus utile que ces plaques descendaient très bas et que, par suite, leur fermeture pouvait être facilement dérangée par le mouvement des hanches. Il ressort des vers qui racontent comment Ménélas a été blessé, que le ζωστήρ était solidement bouclé extérieurement et autour du bord inférieur de la cuirasse. Le trait de Pandaros vient frapper le héros juste sur

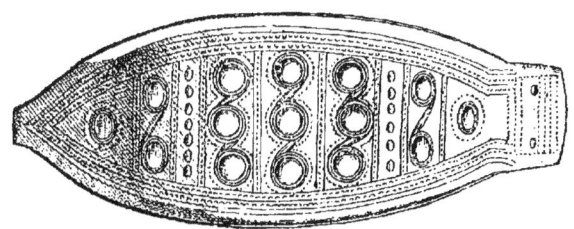

Fig. 129. — Garniture d'une ceinture (μίτρη) trouvée dans l'île d'Eubée.

le ζωστήρ; il transperce ensuite la cuirasse et enfin la μίτρη (1) qui est dessous. Cette description, dont la clarté ne laisse rien à désirer, nous permet d'expliquer un autre passage où il est dit que le trait d'Iphidamas atteint Agamemnon sur la ζώνη θώρηκος ἔνερθεν, mais que sa pointe s'émousse après avoir rebondi sur le ζωστήρ (2). Les mots θώρηκος ἔνερθεν signifient ici non pas *en dessous de la cuirasse*, mais bien *au bas de la cuirasse;* c'est ainsi d'ailleurs que l'avaient compris les anciens commentateurs (3).

(1) *Il.* IV, 137 (voy. p. 364, note 3). Comp. 185, 216 (voy. p. 365, note 1).
(2) *Il.* XI, 234 :

Ἰφιδάμας δὲ κατὰ ζώνην, θώρηκος ἔνερθεν,
νύξ', ἐπὶ δ' αὐτὸς ἔρεισε, βαρείῃ χειρὶ πιθήσας,
οὐδ' ἔτορε ζωστῆρα παναίολον, ἀλλὰ πολὺ πρὶν
ἀργύρῳ ἀντομένη, μολίβδος ὣς, ἐτράπετ' αἰχμή.

(3) Schol. *Il.* XI, 234. — Comp. Lehrs, *De Aristarchi studiishom.* 2ᵉ éd. p. 123.

L'épithète παναίολος (1) prouve que le ζωστήρ était parfois orné. Dans deux passages, il est question d'une ceinture rouge (2); dans un troisième (3), d'une ceinture garnie d'argent. Dans les peintures sur vases anciennes, cette armure est indiquée au moyen de deux traits ou raies parallèles dont les intervalles sont souvent remplis par des lignes brisées, des cercles ou divers autres ornements (4). Certaines bandes étroites de plaques de bronze qu'on trouve en Grèce et en Italie (5) ont peut-être servi de garniture à ces ceintures qui enserraient la cuirasse.

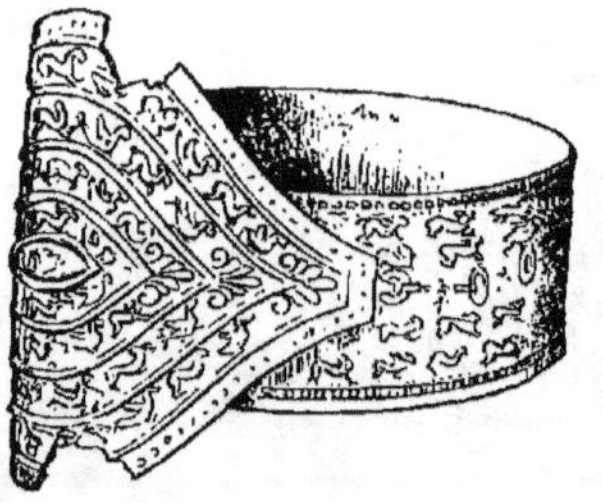

En dessous de l'armure et immédiatement sur le chiton était une ceinture large, garnie d'airain; elle s'appelait μίτρη (6). Sa partie supérieure était couverte par la cuirasse, la partie inférieure était à découvert. C'est vers l'endroit où la μίτρη ceint le bas-ventre que Pallas dirige le trait de Diomède contre Arès (7). L'épithète

Fig. 130. — Garniture d'une ceinture (μίτρη) trouvée à Este.

(1) *Il.* IV 215, X 77, XI 236 (voy. p. 367, note 2). — (2) *Il.* VI, 219; VII, 305 ζ. φοίνικι φαεινόν. — (3) *Il.* XI. 237 (p. 367, note 2). — (4) Voy. fig. 110, représentant un guerrier de Laconie, où la manière dont la ceinture est décorée a été très clairement indiquée. Les objets circulaires qu'on y voit sur la ceinture figurent certainement des boucles qui étaient en bronze repoussé.

(5) Par ex. à Olympie : Furtwængler, *Die Bronzefunde aus Olympia*, p. 34-36. — Ces bandes sont très fréquentes dans les tombes des guerriers en Apulie. Voy. Friederichs, *Kleinere Kunst*, p. 230 et suiv. — Angelucci, *Ricerche preistoriche e storiche nell' Italia merid.*, p. 5, fig. 1 et le même dans le journal *La Capitanata* 1874, n° 126, fig. 5 (*Un sepolcro di Ordona*). De même dans le nord : Von Sacken, *Grabfeld von Hallstatt*, pl. IX-XII, 1. — Lindenschmit. *Alterthümer unserer heidnischen Vorzeit*, vol. 2, fasc. 2, pl. 3.

(6) *Il.* IV 137 (voy. p. 364, note 3), 187, 216 :
μίτρην, τὴν χαλκῆες κάμον ἄνδρες.
V. 857.
(7) *Il.* V 856 :
ἐπέρεισε δὲ Παλλὰς Ἀθήνη,
νείατον ἐς κενεῶνα, 80: ζωννύσκετο μίτρην.

αἰολομίτρης (1) indique une ornementation qui, pour un objet entièrement couvert par la cuirasse, eût été un luxe superflu. Il existe des spécimens assez nombreux de la pièce en question : ce sont des garnitures de bronze généralement décorées d'ornements géométriques. On en a trouvé dans les régions du bassin de la Méditerranée (2), par exemple dans l'île d'Eubée (fig. 129), près Mantoue, à Este (fig. 130), à Bologne, dans la partie la plus ancienne de la nécropole de Tarquinies (fig. 131),

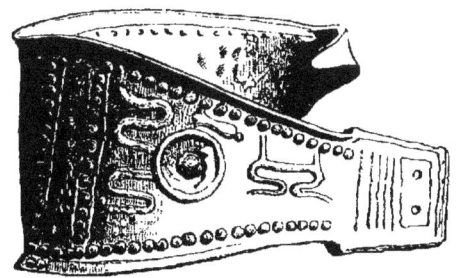

Fig. 131. — Garniture d'une ceinture (μίτρη) trouvée dans la nécropole de Tarquinies.

à Rome et même sur l'autre versant des Alpes (3). Comme, dans

(1) *Il.* V 707.
(2) Voy. Orsi, *Sui centuroni italici della 1ª età del ferro,* parte 1, dans les *Atti e memorie della r. Deputazione di storia patria per la provincia di Romagna,* III serie, vol. III, fasc. I-II, Modène, 1885.
(3) Voy., pour l'Eubée, Brøndsted, *Bronzes of Siris,* pl. VII, p. 42 (d'où notre fig. 129). — Guhl et Koner, *Das Leben der Griechen und Römer,* I, 5º éd., p. 307 fig. 275 (ou *La Vie Antique,* trad. Trawinski, p. 335, fig. 447). — Mantoue: *Bull. di paletn. ital.,* VII, p. 194. — Este : *Ann. dell'Inst.* 1882, Tav. d'agg. R. 2, p. 106-108 et 115 (d'où notre fig. 130). *Notiz. di scavi,* 1882, p. 97, 98). *Ibid.* 1882 pl. IV, 23, p. 22; pl. VII, 26, p. 28. — Bologne, dans la nécropole de Benacci (voy. plus haut p. 104 note 5) : Brizio, *Mon. della prov. di Bologna,* pl. II, 11. *Not. d. scavi,* 1885, p. 158. Des fragments de ces garnitures se rencontrent aussi dans le fonds d'objets de bronze découvert dans l'intérieur de la ville près S. Francesco : Brizio, loc. cit. p. 21. Zannoni, *Gli scavi della Certosa,* p. 450. — Corneto, dans les *tombe a Pozzo* (voy. plus haut p. 29-30) : *Monum. dell'Inst.* XI, pl. 59, 4ᵃᵇ — *Annal.* 1883, p. 286, n° 4ᵃᵇ. — *Bull. dell'Inst.* 1882, p. 164, 1883,

tous ces spécimens, les rebords inférieur et supérieur s'élargissent vers le milieu, ces garnitures ne pouvaient guère appartenir à des ceintures qui, comme le ζωστήρ, étaient portées par-dessus l'armure; car ces ceintures devaient naturellement avoir un rebord droit, comme les cuirasses archaïques. De plus, les dimensions des bandes de bronze sont beaucoup trop petites pour des ceintures de ce genre. Les pièces qui nous occupent étaient donc très probablement des garnitures de ceintures qui, destinées à protéger le bas-ventre, se portaient directement pardessus le chiton ou la tunique (1). Ce qui prouve la grande ancienneté de ces objets, c'est qu'on en trouve en Italie, dans les couches préhelléniques (2), dans la nécropole de Benacci (près Bologne) ainsi que dans les *tombe a pozzo* de Corneto. Aucun de ces tombeaux ne renfermait, à côté des garnitures de ceintures, aucune trace d'une cuirasse métallique : on peut en conclure que les guerriers qui y étaient inhumés avaient pour toute armure défensive une ceinture d'airain de ce genre. L'é-

---

p. 115 n° 4. — *Notiz. di scavi*, 1882. pl. XIII, 19 (d'où notre fig. 131), p. 157. — Dans les *tombe a fossa; Annal*. 1883, Tav. d'agg. R. 2, p. 292; *Bull*. 1883, p. 122. — Rome : un spécimen trouvé près de l'Amphitheatrum castrense par Caylus, *Recueil d'antiquités*, V, pl. XCVI, 1, p. 264. — Bromberg : *Verhandlungen der berliner Gesellschaft für Anthropologie*, 1876, séance du 20 mai pl. XVII 3. — Une *tomba a pozzo* de Corneto qui contenait une de les plaques de ceinture ne renfermait point d'armes à côté. Ghirardini (*Notiz. di scavi*, 1882, p. 159) en a conclu que cette plaque avait dû contenir des cendres d'une femme et que c'était un objet de toilette féminine. Cependant il faut remarquer que dans cette partie de la nécropole de Tarquinies, on a trouvé des armes d'attaque en fer et qu'une pointe de lance, rongée par la rouille, peut bien échapper à l'attention. Dans une autre tombe de Corneto de la même espèce et contenant une plaque analogue (*Bull. dell' Inst.*, 1883, p. 113-117), on n'a point trouvé d'armes non plus, mais deux massues de bronze (*Bull*. 1883, p. 115, n°s 16, 17) et un couteau de fer (p. 116); ces objets indiquent plutôt la présence d'un homme que d'une femme. Mais en supposant même que les femmes de Tarquinies avaient porté des ceintures de ce genre, il faudrait admettre que le modèle en a été emprunté au costume masculin.

(1) Orsi, dans l'ouvrage cité plus haut (p. 60), ne tient aucun compte des considérations ci-dessus et prend la large ceinture non pas pour une μίτρη mais pour un ζωστήρ (voy. p. 366-368). — (2) Voy. plus haut, p. 102-110.

quipement des guerriers lyciens ne comprenait point de μίτρη; ainsi s'explique tout naturellement l'épithète ἀμιτροχίτωνες (1) donnée aux compagnons de Sarpedon. L'usage de cette ceinture semble avoir disparu même chez les Grecs aussitôt après l'époque homérique; elle n'est, en effet, figurée sur aucun monument grec et les plus anciennes peintures sur vases ne nous font voir sous la cuirasse qu'un morceau de chiton qui dépasse (2).

Nous avons encore à examiner le sens exact que peut avoir le mot ζῶμα dans deux passages de l'Iliade (3). Quelques commentateurs anciens, parmi lesquels Téléphos du temps d'Hadrien (4), y ont reconnu un appendice de la cuirasse tombant

(1) *Il.* XVI, 419, ἀμιτροχίτωνας ἑταίρους. Comp. les scolies.
(2) Dans un tombeau de la nécropole d'Allifæ (Samnium), on a trouvé une cuirasse composée de deux plaques de bronze, accompagnée de deux garnitures métalliques (*Ann. dell'Inst.* 1884, p. 267-268). Mais nous ne sommes pas suffisamment renseignés sur la nature de ces dernières pour qu'on puisse affirmer qu'il y avait entre elles le même rapport qu'entre le ζωστήρ et la μίτρη. Il est possible toutefois que le Samnium, essentiellement conservateur, ait conservé longtemps l'ancien usage de porter une ceinture par-dessus et une autre par dessous la cuirasse. Leaf, qui a traité de la cuirasse homérique et de ses accessoires (*Journal of hellenic studies*, IV, 1883, p. 73-82), est arrivé sur les points essentiels aux mêmes résultats que nous. Seulement il ne partage pas notre opinion en ce qui concerne la μίτρη qui serait, selon lui, cette bande qu'on remarque sur les vases archaïques, sorte de tablier qui, serrant le haut des hanches, dépasse la cuirasse. A notre avis, cette pièce ne serait que la partie inférieure du *chiton*. Il ne faut pas perdre de vue, en effet, que la μίτρη était l'œuvre d'un forgeron (*Il.* IV, 187, 216 : τὴν χαλκῆες κάμον ἄνδρες). C'était donc un objet de bronze ou tout au moins recouvert de bronze, ce qui est inadmissible pour cette espèce de tablier, qui, dans ce cas, aurait bien gêné les mouvements des hanches.
(3) *Il.* IV, 187, 216. Nous avons déjà parlé dans le chap. XII, p. 233, du ζῶμα de l'Odyssée (XIV, 482). On ne sait pas au juste quelle espèce de ceinture peut bien désigner le mot ζῶμα dans le fragment bien connu d'Alkaios (Athen. XIV, 627 A *Fragm.* 15, Bergk).
(4) Pour connaître les anciens commentateurs, il faut consulter notamment : 1° Scol. *Il.* IV, 133 : ὅτι καθ' ὃν τόπον ἐζώννυντο, διπλοῦς ἦν ὁ θώραξ, καθὸ ὑποβέβλητο τῷ στατῷ θώρακι τὸ λεγόμενον ζῶμα, καθῆκον μέχρι τῶν γονάτων ἀπὸ τῶν λαγόνων. 2° Schol. Marc. 435 ad *Il.* IV, 133 : Τήλεφος γάρ φησι τὸ ἀπὸ τοῦ αὐχένος ἄχρι ὀμφαλοῦ θώρακα καλεῖσθαι, τὸ δ' ἀπὸ λαγόνων ἄχρι κνημῶν ζῶμα. 3° Scol. *Il.* IV, 187 : ὅτι τοῦ ζώματος μνησθεὶς παραλέλοιπε τὸν θώρακα, ὥστε ἀπὸ μέρους τὸ ὅλον δεδηλῶσθαι. 4° Scol. *Il.* X, 77 : ἡ διπλῆ ὅτι δοκοῦσί τινες, ταὐτὸν εἶναι ζῶμα καὶ ζωσ-

de l'aine jusqu'aux genoux, par conséquent quelque chose comme un volant de morceaux de cuir ou d'étoffe (πτερύγιον), qu'on remarque sur les statues de la période hellénistique et gréco-romaine. Si les poètes de l'Épopée avaient connu ces languettes qui imprimaient aux guerriers un caractère si original, on en retrouverait certainement une trace quelconque dans les descriptions détaillées des armures d'Achille et d'Agamemnon. De plus, la ceinture à languettes n'apparaît que sur des monuments relativement récents, comme les bas-reliefs d'un style archaïque déjà avancé ainsi que sur les vases à figures rouges. Le monument sculpté le plus ancien où elle figure semble être la stèle funéraire de l'Athénien Aristion (1).

C'est Aristarque (2) qui est le plus près de la vérité quand il dit que les poètes de l'Épopée, employant la partie pour le tout, se sont servis du mot ζῶμα pour désigner la cuirasse. Cette opinion repose évidemment sur la comparaison des trois passages relatifs à la blessure de Ménélas. Dans le premier (3), il est dit que le trait de Pandaros traverse le ζωστήρ, le θώρηξ et la μίτρη. Lorsqu'Agamemnon crie épouvanté à la vue de la blessure de son frère, celui-ci lui dit de se tranquilliser, car le ζωστήρ, le ζῶμα et la μίτρη ont émoussé la force du trait (4). Machaon défait ensuite ces trois objets quand il s'agit de ban-

τῆρα· οὐκ ἔστι δὲ. ἀλλὰ ζῶμα καλεῖ τὸ συναπτόμενον τῇ μίτρᾳ ὑπὸ τὸν στατὸν θώρακα, τὸ δὲ ἔξωθεν συνδέον πάντα ζωστῆρα. 5° Apoll. *Lex. hom.* p. 81, 19 (Bekker) : ζῶμα δὲ καὶ αὐτὸς ὁ θώραξ κατὰ Ἀρίσταρχον.

(1) Schöll, *Arch. Mittheilungen*, pl. I, p. 28. — *Rhein. Mus.* IV, 1846, pl. I, p. 4. — *Arch. Zeitg.* 1860, pl. 135. — Overbeck, *Geschichte der Plastik*, I³ p. 150, n° 26.

(2) Apoll. *lex. hom.* p. 81, 19. Comp. Lehrs, *De Aristarchi studiis hom.*, 2ᵉ éd. p. 121-122. Rien n'autorise à admettre l'opinion de Lehrs qui attribue à Aristarque l'opinion du scol. *Il.* X, 77 et qui supprime τῇ μίτρᾳ après συναπτόμενον.

(3) *Il.* IV, 132 (voy. plus haut p. 364 note 3). — (4) *Il.* IV, 185 :

ἀλλὰ πάροιθεν
εἰρύσατο ζωστήρ τε παναίολος ἠδ' ὑπένερθεν
ζῶμά τε καὶ μίτρη, τὴν χαλκῆες κάμον ἄνδρες.

der la blessure de Ménélas (1). Il est clair que la cuirasse, nommée dans le premier passage, doit être sous-entendue dans les deux autres. Et si le ζῶμα indique une partie de la cuirasse voisine de la ceinture, on y reconnaîtra aussitôt, pour peu qu'on soit familiarisé avec les monuments antiques, le rebord inférieur de la cuirasse archaïque grecque, rebord saillant et autour duquel est passée la ceinture (ζωστήρ) (2). Tout porte à croire que, dans les deux passages ci-dessus signalés de l'Iliade, ζῶμα indique ce rebord inférieur de la cuirasse; Ménélas, en effet, a été frappé juste à l'endroit de ce rebord et il est évident que, pour panser une blessure du bas-ventre, il a fallu enlever tout d'abord la partie inférieure de cette cuirasse (3).

(1) *Il.* IV, 215.

λῦσε δὲ οἱ ζωστῆρα παναίολον ἠδ' ὑπένερθεν
ζῶμά τε καὶ μίτρην, τὴν χαλκῆες κάμον ἄνδρες.

(2) Comp. le guerrier laconien, fig. 110, p. 319.

(3) Nous croyons que Studniczka se trompe dans la façon dont il explique ces trois passages dans ses *Beiträge*, p. 67-70. Partant de ce point que le *chiton* ne s'y trouve nullement mentionné, ce savant en tire cette conclusion que le ζῶμα n'était autre chose qu'un tablier antique (voy. p. 205-206) que Ménélas aurait porté en guise de *chiton*. Cette hypothèse est incompatible avec le second passage (*Il.* IV 185-187), où Ménélas dit que le ζωστήρ, le ζῶμα et la μίτρη l'ont protégé, car alors la cuirasse, principale sauvegarde du bas-ventre (*Il.* XIII, 439 : χιτῶνα χάλκεον, ὅς οἱ πρόσθεν ἀπὸ χροὸς ἤρκει ὄλεθρον), ne pouvait être oubliée. Studniczka s'en tire, il est vrai, en supposant que ce second passage est une interpolation récente, « dans laquelle, dit-il, pour ne pas répéter la première description détaillée du chemin suivi par le trait (*Il.* IV, 132-139) a été placée la description suivante, plus courte (*Il.* IV, 215-216), sans remarquer que celle-ci vise toute autre chose». Une hypothèse aussi hardie ne pourrait se justifier que si toutes les prémisses de la démonstration étaient absolument certaines; or, ce n'est nullement le cas dans la thèse soutenue par Studniczka. Si le chiton est passé sous silence dans le premier (*Il.* IV, 132-139) comme dans le second passage en question (*Il.* IV, 185-187), c'est qu'il ne faisait point partie des vêtements *protecteurs* du bas-ventre, qu'il s'agissait précisément de faire ressortir ici. Il n'était pas nécessaire non plus d'en faire mention dans le troisième passage (*Il.* IV, 215-216), car le poète énumère toutes les pièces que Machaon défait pour examiner la blessure de Ménélas; il a dû trouver tout naturel que le médecin ait défait à la fin aussi le *chiton*, recouvrant le

Outre la lourde cuirasse d'airain, il est fait mention d'une cuirasse légère en toile; elle n'est, il est vrai, citée que dans le catalogue des vaisseaux qui est une des parties les plus récentes de l'Épopée (1). Le poète donne ici l'épithète λινοθώρηξ (*armé d'une cuirasse de lin*) au Locrien Ajax et au Mysien Amphios, un des alliés troyens (2). Sur une coupe de Rhodes, contrairement à l'usage, la cuirasse du jeune Ajax est peinte en blanc (3); peut-être le peintre a-t-il voulu représenter ainsi la cuirasse de lin que le catalogue des vaisseaux attribue à ce héros.

bas ventre. De plus, contrairement à l'assertion de Studniczka, ce troisième passage ne concorde pas du tout avec son explication. Le tablier, tel qu'il l'admet, eût été porté à même le corps *sous* la μίτρη, tandis que l'ordre dans lequel le poète a placé les mots nous autorise à penser que le ζῶμα se trouvait *par-dessus* la μίτρη. Enfin Studniczka prétend qu'il eût été inutile de mentionner la cuirasse dans ce passage; celle-ci, en effet, dit-il, n'était limitée à son bord inférieur que par le ζωστήρ, et indiquer que le ζωστήρ se boucle, c'est dire implicitement que les plaques de la cuirasse s'entr'ouvrent. Or, toutes les cuirasses composées de deux plaques métalliques que nous avons vues, aussi bien celles de l'antiquité que celles du Moyen-Age et de la Renaissance, sont pourvues, dans leur partie inférieure, d'un système qui sert à maintenir ces plaques. Une fermeture solide à cet endroit était particulièrement nécessaire dans une cuirasse archaïque, car les plaques descendaient très bas et leur assemblage opposait forcément une certaine résistance au mouvement des hanches (voy. plus haut, p. 363).

(1) Niese, *Der homerische Schiffskatalog als historische Quelle betrachtet*, p. 56-59. Du même : *Die Entwickelung der homerischen Poesie*, p. 202-203, 228-229.

(2) *Il.* II, 529, 830. Dans une *tomba a fossa* de Corneto, on a trouvé des fragments d'une cuirasse de lin, sans doute de fabrication phénicienne ou carthaginoise (*Mon. dell'Inst.* X pl. X b 3 (voy. aussi pl. X d 6,10) ; comp. *Annal.* 1874, p. 257-258.

(3) *Journ. of hellenic stud.*, V, 1884, pl. XL, p. 235.

CHAPITRE XXII.

LE CASQUE.

(κυνέη, κόρυς, πήληξ, τρυφάλεια).

Comme le mot κυνέη, employé le plus fréquemment pour désigner le casque, signifie primitivement *peau de chien*, on peut admettre que les ancêtres des Grecs, de même que les barbares de l'Europe centrale à l'époque historique, se couvraient la tête de peaux de bêtes; leur aspect terrifiant était augmenté par la menace des morsures (1). Cependant les épithètes χάλκειος (2), εὔχαλκος (3), πάγχαλκος ou παγχάλκεος (4), χαλκήρης (5), χαλκοπάρηος (6) qui accompagnent le casque dans l'Épopée prouvent que, dès l'époque homérique, on avait renoncé à cet usage et que les parties constitutives du casque étaient déjà en bronze. Le casque d'Hector est τρίπτυχος, *triple* ou à *triple couche* (7). Ainsi donc, pour plus de solidité, la coiffe du casque consistait en plusieurs plaques de bronze superposées : tels sont, par exemple, les cas-

---

(1) Laerte, travaillant dans son jardin, porte une calotte en peau de chèvre (αἰγείην κυνέην : *Od.* XXIV, 231). A une époque ultérieure, la κυνῆ était encore la coiffure la plus ordinaire des gens de la campagne (voy. O. Müller, *Dorier* II, p. 40. — Welcker, *Præf. ad Theogn.* p. XXXV.)

(2) *Il.* XII 184, XX 398 : χαλκείη κόρυς. — (3) *Il.* VII, 12 : στεφάνης εὐχάλκου, Comp. XI, 96 : χαλκοβάρεια.

(4) Κυνέη πάγχαλκος : *Od.* XVIII 378, XXII 102. — (5) *Il.* Κυν. χαλκήρης : III 316, XXIII 861. *Od.* X 206, XXII 111, 145. Κόρυς χαλκήρης : *Il.* XIII, 714, XV 535. — (6) Κυν. χαλκοπάρηος ; *Il.* XII 183, XVII 294, XX 397. Κορ. χαλκοπάρηος : *Od.* XXIV 523.

(7) *Il.* XI, 352 : ἔρυκακε γὰρ τρυφάλεια
                 τρίπτυχος αὐλῶπις.

ques antiques d'Olympie où l'on remarque trois plaques dont la plus solide est au milieu, les deux autres, plus minces, en dessus et en dessous (1). Il résulte, en outre, de quelques passages non équivoques de l'Épopée, que le casque recouvrait le front (2)

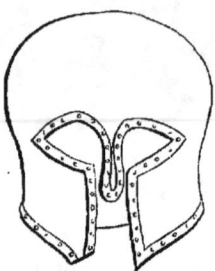 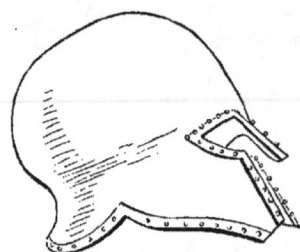

Fig. 132. — Casque grec trouvé en Sardaigne.   Fig. 133 — Casque grec trouvé en Sardaigne.

et les tempes (3); les adjectifs χαλκοπάρηος (4) et αὐλῶπις (5)

(1) Furtwængler, *Die Bronzefunde aus Olympia*, p. 77.
(2) *Il.* IV, 459; VI, 9; τὸν ῥ'ἔβαλε πρῶτος κόρυθος φάλον ἱπποδασείης·
    ἐν δὲ μετώπῳ πῆξε.
XI, 95 : μετώπιον ὀξέϊ δουρὶ
    νύξ', οὐ δὲ στεφάνη δόρυ οἱ σχέθε χαλκοβάρεια. XVI, 795 (le casque d'Achille porté par Patrocle) :
    ἀλλ' ἀνδρὸς θείοιο κάρη χαρίεν τε μέτωπον
    ῥύετ' Ἀχιλλῆος.
(3) *Il.* XIII, 576 :
    Δηΐπυρον δ' Ἕλενος ξίφεϊ σχεδὸν ἤλασε κόρσην,
    Θρηϊκίῳ, μεγάλῳ, ἀπὸ δὲ τρυφάλειαν ἄραξεν.
XIII, 805 :   ἀμφὶ δέ οἱ κροτάφοισι φαεινὴ σείετο πήληξ·
XV, 608 :   ἀμφὶ δὲ πήληξ
    σμερδαλέον κονάβησε περὶ κροτάφοισι πεσόντος.
XIII, 188, XVIII, 611 : κόρυθα κροτάφοις ἀραρυῖαν.
Od. XVIII, 378 :   καὶ κυνέη πάγχαλκος, ἐπὶ κροτάφοις ἀραρυῖα.
XXII, 102 :   καὶ κυνέην πάγχαλκον, ἐπὶ κροτάφοις ἀραρυῖαν.
(4) Voy. p. 375, note 6.
(5) Αὐλῶπις τρυφάλεια : *Il.* V, 182; XI, 353; XIII, 530; XVI, 795. Les savants anciens et modernes traduisent cet adjectif de deux manières différentes, les uns par *pourvus de trous de visière* (voy. Hesych. au mot αὐλῶπις· εἶδος· περικεφαλαίας παραμήκεις ἐχούσης τὰς τῶν ὀφθαλμῶν ὀπάς; *Etym. magn.*, p. 170, 4 s. v. αὐλῶπις· κοιλόφθαλμον), les autres par : *à haute pointe*, c'est-à-dire muni d'une pointe ou d'un tube portant un panache. (Voy. *Etym.*

disent qu'il descendait sur les joues et qu'il était pourvu d'ouvertures pour les yeux. La partie inférieure du cou était, par contre, entièrement découverte; l'Épopée mentionne, en effet, des blessures faites à cet endroit, sans ajouter que l'arme ait transpercé aucune plaque protectrice (1). La mentonnière était

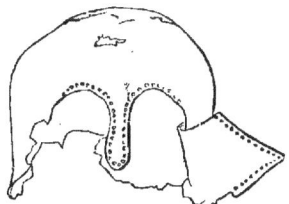

Fig. 134. — Casque grec trouvé à Olympie.

une courroie passée sous le menton; l'épithète πολύκεστος, qui

magn., p. 170, 3 : αὐλίσκον ἔχουσα, καθ' οὗ πήγνυται ὁ λόφος; Apollon. *Lex. hom.*, p. 47, 24; Scol. *Il.* V, 182; XI, 353; Eustath. ad *Il.* V, 182, p. 537, 2, ad *Il.* XI, 353, p. 849, 7). Cette dernière interprétation a été soutenue avec le plus de détails par Ameis dans les *Neue Jahrbücher für Philolog.*, 73, p. 223. Les principales raisons sur lesquelles il s'appuie pour rejeter la traduction *trous de visière*, sont les suivantes : Αὐλός, dit-il, signifie partout au propre ou au figuré tube ou tuyau. L'Épopée ne mentionne nulle part les trous de la visière; Sophocle (voy. Hesych. s. v. αὐλῶπιν; *Tragicor. græc. fragm. rec.* Nauck, p. 243, n° 727) donne l'épithète αὐλῶπις à une longue lance (τὴν μακρὰν αὐλῶπιν). Cependant les trous de visière pratiqués dans un casque composé de plusieurs feuilles de bronze peuvent bien s'appeler αὐλοί. Ensuite le casque homérique qui couvrait entièrement la figure, au point de rendre les héros méconnaissables, devait forcément avoir des trous pour les yeux; peu importe d'ailleurs qu'ils soient mentionnés dans l'Épopée ou non. Il n'y a pas grande conclusion à tirer du fragment de Sophocle, car nous ne savons pas à quoi il se rattachait à l'origine. En tout cas, on sait que les épithètes homériques représentent toujours les particularités saillantes des objets et qui frappent la vue (voy. plus haut, p. 201); ce qui ne serait pas le cas d'une tige à panache, puisqu'elle disparaîtrait sous le panache même, comme pièce tout à fait secondaire. Dans ces conditions, nous considérons que *pourvu de trous de visière* est la traduction la plus exacte de l'épithète αὐλῶπις. Comp. αὐλωπίας ou αὐλωπος, sorte de poisson, ainsi nommé à cause de ses yeux à fleur de tête (Oppian. *Hal.* I, 256). — (1) *Il.* XIV, 465; XVI, 332, 337. Comp. VII, 12; XIII, 671; XVI, 587, 606; XVII, 617.

l'accompagne, semble indiquer des ornements incrustés ou gravés (1). Enfin le casque devait, comme la cuirasse, être relativement vaste, puisque, si les mouvements sont vifs, il ballotte sur les tempes (2).

On sait que plus tard les garde-joues se composaient de pièces spéciales et étaient munies d'un mécanisme qui permettait de les relever ou de les rejeter en arrière. Comme l'Épopée n'en parle point, il faut admettre qu'à l'époque homérique la coiffe et les garde-joues étaient d'une seule et même pièce et que ces dernières étaient solidement fixées à la première : c'est le cas des plus anciens casques grecs qui soient parvenus jusqu'à nous (fig. 132-134) (3). Sous un casque de cette espèce, on voyait très

Fig. 135. — Casque d'après un vase peint.

peu de la figure. On peut se figurer le regard farouche des héros qui brille à travers ces ouvertures, particularité que les poètes

(1) *Il.* III, 371 : ἄγχι δέ μιν πολύκεστος ἱμὰς ἁπαλὴν ὑπὸ δειρὴν,
   ὅς οἱ ὑπ' ἀνθερεῶνος ὀχεὺς τέτατο τρυφαλείης.
Voy. plus haut, p. 266. — (2) *Il.* XIII, 805; XV, 609, 648 (Voy. p. 376, note 3). Comp. XX, 162; XXII, 314. — (3) Dodwell, *Class. tour II*, p. 330. — Blouet, *Expédition de Morée*, I, pl. 74, fig. 1. — Kemble, *Horæ ferales*, pl. XII, 3 (casque provenant du butin corinthien consacré par les Argiens à Olympie). — Rœhl, *Inscr. graec. antiquissimae*, pl. 16, n° 32. — *Ausgrabungen von Olympia*, I, pl. XXXI (d'où notre fig. 134). Furtwängler, *Die Bronzefunde aus Olympia*, p. 77. — Della Marmora, *Voyage en Sardaigne*, pl. XXXIV 3, vol. II, p. 504 (d'où nos fig. 132 et 133).

font souvent ressortir (1). Ajax, sortant des rangs achéens, pour aller combattre avec Hector, sourit, sous son casque, d'un sourire sombre (2). Le visage était souvent tellement couvert par le casque que, dans la mêlée, les héros ne se reconnaissaient entre eux qu'à certaines particularités extérieures, telles que l'armure ou les chevaux de bataille. Pendant que Diomède parcourt les rangs troyens, Énée et Pandaros cherchent qui peut bien être ce terrible adversaire : enfin Pandaros dit que son casque, son bouclier et son attelage annoncent le fils de Tydée (3). Kébrionès reconnaît Ajax, fils de Télamon, à son

Fig. 136. — Peinture d'un vase de Mélos (d'après Rayet et Collignon, *Céramique grecque*, fig. 24).

énorme bouclier (4). Patrocle, sur le point de venir au secours des Achéens, prie Achille de lui prêter son armure, car les ennemis penseront alors que le terrible fils de Pélée se mêle de nouveau au combat, et, en effet, dès qu'il a revêtu l'armure d'Achille, les Troyens le prennent pour ce dernier (5).

(1) *Il.* III, 342; XXIII, 815; il est dit de Pâris et de Ménélas ainsi que d'Ajax et de Diomède qui s'apprêtent au combat singulier : δεινὸν δερκόμενοι. *Il.* VIII, 349 (d'Hector lorsqu'il repousse les Achéens au delà du fossé) : Γοργοῦς ὄμματ' ἔχων. *Il.* XII 466 (d'Hector se précipitant dans le camp achéen) : πυρὶ δ' ὄσσε δεδήει.
Hymn. XXXI 9 (d'Hélios) : σμερδνὸν δ'ὅγε δέρκεται ὄσσοις
χρυσέης ἐκ κόρυθος.
(2) *Il.* VII, 212 : μειδιόων βλοσυροῖσι προσώπασι. — (3) *Il.* V, 175, 181 et suiv. — (4) *Il.* XI, 525, 526. — (5) *Il.* XVI, 41, 278 et suiv.

Des casques de cette espèce qui couvrent entièrement le visage se rencontrent fréquemment sur les vases à figures noires (fig. 135), qui, au point de vue du style et du procédé technique, constituent un groupe à part dans la nécropole de Caerè (1). Nous avons soutenu jadis que ces vases avaient été fabriqués à Caerè même : cette opinion n'est plus soutenable depuis qu'il est établi qu'un spécimen de ce genre a été trouvé dans un tombeau qui remonte au plus tard à la fin du sixième siècle (2). Ces vases sont très bien façonnés, et cette perfection technique comparée à l'état primitif de la céramique étrusque de cette époque constituerait un fait absolument anormal. Nous attribuons donc plutôt ces vases à une fabrique hellénique du sixième siècle avant Jésus-Christ.

Le casque homérique avait-il, outre les garde-joues, un nasal? Deux passages de l'Iliade semblent indiquer un type privé de cet abri : le trait de Diomède atteint Pandaros au nez près de l'œil (3), celui de Ménélas atteint Peisandros à la partie supérieure de l'arête du nez (4). Aucun des deux passages ne dit que la pointe de la lance, avant de pénétrer dans la peau, ait transpercé une plaque de bronze protégeant le nez. Ce silence est d'autant plus significatif que, dans le second passage, le poète fait même ressortir le craquement des os du nez; nous savons, d'autre part, que de très bonne heure déjà les armuriers grecs apportaient un soin tout particulier à consolider la partie du casque qui protégeait le nez, et qu'à cet effet ils employaient des plaques de bronze plus épaisses que pour les autres parties de la coiffe (5). Le nez n'était donc

---

(1) *Ann. dell'Inst.* 1863, Tav. d'agg. E (d'où notre fig. 135). Comp. p. 210-232.

(2) *Bull. dell'Inst.* 1881, p. 161, n° 11.

(3) *Il.* V, 290-291. — (4) *Il.* XIII, 615 :

> ὁ δὲ προσιόντα (ἤλασε) μέτωπον
> ῥινὸς ὕπερ πυμάτης· λάκε δ'ὀστέα, τὼ δέ οἱ ὄσσε
> πὰρ ποσὶν αἱματόεντα χαμαὶ πέσον ἐν κονίῃσιν.

(5) Furtwängler, *Die Bronzefunde aus Olympia*, p. 77.

probablement point protégé dans les casques de Pandaros et de Peisandros. Cela ne prouve nullement qu'il n'y ait pas eu de casques à visière nasale; sur les plus anciens vases grecs, on rencontre des vases munis de garde-joues seulement et d'autres où les gardes-joues sont accompagnées d'un nasal (fig. 136) (1).

Le φάλος (2) n'était autre chose que cette crête métallique (le cimier) qui s'étendait depuis l'occiput jusqu'au front (3).

(1) Sur le vase publié par Conze, *Melische Thongefæsse* pl. III (voy. notre fig. 136), on voit les deux hoplites combattants coiffés d'un casque à mentonnière seulement; le casque posé à terre est, en outre, pourvu d'un couvre-nez. Il convient de faire remarquer que le nasal, vu les petites dimensions des figures représentées sur les vases, étaient assez difficiles à rendre. Voilà pourquoi les peintres ont sans doute souvent à dessein renoncé à le reproduire.

(2) *Il.* III 362, IV 459, VI 9, XIII 132, XVI 216, 338. Le mot correspond exactement au sanscrit *hvâras, arc, courbure* (le φ grec = *hv* sanscrit; ex. φη-μί = au sanscrit *hvâ, appeler*) qui est dérivé de *hvar, aller de travers, se courber, tomber.*

(3) Telle est l'opinion des anciens commentateurs (Schol. *Il.* XIII, 132 φάλοισι· συρίγγια ἐπὶ τῶν μετώπων εἰς ἃ καθίενται οἱ λόφοι... φάλοι μέν τὰ προμετωπίδια ἐπαναστήματα, ὧν καὶ ὁ λόφος ἔχεται), de Buttmann (*Lexilogus* II, p. 240 et suiv.) et de Goebel (*Philologus* XVIII, p. 213-215). Ce dernier admet la dérivation du mot du radical φελ. Buttmann a réfuté victorieusement toutes les fausses interprétations qui ont été données avant la publication du *Lexilogus* et qu'il est par suite inutile de rappeler ici. Il est surprenant que Rüstow et Köchly, dans leur *Geschichte des gr. Kriegswesens*, p. 9, n'aient tenu aucun compte de la démonstration si concluante de ce savant. Ils traduisent φάλος par visière, traduction qui est réfutée par les adjectifs ἀμφίφαλος et τετράφαλος; en effet, il n'y eut jamais de casques à deux ou à quatre visières. Plus loin ils laissent cette interprétation de côté et prétendent que les φάλοι sont synonymes des φάλαρα et indiquent, comme cesderniers, des abris latéraux ou autres attachés au casque; il en résulterait que la κυνέη τετράφαλος ou τετραφάληρος serait un casque pourvu d'une visière, d'un couvre-nuque et de garde-joues. Cette explication très tourmentée ne mérite pas qu'on s'y arrête. Suivant Fröhlich (*Virchow's Archiv für Pathologie*, LXVIII, 1876, p. 387, 388), le φάλος est bien aussi une crête recourbée, mais il se trompe quand il croit que cette courbure n'allait pas de l'occiput au front : une κυνέη ἀμφίφαλος serait, selon lui, un casque à crête circulaire, le τετράφαλος un casque à quatre crêtes qui, partant des tempes, de la nuque et du front, iraient converger sur le crâne. Ces hypothèses ne sont nullement corroborées par les monuments à examiner quand il s'agit d'étudier l'armement homérique, et sont fondées, comme on le verra plus loin, sur l'idée fausse que Fröhlich se faisait des φάλαρα.

C'était la partie la plus résistante du casque; la lame des épées s'y brisait souvent (1) et elle supportait même les coups de haches de combat (2). Les traits qui atteignent le φάλος pénètrent à travers ce dernier dans le front (3); d'autre part, lorsque les guerriers sont très serrés, les φάλοι de ceux de derrière, quand ils avancent un peu la tête, touchent les φάλοι de ceux de devant (4). Il est donc probable que le cimier se prolongeait beaucoup par devant et par derrière. En outre, il est dit clairement dans l'Épopée que l'aigrette (λόφος) était plantée sur le φάλος (5). Ces deux particularités sont visibles sur les anciens monuments grecs. Le casque qu'on y remarque le plus souvent a un cimier qui s'étend, sur le devant, jusque vers le front, et derrière jusque vers la naissance de la nuque et dans lequel est fixée l'aigrette (6).

Quelques anciens monuments grecs qui représentent des têtes casquées vues de face semblent, à première vue, avoir, comme les *cristæ transversæ* des centurions romains (7), un cimier transversal, allant d'une oreille à l'autre. Cette disposition se voit, par exemple, sur un des casques du Geryoneus à trois têtes d'une amphore de Chalcis (8). Mais cette représentation tient probablement à l'inhabileté du peintre qui ne savait comment s'y prendre pour faire le raccourci nécessaire du cimier et de l'aigrette. C'est pour les mêmes raisons techniques

---

(1) *Il.* III, 362, 363; XVI, 338. — (2) *Il.* XIII. 614. — (3) *Il.* IV, 459; VI, 9 (voy. p. 376, note 2).
(4) *Il.* XIII, 131; XVI, 215 :

ἀσπὶς ἄρ' ἀσπίδ' ἔρειδε, κόρυς κόρυν, ἀνέρα δ'ἀνήρ·
ψαῦον δ'ἱππόκομοι κόρυθες λαμπροῖσι φάλοισιν
νευόντων· ὣς πυκνοὶ ἐφέστασαν ἀλλήλοισιν.

(5) *Il.* XIII, 614, où Peisandros brandit la hache contre Ménélas. Comp. *Il.* X, 257 où il est dit que Thrasymède prête à Diomède : κυνέην... ταυρείην, ἄφαλόν τε καὶ ἄλλοφον, ἥ τε καταῖτυξ κέκληται.
(6) Comp. p. 363, fig. 128, et p. 378, fig. 135.
(7) *Archæolog. epigr. Mittheilungen aus Œstreich.*, V, p. 206. — Lindenschmit, *Tracht und Bewaffnung des römischen Heeres*, pl. XII, 9.
(8) Gerhard, *Auserles. Vasenb.*, IV, pl. CCCXXIII.

que, sur certaines figurines d'argile de Tarente, le cimier est représenté de face et l'aigrette de côté (1); car les formes n'étaient pas ici assez profondes pour représenter un motif comme l'aigrette d'un casque vue de face qui se développe forcément trop loin par derrière.

Outre le casque à un seul cimier, les Grecs de l'époque homérique portaient aussi des casques qui, afin d'augmenter leur force de résistance, étaient pourvus de deux (ἀμφίφαλος) (2) ou de quatre cimiers (τετραφάλος) (3). Le mot τρυ-φάλεια, si on le suppose dérivé de τετρυ-φάλεια, indique également un casque à

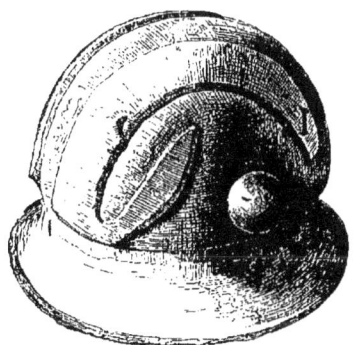

Fig. 137. — Casque du Samnium.

quatre cimiers (4). Ces cimiers étaient sans doute disposés parallèlement; quelques casques parvenus jusqu'à nous le prouvent (5). On a trouvé quatre de ces casques de bronze pourvus

(1) *Arch. Zeity.* XL, 1882, p. 310, n° 36, p. 313, n° 46. Telle est aussi l'aigrette d'un cavalier représenté de face sur un bouclier de bronze trouvé à Fermo : *Not. d. scav. com. all'. acc. dei Lincei*, 1881, p. 165.
(2) *Il.* V, 743; XI, 41 : κρατὶ δ'ἐπ' ἀμφίφαλον κυνέην θέτο τετραφάληρον.
(3) *Il.* XXII, 314 (à propos du casque d'Achille) : κόρυθι... φαεινῇ τετραφάλῳ, XII, 384 : θλάσσε δὲ τετράφαλον κυνέην.
(4) Comp. (τε) τράπεζα, τάρες = τέτταρες. Τετρυ correspondrait au latin *quadru*. — Comp. Fick dans les *Beitraege zur Kunde der indogermanischen Sprachen*, de Bezzenberger, I, p. 64-65. — J. Schmidt, *Kuhns Zeitschrift*, XXV, 1881, p. 47.
(5) L'auteur du *Lexilogus*, II, p. 242, prétend que ἀμφίφαλος κυνέη signifie un

(2) *Il.* V, 743 ; XI, 41 : κρατὶ δ'ἐπ' ἀμφίφαλον κυνέην θέτο τετραφάληρον.

(3) *Il.* XXII, 314 (à propos du casque d'Achille) : κόρυθι... φαεινῇ τετραφάλῳ, XIII, 384 : θλάσσε δὲ τετράφαλον κυνέην.

(4) Comp. (τὰ) τράπεζα, τάρες = τέτταρες. Τετρυ correspondrait au latin *quadru*. — Comp. Fick dans les *Beiträge zur Kunde der indogermanischen Sprachen*, de Bezzenberger, I, p. 64-65. — J. Schmidt, *Kuhns Zeitschrift*, XXV, 1881, p. 47.

(5) L'auteur du *Lexilogus*, II, p. 242, prétend que ἀμφίφαλος κυνέη signifie un

de deux cimiers (ἀμφίφαλος); l'un à Olympie (1), le second dans l'intérieur du territoire du Samnium (fig. 137) (2), le troisième dans la nécropole de Hallstatt (3) et le quatrième dans une nécropole de la Carinthie, analogue à cette dernière (4). En outre, sur deux coupes à figures rouges d'un style sévère, Memnon est coiffé d'une κυνέη ἀμφίφαλος (fig. 138) (5). Ici l'artiste a reproduit de profil les deux cimiers du casque vu de face, et cela probablement parce que, comme le peintre du vase de Geryoneus, il n'a pas su vaincre certaines difficultés.

Plus tard, l'art grec a transformé la représentation figurée des φάλοι. Il suffit de rappeler le sphinx qui couronnait le casque d'Athèna Parthènos de Phidias ainsi que les autres figures du même casque (6).

casque dont le *phalos*, partant du milieu de la coiffe, descendrait non seulement sur le devant, mais encore sur le derrière de la tête. Cette opinion est inadmissible, car il faudrait alors supposer implicitement un phalos simple, c'est-à-dire un cimier qui ne couvrirait que le devant du casque; or, ce serait une monstruosité qu'on ne trouve sur aucun monument antique. Selon nous, le mot ἀμφίφαλος serait formé tout comme ἄμφωτος (*Od.* XXII, 10 : ἄλεισον ἄμφωτον). Cette dernière épithète indique une coupe munie d'une anse de chaque côté ; de même ἀμφίφαλος désigne un casque garni d'un cimier de chaque côté. Cette interprétation admise, on ne peut se rallier à l'avis de Gœbel (*Philol.* XVIII, p. 214) d'après lequel la κυνέη τετράφαλος serait un casque avec un cimier formé de quatre couches métalliques superposées. Goebel (loc. cit. p. 218), pour expliquer l'*amphiphalos*, renvoie à l'abri en forme de stéphanè qui entoure le casque de Pallas Athèna sur le fronton d'Égine. Mais l'abri de ce genre ne se rencontre pas sur les plus anciens monuments grecs; de plus, il est inadmissible que le même mot φάλος puisse, dans la langue homérique, signifier des choses aussi différentes que le cimier planté sur la coiffe du casque et cet abri.

(1) Furtwængler, *Die Bronzefunde aus Olympia*, p. 77.
(2) Actuellement dans la collection Bourguignon de Naples.
(3) Von Sacken, *Grabfeld von Hallstatt*, pl. VIII, 5.
(4) Von Hochstetter, *Die neuesten Gräberfunde von Watsch und St. Margarethen* dans les *Denkschr. der wiener Akad. mathem. naturwiss. Classe*, XVII, Vienne, 1883, p. 20 (180); fig. 13. Un cinquième exemplaire, de provenance inconnue, est au Museo Gregoriano du Vatican.
(5) Gerhard, *Trinkschalen und Gefässe*, I. T. D. (d'où notre fig. 138). *Mon. dell'Inst.*, XI, pl. 33; voy. aussi Klein, *Euphronios*, 2e éd., p. 213-222.
(6) Schreiber, *Die Athene Parthenos des Phidias* (*Abhandl. d. sächs. Ges.*

LE CASQUE. 385

Dans la représentation du combat entre Mégès et Dolops, l'aigrette est posée sur la coiffe du casque d'une manière toute particulière (1). La lance de Mégès touche l'extrémité supérieure du casque de Dolops; l'aigrette se détache et tombe dans la poussière. Ce fait serait impossible avec un casque comme ceux que nous venons d'examiner; car il est évident que le cimier portant l'aigrette, sur lequel était concentrée toute la force de résistance de la coiffe, était trop solide pour qu'un coup de lance pût le démonter. Le fait signalé nous paraîtra, au contraire, tout naturel si nous admettons que, dans le casque de Dolops, l'aigrette s'appuyait sur une tige de bronze fixée elle-même sur la coiffe. Cette tige était facile à détruire et, partant, l'aigrette facile à déplacer. Il est d'ailleurs souvent question dans l'Épopée de l'aigrette qui s'agite sur le devant du casque de manière

Fig. 138. — Memnon coiffé d'un *amphiphalos*.

à produire un effet terrifiant (2) : or, cela n'est possible que si l'on suppose l'aigrette fixée sur un appui haut et étroit, de manière qu'elle puisse suivre aisément tous les mouvements de la tête. Le casque de cette espèce était en usage déjà avant la migration dorienne; on le voit, en effet, gravé sur deux cachets

---

d. *Wiss.*, vol. VIII), p. 593. — *Mittheilungen des deutschen arch. Institutes in Athen*, VIII, 1883, p. 291-315. Comp. *Ann. dell' Inst.* 1874, tav. d'agg. K., p. 46-48.

(1) *Il.* XV 535 :

τοῦ δὲ Μέγης κόρυθος χαλκήρεος ἱπποδασείης
κύμβαχον ἀκρότατον νύξ' ἔγχεϊ ὀξυόεντι,
ῥῆξε δ' ἄρ' ἵππειον λόφον αὐτοῦ· πᾶς δὲ χαμᾶζε
κάππεσεν ἐν κονίῃσι, νέον φοίνικι φαεινός.

(2) *Il.* VI, 469 (Astyanax a peur d'Hector) :

ταρβήσας χαλκόν τε ἰδὲ λόφον ἱππιοχαίτην,
δεινὸν ἀπ' ἀκροτάτης κόρυθος νεύοντα νοήσας.

Il. III, 337; XI, 42. *Od.* XXII, 124 et *Il.* XXII, 314.

ÉPOPÉE HOMÉRIQUE.   25

trouvés dans les tombeaux en puits de Mycènes (fig. 139) (1). On le rencontre aussi souvent sur les vases archaïques à côté du casque mentionné plus haut (2). On peut donc admettre que ces deux sortes de casques étaient usités à l'époque homérique.

Si, dans le casque à deux cimiers d'Agamemnon (3), l'aigrette retombe énorme sur le devant, c'est que sans doute la crête ou support qui la portait était placée sur la coiffe entre les deux cimiers.

Parfois (les monuments le prouvent) la crête est double et, par suite, le casque a deux aigrettes. Ces deux crêtes sont disposées de différentes manières. Sur l'amphore souvent citée de Chalcis (4), les têtes casquées de Glaukos (fig. 128) et de Léodokos sont représentées de face; dans les deux casques, les supports plantés vers les tempes se penchent l'un vers l'autre, de sorte qu'ils font saillie sur la coiffe, tout comme les cornes d'un taureau. Au contraire, dans d'autres peintures sur vases (5), qui représentent des casques de ce genre de profil, l'une de ces crêtes est sur le devant, l'autre sur le derrière de la coiffe (fig. 140). Cette figu-

Fig. 139. — Cachet trouvé à Mycènes.

(1) Schliemann, *Mykenae*, p. 202, n° 254 (notre fig. 139). Malheureusement la gravure ne rend pas bien la façon dont l'aigrette est posée. Sur le cachet même, au contraire, on reconnaît bien une crête recourbée à sa partie supérieure et portant l'aigrette. Telle est la disposition qu'on remarque sur le vase d'Aristonophos (voy. p. 401, fig. 146, *Mon. dell' Inst.* VIIII, pl. IV) et sur un grand nombre de casques assyriens. Cette crête est très visible sur le casque de l'autre cachet de Mycènes (Schliemann, p. 259, n° 335) où se voit un guerrier armé d'un bouclier carré.

(2) P. ex. dans la peinture d'un vase de Chalcis (dont le groupe central est reproduit à la fig. 128). —(3) *Il.* XI, 41 :

κρατὶ δ'ἐπ' ἀμφίφαλον κυνέην θέτο τετραφάληρον
ἵππουριν· δεινὸν δὲ λόφος καθύπερθεν ἔνευεν.

(4) Voy. le groupe central fig. 128, p. 363. De même le casque d'un hoplite combattant contre Dionysos sur un vase à figures rouges : voy. Gerhard, *Auserlesene Vasenb.*, I, pl. 51, 4, — et celui de Pallas sur les monnaies phéniciennes, dans de Luynes, *Numismatique des satrapies*, pl. XVI, 49-5!, p. 93.

(5) Gerhard, ibid. II, pl. 107. — *Monum. dell'Inst.* I, pl. 34, VI, VII, pl. 78 (d'où notre fig. 140).

ration paraît s'expliquer par la difficulté qu'il y avait à bien reproduire de profil un pareil casque, car alors la crête la plus rapprochée du spectateur couvrait l'autre. De toute façon, la disposition qu'on remarque sur le vase de Chalcis semble la plus pratique, car les crêtes ainsi posées pouvaient parer les coups dirigés de côté sur le crâne. Il existe du reste quelques

Fig. 140. — Casque à deux aigrettes.

casques de bronze antiques où les deux crêtes sont disposées de cette manière (1).

Les φάλαρα ne sont mentionnés qu'une seule fois dans l'Épopée, notamment à l'endroit où Ajax, fils de Télamon, défend les vaisseaux des Achéens. Son casque résonne sous le choc des projectiles ennemis qui viennent frapper constamment les

---

(1) Sur un casque de bronze trouvé dans la Basilicate (Kemble, *Horæ ferales*, pl. XII, 4) les deux crêtes sont disposées comme dans la peinture sur vase de Chalcis. Tels encore trois casques provenant de l'Italie inférieure; mais ils sont munis de trois crêtes, dont une droite au milieu et une oblique de chaque côté de celle-ci, tournée en dehors. Ils avaient donc trois aigrettes. (Voy. Lindenschmit, *Alterth. unserer heidn. Vorzeit*, I, fasc. III, pl. II, 1, 7, 8. — *Die Alterthümerversammlung in Carlsruhe*, pl. 15 et 16. — A. Ancona, *Le armi, le fibule e qualche altro cimelio della sua collezione*, Milan 1886, n° 3.)

φάλαρα bien ouvragés(1). Comme ce mot indiquait plus tard les boucles métalliques qui ornaient les harnais de chevaux (2), Buttmann (3) s'efforce de l'appliquer à un objet qui y ressemble le plus possible : il suppose que les φάλαρα étaient les écailles métalliques garnissant la mentonnière du casque. Or le seul passage de l'Épopée (4), où il soit question de la mentonnière, ne dit mot d'une garniture à écailles; cette courroie y est accompagnée de l'épithète πολύκεστος, qui veut dire *munie d'ornements gravés ou ciselés* (5). Lors même que cette objection ne serait pas concluante, l'interprétation de Buttmann repose, de toute façon, sur l'idée fausse qu'il se fait de la forme du casque de cette époque. Ce casque, en effet, nous l'avons vu plus haut, recouvrait les joues et ne laissait, par conséquent, entrevoir qu'un petit filet de la courroie enserrant le menton. Il était évidemment très difficile de frapper précisément sur cette courroie le guerrier ainsi casqué, dans quelque attitude qu'il se trouvât d'ailleurs. Cette difficulté était beaucoup plus grande pour Ajax qui

(1) *Il.* XVI, 105 :

πήληξ βαλλομένη καναχὴν ἔχε, βάλλετο δ'αἰεὶ
κὰπ φάλαρ' εὐποίηθ'· ὁ δ'ἀριστερὸν ὦμον ἔκαμνεν,
ἔμπεδον αἰὲν ἔχων σάκος αἰόλον.

Au lieu de κὰπ φάλαρ' Aristarque lisait καὶ φάλαρ' (Schol. *Il.* XVI, 105).

(2) Comp. Stephani, C. r., 1865, 164-175.

(3) *Lexilogus* II, p. 243-246. Les principales interprétations des grammairiens anciens sont : Schol. *Il.* XVI, 105 : φάλαρα τὰ κατὰ τὸ μέσον τῆς περικεφαλαίας μικρὰ ἀσπιδίσκια ἄτινα κόσμου χάριν ἐπιτίθενται. Schol. *Il.* XVI 106; φ. δὲ τὰ κατὰ τὰς παρειὰς ἐπιπίπτοντα μέρη... ὡς δὲ ὁ Θρᾶξ, ὁ ἑκατέρωθεν αὐτῆς (sc. τῆς πήληκος) κόσμος. Schol. *Il.* V, 743 : οἱ ἐν ταῖς παραγναθίσι κρίκοι, δι' ὧν αἱ παραγναθίδες καταλαμβάνονται τῆς περικεφαλαίας. . *Etym. magn.* s. v. φαλά p. 787, 9 : τὰς προμετωπίδας, τοὺς ἀσπιδίσκους, τὴν κόσμησιν τὴν κατὰ τὸ μέτωπον τῶν ἵππων· ἢ τὰ τῶν γνάθων σκεπάσματα. Comp. *Etym. Gud.* s. v. φαλαρίτης, p. 549, 40; Photius et Suidas, s. v. φάλαρα. Eustath. sur l'*Il.* V. 743 p. 601, 10 et suiv.; sur l'*Il.* XII, 389, p. 910, 30-33; *Il.* XVI, 106, p. 1048, 30-33.— Nous verrons plus loin que ce n'étaient point des garde-joues (p. 389). Ce ne pouvaient être non plus des anneaux maintenant le garde-joue, car dans le casque de cette époque la coiffe et le garde-joue étaient faits d'une seule et même pièce (voy. p. 378). Pour la signification des petits boucliers frontaux et des parures qui garnissaient les côtés du casque voy. plus loin p. 392.

(4) *Il.* III, 371. Voy. p. 377, note 2. — (5) Voy. p. 266, note 2.

combattait contre les Troyens assaillants du haut de son navire; car la tête du héros était naturellement baissée et, par suite, la courroie en question se trouvait presque entièrement dissimulée par le menton. Mais supposons que les Troyens eussent la singulière fantaisie de choisir pour point de mire un endroit si difficile à atteindre. Comment expliquer alors qu'ils aient toujours frappé juste à cette place et qu'aucun de leurs nombreux javelots n'ait jamais glissé et pénétré dans le cou du héros? Double prodige qui se produit sans l'intervention d'aucune divinité. Gœbel a signalé en partie les défauts de l'interprétation de Buttmann (1). Mais il se trompe, de son côté, quand il confond le φάλος avec les φάλαρα et quand il soutient que ces derniers n'étaient qu'une série de cimiers appliqués sur la coiffe du casque. Nous verrons plus loin (2) que l'adjectif τετραφάληρος est dérivé du substantif φάλαρα et signifie *garni de quatre φάλαρα*. Or, dans l'Iliade, un

Fig. 141. — Flacon à parfums phénicien.

seul et même casque est désigné deux fois comme étant ἀμφίφαλος, c'est-à-dire *pourvu d'une double crête* et τετραφάληρος (3). Il en résulte que les φάλοι et les φάλαρα étaient des objets essentiellement distincts. On ne s'explique guère, en outre, comment un mot qui, dans la langue homérique, signifiait *cimier d'un casque*, ait pu dans la suite être appliqué à un objet aussi différent que la parure métallique d'un harnais. La même raison nous empêche d'adopter l'interprétation de Fröhlich (4), d'après laquelle les φάλαρα seraient un prolongement des φάλοι, sorte de frange métallique recouvrant les

---

(1) *Philologus*, XVIII, p. 217-218. — (2) Voy. p. 394.
(3) V, 743; XI, 41 (voy. p. 383, note 1).
(4) Voy. Virchow, *Archiv für Philologie*, LXVIII, 1876, p. 392-393.

joues et formant en même temps couvre-nuque. Il faudrait alors supposer une coiffe garnie à son extrémité inférieure de cimiers horizontaux; or, l'art grec archaïque ne nous offre aucun spécimen de casques de cette espèce.

Toutes les difficultés disparaîtront, au contraire, si nous considérons les φάλαρα comme étant des bossettes de métal faites au repoussé sur la coiffe du casque ou fortement soudées à celle-ci. Un des plus anciens monuments où une de ces bossettes est parfaitement visible, c'est un flacon à parfums phénicien (fig. 141) portant le nom du Pharaon Uahabra (en grec Apriès, 599-569). Ce vase a la forme d'une tête casquée. Le casque ici est muni d'un couvre-joues et d'un couvre-nuque; à l'extrémité antérieure du cimier, on remarque une espèce de bouton (1). Parmi les casques de bronze conservés à ce jour nous signalerons d'abord celui du Samnium dont il a été question plus haut (p. 383, fig. 137); puis cinq heaumes d'attaque en forme de cloches, et dont deux se trouvent au Museo Preistorico de Rome (2), trois à Milan (3). Il faut y ajouter deux coiffes d'attaque qui ont la forme d'une calotte de jockey : l'une a été mise au jour en Étrurie (4), l'autre près S. Ginesio, dans le Picenum (5). Tous ces spécimens ont une bossette de chaque côté de la coiffe; celui de S. Ginesio a, en outre, trois bossettes sur chacun des couvre-joues mobiles (6). Un casque de bronze au musée de Naples (7) en a trois sur la face antérieure, non loin

(1) Heuzey, *Gaz. arch.* VI, pl. 28, 2 (p. 147 et suiv.) et du même : *Les figurines de terre cuite du Louvre*, pl. 7, 2. — Perrot et Chipiez, *Histoire de l'art*, III, p. 676, n° 484 (d'où est extraite notre fig. 141).

(2) L'un n° 22097 trouvé près Corropoli, l'autre n° 28869 près Monte Giorgio (province d'Ascoli Piceno).

(3) A. Ancona, *Le armi, le fibule e qualche altro cimelio della sua collezione*, Milan, 1886, n° 4 (trouvé dans la Marche), n° 8 (acheté à Rome) n° 9 (acheté à Florence). — (4) *Mus. Gregor.*, I, pl. XXI, 1. — (5) *Notizie degli scavi comm. all' acc. dei Lincei*, 1886, pl. 1, 2, p. 44.

(6) Un casque de bronze trouvé récemment près Bologne offre une seule bossette sur chaque couvre-joue (*Not. d. sc.* 1881, p. 214); de même un autre de la collection Ancona (Ancona, loc. cit., n° 10).

(7) *Cataloghi del Museo di Napoli, armi antiche*, n° 10.

du bord inférieur. On en remarque également trois sur les casques de cinq guerriers, représentés sur le seau de bronze

Fig. 142. — Seau en bronze trouvé à la *Certosa* (d'après Jules Martha, *L'art étrusque*, p. 88, fig. 84).

bien connu provenant de la nécropole de Felsina (Bologne) (fig. 142 et 143) (1).

(1) Zannoni, *Sugli scavi della Certosa di Bologna*, pl. XXXIV, 7. — *Bull. di pal. ital.* VI, pl. VII, 8.

Comme les figures en relief sont vues de profil, il faut supposer trois bossettes correspondantes du côté opposé, c'est-à-dire six sur chacun de ces casques. Le casque en forme de *pileus* dont est coiffé le guerrier représenté sur un vase de l'Italie méridionale, est garni sur son bord inférieur d'une série de bossettes rondes très serrées (1). Une figure de Pallas en étain, trouvée à Gurina, en présente deux sur la face antérieure du casque, dont la forme correspond à l'exemplaire du Samnium (fig. 137) (2). La rosette dont est ornée de chaque côté une figure de bronze de la Laconie, souvent citée (3), semble n'être autre chose qu'une imitation artistique de ces bossettes en usage à l'époque homérique.

Comme les traits venaient très souvent frapper sur ces saillies du casque, nous croyons que les φάλαρα d'Ajax étaient précisément des saillies semblables, destinées à consolider et à orner en même temps le casque. L'interprétation des grammairiens anciens, que nous avons rapportée plus haut (4), nous paraît donc se rapprocher le plus de la vérité.

Plus tard (nous l'avons dit), le mot φάλαρα indiquait une parure de harnais; adopté par les Romains (*phaleræ*), il signifiait les disques métalliques que les légionnaires portaient, en guise de décorations, attachés à des courroies, par-dessus la cuirasse (5). Ce sens correspond bien à celui de l'époque homérique, puisqu'il s'agit toujours d'une pièce ronde qui garnit

---

(1) *Arch. Zeit.*, 1877, pl. 5, p. 21. — (2) Meyer, *Gurina*, pl. XI, 17, p. 50-51.

(3) *Mitth. des deutsch. arch. Institutes in Athen*, III, 1878, pl. 1, 2 (voy. notre fig. 110). — Un casque trouvé à Canosa présente une de ces bossettes au milieu de la face antérieure (Millin, *Description des tombes de Canosa*, pl. II, 3, 4). Un autre trouvé à Locres montre une série de petites bosses ou perles qui ne sont ici qu'un simple ornement (Millin, loc. cit., p. 44. — *Mus. Borb.* V, pl. XXIX, 2).

(4) Voy. p. 388, note 3.

(5) Comp. O. Jahn, *Die Lauersforter Phaleræ*, p. 2 et suiv. — Stephani, C. r. 1865, p. 165, note 2. — Comp. les χαλκοφάλαρα δώματα (dans Aristoph. Acharn. 1072) qui étaient probablement de grosses têtes de clous en bronze dont on garnissait les poutres et les portes.

quelque chose. Enfin Eschyle (1) appelle φάλαρον l'extrémité supérieure et droite de la tiare du roi des Perses, c'est-à-

Fig. 143. — Seau en bronze de la *Certosa* (suite des figures).

dire un objet analogue, au moins quant à la forme, aux φάλαρα homériques.

(1) *Pers.* 661 : βασιλείου τιάρας φάλαρον πιφαύσκων.

Le même substantif semble aussi contenu dans l'adjectif τετραφάληρος qui revient deux fois dans l'Iliade (1) comme épithète d'un casque. Buttmann désespère, il est vrai (2), de pouvoir mettre d'accord cet adjectif avec les φάλαρα du casque d'Ajax. Il rappelle à ce propos l'épithète φαληριόων donnée aux vagues (3), qui, selon lui, évoque tout naturellement une comparaison avec le casque et son aigrette blanche; il en conclut que φάληρος est le nom même ou bien une épithète de l'aigrette. Il est inutile de revenir sur cette hypothèse qui a été réfutée par ce que nous avons dit plus haut des φάλαρα. Si les φάλαρα étaient, comme nous croyons l'avoir démontré, des bossettes métalliques servant à consolider et à orner la coiffe du casque, on s'explique parfaitement le sens de κυνέη τετραφάληρος. C'était un casque garni de quatre de ces saillies, deux de chaque côté, ce qui n'a rien de surprenant, puisque nous avons constaté l'existence de casques antiques ayant trois bossettes de chaque côté. Gœbel (4) a d'ailleurs fait observer qu'il n'y avait aucun motif de séparer étymologiquement l'épithète des flots φαληριόων du substantif φάλαρα. Quiconque a vu la Méditerranée pendant la tempête aura observé que les vagues, surtout près du rivage, montent les unes sur les autres en s'étageant et que, lorsqu'elles déferlent, elles forment quantité de hauteurs en forme de dômes (5). Nous serions donc tentés de traduire κύματα κυρτὰ φαληριόωντα par *les crêtes recourbées de la surface mamelonnée des flots.*

Deux mots encore pour répondre à une objection que pourraient faire certains archéologues contre cette façon de com-

---

(1) *Il.* V, 743; XI, 41 (voy. p. 383, note 1). Φάλαρα est à τετραφάληρος ce que τέκμαρ est à τεκμήριον.

(2) *Lexilogus* II, p. 246-247. — (3) *Il.* XIII, 798 :

κύματα παφλάζοντα πολυφλοίσβοιο θαλάσσης,
κυρτὰ φαληριόωντα, πρὸ μὲν τ' ἄλλ', αὐτὰρ ἐπ' ἄλλα.

(4) *Philologus*, II, p. 216. — (5) Un phénomène semblable est décrit en ces termes, *Il.* IV, 422-426 :

..... ἀμφὶ δὲ τ'ἄκρας
κυρτὸν (κῦμα) ἐὸν κορυφοῦται

prendre les φάλαρα. On ne remarque, nous dira-t-on, de ces bossettes sur aucun des anciens casques grecs, munis de solides couvre-joues et qui, par suite, se rapprochent le plus du type homérique. Mais, tout d'abord, aucun de ces casques ne remonte jusqu'à l'époque homérique. Pendant la période qui suivit l'Épopée, on s'efforça (comme nous le verrons dans le chapitre XXV), d'alléger les armures et de les mettre en plus complète harmonie avec les différentes parties du corps qu'ils devaient recouvrir. Par conséquent, les Grecs ont bien pu renoncer plus tard à ces bossettes qui alourdissaient le casque. En second lieu, la plupart des casques conservés à ce jour, du genre de ceux qui nous occupent, semblent avoir été plutôt des objets votifs ou funéraires que des armes de combat (1). L'industrie antique se bornait généralement à reproduire, dans ces sortes de travaux, les parties essentielles; c'est ainsi que, pour le casque, on se contentait de reproduire la coiffe et les parties abritant la figure et le cou. Parmi les nombreux casques de cette espèce qu'on a trouvés en Grèce, il n'en est pas un qui ait un cimier (φάλος) consolidant la coiffe ou qui offre la moindre trace du support de l'aigrette (2).

D'après l'Épopée, l'aigrette était faite habituellement de crins de cheval (3). Parfois on les teignait : c'est ainsi que l'aigrette du

---

(1) Le casque de bronze, trouvé à Ordona (en Apulie), pourvu d'un couvre-front et de couvre-joues, constitue une exception très rare à cet égard. Il appartient à cette espèce de casques où l'aigrette est soutenue par un support de bronze dont la base s'est encore conservée. Une fente longitudinale, réparée d'ailleurs anciennement, prouve qu'il avait servi à la guerre (voy. Angelucci, *Un sepolcro di Ordona*, dans le journal *La Capitanata*, 1874, n° 126, fig. 5).

(2) Les spécimens cités dans Lindenschmit (*Die Alterthümer unserer heidn. Vorzeit*, vol. I, fasc. 3, pl. II, 7, 8) et par Ancona (*Le armi, le fibule e qualche altro cimelio della sua collezione*, Milan 1886, n° 5), n'appartiennent pas à l'espèce dont il a été parlé plus haut. Ce sont des casques à abris avancés; mais ces abris ne sont point mobiles; ils ne font qu'une pièce avec la coiffe, ce qui indique bien qu'ils ne servaient point à la guerre, mais que c'étaient des ex-voto, des objets de deuil ou de parade.

(3) Aussi l'aigrette est-elle appelée ἱππιοχαίτης (*Il.* VI, 469) ou ἵππειος λόφος

casque de Dolops est désignée comme étant teinte en rouge (1). Héphaistos garnit de chaque côté l'aigrette d'Achille d'une couche épaisse de fils d'or (2).

La στεφάνη (3) était-elle un casque avec couvre-nuque et couvre-joues, ou bien un casque correspondant au heaume d'attaque? Les données de l'Épopée ne sont pas suffisantes pour nous permettre de répondre à cette question (4). Si la première hypothèse était exacte, le mot aurait désigné primitivement les *abris* entourant la tête (5) et serait, dans la suite, appliquée au casque, comme partie pour le tout. En tout cas, l'Épopée témoigne que la στεφάνη était en airain et qu'elle couvrait le front (6).

Mentionnons, en terminant, trois sortes de casques qui sont citées dans la Doloneia (10° chant de l'Iliade). Lorsque Diomède et Ulysse sortent pour épier les projets des Troyens, le premier reçoit de Thrasymédès, l'un des chefs de la garde préposée aux vaisseaux, un casque sans cimier et sans aigrette que l'on appelait καταῖτυξ, ajoute le poète. Mérionès, un autre chef des sentinelles, prête à Ulysse un casque d'attaque en cuir consolidé à l'intérieur au moyen de courroies, garni de feutre à l'exté-

---

(*Il.* XV, 537). Le casque est ἵππουρις (*Il.* III, 317, VI, 495, XI, 42, XV, 481, XVI, 138, XIX, 382, *Od.* XXII 124), ἱππόκομος (*Il.* XII, 339; XIII, 132; XVI, 216, 338, 797), ou ἱπποδάσεια (*Il.* III, 369, IV, 459, VI, 9, XIII, 614, 714, XV, 535, XVII, 295. *Od.* XXII, III, 145).

(1) *Il.* XV, 538 : νέον φοίνικι φαεινός. — (2) *Il.* XIX, 382-383; XXII, 315-316 (voy. p. 385, note 2).

(3) *Il.* VII, 11 :

"Εκτωρ δ' Ἠϊονῆα βάλ' ἔγχεϊ ὀξυόεντι
αὐχέν' ὑπὸ στεφάνης εὐχάλκου, λῦσε δὲ γυῖα.

X, 30 : Ménélas, sur le point d'aller chercher Agamemnon dans sa tente, met une στεφάνη χαλκείη. *Il.* XI, 96 (voy. p. 376, note 3).

(4) On trouve fréquemment de ces heaumes d'attaque dans les tombeaux étrusques du cinquième siècle (*Mus. Gregor.* I, pl. XXI). A cette catégorie appartient aussi le casque des Tyrrhéniens que Hiéron de Syracuse dédia à Olympie après la bataille de Cumes. Voy. Kemble, *Horæ ferales*, pl. XII, 1 et Roehl, *Inscriptiones gr. antiquissimæ*, p. 146, n° 510.

(5) C'est dans ce sens primitif de *couronne du casque* que pourrait être pris le mot de l'*Il.* VII, 12.

(6) *Il.* VII, 12 (voy. ci-dessus la note 3); X, 31; XI, 96 (v. page 376, note 3).

rieur et orné des deux côtés de défenses de sanglier (1). Le même poète coiffe Dolon, l'éclaireur troyen, d'une calotte en peau de martre (2). Il est évident que les coiffures de ce genre étaient excellentes pour le service d'avant-poste et d'éclaireurs, car elles n'attiraient point l'attention par l'éclat du métal ni le balancement de l'aigrette. Cependant il convient de faire observer que le chant qui contient ces descriptions est un des plus récents de l'Épopée et renferme bien des traits qui n'offrent aucune analogie avec les autres chants. De plus, on y sent le désir qu'a le poète d'imprimer à sa poésie un charme particulier en décrivant des armures peu communes (3).

(1) *Il.* X, 255 et suiv. — (2) *Il.* X, 335 : κρατὶ δ'ἐπὶ κτιδέην κυνέην. — (3) Voy. plus haut, p. 13.

CHAPITRE XXIII

LE BOUCLIER

(ἀσπίς, σάκος, λαισήϊον).

Pour étudier les boucliers qui étaient en usage à l'époque homérique, le mieux est de comparer les modèles qui s'offrent à notre examen.

Parmi les ornements en relief des objets d'art découverts dans les tombeaux en puits de Mycènes, on remarque deux sortes de boucliers : l'un ovale, fortement bombé qui couvre le guerrier depuis le menton jusqu'aux pieds (fig. 139 et 145) (1); l'autre également à peu près de la taille d'un homme et qui se rapproche de la forme quadrangulaire (fig. 151) (2). Le premier présente deux variantes : il est généralement, comme le bouclier béotien, plus récent, pourvu d'échancrures qui permettaient au guerrier de diriger ses coups à l'abri du danger (fig. 145); une seule fois, le périmètre du bouclier n'offre aucune solution de continuité (fig. 139). On rencontre deux autres formes sur les vases peints, qui semblent appartenir à une période de la céramique relativement récente, que nous ont fait connaître surtout les fouilles de Mycènes. Un fragment de poterie, trouvé dans

---

(1) Tel est le bouclier du cachet d'or reproduit par Schliemann, *Mykenæ*, p. 202, n° 254 (voy. pl. haut, p. 386, fig. 139) et p. 233, 313 (fig. 145). — Voy. aussi le bouclier représenté sur une lame de poignard dans l'Ἀθήναιον, vol. X, p. 309 et suiv. A 1. — Milchhoefer, *Die Anfænge der Kunst*, p. 145, n° 64. — *Bull. de corresp. hellén.*, 1886, pl. II, 3 (voy. plus loin fig. 151).

(2) Voy. dans *Mykenæ*, p. 259, n° 335, et la lame de poignard que nous venons de citer.

la citadelle sous les ruines des maisons de Cyclopes situées au sud des tombeaux en puits, nous montre quatre guerriers en

Fig. 144. — Bouclier rond trouvé en Italie.

marche, armés de boucliers qui ont environ les deux cinquièmes de la longueur du corps et sont échancrés en forme de croissant (1). Sur un autre fragment d'espèce analogue, mis au jour à Tirynthe (p. 247, fig. 62), nous voyons deux guerriers qui tiennent tendus devant eux des boucliers ronds tellement petits que leur diamètre atteint à peine la longueur de l'avant-bras (2). Au contraire, les boucliers figurés sur les vases du Dipylon (3) (p. 179, fig. 41 et p. 181, fig. 42) (4) rappellent en général ceux dont sont munis les Hittites combattant contre Rhamsès II sur les bas-relief d'Ibsambul (p. 169, fig. 34, p. 171, fig. 35). Ils auraient une forme complètement ovale s'ils n'avaient de chaque côté une échancrure en cercle, qui réduit à une surface très étroite la partie centrale du bouclier; leur hauteur est à peu près celle de la moitié du corps. Le bouclier simplement rond est relativement rare sur les vases du Dipylon (5) et autres analogues (6); on le rencontre plus souvent sur les monuments ultérieurs. Il se voit sur le vase souvent cité d'Aristonophos (7) (fig. 146), ainsi que sur les vases de Mélos (8) et de Rhodes (9). Les plus anciens boucliers trouvés en Grèce et en Italie (fig. 144 et 149), ont une forme ronde ou à peine elliptique; mais comme ils sont tous faits de plaques de bronze très minces, il est probable que c'étaient de simples ex-voto ou des offrandes funéraires (10). Le diamètre de ces boucliers ronds ou un peu elliptiques varie habituellement entre le tiers

Fig. 145. — Guerriers armés d'un bouclier échancré.

(1) Schliemann, *Mykenœ*, p. 153, n° 213.
(2) Schliemann, *Tiryns*, pl. XIV, p. 116-117.
(3) Comp. p. 93-102. — (4) *Monum. dell'Inst.* VIIII, pl. XXXIX, 1, pl. XL, 4. — *Ann. dell' Inst.*, 1872, Tav. d'agg. I, 2. Évidemment les peintres ont voulu représenter des boucliers qui pendaient le long des côtes ou dans le dos.
(5) Jusqu'à présent on n'a constaté la présence de ce bouclier que sur deux vases; *Arch. Zeit.*, LXIII, 1885, p. 139.
(6) Furtwængler, *Beschreibung der berliner Vasensamml.*, p. 9-10, n° 56.
(7) *Mon. dell'Inst.*, IX, pl. IV. — Comp. p. 317, note 3.
(8) Conze, *Melische Thongefässe*, pl. III.
(9) *Verhandlungen der 23 Philologenversammlung zu Hannover*, Leipzig, 1865, pl. I, p. 37-43; Salzmann, *Nécropole de Camiros*, pl. 53.
(10) Boucliers argiens légèrement elliptiques d'Olympie (diamètre 0,80 sur

et les deux cinquièmes de la longueur du corps. Il faut toutefois en excepter trois boucliers du vase d'Aristonophos. Les peintures de ce vase représentent un navire à gouvernail (μακρὰ ναῦς) et un voilier (ἄκατος) immédiatement avant le combat (1). L'équipage des deux barques est armé de bou-

Fig. 146. — Guerrier du vase d'Aristonophos.

cliers ronds. Mais les hommes de la première portent un bouclier qui a la longueur ordinaire de la moitié du corps,

1 m.): Furtwængler, *Die Bronzefunde aus Olympia*, p. 79-80. Les modèles de provenance italiote sont toujours ronds. Ils sont tous reproduits dans le *Mus. ital. di antichità classica*, II, p. 102-108. 126, note 1. Par ex. boucliers de Préneste : *Mon. dell'Inst.*, VIII, pl. XXVI, 4-6 (diam. 0,72, 0,58, 0,60). De Tarquinies : *Mon. dell'Inst.*, X, pl. X, 1 (le revers est représenté à la fig. 149), *Ann.* 1874, p. 252; diam. 0,66. — De Caeré : Grifi, *Mon. di Cere*, pl. XI, 1, 3. — *Mus. Gregor.* I, pl. XVIII-XX (le diamètre ici varie entre 0,825 et 0,925). Notre fig. 144 est empruntée à la pl. XVIII, 2. — Pour l'Étrurie (provenance exacte inconnue) voy. *Die Alterthümerversammlung in Carlsruhe*, pl. IX (diam. 0,85). — De S. Anatolia di Narco (territoire de Spoleto) : *Mus. ital. di ant. class.* II, p. 102; diam. 0,51.

(1) Comp. *Die Verhandl. der 35en Philologenversamml. zu Stettin*, Leipzig, 1881, p. 168-170.

tandis que ceux de la seconde en ont un qui va depuis les joues jusqu'au milieu des mollets (fig. 146). Toutefois cette peinture n'a qu'un intérêt secondaire pour notre étude; d'abord parce que nous sommes ici en présence de l'équipage d'un navire, dont l'équipement est tout autre que celui des troupes de terre; ensuite parce que, étant donnée l'exécution très défectueuse, il est probable que le peintre, pour plus de commodité, a grandi le cercle de ses boucliers, afin de s'épargner la peine de reproduire la partie du corps ainsi dissimulée. Sur les anciens vases attiques, sur ceux de Corinthe et de Chalcis, l'arme défensive la plus ordinaire est un bouclier circulaire dont le diamètre atteint environ les deux tiers de la longueur du corps. Parfois aussi on y remarque un bouclier ovale qui couvre le corps depuis le menton jusqu'aux genoux et qui mesure en longueur un peu plus du double de la largeur. Cependant ce bouclier est porté surtout par des guerriers de distinction qui combattent au premier rang (1). Deux types analogues étaient, à la même époque, en usage chez les Assyriens (2).

Quel est celui des boucliers examinés jusqu'à présent dont se servaient les guerriers homériques? Avant tout, pour répondre à cette question, il faut écarter les boucliers échancrés. Il est évident, en effet, que ces échancrures modifiaient considérablement les conditions de défense et d'attaque; si les boucliers de ce temps-là en avaient été pourvus, les poètes les eussent certainement mentionnées dans leurs nombreuses descriptions de batailles. Il faut de même écarter le type quadrangulaire, car aucune description, aucune des épithètes, que nous allons examiner tout à l'heure, ne fait allusion à cette forme. Notre examen doit donc se borner au bouclier rond ou légèrement el-

(1) Tel est le cas de la fameuse amphore de Chalcis dont la composition centrale a été reproduite à la p. 363, fig. 128. C'est sans doute à un type de ce genre que font allusion les vers suivants de Tyrtée XI, 23 :

μηρούς τε κνήμας τε κάτω καὶ στέρνα καὶ ὤμους
ἀσπίδος εὐρείης γαστρὶ καλυψάμενος.

(2) Layard, *A second series of the mon. of Nineveh*, pl. 35, 37, 42, 43.

liptique et au grand bouclier ovale. Nous verrons que ces deux espèces étaient simultanément en usage.

L'ἀσπίς est le plus souvent accompagnée de l'épithète πάντοσ' ἐΐση (1). Mais cette épithète ne nous renseigne guère sur la forme; elle peut, en effet, signifier *égal de tous côtés*, c'est-à-dire *rond* ou bien *recouvrant également tout le corps* (2). Or cette dernière interprétation peut s'appliquer aussi bien au bouclier rond qu'au bouclier ovale. La forme circulaire semble, au contraire, attestée par le mot κύκλος (*cercle*) qu'on rencontre dans la langue épique pour désigner la surface du bouclier (3), les couches dont il se composait (4) et les bandes ou zones qui constituaient sa surface (5); elle est, en outre, confirmée par l'épithète εὔκυκλος (*orné de cercles ou de bandes circulaires*) (6).

Le bouclier ovale a dû coexister à côté du bouclier rond. L'ἀσπίς est appelée dans un passage ποδηνεκής (7), c'est-à-dire

(1) *Il.* III, 347, 356; V, 300; VII, 250; XI, 61, 434; XII, 294; XIII, 157 160, 405, 803; XVII, 7, 517; XX, 274; XXII, 581; XIII, 818. Comp. *Zeitschr. für Alterthumswissenschaft*, 1836, p. 817-820.

(2) Ce dernier sens serait analogue à celui de ἀσπὶς ἀμφιβρότη (*Il.* II 389, XII 402, XX 281). L'allusion à un objet ovale serait confirmée par l'expression νῆες ἐΐσαι, si, comme c'est probable, elle signifie des vaisseaux construits régulièrement. Comp. *Philologus*, XXIX, 1870, p. 195.

(3) *Il.* XII, 297 (en parlant de l'ἀσπίς de Sarpédon) :

χρυσείης ῥάβδοισι διηνεκέσιν περὶ κύκλον.

Comp. notre chap. XXX au sujet de ce passage difficile.

(4) *Il.* XX, 280 :

.... διὰ δ'ἀμφοτέρους ἕλε κύκλους
ἀσπίδος ἀμφιβρότης.

Ce passage veut dire : le trait vint traverser les deux couches qui étaient superposées à l'endroit frappé. — (5) *Il.* XI, 33 :

ἦν πέρι μὲν κύκλοι δέκα χάλκεοι ἦσαν.

(6) *Il.* V, 453, 797; XII. 426; XIII, 715; XIV, 428. Cette explication s'impose à cause de l'analogie avec l'ἀπήνη εὔκυκλος, qui indique un char orné de beaux cercles, c'est-à-dire de belles roues. Comp. plus haut, p. 184, note 3.

(7) *Il.* XV, 645 :

στρεφθεὶς γὰρ μετόπισθεν ἐν ἀσπίδος ἄντυγι πάλτο,
τὴν αὐτὸς φορέεσκε ποδηνεκέ' ἕρκος ἀκόντων ·
τῇ ὅγ' ἐνὶ βλαφθεὶς πέσεν ὕπτιος.

descendant jusqu'aux pieds. Hector rentrant du champ de bataille, dans la ville de Troie, porte sur le dos un bouclier, doublé de cuir sur la bordure, qui lui bat la nuque et les chevilles (1). Par conséquent, il y avait des boucliers qui avaient presque la longueur du corps. Il était, d'autre part, évidemment tout à fait inutile d'augmenter à proportion la largeur du bouclier; car, trop large, il eût été difficile à mouvoir. Ces boucliers, qui avaient la hauteur de la taille d'un homme, ne pouvaient donc pas avoir une forme circulaire, mais ovale. Ils étaient probablement analogues à celui qu'on remarque sur un des cachets de Mycènes (fig. 139). Nous avons déjà vu plus haut (p. 402) que les boucliers ronds du vase d'Aristonophos, dont le diamètre a presque la longueur du corps (fig. 146), ne pouvaient servir d'argument sérieux à notre thèse. De plus, une arme défensive aussi colossale ne cadre guère avec le tableau que les poètes nous font d'un champ de bataille. Parfois, il est vrai, l'Épopée nous dit que les héros souffraient sous le poids de leur bouclier (2). Mais ce poids ne les empêche jamais de se mouvoir rapidement ni même de parcourir de grandes distances (3). C'est ainsi qu'Achille poursuit au loin à travers champs Apollon sous les traits d'Agénor, pendant que les Troyens en déroute se sauvent der-

---

(1) *Il.* VI, 117 :
  ἀμφὶ δέ μιν σφυρὰ τύπτε καὶ αὐχένα δέρμα κελαινόν,
  ἄντυξ ἣ πυμάτη θέεν ἀσπίδος ὀμφαλοέσσης.

(2) *Il.* II, 388 : ἰδρώσει μέν τευ τελαμὼν ἀμφὶ στήθεσσιν
  ἀσπίδος ἀμφιβρότης.

 V, 795 : ἱδρὼς γάρ μιν ἔτειρε ὑπὸ πλατέος τελαμῶνος
  ἀσπίδος εὐκύκλου· τῷ τείρετο, κάμνε δὲ χεῖρα,
  ἂν δ' ἴσχων τελαμῶνα κελαινεφὲς αἷμ' ἀπομόργνυ.

 XIII, 709 : ἀλλ' ἤτοι Τελαμωνιάδη πολλοί τε καὶ ἐσθλοὶ
  λαοὶ ἕπονθ' ἕταιροι, οἵ οἱ σάκος ἐξεδέχοντο,
  ὁππότε μιν κάματός τε καὶ ἰδρὼς γούνατ' ἵκοιτο.

 XVI, 160 : ὁ δ' ἀριστερὸν ὦμον ἔκαμνεν,
  ἔμπεδον αἰὲν ἔχων σάκος αἰόλον.

(3) *Il.* VI, 514; XI, 465 et suiv.; XIII, 754-755; XVII, 119, 180, 257.

rière les murailles (1). Achille et Hector s'enfuyant devant lui font trois fois le tour des murailles (2). Ajax, fils de Télamon, en défendant les navires, saute d'un pont à l'autre, comme un écuyer conduisant quatre chevaux et s'élançant de l'un sur l'autre (3). Très souvent les poètes font ressortir l'impétuosité des héros (4). Tous ces mouvements sont impossibles, si l'on suppose le bras gauche armé d'un disque énorme dont la largeur équivaudrait à la longueur du corps.

L'on arrive aux mêmes conclusions si l'on considère les don-

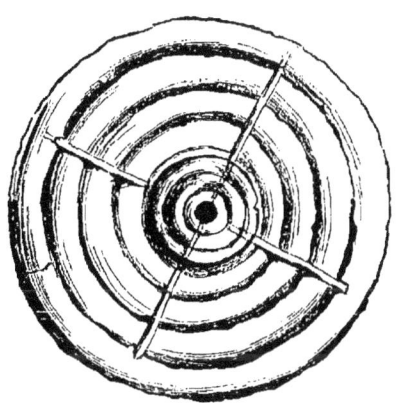

Fig. 147. — Bouclier en bronze trouvé dans les Abruzzes.

nées de l'Épopée sur les blessures et les différentes manières dont les guerriers se couvrent avec leur bouclier. Il nous suffira de rappeler à cet égard les passages les plus caractéristiques. Pendant qu'Énée, debout devant le cadavre de Pandaros et se couvrant avec son bouclier, tient sa lance en arrêt, Diomède lui

(1) *Il.* XXI, 601-605. — (2) *Il.* XXII, 144-166. — (3) *Il.* XV, 676-686.
(4) Ils l'expriment le plus souvent par le mot ἐπορούω : *Il.* IV, 472; V, 432; XI, 256; XV, 520, 525, 579; XVI, 320; XXI, 144, 392. Ou bien par le verbe αἴσσω : *Il.* XV, 694; *Od.* XXII, 90; ou ἐπαίσσω : *Il.* III, 369; V, 98, 235, 323, 584; X, 345; XII, 191; XIII, 513, 546. Comp. aussi : *Il.* XIII, 158 : κοῦρα ποσὶ προβιβάς.

lance une grosse pierre qui le blesse à la cuisse (1). Si Énée avait eu un bouclier circulaire d'un diamètre équivalent à la hauteur du corps, la cuisse eût été naturellement préservée et une blessure à cet endroit eût été impossible. Du reste, dès que les guerriers se découvrent, ils sont blessés soit sous le bouclier, au ventre (2), soit au côté, à la poitrine (3) ou au flanc (4), soit enfin au-dessus du bouclier, à la poitrine ou aux épaules (5). Toutes ces données supposent soit un bouclier rond de dimensions ordinaires, soit un bouclier ovale dont la largeur ne suffisait pas pour couvrir le corps dans toutes ces éventualités. Au contraire, l'expression ὑπασπίδια προποδίζων ou ὑπασπίδια προβιβάς (6), employée par les guerriers qui marchent à l'ennemi, prudemment cachés par leur bouclier, semble correspondre à un bouclier long et ovale (7). Il en est de même des passages où le σάκος est comparé à une tour (8); de même que la tour cache la garnison, de même le bouclier protège le guerrier depuis le menton jusqu'à la cheville. Quoi qu'on en puisse dire, à cette catégorie appartient certainement l'ἀσπὶς ποδηνεκής du Mycénien Périphétès qui tombe, en se retournant, parce qu'il s'est cogné contre le rebord du bouclier (9); il faut y joindre l'ἀσπίς d'Hector dont il vient d'être parlé (p. 404) et qui de son bord supérieur bat contre la nuque, de son bord inférieur contre les chevilles du héros (10).

(1) *Il.* V, 300-306.
(2) *Il.* XI, 424. — (3) *Il.* XVI, 312, 400 :

στέρνον γυμνωθέντα παρ' ἀσπίδα.

(4) *Il.* IV, 468 :

πλευρά, τά οἱ κύψαντι παρ' ἀσπίδος ἐξεφαάνθη,
οὔτησε ξυστῷ χαλκήρεϊ.

(5) *Il.* XIV, 412; *Od.* XXII, 279. — (6) *Il.* XIII, 156-158, 807; XVI, 609.
(7) En deux endroits (*Il.* XIII, 157 et 803) l'ἀσπίς a pour épithète πάντοσ' ἐΐση. Si, par conséquent, l'explication ci-dessus est juste, la question de savoir si cette épithète doit être traduite par *circulaire* ou par *recouvrant tout le corps* sera résolue en faveur de cette dernière traduction. — (8) *Il.* VII, 119; XVI, 485; XVII, 128 : φέρων σάκος ἠΰτε πύργον. — (9) *Il.* XV, 645-648 (voy. plus haut, p. 403, note 7). — (10) *Il.* VI, 117 (voy. plus haut, p. 404, note 1).

LE BOUCLIER.

On serait tenté de supposer que les mots ἀσπίς et σάκος servaient à distinguer les deux sortes de boucliers (rond et ovale). Mais cette hypothèse est inadmissible, si l'on songe aux habitudes de la langue épique ; les deux mots sont d'ailleurs employés dans plusieurs endroits comme synonymes. Qu'il nous suffise de faire observer à ce propos que Thélès appelle ἀσπίς le bouclier d'Achille, qui immédiatement après prend le nom de σάκος (1).

Voyons maintenant comment les boucliers étaient construits. Ils se composaient de plusieurs peaux de taureau cousues l'une sur l'autre et étaient généralement garnis de bronze à l'extérieur (2). Le σάκος d'Ajax, fils de Télamon, était formé de sept peaux de taureau, recouvertes d'une plaque de bronze (3). Celui de Teukros (4) et celui que porte Ulysse dans sa lutte contre les prétendants ont quatre couches de peau (5). Pour fabriquer le bouclier d'Achille, Héphaïstos superpose cinq couches, dont les deux supérieures sont de bronze, celle du milieu en or, les deux

---

(1) *Il.* XVIII, 458 et 478. Ce bouclier est appelé σάκος dans tous les autres passages, notamment : *Il.* XVIII, 608, 609 ; XIX, 372-379 ; XX, 258-261, 268 ; XXII, 290, 313.

(2) Voy. notamment : *Il.* XIII, 406 :

τὴν ἄρ' ὅγε ῥινοῖσι βοῶν καὶ νώροπι χαλκῷ
δινωτὴν φορέεσκε.

XIII, 803 : ..... ἀσπίδα πάντως' ἐΐσην
ῥινοῖσιν πυκινήν, πολλὸς δ'ἐπελήλατο χαλκός.

XVII, 492 : βοέης εἰλυμένω ὤμους
αὔῃσι στερεῇσι· πολὺς δ'ἐπελήλατο χαλκός.

Sur *Il.* XII, 294-297 comp. notre chap. XXX. Les expressions techniques désignant les couches de peau et de feuilles de métal sont : πτύχες (*Il.* VII, 247, XVIII, 481, XI, 269-272), κύκλοι (*Il.* XX, 280 ; voy. p. 403, note 4) et peut être aussi ἱμάντες (*Od.* XXII, 186 : ῥαφαὶ δὲ λέλυντο ἱμάντων). Il faut y ajouter encore l'adjectif τετραθέλυμνος, *à quatre couches*. *Il.* XV, 478, *Od.* XXII, 122 : σάκος τετραθέλυμνον.

(3) *Il.* VII, 219 :

..... σάκος ἠΰτε πύργον,
χάλκεον ἑπταβόειον, ὅ οἱ Τυχίος κάμε τεύχων,
... ὅς οἱ ἐποίησεν σάκος αἰόλον ἑπταβόειον,
ταύρων ζατρεφέων, ἐπὶ δ' ὄγδοον ἤλασε χαλκόν.

Comp. VII, 245-258 ; XI, 545. — (4) *Il.* XV, 479. — (5) *Od.* XXII, 122.

inférieures en *kassiteros* (1). Ce procédé qui rappelle la construction de nos cuirassés n'est évidemment qu'un effet de l'imagination du poète; un bouclier composé de plusieurs plaques métalliques eût été complètement superflu, étant donnée la nature des armes offensives du temps, et aucun bras n'aurait pu manier une masse pareille. On peut en dire autant de l'ἀσπίς de Nestor qui, ainsi qu'Hector l'a appris, était tout en or y compris les poignées (2). Cette description a peut-être été inspirée par la vue de boucliers dont la surface était garnie d'une plaque d'or, au lieu d'une simple plaque de bronze.

C'est au centre du bouclier que résidait presque toute sa force de résistance : cela ressort de ce fait qu'Achille atteint l'ἀσπίς d'Énée sur le bord où la garniture de bronze et le cuir sont les plus minces (3). Évidemment le diamètre des peaux superposées allait en diminuant graduellement de dessous en dessus; de même l'épaisseur des garnitures de bronze diminuait du centre à la périphérie; de là cet amincissement du bord du bouclier. Il en résulte qu'il y avait au centre de la surface un cercle formé par la couche extérieure la moins grande, puis venaient en

(1) *Il.* XVIII, 481; XX, 267 :

> οὐδὲ τότ' Αἰνείαο δαΐφρονος ὄβριμον ἔγχος
> ῥῆξε σάκος· χρυσὸς γὰρ ἐρύκακε, δῶρα θεοῖο.
> ἀλλὰ δύο μὲν ἔλασσε διὰ πτύχας, αἱ δ' ἄρ ἔτι τρεῖς
> ἦσαν, ἐπεὶ πέντε πτύχας ἤλασε κυλλοποδίων,
> τὰς δύο χαλκείας, δύο δ' ἔνδοθι κασσιτέροιο
> τὴν δὲ μίαν χρυσέην· τῇ ῥ' ἔσχετο μείλινον ἔγχος.

Sur κασσίτερος voy. p. 361-362.
(2) *Il.* VIII, 192 :

> ἀσπίδα Νεστορέην, τῆς νῦν κλέος οὐρανὸν ἵκει,
> πᾶσαν χρυσείην ἔμεναι, κανόνας τε καὶ αὐτήν.

Des boucliers d'or, chez les Syriens de Damas : Samuel II, 7, 8. Le roi Salomon fait fabriquer des boucliers votifs en or, grands et petits. *Les Rois*, I. 10, 16-17.
(3) *Il.* XX, 275 :

> ἄντυγ' ὕπο πρώτην, ᾗ λεπτότατος θέε χαλκός,
> λεπτοτάτη δ' ἐπέην ῥινὸς βοός.

dessous d'autres cercles concentriques plus grands, en sorte que chacun d'eux dépassait plus ou moins celui qui était placé dessus. Cette disposition, formant une sorte d'ornement, se retrouve dans plusieurs boucliers de bronze très anciens, de provenance italiote (voy. p. 399, fig. 144 et p. 413, fig. 149) (1). Au centre, à l'extérieur était placé l'*omphalos* (2). C'était généra-

Fig. 148. — Bouclier en bronze trouvé à Cerveteri.

lement une forte plaque de bronze, dont plusieurs spécimens sont parvenus jusqu'à nous (fig. 147, 148) (3). Le bouclier d'A-

---

(1) *Mus. Gregor.* I, pl. XVIII-XX. — *Mon. dell'Inst.*, VIII, pl. XXVI, 4-6; X, pl. 1-2. — (2) Ἀσπὶς ὀμφαλόεσσα : *Il.* IV, 448; VI, 118; VIII, 62; XI, 259, 424, 457; XII, 161; XIII 264; XVI, 214; XIX, 360; XXII, 110. *Od.* XIX, 32. Σάκος ἐπομφάλιον : *Il.* VII, 266

(3) Notre fig. 147, dessinée par M. Sambon de Naples, représente un *omphalos* trouvé dans les Abruzzes (diam. 0,19, disque du milieu 0,067). Le trou au centre, destiné à recevoir un clou ou une pointe est fait dans une plaque de bronze spéciale. — Fig. 122 : omphalos de bronze, trouvé à Cerveteri, collection de M. Brüls à Rome (diam. 0,25). Lorsque cette pièce fut achetée, on remarquait encore sur les bords des fragments de cercles de

gamemnon (1) n'avait pas un *omphalos* mais vingt et un *omphaloï* dont vingt en *kassiteros* (2) que le poète supposait sans doute répartis sur les cercles concentriques et un en *kyanos*, probablement un disque de bronze enduit de pâte de verre bleu ou de smalt (3). Il convient d'en rapprocher un bouclier de bronze trouvé dans le Danemark, dont le milieu est occupé par un assez gros *omphalos* pendant que d'autres, plus petits, sont disséminés tout autour sur la surface (4).

L'ἀσπὶς τερμιόεσσα de Patrocle (5) était, si l'explication donnée par nous de cette épithète (p. 221-222) est exacte, un bouclier dont la bordure surtout sautait aux yeux. Cette bordure était-elle importante au point de vue ornemental ou simplement comme un détail de fabrication, c'est ce qu'on ne saurait dire au juste. De toute façon, il est tout naturel qu'on ait songé à consolider la périphérie puisque c'est à cet endroit que le bouclier était le plus mince (6). Il sera question au chap. XXX de la triple

---

bronze. — L'*omphalos* du bouclier trouvé à Corneto (*Mon. dell' Inst.*, X, pl. X, 1, 2; notre fig. 149 en donne le revers) est double et se termine par une petite pointe. Est terminé par une forte pointe un bouclier rond en bronze découvert près d'Amathonte, dans l'île de Chypre, dans la même tombe que la coupe d'argent représentée à la pl. I de ce livre (Perrot et Chipiez, *Hist. de l'Art*, p. 871, fig. 639).

(1) *Il.* XI, 32 :

..... ἀσπίδα θοῦριν,
καλήν, ἣν πέρι μὲν κύκλοι δέκα χάλκεοι ἦσαν,
ἐν δὲ οἱ ὀμφαλοὶ ἦσαν ἐείκοσι κασσιτέροιο
λευκοί, ἐν δὲ μέσοισιν ἔην μέλανος κυάνοιο.
τῇ δ' ἐπὶ μὲν Γοργὼ βλοσυρῶπις ἐστεφάνωτο
δεινὸν δερκομένη, περὶ δὲ Δεῖμός τε Φόβος τε.

(2) Voy. p. 361-362. — (3) Voy. p. 128-135.

(4) *Atlas de l'archéologie du Nord*, Copenhague, 1857, B V, 1. — Worsaae, *Nordiske Oldsäger d. museum i Kjöbenhavn*, p. 41, n° 203. — Conestabile, *Sopra due dischi antico-italici*, p. 21 (*Mem. dell' acc. di Torino*, série II, t. XXVIII).

(5) *Il.* XVI, 802 :

...αὐτὰρ ἀπ' ὤμων
ἀσπὶς σὺν τελαμῶνι χαμαὶ πέσε τερμιόεσσα.

(6) *Il.* XX, 275-276. (Voy. plus haut, p. 408, note 3).

bordure brillante dont Héphaïstos entoura le bouclier d'Achille (1).

La question de savoir comment on maniait le bouclier est intimement liée avec ce que nous savons sur la forme et les dimensions de cette arme. Mais rappelons tout d'abord les deux façons différentes dont le bouclier était rendu maniable chez les anciens. A notre connaissance, les boucliers les plus anciens n'ont qu'une poignée, mais point de lanières pour passer le bras (*énarmes*). A cette catégorie appartiennent les boucliers représentés sur les antiquités de Mycènes et qui ont presque la hauteur d'un homme (2). Si nous admettons qu'ils étaient pourvus de lanières, celles-ci étaient naturellement placées au milieu de la concavité. Mais alors la hauteur démesurée du bouclier eût été non seulement inutile, mais sans aucun effet; car (son centre se trouvant dans ce cas juste à la hauteur du coude), le bouclier aurait entièrement dégagé la partie inférieure du corps, dépassant de beaucoup la tête du guerrier qui, par suite, n'aurait pu rien voir. Cette interprétation est confirmée d'ailleurs par le cachet de Mycènes déjà cité maintes fois (fig. 139). Si l'on veut se rendre bien compte de la manière dont l'un des deux guerriers y tient le bouclier colossal, on reconnaîtra aussitôt que la distance de l'épaule au centre de la concavité intérieure est beaucoup trop grande pour que le bras ait pu être plié et passer dans les lanières. Au contraire, la figure du cachet en question devient parfaitement compréhensible si nous admettons que le bras était tendu et la main passée dans une courroie placée au milieu du bouclier.

Autant qu'on en peut juger par les monuments, les boucliers de tous les peuples orientaux, des Égyptiens (p. 161, fig. 31) (3),

---

(1) *Il.* XVIII, 479 :
περὶ δ'ἄντυγα βάλλε φαεινήν,
τρίπλακα μαρμαρέην.
(2) Voy. p. 398, note 1.
(3) Voy. Rosellini, *Monum. dell'Egitto*, I, pl. 102-110.

comme des Hittites (p. 169, fig. 34, p. 171 35) (1), des Assyriens (2) comme des Phéniciens (3), n'étaient munis que d'une seule poignée de ce genre. Rappelons à ce propos un vase de Tirynthe, que nous avons mentionné plus haut (p. 247, fig. 62) (4). On y voit deux guerriers tenant chacun devant soi un petit bouclier circulaire. Rien que la petite dimension de ces boucliers exclut absolument l'hypothèse qu'ils aient pu avoir à la fois une poignée et des lanières. De plus, la façon dont le peintre a traité le bras gauche des guerriers prouve bien que l'avant-bras n'était point passé dans les énarmes, mais que la main saisit une sorte d'anse qu'il faut supposer au revers et au centre du bouclier. De même tous les boucliers circulaires en bronze qui proviennent d'anciennes tombes étrusques (fig. 149) (5) et ombriennes (6), comme tous ceux de même métal trouvés dans l'Europe centrale et septentrionale (7), ne sont munis que d'une seule poignée. Cette manière antique de manier le bouclier semble avoir été conservée (8) par les Spartiates jusqu'au troisième siècle avant J.-C.: il est donc permis de supposer qu'elle était universellement adoptée par les peuplades les plus anciennes de la Grèce.

(1) Voy. p. 166, note 2. — (2) Les Assyriens maniaient de la sorte non seulement les boucliers longs ovales (Ex. Layard, *Mon. of. Nineveh*, pl. 69, 72; *A second series of the monum of Ninev.*, pl. 19. 29, 34, 36, 42), mais aussi le bouclier rond moyen (Ex. Layard, *Mon. of. Nin.*, pl. 29, 62, 63, 66, 68, 75, 76, 78, 79; *A second series of the mon. of Nin.*, pl. 18, 20-22, 31, 39, 42).
(3) Voy. le cratère d'argent des *Mon. dell'Inst.*, X, pl. XXXIII 4°. — (4) Voy. p. 249, note 1. — (5) *Mon. dell'Inst.*, X, pl. X, 1 (d'où notre fig. 149). Voy. aussi un bouclier de Vulci publié dans le *Mus. gregor.*, I, pl. XXI, 4; il se peut qu'ici le dessinateur ait reproduit à dessein une seule poignée.
(6) Voy. le bouclier de S. Anatolia di Narco (près Spoleto), dans le *Mus. ital. di antichità class.*, II, p. 102.
(7) Lindenschmit, *Alterth. unserer heidn. Vorzeit*, I, fasc. XI, pl. 1, 4, 5. III, fasc. VII, pl. II; suppl. au vol. III, fasc. 1, p. 16. — Comp. Kemble, *Horæ ferales*, pl. XI. — Genthe, *Der etruskische Tauschhandel*, p. 57.
(8) Voy. p. 80, note 3. — Sur les bas-reliefs de Sparte, dans Le Bas, *Voyage archéol. en Grèce*, pl. 103, où il est facile de reconnaitre que le guerrier qui est à droite du spectateur ne manie le bouclier qu'au moyen de la poignée.

Il est impossible d'admettre qu'il y ait jamais eu des boucliers sans aucune poignée. Hérodote (1) dit, il est vrai, qu'à l'ori-

Fig. 149. — Revers d'un bouclier étrusque.

gine, le bouclier n'était maintenu qu'au moyen d'un baudrier

---

(1) I, 171 : τέως δὲ ἄνευ ὀχάνων ἐφόρεον τὰς ἀσπίδας πάντες οἵ περ ἐώθεσαν ἀσπίσι χρέεσθαι, τελαμῶσι σκυτίνοισι οἰηκίζοντες, περὶ τοῖσι αὐχέσι τε καὶ τοῖσι ἀριστεροῖσι ὤμοισι περικείμενοι.

qui passait sur la nuque et sur les épaules. Mais il est évident que cet historien, en rapportant ainsi ce fait, n'avait pas une idée bien nette des usages antiques ou bien il ne s'est pas exprimé avec assez de clarté.

A côté du bouclier à une seule poignée, il y en eut un autre qui se propagea peu à peu : il était pourvu de deux courroies dont l'une pour le bras et l'autre pour la main. C'était une innovation que les Grecs attribuaient aux Cariens (1). De l'examen des monuments, que nous connaissons, nous sommes en droit de conclure que ce bouclier pourvu de lanières et d'une poignée apparaît pour la première fois sur les bas-reliefs d'Ibsamboul représentant la campagne de Rhamsès II contre les Hittites. Et ce ne sont pas les guerriers de nationalité égyptienne qui en sont armés, mais bien les Schardana, tribu qui semble issue d'Asie Mineure et qui servait comme légion étrangère dans l'armée égyptienne (fig. 150) (2). Mais ce bouclier a dû être introduit de très bonne heure en Asie, car on le reconnaît déjà sur des vases très anciens de Mélos (3) et de Rhodes (4). En tout cas, il fut, si nous ne nous trompons, dès le sixième siècle, l'arme défensive la plus ordinaire des armées grecques, celle de Sparte exceptée (5).

Maintenant que nous connaissons les deux façons de manier le bouclier, passons à l'examen des principaux endroits de l'Épopée qui s'y rapportent. Le bouclier d'Idoménée était, dit

---

(1) Les inventions que les anciens attribuent aux Cariens sont celles des lanières, des marques de boucliers, de l'*umbo*, des jambières et des aigrettes. Voy. Herod. I, 171. Strabon, XIV, C. 661. Schol. *Il.* VIII, 193; Schol. Thucyd. VI, 8; Étym. m. p. 489, 36; Étym. gud. p. 297, 41; Pline, *Hist. nat.*, VII, 200.

(2) Rosellini, *Mon. dell'Egitto*, I, pl. CI (d'où notre fig. 150). — Chabas, *Études sur l'antiquité historique*, 2ᵉ éd. p. 360. — *Gaz. archéol.*, VII, 1881-82, p. 135. Comp. Brugsch, *Geschichte Aegyptens*, p. 578 et Schliemann, *Ilios*, p. 823-826.

(3) Conze, *Melische Thongefässe*, pl. III. — (4) Sur une assiette de Camiros (voy. p. 299, note 4).

(5) Voy. p. 80, note 3.

le poète, pourvu de deux κανόνες (1); Hector a entendu dire que celui de Nestor était tout en or, y compris ses κανόνες (2). Quelques savants anciens et modernes voient dans ces κανόνες des traverses de bois auxquelles était attaché le baudrier (τελαμών), ou courroie qui supportait le bouclier (3). Mais il est évident que, dans une simple mention, un détail aussi insignifiant ne méritait pas d'être relevé. Il était bien plus naturel de faire ressortir le jeu des courroies qui facilitait le maniement du bouclier. On a essayé aussi de présenter les κανόνες comme des traverses qui auraient eu pour objet de distendre les peaux de taureaux dont se composait le bouclier (4). Cette opinion n'est pas plus acceptable que la première; en effet, ces traverses ne seraient alors qu'une particularité de construction qui ne pouvait rien ajouter à

Fig. 150. — Guerrier Schardana armé d'un bouclier rond.

la caractéristique ni au prix du bouclier. Il est d'ailleurs

---

(1) *Il.* XIII, 406 :

τὴν ἄρ' ὅγε ῥινοῖσι βοῶν καὶ νώροπι χαλκῷ
δινωτὴν φορέεσκε, δύω κανόνεσσ' ἀραρυῖαν.

(2) *Il.* VIII, 192 (voy. fig. 408, note 2).

(3) Hesych. κανών... καὶ αἱ τῆς ἀσπίδος ῥάβδοι, ἀφ'ὧν ὁ τελαμὼν ἐξῆπτο. — Telle est aussi l'opinion de Friedreich (*Die Realien in der Il. u. Odyssee*, p. 367); mais il admet que l'une de ces sangles transversales servait à passer le bras et l'autre était une poignée.

(4) Ebeling, *Lexicon Homer.* au mot κανών, n° 1.

douteux que la disposition dont il s'agit ici ait jamais été employée; parmi les nombreux renseignements que l'Épopée donne sur les boucliers, il n'en est aucun qu'on puisse en toute assurance ou avec quelque vraisemblance appliquer à ces traverses. Enfin, il est dit expressément que le bouclier de Nestor et ses κανόνες étaient tout en or. Si l'on adoptait cette explication, il faudrait supposer, ce qui est inadmissible, que le poète a reporté sur le bouclier métallique qu'il imagine la disposition qu'il savait exister dans les boucliers en cuir.

Toutes les difficultés disparaissent, au contraire, si nous admettons que les κανόνες étaient l'anse pour le bras et la poignée pour la main. Cette hypothèse semble confirmée rien que par ce fait que le nombre deux est expressément indiqué pour les κανόνες du bouclier d'Idoménée. Nous avons vu plus haut que déjà au quatorzième siècle avant J.-C. des boucliers à double anse avaient été en usage chez les Schardana, peuplade probablement originaire d'Asie Mineure. Il n'y a donc rien de surprenant qu'une arme défensive de ce genre ait été introduite à l'époque homérique chez les Grecs d'Asie-Mineure. Les preuves abondent dans l'Épopée que d'autres parties de l'équipement militaire, telles que l'*umbo*, l'aigrette, les jambières (1), qui passaient pour des inventions cariennes, étaient communément usitées chez les Ioniens du temps. Notre interprétation s'explique du reste aussi fort bien au point de vue linguistique. Si, en effet, le mot κανών vient, comme c'est probable de κάννη, primitivement κάνη (*jonc*) (2), son sens primitif serait *tuyau* ou *bâton creux*. Or ce sens convient parfaitement aux anses du bouclier; des tuyaux métalliques étaient bien plus propres à cet usage que des bandes de métal qui auraient pu faire des entailles dans le bras et dans la main. D'après tout ce que nous venons de dire, les κανόνες nous paraissent avoir été l'anse double du bouclier (3).

(1) Voy. p. 414, note 1.
(2) Hehn, *Kulturpflanzen und Hausthiere*, 3e éd. p. 265, 4e éd. p. 247.
(3) Quelques commentateurs anciens (Schol. *Il.* VIII, 195, Eustath.

Évidemment les boucliers de petites dimensions seuls étaient maniés au moyen de cette double poignée. Quant aux boucliers qui ont presque la hauteur d'un homme et que mentionne l'Épopée, on peut en dire ce qui a été dit plus haut à propos de ceux représentés sur les antiquités de Mycènes (1). Ces boucliers colossaux ne pouvaient être maniés qu'au moyen d'une poignée. A l'époque d'Homère, la poignée antique et la double poignée plus récente étaient simultanément en usage; c'est ce qui explique pourquoi le poète fait ressortir le nombre deux des κανόνες du bouclier d'Idoménée. Il y avait à ce moment-là aussi des boucliers qui n'étaient munis que d'un seul κανών.

Il nous reste à parler encore du baudrier ou courroie de soutien (τελαμών) (2). Elle était surtout nécessaire, pour le grand bouclier ovale, trop lourd pour que la main gauche tenant la poignée pût seule le diriger à l'aise. Dans le petit bouclier circulaire, cette courroie permettait surtout de laisser pendre le bouclier le long du corps, quand le guerrier ne s'en servait pas; c'est un point sur lequel nous reviendrons plus bas. L'Épopée ne nous renseigne nullement sur la manière dont la courroie était attachée au bouclier. Deux boucliers de bronze, trouvés l'un dans un tombeau de Corneto (fig. 149), l'autre dans une tombe ombrienne (3), semblent avoir été pourvus de deux courroies qui se croisaient et dont les extrémités étaient engagées dans quatre anneaux ou sorte de boucles fixées à l'intérieur (4). Mais tous les autres monuments, dont il faut à ce

---

p. 707, 58-61, p. 905, 51-53; *Etym. m.* p 489, 36, *Etym. gud.* p. 294, 41) reconnaissent bien dans les κανόνες une disposition qui sert à manier le bouclier; mais ils se trompent quand ils supposent que cette disposition différait de celle dont l'invention est attribuée aux Cariens.

(1) Voy. p. 411.
(2) *Il.* II, 388; V, 796; XII, 401; XIV, 404; XVI, 803; XVIII, 480. Les baudriers d'Agamemnon et d'Achille étaient ἀργύρεοι (*Il.* XI, 38; XVIII, 480), c'est-à-dire garnis d'argent. Comp. p. 138.
(3) *Mus. ital. di antich. class.*, II, p. 102-104.
(4) Nous ne nous arrêterons pas à l'opinion émise dans le *Museo ital.* I, p. 104, d'après laquelle ces courroies auraient servi à saisir le bouclier, lorsque la main aurait lâché la poignée à la suite d'un coup.

propos tenir compte dans notre étude, n'offrent qu'une seule courroie, conformément au singulier qui est, dans ce cas, toujours employé dans l'Épopée. Sur les boucliers égyptiens elle est attachée non loin du centre, à l'intérieur; elle est portée obliquement en bandoulière, tantôt sur l'épaule gauche (1), tantôt sur l'épaule droite (2). Cette courroie est également oblique dans les boucliers de deux chasseurs de lions, représentés sur la lame d'un poignard de Mycènes (fig. 151) (3). Seulement ici elle est fixée plus haut et portée sur l'épaule gauche. C'est sur la même épaule que la fait reposer aussi Hérodote (4) dans la description qu'il fait du bouclier antique. Au contraire, le seul passage de l'Épopée qui fasse allusion à la position de cette courroie indique l'épaule droite : Diomède, blessé à cette épaule par Pandaros, souffre sous la pression du baudrier et soulève légèrement celui-ci pour sécher le sang qui coule (5). Il est clair que cette courroie changeait de point d'appui selon les mouvements imprimés au bouclier (6). Tout porte à croire que le guerrier, quand il s'apprêtait à combattre l'ennemi, tenait le bouclier droit devant lui (7) et qu'alors le baudrier reposait sur son

---

(1) Wilkinson-Birch, *The manners of the anc. Egyptians*, I, p. 199, note 1.
(2) Wilkinson-Birch, p. 200, nº 25. — (3) Voy. p. 398, note 1.
(4) I, 171 (voy. p. 413, note 1). — (5) *Il.* V, 795-797 (voy. p. 404, note 2). Comp. vers 98. Le passage où Hector frappe Ajax (*Il.* XIV, 404) :

τῇ ῥα δύω τελαμῶνε περὶ στήθεσσι τετάσθην,
ἤτοι ὁ μὲν σάκεος, ὁ δὲ φασγάνου ἀργυροήλου

laisse entière la question de savoir si la guige et la courroie du glaive étaient posées l'une sur l'autre ou si elles se croisaient au milieu de la poitrine.
(6) *Il.* VII, 238 :

οἶδ' ἐπὶ δεξιά, οἶδ'ἐπ'ἀριστερὰ νωμῆσαι βῶν
ἀζαλέην, τό μοί ἐστι ταλαύρινον πολεμίζειν.

(7) C'est ainsi qu'Ajax tient son bouclier lorsqu'il sort des rangs achéens pour aller livrer le combat singulier avec Hector (*Il.* VII, 224) :

τὸ (σάκος) πρόσθε στέρνοιο φέρων Τελαμώνιος Αἴας
στῆ ῥά μάλ' Ἕκτορος ἐγγύς.

LE BOUCLIER.

dos. S'agissait-il de parer à gauche, la courroie glissait naturellement sur l'épaule droite, et sur la gauche, s'il fallait tourner le bouclier vers la droite. Le guerrier voulait-il frapper un coup ou lancer un trait, il était bien entendu forcé de dégager l'épaule droite du poids du bouclier et, par suite, rejeter la courroie sur la nuque. La même courroie servait aussi à laisser pendre le bouclier le long du corps. C'est ainsi que les guerriers, quand ils fuyaient, avaient l'habitude de rejeter en arrière le bouclier qui, pendu à la courroie, leur couvrait le dos (1). Cette manœuvre est clairement désignée par les vers qui représentent la chute du Mycénien Périphétès (2). Le bouclier d'Hector lui pendait également dans le dos

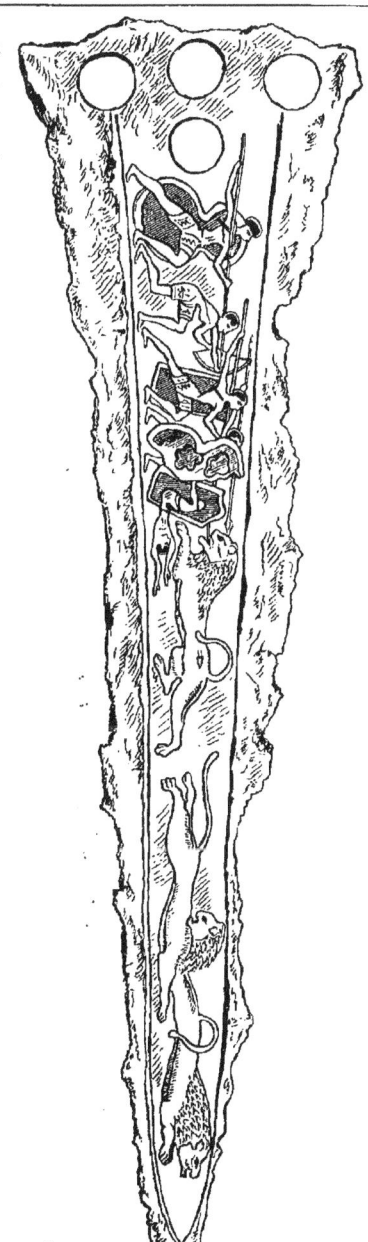

De même Sarpédon lorsqu'il s'élance vers l'enceinte des navires. *Il.* XII, 294 :

αὐτίκα δ'ἀσπίδα μὲν πρόσθ'ἔσχετο πάντοσ'
[ἐΐσην.

Comp. *Il.* XIII, 157, 802; XX, 162; XXI, 581; XXII, 313.
(1) *Il.* XI. 545 :

στῆ δὲ ταφών, ὄπιθεν δὲ σάκος βάλεν ἑπτα-
[βόειον.

(2) XV, 645-648 (voy. p. 403 note 7).

Fig. 151. — Lame d'un poignard de Mycènes.

au moment où le héros quittait le champ de bataille pour courir vers Troie (1).

D'ailleurs il est évident que le maniement du grand bouclier ovale, son poids fût-il allégé par le baudrier, n'était pas une besogne facile : il fallait même beaucoup de force et d'adresse pour diriger cette masse dans tous les sens, là d'où pleuvaient les coups et les traits ennemis (2). On n'a pas besoin d'invoquer le témoignage de l'Épopée (3) pour comprendre que la courroie, tendue par la pesanteur du bouclier, comprimait désagréablement les épaules des guerriers sous les rayons brûlants d'un soleil du midi ; la sueur coulait à flots, sur la poitrine et dans le dos des héros, et il est tout naturel que ceux-ci aient senti de temps à autre le besoin de se débarrasser du bouclier pendant la lutte et de se reposer (4). C'est pour faire allusion aux efforts qu'il fallait déployer pour manier le bouclier que fut formée l'épithète ταλαύρινος (5) (*portant le bouclier, qui résiste sous le poids du bouclier*) (6), p. ext. *robuste*), qui accompagne souvent Arès, le dieu de la guerre (7).

(1) *Il.* VII, 117-118 (Voy. p. 404, note 1). Comp. les deux guerriers combattant sur un sardonyx trouvé dans un tombeau en puits de Mycènes (Schlieman, *Mykenae*, p. 233, n° 213, notre fig. 145. — Les deux chasseurs de lions mentionnés plus haut (p. 419, fig. 151); les conducteurs de chars sur les vases du Dipylon, dans les *Mon. dell' Inst.*, VIII, pl. XXXIX, 1 (d'où notre fig. 41, p. 179), pl. XL, 4. — *Ann. dell'Inst.*, 1872, Tav. d'agg. J, 2 (d'où notre fig. 42, p. 181); les guerriers en marche sur un fragment de vase trouvé à Mycènes, analogue à ceux du Dipylon (*Mykenae*, p. 153, n° 213). — Les guerriers assyriens avaient coutume, quand ils étaient en marche, de porter le grand bouclier ovale dans le dos (Layard, *A second series of the mon. of Nineveh*, pl. 35) et le petit circulaire le long du côté (voy. Layard, *A second series*, pl. 29, 35). Le tireur d'arc figuré sur le monument des Néréides de Xanthos laisse pendre son bouclier le long du côté gauche (*Mon. dell'Inst.*, X, pl. XIII, 4; *Ann.* 1875, p. 76).

(2) *Il.* VII, 238 (voy. plus haut p. 418, note 6). — (3) Voy. p. 404, note 2.
(4) *Il.* XIII, 709-711 (voy. p. 404, note 2). — (5) Ce mot est dérivé probablement de ταλα-F-ρινο-ς. Curtius, *Grundzüge der gr. Etym.*, 4ᵉ éd. p. 553. — Kuhn, *Zeitschr. f. vergl. Sprachforsch.*, XVII, 1868, p. 225-226. Sur les opinions des savants anciens, voy. Lehrs, *De Arist. stud. hom.*, 2ᵉ éd. p. 308-310. — (6) Comp. *Hym. hom.* VIII, 1 : Ἄρες... φέρασπι. — (7) *Il.* V, 289; XX, 78; XXII, 267. — VII, 239 : ταλαύρινον πολεμίζειν.

Telles sont les données essentielles et très probables sur les boucliers des principaux héros. L'Épopée mentionne bien encore les λαισήϊα comme une espèce différente des ἀσπίδες (1). Mais leur épithète ordinaire πτερόεντα prouve que, contrairement à l'ἀσπίς et au σάκος, ils étaient faciles à mouvoir. Les poètes ne mentionnent d'ailleurs le λαισήϊον que quand ils décrivent le choc des deux armées ennemies, et ne l'attribuent jamais à aucun guerrier qui n'est pas confondu dans les rangs et qui est une individualité. Nous pouvons donc en conclure que ces boucliers plus légers n'étaient pas l'arme des chefs, mais bien de la troupe. Le mot λαισήϊον semble avoir quelque parenté avec λάσιος, *grossier* (2). Si cette hypothèse est juste, il est permis d'admettre que les boucliers ainsi nommés n'étaient point plaqués de bronze, mais faits de peaux grossières. Hérodote l'affirme pour les λαισήϊα des Ciliciens qui escortaient Xerxès (3).

(1) *Il.* V, 452; XII, 425 : ὄζουν ἀλλήλων ἀμφὶ στήθεσσι βοείας
ἀσπίδας εὐκύκλους λαισήϊά τε πτερόεντα.

O. Müller (*Dorier*, II, p. 241, note 2) a, le premier, émis cette opinion, souvent reproduite après lui, que les λαισήϊα πτερόεντα étaient des boucliers ronds munis en bas d'une sorte de tablier protecteur, semblables à ceux qu'on voit souvent sur les vases à figures rouges. Cette opinion a été victorieusement réfutée par Michaelis (*Annal. dell'Inst.*, 1875, p. 76).

(2) Curtius, *Grundzüge*, 4ᵉ éd. p. 366, n° 537. — Dœderlein, *Homer. Glossarium*, p. 364-365.

(3) VII, 91 : λαισήϊά τε εἶχον ἀντ' ἀσπίδων, ὠμοβοέης πεποιημένα.

CHAPITRE XXIV.

LES ARMES OFFENSIVES.

On s'attend peut-être à nous voir traiter au commencement de ce chapitre la question de savoir quand et d'où les Grecs apprirent à se servir du fer. Mais quiconque connaît tant soit peu les matériaux et les travaux scientifiques relatifs à cette question comprendra qu'il est impossible de limiter ces recherches au peuple grec, et que ce serait dépasser de beaucoup les cadres de ce livre que de vouloir étudier ici cette matière dans son ensemble.

Beloch a récemment essayé d'utiliser l'Épopée pour cette étude (1). Il pense que, lorsque les plus anciens chants furent composés, le bronze seul était connu ; pendant la composition des chants plus récents, il admet la coexistence du fer et du bronze. Comme conséquence, il élimine les vers des anciens chants, où il est question du fer, comme des interpolations plus récentes. Quelle que soit la justesse de ces éliminations (2), Beloch a néan-

---

(1) Dans la *Revista di filologia ed istruzione classica*, II, 1873, p. 49-62.
(2) Nous ne voyons pas, par exemple, pourquoi l'on attribuerait une origine plus récente à la comparaison (*Il.* IV, 485-487) où le fer est mentionné, au récit que fait Nestor à propos d'Areïthoos, brandissant une massue de fer (*Il.* VII, 137-146), ainsi qu'à la comparaison relative à la trempe de l'acier (*Od.* IX, 391-392. — Voy. p. 142, note 1). De même il ne faut point s'étonner de voir les couteaux de combat en fer cités *Il.* XXIII, 30. Le début de ce chant est certainement très ancien ; il n'appartient pas, comme le croit Beloch, à la même catégorie que la description des jeux funèbres.

moins prouvé par des tableaux synoptiques que le fer est moins souvent mentionné dans les parties les plus anciennes de l'Épopée que dans les parties plus récentes. Les chiffres fournis par ce tableau rien que pour l'Iliade et l'Odyssée sont on ne peut plus caractéristiques. Dans la première, le bronze est mentionné 279 fois, le fer 23 fois; dans la seconde, les nombres respectifs sont 80 et 25. C'est dans le chant, relativement récent, où sont décrites les funérailles de Patrocle, que le fer revient le plus fréquemment (1). Il en résulte que les anciens chants de l'Épopée dateraient d'une période analogue à celle qu'en Italie les paléoethnologues sont convenus d'appeler *prima epoca del ferro*, période à laquelle correspondent les tombeaux de Villanova, de Benacci (près Bologne), la partie la plus ancienne de la nécropole de Corneto et d'autres semblables (2). Le nombre des produits en fer est partout ici absolument insignifiant en comparaison de la grande quantité d'objets de bronze. Il ressort, au contraire, des parties plus récentes de l'Épopée que, si le bronze prédomine encore, l'usage du fer s'est considérablement étendu.

Un fait très curieux à noter c'est que, dans l'Épopée, il est bien plus souvent question d'ustensiles que d'armes en fer. A maintes reprises les poètes nous parlent de massues (3), de cou-

---

Beloch a, au contraire, raison de considérer, dans les anciennes parties de l'Iliade, νευρὴ μὲν μαζῷ πέλασεν, τόξῳ δὲ σίδηρον (*Il.* IV, 123) et δείδιε γὰρ μὴ λαιμὸν ἀποτμήξειε σιδήρῳ (*Il.* XVIII, 34) comme des interpolations ultérieures. Les anciens commentateurs (Schol. *Il.* IV, 123) avaient déjà mis en doute l'ancienneté du premier de ces vers et Jacob celle du second (*Ueber die Entstehung der Ilias und Odyssee*, p. 314), ainsi que Benicken dans les *Jahrbücher für classische Philologie*, 109, p. 154.

(1) *Il.* XXIII, 177, 261, 834-850. Le vers 30, n'appartenant pas à la description des jeux, doit être considéré à un autre point de vue (voy. la note précédente).

(2) Voy. plus haut p. 104. — (3) Voy. p. 142, note 1. Haches de bronze : *Il.* XIII, 180, 612 (hache de combat de Peisandros), XXIII, 118; *Od.* V, 234-236 (voy. 141-142, note 5); *Od.* XXIII, 196, où le mot χαλκῷ n'est autre chose probablement que le σκέπαρνον (voy. pl. haut p. 143-144).

teaux (1), d'une hache (2) et d'une chaine (3) faite avec ce métal. Achille propose en prix aux jeux du disque un disque en fer, et dit que le discobole gagnant aurait pendant cinq ans assez de métal pour ses bergers et ses charrues (4). Cette déclaration a lieu d'étonner beaucoup, car de la part du fils de Pélée on s'attendrait plutôt à une allusion à l'usage qu'on peut faire de ce métal à la guerre. Si, en outre, nous laissons de côté le vers suspect qui attribue à la flèche de Pandaros une pointe en fer (5), nous constaterons que, dans toute l'Épopée, une seule arme est indiquée clairement comme étant une arme en fer : c'est la massue de l'Arcadien Areïthoos (6). Or (contraste assez singulier), dans deux chants assez récents de l'Iliade, on rencontre déjà cette expression proverbiale que « le fer attire l'homme » (7). A l'époque où ces vers furent composés l'usage des armes en fer devait par conséquent

(1) *Il.* XXIII, 30 :

Πολλοὶ μὲν βόες ἀργοὶ ὀρέχθεον ἀμφὶ σιδήρῳ
σφαζόμενοι.

Un couteau ou hachette en fer (γλύφανον πολιοῖο σιδήρου) dans l'*Hymn.* III (*in Merc.*) 41 ; comp. 109. Des couteaux de bronze sont, au contraire, mentionnés : *Il.* I, 236 ; III, 292, 294; *Od.* XII, 173.

(2) *Il.* V, 723 (v. p. 179, note 1). Le char de Poseïdon a, au contraire, un χάλκεος ἄξων (*Il.* XIII, 30).

(3) *Od.* I, 204 :

οὐδ'εἴ πέρ τε σιδήρεα δέσματ' ἔχῃσιν.

(4) *Il.* XXIII, 831-835. — (5) *Il.* IV, 123 (Comp. p. 422, note 2). — (6) Σιδηρείη κορύνη : *Il.* VII, 141, 144.

(7) XVI, 294 ; XIX, 13 :

αὐτὸς γὰρ ἐφέλκεται ἄνδρα σίδηρος.

Selon les Alexandrins (Schol. *Od.* XVI, 281), le passage du chant XIX serait le plus ancien, celui du chant XVI n'en serait qu'une imitation. C'est une opinion qui est partagée par la plupart des commentateurs modernes. Kirchhoff, au contraire (*Die Composition der Odyssee*, p. 163 et suiv.), est d'un avis absolument opposé. — *Il.* XXIII, 34 : il vaut mieux ne tenir aucun compte de ce vers qui doit être une interpolation plus récente (voy. p. 422, note 2). De plus, il n'est pas certain que le mot σίδηρος désigne ici une épée ou un couteau.

être bien plus répandu qu'on ne pourrait le supposer d'après les autres données de l'Épopée. Mais le style conventionnel de l'Épopée nous semble expliquer suffisamment cette contradiction (1). Lors de la composition des chants les plus anciens, on ne se servait point ou l'on se servait fort peu d'armes en fer; c'est sous l'impression de cet état de choses que les poètes donnent une forme typique à la description des combats et des instruments qui s'y rapportent. Plus tard l'usage des armes en fer se propagea davantage. Cependant les poètes s'en tenaient toujours à leur ancien appareil poétique; de temps à autre seulement quelques traits leur ont échappé qui trahissent le progrès de leur temps.

Les armes et les instruments en fer employés par les Grecs de ce temps-là étaient peut-être en partie d'importation étrangère; quoi qu'il en soit, la façon dont Achille parle du disque proposé par lui en prix (2) et une comparaison de l'Odyssée qui représente d'une manière frappante la trempe de l'acier (φαρμάσσειν) (3) prouvent bien que les Grecs d'Asie Mineure étaient familiarisés avec le travail du fer déjà avant l'achèvement de l'Épopée.

Commençons l'examen des armes homériques par l'épée (ξίφος, φάσγανον, ἄορ). A part un vers, probablement interpolé plus tard dans l'Iliade et où il est fait mention d'une épée ou d'un couteau (4), et sauf les passages qui font allusion à l'usage des armes en fer en général (5), nous ne rencontrons dans l'Épopée que des épées de bronze (6).

La lame était à deux tranchants (ἀμφήκης, ἀμφοτέρωθεν, ἀκαχμένος) (7). Comme c'était une arme d'estoc et de taille (8), elle

---

(1) Voy. plus haut p. 1-2.
(2) *Il*. XXIII, 831-835. — (3) *Od*. IX, 391-392 (voy. p. 142, note 2).
(4) *Il*. XVIII, 34 (voy. p. 422, note 2). — (5) Voy. p. 424, note 7. — (6) *Il*. III, 335; XVI, 136; XIX, 373. *Od*. X, 262 : ξίφος χάλκεον. XXII, 80 : φάσγανον χάλκεον. *Od*. VIII, 403 : ἄορ παγχάλκεον.
(7) *Il*. X, 256 : φάσγανον ἄμφηκες. XXI, 118. *Od*. XVI, 80; XXI, 341 : ξίφος ἄμφηκες. XXII, 79 : φάσγανον ὀξὺ χάλκεον, ἀμφοτέρωθεν ἀκαχμένον.
(8) Dans l'Épopée bien plus de passages désignent l'épée comme étant

devait être extrêmement longue, ainsi que l'indiquent d'ailleurs ses épithètes μέγας (1) et τανύηκης (2). Le fourreau est, dans un endroit, en argent (3), dans un autre en ivoire (4). Deux fois il est fait mention d'une poignée d'argent (5).

Une des épithètes les plus fréquentes de l'épée est ἀργυρόηλος *garnie de clous d'argent* (6). Pour déterminer la place de ces clous, il faut se reporter d'abord à un passage de l'Odyssée (7).

une arme de taille que comme une arme d'estoc. Les premiers sont les suivants : *Il.* V 80-82, 146-147, 584, X 455-457, 484, 489, XI 109, 146, 240, 261, XII 192, XIII 203, 576, 614, XIV 496-498, XVI 115, 332, 338-340, 474, XX 475, 481-482, XXI 20-21; *Od.* X 440, XXII 97, 328. Les passages ci-après indiquent seuls les coups d'estoc : *Il.* IV 531, XIII 147, XIV 26, XV 278, XVI 637, XVII 731, XX, 459, 469, XXI 117, 180; *Od.* XXII 98.

(1) *Il.* I, 194 : μέγα ξίφος; V, 146; XX, 459; ξίφει μεγάλῳ; XV, 712 : ξίφεσιν μεγάλοισι; XVI, 115 : πλῆξ᾽ ἄορι μεγάλῳ; XXII, 306 :

φάσγανον ὀξύ,
τό οἱ ὑπὸ λαπάρην τέτατο μέγα τε στιβαρόν τε.

(2) *Il.* XIV, 385 :

δεινὸν ἄορ τανύηκες ἔχων ἐν χειρὶ παχείῃ
εἴκελον ἀστεροπῇ;

XVI, 473. *Od.* X, 439; XI, 231 : XXII, 443 : ξίφεσσιν τανυήκεσιν. Comp. *Il.* VII 77, XXIV 754, *Od.* IV 257. τανυήκεϊ χαλκῷ.

(3) *Il.* XI, 31 κουλεὸν ἀργύρεον. On a trouvé dans une tombe très ancienne de Préneste (voy. plus haut p. 39) deux poignards à fourreau d'argent, d'importation étrangère toutefois : *Bull. di paletn. ital.* IX, pl. III,11, 12 : *Mon. dell'Inst.* X, pl. XXXI 4,5; *Ann.* 1876, p. 249. — (4) *Od.* VIII, 403 :

ἄορ παγχάλκεον, ᾧ ἔπι κώπη
ἀργυρέη, κολεὸν δὲ νεοπρίστου ἐλέφαντος
ἀμφιδεδίνηται.

Comp. deux épées en fer à fourreaux d'ivoire, incrustés de morceaux d'ambre en échiquier et provenant d'un tombeau très ancien de Véies (*Archaeologia*, 41, I, pl. VI 2, p. 199).

(5) Ἀργυρέη κώπη : *Il.* I, 219. *Od.* VIII, 403.

(6) *Il.* II, 45; III, 334, 361; VII, 303, XIII, 610, XVI, 135, XIX, 372. *Od.* VIII, 406, 416, X, 261, XI, 97 : ξίφος ἀργυρόηλον. *Il.* XIV, 405, XXIII, 807 : φάσγανον ἀργυρόηλον. Comp. sur cette épithète notre chap. XXIX.

(7) *Od.* XI, 97 :

ἐγὼ δ᾽ ἀναχασσάμενος ξίφος ἀργυρόηλον,
κουλεῷ ἐγκατέπηξ᾽.

LES ARMES OFFENSIVES. 427

Ulysse raconte comment, à l'approche de Teirésias, il remit au fourreau son ξίφος ἀργυρόηλον, avec lequel il avait jusqu'à présent chassé les ombres du sang des sacrifices. Ici l'épée et le fourreau sont mentionnés comme deux objets séparés; il faut en conclure que les clous étaient placés non pas sur le fourreau, mais sur l'épée même. Mais est-ce sur la poignée ou sur la lame? Plusieurs passages de l'Épopée nous font pencher pour la première hypothèse. Hector, après son combat singulier avec Ajax, offre à celui-ci une épée garnie de clous d'argent avec son fourreau et sa courroie artistement gravée (1). Le Phéacien Euryalos donne à Ulysse son ξίφος ἀργυρόηλον (2). L'Épopée parle souvent de la manière dont les héros ceignent leur ξίφος ἀργυρόηλον (3). La lame des épées ainsi offertes ou ceintes était naturellement dans son fourreau, par conséquent invisible; il faut donc supposer la poignée seule garnie de clous. Un critique méticuleux pourrait, il est vrai, nous objecter que ἀργυρόηλος n'est peut-être, dans ces passages, qu'une épithète

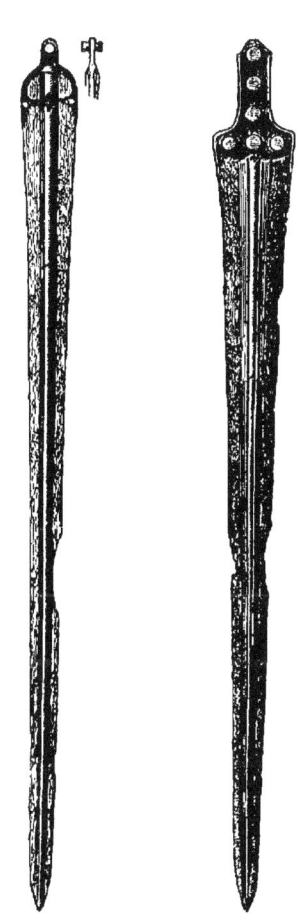

Fig. 152 et 153. — Épées trouvées dans les tombeaux en puits de Mycènes.

(1) *Il.* VII, 303 · ὡς ἄρα φωνήσας δῶκε ξίφος ἀργυρόηλον,
  σὺν κολεῷ τε φέρων καὶ ἐϋτμήτῳ τελαμῶνι.
(2) *Od.* VIII, 406. ὡς εἰπὼν ἐν χερσὶ τίθει ξίφος ἀργυρόηλον.
— (3) *Il.* II, 45; III, 334; XVI, 135; XIX, 372. *Od.* VIII, 416; X, 261.

typique employée sans égard à l'action décrite par les poètes. Il existe heureusement une donnée (1) qui réfute cette objection : « Agamemnon suspendit à ses épaules l'épée brillante de clous d'or dans la gaîne d'argent soutenue par des courroies d'or ». Évidemment ces clous d'or étaient placés au même endroit que ceux d'argent auxquels fait allusion l'épithète en question. Comme le poète les mentionne avant de passer à la description du fourreau, il est impossible qu'ils aient servi à l'ornementation de ce dernier. Impossible également de les attribuer à la lame puisqu'elle était dans le fourreau au moment où Agamemnon la suspendait sur ses épaules. Il ne reste donc pour les clous d'autre place que la poignée.

Si nous essayons de rapprocher l'épée homérique des types qui existent, nous aurons à tenir surtout compte de quatre espèces d'épées et de poignards en bronze. D'abord les épées trouvées dans les tombeaux en puits de Mycènes (fig. 152-153) (2). Les lames à deux tranchants qui s'amincissent immédiatement au-dessous de la poignée ont une longueur de 80 centimètres au moins. Le cœur de la poignée n'est qu'une suite de la lame, c'est-à-dire une barre plate, qu'on entourait d'une enveloppe quelconque de bois ou d'os, pour rendre la poignée ronde et facile à manier. Cette enveloppe était souvent elle-même garnie d'une feuille d'or (3) historiée. Comme à côté de quelques lames on a trouvé des boules d'albâtre percées, Schliemann (4) en conclut que c'étaient les sommets ou extrémités des poignées. En tout cas

---

(1) *Il.* XI, 29 :

ἀμφὶ δ'ἄρ' ὤμοισιν βάλετο ξίφος· ἐν δέ οἱ ἧλοι
χρύσειοι πάμφαινον, ἀτὰρ περὶ κουλεὸν ἦεν
ἀργύρεον, χρυσέοισιν ἀορτήρεσσιν ἀρηρός.

(2) Schliemann, *Mykenae*, p. 323, 326. — Comp. les spécimens d'Amorgos qui ne sont pas identiques, mais analogues, dans les *Mém. des Antiquaires du Nord*, 1878-83, p. 231, nos 12, 16.
(3) *Mykenae*, p. 308-310, 315.
(4) *Ibid.*, p. 323-325, n° 445, 447-449.

les garnitures des poignées étaient consolidées au moyen de clous d'or. Généralement un clou suffit pour le cœur de la poignée, deux pour la naissance de la lame (fig. 152) (1). Cependant il existe des spécimens qui ont trois clous dans chacun de ces endroits (fig. 153) (2).

Que cette garniture corresponde plus ou moins à la description de l'épée d'Agamemnon et à l'épithète ἀργυρόηλος, on ne peut guère admettre que ces épées sont analogues à celles de l'époque homérique. Nous avons déjà signalé dans le chapitre V un fait qu'il ne faut pas perdre de vue ici. Le trait le plus saillant des épées et poignards de Mycènes, c'est une riche ornementation dont plusieurs de leurs lames sont couvertes (3). Si les poètes avaient connu de ces pièces de luxe, ils n'eussent pas manqué de les utiliser pour leurs descriptions. Or l'Épopée ne mentionne nulle part aucune ornementation des lames d'épée. Tout nous engage donc à chercher ailleurs que dans le groupe mycénien les armes employées à l'époque homérique. Il convient de noter en outre ici une

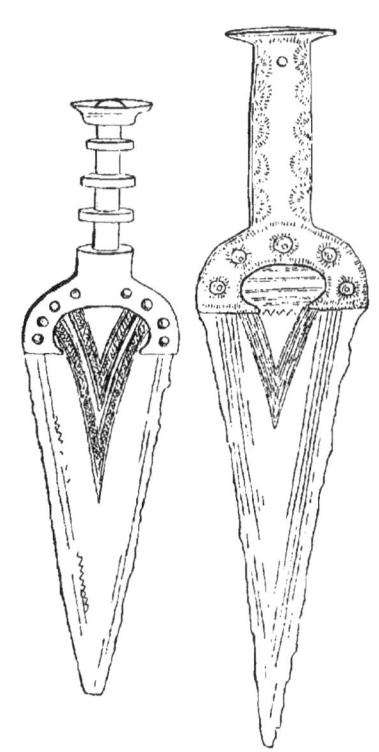

[Fig. 154 et 155. — Épées trouvées en Italie.

(1) *Ibid.*, p. 325 et 350. Comp. n° 445, p. 321 et n° 466, p. 350. — S. Muller, *Den europaeiske Bronzealders Oprindelse (Saertryk af Aarboger for nord. Oldk.* 1882) p. 283, fig. 1 (d'où notre fig. 152).
(2) S. Müller, *loc. cit.*, p. 283, fig. 2 (d'où notre fig. 153).
(3) Voy. p. 74, note 6.

autre circonstance qui est encore plus probante. D'après les poètes de l'Épopée, l'épée était une arme d'estoc et de taille; or les longues lames étroites trouvées dans les tombeaux de Mycènes ne semblent avoir été que des armes d'estoc; c'est une hypothèse qui est confirmée par plusieurs cachets provenant de ces tombeaux (1). Aucun des guerriers ou chasseurs qui y sont figurés ne frappe avec le plat ou le tranchant de son épée; ils ne s'en servent que pour transpercer.

Il en est de même d'une catégorie d'épées dont on a trouvé un spécimen dans la couche préhellénique de l'île d'Amorgos (2) et deux dans l'Attique (3) et qui sont assez fréquents en Italie comme dans l'Europe centrale (4). La lame à deux tranchants et la poignée dont l'extrémité inférieure a une forme demi-circulaire sont faites de pièces de bronze différentes. La première est très large à l'endroit où elle sort de la poignée, mais elle s'amincit aussitôt, en sorte qu'elle forme presque un triangle à angle obtus. Elle est engagée dans une rainure pratiquée dans la poignée où elle est consolidée au moyen de clous disposés en demi-cercle, suivant la courbure de cette poignée (fig. 154 et 155). Ces clous sont habituellement au nombre de cinq, six ou huit. Cependant nous connaissons un poignard trouvé dans les Abruzzes dont la poignée est armée de deux rangées de clous; il y en a quinze dans la rangée extérieure,

---

(1) *Mykenae*, p. 202, n°s 253, 254 (voy. notre fig. 139), p. 253, n° 313 (notre fig. 145).

(2) *Mittheil. des deutschen arch. Institutes, Athenische Abtheil.*, XI, 1886, p. 24. Suppl. 1, n° 6.

(3) *Mém. des antiquaires du Nord*, 1878-1883 p. 230, n°s 8, 9. — « Des épées de même espèce en fer, dit Ohnefalsch-Richter dans une communication qu'il a bien voulu nous faire, ont été trouvées dans l'île de Chypre (tombeaux de Curium) ». — Un second exemplaire de provenance grecque a été noté dans le *Bullet. di paletn ital.*, II, p. 52.

(4) *Bull. di pal. ital.*, II, pl. 1 p. 44 et suiv. (nos fig. 154 et 155 d'après la pl. I, n°s 1 et 2); *Bull. dell' Inst.* 1881, p. 36, 37; Undset, *Études sur l'âge de bronze de la Hongrie*, I, p. 146 et suiv. Ce type est très fréquent surtout dans les Abruzzes ainsi que dans les environs de Parme et de Reggio d'Emilia.

LES ARMES OFFENSIVES. 431

onze dans l'intérieure (1). Ces clous ou tout au moins ces têtes de clous, si on les suppose d'un autre métal que le bronze de la lame et de la poignée, en argent, par exemple, devaient produire un très bel effet décoratif et correspondaient bien à l'idée rendue par l'épithète ἀργυρόηλος. Mais ces épées étaient exclusivement aussi des armes d'estoc. Cela ressort non seulement de la forme de la lame, mais encore de la manière dont elle est consolidée. Si une épée de ce genre avait servi à frapper, il eût été à craindre qu'en frappant de côté, elle ne glissât de sa rainure.

Il nous reste à parler encore de deux espèces d'épées de bronze qui ont entre elles beaucoup d'analogie et qui sont reliées par quelques types intermédiaires. L'une est représentée par deux spécimens trouvés sur le sol grec, l'un à Mycènes (fig. 156) (2), l'autre à Olympie (3). Le premier n'a pas été mis au jour dans les tombeaux en puits, mais dans la couche de terre supérieure de la citadelle; il appartient donc à une époque postérieure à celle des tombeaux. Il a une longueur de 60 centimètres; la lame à deux tranchants et le cœur de la poignée sont d'une seule pièce. Comme la lame est relativement large et ne s'amincit que près de la pointe, il est probable que nous sommes là en présence d'une

Fig. 156. — Épée trouvée sur la colline de Mycènes.

(1) *Bull. di pal. ital.*, II, p. 51.
(2) Schliemann, *Mykenae*, p. 167, n° 221. — Undset, *Études sur l'âge de bronze*, I, p. 148, fig. 29. — S. Müller, *Den europaeiske Bronzealders Oprindelse* (voy. plus haut p. 429, note 1) ; p. 319, fig. 24 (d'où notre fig. 156).
(3) S. Müller, *ibid.* p. 325, fig. 27. — Un fragment d'un spécimen analogue provenant de Corinthe, dans les *Mémoires des Antiq. du Nord*, 1878-83, p. 231, n° 14. « Des épées de fer de ce type ont aussi été trouvées dans l'île de Chypre, l'une dans une tombe phénicienne de Curium, l'autre dans un tombeau grec à Marion (communication de M. Ohnefalsch-Richter). »

arme d'estoc et de taille. On remarque quatre trous dans le cœur de la poignée et deux de chaque côté de la courbure qui forme la transition entre la poignée et la lame; donc les cercles en bois, en os ou en ivoire qui arrondissaient le plat de la poignée étaient consolidés au moyen de huit rivets. Le spécimen d'Olympie offre les mêmes particularités. Ici la partie supérieure de la poignée manque; la longueur de l'arme ne peut donc qu'être évaluée approximativement à 1 mètre; on voit un trou de chaque côté de la courbure de la lame, un troisième à la partie inférieure de la poignée, la seule partie qui se soit conservée.

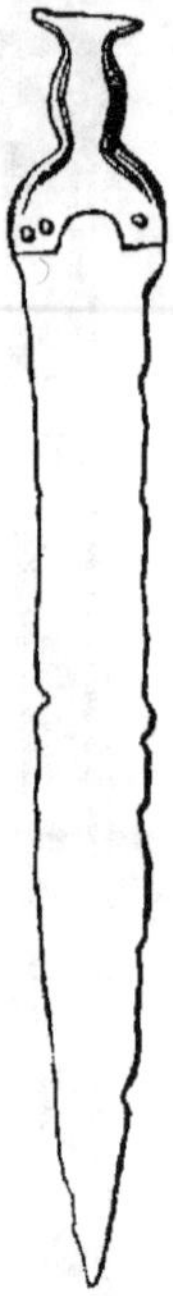

Il convient d'ajouter à cette catégorie les épées de bronze qu'on rencontre déjà dans les couches préhelléniques (1) de la Haute-Italie et qui ne diffèrent des types grecs que par une fabrication imparfaite (2). Enfin il faut mentionner ici une épée mesurant 72 centimètres de longueur, trouvée à Athènes; quoique en fer, elle est évidemment une reproduction des modèles en bronze dont nous parlons (fig. 157) (3). Il résulte des recherches de Dümmler qu'elle provient de l'un des tombeaux découverts près du Dipylon (4). Sa poignée est garnie d'une forte bordure; cette arme constitue donc un type de transition à une autre espèce analogue représentée dans l'Est par des épées de bronze trouvées dans les nécropoles d'Ialysos, dans l'île de Rhodes (5), dans un tombeau

Fig. 157. — Épée trouvée à Athènes (dans un tombeau voisin du Dipylon).

---

(1) Voy. p. 103-110. — (2) Voy. Pellegrini, *Di un sepolcreto preromano scop. a Povegliano veronese* (Vérone, 1878), pl. III, 1, 2; *Bull. di paletn. ital.*, IX, pl. III, 7, 15, p. 83-85. Comp. *Bull. dell'Inst.*, 1880, p. 36.
(3) Undset, *Études*, I, p. 149, fig. 30 (d'où notre fig. 157).
(4) Voy. p. 98, note 3.
(5) Undset, *Études*, I, p. 151

corinthien (1) et dans l'île de Corcyre (fig. 158) (2). Cette espèce se distingue par cette particularité que le pommeau affecte la forme d'un fronton ou d'un dôme et que les bordures de la poignée finissent en une garde recourbée en dehors (3). Ces épées ont généralement une longueur de 75 centimètres environ; leur lame est analogue à celle des épées de la catégorie précédente. Elles sont assez fréquentes dans l'Italie méridionale; seulement ici la garde en question est peu développée ou n'existe point (4). Il en est de même des poignards semblables, dont un a été trouvé dans la couche de terre qui recouvre la colline de la citadelle de Mycènes (5) et plusieurs autres dans l'Italie méridionale (fig. 159) (6).

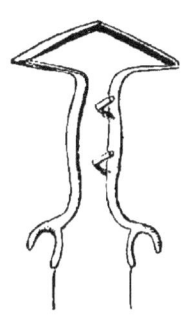

Fig. 158. — Épée trouvée dans l'île de Corcyre.

De toutes les espèces d'épées que nous venons de passer en revue, les deux dernières correspondent le mieux à celles mentionnées dans l'Épopée. Les lames à deux tranchants sont, dans les deux, très longues et destinées à porter des coups d'estoc et de taille. L'éclat métallique des têtes de rivets fixés sur la poignée produisait, par rapport au ton un peu sourd de la garniture, un effet assez décoratif qui correspond bien à la description de l'épée d'Agamemnon et à l'épithète ἀργυρόηλος qui l'accompagne.

Quant à l'épithète μελάνδετος (*aux noires attaches*) qui

---

(1) Undset, *loc. cit.*, p. 151.
(2) Undset, pl. XVIII 2 p. 150-151 (d'où notre fig. 158).
(3) L'épée de bronze trouvée à Dodone paraît avoir une poignée semblable. Voy. Carapanos, *Dodone et ses ruines*, pl. LVII, 1, p. 102 et 135.
(4) *Bull. dell'Inst.* 1881, p. 36 : *Bull. di paletn. ital.* VII p. 31, p. 59, IX pl. III 6, p. 99 et suiv. Une épée identique a été trouvée près d'Aquila. Voy. Bastian und Voss, *Die Bronzeschwerter des Museums zu Berlin*, pl. XII, 6; sur la même planche 7 *a b* un exemplaire semblable d'une origine italienne inconnue.
(5) Schliemann, *Mykenae*, p. 191, n° 238. — (6) Undset, *Études*, I, p. 109, fig. 31 (d'où notre fig. 159).

qualifie l'épée une seule fois dans l'Iliade (1), Gerlach (2) nous en a donné une explication très plausible. Il la rattache à une sorte particulière d'épées de bronze, très fréquentes dans l'Europe centrale et septentrionale. Leur poignée consiste en une barre de bronze, garnie à intervalles égaux de petits anneaux ou viroles également en bronze (voy. fig. 154). Les vides compris entre les anneaux, afin de rendre la poignée maniable, étaient sans doute remplis au moyen de cordons enroulés (3), avec du bois ou une substance résineuse (4). Ces *remplissages* ne devaient pas être de couleur voyante, car la poignée se salissait forcément au contact continuel de la main. Ils étaient donc très probablement de couleur sombre. S'il en était ainsi, les pleins sombres se détachant à côté des anneaux de bronze brillants expliquent parfaitement le sens exact de l'épithète homérique. Les poignées de ce genre ont dû se propager du nord au sud de l'Europe (5) : cette hypothèse, très plausible en soi, est confirmée par ce fait qu'on a trouvé un poignard emmanché de la sorte à Castione, dans la province de Parme (fig. 154) (6).

Fig. 159. — Poignard trouvé dans l'Italie méridionale.

(1) *Il.* XV, 713 :

πολλὰ δὲ φάσγανα καλὰ μελάνδετα κωπήεντα,
ἄλλα μὲν ἐκ χειρῶν χαμάδις πέσον, ἄλλα δ' ἀπ' ὤμων.

Comp. Hésiode, *Scut. Herc.* 221 :

ὤμοισιν δέ μιν ἀμφὶ μελάνδετον ἆορ ἔκειτο
χάλκεον ἐκ τελαμῶνος.

Euripide, *Orest.* 821, *Phoenic.* 1109, fragm. *Eurysth.* dans Pollux, X, 145 (p. 377, n° 347 Nauck).

(2) Philologus, XXX, p. 502.

(3) *Bull. di paletn. ital.* II, p. 63. — (4) Madsen, *Antiquités préhist. du Danemark, l'âge du bronze*, p. 10.

(5) Voy. p. 57-59. — (6) *Bull. di paletn. ital.*, II, pl. I, 2, p. 47.

LES ARMES OFFENSIVES.

Le baudrier (τελαμών (1), ἀορτήρ) (2) consistait en une courroie en cuir (3). Il est dit une fois qu'il est en or, une autre fois qu'il est en argent (4); ces qualificatifs annoncent certainement une garniture métallique. Bien que cela ne soit spécifié nulle part dans l'Épopée, nous pouvons admettre que cette courroie passait sur l'épaule droite de manière que l'épée pendait au côté gauche. D'abord une épée de cette longueur, si on l'avait portée au côté opposé, eût été très difficile à tirer du fourreau. En second lieu, sur les monuments grecs archaïques (5), l'épée est toujours suspendue au côté gauche.

Souvent un couteau (μάχαιρα) était accolé au fourreau (6), comme au couteau de chasse des chasseurs de nos jours.

La lance (ἔγχος, ἐγχείη, αἰχμή, ἄκων, δόρυ, μελίη) consistait en un bois ou hampe généralement en frêne (7), munie aux deux extrémités d'une pointe

Fig. 160. — Fer de lance trouvé dans un pozzo (Extr. de l'*Art Étrusque* de J. Martha, p. 61. fig. 45.)

---

(1) *Il.* VII, 304. XIV, 404. XVIII, 598. XXIII, 825. *Od.* XI, 610, 614.
(2) *Od.* XI, 609. *Il.* XI, 31 (voy. plus haut p. 428, note 1). Ici le mot, employé au pluriel, semble plutôt indiquer les accessoires (anneaux, crochets, etc.) au moyen desquels le τελαμών était attaché au fourreau de l'épée.
(3) *Il.* VII, 304. XXIII, 825 : ἐϋτμήτῳ τελαμῶνι.
(4) Voy. plus haut p. 138, note 2. Des feuilles d'or battu qui ont été trouvées dans un des tombeaux en puits de Mycènes seraient, suivant Schliemann (*Mykenae* p. 281, n° 354), des fragments de garnitures des courroies d'épées.
(5) Déjà même sur les vases du Dipylon : *Mon. dell'Inst.*, VIII, pl. 39.
(6) *Il.* III, 271. XIX, 252 :

Ἀτρείδης δὲ ἐρυσσάμενος χείρεσσι μάχαιραν,
ἥ οἱ πὰρ ξίφεος μέγα κουλεὸν αἰὲν ἄωρτο.

C'est peut-être avec un couteau semblable que Patrocle enlève la flèche de la blessure d'Eurypilos : *Il.* XI, 844.
(7) D'où les expressions μελίη, μείλινον ἔγχος, μείλινον δόρυ. Comp. *Il.* XVI, 143; XIX, 390; XX, 277; XXI, 162; XXII, 133, 328; *Od.* XXII, 259, 276.

d'airain (1). L'une de ces pointes servait à l'attaque, l'autre appelée οὐρίαχος (2) ou σκυρωτήρ (3), à planter la lance dans le sol, quand on n'en faisait pas usage. Contrairement aux pointes de lances en bronze trouvées dans les colonies primitives de Troie et dans d'autres localités analogues (4), la pointe d'attaque n'était point engagée dans une fente du bois de lance par son bout inférieur aplati en forme de langue, mais bien (comme on le voit déjà sur un spécimen trouvé dans un tombeau en puits de Mycènes) (5) engagée dans la hampe au moyen d'une douille (6). Sur la lance d'Hector cette douille de bronze était serrée en bas avec un anneau d'or (πόρκης) (7). Si l'on en juge par la longueur de cette lance (11 aunes, c'est-à-dire environ 5 mètres), les lances en général devaient être très longues (8). L'Épopée ne nous fournit aucun renseignement

(1) D'où souvent ἔγχος χάλκεον, ἀκαχμένον ὀξέϊ χαλκῷ. *Od.* XX, 127; δόρυ κεκορυθμένον χαλκῷ *Il.* III 18; μελίη εὔχαλκος *Il.* XX 322; μ. χαλκοβαρής *Il.* XXII 328; *Od.* XXII 259, 276; δόρυ χαλκοβαρές *Od.* XI 532; δ. χαλκήρες *Il.* V. 145, VI 3, XI 742, XIX 53, *Od.* V 309, XIII 267, XXII 92; ἐγχείη χαλκήρης *Il.* XIX 534, XX 258, *Od.* IX 55, XI 40.

(2) *Il.* XIII, 443. XVI, 612. XVII, 528. — (3) *Il.* X, 153. — (4) Voy. plus haut p. 60.

(5) Schliemann, *Mykenae*, p. 320, n° 441. — (6) *Il.* XVII, 295 :

ἤριπε δ' ἱπποδάσεια κόρυς περὶ δουρὸς ἀκωκῇ,
πληγεῖσ' ἔγχεΐ τε μεγάλῳ καὶ χειρὶ παχείῃ,
ἐγκέφαλος δὲ παρ' αὐλὸν ἀνέδραμεν ἐξ ὠτειλῆς
αἱματόεις.

Schliemann (*Ilios*, p. 532) a le premier déterminé avec justesse le sens archéologique de ce passage.

(7) *Il.* VI, 319, VIII, 494 :

ἔγχος ἔχ' ἑνδεκάπηχυ· πάροιθε δὲ λάμπετο δουρὸς
αἰχμὴ χαλκείη, περὶ δὲ χρύσεος θέε πόρκης.

Dans la petite Iliade *fragm.* 5 (*Epicor. graec. fragm.* éd. Kinkel, I, p. 41) il est dit de la lance :

..... ἀμφὶ δὲ πόρκης
χρύσεος ἀστράπτει καὶ ἐπ' αὐτῷ δίκροος ἄορις.

(8) Πελώριον ἔγχος *Il.* V 594, VIII 424, μακρὸν ἔγχος *Il.* V 45, δόρυ μακρόν *Il.* XIII 168, ἔγχος μέγα *Il.* XVII 296, δολιχὸν ἔ. *Il.* IV 533, VII 255 et δολιχόσκιον ἔ. dont la traduction la plus juste est : *projetant une grande ombre*.

sur la forme de la pointe d'attaque; nous ne savons pas si elle était à quatre tranchants ou folliforme et à deux tranchants (1) (fig. 160). L'épithète très fréquente de la lance, ἀμφίγυος (2), ne permet pas de trancher cette question : car on se demande s'il faut la traduire par : *à deux pointes* (celle d'attaque et celle destinée à être plantée en terre), ou bien par : *à deux tranchants* (3).

Les lances avec lesquelles les Achéens défendaient leurs vaisseaux contre les Troyens étaient encore plus longues que celles employées dans les combats de terre (4). Nous savons par l'Épopée qu'Ajax, fils de Télamon, sautant d'un pont de navire sur l'autre, fondait sur les ennemis avec une lance qui n'avait pas moins de 22 aunes, c'est-à-dire environ 10 mètres de longueur; cette lance se composait d'ailleurs de plusieurs pièces reliées au moyen de crampons ou de viroles (5).

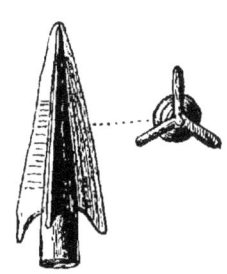

Fig. 161 et 162. — Pointe de flèche trouvée à Mégalopolis.

(1) Le premier type est fréquent en Grèce, surtout à Olympie, où la pointe en feuille est assez rare (Furtwaengler, *Die Bronzefunde*, p. 77-78; S. Müller, *Den europaeiske Bronzealders Oprindelse* (voy. plus haut p. 429, note 1), p. 322-327. En Italie, au contraire, on ne trouve presque exclusivement que ce dernier modèle et très rarement les pointes à quatre arêtes. — (2) *Il.* XIII 147. XIV 26. XV, 278, 386, 712. XVI 637. XVIII 731; *Od.* XVI 474, XXIV 527.
(3) Ameis (*Od.* XVI, 474) et Gœbel (*De Epith. hom. in* εις *desinentibus*, p. 22) ont adopté la première interprétation; Dœderlein (*Hom. Glossarium*, I, p. 83, n° 120) et G. Hermann (*Soph. Trachin.* 502), la seconde. Le δίφρος ἀρὸς (*Fragm.* 5 de la petite Iliade; voy. plus haut p. 436, note 7) indique-t-il une pointe à deux tranchants ou deux pointes sortant du bois de lance (voy. un poignard de bronze trouvé à Mycènes, *Mykenae*, p. 191, n° 238)? c'est ce qu'on ne saurait dire au juste. — (4) *Il.* XV, 387 :

οἱ δ᾽ ἀπὸ νηῶν ὕψι μελαινάων ἐπιβάντες
μακροῖσι ξυστοῖσι, τά ῥά σφ᾽ ἐπὶ νηυσὶν ἔκειτο
ναύμαχα, κολλήεντα, κατὰ στόμα εἱμένα χαλκῷ.

(5) *Il.* XV, 677 :

νώμα δὲ ξυστὸν μέγα ναύμαχον ἐν παλάμῃσιν,
κολλητὸν βλήτροισι, δυωκαιεικοσίπηχυ.

Les flèches avaient une pointe à trois arêtes (τριγλώχιν) (1) barbées (2) en bronze (3). Il en existe de nombreux spécimens en Grèce (4); les fig. 161 et 162 en reproduisent un provenant de Mégalopolis.

La hache de combat (ἀξίνη) n'est mentionnée que dans deux passages de l'Épopée. Le Troyen Peisandros en portait une sous son bouclier et en frappa le casque de Ménélas (5). On brandissait des haches de combat (ἀξῖναι) et des massues (πελέκεες) dans les combats livrés autour des vaisseaux (6). Il est impossible de déterminer la forme de ces armes, car l'Épopée est complètement muette à cet égard. Mais c'étaient très probablement les mêmes types que ceux que nous avons déjà passés en revue à propos du πέλεκυς et de l'ἡμιπέλεκκον (7). Il faut y joindre peut-être la hache de combat représentée sur une métope de Sélinonte, dans la main d'une amazone (8), et dont nous parlerons en détail dans notre chapitre XXVI.

(1) *Il.* V, 393; XI, 507. — (2) *Il.* IV, 151, 214.
(3) *Il.* XV, 465. *Od.* XXI, 423 : ἰὸς χαλκοβαρής. XIII, 650, 662 : χαλκήρε' ὀϊστόν. *Od.* I, 262 : ἰοὺς... χαλκήρεας. Une pointe de flèche en fer n'est mentionnée qu'une seule fois dans un vers qui semble interpolé (*Il.* IV, 123). Voy. plus haut p. 422, note 2.
(4) Furtwængler, *Die Bronzefunde aus Olympia*, p. 78. — (5) *Il.* XIII,
611 :   ..... ὁ δ' ὑπ' ἀσπίδος εἵλετο καλὴν
            ἀξίνην εὔχαλκον, ἐλαΐνῳ ἀμφὶ πελέκκῳ,
            μακρῷ ἐϋξέστῳ.

(6) *Il.* XV, 711 :

ὀξέσι δὴ πελέκεσσι καὶ ἀξίνῃσι μάχοντο
καὶ ξίφεσι μεγάλοισι

(7) Voy. p. 142, notes 2 et 3. — (8) Scrradifalco, *Antichità della Sicilia*, II, pl. XXXIV. — Benndorf, *Die Metopen von Selinunt*, pl. VII. Voy. p. 452, fig. 167.

CHAPITRE XXV.

RAPPORTS ENTRE L'ARMEMENT HOMÉRIQUE ET LES ARMES DE GUERRE ORIENTALES ET CLASSIQUES.

Les tombeaux en puits de Mycènes ne fournissent que des données insuffisantes sur les armes dont on se servait en Grèce avant la migration dorienne. On n'y a, en effet, trouvé que des armes d'attaque, des lances et des épées, mais aucune trace d'armes défensives. Tout porte à croire cependant que les casques métalliques et les boucliers garnis de métal étaient d'un usage courant chez les Mycéniens de l'époque; car l'emploi de ces armes offensives remonte chez les populations de l'Asie Mineure à des temps très anciens (1). Or étant données les relations nombreuses que l'Asie Mineure du sud-ouest entretenait, dès le milieu du quinzième siècle avant J.-C., avec la Grèce orientale, il serait étonnant que ces armes défensives ne se fussent pas introduites dans cette dernière contrée. Dès avant la migration dorienne, les Mycéniens n'avaient-ils pas adopté le char de combat (2), auquel il était naturellement beaucoup plus difficile de faire obtenir droit de cité qu'à n'importe quelle pièce d'armement? Il faut à ce propos examiner les figures des cachets trouvés dans les tombeaux en puits de Mycènes. On y distingue clairement des casques en métal et des boucliers à gar-

---

(1) Le roi Thutmès, III (1591-65) emporte dans son butin du pays de Zahi (Phénicie) *cinq heaumes d'attaque en fer* (Brugsch, *Geschichte Ægyptens*, p. 318). — Un casque de fer, une cuirasse de bronze à écailles et un bouclier de bronze sont attribués au Philistin Goliath (I. Samuel, 17, 5, 6).
(2) Voy. p. 161.

nitures métalliques (1). C'est là une preuve indubitable qu'une peuplade d'origine orientale qui était en rapports suivis avec les Mycéniens faisait usage de ces armes défensives. Les armes de guerre des Mycéniens semblent d'ailleurs correspondre plus ou moins à celles représentées sur les cachets en question. Nous avons déjà fait ressortir plus haut l'analogie qui existe entre les épées reproduites par les graveurs de cachets et les épées de bronze trouvées dans les tombeaux en puits (2). D'autre part l'armement figuré sur les cachets se rapproche de l'armement homérique : ils ont deux points communs, le grand bouclier ovale (3) et le casque dont l'aigrette est fixée sur un cimier métallique (4). Si, par conséquent, on ne constate dans les tombeaux en puits aucune trace d'armes défensives, c'est que probablement les morts n'y étaient pas ensevelis avec leur armure, mais dans leurs vêtements de parade. Et si l'on y ajoutait des lances et des épées, c'était tout naturel, car à l'époque homérique ces objets faisaient partie du costume de tous les jours.

Toutefois l'analogie entre les armures grecques d'avant la migration dorienne et les types figurés sur les cachets de Mycènes est limitée au casque de métal et au bouclier à garnitures métalliques. Sur aucun de ces cachets, on ne remarque une cuirasse de métal et il est absolument certain qu'aucun des guerriers qui y sont représentés ne porte de jambières. Il faudrait donc admettre que la panoplie décrite dans l'Épopée et composée d'un casque, d'un bouclier et de jambières d'airain, ne fut adoptée par les Grecs qu'après la migration dorienne. La lutte cruelle pour l'existence, que les émigrants, fondateurs de colonies, avaient à soutenir sur la terre étrangère, les forçait nécessairement à se mettre le plus possible en état de défense. Cependant, en adoptant la panoplie, les Grecs sortirent de nouveau du cercle bien défini que leur avait tracé leur civilisa-

---

(1) *Mykenae*, p. 202, n° 254, p. 259, n° 335 (notre fig. 139).
(2) Voy. p. 430. — (3) Voy. p. 404.
(4) Voy. p. 385.

tion : en effet, une armure aussi complète que celle des guerriers des temps homériques et celle des hoplites grecs ensuite fut toujours chose inconnue aux anciens peuples civilisés de l'Orient ; tout au moins chez aucun d'eux les jambières ne furent jamais d'un usage courant. Le Milésien Aristagoras, poussant le roi de Sparte Cléomène à faire la guerre aux Perses, lui fait remarquer que les Perses combattent surtout avec l'arc et avec de courtes lances, et entrent en campagne sans armure, mais coiffés d'une calotte et vêtus d'une culotte (1). Cette observation peut s'appliquer à tous les peuples de l'Orient comparés aux Grecs. On ne sait pas, il est vrai, si les Grecs avaient inventé eux-mêmes les pièces d'armure qui finirent par former la panoplie ou s'ils en avaient emprunté quelques-unes aux peuplades de l'Asie Mineure chez lesquelles ils avaient fondé des colonies sur la côte. La tradition désigne les Cariens comme les plus grands novateurs en matière de guerre, et leur attribue l'invention des jambières, des marques de boucliers, de la double courroie de l'*umbo* et de l'aigrette (2). Mais il ne faut accueillir cette tradition qu'avec la plus grande circonspection. Elle est à peine discutable si l'on s'en tient aux traits sous lesquels les Cariens nous apparaissent à une époque très ancienne encore, mais très claire de l'histoire. Depuis Archiloque jusque vers le milieu du Ve siècle avant J.-C., nous trouvons les Cariens, sur les différents points du bassin de la Méditerranée, faisant de la guerre un métier, tantôt à la solde des étrangers, tantôt pour leur propre compte (3). Leur manière de vivre les poussait, par conséquent, à perfectionner le plus possible leur équipement militaire. Toutefois certains mots d'origine obscure, tels que ξορ,

---

(1) Hérodote, V, 49, 3.
(2) Voy. p. 414, note 1. — (3) Archiloque dans le Schol. ad. Platon. *Lach.* p. 322 (*fragm.* 23 Bergk) : καὶ δὴ πίκουρος ὥστε Κὰρ κεκλήσομαι. Cariens à la solde de Psammétique Ier et d'Apriès (Uahabra) : Hérodote, II, 152, 154, 163. — Garde du corps carienne d'Amasis : Hérodote, II, 154. — Cariens au service du roi Onésilos de Salamis dans l'île de Chypre (vers 500 av. J.-C.) : Hérod. V, 112. Comp. Strabon, XIV, p. 661.

ἀσπίς et σάκος nous autorisent à supposer que, dans ce domaine également, les Grecs ne restèrent pas indifférents à l'influence étrangère (1).

L'adoption de la panoplie développa considérablement les forces militaires de la Grèce. Il est facile de se faire une idée de la confiance qu'une armure de ce genre devait inspirer à ceux qui en étaient munis et de la terreur qu'elle devait produire sur l'ennemi moins bien équipé. Aussi, à mesure que la tradition s'éclaircit et s'accentue, nous trouvons des renseignements qui prouvent que la supériorité militaire des Grecs et des Cariens était reconnue par les anciens peuples civilisés de l'Orient. La principale force de l'armée égyptienne résidait, sous les rois Psammétique et Apriès (Uahabra), dans les troupes mercenaires ioniennes et cariennes (2), et le roi Amasis lui-même, bien qu'il dût à une réaction nationale son élévation au trône, conserva cependant une garde du corps composée d'Ioniens et de Cariens (3). Le Mythylénien Antiménidas, frère d'Alkaïos, servait avec distinction dans l'armée de Nabuchodonosor (4). Il ressort clairement de l'histoire de Psammétique que l'hoplite tout bardé de bronze produisait une profonde impression sur l'imagination orientale. Lorsque Psammétique se fut enfui devant les autres rois dans les marais, un oracle lui prédit qu'il se vengerait lorsque des hommes d'airain surgiraient de la mer. Cette prédiction s'accomplit, lorsque des Ioniens et des Cariens, lourdement armés, eurent débarqué sur

---

(1) Certains philologues prétendent que ἄορ vient du radical *svar* (*suspendre*), désignant ainsi l'épée comme quelque chose de suspendu ou d'attaché. Cette hypothèse nous paraît être un véritable défi au bon sens. (Comp. les noms de Χρυσαορίς dans les *Beitraege* de Bezzenberger, X, p. 171, n° 347). De même il nous paraît impossible de pouvoir rapprocher σάκος de σάττω, σάγη, σάγος (Curtius, *Grundzüge der gr. Etymol.*, 4ᵉ éd., p. 661), et ἀσπίς du radical σπιδ, qui ferait allusion à l'action d'étendre les couches de peaux (σπίζειν synonyme de ἐκτείνειν; comp. Fick dans la *Kuhns Zeitschr.*, XXV, 1874, p. 111, n° 6).

(2) Hérodote, II, 152, 154, 163. — (3) *Id.*, II, 154. — (4) Alkaios, *fragm.* 33, Bergk. Comp. Strabon, XIII, p. 617.

le rivage saïte; Psammétique les prit à sa solde et ils vainquirent les rois ses ennemis (1).

Et maintenant quel était le rapport entre l'armement homérique et celui de l'époque classique? Pour répondre à cette question, il faut avant tout constater que deux pièces qui caractérisent le premier : la μίτρη (2) et le grand bouclier ovale (3), manquent au dernier. Elles ont dû effectivement disparaître aussitôt après la période homérique : elles ne figurent, en effet, ni dans la poésie qui suit immédiatement l'Épopée, ni sur les monuments de l'art archaïque. C'est vers la même époque que les Hellènes établis dans la Grèce proprement dite et en Asie Mineure renoncent au char de combat (4) : cela résulte à n'en pas douter de ce fait que le combat sur chars n'est mentionné dans aucun ouvrage littéraire des septième et sixième siècles, pas même (chose importante) dans les poésies guerrières d'Archiloque, d'Alcée et de Tyrtée. Tant qu'un char portait le guerrier sur le champ de bataille et lui servait de lieu d'attaque et de refuge (5), le poids du bouclier était supportable. Mais dès que les combattants commencèrent à aller à pied ou à monter à

(1) Hérodote, II, 152. — (2) Voy. p. 368-372. — (3) Voy. p. 403 et suiv.
(4) Au contraire le char de combat est usité chez les Grecs chypriotes encore en 498 av. J.-C. (Hérodote, V, 113). Dans la Cyrénaïque il semble avoir été en usage même au IVe siècle (Xénoph. *Cyrop.* VI, 1, 27). Mais peut-être Xénophon, qui avait dans l'idée les chars de combat employés jusqu'à Cyrus l'Ancien dans l'armée persique, ne voulait-il désigner, par comparaison, que les chars de course de Cyrène, usités de son temps. Si les Grecs de Chypre et peut-être ceux de la Cyrénaïque conservèrent beaucoup plus longtemps que leurs compatriotes de la mère-patrie la manière de combattre archaïque, c'est probablement parce qu'ils avaient affaire sans cesse aux armées orientales où les chars de combat jouaient toujours un rôle considérable. Cela est vrai aussi pour l'armée persique. Cyrus l'Ancien y introduisit un nouveau modèle de char et apporta tous ses soins au perfectionnement de cet engin de guerre (Xenoph., *Cyrop.*, VI, 1, 17, 27-30). Escadrons de chars des Indiens, des Caspiens et des Libyens dans l'armée de Xerxès : Hérodote, VII, 86. Comp. Eschyle, *Pers.*, 46. Chars à faux dans les armées de Cyrus le Jeune et d'Artaxerxès II Mnémon : Xénoph., *Anab.*, I, 7, 10; 8, 10. Dans l'armée de Darius III Kodomanos : Arrien, *Anab.* I, 8, 6; II, 7.
(5) Voy. p. 162.

cheval (1), on dut nécessairement songer à alléger le poids des armes défensives et l'on fut naturellement amené à supprimer ce bouclier.

Il est d'ailleurs permis d'admettre qu'au point de vue du style, l'armement homérique correspondait plus ou moins à celui que nous montrent les peintures sur vases archaïques. Dans quelques-unes, il y a des imperfections de dessin dues à l'inhabileté du peintre; mais les plus soignées nous donnent une idée très suffisante de l'équipement des guerriers du temps. On y remarque des types qui diffèrent essentiellement des hoplites grecs de la période florissante de l'histoire. Chez ceux-ci casque et bouclier sont moulés en quelque sorte sur le corps, et les fins profils de l'armure évoquent l'idée d'une grande force de résistance et d'une légèreté extrême tout ensemble. Dans ces peintures sur vases, au contraire, nous voyons des espèces d'étuis très lourds qui ne tiennent compte que des formes générales du corps et qui paraissent avoir un volume et un poids tout-à-fait hors de proportion avec la taille du guerrier. Et cependant, entre l'époque où prend fin la composition de l'Épopée et celle où l'on commence à peindre sur les poteries des scènes guerrières, le travail des métaux avait acquis un grand développement et, pendant plusieurs générations, bien des villes grecques avaient pour spécialité de fabriquer des armes et cela sur une grande échelle (2). Il est donc très probable que les casques et les cuirasses que portaient les contemporains des aèdes homériques étaient encore plus anguleux et plus raides que ceux représentés dans les plus anciennes peintures sur vases.

(1) La tradition qui, jusqu'à un certain point, peut être considérée comme historique, rapporte que la cavalerie apparaît pour la première fois dans la guerre messénienne, c'est-à-dire vers la seconde moitié du huitième siècle. Le nombre des cavaliers, du côté des Lacédémoniens comme des Messéniens, n'aurait pas atteint 500. Ces troupes d'ailleurs n'auraient pas fait grande prouesse, car les habitants du Péloponèse étaient alors de fort médiocres cavaliers. (Paus., IV, 7, 2; 8, 4.)

(2) Voy. p. 20, notes 2 et 3.

V. USTENSILES ET VASES.

Les renseignements que renferme l'Épopée sur les ustensiles domestiques sont en général trop vagues pour qu'on puisse les rapprocher des spécimens conservés à ce jour ou figurés sous une forme plastique. Ici encore on a le choix entre une quantité considérable de types dont l'examen dépasserait de beaucoup le cadre de ce livre et ne conduirait qu'à des résultats incertains. Si, par exemple, on nous demandait comment étaient faits les trépieds employés à l'époque homérique (1), nous pourrions répondre simplement que, suivant l'ancien mode phénicien, ils roulaient sur des roulettes (2) et que, autant qu'on en peut juger d'après les matériaux existants, ils n'avaient que deux anses (οὔατα). On ne rencontre le type à trois anses que vers la fin du sixième siècle (3). Mais l'énumération de tous ces détails serait fastidieuse pour le lecteur; nous croyons lui rendre service en les lui servant, dans des notes, à dose homéopathique, pour ainsi dire. Il est peu d'ustensiles d'intérieur dont l'étude puisse conduire à des résultats fructueux : de ce nombre sont les haches employées dans le tir à l'arc organisé par Pénélope, le *pempobolon* et les vases à boire.

(1) *Il.* XVIII, 373 :

> τρίποδας γὰρ ἐείκοσι πάντας ἔτευχεν
> ἑσταμεναι περὶ τοῖχον ἐϋσταθέος μεγάροιο,
> χρύσεα δὲ σφ' ὑπὸ κύκλα ἑκάστῳ πυθμένι θῆκεν...
> οἱ δ' ἤτοι τόσσον μὲν ἔχον τέλος, οὔατα δ' οὔπω
> δαιδάλεα προσέκειτο· τὰ ῥ' ἤρτυε, κόπτε δὲ δεσμούς.

Les πυθμένες étaient les supports du trépied. (Comp. notre ch. XXIX.)
(2) Comp. p. 137, note 5. — (3) Furtwængler, *Die Bronzefunde aus Olympia*, p. 17.

CHAPITRE XXVI.

LES HACHES DANS LE TIR A L'ARC.

Un des passages de l'Épopée le plus difficile à expliquer est celui qui décrit le tir à travers les haches organisé par Pénélope. Voici textuellement ce que dit Pénélope (1) : « Je vais maintenant organiser un jeu avec des haches qu'il (Ulysse) rangeait dans sa demeure, comme des étais de quilles de navires (2), au nombre de douze; puis il s'éloignait à une lon-

---

(1) *Od.* XIX, 572 :

> ... νῦν γὰρ καταθήσω ἄεθλον,
> τοὺς πελέκεας, τοὺς κεῖνος ἐνὶ μεγάροισιν ἑοῖσιν
> ἵστασχ᾽ ἑξείης, δρυόχους ὥς, δώδεκα πάντας·
> στὰς δ᾽ ὅ γε πολλὸν ἄνευθε διαρρίπτασκεν ὀϊστόν.
> νῦν δὲ μνηστήρεσσιν ἄεθλον τοῦτον ἐφήσω·
> ὃς δέ κε ῥηΐτατ᾽ ἐντανύσῃ βιὸν ἐν παλάμῃσιν,
> καὶ διοϊστεύσῃ πελέκεων δυοκαίδεκα πάντων,
> τῷ κεν ἅμ᾽ ἑσποίμην.

Les vers 577-581 sont répétés XXI, 75-79. Au vers καὶ διοϊστεύσῃ πελέκεων δυοκαίδεκα πάντων (XIX 578, XXI 76) correspondent, dans d'autres acceptions, les expressions διοϊστεῦσαί τε σιδήρου (XIX, 587), διοϊστεύσειν τε σιδήρου (XXI 97, 127), διοϊστεύσω τε σιδήρου (XXI, 114), διὰ δ᾽ ἧκε σιδήρου (XXI 328), διὰ δ᾽ ἀμπερὲς ἦλθε θύραζε ἰὸς χαλκοβαρής (XXI 422, 423).

(2) Breusing (*Jahrbücher für cl. Philologie* de Fleckeisen, 1885, p. 96) suppose avoir démontré, dans la *Philologische Rundschau*, II, p. 1460, que les δρύοχοι ne signifient point les étais de la quille, mais bien les membrures du vaisseau. N'ayant pas sous la main cette dernière revue, nous ne pouvons nous former un jugement sur cette opinion. Mais comme le type de haches employées dans la lutte qui nous occupe est la seule chose qui nous intéresse ici, il nous importe peu quel sens exact il faut attacher au mot δρύοχοι.

gue distance et faisait passer la flèche au travers. Maintenant voici la lutte que je propose aux prétendants ; celui qui aura tendu le plus légèrement la corde de l'arc et lancé le trait à travers les douze haches, c'est celui-là que je suivrai ». Les commentateurs anciens (1) et modernes (2) supposent presque tous que les tranchants des haches étaient fichés, sans manche, dans le sol (3), de telle sorte que les ouvertures se suivaient en ligne droite. Cette hypothèse a été victorieusement réfutée par Gœbel (4). Il nous suffira de rappeler ici ses principaux arguments. Admettons, avec Faesi, que les tranchants des haches aient eu deux pieds de longueur. Il n'eût été possible de lancer une flèche à travers les ouvertures que si le tireur s'était couché à plat ventre. Or, d'après Pénélope, Ulysse, en se livrant à cet exercice, avait coutume de se tenir debout, et, lorsqu'il montre son adresse aux prétendants, il tire « du siège où il était assis » (5). Si les ouvertures se trouvaient sur la trajectoire du trait d'un homme assis ou debout, elles devaient être élevées au moins d'un mètre au-dessus du sol ; par conséquent, les têtes de haches, en plaçant même le trou du manche immédiatement au dessous de l'extrémité opposée au tranchant, avaient nécessai-

---

(1) Schol. *Od.* XIX, 578. XXI, 422. Eustath. ad *Od.* XIX 574 p. 1879, 6 et suiv., XXI 420-422, p. 1915, 38 et suiv. — (2) Voy. Ameis (*Od.* XIX, 574). On a essayé récemment (*Jahrbücher* de Fleckeisen XXXI, 1885, p. 97 et suiv.) de justifier cette opinion sur laquelle nous n'avons pas besoin d'insister ici ; car elle repose sur l'hypothèse d'après laquelle Télémaque aurait planté ses haches sur un monceau de terre élevé par lui-même, hypothèse que nous avons réfutée plus haut (p. 144, note 6).

(3) *Od.* XXI, 120 :

> πρῶτον μὲν πελέκας στῆσεν, διὰ τάφρον ὀρύξας
> πᾶσι μίαν μακρήν, καὶ ἐπὶ στάθμην ἴθυνεν,
> ἀμφὶ δὲ γαῖαν ἔναξε.

(4) *Jahrbücher für cl. Philologie*, 113, 1876, p. 169-173.
(5) *Od.* XXI, 419 :

> ...ἕλκεν νευρὴν γλυφίδας τε,
> αὐτόθεν ἐκ δίφροιο καθήμενος, ἧκε δ' ὀϊστόν
> ἄντα τιτυσκόμενος.

rement aussi une longueur d'un mètre environ. Il est évident que des têtes de haches aussi colossales et aussi lourdes étaient impossibles. Reste une seule hypothèse, à savoir que les haches étaient, avec leurs manches, enfoncées dans le parquet. Les vers suivants qui nous disent comment ce tour de force a réussi (1), nous renseignent un peu mieux sur la nature de ces haches :

πελέκεων δ'οὐκ ἤμβροτε πάντων
πρώτης στειλειῆς, διὰ δ'ἀμπερὲς ἦλθε θύραζε
ἰὸς χαλκοβαρής-

Ces vers ont été également bien expliqués par Gœbel. Les commentaires des grammairiens anciens (2) partant de cette idée fausse que le trait était lancé à travers les trous du manche, nous n'avons pas à en tenir compte. Cependant nous ne pouvons nous empêcher d'y revenir; car les grammairiens ont donné une interprétation erronée au mot στειλειή dont le sens exact importe beaucoup ici. Bien que ce mot, conformément à son étymologie (3), ne puisse indiquer que le manche, et que plus tard, il garde chez les écrivains cette dernière signification à l'exclusion de toute autre (4), il n'en a pas été moins appliqué au trou du manche, interprétation arbitraire motivée certaine-

(1) *Od.* XXI, 421-423.
(2) Voy. p. 417, note 1. — (3) Στειλειή est à στειλειόν, manche (*Od.* V, 236) ce que πλευρή est à πλευρόν, ἄκρη à ἄκρον, δρεπάνη à δρέπανον, ἠλακάτη à ἠλάκατον, νευρή à νεῦρον (Comp. Gœbel, *loc. cit.*, p. 172).
(4) Apoll. Rhod., IV, 954 :

κορυφῆς ἔπι λισσάδος ἄκρης
ὀρθὸς ἐπὶ στελεῇ τυπίδος βαρὺν ὦμον ἐρείσας
Ἥφαιστος θηεῖτο.

Nicand, *Theriac.* 386 :

ἐπεὶ σκυταλῆς μὲν ὅσον σμινύοιο τέτυκται
στειλειῆς πάχετος, τῆς δ' ἕλμινθος πέλει ὄγχος.

Æneas, *Comm. poliorcet.*, 18 (p. 45, l. Hercher) :

καὶ παρὰ μὲν τῷ χαλκεῖ ἐνεβλήθη στελεόν.

ment par le placement inexact des haches (1). Mais lors même qu'on admettrait que στειλειή signifie le trou du manche, cela n'avancerait pas à grand'chose; car on se trouverait immédiatement en présence de difficultés grammaticales. Il faudrait alors traduire : « En commençant par le premier trou (c'est-à-

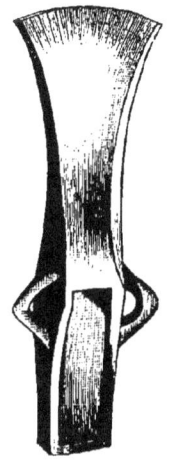  

Fig. 163. — Hache trouvée en Sardaigne.   Fig. 164. — Hache trouvée dans l'Europe centrale.   Fig. 165. — Hache trouvée dans l'Europe septentrionale.

dire le plus rapproché du tireur), il ne manqua aucune hache ». Traduction inadmissible, puisqu'il n'y a ici aucun verbe exprimant l'action de commencer et dont devrait dépendre forcément le génitif πρώτης στειλειῆς. De plus, l'expression πελέκεων δ'οὐκ ἤμβροτε πάντων (il ne manqua pas toutes les haches) serait, dans ce cas, assez singulière. Par contre, toutes ces difficultés disparaissent si στειλειή est pris dans le sens absolument certain de *manche* et si l'on fait dépendre πελέκεων

---

(1) Hesych. στειλειή τοῦ πελέκυος ἡ ὀπή, εἰς ἣν ἐντίθεται τὸ ξύλον. Comp. *Etym.*, 726, 23. Mœris lex., p. 254, éd. Pierson au mot στειλειή. Eustath. ad *Od.* XXI, 420, p. 1915, 36.

de πρώτης στειλειῆς. Il faut alors traduire : « Et il ne manqua point l'extrémité supérieure du manche de toutes les haches », c'est-à-dire que le trait frôla l'extrémité supérieure du manche de toutes les haches. Nous avons, comme conséquence logique, une tête de hache munie d'une ouverture à l'extrémité supérieure du manche, de telle sorte que le trait lancé à travers cette ouverture devait forcément effleurer le manche.

Si nous cherchons parmi les monuments conservés des types correspondants, il faut, avant tout, laisser de côté les haches de bronze, rares dans l'Europe méridionale (fig. 163) (1), mais très fréquentes dans l'Europe centrale et septentrionale (fig. 164-165) (2). Elles appartiennent à cette catégorie que les paléoethnologues sont convenus d'appeler *paalstab;* elles sont pourvues d'un côté ou des deux côtés d'une oreille qui servait évidemment à les suspendre. Nous en connaissons dans le nombre d'une grandeur considérable et dont les oreilles sont assez ouvertes pour qu'une flèche très mince puisse passer au travers. Mais la description épique ne peut faire allusion au type en question, et cela pour deux raisons. D'abord ces oreilles ou trous ne sont dans ces têtes de haches que des accessoires extérieurs. En supposant qu'il se fût agi de lancer le trait à travers ces ouvertures, le poète n'aurait pas spécifié que le tour de force consistait à faire passer la flèche à travers les haches ou le fer, mais bien à travers ces ouvertures. En second lieu, ces ouvertures sont pratiquées à un endroit de la tête éloigné du manche; par conséquent la flèche n'aurait pas pu

---

(1) Un spécimen de Sardaigne : *Notiz. di scavi comm. all'acc. dei Lincei*, 1882, pl. XVIII, 24, p. 310 (d'où notre fig. 163). Deux autres dans la collection Spano d'Oristano. Voy. Oberziner, *I Reti*, pl. III, 5, 10, 11, 16, pour les exemplaires provenant de la Rétique.

(2) Lindenschmit, *Alterthümer uns. heidn, Vorzeit*. 1er vol. fasc. I, pl. IV, 44, 45, 49, 50 : fasc. II pl. II 1-12. — Kemble, *Horæ ferales*, pl. IV, 27-29, pl. V, 4-19, 21-30. — Hampel, *Antiq. préhistor. de la Hongrie*, pl. V, 2, 5; pl. XIV, 16-18. — Evans, *L'âge du bronze*, p. 95-104, p. 111, 112, 118-156 (d'où nos fig. 164 et 165).

effleurer ce manche, contrairement à l'assertion du poète (1).

Deux types de haches seulement peuvent, à notre connaissance, être rapprochés de la description épique : l'un a été étudié à cet effet par Gœbel (2), l'autre par Murray (3). Le premier (fig. 166) correspond à la *bipennis* que l'art grec donne souvent aux Amazones depuis l'époque d'Alexandre. La hache a deux tranchants, une entaille circulaire est pratiquée en haut et en bas. Le tour de force aurait donc consisté à faire passer la flèche à travers les entailles supérieures des douze haches, sans dévier de la ligne droite tracée par la juxtaposition de ces ouvertures. Gœbel fait observer que, dans cette hypothèse, la comparaison avec les δρύοχοι est parfaitement juste. Ce mot, si l'on juge par analogie, semble indiquer les pièces de bois sur lesquelles, en construisant les navires, on étayait la quille (4). Le troisième terme de comparaison serait donc non-seulement le placement en ligne droite de l'objet, mais encore sa forme; en effet, les moitiés supérieures des haches, découpées en cercle rappellent parfaitement l'entaille en fourche des étais de navires. On rencontre souvent sur les monuments des haches de ce genre où le manche ne dépasse que très peu l'entaille supérieure (5). Une flèche lancée à travers ces entail-

Fig. 166. — Hache à deux entailles circulaires.

---

(1) La hache de combat que Peisandros portait sous le bouclier était probablement pourvue d'une ouverture semblable destinée à suspendre cette hache (*Il.* XIII, 611) :

ὁ δ' ὑπ' ἀσπίδος εἵλετο καλὴν
ἀξίνην

(2) *Jahrbücher für cl. Philolog.*, 113, p. 171. — (3) Notes du livre de Bucher and Lang, *The Odyssey done into english prose*, 2ᵉ éd. p. 420.

(4) Comp. Aristoph. *Thesmophor.*, 52. Platon, *Timœus*, p. 81 B. Apoll. Rhod., I, 723. Archimelos dans Athen. V. p. 209 c. Polybe, I, 38, 5. Suid. au mot δρύοχοι : ... τὰ στηρίγματα τῆς πηγνυμένης νεώς. Eustath ad. *Od.* XIX, 574, p. 1879, 8 : δρύοχοι μὲν γὰρ ξύλα, ἐφ' ὧν ἡ τρόπις ἵσταται.

(5) Telles sont les haches d'Amazones sur les bas-reliefs en argile de l'époque

les pouvait, comme le dit l'Épopée, effleurer l'extrémité supérieure des manches (πρώτης σταλειῆς). En tout cas la hache dont nous parlons est fort ancienne : une de ces haches pourvue d'une entaille circulaire sert d'ornement à une parure d'or lydienne (1); on en a trouvé, en outre, quelques spécimens votifs en bronze, de petites dimensions, dans la couche la plus profonde d'Olympie (2).

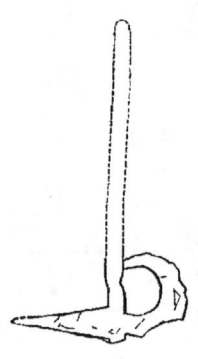

Fig. 167. — Hache d'une métope de Sélinonte.

Murray, croit, au contraire, que la description épique fait allusion à des haches semblables à celle dont est armée l'Amazone d'une métope archaïque de Sélinonte (fig. 167) (3). La pièce de métal dont se compose la tête de la hache apparaît recourbée par en bas du côté du tranchant le plus large dont il ne reste évidemment qu'un fragment et touche le manche avec l'extrémité inférieure de la partie recourbée. A travers l'ouverture ainsi formée il était certainement très facile de faire passer une flèche qui pouvait, dans son vol, effleurer le bord supérieur du manche (4). Les haches de ce genre n'offrent, il est vrai, aucune analogie avec l'étai d'une quille de navire; mais on conviendra que si on les plaçait en

romaine (voy. Campana, *Opere in plastica*, LXXIX) et sur les peintures murales de Pompeï (*Pitt. d'Ercolano*. V, 69, p. 311. — *Mus. Borbon.*, VI, 3; Helbig, *Wandgemælde*, n° 1248). Le manche se termine plus souvent en une pointe qui atteint les bouts du croissant et parfois même les dépasse (p. ex. sur les sarcophages, dans Overbeck, *Gal. her. Bildw.*, pl. XXI, 1, 3, 8). Avec cette dernière disposition il eût été évidemment très difficile, sinon impossible de lancer le trait à travers l'ouverture.

(1) *Bull. de corresp. hellénique*. III, 1879, pl. IV, p. 129.
(2) S. Muller, *Den europaeiske Bronzealders Oprindelse* dans *Saertryk af Aarboger for nord. Oldk.* Copenhague, 1882, p. 329, fig. 33. — (3) Serradifalco, *Antichità della Sicilia*, II, pl. XXXIV. — Benndorf, *Metopen von Selinunt*, pl. VII (d'où notre fig. 167).
(4) Cette ouverture servait aussi à suspendre la hache. Voy. plus haut p. 451, note 1.

ligne droite, l'une contre l'autre, on aurait une idée très exacte du troisième terme de la comparaison de Pénélope.

Il faut enfin tenir compte de ce fait qu'il est dit expressément dans l'Épopée que les haches servant au tir à l'arc étaient en fer (1). Or ce métal ne résiste que fort rarement à l'action destructive du temps; on ne peut donc pas s'attendre à en trouver beaucoup. Quant aux haches doubles, il n'en existe, que nous sachions, aucun spécimen usuel ni en bronze ni en fer. Nous ne connaissons que deux exemplaires de haches semblables à celui de la métope de Sélinonte; ils sont en fer, fortement oxydé. Ils ont été trouvés dans un tombeau d'Orvieto qui renfermait, en outre, trois amphores corinthiennes avec zones à figures d'animaux et qui, par suite, semble appartenir au sixième siècle avant J.-C.

(1) Voy. p. 417, note 5.

les pouvait, comme le dit l'Épopée, effleurer l'extrémité supérieure des manches (πρώτης στειλειῆς). En tout cas la hache dont nous parlons est fort ancienne : une de ces haches pourvue d'une entaille circulaire sert d'ornement à une parure d'or lydienne (1); on en a trouvé, en outre, quelques spécimens votifs en bronze, de petites dimensions, dans la couche la plus profonde d'Olympie (2).

Murray, croit, au contraire, que la description épique fait allusion à des haches semblables à celle dont est armée l'Amazone d'une métope archaïque de Sélinonte (fig. 167) (3). La pièce de métal dont se compose la tête de la hache apparaît recourbée par en bas du côté du tranchant le plus large dont il ne reste évidemment qu'un fragment et touche le manche avec l'extrémité inférieure de la partie recourbée. A travers l'ouverture ainsi formée il était certainement très facile de faire passer une flèche qui pouvait, dans son vol, effleurer le bord supérieur du manche (4). Les haches de ce genre n'offrent, il est vrai, aucune analogie avec l'étai d'une quille de navire; mais on conviendra que si on les plaçait en

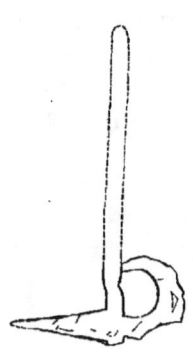

Fig. 167. — Hache d'une métope de Sélinonte.

romaine (voy. Campana, *Opere in plastica*, LXXIX) et sur les peintures murales de Pompéi (*Pitt. d'Ercolano*, V, 69, p. 311. — *Mus. Borbon.*, VI, 3: Helbig, *Wandgemælde*, n° 1248). Le manche se termine plus souvent en une pointe qui atteint les bouts du croissant et parfois même les dépasse (p. ex. sur les sarcophages, dans Overbeck, *Gal. her. Bildw.*, pl. XXI, 1, 3, 8). Avec cette dernière disposition il eût été évidemment très difficile, sinon impossible de lancer le trait à travers l'ouverture.

(1) *Bull. de corresp. hellénique*, III, 1879, pl. IV, p. 129.

(2) S. Muller, *Den europæiske Bronzealders Oprindelse* dans *Saertryk af Aarboger for nord. Oldk.* Copenhague, 1882, p. 329, fig. 33. — (3) Serradifalco, *Antichità della Sicilia*, II, pl. XXXIV. — Benndorf, *Metopen von Selinunt*, pl. VII (d'où notre fig. 167).

(4) Cette ouverture servait aussi à suspendre la hache. Voy. plus haut p. 451, note 1.

CHAPITRE XXVII.

LE PEMPOBOLON.

Pendant que les os des cuisses garnis de graisse et de morceaux de viande se consument sur l'autel des sacrifices que célèbrent Chrysès et Nestor, les jeunes gens se tiennent debout avec des πεμπώβολα, c'est-à-dire des fourchettes à cinq branches dans la main (1). Des fourchettes de bronze parvenues jusqu'à nous, terminées par une douille destinée à recevoir un manche en bois, nous donnent une idée très exacte de ces πεμπώβολα. Parmi les spécimens connus les uns sont anciens, d'autres plus récents. A la première catégorie appartiennent: celui du Musée municipal de Chiusi (2), et les deux trouvés à Bologne, dont l'un fait partie de la série d'ustensiles de bronze primitifs découverts près San Francesco (3), l'autre provient de la partie la plus ancienne de la nécropole d'Arnoaldi Veli (4) (fig. 168-169). Tous les trois sont de petites dimensions : la fourchette de Chiusi ne mesure que $0^m,13$, celle de San Francesco $0^m,15$ et celle

---

(1) *Il.* I, 463. *Od.* III, 460.

... νέοι δὲ παρ' αὐτὸν ἔχον πεμπώβολα χερσίν.

Comp. Apollon. *Lex. hom.*, p. 129, 29 : πέντε ὀβελίσκοι τριαινοειδεῖς ἐκ μιᾶς λαβῆς. Hesych. πεμπωβόλους· πέντε ὀβελίσκους ἐκ μιᾶς λαβῆς συνεχομένους τριαινοειδῶς. Le mot est formé de πέμπε (dial. éolien pour πέντε) et ὀβελός.

(2) Nº 354 du catalogue. — (3) *Not. di scavi com. all'acc. dei Lincei*, 1877, p. 5, 55 et suiv. — *Bul. di paletn. ital.*, III, p. 18-19. — Cartailhac, *Matériaux*, 1877, p. 249, nº 6. — *Archivio per l'antropologia*, VII, 1877, p. 228 242.

(4) Gozzadini, *Intorno agli scavi fatti dal Sig. Arnoaldi Veli*, p. 72.

de la nécropole d'Arnoaldi 0^m,052. La première a cinq dents, les deux bolonaises sept. Elles sont, dans la fourchette de Chiusi, groupées autour d'un anneau circulaire fixé à la douille; dans celle d'Arnoaldi autour d'un anneau elliptique; dans le spécimen de San Francesco, au contraire, ces dents ou griffes sortent d'un prolongement de la douille.

Les *pempobola* plus récents (fig. 170-71), très rares sur le territoire de Bologne (1) et du Picenum (2), sont très fréquents

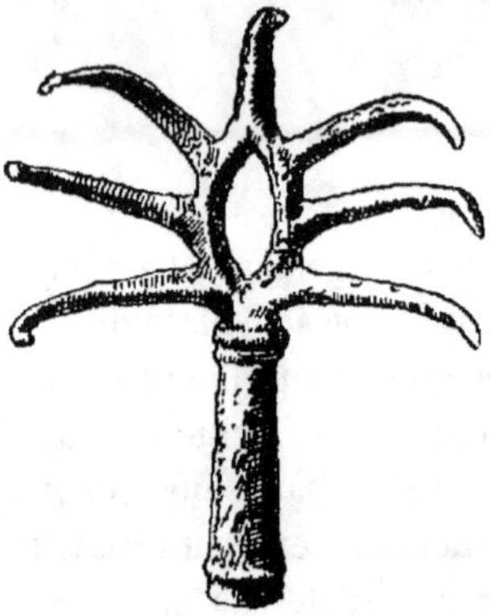

Fig. 168. — Pempobolon trouvé dans la nécropole Arnoaldi Veli.

Fig. 169. — Pempobolon trouvé à San Francesco.

dans l'Étrurie proprement dite (3). D'après les mesures que

(1) On en a trouvé un exemplaire en fer à cinq dents extérieures dans le Piano di Setta (affluent du Reno), dans un tombeau dont le contenu correspond à celui de la nécropole de Marzabotto et à celui de la Certosa de Bologne; un autre en bronze à sept dents près Servirola (prov. de Reggio). Voy. Zannoni, *Gli scavi della Certosa*, pl. LXXIII, 19.

(2) Plusieurs spécimens trouvés dans la nécropole d'Offida : *Bull. di palein. ital.*, II, p. 21-22; un près de Tolentino (collection Silveri-Gentiloni)

(3) Corneto : Dennis, *The cities and cemeteries of Etruria*, I², p. 411. *Bull. dell' Inst.*, 1869 p. 172. Vulci : *Mus. Grégor.*, I pl. XLVII 1, 3, 4, un exemplaire avec cinq, deux avec sept griffes extérieures; *Bull. dell' Inst.*, 1840, p. 59. Chiusi : un exemplaire à 5, un autre à 7 griffes au musée municipal, un ex. à 5 griffes dans la collection Giov. Brogi. Fojano : deux à 5 griffes (*Bull. dell' Inst.*, 1879 p. 247). Dans la collection Faina d'Orvieto, un spécimen avec 5 et un avec 7 griffes. A Pérouse, trois exemplaires à sept griffes au musée municipal, un à cinq griffes dans la collection Guardabassi. Au musée de Florence, un exemplaire à sept griffes provenant de Telamone,

nous avons prises, leur longueur varie entre 0ᵐ,28 et 0ᵐ, 35. Les dents sont plantées sur un anneau rond; elles sont soit au nombre de cinq, comme dans le πεμπόβολον homérique, soit au nombre de sept. De plus à l'extrémité de la douille, voisine de l'anneau et perpendiculairement à celle-ci, se trouve fixée une baguette terminée par un crochet, un anneau ou une pointe et garnie elle-même de deux à cinq dents plus petites (1).

Les ciceroni italiens prétendent que ces ustensiles, qui ne manquent dans aucune collection tant soit peu complète de bronzes antiques, avaient servi d'instruments de supplice avec lesquels les païens auraient déchiré les chairs des martyrs chrétiens. Nous n'avons même pas besoin de réfuter cette explication. L'opinion d'Alessandro Castellani (2) ne nous paraît pas plus pausible. Il fait observer que les pêcheurs napolitains emploient encore de nos jours des fourchettes semblables pour pêcher la nuit, à la lumière; ils mettent de l'étoupe dans les vides compris entre les griffes et l'allument. Les spécimens antiques n'ont pas dû servir au même usage; en effet, les fourchettes de ce genre ne se rencontrent pas seulement au bord de la mer, mais encore dans l'intérieur des terres, notamment sur le territoire de Bologne (3), en pleine Étrurie et dans le Picénum (4). De plus, les conditions dans lesquelles elles ont été trouvées n'indiquent point qu'elles aient servi à un usage particulier, mais que c'étaient des ustensiles de ménage tout à fait usuels. On les rencontre, en effet, toujours à côté d'un gril, de pelles ou de pincettes, d'une *simpula,* d'une *cola,* etc. (5). Aussi Schulz (6) les a-t-il prises déjà pour des ustensiles de cuisine et

deux à cinq, un autre à sept sans provenance connue. Dans la collection Chigi à Sienne, deux à cinq et deux à sept griffes.

(1) L'exemplaire du Piano di Setta n'a pas moins de cinq dents intérieures (voy. la note précéd.).
(2) Friederichs, *Kleinere Kunst und Industrie*, p. 358.
(3) Voy. p. 455, note 1. — (4) A Vulci, Chiusi et Fojano (voy. p. 455, note 3); à Offida et à Tolentino (p. 455, note 2).
(5) *Bull. dell'Inst.*, 1869, p. 172. 1879, p. 247.
(6) *Bull. dell'Inst.*, 1840, p. 59.

Dennis (1) a proposé de les appeler κρεάγρα (*crochets à viande*). Ces fourchettes servaient évidemment à maintenir la viande

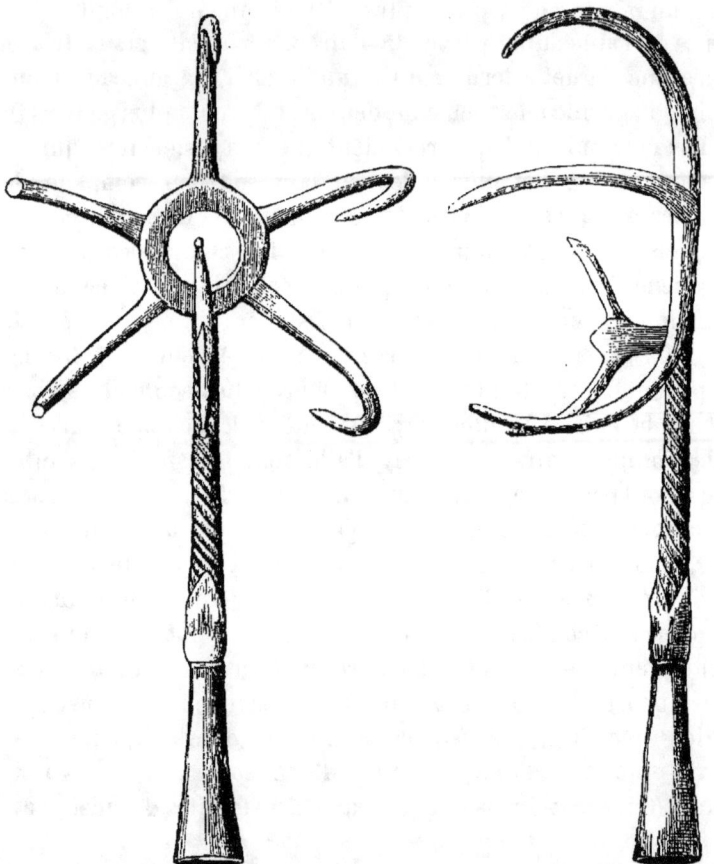

Fig. 170. — Fourchette à viande en bronze trouvée à Vulci.

Fig. 171. — Fourchette à viande en bronze trouvée à Vulci.

sur ou au-dessus du gril, à l'en enlever, à tirer de la marmite la viande qui cuisait et à d'autres usages analogues, toutes

(1) *The cities and cemeteries of Etruria*, I², p. 411.

opérations où la baguette du pempobolon plus récent et les petites griffes qui en partent servaient à maintenir mieux les morceaux de viande entre les griffes extérieures. Cette hypothèse est parfaitement confirmée par un vase à figures rouges du style sévère qui est exposé au Musée de Berlin (1). On y voit Médée rajeunissant par la cuisson, en présence d'une fille de Pélée, un bélier haché en morceaux. Le bélier s'apprête à sauter hors du chaudron ; la Péliade, qui tient encore de la main droite le glaive avec lequel l'animal avait été mis en pièces, témoigne le grand étonnement que lui cause ce prodige; Médée, de la main gauche levée, paraît faire un geste magique et tient de la main droite baissée une de ces fourchettes à cinq dents qui nous occupent (fig. 172). Dans des sacrifices comme en décrit l'Épopée, ces fourchettes étaient très utiles pour maintenir ensemble les morceaux de viande et pour les empêcher de glisser de l'autel. Le *pempobolon* homérique correspond probablement à ces fourchettes de bronze; cette hypothèse semble confirmée par ce fait que des ustensiles de ce genre ont été mis au jour dans des couches du sol très profondes. Les bronzes de San Francesco (2) et les deux spécimens anciens de la nécropole d'Arnoaldi Veli (3) sont antérieurs au début des relations avec la Grèce (4). L'espèce plus récente se rencontre dans des tombeaux qui renferment des vases à figures noires d'un style déjà développé et des poteries à figures rouges du style sévère; elle remonte donc tout au plus à la première moitié du cinquième siècle av. J.-C. (5).

Il convient enfin de tenir compte ici d'un renseignement que nous donne Eusthate (6) et qu'il dit avoir puisé à une

---

(1) Furtwængler, *Beschr. der Berliner Vasensammlung*, p. 510, n° 2188.
(2) P. 454, note 3. — (3) P. 454, note 4. — (4) Voy. p. 105-110.
(5) *Bull. dell'Inst.*, 1879, p. 247.
(6) Sur l'*Il.* I, 463, p. 135, 40 : φασὶν οἱ παλαιοὶ ὡς οἱ μὲν ἄλλοι τρισὶν ἔπειρον ὀβελοῖς, οἳ λέγοιντο ἂν τριώβολα· μόνοι δὲ οἱ Κυμαῖοι, Αἰολικὸν δὲ οὗτοι ἔθνος, πεμπωβόλοις ἐχρῶντο. ἔστι δὲ ἡ τοῦ πεμπωβόλου λέξις Αἰολική, καθὰ καὶ ἡ χρῆσις. πέμπε γὰρ οἱ Αἰολεῖς τὰ πέντε φασίν... ἔοικε δὲ τὸ παρὰ τοῖς Κυμαίοις τοῦτο πεμπώβολον δᾶκ

Fig. 172. — Médée, *un pempobolon* à la main.

source ancienne (1). Il rapporte que les fourchettes à viande dont se servaient généralement les Grecs avaient trois dents et que celle des Cyméens éoliens en avaient cinq. Or la ville de Cumes située sur la côte de la Campanie passait pour avoir été fondée en commun par les Ioniens de Chalcis et par les Cyméens d'Éolie (2). Il est, en outre, facile de démontrer que, dès le sixième siècle, cette ville exportait en Étrurie de grandes quantités de vases et d'ustensiles en bronze (3). Si l'on admet la participation (4) des Cyméens d'Éolie à la fondation de cette ville, l'on conviendra que la fourchette à cinq dents a pu être importée par les Éoliens d'Asie Mineure; et si on la rencontre fréquemment en Étrurie, c'est que les Cyméens de la Campanie étaient en relations avec les Étrusques. Par conséquent cet ustensile se trouverait dans la contrée où prirent naissance les poèmes homériques, et il en résulterait que, même au point de vue historique, le *pempobolon* de l'Épopée pourrait, avec raison, être rapproché des spécimens trouvés en Étrurie.

τύλοις πτύου λικμητικοῦ ἢ ὀδοῦσι τριαίνης, οἷς ἐνηπείρετο τὸ ὀπτώμενον. — Les anciens Hébreux se servaient d'une fourchette à trois dents : I Samuel, 2, 13.

(1) Probablement Ephoros. Comp. nos additions I.
(2) Strabon, V, p. 243. — (3) Voy. p. 111, note 2.
(4) Comp. nos additions I.

CHAPITRE XXVIII

LES VASES A BOIRE.

L'ustensile à boire le plus fréquemment mentionné dans les poèmes homériques est le δέπας ἀμφικύπελλον, souvent remplacé par les mots plus courts δέπας et κύπελλον (1). C'est dans ce vase que buvaient les héros et qu'ils faisaient des libations aux dieux. Nous savons aussi, d'après des témoignages certains, qu'avec ce vase on puisait le vin dans les cratères (2).

Les grammairiens anciens, qui se sont livrés à de nombreuses recherches sur ce vase, font dériver κύπελλον de κύπτω (plier) ou de κυφός (courbe), et, appliquant l'idée exprimée par ces deux termes tantôt à la panse, tantôt aux bords, tantôt aux anses, ils sont arrivés aux résultats les plus variés (3). Les uns prétendent que ἀμφικύπελλον signifie τὸ ἀμφοτέρωθεν κυπτόμενον, c'est-à-dire une coupe dont les parois sont également rebondies de tous côtés (4). D'autres prennent κύπελλον

---

(1) Δέπας et δέπας ἀμφικύπελλον sont identiques : comp. par ex. *Il.* XXIII, 196 et 219, et *Od.* III, 36, 41, 51, 63. D'ailleurs δέπας ἀμφικύπελλον et κύπελλον sont synonymes (voy. *Il.* I, 584, 596 et *Od.* XX, 153, 253). Il en est de même de δέπας et de κύπελλον (*Il.* XXIV, 285 et 305). Comp. Athen., XI, 482 E.

(2) *Il.* III, 295. XXIII, 218-221.

(3) Voy. Athen., XI, 482 E. — *Etymolog. magnum* au mot ἀμφικύπελλον, p. 90, 39 et suiv. et Apollon. *Lexic. homer.* (p. 25, 18 Bekker) et κύπελλον, p. 105, 24.

(4) Schol. *Od.* III, 63 ; δέπας ἀμφικύπελλον] τὸ ἀμφατέρωθεν κυπτόμενον. Schol. *Od.* XIII 57 : τὸ περιφερές, τὸ πανταχόθεν κεκυφός. Schol *Od.* XX 153. Athen. XI 482 E. : ἀπὸ γὰρ κυρότητος τὸ κύπελλον ὥσπερ καὶ τὸ ἀμφικύπελλον (Comp. Eustath. sur l'*Od.* XV 120, p. 1775, 24 p. 1776, 38). *Etym.* 90, 42 : τὸ ἐκ περιφερείας κυφόν. Hesych. : ἀμφικύπελ(λ)ον· περιφερὲς ποτήριον. Apoll. lex. p. 25 : ἀμφικύπελλον ἀμφίκυρτον, οἷον περικεκυφωμένον, ὅπερ ἴσον τῷ κεκυρτωμένον. Pour rendre complète

pour un ποτήριον ἔσω κεκυφός et, par suite, ἀμφικύπελλον pour un vase dont les bords sont partout repliés en dehors (1). Enfin Aristarque cherche la courbure dans les anses et définit ἀμφικύπελλον : « une coupe munie de chaque côté d'anses recourbées », hypothèse à laquelle se sont ralliés plusieurs autres grammairiens (2). Nous verrons plus loin que cette hypothèse, quoique fondée sur une étymologie absolument fausse,

Fig. 173. — Coupe en argile trouvée à Hissarlik.   Fig. 174. — Coupe en or de Mycènes.

est effectivement la plus juste, ou, du moins, qu'elle se rapproche le plus de la vérité.

Si nous passons aux interprétations modernes, nous constatons que, pour Winckelmann (3), le *dépas amphikypellon* était un vase à boire, composé, comme le vase d'argent bien connu de Corsini (4), d'une coupe intérieure et d'une enveloppe métallique extérieure. Au point de vue linguistique et par analogie avec ἀμφιθέατρον, il n'y a rien à objecter contre cette explication ; mais, parmi les monuments d'ancienne date, il

l'idée de rondeur, on a supposé la coupe dépourvue d'anses. Athen. XI 482 F. : Σειληνὸς δέ φησι « κύπελλα ἐκπώματα σκύφοις ὅμοια, ὡς καὶ Νίκανδρος ὁ Κολοφώνιος. » Hesych. κύπελλον· εἶδος ποτηρίου ἀώτου.

(1) Eusthat. *Il.* I, 596, p. 158, 41 et suiv. *Od.* I, 142, p. 1402, 26 et suiv.
(2) *Etym. magn.*, s. v. ἀμφικύπελλον (p. 90 44) : Ἀρίσταρχός φησι σημαίνειν τὴν λέξιν τὴν διὰ τῶν ὤτων ἑκατέρωθεν περιφέρειαν. Athen. XI, c. 24 p. 783 B : Παρθένιος δὲ διὰ τὸ περικεκυρτῶσθαι τὰ ὠτάρια. Κυφὸν γὰρ εἶναι τὸ κυρτόν. *Id.* XI, c. 65, p. 482 F : ἀμφίκυρτα ἀπὸ τῶν ὤτων. Eusthat. sur l'*Od.* XV, 120, p. 1776, 36 : Παρθένιος δὲ (ἀμφικύπελλον) διὰ τὸ περικεκυρτῶσθαι τὰ ὠτάρια. Aniketos *ibid.* p. 1776, 38 : ἀπὸ γὰρ κυφότητος κύπελλον καὶ ἀμφίκυπελλον, ὡς οἷον κυρτὸν αἱ ἀμφίκυρτον ἀπὸ τῶν ὤτων.
(3) *Geschichte der Kunst des Alterthums*, livre XI, ch. 1, § 15.
(4) Michaelis, *Das Corsinische Silbergefaess*, Leipzig, 1859.

n'existe point de coupes de cette espèce. Tout porte à croire que ces coupes séparées de leur enveloppe métallique ne firent leur apparition qu'à l'époque alexandrine où l'art des toreuticiens produisait beaucoup de ces vases précieux.

Schliemann (1) a rapproché tout d'abord le vase homérique d'un vase d'or mis au jour dans les fouilles troyennes (2). Mais comme ce récipient est d'un très petit volume et qu'il est muni de chaque côté d'une sorte de bec, ce devait être un vase à verser et non à boire. Plus tard ce savant (3) se décida pour une coupe à deux anses, dont on a trouvé de nombreux exemplaires à Hissarlik (4) et dans les tombeaux en puits de Mycènes (5). Nous verrons plus loin que là il est dans le vrai.

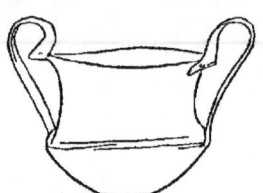

Fig. 175. — Coupe en or de Mycènes.

Il est encore une explication qui mérite de fixer notre attention, c'est celle que donnent Buttmann (6) et Frati (7) indépendamment l'un de l'autre. Aristote compare à des ἀμφικύπελλα les cellules des ruches d'abeilles séparées par des surfaces horizontales (8). Ces deux savants modernes supposent qu'A-

(1) *Atlas trojan. Alterth.*, p. 54.
(2) *Atlas trojan. Alterth.* pl. 202, n° 3603 *b*, pl. 203, 203ª. — *Ilios*, p. 518, n°s 772-773. — Gieseke (*Jahresber. über die Fortschritte der Alterthumswissenschaft*, III vol. 2° et 3° années 1874-75, 1re part. p. 98-99) a déjà repoussé avec raison ce rapprochement.
(3) *Mykenæ*, p. 130, 267, n° 339 (notre fig. 175), p. 270, n° 344 (notre fig. 174), p. 272, n° 346 (notre fig. 188). — Gottschall, *Unsere Zeit*.1880 p. 811; *Ilios*, p. 338-342.
(4) *Atlas troj. Alterth.* Pl. 35 n° 872ª, pl. 39 n° 942, pl. 40 n° 972, 976, pl. 41 n° 990, 992, pl. 42 n° 1005, 1007, 1008, pl. 43 n° 1018, 1021, 1027, pl. 45 n° 1090, 1092, 1094. Notre fig. 173 d'après pl. 40 n° 976.
(5) *Mykenæ*, p. 267, n° 339 (d'où notre fig. 175), p. 270, n° 344 (notre fig. 174), p. 272, n° 346 (notre fig. 188), p. 398 n° 528.
(6) *Lexilog.* I², p. 160-162. — (7) Gozzadini, *Di un sepolcreto etr. scop. presso Bologna*, p. 18 (pl. III 9, 18; d'où notre fig. 176). Comp. Gozzadini *Intorno ad altre settantuna tombe del sepolcreto scop. presso Bologna*, p. 5.
(8) *Hist. anim.*, IX, 40 (I. p. 624 *a*, 7° éd. Bekker) : αἱ δὲ θυρίδες αἱ τοῦ μέλιτος καὶ τῶν σχαδόνων ἀμφίστομοι· περὶ γὰρ μίαν βάσιν δύο θυρίδες εἰσίν, ὥσπερ ἡ τῶν

ristote fait là allusion au vase homérique. Frati nous renvoie

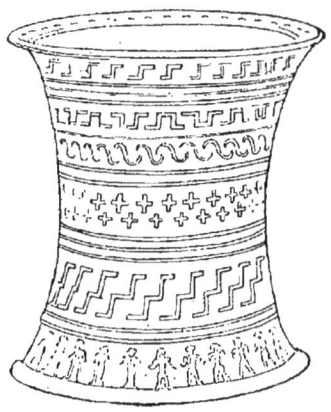

Fig. 176. — Double coupe en argile de Villanova.

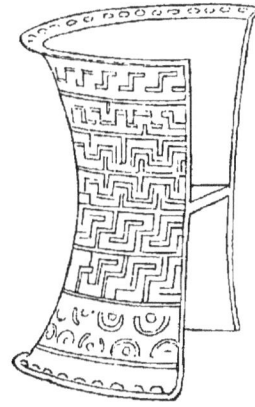

Fig. 177. — Section longitudinale de la même coupe.

à ce propos aux poteries sans anses de la nécropole de Villanova (1). Conformément à la donnée d'Aristote, ces poteries

ἀμφικυπέλλων, ἡ μὲν ἐντὸς ἡ δ'ἐκτός. Ce passage est cité par Eustath. *Il*. I, 596, p. 158, 45 et suiv.

(1) Voy. Gozzadini, *Di un sepolc. etr. scop. presso Bologna*, pl. III, 9, 18 (d'où nos fig. 176', 177). — Le même, *Intorno agli scavi fatti dal sign. Arnoaldi Veli*, pl. III, 2. — De Mortillet, *le signe de la croix*, p. 64, fig. 31, p. 116, fig. 91. — Issel, *L'uomo preistorico in Italia*, p. 833, fig. 65. — Crespellani, *Del sepolcreto scoperto presso Bazzano*, pl. III, 1. Les vases de cette espèce apparaissent pour la première fois dans la seconde période des nécropoles de Villanova et de Benacci (comp. Zannoni, *Gli scavi della Certosa*, p. 109-115); on en trouve aussi dans d'autres nécropoles de Bologne antérieures à l'importation des vases grecs (de Luca, Tagliavini, Stradella della Certosa, Arnoaldi Veli, Arsenal). Voy. la statistique de ces vases dans Gozzadini, *Intorno*, p. 25 et suiv. et Zannoni, *Gli sc.*, p. 236-237. Un des spécimens les plus récents semble être un vase orné de figures de guerriers, de cerfs et de sphinx faites au repoussé et trouvé sous la route conduisant de la via S.Isaia à la Certosa, où l'on a constaté des vestiges qui correspondent à l'ancien groupe Arnoaldi : Gozzadini, *Di due sepolcri e di un frammento ceramico della necropoli felsinea*, p. 6, 7 (*Atti della deput. di storia patria dell' Emilia*, n. s. vol. VI, parte I. Modène, 1881). On en a découvert également de semblables près Bozzano, à l'ouest de Bologne, à la limite de la province de Modène. Ils proviennent d'une nécropole comprenant les trois

sont divisées au milieu ou à peu près vers le milieu par une tablette en deux récipients, destinés chacun à recevoir un liquide (fig. 176, 177). Mais il est excessivement difficile de reconstituer le δέπας ἀμφικύπελλον d'après la donnée d'Aristote et les poteries de Bologne, et cela pour deux raisons. D'abord les Grecs du temps d'Homère n'auraient pu songer à se servir d'une coupe double de ce genre que s'ils avaient eu l'habitude de boire deux sortes de vin à leurs repas; or il n'est fait mention dans aucun endroit de l'Épopée de cette habitude qui d'ailleurs aurait juré avec la simplicité primitive des menus de cette époque. En second lieu, les vases de cette espèce ne se prêtent nullement à certaines opérations où intervenait le δέπας ἀμφικύπελλον homérique. Il eût été très difficile, par exemple, de puiser avec cet ustensile du vin dans un cratère (1) : il aurait fallu, à cet effet, saisir de toute la main le vase par le bord du récipient supérieur, puis, pour

Fig. 178. — Coupe en argile de Théra.

vaincre la résistance de l'air contenu dans la partie inférieure, le plonger très brusquement dans le liquide, opération pendant laquelle la main aurait été mouillée de vin. D'autres objections se présentent encore si l'on veut se rendre compte de la manière dont se font, dans l'Épopée, les libations et dont on accueille l'hôte arrivant lorsque le repas est déjà commencé. Dans les libations, un seul et même δέπας ἀμφικύπελλον passe à la ronde dans la société (2). Survenait-il un nouveau convive, les assistants le recevaient en lui offrant les

---

périodes qui distinguent les objets des fouilles de Bologne antérieurs à la période classique : Crespellani, *Del sepolcreto scop. presso Bazzano*, pl. III, p. 8. A l'ouest de l'Apennin on n'en a trouvé, à notre connaissance, qu'un seul exemplaire analogue (à Chiusi). Il diffère des autres en ce que les anses sont remplacées par des bosses qui servaient à manier l'ustensile (*Bull. dell' Inst.*, 1884, p. 178-179).

(1) Voy. p. 461, note 2. — (2) *Od.* III, 35 et suiv.

coupes remplies de vin; le nouveau venu en prenait une, la vidait et la rendait ensuite à celui qui la lui avait donnée (1). La difficulté de faire passer ainsi à la ronde une coupe double sans anses est tellement évidente qu'il est inutile d'y insister. En outre, on tient naturellement des deux mains les vases de cette espèce (2); or il ressort de plusieurs passages de l'Épopée

Fig. 179. — Coupe en argile de Jalysos.

qu'on ne prenait qu'avec une seule main δέπας ἀμφικύπελλον (3). Enfin, il est douteux que les potiers ombriens ou étrusques qui fabriquaient les vases trouvés près de Bologne aient voulu réellement faire des coupes doubles. Nous connaissons, en effet, plusieurs spécimens qui extérieurement ressemblent aux coupes doubles, mais qui n'en sont pas, car le fond n'est pas placé au milieu du récipient, mais près du bord inférieur; on se demande donc si, en plaçant le fond plus haut, on n'a pas voulu recourir à un simple artifice technique. A l'époque

(1) *Il.* XV 86. XXIV 101, 102.
(2) D'après Gozzadini le plus grand diamètre intérieur de ces vases varie entre $0^m,124$ et $0,15$ et le plus petit (à l'endroit où le récipient se rétrécit le plus) entre $0^m,075$ et $0,121$.
(3) *Od.* XIII, 57 : Ἀρήτη δ' ἐν χειρὶ τίθει δέπας ἀμφικύπελλον; XXII, 17 : δέπας δὲ οἱ ἔκπεσε χειρός.

primitive à laquelle appartiennent les vases de Bologne il était certainement très difficile de cuire les vases de cette espèce qui sont d'une hauteur considérable; les potiers ont dû avoir souvent le désagrément de les voir éclater pendant le cuisson. On obviait à cet inconvénient en plaçant le fond au milieu du récipient, ce qui était un moyen de protéger éga-

Fig. 180. — Vase en argile de Ialysos.

lement les parois d'en haut et d'en bas (1). L'hypothèse que les coupes doubles ne doivent leur origine qu'à cette difficulté technique est d'autant plus plausible que toutes elles proviennent de tombeaux; on sait, en effet, que les ouvriers anciens, lorsqu'ils fabriquaient des objets de culte funéraire, se permettaient des artifices de ce genre.

Si Aristote compare les cellules des ruches d'abeilles à une coupe double qu'il nomme ἀμφικύπελλον, cela prouve simplement que, de son temps et dans son entourage, on se servait

(1) Comp. Zannoni, *Gli scavi della Certosa di Bologna*, p. 333, note 4.

d'une coupe double qui portait ce nom. On ne saurait en conclure que ce vase ait eu rien de commun avec son homonyme de l'Épopée ni que cet écrivain ait songé à cette analogie. Mais lors même qu'Aristote ait considéré l'ἀμφικύπελλον connu de lui comme un descendant direct du vase homérique, on ne pourrait encore en tirer aucune conclusion certaine : cette supposition ne serait pas plus probante que les idées de Haupt et de Müllenhoff sur le *pfellel* ou autres étoffes difficiles à déterminer dont il est fait mention dans les poésies du style moyen haut-

Fig. 181. — Coupe en argile de Camiros.   Fig. 182. — Coupe en argile de Camiros.

allemand. Ici comme là nous sommes en présence d'hypothèses qui, n'étant appuyées sur aucun fondement sérieux, doivent être rejetées sans hésitation. L'hypothèse qui nous occupe se trouve d'ailleurs réfutée par ce fait que la coupe citée par Aristote ne servait point à l'usage auquel les Ioniens de l'époque homérique destinaient le δέπας ἀμφικύπελλον. En outre, le sens que Buttmann et Frati donnent à ce terme est contestable, puisque le mot κύπελλον qui, dans la langue épique, est synonyme de δέπας ἀμφικύπελλον, désigne, dans les autres dialectes grecs, un vase à boire différent de celui d'Aristote. Les Cypriens appelaient ainsi une coupe à deux anses, les Crétois une coupe à deux ou à quatre anses (1). Or les dénominations usitées par les

(1) Athen., XI, p. 483, au mot κύπελλον : Σιμάριστος δ τὸ δίωτον ποτήριον Κυπρίους, τὸ δὲ δίωτον καὶ τετράωτον Κρῆτας.

Grecs de Chypre valent, au point de vue de notre étude, au moins autant sinon plus qu'un mot d'Aristote, car leur langue avait conservé bien des points de contact avec la langue épique (1).

Puisque le passage d'Aristote ne nous offre aucune solution certaine, il ne nous reste qu'à interroger les poèmes homériques et à y rechercher un point de repère. Nous remarquons, en effet, dans l'Épopée une particularité importante du δέπας ἀμφικύπελλον que quelques grammairiens anciens (2) et, parmi les modernes, Schliemann (3) ont parfaitement reconnue. Aux

Fig. 183. — Coupe en argent à bords dorés de Camiros.

trois synonymes δέπας, κύπελλον et δέπας ἀμφικύπελλον vient s'en joindre un quatrième : ἄλεισον. Dans l'Odyssée (III, 35 et suiv.) la coupe que le fils de Nestor, Peisistratos, tend à Télémaque et à Athèna qui accompagne ce dernier sous les traits de Mentor, à l'entrée de Pylos, est appelée deux fois (vers 41 et 51) δέπας, une fois (63) δέπας ἀμφικύπελλον et deux fois (50 et 53) ἄλεισον.

Eustath. *Od.* XV, 120, p. 1776, 38 : λέγει δὲ καὶ (Aniketos) ὡς καὶ Κύπριοι οὕτω φασὶ τὸ δίωτον ποτήριον.

(1) Comp. Deecke et Siegismund, dans G. Curtius, *Studien zur gr. und lat. Grammatik*, VII, 1875, p. 262. — Bréal, *Sur le déchiffrement des inscriptions cypriotes*, p. 16-17 (*Journal des Savants*, août et sept. 1877). — *Philolog.* XXXV, p. 36 et 49. Comme point de comparaison rappelons à ce propos que les Cypriotes conservèrent l'usage du char de combat jusqu'au commencement du cinquième siècle (voy. p. 443, note 3).

(2) Athen. XI, 24, p. 783 A et XI, 65, p. 482 E., F. Ces grammairiens s'appuient, comme nous, sur l'*Od.* III, 35 et suiv. et XXII, 9, 17.

(3) *Mykenae*, p. 130; *Ilios*, p. 339.

L'identité de δέπας et d'ἄλεισον ressort, en outre, d'un autre passage de l'Odyssée (XXII, 9 et 17), où la coupe d'Antinoos est désignée une fois (17) par le premier, une autre fois par le second de ces termes. Le substantif ἄλεισον est accompagné ici de l'épithète ἄμφωτον, *muni de deux anses*. Ainsi donc les quatre synonymes indiquent une coupe à deux anses (1).

Personne, je crois, ne sera tenté d'en déduire qu'il pouvait exister des coupes doubles analogues à celle d'Aristote ou aux poteries de Bologne, mais pourvues d'une anse de chaque côté. En premier lieu, les matériaux archéologiques qui

Fig. 184, 185. — Coupes en argile de la nécropole del Fusco (près Syracuse).

doivent forcément conserver quelques traces des vases à boire des temps homériques ne nous offrent aucun type de ce genre. En second lieu, les objections formulées plus haut contre l'hypothèse d'une coupe double ne disparaîtraient guère par ce seul fait qu'on supposerait des anses à cette coupe; en effet, elle n'en resterait pas moins un ustensile à puiser fort incommode. Par conséquent les quatre synonymes ci-dessus ne peuvent désigner qu'une coupe simple à deux anses (2).

(1) L'opinion d'Aristarque que nous avons rapportée plus haut (p. 462, note 2) et d'après laquelle le δέπας ἀμφικύπελλον serait une coupe munie d'anses recourbées, s'appuie évidemment sur l'*Od.* XXII, 9, 17.

(2) Par analogie avec le δέπας ἀμφικύπελλον, on a voulu voir dans l'ἀμφίθετος φιάλη (Il. XXIII 270 : πέμπτῳ δ'ἀμφίθετον φιάλην ἀπύρωτον ἔθηκεν.
    615 : πέμπτον δ'ὑπέλειπετ' ἄεθλον, ἀμφίθετος φιάλη).

un plat double, et l'on a expliqué l'épithète en disant que l'un et l'autre récipient pouvaient indifféremment servir de support (voy. Ebeling, *Lex. homer.* au mot ἀμφίθετος. — Athen. XI, 501. Comp. Schol. *Il.* XXIII, 92, 243, 270. — Apoll. *Lex. hom.* p. 163, 11. — Eustathe, p. 1298, 36). Mais on ne

Cette opinion concorde d'ailleurs parfaitement avec la statistique monumentale qui prouve que cette coupe fut le vase le plus répandu en Asie Mineure et en Grèce, pendant l'époque qui précéda et celle qui suivit immédiatement la formation de l'Épopée. Dans la première de ces périodes, ce type est représenté par les poteries d'Hissarlik (fig. 173) (1), de Théra (fig. 178) (2), d'Ialysos (fig. 179, 180) (3), de Kos (4) et des tombeaux en puits de Mycènes (fig. 174, 175) (5). Quant à la période qui suivit les

conçoit pas mieux l'utilité d'un plat double de ce genre que d'une coupe double. Les commentateurs anciens avaient déjà reconnu avec raison dans l'ἀμφίθετος φιάλη un vase à deux anses que l'on posait en le prenant par les deux anses. (Athen. XI 501 A; Schol. Il. XXIII, 270) : cette explication est confirmée par le mot ἀμφιφορεύς (Il. XXIII 92, 170; Od. II 290, 349, 379, IX 164, 204, XIII 105, XXIV 74), c'est-à-dire vase que l'on portait en le prenant par les deux anses opposées. Dans le 23ᵉ chant de l'Iliade, l'urne cinéraire de Patrocle est appelée deux fois χρυσέη φιάλη (243, 253) et une fois χρύσεος ἀμφιφορεύς (92). Que ce dernier vers ait été biffé par Aristarque ou non (comp. Lehrs, *Rhein. Mus.*, XVII, 1862, p. 481), il est certain que les φιάλαι à deux anses étaient d'un usage courant chez les Ioniens à une époque voisine de la naissance de l'Épopée. D'autre part, il résulte de ces passages que le mot φιάλη désigne, dans la langue épique, une autre sorte de vase que dans la langue ultérieure. Les écrivains plus récents donnent, en effet, ce nom à une coupe plate ou un plat en forme de bouclier (comp. Aristote, *Rhet.* III, 4; *Poet.* 21). Mais il est clair que cet ustensile ne pouvait servir d'urne cinéraire ni être désigné comme ἀμφιφορεύς. La φιάλη homérique a dû être un vase à panse assez large, servant à contenir des liquides, des matières faciles à répandre (comme l'indique l'épithète ἀπύρωτος, *non encore touché par le feu*, Il. XXIII, 270. Comp. Il. IX 122 : ἀπύρους τρίποδας) ou bien usité même pour la cuisson. L'usage homérique consistant à conserver la cendre des morts dans des vases de ce genre est confirmé par les trouvailles faites dans les *tombe a pozzo* de Corneto (*Not. d. Scavi* 1882, pl. XII, 14; *Mon. dell'Inst.*, XI, pl. LIX, 1; *Ann.* 1883, p. 286, 1; *Bull.* 1883, p. 113-114; 1884, p. 13), comme dans les *tombe a ziro* (*Bull.* 1883, p. 195; voy. plus haut, p. 29-30) et dans les chambres funéraires les plus anciennes de la nécropole de Chiusi (*Mon. dell'Inst.*, pl XXXVIIII a 4; *Ann.* 1878, Tav. d'agg. Q 1ᵃ). dans lesquelles on rencontre souvent des amphores en bronze employées comme vases cinéraires).

(1) Voy. p. 463, note 4. Comp. p. 60-61. — (2) Dumont et Chaplain, *Les céramiques de la Grèce propre* I, pl. II, 7 (d'où notre fig. 178). Comp. p. 62-63.

(3) Dumont et Chaplain, *Ibid.* I, pl. III, 1 et 12 (nos fig. 179 et 180). Comp. p. 63-64.

(4) *Ibid.* I, p. 45. — (5) Voy. p. 463, note 5. Comp. p. 64 et suiv.

temps homériques, il nous suffira de rappeler que Sapho (1) fait boire les dieux dans des *karchesia*, c'est-à-dire des coupes à deux anses. Trois coupes de ce genre, dont deux en argile peinte (fig. 181, 182), la troisième en argent (fig. 183) ont été trouvées dans la partie la plus ancienne de la nécropole grecque de Camiros (2). Celle en argent est dorée sur le bord et rappelle, par conséquent, la description que fait l'Épopée du cratère offert en don hospitalier à Ménélas par le roi des Sidoniens (3),

Fig. 186. — Coupe en argile de Vulci.

et de la corbeille à filer d'Hélène (4). Ces deux objets, dit le poète, étaient en argent, mais dorés sur les bords. Plusieurs coupes en terre à deux anses ont été mises au jour dans la partie la plus ancienne actuellement connue de la nécropole de Syracuse (fig. 184, 185) (5). On rencontre les mêmes formes parmi les vases d'argile les plus anciens que les Grecs vendaient aux Étrusques (fig. 186, 187) (6). Les potiers étrusques ont souvent imité en argile noire (*bucchero nero*), aux sixième et cinquième siècles avant J.-C., une des coupes de cette catégorie, à deux grandes anses verticales, semblables au type de Camiros (fig. 183) (7). Il

(1) Athen. XI, 475 A (fragm. 50 Bergk). Sur la forme du *karchésion* voy. Athen. XI, 474 E et Macrobe, *Sat.* V, 21. — (2) Salzmann, *Nécropole de Camiros*, pl. 2 (notre fig. 183), 33 (notre fig. 181), 38 (notre fig. 182).
(3) *Od.* IV, 615. XV, 115 :

κρητῆρα τετυγμένον· ἀργύρεος δὲ
ἔστιν ἅπας, χρυσῷ δ'ἐπὶ χείλεα κεκράανται.

(4) *Od.* IV, 131 (voy. p. 137, note 15).
(5) Dans la nécropole del Fusco (voy. p. 112). *Ann. dell'Inst.*, 1877. Tav. d'agg. A B 3, 4, 7-13. C D 4, 5, 7 (d'où nos fig. 184 et 185).
(6) *Ann. dell'Inst.*, 1878. Tav. d'agg. R. 8 (notre fig. 187). — Urlichs, *Zwei Vasen ältesten Stils*, Würzburg, 1874 (notre fig. 186). *Mon. dell'Inst.*, IX, pl. 4.
(7) P. ex. à Corneto : *Bull. dell'Inst.*, 1882, p. 46; 1885, p. 78, 81 n° 7, p. 126 n°[s] 7, 8, p. 211 n° 7, 214. — A Oriolo romano : *Not. d. scavi*, 1884,

est à remarquer que, dans le culte grec, ce type a toujours occupé la place la plus importante. Sur certains monuments funéraires sont représentés des prêtres qui tiennent une de ces coupes comme signe distinctif de leur dignité (1). Elle est l'attribut ordinaire de Dionysos, dieu du vin (2); on la voit à côté du mort déifié dans les bas-reliefs funéraires de Sparte (3) et de Tarente (4). Cette coupe qu'un contemporain des poètes homériques eût appelée δέπας ἀμφικύπελλον ou ἄλεισον, porte dans la langue ultérieure le nom de *kantharos* ou de *karchesion*. Il est évident d'ailleurs qu'elle se prête à toutes les opérations aux-

Fig. 187. — Coupe en argile de Chiusi.

quelles était destinée la coupe homérique : on pouvait avec ce vase puiser aisément du vin dans un cratère, il était facile à manier d'une seule main; il passait à la ronde dans les libations, et pendant qu'un des convives, le prenant par une anse, l'offrait à l'hôte nouveau venu, celui-ci le recevait de sa main par l'autre anse.

p. 345. — A Vulci : *Bull.* 1883, p. 39. — A Orvieto : *Bull.* 1881, p. 271. — A Formello (près Véies) : *Not. d. scavi comm. all'acc. dei Lincei*, 1882, p. 294. — Certains spécimens, comme ceux publiés par Noël des Vergers (*L'Étrurie et les Étrusques*, III, pl. XVIII, 2, pl. XIX, 1), semblent inspirés plutôt par des modèles phéniciens ou carthaginois que grecs.

(1) P. ex. sur la stèle de Lysias : *Mitth. d. arch. Inst. in Athen.* IV, 1879, pl. I, p. 41; quelquefois sur les vases peints, voy. Gerhard, *Antike Bildwerke*, pl. LI.

(2) Plin. XXXIII, 150 : « C. Marius post victoriam Cimbricam *cantharis* potasse Liberi *patris exemplo* traditur. » — Macrob. *Sat.* V, 21. — Comp. *Mon. dell'Inst.*, VI, pl. 37 (idole archaïque de Dionysos avec un canthare). — Sur la forme voy. Jahn, *Beschreib. der Vasensammlung König Ludwigs*, p. XCIX.

(3) *Mitth. d'arch. Inst. in Athen.*, 1877, pl. XX, XXIII, XXIV; VII, 1882, pl. VII, 1882, 160-173.

(4) *Arch. Zeit.*, XL, 1882, p. 293-295, nos 16-19.

Comme on a pu s'en convaincre par un coup d'œil jeté sur les figures du présent chapitre, les coupes à deux anses antérieures à l'époque classique offrent de nombreuses variétés. Le récipient lui-même varie de volume et de profondeur; les anses sont tantôt verticales, tantôt horizontales; la hauteur et la solidité du pied sont très variables aussi, quelques spécimens manquent complètement de pied. Mais les quelques renseignements que nous fournit la description épique ne suffisent pas pour préciser le ou les types qui étaient familiers aux poètes. D'après tout ce que nous savons sur le style de cette époque, on ne peut affirmer qu'une seule chose, c'est que les coupes de ce temps-là avaient une forme lourde et des contours anguleux. Aussi lorsque Flaxman met entre les mains des prétendants de Pénélope des coupes plates au profil élégant, il commet une grossière faute d'archéologie; ces descendants si accomplis et si raffinés des δέπα ἀμφικύπελλα homériques n'apparaissent, en effet, que sur des vases plus récents à figures noires, c'est-à-dire pas avant la fin du sixième siècle av. J.-C.

Il nous reste à étudier la question au point de vue étymologique. G. Curtius (1) compare κύπ-ελλον à κύπ-η (*creux, cavité*) et à *cupa* (*cuve*). Il en résulterait que ἀμφικύπελλον était une coupe à deux cavités : ce serait le type imaginé par Buttmann et par Frati et dont nous croyons avoir démontré l'impossibilité. Dans ces conditions, voyons si cette étymologie ne peut se concilier d'une autre manière avec les résultats auxquels nous sommes arrivés. C'est très probable. Les poèmes homériques et les monuments archéologiques nous fournissent, en effet, la preuve que le δέπας ἀμφικύπελλον était une coupe à deux anses. De là à songer au radical κπ-, *capere* il n'y a pas loin. De même que les Latins ont formé de cette racine *cap-ulus* (*poignée, anse*), *cap-i-s* (racine, *capid*), coupe à anses, les Ombriens *cap-i-f* (*coupe à anses*), — de même les Grecs, du temps où leur langue était encore à l'état rudimen-

---

(1) *Grundzüge der. gr. Etymol.*, 4ᵉ éd., p. 158.

mentaire, ont parfaitement pu constituer avec ce radical le substantif κυπ-έλη (comp. νερ-έλη *anse*), Le υ serait une particularité éolienne, et κυπ-έλη aurait le même rapport avec κώπη (*poignée, anse*) que κύπη avec κάπη, πίσυρες avec τέσσαρες, πρύτανις avec πρό, ἀμύμων avec μῶμος (1). Κυπ-έλη a donné naissance à l'adjectif κυπελ-ιο-ς, κύπελλος (comp. φύλλον, *folium*, ἄλλος, *alius*), qui signifie *avec anses*, et par suite à ἀμφικύπελλος, *à deux anses*. Si, comme c'est probable, cette étymologie est exacte (2), elle concorde parfaitement avec les résultats de nos recherches. D'autre part, on s'explique facilement que le même mot ait pu désigner, au temps d'Aristote, un tout autre vase, un vase à deux récipients. Déjà dans la langue épique l'adjectif κύπελλον est employé substantivement sans δέπας; il est à présumer qu'on donna peu à peu à ce substantif le sens général de coupe, sans se préoccuper si elle avait des anses ou non, et, dans ce cas, il semble tout naturel qu'Aristote ait employé le mot ἀμφικύπελλον pour désigner un vase à deux récipients.

Personne n'a encore proposé une étymologie tant soit peu sa-

(1) On pourrait encore y ajouter χελύνη (éolien), χελώνη (Curtius, *Grundz. der gr. Etym.*, 4º éd. p. 199, nº 188) et κύμη, κώμη (Gelbke dans les *Stud. zur gr. u. lat. Grammatik* de Curtius, II, p. 23). Nous passons à dessein le substantif *cupa* qu'emploie Caton (*De re rustica*, 21) pour désigner la manivelle du moulin à huile, car la quantité n'en est pas connue; il se peut donc que les Latins l'aient dérivé du grec κώπη.

(2) Bezzenberger a proposé une autre étymologie qui toutefois s'accorde également avec nos conclusions. Voici ce qu'il nous écrit à ce sujet : « Le rattachement de κύπελλον à *capere* me choque un peu à cause de l'υ; dans les mots sûrement dérivés de *capere* l'*a* est immuable (Got. *haban*, lett. *kampt*, etc.). L'argument tiré de ἀμύμων, πίσυρες, πρύτανις, etc. ne me paraît pas bien probant, car ces mots appartiennent à d'autres catégories que le κύπελλον dérivé de καπ. Cependant si l'on s'en tient à cette étymologie, en somme acceptable, je m'appuierais plutôt sur κυπασσίς, de κυπασσο-lat. *capitium*. Mais je demanderais pourquoi l'on ne traduirait pas ἀμφικύπελλον par *muni de deux anses*. La racine de κύπελλον serait alors le letton *kuprs*, *hovar* (en vieux haut allem.), *bosse*, lithuanien *kumpis* (*recourbé*), *hubil* en vieux haut allem. (*monticule*), etc. La parenté avec κύπη, *cupa*, etc. n'aurait, dans ce cas, rien de choquant. Le suffixe λλ de κύπελλον n'a pas encore été expliqué d'une manière satisfaisante; on peut l'expliquer comme vous l'avez fait. »

tisfaisante pour ἄλεισον (1). Ce n'est peut-être pas dans les langues indo-européennes, mais dans la famille des langues sémitiques qu'il faut rechercher l'origine de ce mot.

Il nous reste à parler de la coupe de Nestor. Nous lui consacrerons un chapitre spécial, car la description en est d'une longueur inaccoutumée et elle signale une particularité qui n'est mentionnée dans aucun autre endroit de l'Épopée.

---

(1) Il est inutile de réfuter l'opinion des grammairiens anciens qui font dériver ce mot de λεῖος *poli*, *uni* ou de ἅλις, parce qu'on peut y boire à sa soif. (Asklépiadès de Myrleia dans Athen., XI c, 24, p. 783 B; Aniketos ibid. 783 C. — Apollon. soph. *Lex. hom.*, p. 23, 8. — Pollux, *Onom.* VI, 16, 97. — *Étym. magn.*, p. 61, 19 et suiv. — Schol. *Od.* III, 50).

CHAPITRE XXIX.

LA COUPE DE NESTOR.

Les vers qui s'y rapportent sont les suivants (*Il.* XI 632 et suiv.) :

πὰρ δὲ δέπας περικαλλὲς, ὃ οἴκοθεν ἦγ' ὁ γεραιὸς,
χρυσείοις ἥλοισι πεπαρμένον· οὔατα δ'αὐτοῦ
τέσσαρ' ἔσαν, δοιαὶ δὲ πελειάδες ἀμφὶς ἕκαστον
χρύσειαι νεμέθοντο, δύω δ'ὑπὸ πυθμένες ἦσαν.
ἄλλος μὲν μογέων ἀποκινήσασκε τραπέζης
πλεῖον ἐόν, Νέστωρ δ'ὁ γέρων ἀμογητὶ ἄειρεν.

Depuis qu'on se livre à la critique et à l'interprétation scientifique de l'Épopée, les poètes et les artistes se sont beaucoup occupés de cette description. Aristarque l'a analysée avec sa rigueur habituelle (1). Dionysios de Thrace, avec les renseignements recueillis par ses disciples, fit faire une reproduction de la coupe, que l'Héraclite Promathidas explique tout au long (2). Le ciseleur Apelles nous a laissé quelques observations sur la technique et sur les éléments de la forme de cette coupe (3). Asklépiadès de Myrleia lui a consacré une monographie à part intitulée περὶ τῆς νεστορίδος, dont on trouve des extraits dans Athenée (4).

Pour avoir une idée exacte de cette coupe, il faut d'abord se rendre bien compte de ce que pouvaient être les deux πυθμένες

---

(1) Schol. *Il.* XI, 632. — (2) Athen. XI, 489 A, B.
(3) Athen. XI, 488 C, D. — (4) Athen. XI, 488 et suiv. 498 F, 503 E.

dans la partie inférieure du vase. Plusieurs commentateurs anciens ont déjà reconnu avec raison que ce mot ne signifie point ici *fond*, *sol*, mais *pied* ou *support*; on le retrouve d'ailleurs employé avec ce dernier sens dans un autre passage de l'Iliade (XVIII, 375 (1). Mais on n'était point d'accord sur la question de savoir comment expliquer ce double pied ou ce double support. Quelques savants, comme Aklépiadès de Myrleia, admettaient un pied composé de deux membres ou parties dont l'une (celle d'en haut) tenait au récipient et en sortait, et l'autre (celle d'en bas) formait le pied proprement dit ou le *piédestal* du vase (2). Cette interprétation, comparée à la simplicité plastique de la description épique, nous semble un peu forcée. Aristarque est plutôt dans le vrai quand il suppose que les deux πυθμένες étaient des supports ou appuis placés de chaque côté sous le récipient (3).

(1) Héphaïstos s'apprêtant à forger des trépieds :

χρύσεα δέ σφ' ὑπὸ κύκλα ἑκάστῳ πυθμένι θῆκεν

c.-à-d. posait des roues d'or sous chaque support de trépied (voy. p. 137, note 5). Ce mot a une signification analogue dans πυθμέν' ἐλαίης (*Od.* XIII, 122, 372. XXIII, 204), où il désigne la partie inférieure du tronc. Dans les inventaires de trésors du Parthénon (Ol. 86, 3 (434,3) et Ol. 86, 4 (433, 2), C. I. A. I p. 73 *a* 6 et *b* 6); il est employé dans le sens de *pied d'un vase*. Michaelis (*Der Parthenon*, p. 296 I. *d*.) : καρχήσιον χρυσοῦν τόμ πυθμένα ὑπάργυρον ἔχον.

(2) Athen. XI 488 F, 489 A. Cette opinion doit être antérieure à Asklépiadès. Elle était sans doute déjà connue d'Aristarque, puisque ce dernier (*Schol. Il.* XI 632) semble la combattre (οὐχ ἕτερον ἐξ ἑτέρου); voy. la note suivante.

(3) Le Schol. (*Il.* XI, 632), sauf quelques corrections évidemment justes de Lehrs (*De Arist. stud. hom.* 2e édit., p. 198), s'exprime de la manière suivante : τὴν κατασκευὴν τοῦ ποτηρίου Ἀρίσταρχος τοιαύτην εἶναι φησι· πρῶτον μὲν περίμηκες αὐτὸ εἶναι καὶ δύο πυθμένας ἔχειν, οὐχ ἕτερον ἐξ ἑτέρου, ὥς τινες, ἀλλ' ἑκατέρωθεν· τῶν τεσσάρων ὤτων οὐκ ἐξ ἴσου τὰ διαστήματα εἶναι, ἵνα μὴ κατὰ πόσιν ἐναντίον τοῦ στόματος λαμβάνηται, ἀλλ' ἑκατέρωθεν τοῦ ποτηρίου δύο καὶ δύο. τούτων δὲ ἅπτεσθαι μικρὰν πελειάδα μίαν ἑκατέρωθεν, ἀντεστραμμέναι δὲ εἰσιν αὐταῖς, ἀνὰ μέσον δὲ τῶ τούτων δύο. κατὰ γὰρ ἕκαστον τῶν ὤτων τοσαύτας φησιν (le poète). εἶναι γὰρ ὡσεὶ φιάλην κοίλην, ὥστε ταῖς δύο χερσὶν ὑπολαμβάνοντας τῶν ὤτων προσλαμβάνεσθαι (porter à la bouche). La reconstruction d'Eustathe (p. 869, 29) est on ne peut plus fantaisiste : il suppose une coupe à deux calices soudés par le côté, ayant chacun son pied et ses deux anses; il la compare à la lettre ω. Eustathe attribue cette monstruosité à Aristarque dont nous venons de citer textuel-

C'est évidemment sur cette opinion d'Aristarque que s'appuie la reconstitution tentée par son disciple Dionysios de Thrace. Celui-ci, selon les notes laissées par Promathidas (1), supposait une coupe pourvue de deux étais obliques en forme de massues.

Fig. 188. — Coupe d'or provenant d'une tombe en puits de Mycènes.

Comme preuve à l'appui, il cite une coupe analogue dans le temple de Diane près de Capoue, où on la montrait comme étant la coupe de Nestor. Décidément Aristarque et son intelligent élève se sont rapprochés le plus de la vérité.

Des étais comme ceux que supposent les deux savants se rencontrent dans les vases de métal qui précèdent ou qui sui-

---

lement l'opinion; cela ne peut s'expliquer que par la négligence bien connue du compilateur (comp. Lehrs, p. 33 et 199).
(1) Athen. XI, 489 B.

vent immédiatement l'époque homérique. Dans un tombeau en puits de Mycènes, on a trouvé un gobelet d'or qui, à bien des points de vue, rappelle la description homérique (fig. 188) (1). Son pied se compose d'un cylindre qui repose sur une base en forme de disque; les deux anses, fixées sur le bord inférieur du calice, sont transformées en appuis qui descendent jusqu'à

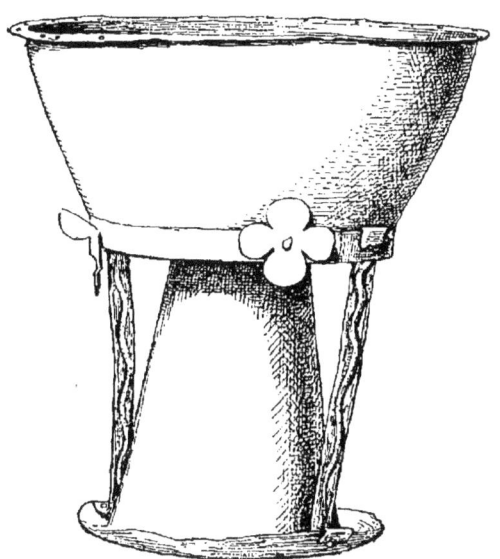

Fig. 189. — Coupe en bronze d'un tombeau de Cæré.

la base où ils sont consolidés avec des rivets. Nous savons par les antiquités étrusques que ces anses-appuis étaient encore usitées après l'époque homérique. On a trouvé deux gobelets semblables en bronze repoussé dans un tombeau de Cæré contenant des vases grecs qui remontent aux dernières années du sixième siècle avant J.-C. (fig. 189-190) (2). Les deux récipients sont soutenus au milieu par une espèce de cône tron-

(1) *Mykenae*, p. 272, n° 346 (notre fig. 188).
(2) *Bull. dell'Inst.* 1881, p. 163, n°s 12, 13.

qué et sur les côtés par des bandes verticales ou rubans en bronze maintenues avec des rivets au bas du récipient et à la base du pied. Le plus grand de ces gobelets (fig. 189), qui a 0^m,33 de hauteur, est muni de deux appuis analogues, ornés chacun d'un serpent allongé en relief. Le plus petit (fig. 190), qui ne mesure que 0^m,28 de haut, s'appuie sur trois de ces

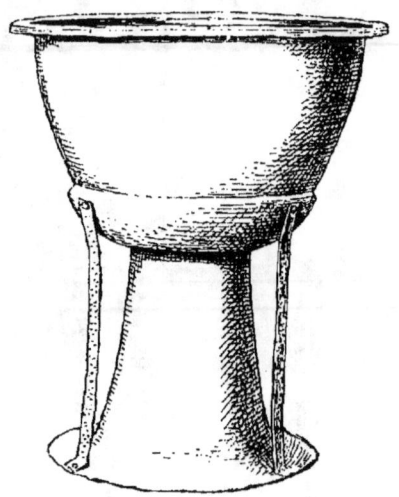

Fig. 190. — Coupe en bronze d'un tombeau de Cæré.

bandes ornées de points faits au repoussé. Les motifs décoratifs de ces appuis ont été reproduits souvent par les céramistes étrusques, dans les poteries noires dites *vasi di bucchero* (1). Les πυθμένες de la coupe de Nestor étaient certainement des appuis semblables à ceux de la coupe d'or de Mycènes et des poteries ou vases de bronze provenant des tombeaux étrusques. L'Épopée fait toujours ressortir les particularités saillantes des objets; il est donc tout naturel que le poète ne parle

(1) Comp. Micali, *Storia*, pl. XXI, 1; *Mon. ined.*, pl. XXVII 1, 2.

que de ces appuis et passe sous silence le pied de la coupe. Les anciens Ioniens savaient du reste qu'une coupe ainsi étayée avait un pied et ils l'ajoutaient dans leur imagination lorsque le poète n'en disait mot. Il est à remarquer aussi que tous ces gobelets et coupes étrusques sont d'un grand volume; or le poète fait précisément ressortir le poids de la coupe de Nestor.

Il est à peine besoin maintenant de réfuter l'opinion des savants modernes qui prennent πυθμήν dans le sens de *fond*. Heyne (1) et Otfried Müller (2), partant de ce point de vue que la coupe avait deux fonds, en concluent que c'était une coupe double, analogue à celle que l'on considérait auparavant comme un δέπας ἀμφικύπελλον (3); cette hypothèse est absolument erronée, puisque ce δέπας n'avait *qu'un seul* fond commun aux deux récipients, tandis que la coupe de Nestor, si πυθμήν doit être traduit par *fond*, en aurait eu deux. Schliemann (4) qui repousse avec raison l'hypothèse d'une coupe double, cherche à justifier celle d'un double fond, se référant en cela au vase d'or trouvé à Mycènes (fig. 188). Comme le pied de celui-ci se termine par une base en forme de disque, il suppose que le poète, en attribuant deux fonds à la coupe de Nestor, a voulu désigner, d'une part le fond du récipient, et, d'autre part, le fond du vase tout entier, c'est-à-dire la base du pied. Or il serait complètement superflu de faire ressortir ce fait tout naturel que le récipient a un fond, et l'indication d'un détail aussi secondaire et aussi peu saillant que la base du pied ne serait pas conforme aux habitudes de la description épique. Mais, sans même tenir compte de cette objection, il semble impossible que les auditeurs du poète aient compris ce passage dans le sens que lui donne Schliemann. Nous connaissons des calices d'argent et d'ivoire du moyen-âge et des temps modernes dont le pied repose sur une base en forme de disque, comme la coupe d'or de

---

(1) Sur l'*Il.* XI, 632 (vol. 1, p. 632. Comp. VI, p. 230). — (2) *Amalthea* de Böttiger, III, p. 25. Comp. p. 273.
(3) Voy. plus haut p. 462-470. — (4) *Mykenae*, p. 273-275.

Mycènes. Supposons qu'un poète moderne, décrivant un de ces calices, dise : « il est rehaussé de belles scènes de chasse en relief; il a deux fonds ». Ces deux fonds seraient une énigme même pour un collectionneur qui possède ou qui manie journellement un grand nombre de ces vases.

S'il est démontré d'une manière indiscutable que ces πυθμένες de la coupe de Nestor étaient des appuis, il paraît impossible de se faire une idée exacte de la disposition et de la forme des quatre anses entourées de couples de colombes en or. Quelques commentateurs anciens (1) supposaient de chaque côté du récipient deux anses superposées, citant à l'appui des hydries corinthiennes dont les particularités nous sont malheureusement inconnues. Ils pensaient sans doute aux anses verticales qui permettaient de passer de chaque côté du vase, pour le prendre, l'index et le médius. Suivant d'autres (2), il y avait de chaque côté deux anses horizontales juxtaposées correspondant à la forme de la lettre ω et où l'on passait les doigts par en haut. L'orfèvre Apelles (3), au contraire, niait l'existence de quatre anses et n'admettait que deux anses verticales; mais chacune d'elles aurait consisté en deux tiges réunies au bord inférieur et au bord supérieur du récipient; ce sont ces quatre tiges que le poète aurait désignées comme étant quatre anses. Dans les deux premiers essais de reconstitution, les colombes seraient placées de chaque côté des quatre anses, dans celui d'Apelles à l'endroit de la jonction des tiges au haut de la coupe. On peut du reste faire beaucoup d'autres hypothèses sur la disposition et la forme des anses. En tout cas, il est curieux de constater que la coupe de Nestor était précisément ornée de colombes, tout comme la coupe d'or de Mycènes.

Nous avons encore à mentionner à cette occasion deux coupes en terre trouvées dans la nécropole de Nicosia (île de Chypre) et que nous ne connaissons jusqu'à présent que par une courte

---

(1) Athen. XI, 488 D. — (2) Schol. Il. XI, 632, 634.
(3) Athen. XI, 488 D, E.

description (1). Comme cette nécropole témoigne d'une civilisation analogue à celle des colonies troyennes primitives (2), nous sommes en droit d'admettre que les poteries cypriotes appartiennent à une époque plus ancienne que l'exemplaire du tombeau en puits de Mycènes. Chacune de ces coupes, si nous en comprenons bien la description, est pourvue de deux anses en forme d'écuelle et placées perpendiculairement au bord vis-à-vis l'une de l'autre; dans les intervalles, le bord est orné d'un couple de colombes.

Quant aux clous ou rivets d'or qui, suivant l'Épopée, garnissaient la coupe de Nestor, les anciens déjà se sont demandé si ces clous servaient en même temps à consolider et à orner ou simplement à orner le vase (3). Il est d'autant plus difficile de répondre à cette question que le poète ne nous dit pas de quelle matière était faite cette coupe. En supposant que ce fût l'argent ou le bronze, les clous n'étaient pas purement décoratifs, mais servaient à consolider les feuilles métalliques dont le vase était composé. Cela n'empêchait point l'ornementation au moyen d'une série de clous de bronze. C'est d'ailleurs un motif décoratif fort ancien et qui semble avoir pénétré dans la péninsule apennine par la voie de terre même avant toute colonisation grecque (4). Dans la nécropole de Casinalbo de Modène, dont le mobilier rappelle les produits industriels des villages sur pilotis italiotes, on a trouvé des poteries ornées d'une série de clous enfoncés dans l'argile humide (5). On remarque la même décoration sur les pendeloques en terre de la nécropole de Benacci près Bologne (6), sur une coupe de la nécropole analogue de

---

(1) Janitschek, *Repertorium für Kunstwissenschaft*, IX, 1886, p. 200.
(2) Voy. plus haut p. 60, note 1.
(3) Athen. XI, 488 B, C. — (4) Voy. p. 103-110.
(5) *Bull. di paletn. ital.* VI, p. 189. — Crespellani, *Scavi del Modenese*, 1880, pl. II, 11. Crespellani (*Di alcuni oggetti delle terremare modenesi*, p. 2 et 3; *Annuario dei naturalisti di Modena*, anno XV, fasc. IV 1881) croit avoir remarqué des traces de ces clous même sur quelques poteries trouvées dans les villages sur pilotis de Modène.
(6) Zannoni, *Gli scavi della Certosa*, p. 162. Comp. p. 199.

Savignano (1), sur deux cruches et sur le toit d'une urne-cabane, mises au jour dans la partie la plus ancienne de la nécropole de Tarquinies (2). Il faut y ajouter une pendeloque d'argile découverte à Imola (3) et des vases provenant d'un tombeau voisin de Vérone (4). Une certaine partie de la nécropole d'Este est caractérisée par des poteries rehaussées d'une série de têtes de clous en bronze qui forment des ornements géométriques (5). Du territoire des Vénètes cette décoration s'est propagée vers le nord jusqu'en Styrie, où l'on a trouvé des vases semblables à Maria Rast (6).

L'usage de décorer de la même façon des objets en bois remonte également à une très haute antiquité. Dans la portion la plus ancienne de la nécropole de Tarquinies, on a découvert d'abord des objets en bois garnis de têtes de clous en bronze, notamment un joli petit coffret (7) et une jatte (8), et, dans un tombeau plus récent de la même nécropole, plusieurs jattes analogues (9). Comme ces objets trouvés avec des produits céramiques, certainement indigènes, dénotent une industrie assez avancée, ils n'ont certainement pas été fabriqués en Étrurie et ont dû être importés à Tarquinies de fabriques étrangères, probablement phéniciennes ou carthaginoises. Ils rappellent les ouvrages en bois garnis de clous

---

(1) Crespellani, *Di un sepolcreto preromano a Savignano sul Panaro*, pl. I, 5, 6, p. 6.

(2) Des tombes *a pozzo*, voy. p. 27-29. — *Bull. dell'Inst.* 1882, p. 83, note 2, p. 170, 171. *Not di Sc.* 1882, pl. XIII bis 15, p. 176, p. 182.

(3) *Bull. ibid.* — (4) *Not. di scavi*, 1878, p. 80.

(5) *Bull. dell'Inst.* 1881, p. 76, 1882 p. 83. — *Annal.* 1882, p. 111, 113; *Not. di scavi.*, 1882, pl. IV, 1, 2, 6. 9, 10, p. 20. Une figure d'animal en argile également ornée provenant d'Este : *Ann. dell' Inst.* 1882. Tav. d'agg. Q 11, p. 105.

(6) *Not. di scavi*, 1878, p. 80. — (7) *Bull.* 1882, p. 172 (dans une *tomba a pozzo*).

(8) *Bull.* 1884, p. 14, n° 2 (également dans une *tomba a pozzo*.)

(9) *Mon. dell'Inst.* X, pl. X^d, fig. 2, 2^a, 3, 7. — *Ann.* 1874, p. 263 (dans une *tomba a fossa*). Des fragments de vases analogues ont aussi été trouvés dans un tombeau de Préneste (*Bull.* 1876, p. 129), qui contient un grand nombre de produits de fabrication phénicienne ou carthaginoise (voy. plus haut p. 40, note 1).

dont parle l'Épopée; le sceptre d'Achille rehaussé de clous d'or (1) et les sièges à clous d'argent (2).

Mentionnons enfin, à titre de curiosité, l'opinion émise par le toreuticien Apelles à propos des clous de la coupe de Nestor (3). Il prétendait que ce n'étaient pas de véritables clous, mais bien de petites bosses imitant les têtes de clous qu'on faisait à l'époque archaïque au repoussé à l'aide du poinçon. Cette décoration qu'Apelles compare aux ouvrages de bronze corinthiens, est très fréquente sur les *sphyrelata* de bronze qu'on rencontre dans les tombes italiotes très anciennes (4). Mais le verbe employé par le poète (χρυσείοις ἥλοισι πεπαρμένον) exclut toute possibilité de décoration analogue pour la coupe de Nestor; πεπαρμένον indique bien en effet que ces clous étaient des pièces indépendantes enfoncées extérieurement dans la coupe.

Après avoir donné un aperçu du costume, des parures, des armes et, autant que c'était possible, du mobilier domestique des Ioniens du temps, passons aux motifs d'ornementation (figures et autres) qu'on employait pour décorer ces objets.

(1) *Il.* I, 245 :

σκῆπτρον.., χρυσείοις ἥλοισι πεπαρμένον.

(2) Voy. p. 154, note 1.
(3) Athen. XI, 488 C. On remarque des bosses de ce genre sur un ustensile énigmatique en or battu trouvé à Corinthe : Lindenschmit, *Alterth. uns. heidn. Vorzeit.* vol. 1, fasc. 10, pl. IV, 2.
(4) On trouve des *sphyrelata* en bronze déjà dans les *tombe a pozzo* de la nécropole de Tarquinies (comp. p. 27-29). Rappelons à titre d'exemple les casques de bronze : *Not. di scavi com. all'acc. dei Lincei*, 1881, pl. V, 23, p. 359-361, 1882, pl. XIII, 8, p. 162-165, p. 180; *Bull. dell'Inst.* 1882, p. 19-21, p. 41, 166, 175 (Comp. *Ann. dell'Inst.* 1883; Tav. d'agg. N 2 p. 188-192, Tav. d'agg. R 1 p. 292, n° 1); ainsi que les urnes cinéraires citées p. 470-471, note 3. Comp. aussi *Mon. dell' Inst.* X Pl. X[a] 1-4, Pl. XXIII[a] 7.

VI. L'ART

CHAPITRE XXX

LA DÉCORATION.

Le mobilier des tombeaux en puits de Mycènes (1) et des nécropoles analogues (2) permet de nous faire une idée très exacte de la décoration qui était en usage, avant la migration dorienne, dans la Grèce orientale comme dans les îles de la mer Égée. Nous y constatons deux systèmes subsistant côte à côte : l'un géométrique, l'autre végétal, avec adjonction de lions, de panthères et d'animaux fantastiques (3). On les voit tous deux se modifier et s'enrichir dans la suite; mais même après la période homérique, ils gardent longtemps encore leur caractéristique particulière. Qu'il nous suffise de rappeler que la fabrication des vases du Dipylon, dont les peintures ne sont en somme qu'une décoration géométrique spéciale, avait duré au delà de la clôture du cycle épique (4); n'oublions pas, en outre, que les vases de ce genre étaient en usage dans l'Attique au septième et peut-être même au sixième siècle (5), et qu'enfin on peut suivre les traces d'une décoration analogue à Olympie jus-

---

(1) Voy. p. 64 et suiv. — (2) Voy. p. 63 et suiv.
(3) Comp. Furtwængler, *Die Bronzefunde aus Olympia*, p. 43.
(4) Voy. p. 93-102. — (5) Voy. p. 93, notes 4 et 5.

qu'à la fin du sixième ou jusqu'au commencement du cinquième siècle (1). Le second système d'ornementation (végétaux, panthères, etc.) s'est maintenu jusque vers le cinquième siècle, c'est un fait trop connu pour qu'il soit nécessaire d'y insister à cette place. Si les deux systèmes coëxistaient avant et après l'époque homérique, il faut admettre cette coexistence pendant cette époque même. Et cependant on chercherait vainement dans l'Épopée une description qui indiquât clairement une décoration géométrique. Cela s'explique, il est vrai, par ce fait que, la poésie épique se bornant à de très courtes indications, il n'était guère possible de représenter des dessins composés d'une série de lignes, de triangles, de cercles, etc. Toutefois certaines descriptions et épithètes paraissent d'une grande justesse, si on les fait rapporter à des motifs géométriques. Cette observation s'applique notamment au passage très difficile relatif au bouclier de Sarpédon (XII, 294 et suiv.) :

αὐτίκα δ'ἀσπίδα μὲν πρόσθ' ἔσχετο πάντοσ' ἐΐσην,
καλὴν χαλκείην ἐξήλατον, ἣν ἄρα χαλκεὺς
ἤλασεν, ἔντοσθεν δὲ βοείας ῥάψε θαμειὰς
χρυσείης ῥάβδοισι διηνεκέσιν περὶ κύκλον

Les grammairiens anciens ont déjà essayé de différentes manières de trouver un lien grammatical logique entre le dernier vers et ce qui précède, mais aucune de ces tentatives n'a donné de résultats satisfaisants (2).

Un commentateur ancien dit que χρυσείης ῥάβδοισι est mis ici

---

(1) Voy. p. 93, note 5.
(2) Schol. *Il.* XII, 296, 297. Βοείας ῥάψε χρυσείης ῥάβδοισι
ἀντὶ τοῦ ἔρραψε τὰς βοείας ῥαφαῖς ῥαβδοειδέσιν ὡσανεὶ φλεψίν. τὸ δὲ περίκυκλον ἄμεινον δύο ποιεῖν, περὶ καὶ κύκλον, ἵνα ᾖ περὶ τὸν τῆς ἀσπίδος κύκλον. οὕτως καὶ ὁ Ἀσκαλωνίτης.
Eustathe sur *Il.* XII, 294 (p. 905, 50) répète l'explication donnée dans le premier passage et poursuit ainsi : ἕτεροι δὲ ῥάβδους τοὺς κανόνας ἐνόησαν, οἷς αἱ ἀσπίδες τότε ἀνείχοντο interprétation contre laquelle il y a à faire des objections que l'on trouvera plus loin à propos du vers 295.

pour ῥαφαῖς ῥαβδοειδέσιν (*coutures en forme de baguettes*). Une pareille interversion de sens serait unique en son genre. De même il est impossible d'admettre l'hypothèse d'après laquelle ῥάβδοι signifierait ici les traverses (κανόνες) (1) qui servaient à manier le bouclier; d'abord parce qu'on ne peut pas dire qu'elles s'étendent sur la circonférence du cercle (διηνεκέσιν περὶ κύκλον); ensuite parce qu'il est peu vraisemblable que ces deux traverses aient pu suffire pour consolider les couches de cuir ou qu'elles aient même contribué beaucoup à cette consolidation. Enfin le verbe ῥάπτειν aurait, dans cette explication, le sens général de *consolider*, sens qu'il n'a nulle part ailleurs. Les mêmes raisons s'opposent à ce qu'on traduise χρυσείης ῥάβδοισι par *filets d'or*, qui étaient maintenus en bas au moyen de clous lesquels auraient ensuite servi à consolider le cuir. La quatrième hypothèse consiste à considérer les mots ἔντοσθεν δὲ βοείας ῥάψ θαμειάς comme une parenthèse et à lire περίκυκλον *en un seul mot;* il en résulterait un bouclier rond dont le bord extérieur serait garni de filets d'or comme autant de veines. Mais l'adjectif περίκυκλος employé dans le sens passif et mis au datif instrumental est une forme inusitée. En présence de toutes ces difficultés nous n'hésitons pas à penser que le texte qui nous a été transmis est inexact et tronqué. Il est probable qu'il manque avant le vers 297 un ou deux vers qui décrivaient l'extérieur du bouclier et auxquels se rattachaient les mots χρυσείης ῥάβδοισι διηνεκέσιν περὶ κύκλον. Le passage supprimé disait, par exemple, ceci : « à l'extérieur le forgeron mit un omphalos d'or et orna la surface », puis viendrait le vers 297 conservé « de filets d'or qui s'étendaient sur la périphérie du bouclier ». De toute façon, le poète, après avoir songé aux couches de peaux qui étaient à l'intérieur, devait forcément attirer l'attention sur la surface qui était la partie de beaucoup plus importante. Et ici les filets d'or sont tout-à-fait à leur place; invisibles ou à peine visibles à l'intérieur, ils eussent été un luxe complètement inutile. L'on

---

(1) Comp. p. 411-417.

obtient ainsi une décoration faite de rayons ou bandes partant du centre à la périphérie : c'est la décoration géométrique de tous les objets ronds, tels que boucliers (1), omphaloï (2), broches en forme de phalères (3) et pendeloques en boules (4) de colliers et autres parures. Ce qui explique l'incohérence du texte, c'est que cet ornement était inconnu aux générations plus récentes.

A ce bouclier se rattachent la cuirasse d'Agamemnon (5) et la garniture d'argent de son *télamon* (6). La cuirasse, qui était un

(1) Tels sont les boucliers des figures de guerriers primitives trouvées dans l'île de Chypre : Cesnola-Stern, *Cypern*, pl. XXXIX, n°⁸ 2, 4. — Comp. le bouclier d'une figure de bronze sarde qui appartient évidemment à l'époque de la domination carthaginoise. Pais, *La Sardegna prima del dominio romano Acc. dei Lincei*, Anno CCLXXVIII, pl. V 9, p. 93. — Comp. aussi les boucliers ronds représentés sur un vase du Dipylon et dont la décoration se compose de quatre motifs en forme de feuilles qui s'étendent en guise de rayons du centre à la périphérie : *Arch. Zeit.* XLIII, 1885, p. 131 (vignette).

(2) Tels les *omphaloï* des boucliers de Caerè dans le *Mus. Gregor.* I, pl. XVIII 1, 2 (d'où notre fig. 144, p. 399), XIX 1, XX et du bouclier étrusque dans les *Alterth. in Carlsruhe herausg. von dem grossherzog. Conservator*, pl. 9, ainsi que l'exemplaire des Abruzzes reproduit à la p. 405, fig. 147.

(3) Voy. la partie centrale de deux broches en bronze d'Alba Fucens : *Bull. dell'Inst.* 1877, p. 54. — Conestabile, *Sopra due dischi antico-italici*, pl. 1, et une broche en bronze de Monteroberto dans le Picenum. *Not. di scavi, comm all'acc. dei Lincei*, 1880, pl. IX, 7, p. 345.

(4) *Mon. dell'Inst.* X, pl. XXIII *a*, n° 6 *b*. — *Ann.* 1875, p. 225-226 (de Corneto : La bulle en argent, le cercle en elektron posé dessus). Comp. Schliemann, *Mykenae*, p. 195, n° 241 et p. 365, n° 481 où six ornements en forme de feuilles s'étendent du centre à la périphérie; voy. les dessus d'or de boutons *ibid.* p. 304, n° 414, 415, 417, 419. — Comp. les grandes rosaces du vase du Dipylon publié dans les *Mon. dell'Inst.* VIII, pl. XXXIX, 1. — *Ann. dell'Inst.*, 1885, Tav. d'agg. GH. 1, p. 188-189.

(5) *Il.* XI, 24 :

τοῦ (θώρηκος) δ'ἤτοι δέκα οἶμοι ἔσαν μέλανος κυάνοιο
δώδεκα δὲ χρυσοῖο καὶ εἴκοσι κασσιτέροιο·
κυάνεοι δὲ δράκοντες ὀρωρέχατο προτὶ δειρὴν
τρεῖς ἑκάτερθ', ἴρισσιν ἐοικότες.....

38 : τῆς δ'(ἀσπίδος) ἐξ ἀργύρεος τελαμὼν ἦν· αὐτὰρ ἐπ'αὐτοῦ
κυάνεος ἐλέλικτο δράκων, κεφαλαὶ δὲ οἱ ἦσαν
τρεῖς ἀμφιστρεφέες, ἑνὸς αὐχένος ἐκπεφυυῖαι.

(6) Voy. plus haut p. 417-420.

LA DÉCORATION. 491

don du Cypriote Kinyras, avait dix raies en kyanos noir, c'est-à-dire en pâte vitreuse ou émail (1), douze en or et vingt en kassitéros, et de chaque côté trois serpents également en émail qui montaient comme des arcs-en-ciel vers l'ouverture du cou. Un serpent à trois têtes en émail ornait la garniture du baudrier : il y a un serpent analogue à deux têtes sur l'anse d'une cruche de Chalcis (2).

La manière dont Lepsius a expliqué la décoration de la cuirasse est en somme juste (3). Évidemment le poète avait dans l'idée une cuirasse dont chacune des deux faces, antérieure et postérieure, était faite d'une plaque spéciale (4), et chacune ornée de vingt et une raies qui (nous le verrons plus loin) étaient probablement toutes incrustées dans le sens de la longueur sur un fond de bronze. La proportion numérique de ces différentes raies est conforme à la loi qu'observe tout peuple ayant le sens de la couleur quand il s'agit de réunir trois couleurs ou davantage; l'application de cette loi est visible partout, depuis les cuirasses à écailles égyptiennes représentées dans le tombeau de Rhamsès III (12ᵉ siècle) (5) jusqu'aux *saraphans* des paysannes russes de nos jours. Elle consiste en ce qu'une couleur constitue le fond et que les deux autres ne sont nulle part en contact direct. Dans la cuirasse d'Agamemnon le fond était en kassitéros, c'est-à-dire blanc. Si nous désignons les raies de kassitéros par un a, celles en or par un b et celle en smalt noir par un c nous aurons la disposition suivante : *baca baca baca baca bacab*, c'est-à-dire dix raies de kassitéros (a), six d'or (b), et cinq noires (c). Ce treillis était coupé sur les deux faces de la cuirasse (ἑκάτερθε) par trois serpents qui

---

(1) Voy. plus haut p. 128-134.
(2) *Journal of hellenic studies*, V, 1884, p. 239. — (3) *Die Metalle in den aegyptischen Inschriften* (Abhandl. der Berl. Akademie, 1871), p. 130-132.
(4) Voy. plus haut p. 364-365.
(5) Rosellini, *Mon. dell'Egitto*, II *Mon. civ.* pl. CXXI, 17 (texte II, 3, p. 230). — Wilkinson-Birch, *The manners of the ancient Egyptians*, I, p. 221, n° 53 *a*.

se dressent. Cette disposition de raies est conforme au principe de la décoration géométrique; le serpent de la cuirasse et du baudrier se rencontre aussi fréquemment sur des poteries dont les peintures appartiennent au même système (1). Quant au mouvement des serpents représentés sur la cuirasse, il faut le rapprocher de la base de Sparte bien connue où deux serpents se dressent l'un contre l'autre (2); telle est aussi l'attitude des serpents qui ornent la coupe de bronze de Caerè (fig. 189) et les deux jambières de bronze trouvées à Olympie (3). Enfin la cuirasse d'Agamemnon est un don fait par un Cypriote; or (et ce n'est pas là une coïncidence fortuite) le serpent se retrouve sur les vases à décoration géométrique de Chypre (4), et, d'autre part, la cuirasse en question est très garnie de kyanos. Cette île était précisément le principal centre de production du bleu de cuivre qui servait à fabriquer le faux kyanos, et le kyanos de Chypre passait dans l'antiquité pour le meilleur après celui d'Égypte (5).

Quant au procédé technique employé pour la décoration de la cuirasse d'Agamemnon, nous pouvons en avoir quelque idée d'après les lames d'épées et de poignards en bronze (6) et une coupe d'argent (7) provenant des tombeaux en puits de Mycènes, ainsi que d'après une lame d'épée en bronze trouvée dans l'île de Théra (8). Les lames sont rehaussées de figures

---

(1) Sur deux vases du style du Dipylon trouvés en Attique : *Ann. dell' Inst.* 1872, p. 139, n° 15. — Collignon, *Catalogue des vases peints du Musée de la Soc. arch. d'Athènes*, p. 9, n° 42, note 1. — Le serpent apparaît en outre sur les vases d'argile cypriotes à ornements géométriques : Cesnola-Stern, *Cypern*, pl. XIV, 4, 5, p. 88 et 365.

(2) *Ann. dell'Inst.* 1861, Tav. d'agg. C. — Löschcke, *De basi quadam propr Spartam reperta obs. archæologicæ*, fig. 3.

(3) *Arch. Zeit.* 1879, p. 160, n° 309. — Fürtwængler, *Die Bronzefunde* p. 78. — On voit deux serpents opposés sur trois casques en bronze du Musée de Naples : *Cat. del museo di Napoli. armi antiche*, 1-3.

(4) Voy. ci-dessus note 1.
(5) Comp. p. 130. — (6) Voy. p. 74, note 6 et fig. 151.
(7) *Mittheil. des arch. Inst. in Athen*, VIII, 1883, pl. I, p. 1-6.
(8) *Mém. de la Soc. des Antiquaires du Nord*, 1878-83, pl. VIII, p. 234.

et d'ornements divers, la coupe d'un semis de fleurs d'un rendu très minutieux. Toute cette décoration est faite de lamelles d'or découpées, très minces, qui sont plaquées dans les creux du métal et dont tous les détails sont relevés à l'aide du poinçon. Afin d'obtenir une plus grande richesse de coloris, on a, au moyen de divers polissages, donné à l'or trois tons différents, un blanchâtre, un jaune et un rougeâtre. A cela vient encore s'ajouter un émail noir brillant que les lamelles d'or qui y sont incrustées nuancent admirablement, produisant ainsi un très joli effet d'ensemble (1). Évidemment l'émail noir ($\mu \acute{\epsilon} \lambda \alpha \varsigma$ $\kappa \acute{\upsilon} \alpha \nu o \varsigma$) de la cuirasse d'Agamemnon ainsi que l'or et le kassitéros dont les raies étaient faites, et l'émail des serpents étaient incrustés dans les creux du métal absolument comme sur les lames d'épées et sur la coupe d'argent en question; de même la matière mentionnée en premier lieu était cet émail noir et brillant employé pour ces derniers objets. Le kyanos des six serpents de la cuirasse ainsi que celui du baudrier n'était pas, au contraire, de l'émail noir, car ils n'auraient pas tranché sur un fond de même couleur; c'était probablement le même émail bleu qui brillait sur la frise du palais d'Alcinoüs (2). On n'en trouve, il est vrai, nulle trace, sur les ouvrages en métal, que nous venons de citer à titre de comparaison. Mais le monument funéraire de Thèbes, souvent mentionné, et qui représente les Kefa apportant leur tribut au roi Thoutmès III (3), prouve bien que l'art de nuancer les métaux à l'émail bleu était familier aux Phéniciens dès le seizième siècle; car sur les vases peints en jaune, c'est-à-dire en or, qui font partie de ce tribut, on remarque des ornements bleus qui permettent de supposer l'emploi de cette matière.

Peut-être est-il permis de soupçonner des ornements géo-

---

(1) *Mitth. des arch. Inst. in Athen.*, VII, p. 242-244. VIII, p. 3-4.
(2) *Od.* VII, 87. Voy. p. 128-134. — (3) Voy. p. 32, note 2. Sur la haute ancienneté de cet emploi de l'émail, voy. Virchow, *Das Gräberfeld von Koban*, p. 137 et suiv.

métriques dans les θρόνα ποικίλα dont Andromaque orne une diplax (1), ainsi que dans les adjectifs ποικίλος ou παμποίκιλος, le premier qualifie souvent des armures (2), des boucliers (3), des chars de combat (4) et des sièges (5); le second les parures de poitrine (ὅρμος) (6); l'un et l'autre les *peploï* (7). Ces adjectifs correspondent bien à l'idée de « complication systématique d'ornements », expression très juste dont se sert Conze (8) pour définir le caractère de la décoration géométrique. D'ailleurs les costumes représentés sur les plus anciens monuments grecs (9), comme les plus anciens boucliers (10) et parures (11) qui soient parvenus jusqu'à nous, ne nous offrent que ce genre d'ornements.

Il convient de mentionner enfin ici le triple ornement (ἄντυξ τρίπλαξ) dont Héphaïstos entoura le bouclier d'Achille (12). Löschcke (13) part de ce principe, généralement admis autrefois, que τρίπλαξ vient de πλέκειν; il en conclut que ce mot signifie *triplement tressé* (14) et que ἄντυξ τρίπλαξ est un ornement tressé qu'on rencontre fréquemment sur la bordure des boucliers de bronze les plus anciens trouvés en Grèce et en Italie (15), tandis que la surface des spécimens italiotes

(1) *Il.* XXII, 441 (voy. plus haut p. 243, note 1). — (2) *Il.* III 327. IV 432. X 504. : ποικίλα τεύχεα. VI 504. XII 396. XIII 181, XIV 181. X 75. XVI 134. Ces ornements étaient sans doute plaqués sur le bronze, incrustés, ciselés ou faits au repoussé.

(3) *Il.* X, 149. *Od.* XVI, 149 : ποικίλον σάκος; il faut supposer là des ornements faits au repoussé sur l'enveloppe de bronze. Comp. p. 400, note 10 (boucliers trouvés en Italie) et fig. 144 et 149.

(4) Voy. p. 163, note 4. — (5) *Od.* I, 132 : κλισμὸν ποικίλον. — (6) Hymn. IV (*in Vener.*), 89 (voy. p. 340, note 3).

(7) Voy. p. 258, notes 8 et 9. — (8) *Zur Geschichte der Anfaenge der griech. Kunst*, Vienne, 1870, p. 14. (*Sitzungsber. der Wiener Akad.* LXIV, p. 518).

(9) Voy. p. 258-259. — (10) Voy. p. 400, note 10 et fig. 144, 149.
(11) Voy. p. 340-343. — (12) *Il.* XVIII, 479 :

... περὶ δ'ἄντυγα βάλλε φαεινήν,
τρίπλακα μαρμαρέην.

(13) *Arch. Zeit.* XLI, 1883, p. 159. — (14) Voy. plus haut p. 240, note 3.
(15) Voy. les boucliers votifs d'Argos dans les *Bronzefunde aus Olympia*, p. 79-80 et 93 de Furtwængler. — Comp. ceux de Dodone dans Carapanos,

LA DÉCORATION.

est couverte d'ornements géométriques. Cet ornement a parfois l'apparence de trois cordes tressées qui seraient maintenues sur le fond au moyen de deux rangées parallèles de clous (fig. 191) (1); dans ce cas, il correspond bien à l'idée que nous en donne l'adjectif τρίπλαξ d'après cette étymologie. Mais nous inclinerions plutôt à adopter une autre explication plus récente que voici : τρίπλαξ n'aurait rien de commun avec πλέκειν, et serait simplement formé de τριπλός par adjonction du suffixe secondaire ακ (2). Par conséquent cet adjectif signifierait *triple* et il ne serait plus absolument nécessaire de considérer ἄντυξ τρίπλαξ comme un ornement de bordure triplement tressé. Nous serions alors en présence de trois bandes métalliques lisses ou rehaussées d'ornements, qui courraient parallèlement à la périphérie du bouclier (3). Il se peut aussi que ces deux mots indiquent

Fig. 191. — Fragment d'une bordure de bouclier en bronze.

une bordure composée de trois bandes métalliques superposées : c'est une hypothèse à laquelle se sont ralliés le scholiaste (4) et la plupart des commentateurs modernes (5). Nous avons fait remarquer plus haut (6) qu'il est tout naturel qu'on

Dodone et ses ruines, pl. XLIX, 20, 22, et les spécimens étrusques dans Grifi, *Mon. di Cere antica*, pl. XI, 3. *Mus. Greg.* I, pl. XVIII, 2 (d'où notre fig. 144), XIX 2, XX 2; *Alterth. in Carlsruhe*, pl. 9.

(1) Cette disposition est surtout frappante sur le fragment reproduit par Carapanos, *Dodone et ses ruines*, pl. XLIX, 22 (d'où notre fig. 191). Généralement cet ornement ne semble tressé qu'avec deux cordes. Un autre fragment de l'ouvrage de Carapanos (pl. XLIX 20) nous montre un enchevêtrement de plusieurs cordes.

(2) Voy. p. 240, note 3. — (3) Comp. p. ex. les trois rangs de perles du bouclier représenté à la fig. 149.

(4) Le schol. *Il.* XVIII, 479, explique τρίπλακα par τρίπτυχον, c'est-à-dire à *trois couches.*

(5) En particulier Grashof, *Das Fuhrwesen bei Homer und Hesiod*, p. 28, note 24. — (6) Voy. p. 410.

ait songé à renfoncer le bouclier au moyen d'une solide bordure, c'est-à-dire à l'endroit où il était le plus mince.

L'ornementation végétale, accompagnée de lions et de panthères, est beaucoup plus clairement indiquée dans l'Épopée que la décoration géométrique. Ἀνθεμόεις (*fleuri*), épithète des baquets et des cuves à mélanges (1), fait allusion aux fleurs en forme de rosettes, pareilles à celles qu'on voit sur les ouvrages en métal des tombeaux en puits de Mycènes (2) et qui forment souvent le fond des peintures de vases corinthiens.

Fig. 192. — Bordure d'un vêtement assyrien.

Rappelons notamment à cette occasion une coupe d'or de Mycènes dont la panse est ornée d'une série symétrique de ces fleurs (voy. fig. 174).

Le groupe extérieur (πάροιθε) de la fibule d'Ulysse, représentant un chien tenant entre ses pattes de devant un faon qui se débat, mérite une attention toute particulière (3). Le poète ne nous dit pas comment cet objet était exécuté; était-il gravé sur or, ciselé ou en relief, comme les sphinx ailés (fig. 121) que nous

---

(1) Ἀνθεμόεις λέβης: *Il.* XXIII, 885. *Od.* III, 440. — *Od.* XXIV, 275 : κρητῆρα πανάργυρον ἀνθεμόεντα. Comp. *Il.* II, 467 : ἐν λειμῶνι Σκαμανδρίῳ ἀνθεμόεντι, et 695 : Πύρασον ἀνθεμόεντα. Sur les boucles d'oreilles appelées ἄνθεμα (Hymn VI, 9), voy. p. 345, note 1.

(2) Voy. ce qui a été dit sur la tête de taureau d'argent, p. 41.

(3) *Od.* XIX, 226-231 (voy. plus haut, p. 352, note 1).

avons cités pour donner une idée des αὐλοὶ δίδυμοι supposés de la fibule d'Ulysse (1). Il n'existe point de composition absolument identique dans aucun ouvrage archaïque de provenance orientale ou occidentale. Mais ces chiens et ce faon offrent une certaine analogie avec une série d'objets dont la décoration rappelle les vases du Dipylon et qui parfois se rapproche de l'autre système de décoration où dominent les lions (2). Dans cette série hétérogène, on rencontre souvent des chiens qui poursuivent des faons. Si les artistes du temps avaient coutume de reproduire cette scène, on comprend que l'imagination du poète l'ait représentée dans une phase plus avancée et en ait fait un groupe inspiré tout naturellement du modèle oriental, où un lion attaque un taureau ou un cerf (3). Mais il convient de faire à ce propos deux observations. Voici la première : sur des monuments archaïques, on voit souvent

Fig. 193. — Calcédoine avec le nom d'Akestodaros en caractères cypriotes.

des lions sur le point de dévorer des cerfs ; leur caractéristique manque parfois de précision (4) et il est possible que, le cas échéant, on ait pris ces animaux pour des chiens. L'autre observation est la suivante : il est possible que le poète ait songé au groupe bien connu du griffon dévorant un cerf (fig. 192, 193), (5) et qu'il ait appelé le griffon *chien* (κύων), car le mot γρύψ

---

(1) Voy. p. 352-354.

(2) A cette catégorie appartient p. ex. la fibule trouvée à Thèbes, en Béotie (*Ann. dell'Inst.*, 1880, Tav. d'agg. G). Comp. *Ibid.*, p. 131-132.

(3) Comp. Usener, *De Iliadis carmine quodam phocaico*, Bonn, 1875, p. 8 et suiv.

(4) *Denkmäler der alten Kunst*, 1, pl. XV, 58. — *Not. di scav.* 1886, p. 41, fig. A p. 42, fig. C.

(5) Fig. 192 : bordure de costume assyrienne (Layard, *The mon. of Nineveh*, pl. 43) d'après Perrot et Chipiez, *Hist. de l'art*, II, p. 774, n° 447. La peau mouchetée de l'animal attaqué indique bien que c'est un faon.

qui devint plus tard assez commun, n'existait pas encore dans la langue grecque du temps. Il n'est pas douteux d'ailleurs que les Grecs de l'époque homérique n'aient connu le griffon; on le rencontre déjà sur les monuments qui proviennent des tombeaux en puits de Mycènes (1) et d'autres centres archéologiques antérieurs à la migration dorienne (2); le griffon fut d'ailleurs un objet de prédilection de l'art phénicien (3) et de l'art grec archaïque. Le mot γρύψ semble être entré relativement tard dans la langue grecque. On le trouve pour la première fois dans les *Arimaspeia* d'Aristéas (4), épopée qui n'était pas formée avant la seconde moitié du sixième siècle (5). Les Grecs de l'époque antérieure ont dû certainement donner un nom au griffon qui leur était connu depuis longtemps; il est probable qu'ils lui ont donné celui de κύων, par lequel les poètes attiques du cinquième siècle désignent encore les sphinx, les hydres, les harpies et autres monstres semblables (6).

Le *gorgoneion* a dû être également usité comme motif décoratif à l'époque homérique. Il est dit dans l'Iliade (7) que le bouclier d'Agamemnon était orné d'une Gorgone aux grands yeux, au regard effrayant, d'un Deïmos et d'un Phobos. Furtwængler s'étonne avec raison que le poète ne nous donne aucun renseignement sur la matière dont ces trois images terrifiantes sont faites ni sur leur disposition, tandis qu'il décrit

---

Les bois ne sont pas d'une forme exacte; mais l'artiste s'est-il trompé ou a-t-il voulu les faire ainsi, c'est ce que nous ne saurions dire. — Fig. 193: calcédoine avec le nom d'Akestodaros en caractères cypriotes, d'après *Hist. de l'art dans l'ant.*, III, p. 652, n° 462.

(1) Trois griffons en or battu : *Mykenæ*, p. 205, n° 261 et 211, n° 272. — Comp. Milchhœfer, *Die Anfänge der Kunst*, p. 10, n° 6.

(2) P. ex. une pierre gravée avec un griffon du tombeau à coupole de Menidi (voy. plus haut p. 87) : *Das Kuppelgrab bei Menidi*, pl. VI, 2.

(3) Furtwængler. *Die Bronzefunde aus Olympia*, p. 49-50.

(4) Hérod. IV, 13. Pausan., I, 24, 6. — (5) Niebuhr, *Kleine Schriften*, 1, p. 361. — Bergk, *Griechische Literaturgeschichte*, II, p. 99.

(6) Eschyle (fragm. 232 Nauck) et Sophocle (*Œdipe-Roi*, 91) appellent ainsi les sphinx.

(7) *Il.* XI, 36, 37 (voy. p. 410, note 1).

dans ses moindres détails l'armure d'Agamemnon (1). Toutefois ce savant va trop loin quand il dit que les deux vers relatifs à ces monstres sont une interpolation récente qui, par conséquent, n'aurait aucune valeur au point de vue de l'appréciation de l'art homérique. En tout cas la description de l'égide prouve, à n'en pas douter, que les Ioniens du temps étaient familiarisés avec la représentation de la Gorgone (2). D'après l'Épopée, figuraient sur cette égide : Éris, Alké, Iokè qui fait frissonner et la tête de Gorgone, monstre effrayant et épouvantable, sujet d'étonnement pour Zeus tenant l'égide. Furtwængler (3) croit qu'il n'y a là qu'une énumération des forces inhérentes à l'égide et dont la forme plastique n'était point présente à l'esprit du poète. Cela est possible pour Éris, pour Alké et pour Iokè, mais non pour la Gorgone. Le fait seul que ce poète, comme celui de la Nekyia (4), se l'imaginait sous l'aspect plastique d'une tête, nous autorise à affirmer que, déjà au temps homérique, le gorgoneion était représenté sous forme d'un masque terrifiant et employé comme tel dans la décoration (5). On sait du reste que l'art grec le plus ancien se plaisait à façonner de ces images terrifiantes (6). Une tête de

---

(1) *Die Bronzefunde aus Olympia*, p. 59, note 2.
(2) *Il.* V, 738 : ἀμφὶ δ'ἄρ'ὤμοισιν βάλετ' αἰγίδα θυσσανόεσσαν,
δεινήν, ἣν πέρι μὲν πάντη φόβος ἐστεφάνωται,
ἐν δ' Ἔρις, ἐν δ' Ἀλκή, ἐν δὲ κρυόεσσα Ἰωκή,
ἐν δέ τε Γοργείη κεφαλὴ δεινοῖο πελώρου,
δεινή τε σμερδνή τε, Διὸς τέρας αἰγιόχοιο.

(3) *Die Bronzefunde*, p. 59, note 3. — (4) *Od.* XI, 634 :
μή μοι Γοργείην κεφαλὴν δεινοῖο πελώρου
ἐξ Ἀΐδεω πέμψειεν ἀγαυὴ Περσεφόνεια.

(5) Cela posé, la comparaison des yeux d'Hector combattant avec ceux de la Gorgone (*Il.* VIII, 349 : Γοργοῦς ὄμματ' ἔχων) est beaucoup plus expressive. Cependant, étant donné le degré d'imagination plastique des poètes du temps (comp. notre chap. XXXIII), nous sommes loin de considérer ce point de vue comme un critérium absolu.

(6) Milchhœfer, *Arch. Zeit.* XXXIX, 1881, p. 285 et suiv. Suivant Pausanias (I, 43, 8), un groupe du tombeau de Koroïbos à Mégare passait pour être le morceau de sculpture grecque le plus ancien. Il représentait

Méduse en pierre que Pausanias (1) vit à Argos près du sanctuaire du Céphise, passait pour être une œuvre des Cyclopes, c'est-à-dire pour un monument antérieur à l'origine de la tradition historique qui les concerne.

Si l'on en juge par analogie, le gorgoneion serait le dérivé d'un très ancien type oriental qu'on n'a pu, il est vrai, déterminer avec précision jusqu'à présent (2). L'art le plus rapproché de la période florissante de l'Épopée semble l'avoir représenté sous la forme d'un masque de femme aux yeux grands ouverts, au nez épaté, à la bouche large mais seulement entr'ouverte (fig. 194) (3). A mesure que l'art se développe, notamment au VIIe siècle, ce type se modifie : la bouche s'ouvre toute grande, devient épouvantablement grimaçante et tire la langue; aux coins de la bouche apparaissent des dents terrifiantes. Tous ces changements n'ont eu pour but que d'animer le masque et de lui prêter un caractère plus horrible (4).

Fig. 194. — Monnaie en elektron (Asie Mineure).

Enfin l'art décoratif de l'époque homérique empruntait souvent ses motifs à la vie humaine. Nous avons déjà mentionné

Koroïbos tuant la Poïnè qui était sans doute un monstre dans le genre de la Gorgone. Dans l'art étrusque, on rencontre aussi quelques réminiscences de ces types terrifiants. Comp. Körte, dans l'*Arch. Zeit.*, XXXV, 1877, p. 110 et suiv.

(1) *Il.* 20, 7. Comp. plus haut p. 78. — (2) Comp. Langbehn, *Flügelgestalten der ältesten griechischen Kunst.*, p. 121-133. — Milchhœfer, *loc. cit.*, p. 287-289.

— (3) Comp. Milchhöfer, p. 289-290. Notre fig. 194 reproduit une monnaie d'elektron de l'Asie Mineure d'après Gardner, *The typs of greek coins*, pl. IV, 5. (Comp. Six, *De Gorgone*, p. 60-61 1ª.) Tel est aussi le gorgoneion des pièces d'argent attribuées à Athènes, mais qui ont sans doute été frappées à Chalcis. Voy. Cousinéry, *Voyage dans la Macédoine*, II, pl. 4, n° 8, p. 125, et Curtius dans *Hermès*, X, p. 225 et suiv. Nous ne prétendons pas que ces monnaies soient les monuments les plus anciens représentant le gorgoneion; mais il est très probable que le type qu'elles reproduisent est antérieur à celui où la Gorgone ouvre la bouche et tire la langue; c'est donc le type le plus ancien que l'on connaisse.

(4) Milchhœfer, *loc. cit.*, p. 291.

plus haut les scènes de combat dont Hélène orna une diplax (1), et nous en avons tiré cette conclusion que la tapisserie d'art du temps reproduisait volontiers des objets familiers (2).

Avant de passer à l'objet d'art dont l'ornementation figurée est la plus riche, c'est-à-dire au bouclier d'Achille, arrêtons-nous sur quelques descriptions où l'on a cru reconnaître l'influence de la sculpture. Nous voulons parler des servantes d'or sur lesquelles s'appuie Héphaïstos (3), des chiens d'or et d'argent placés devant la maison d'Alcinoüs, de chaque côté de l'en-

Fig. 195, 196. — Lions de pierre trouvés dans la nécropole de Vulci.
(D'après J. Martha, *L'art étrusque*, fig. 167 et 168, p. 216).

trée (4), et des figures également en or des jeunes gens qui servaient de porte-torches dans le même palais (5).

(1) *Il.* III, 125-128 (voy. plus haut p. 101, note 1). — (2) Voy. p. 101-102, 244, 295.

(3) *Il.* XVIII, 417 :

ὑπὸ δ' ἀμφίπολοι ῥώοντο ἄνακτι
χρύσειαι, ζωῇσι νεήνισιν εἰοικυῖαι.
τῇς ἐν μὲν νόος ἐστὶ μετὰ φρεσὶν, ἐν δὲ καὶ αὐδὴ
καὶ σθένος, ἀθανάτων δὲ θεῶν ἄπο ἔργα ἴσασιν.

(4) *Od.* VII, 91 :

χρύσειοι δ' ἑκάτερθε καὶ ἀργύρεοι κύνες ἦσαν,
οὓς Ἥφαιστος ἔτευξεν ἰδυίῃσι πραπίδεσσιν,
δῶμα φυλασσέμεναι μεγαλήτορος Ἀλκινόοιο,
ἀθανάτους ὄντας καὶ ἀγήρως ἤματα πάντα.

(5) *Od.* VII, 100 :

χρύσειοι δ' ἄρα κοῦροι ἐϋδμήτων ἐπὶ βωμῶν
ἕστασαν αἰθομένας δαΐδας μετὰ χερσὶν ἔχοντες,
φαίνοντες νύκτας κατὰ δώματα δαιτυμόνεσσιν.

Il a été répondu de différentes manières à la question de savoir si et jusqu'à quel point ces diverses représentations avaient été inspirées par des modèles plastiques.

Bien qu'il les suppose en or, le poète prête aux jeunes filles d'Héphaïstos le mouvement, l'intelligence, le langage et la faculté d'exécuter des travaux magnifiques. On prétendait autrefois que les figures présentées par le poète étaient une imitation de sculptures analogues et que l'imagination poétique n'avait fait qu'amplifier les vertus intellectuelles et physiques qui animaient l'œuvre du statuaire. C'est là une erreur qui a été définitivement réfutée par Petersen (1). Des servantes tout en or mais vivantes, ce n'est pas un prodige extraordinaire dans l'entourage d'un dieu artiste créant des trépieds qui marchent et dont les soufflets de forge, sur un signe de sa main, se mettent en mouvement ou cessent de fonctionner (2). Les jeunes filles d'Héphaïstos ne sont donc que des personnages de fantaisie ; elles appartiennent à la catégorie des taureaux aux pieds d'airain ou des taureaux vomissant le feu, que ce dieu offrit à Aïétès. Personne n'a cependant songé à tirer de cette dernière légende cette conclusion que les Grecs connaissaient cette bête fantastique à l'époque où se forma le mythe colchique.

Fig. 197. — Sphinx de pierre trouvé à Vulci. (D'après J. Martha, *L'art étrusque*, fig. 169, p. 216.)

Quant aux chiens d'or et d'argent qui gardent l'entrée de la maison d'Alcinoüs, il n'y a pas trace de représentation plastique analogue à aucune période de l'art liée plus ou moins directement avec la période homérique. Les portes sont gardées, chez

---

(1) *Kritische Bemerkungen zur ältesten Geschichte der gr. Kunst*, Ploen, 1871, p. 29 et suiv.
(2) *Il.* XVIII, 375-378, 470-473.

LA DÉCORATION. 503

les Égyptiens par des sphinx, chez les Chaldéens par des taureaux et des lions (1), chez les Assyriens par ces figures composites bien connues à tête d'homme au corps d'animal, souvent par des lions (2), chez les Phéniciens enfin par des sphinx (3) ou par des lions (4). L'art grec archaïque employait dans les cas analogues des figures de panthères ou de léopards, de sphinx, de lions et de griffons. Rappelons à ce propos le groupe de panthères ou de léopards de Mycènes, placé, il est vrai, non pas comme les chiens décrits par le poète, devant, mais au-dessus de la porte (5), puis les sphinx et griffons en marbre qui entouraient le palais de Skylès, roi des Scythes, dans la ville des Borysthénites (6), enfin les couples de lions qu'on trouve à l'entrée des anciens tombeaux grecs (7) ou étrusques (8).

(1) Perrot et Chipiez, *Hist. de l'art*, II, p. 274.
(2) *Ibid.* II, p. 280-281. — (3) Renan, *Mission de Phénicie*, pl. XXXII, 1. LI, *k*, LVI, LVII, 1, p. 701-702.
(4) Renan, *Ibid.*, pl. XII, XIII, p. 72, pl. XXXII, 3. — Perrot et Chipiez, *Hist. de l'art*, III, p. 152, n° 95, p. 438, n° 312, p. 395-397.
(5) *Denkm. d. alt. Kunst*, I, pl. I, 1. — *Arch. Zeit.* 1865, pl. 193.
(6) Hérodote, IV, 79. Les Étrusques décoraient parfois de figures d'animaux semblables leurs monuments funéraires qui consistent en une terrasse ronde surmontée d'un monticule et qui, dans l'état de nos connaissances, peuvent être attribués à la fin du sixième et à la première moitié du cinquième siècle (fig. 195, 196 et 197). Ces figures sont placées sur la plateforme de la terrasse le long de la périphérie. — Lions, sphinx ailés et griffons sur le tombeau de Vulci connu sous le nom de Cucumella : Noël des Vergers (*l'Étrurie et les Étrusques*, III, pl. XX) en a donné une restauration défectueuse; celle de Canina (l'*Etruria maritima*, pl. CVII) est tout-à-fait inexacte. Voy. une esquisse du monument tel qu'il était dans ces trente dernières années, avec tous ses détails, dans Micali, *Storia*, pl. LXII, 1-4 (III, p. 103-104). Lions sur la plate-forme d'un tombeau de Cærè analogue : Canina, *loc. cit.*, pl. LXIX. Sphinx ailés sur un tombeau de Corneto : Canina, *loc. cit.*, pl. LXXXIX, 2.
(7) Voy. le lion de la nécropole de Milet, dans Rayet et Thomas, *Milet*, pl. 22. — (8) Ainsi, par ex. dans un tombeau de Véies découvert par Campana qui remonte au moins au début du 6° siècle av. J.-C. : Micali, *Mon. ined.*, p. 368. — Canina, l'*Etruria marit.* pl. XXXIV, 2. — *Id.*, *L'antica città di Veji*, pl. XXVIII. Spécimens de Vulci : Canina, *L'Etruria marit.*, pl. CX, 12, 13. Deux lions au-dessus de la porte d'un tombeau de Cærè : Canina, *L'Etr. marit.*, pl. LXXIII.

On pourrait donc supposer que le poète a confondu dans son esprit ces figures plastiques ornant l'entrée de la maison et l'image du chien qui est le gardien véritable de la porte. Néanmoins il est une autre explication assez plausible, car elle met la description épique d'accord avec les monuments. Nous avons montré plus haut (1) que les Grecs de l'époque homérique connaissaient le griffon et nous avons émis cette opinion qu'ils le désignaient probablement par le mot κύων. Il en est de même du sphinx. On rencontre, en effet, le sphinx sur des monuments d'origine grecque qui remontent au delà de la migration dorienne (2), comme sur ceux qui datent de l'époque qui a suivi l'achèvement de l'Épopée. Eschyle et Sophocle (3) l'appellent encore κύων. Or comme l'art égyptien et l'art phénicien ornent les portes avec des sphinx, l'art grec archaïque avec des sphinx et des griffons, on se demande si les *chiens* qui gardaient la porte du palais du roi des Phéaciens n'étaient pas des sphinx ou des griffons. Si le poète leur prête la vie, l'immortalité et une jeunesse éternelle, il ne faut pas s'en étonner; car ces animaux étaient l'œuvre d'Héphaïstos.

En ce qui concerne les porte-flambeaux en or du palais d'Alcinoüs, l'Épopée nous dit qu'ils se tenaient sur des bases bien solides (εὐδμήτων ἐπὶ βωμῶν); ce détail seul indique que le poète a dû avoir des modèles plastiques sous les yeux. Il existe d'ailleurs plusieurs monuments sculptés analogues. Brunn (4) signale dans un tombeau de Chiusi une peinture représentant une femme qui porte un thymiaterion sur la tête (5). Mais ce

---

(1) P. 498. — (2) P. ex. six sphinx en or battu dans un tombeau en puits de Mycènes : *Mykenae*, p. 213, n° 277. — Milchhœfer, *Die Anfaenge*, p. 10, n° 7. Des sphinx sur les objets d'art trouvés dans les tombeaux de Spata (voy. plus haut p. 87) : *Bull. de corresp. hellénique*, II, pl. XVII, 1, 2. XVIII, 1. Sur des plaquettes de smalt et des ouvrages en ivoire provenant du tombeau de Menidi (voy. plus haut p. 87) : *Das Kuppelgrab von Menidi*, pl. V, 44, 45, pl. VIII, 4, 10. — Dans les peintures murales de Tirynthe : plus haut, p. 126, note 4. L'art phénicien a souvent aussi représenté des sphinx : voy. plus haut, p. 503, note 3. — (3) P. 498, note 6.

(4) *Die Kunst bei Homer*, p. 5. — (5) *Mon. dell'Inst.*, V, pl. XVI n° IIII.

qui se rapproche encore davantage de la description épique, c'est un thymiatérion étrusque de style archaïque et dont le support est une figure de jeune homme tenant un javelot de la main gauche (1). Dès la plus haute antiquité l'art oriental employa la figure humaine comme appui pour les sièges, les baldaquins, etc. (2); il est donc permis d'admettre que, déjà à l'époque homérique, on se servait d'objets semblables dans les villes ioniennes ou que, tout au moins, on en avait entendu parler. De toute façon la description des porte-flambeaux indique non pas des œuvres plastiques indépendantes, mais bien des figures décoratives.

Nous avons enfin à mentionner ici un passage qui est une interpolation faite, sous les Pisistratides, par un poète attique, sectateur de la théologie orphique (3). Ce passage représente la garniture d'or du baudrier d'Hercule comme étant ornée d'ours, de sangliers, de lions et de diverses scènes de combat (4); le second vers relatif à ces scènes est évidemment emprunté à la théogonie (5). Cette ornementation, tant au point de vue de la disposition que des sujets traités, est conforme aux principes qui prévalaient dans l'art décoratif de cette époque. Elle était probablement répartie par zones et rappelle, à ce point de vue, les vases de Corinthe, de Chalcis et les vases archaïques

---

(1) Panofka, *Antiques du cabinet Pourtalès*, pl. XL. Comp. *Mus. gregor.* pl. LV, 1, 2, 5. Micali, *Storia*, pl. XL, 3-5.

(2) Semper, *Der Stil*, I, p. 272-274. — Friederichs, *Die philostr. Bilder*, p. 215, note 4. — *Arch. Zeit.* XXXIV 1876, p. 114; *Mittheil. d. arch. Inst. in Athen*, VII, 1882, p. 11-12. — Un des spécimens les plus anciens est probablement la canéphore chaldéenne dans Longpérier, *Musée Napoléon III*, pl. 1 et Perrot et Chipiez, *Hist. de l'art*, II, p. 536, n° 243.

(3) *Od.* XI, 566-631. — Comp. von Wilamowitz-Mœllendorff, *Homer. Untersuchungen*, p. 142, 199-226.

(4) *Od.* XI, 610 :

χρύσεος ἦν τελαμών, ἵνα θέσκελα ἔργα τέτυκτο,
ἄρκτοι τ'ἀγρότεροί τε σύες χαροποί τε λέοντες,
ὑσμῖναί τε μάχαι τε φόνοι δ' ἀνδροκτασίαι τε.

(5) *Théog.* 228. Comp. von Wilamowitz. *loc. cit.* Suppl. p. VIII-IX.

de l'Attique, sur lesquels des zones d'animaux sont disposées à côté de zones où figurent des scènes de combat. La description du poète ne diffère que sur un point des monuments de la même époque: en effet, pendant que le sanglier et le lion apparaissent très souvent dans la décoration du temps, il est au contraire difficile de trouver l'ours sur aucune œuvre d'art orientale, grecque ou italiote de style archaïque (1). Les ornements qu'on remarque sur les plaques d'or conservées à ce jour et qu'on pourrait à la rigueur comparer à la garniture décrite dans l'Odyssée sont gravés avec un poinçon trop émoussé pour qu'on puisse bien distinguer l'objet représenté (2). On se demande donc si par hasard le poète n'aurait pas, par erreur, pris pour des ours des figures d'animaux plus ou moins clairement indiqués, qu'il aurait vues sur n'importe quelle garniture d'or. Mais Wilamowitz (3) fait observer avec raison que le poète a le droit de traiter poétiquement les œuvres d'art de son invention; il peut, par conséquent, y ajouter des motifs qui paraissent à son imagination faciles à exécuter plastiquement. Dans ces conditions, il est tout naturel qu'on ait songé à introduire l'ours

---

(1) On a prétendu que les peintures murales très grossières d'un tombeau de Chiusi renferment des ours ailés (*Bull. dell'Inst.* 1874, p. 227). Nous ne pourrons nous prononcer à cet égard que lorsque nous les aurons vues de nos propres yeux. — L'animal qui est sous le siège du dieu recevant un casque, dans le monument des harpies de Xanthos, serait aussi un ours (Friederich-Wolters, *Bausteine*, p. 71); mais cet animal est évidemment ici un attribut du dieu et n'appartient point au genre d'ornementation dont il a été parlé plus haut. La même observation s'applique aux ours d'une coupe de bronze phénicienne trouvée à Nimroud (Layard, *A second series of the mon. of Nineveh*, pl. 66; Perrot et Chipiez, *Hist. de l'art*, II, p. 751, n° 408, notre pl. II), où ils apparaissent simplement comme accessoires pittoresques.

(2) Nous avons noté ce qui suit dans une collection particulière d'Athènes : « Deux zones en lame d'or (bandeaux de front?) trouvés près du Dipylon, avec des vases peints de style géométrique. Sur les deux sont gravées avec un poinçon très émoussé des figures d'animaux difficiles à reconnaître; sur l'une (haut. 0,035) un lion, un taureau, des chevreuils, etc.; sur l'autre (haut. 0,02) des cerfs paissant, un chien (?) et plusieurs autres quadrupèdes difficiles à distinguer ».

(3) *Ibid.* Suppl. p. IX.

dans la décoration, d'autant plus que plusieurs mythes avaient familiarisé les Grecs avec cet animal et que l'ourse était pour les Athéniens l'animal sacré d'Artémis Brauronia et Munychia (1).

Un chapitre spécial doit être consacré au bouclier d'Achille, en raison des questions diverses qui s'y rattachent. Rappelons, avant tout, dans une analyse succincte, la description du poète.

(1) Hermann-Stark, *Lehrbuch der gottesdienst. Alterthümer*, § 60, 2. § 62; 19. Comp. von Sybel, *Katalog der Sculpturen zu Athen.*, n° 7045.

CHAPITRE XXXI

LE BOUCLIER D'ACHILLE.

Héphaïstos commence par figurer sur le bouclier la terre, le ciel, la mer, le soleil, la pleine lune et les étoiles. Il y ajoute des scènes de la vie humaine qui sont divisées en deux cycles : l'un concerne la vie des villes, l'autre celle de la campagne. Le premier, à son tour, semble contenir une antithèse : d'une part une ville en paix, de l'autre une ville en pleine guerre. Ce procédé d'opposition se montre également dans la ville pacifique, où l'on voit, d'un côté une noce joyeuse, de l'autre, la séance grave d'un tribunal. Cette tendance à l'antithèse est moins visible dans la description de la ville assiégée. Toutefois peut-être faut-il considérer, avec Petersen (1), les bergers soufflant tranquillement dans leur syrinx et menant leurs troupeaux à la rivière comme un contraste aux scènes de siège et de combat. La description de la vie champêtre est subdivisée, selon la juste remarque de Brunn (2), en autant de tableaux qu'il y a de saisons : le premier représente le labourage, le second la moisson, le troisième les vendanges, le dernier enfin les occupations des bergers. Chacun de ces tableaux est également animé par des antithèses. Les laboureurs travaillent avec ardeur; mais chacun d'eux, après avoir terminé son sillon, est accueilli, au bout du champ, par un homme qui le rafraîchit avec

---

(1) *Kritische Bemerkungen zur ältesten Geschichte der griechischen Kunst*, p. 12.
(2) *Rhein Mus.*, V, 1847, p. 341.

une coupe de vin. On fauche le blé et on le met en gerbes ; le roi assiste au travail, appuyé sur un sceptre et heureux de la belle récolte, pendant que des hérauts et des femmes préparent pour les moissonneurs le repas réconfortant. Au milieu des vendangeurs est un jeune garçon qui divertit les travailleurs en jouant de la cithare et en chantant le chant de Linos. Aux occupations paisibles des bergers le poète oppose un épisode d'un autre genre : deux lions attaquent un taureau et forcent les bergers de le défendre. Toutes ces scènes champêtres sont suivies de la description d'un chœur de danse exécuté par des jeunes gens et des jeunes filles et qu'un aède accompagne de son chant et de sa cithare. Ces divers tableaux de la vie humaine étaient entourés par le fleuve Océan qui se déroulait le long de la triple bordure (ἄντυξ τρίπλαξ) (1).

Évidemment dans toutes ces descriptions le poète a voulu mettre sous nos yeux le monde et la vie humaine, tel que les connaissaient ces contemporains. Les conditions essentielles dans lesquelles vivaient les Ioniens du temps sont, dans l'Épopée, mises en relief avec tant de netteté qu'il nous suffira de les rappeler en quelques mots seulement (2). L'existence matérielle reposait presque exclusivement sur l'agriculture, l'élevage des bestiaux et la viticulture (3). Le mariage (4) et le respect profond des lois (5) passent pour être les fondements essentiels de l'organisme politique et social ; les repas joyeux, le son des cithares et les chœurs de danse sont regardés comme les plus douces jouissances d'une vie bénie des mortels (6). Cette vie paisible

(1) Voy. p. 494.
(2) Voy. surtout *Od.* IX, 105-115, où il est dit des Cyclopes qu'ils ne cultivent ni le blé ni la vigne, et qu'ils ne connaissent ni les assemblées du peuple ni les lois.
(3) L'agriculture était relativement fort avancée chez les Ioniens : voy. là-dessus notamment : *Il.* V, 87-92, XXI, 257-262. *Od.* IX, 131-135, XVII, 297-299. — (4) *Il.* IX, 340-342, 399. *Od.* VI, 180-185. — (5) *Il.* XVI, 386-392. *Od.* IX, 112, XIX, 111.
(6) *Od.* VIII, 248 :

αἰεὶ δ' ἡμῖν δαίς τε φίλη, κίθαρίς τε χοροί τε.

était parfois troublée par des attaques ennemies qui forçaient les citoyens de courir aux armes et de défendre leur territoire ou même leur ville (1). On le voit, le poète a retracé toutes ces phases de la vie dans des scènes caractéristiques. La question de savoir jusqu'à quel point sa description est juste et complète est très importante non seulement au point de vue de l'histoire de la civilisation, mais encore pour apprécier le côté artistique de l'œuvre. Nous ne pouvons donc pas nous empêcher d'examiner avec le plus grand soin une observation que Murray (2) fait à ce sujet, dussions-nous nous écarter parfois du but que nous avons à poursuivre dans ce livre. Murray s'étonne que le poète ne fasse allusion nulle part à la navigation et au culte. Faut-il en conclure que la description offre une lacune? Nous n'hésitons pas à répondre négativement en ce qui concerne la navigation.

Le poète a voulu évidemment tracer un tableau des incidents de la vie de tous les jours, qui étaient familiers à la moyenne de ses auditeurs. La navigation ne pouvait y occuper aucune place; comme les Ioniens du temps ne faisaient que très peu de commerce maritime (3), elle n'avait pour la population qu'une importance tout à fait secondaire. Autant qu'on en peut juger d'après les données de l'Épopée, la mer ne jouait un rôle prépondérant que dans l'existence d'une infime minorité de gens, tels que des aventuriers qui parcouraient les flots pour conquérir du butin et s'enrichir rapidement (4). La grande majorité des citoyens passaient leur vie assis en plein air ou adonnés aux travaux

IX, 5 :

> οὐ γὰρ ἔγωγέ τί φημι τέλος χαριέστερον εἶναι
> ἢ ὅτ' ἐϋφροσύνη μὲν ἔχῃ κάτα δῆμον ἅπαντα,
> δαιτυμόνες δ'ἀνὰ δώματ' ἀκουάζωνται ἀοιδοῦ,
> ἥμενοι ἑξείης, παρὰ δὲ πλήθωσι τράπεζαι etc.

(1) *Od.* XVII, 470-473. XXI, 18-19. XXIV, 111-113.
(2) *Hist. of greek sculpture*, p. 45.
(3) Voy. p. 20-22. — (4) *Od.* XIV, 83-88, 222-234.

journaliers très pacifiques (1). Eumaïos qualifie de sauvages les actes des chasseurs de butin (2), et c'est là certainement l'expression d'une opinion générale qui régnait alors dans les villes d'Ionie. Les Phéaciens, bons marins (3), n'infirment nullement cette thèse, car l'Épopée les présente précisément comme un peuple merveilleux. Elle renferme, en tous cas, des données qui prouvent qu'on ne se décidait à courir les mers que dans des cas exceptionnels et lorsqu'on y était obligé. Le voyage de Télémaque à Pylos passe pour une entreprise fort téméraire et cause bien des soucis à son entourage (4). Le cœur tendre de Ménélas se brise lorsque Proteus lui apprend qu'il est forcé de partir de l'île de Pharos jusqu'à l'embouchure du Nil, pour y faire des sacrifices aux Immortels (5). Ulysse, quand il se fait passer aux yeux d'Eumaïos pour un Crétois, lui dit qu'il a du dégoût pour le travail et la vie calme du foyer domestique, et qu'il aime, au contraire, la mer, les combats, les javelots et les flèches, toutes tristes choses qui feraient horreur aux autres hommes (6). Dans un autre endroit, il dit que la faim réserve aux hommes des maux inénarrables et que c'est à cause d'elle qu'on a construit des vaisseaux pour courir la mer (7).

(1) Une longue absence de la maison passe pour quelque chose d'anormal, presque pour un malheur : *Il.* II, 292-294. *Od.* III, 313-315. Une vie tranquille à la maison est considérée, au contraire, comme le plus grand bonheur : *Od.* I, 217-220. — (2) *Od.* XIV, 83-88. — (3) *Od.* VI, 270, 273. VII, 34-36, 109, 321-328. VIII, 253, 556-563. — (4) *Od.* II, 271 et suiv. 363 et suiv. IV, 663-666, 701 et suiv. 731 et suiv. XIII, 417-419. XVI, 23-24, 142-145, 346-347. XVII, 41-43. — (5) *Od.* IV, 481-484.

(6) *Od.* XIV 222 :

ἔργον δέ μοι οὐ φίλον ἔσκεν
οὐδ' οἰκωφελίη, ἥτε τρέφει ἀγλαὰ τέκνα,
ἀλλά μοι αἰεὶ νῆες ἐπήρετμοι φίλαι ἦσαν
καὶ πόλεμοι καὶ ἄκοντες ἐΰξεστοι καὶ ὀϊστοί,
λυγρά, τάτ' ἄλλοισιν γε καταριγηλὰ πέλονται.

(7) *Od.* XVII, 286 :

γαστέρα δ' οὔπως ἔστιν ἀποκρύψαι μεμαυῖαν,
οὐλομένην, ἣ πολλὰ κάκ' ἀνθρώποισι δίδωσιν,
τῆς ἕνεκεν καὶ νῆες ἐΰζυγοι ὁπλίζονται
πόντον ἐπ' ἀτρύγετον, κακὰ δυσμενέεσσι φέρουσαι.

Comp. *Od.* VIII 138-139.

Même l'immortel Hermès se révèle comme un ennemi de la mer quand il déclare à Calypso : « qui donc voudrait de son plein gré parcourir tant de flots salés (1) »? L'humeur aventurière des Ioniens de ce temps-là a été exagérée par la plupart des historiens modernes. Ils n'avaient pas, à coup sûr, un tempérament très guerrier. Ce qui le prouve bien, c'est que Agamemnon a beaucoup de peine à organiser la campagne contre Troie; il se rend lui-même à Ithaque avec Ménélas, pour engager Ulysse à y prendre part (2); Nestor et Ulysse entreprennent une véritable tournée d'embauchage à travers toute la Grèce (3). Si un roi leur offre ses hommes, il n'en manque pas parmi eux qui cherchent à s'esquiver. L'Épopée parle de punitions qui sont infligées dans ce cas (4). Echépolos fait don à Agamemnon d'une belle jument, pour qu'il le laisse à la maison (5). Sur les sept fils du Myrmidon Polyctor, on en tire un au sort qui est obligé de suivre Achille à Troie (6). Aucune trace chez les Achéens de cette grandeur héroïque et sauvage à la fois qui caractérise les guerriers de la poésie germanique, par exemple, pour qui la plus haute jouissance consiste à batailler sans cesse. La lutte n'est pas pour les Achéens un but, mais un moyen (7); les principaux héros eux-mêmes s'en plaignent comme d'une corvée qui ne leur paraît supportable que s'ils entrevoient une bonne récompense au bout (8). On reconnaît là déjà la méthode classique qui bannit toute action sans plan arrêté d'avance. Que de moyens il faut mettre en œuvre pour engager les Achéens à se remettre

(1) *Od.* V, 100 :

τίς δ'ἂν ἑκὼν τοσσόνδε διαδράμοι ἁλμυρὸν ὕδωρ
ἄσπετον;

(2) *Od.* XXIV, 115-118. — (3) *Il.* XI, 770. — (4) *Il.* XIII, 669.
(5) *Il.* XXIII, 296. — (6) *Il.* XXIV, 400. Comp. *Od.* XV, 238-239.
(7) Ils la considèrent surtout comme légitime lorsqu'il s'agit de défendre la ville natale (*Il.* XII, 243. XV, 497-499. XVII, 157-158. *Od.* XVII, 470-473), ou de venger une injustice, le rapt d'un troupeau ou la destruction d'une récolte (*Il.* I, 152-157).
(8) *Il.* IX, 315-322. XVI, 494. *Od.* XIII, 262-264. XIV, 222-234, passages qui prouvent que, dans une guerre offensive, l'objet principal, c'était le butin.

en campagne, après la querelle d'Agamemnon avec Achille (1). Un songe trompeur, envoyé par Zeus, promet à Agamemnon la victoire s'il marche le lendemain contre les Troyens. Là-dessus l'Atride, après en avoir conféré avec les autres rois, décide de tâter l'opinion des Achéens. Il propose, en termes très caractéristiques, au peuple assemblé de lever le siège et de retourner en toute hâte dans ses foyers. Loin d'être accueillie avec indignation, cette proposition est, au contraire, acclamée par toute l'assemblée, et Athèna est obligée d'intervenir pour qu'on n'y donne pas suite. Une fois en campagne, les Achéens sont parfois d'une nervosité inquiétante. On se rappelle ces paniques qui s'emparent subitement de l'armée tout entière et qui sont suivies d'une débandade générale (2). Toutes ces scènes sont retracées d'une manière très saisissante et imagée; nous pouvons donc en conclure que les poètes de l'Épopée, s'ils combattaient dans les rangs de leurs concitoyens, se comportaient eux-mêmes ou voyaient leurs compagnons d'armes se comporter de la sorte (3). Si un guerrier, dans un moment de danger, manifeste sans réserve sa frayeur, ce n'est point considéré comme une honte. Lorsque les Troyens ont pénétré dans le camp des navires, les Achéens pleurent, car ils se croient perdus (4). Ulysse raconte que les rois achéens, quand ils furent enfermés dans le cheval de bois, pleuraient d'angoisse et tremblaient de tous leurs membres (5). Il y a quelque chose de comique dans ce passage de

---

(1) *Il.* II, 5 et suiv. Remarquez la joie que ressentent Achéens et Troyens lorsque le combat entre Ménélas et Pâris devait terminer la guerre (*Il.* III, 112, 298, 320).
(2) Notamment *Il.* VIII, 75 et suiv. 97-98. XI, 544 et suiv. XV, 320-327. XVII, 597. *Od.* XIV, 268-270. XVII, 437-439, XXIV, 533-536. Comp. aussi *Od.* XXIV, 48-50. Il en est de même des Troyens : *Il.* XV, 1-4. XVI, 656-659. XVIII, 228-231, 247-248. — (3) Voy. la façon très typique dont Idoménée caractérise un guerrier lâche : *Il.* XIII, 279-283.
(4) *Il.* XIII, 88-89. — (5) *Od.* XI, 525-526. Comp. *Il.* V, 243-250. XVII, 238-245. XIX, 262. La manière réjouissante dont Archiloque parle de sa fuite (*Fragm.* 6 Bergk) et de la perte de son bouclier prouve bien que les Ioniens nourrissaient les mêmes sentiments, même après la période florissante de l'Épopée.

l'hymme à Arès (1), où le poète, invoquant le dieu de la guerre, le supplie de chasser de sa tête la vilaine lâcheté et de lui inspirer le courage, et termine en souhaitant qu'il lui soit donné de vivre tranquille, loin du tumulte des ennemis (2). Des gens d'une nature aussi nerveuse ne se souciaient certainement pas de courir le monde à la recherche du butin, comme les *Wikinge*. Ils ne le faisaient que par nécessité ou dans l'espoir d'un résultat fructueux. Il nous paraît donc tout à fait logique qu'un poète qui voulait décrire les principales phases de la vie de ses compatriotes ait passé sous silence la navigation et les aventures qui s'y rattachent.

Faisons remarquer, en passant, que les qualités indiquées plus haut des Ioniens des temps homériques s'expliquent en grande partie par l'histoire qui précède la naissance de l'Épopée. C'est, à notre avis, une loi générale que le courage physique et l'amour des actions d'éclat d'un peuple diminuent à mesure que sa civilisation vieillit et qu'il acquiert de l'ex-

---

(1) VIII, 11. De même *Il.* IV, 419-421, où le poète, après avoir montré comment Diomède sauta à bas de son char, ajoute que même un homme courageux serait, à sa vue, saisi de frayeur : ὑπό κεν ταλασίφρονά περ δέος εἷλεν. Comp. aussi *Il.* XIII, 343-344.

(2) Au sujet de nos observations sur la pusillanimité des Ioniens des temps homériques, Studniczka écrit ce qui suit dans la *Zeitsch. für die österr. Gymn.* (1886, p. 206) : « L'absence de navigation dans ce tableau du monde entier donne lieu à une digression instructive sur la décadence du courage chez les Grecs des temps homériques comparés à ceux des temps héroïques. Mais cette digression n'explique pas ce qu'elle devrait expliquer; car enfin la guerre qui joue un rôle important dans ce bouclier n'était pas moins désagréable pour le « nerveux » Ionien que la navigation ». Ce jugement nous oblige à résumer aussi brièvement que possible notre argumentation. Nous prétendons que, si la navigation a été omise dans la description du bouclier, c'est qu'elle n'avait aucune importance pour la majorité des Ioniens de l'époque. Il faut beaucoup de courage physique pour courir les aventures sur mer. Cette qualité était peu développée chez les Ioniens, et la preuve c'est qu'ils avaient peu de goût pour la guerre. Nous ne voyons pas ce qu'on peut objecter contre ce raisonnement. Si la guerre sur terre joue un rôle dans la description du bouclier, c'est que les Grecs étaient, bien malgré eux, forcés par les circonstances de la faire. La navigation, au contraire, n'était pas pour eux une nécessité.

périence. Or, avant que l'Épopée ne fût créée, les ancêtres des Grecs d'Asie Mineure avaient franchi, sous l'influence de l'Orient, une phase très brillante de la civilisation; l'incursion des Doriens, qui les chassèrent de leur pays, porta un coup très sensible à leur expansion et à leur bien-être (1). Ces péripéties ont dû forcément laisser une trace profonde dans l'esprit de la population, en sorte que la première ardeur juvénile fit place à une disposition d'esprit plus calme et plus réfléchie.

Après cette digression, arrivons à ce qui touche de plus près à l'objet de ce livre et demandons-nous quels rapports on peut établir entre la description du bouclier et les monuments d'art plastique (2).

La plupart des savants supposent que la description est basée sur un véritable bouclier et estiment qu'il est possible d'en reconstituer l'ornementation. Cette thèse a été soutenue dans ses moindres détails et avec le plus grand soin par Welcker (3) et par Brunn (4). D'autres, au contraire, parmi lesquels nous nommerons Schnaase (5), Bursian (6), Friederichs (7) et Matz (8), considèrent tout simplement cette description comme un tableau créé par l'imagination poétique. Le poète, disent-ils, a inventé librement les scènes qu'il retrace, sans se préoccuper de la question de savoir si elles sont *figurables* et si elles peuvent former un tout artistique; tout au plus a-t-il été inspiré çà et là et sans qu'il s'en doutât par le souvenir passager de quelques œuvres d'art. Tout récemment Petersen a essayé avec une grande perspicacité et un profond sens critique, de

---

(1) Voy. p. 79-84. — (2) Tout ce qui anciennement a été écrit sur ce sujet a été recueilli par Clemens, *De Homeri clipeo Achilleo*, Bonn, 1844.

(3) *Zeitschr. für Gesch. der alten Kunst*, I, p. 553-573.

(4) *Rhein. Mus.*, V, 1847, p. 340-342; *Die Kunst bei Homer* (*Abhandl. der bayer. Ak. der Wissensch.*, I. ICl, XI vol.), p. 8-17.

(5) *Geschichte der bild. Künste*, II,^{2} p. 114. — (6) *Griech. Kunst*, p. 397 (Encyclop. d'Ersch et Gruber, 82e part.).

(7) *Die philostratischen Bilder*, p. 117-119, 223-227.

(8) *Philologus*, XXXI, 1872, p. 614-619.

réduire à ses justes proportions ce qu'il y a d'excessif dans ces deux opinions (1).

La répartition de la surface où se développe toute la décoration est suffisamment claire. Ce bouclier se composait de cinq parties (2) : un cercle au milieu et tout autour quatre ceintures ou zones concentriques (3). L'Océan seul a sa place désignée : il coule tout le long de la bordure (4). Mais ce renseignement suffit pour nous indiquer la place des autres tableaux. En effet, si, comme c'est problable, le poète suit un ordre déterminé dans sa description, il a dû, puisqu'il termine par le bord, commencer par le milieu et continuer de là vers la périphérie. Par conséquent le tableau cosmique, mentionné au début, ornait le disque central, puis les autres tableaux se déroulaient successivement en partant du centre et dans l'ordre énuméré par le poète. Ces tableaux étaient très probablement répartis sur trois zônes concentriques seulement, si l'on admet que l'Océan occupait la quatrième zone toute entière, et sur quatre si ce dernier ne remplissait que la bordure extrême de cette quatrième zone.

Cette disposition est-elle régie par un principe artistique? Petersen a parfaitement compris, sinon définitivement résolu cette question (5). La représentation de la vie des villes comme celle de la vie champêtre est subdivisée chacune en plusieurs autres scènes et renferme chacune quantité de personnages aux attitudes les plus variées. Il est à présumer que, dans le chœur

---

(1) *Kritische Bemerkungen zur aeltesten Geschichte der griech. Kunst.* p. 11-17.

(2) *Il.* XVIII, 481 :

πέντε δ'ἄρ' αὐτοῦ ἔσαν σάκεος πτύχες.

Comp. XX, 267-272. — (3) Comp. p. 408-409.

(4) *Il.* XVIII, 607 :

ἐν δ'ἐτίθει ποταμοῖο μέγα σθένος Ὠκεανοῖο
ἄντυγα παρ' πυμάτην σάκεος πύκα ποιητοῖο.

(5) *Kritische Bemerkungen*, p. 12-13.

de danse qui suit la vie champêtre, il y avait moins de variété mais tout autant de mouvement. Ce fut donc une véritable pensée d'artiste que de donner comme limite à ces scènes mouvementées des tableaux calmes, comme le cosmos du milieu et l'Océan. Le choix du tableau central a permis, en même temps, de tourner une autre difficulté concernant la disposition des scènes suivantes. Si nous supposons les épisodes de la vie humaine disséminés sur les zones entourant le disque central, ces zones étaient remplies de figures dont les têtes touchaient le centre et les pieds la périphérie, ou inversement. Répéter dans le centre des scènes à figures, analogues à celles des zones, c'eût été d'un très mauvais effet. Pour s'en convaincre, on n'a qu'à se rappeler les coupes d'argent phéniciennes bien connues qui, à l'intérieur, ont également un cercle central entouré de ceintures ou zones concentriques. Il est impossible de remplir entièrement avec des figures le cercle en question, car les têtes des personnages formeraient alors un enchevêtrement très confus. Les artistes phéniciens ont reconnu cette difficulté et ont cherché à la tourner de deux manières différentes. Parfois ils impriment aux figures du tableau central une direction autre que celle des personnages contenus dans les zones, et ce en les disposant sur une corde tracée à la partie inférieure du cercle (1). Si, au contraire, le cercle renferme des figures disposées d'une manière concentrique, on y a ménagé au milieu un espace vide où l'on a placé un motif d'ornement (2). Dans le premier système, il y a manque d'harmonie entre la disposition des figures centrales et celle des autres. Le poète ne pouvait pas songer non

---

(1) De Longpérier, *Musée Napoléon* III, pl. XI. — Cesnola-Stern, *Cypern*, pl. LXVI. — *Mus. gregor.* I PL. LXIV, 1, PL. LXV-LXVI; *Mon. dell'Inst.*, X, pl. XXXI, 1. — Perrot et Chipiez, *Hist. de l'art*, III, p. 759, n° 543 (notre fig. 1); *Monum.* X Pl. XXXII, 1. Perrot et Chipiez, *ibid.* III, p. 97, n° 36 (notre fig. 2).

(2) Comp. par ex. la coupe d'Idalion (notre fig. 5) ainsi que celle d'Amathonte (notre pl. I). — De Longpérier, *loc. cit.*, pl. X. — Cesnola-Stern, *Cypern*, Pl. XIX, LV 1, LXIX 4. — Perrot et Chipiez, II, p. 743, n° 407.

plus à employer l'autre système et à faire d'un ornement quelconque ou d'un symbole, tel que le gorgoneïon par exemple (1), le centre de son œuvre; c'eût été contraire à la pensée-maitresse qui avait inspiré le cycle de ses tableaux. Le tableau cosmique au milieu c'était, en revanche, un choix très heureux au point de vue de l'idée et de la forme. Pendant que la vie humaine se déroule sur les zones, ce tableau central nous montre le globe terrestre dans lequel et le ciel étoilé sous lequel s'agitent les humains. C'est plus qu'un ornement; c'est bien un point de repère parfaitement caractéristique, un véritable foyer calme et paisible au milieu de tous ces personnages animés d'une vie intense. Remarquons enfin la place que le chœur de danse occupe ici entre les scènes des villes et celles de la campagne, d'une part, et l'Océan, de l'autre. Pour se figurer la manière dont un art non encore émancipé (le seul qui entre ici en ligne de compte) traite un sujet de ce genre, il faut examiner la coupe de bronze phénicienne (notre fig. 5) (2), les reliefs d'un diadème d'or trouvé à Athènes (3) et des peintures de vases grecs archaïques (4). Il y a ici dans les mouvements un parallélisme très rigide, en sorte que les rangs de figures dansantes font l'effet d'un motif d'ornement. Si le chœur de danse décrit par le poète était conçu de la même façon, il formait une transition très heureuse entre l'animation des divers épisodes de la vie et le grand calme de l'Océan.

Ainsi donc la triple bordure, l'Océan qui la baigne tout du

---

(1) Comp. p. 498-501.
(2) Celle d'Idalion. — (3) *Arch. Zeit.*, XLII, 1884, pl. 8, 1, p. 99-101.
(4) Un vase du Dipylon. *Mon. dell'Inst.*, VIII 1, pl. XXXIX, 2. Comp. *Arch. Zeit.* XLIII, 1885, pl. 8, 2 p. 135-136. Un fragment de vase trouvé à Tirynthe d'un style apparenté : Schliemann, *Tiryns*, pl. XVII a, 103-105. Un vase d'une espèce particulière provenant d'un tombeau de Vulci dit *Grotta d'Iside :* Micali, *Mon. ined.*, pl. IV, A. Le vase François : *Mon. dell' Inst.*, IV, pl. LVII. *Arch. Zeit.* 1850 pl. XXIII G. La coupe à Tritons de Corneto; *Mon. dell'Inst.*, XI, pl. XLI. — Comp. aussi le chœur de danse sur la cuirasse trouvée dans l'Alphée (p. 221, note 1).

long, le tableau central et la succession des scènes du centre à la périphérie, tout cela est facile à reconnaître dans la description; de plus cette disposition fait entrevoir un principe artistique qui a présidé au travail. Il en résulte que le poète a dû voir, tout au moins dans son ensemble, un cycle de tableaux analogues. Mais le procédé de la description ne nous autorise nullement à supposer qu'il ait eu dans l'idée un bouclier exécuté dans ses moindres détails, ni qu'il ait pris pour modèle de sa description un bouclier réellement existant.

Cette dernière hypothèse est facile à réfuter au point de vue archéologique. Les écrivains comme les monuments anciens nous ont suffisamment renseignés sur l'ornementation des boucliers. On peut diviser en trois catégories, qui se confondent parfois, les motifs qui y sont employés : d'abord les *apotropaïa*, puis les tableaux qui font ressortir d'une manière ou d'une autre la destination guerrière du bouclier, enfin ceux qui ont trait à la patrie ou à l'individualité du guerrier qui porte le bouclier (1). Le cycle de tableaux décrits par le poète ne saurait être classé dans aucune de ces catégories. S'il y avait eu, dans les villes d'Ionie, à l'époque homérique, des boucliers pourvus d'une si riche ornementation figurée, il faudrait admettre, par analogie, qu'ils y avaient été importés de l'Orient, ou bien faits par des ouvriers grecs d'après des modèles orientaux. Or chez les peuples d'Orient, dont l'art doit entrer ici en ligne de compte, tels que les Phéniciens, les Égyptiens, les Assyriens et les Babyloniens, on ne trouve rien de semblable. Même observation pour l'art grec archaïque. Dans les descriptions des sanctuaires qu'il a visités au cours de son voyage, Pausanias cite quelques boucliers qui remontent certainement à une très haute antiquité (2); mais il n'en est aucun qui soit comparable au bou-

---

(1) Comp. Fuchs, *De ratione quam veteres artifices in clipeis imaginibus exornandis adhibuerint*. Gott., 1853, p. 16 et suiv.
(2) Voy. notamment, IV 16, 7, VI 19, 4.

clier d'Achille au point de vue de la richesse de l'ornementation. De même les peintres de vases attiques qui, depuis le développement donné aux figures noires, apportent un grand soin à l'exécution des moindres détails, se contentent d'orner les boucliers d'un symbole, d'une figure, d'un groupe tout au plus. Quoique gênés par le défaut d'espace, s'ils avaient eu sous les yeux des boucliers aussi somptueux, ils nous en auraient au moins donné une idée (1), comme ils ont su le faire pour les dessins d'étoffes (2). Bien plus tard seulement le bouclier d'Athèna Parthénos (3) peut, jusqu'à un certain point, soutenir la comparaison avec le bouclier d'Achille, bien qu'il soit encore loin d'égaler sa richesse ornementale; car le combat d'Amazones dont Phidias a rehaussé l'extérieur du bouclier ne formait *qu'une seule* composition, tandis que l'Épopée nous met sous les yeux un vaste cycle de compositions pleines de figures. Enfin le caractère d'improvisation épique, qui a été si bien mis en lumière par Hercher (4), nous empêche de nous rallier à l'hypothèse d'une description fondée sur un véritable bouclier. On sait que la plaine de Troie, l'île d'Ithaque et la maison d'Ulysse ne sont pas décrites d'après un plan arrêté d'avance, mais que leurs particularités locales sont mises en relief çà et là suivant les besoins de l'action; à plus forte raison n'est-il pas possible que, dans une description qui ne comprend pas moins du 131 vers, le poète ait suivi servilement un modèle donné.

Matz (5) fait remarquer avec raison que, étant donné cette liberté d'allures, le poète n'a pu dresser d'avance tout un plan

(1) Les boucliers archaïques les plus richement ornés à notre connaissance sont ceux d'une statue de Geryoneus, trouvée dans le *téménos* d'Apollon à Athienu, dans l'île de Chypre (*Commentationes in honor. Mommseni*, p. 673-693). Sur chacun des trois boucliers de cette statue on distingue trois figures : Döll, *Sammlung Cesnola*, pl. VII, 8; Cesnola-Stern, *Cypern*, pl. XXXIV, 1.

(2) Voy. plus haut p. 289. — (3) Michaelis, *Der Parthenon*, p. 268-269, 283-284.

(4) Voy. plus haut p. 21, note 7.

(5) *Philologus*, XXXI, 1872, p. 617.

de décoration; c'eût été du reste une peine superflue, puisque ce plan n'apparaît nulle part dans la description. Seule la place de l'Océan est désignée; tous les autres tableaux sont précédés de locutions (1) où rien n'indique leur place respective. Les auditeurs, en entendant le poète commencer sa description par le tableau cosmique, devaient naturellement en conclure que ce tableau formait le centre de la composition et que, par suite, celle-ci se déroulait du centre vers la périphérie. Mais cela ne suffit pas évidemment pour qu'on puisse assigner à chaque épisode une place déterminée. Il se peut que le poète ait admis que ces tableaux étaient placés sur les zones entourant le cercle central; c'est même probable. Mais aucun mot n'indique cette disposition : les tableaux sont simplement rangés les uns à côté des autres. Par conséquent, si nous voulons grouper séparément chacun d'eux, nous n'avons pour nous guider qu'une indication très vague : c'est la nature même du sujet qui nous permet de grouper une série de scènes relatives, d'une part, à la vie des villes; d'autre part, à la vie des champs, groupes auxquels se rattache la représentation bien homogène du chœur de danse. Un savant de nos jours, qui lirait attentivement et analyserait dans le silence du cabinet la description du bouclier d'Achille, pourrait essayer d'en répartir les différents tableaux sur les différentes zones de la composition. Mais il faut réfléchir que les chants de l'Épopée étaient faits non pour être lus, mais pour être entendus. Se figure-t-on des auditeurs, rassemblant, pendant qu'ils écouteraient, une série de scènes en un seul tout, s'en faisant un tableau et le déroulant sur une zone; lorsque le poète passe à la description d'un autre cycle, s'imagine-t-on les mêmes auditeurs s'en apercevant tout de suite et s'appliquant aussitôt à reconstituer la se-

---

(1) XVIII. 483 :

ἐν μὲν γαῖαν ἔτευξ'. 490 : ἐν δὲ δύω ποίησε πόλεις. 541 : ἐν δ'ἐτίθει νειὸν μαλακήν. 550 : ἐν δ'ἐτίθει τέμενος βαθυλήϊον. 561 : ἐν δ'ἐτίθει σταφυλῇσι μέγα βρίθουσαν ἀλωήν. 573 : ἐν δ'ἀγέλην ποίησε. 587 : ἐν δὲ νομὸν ποίησε. 590 : ἐν δὲ χορὸν ποίκιλλε.

conde zone? Ce serait en vérité trop présumer de leur intelligence ou de leur bonne volonté... Le plaisir d'entendre chanter l'Épopée se serait alors transformé en un travail extrêmement pénible et difficile. Le poète, nous dira-t-on, indiquait peut-être au début de la description de chaque tableau, la place exacte qui lui était réservée. Mais cela non plus n'aurait pas servi à grand' chose; car ces indications, forcément très courtes, les auditeurs les eussent aussitôt oubliées, éblouis qu'ils étaient par la splendeur des tableaux qui se déroulaient devant eux. Le poète a donc eu parfaitement raison de renoncer à un procédé dont il ne pouvait tirer aucun effet et de s'en tenir aux conditions que lui imposait sa poésie : il a rangé simplement les différentes scènes l'une à côté de l'autre, sans leur assigner aucune place déterminée, et, fidèle au rôle principal de l'Épopée, il s'est contenté de faire passer devant notre imagination des tableaux pleins de vie et de mouvement. De cette manière chaque description, prise à part, produit son effet. Les auditeurs étaient naïvement heureux de voir par la pensée ces tableaux merveilleux et ne se demandaient point comment ceux-ci pouvaient constituer un ensemble artistique. Arrivée au terme des descriptions marqué par l'Océan, leur imagination était ravie par la description d'un bouclier admirable dont la somptueuse décoration retraçait le ciel, la terre, les joies et les souffrances du genre humain.

Puisqu'il est établi que le poète ne pouvait et ne voulait pas nous indiquer le groupement des scènes intermédiaires entre le tableau central et l'Océan à l'extrémité, il est impossible de dire si et jusqu'à quel point il s'en faisait une idée exacte lui-même. Le seul élément dont on puisse tenir compte pour examiner cette question, c'est la place assignée au chœur de danse entre les épisodes de la vie des villes et celle des champs d'une part, l'Océan d'autre part. C'est, comme nous l'avons dit plus haut, pour se conformer à une règle d'art supérieure que le poète avait adopté cette disposition. Il semble qu'il ait effectivement entrevu les groupes principaux disposés avec plus ou moins de précision, qu'il se soit imaginé les scènes variées de la vie des villes et de la vie des champs se déroulant autour du tableau cosmique et ces scènes à leur tour encadrées par le chœur de danse qui, sommairement représenté, forme une transition au calme typique de l'Océan. Mais il y a un abîme entre une idée générale et un plan déterminé. En supposant même que le poète ait pu avoir dans la pensée une composition toute faite dans ses parties essentielles, nous n'avons aucun moyen de la reconstituer, puisqu'il ne nous renseigne pas assez sur le groupement des diverses scènes. Ajoutez à cela que la description n'est pas l'œuvre d'un périégète, mais d'un poète, et, qui plus est, d'un poète épique. Or c'est le droit et le devoir de tout poète épique digne de ce nom de donner à toutes ses conceptions une forme vivante. Par conséquent, même là où une œuvre d'art plastique est au fond de sa description, il est naturellement porté à transformer en un récit, c'est-à-dire en une série d'actions, tout ce qui, à un moment donné, peut faire un ensemble. Quel est le moment précis de telle ou telle action, que le poète a traité d'après une œuvre plastique? C'est ce qu'il est extrêmement difficile de dire et chacun, à son point de vue, peut discuter indéfiniment sur ce sujet. D'ailleurs toutes ces difficultés ont été fort bien mises en relief par Petersen (1), et il nous paraît superflu d'y revenir avec plus de détails. Quoi qu'il en soit, toutes les tentatives de reconstitution ne peuvent avoir qu'une importance secondaire, au point de vue de l'histoire de l'art, puisqu'il ne s'agit point ici d'un cycle de tableaux créés par un artiste, mais imaginés par un poète.

Le poète, il est vrai, n'invente jamais rien de nouveau, mais il crée plus ou moins sciemment d'après la réalité qui l'entoure. Donc s'il n'y avait point, à l'époque homérique, de boucliers somptueux, ornés de figures, on se demande sur quelle base réelle peut bien reposer cette description. Nous avons vu plus haut qu'il y avait alors probablement des boucliers dont la cou-

---

(1) *Loc. cit.*, p. 13-16.

verture de bronze était garnie d'ornements géométriques (1). On pourrait supposer que le poète n'a fait que développer et amplifier cette très simple ornementation. Il est permis d'admettre qu'il s'était inspiré aussi d'autres objets d'art dont la décoration était groupée comme celle des boucliers du temps, mais qui renfermaient de nombreux personnages. Et l'on songe alors involontairement aux coupes d'argent phéniciennes, citées maintes fois déjà, dont l'ornementation se déroule sur un cercle central et sur des zones concentriques (2). Ce rapprochement est très logique, puisque les monuments eux-mêmes témoignent que la décoration de certaines coupes se retrouve sur des boucliers. Nous connaissons des coupes de bronze assyriennes dont l'intérieur est orné de trois zones à figures d'animaux enserrant une sorte de rosette centrale (3). Les mêmes motifs apparaissent, disposés de la même manière, sur des boucliers votifs en bronze qu'on a trouvés en Arménie, mais qui, si l'on en juge par leurs inscriptions cunéiformes, semblent avoir été faits en Mésopotamie (4). Perrot suppose avec raison que cette décoration a été empruntée à des coupes (5).

Voyons maintenant par quel procédé pourrait bien avoir été exécutée l'ornementation décrite par le poète. Sur les coupes d'argent phéniciennes qui semblent avoir déterminé le groupement de cette ornementation, les figures et les autres motifs sont simplement gravés, ou bien légèrement repoussés et ensuite passés au poinçon. De plus quelques exemplaires ont une sorte de dorure appliquée tantôt sur tout le vase, tantôt sur certaines de ses parties seulement. Il est encore un autre procédé technique qu'il ne faut pas perdre de vue ici : c'est celui que nous ont fait connaître des poignées d'épées et de poignards et un

---

(1) P. 489-490, 494-495. — (2) P. 27, note 3.
(3) Layard, *A second series of the mon. of Nineveh*, pl. 60. — Perrot et Chipiez, *Hist. de l'art*, II, p. 743, n° 407.
(4) Perrot et Chipiez, *ibid.*, II, p. 756, n° 415. Comp. le bouclier votif de Crète dans les *Mitth. d. Inst. in Athen*, X, p. 66.
(5) Perrot et Chipiez, II, p. 756.

gobelet d'argent provenant des tombeaux en puits de Mycènes, ainsi qu'une épée trouvée à Théra (1). Ce procédé, dont nous avons déjà parlé à propos de la cuirasse d'Agamemnon, consistait en de minces lamelles d'or et des émaux noirs et brillants incrustés dans des creux ménagés à cet effet dans le métal (2). Dans la description du bouclier, il est dit simplement que les figures d'Arès, de Pallas avec leurs vêtements (3), les bergers (4), certains taureaux (5) et les épées des jeunes danseurs, suspendues aux courroies d'argent (6), étaient en or. Cela ne nous apprend pas grand'chose, et l'on ne peut en inférer que c'était de la dorure ou de l'incrustation. Les indications sont bien plus précises en ce qui concerne la terre de la campagne, qui, bien qu'en or, avait un aspect noir (7), ainsi que les grappes dans la description des vendanges (8); quant au fossé qui entoure la vigne, il était en kyanos (9). Le poète supposait évidemment l'emploi de l'émail, et l'aspect noir n'était dû qu'à l'émail noir et brillant qui est un des éléments les plus précieux de l'incrustation. Il nous semble donc hors de doute que le poète avait en vue des ouvrages émaillés, au moins dans certaines parties de sa description.

Nous avons déjà dit, dans le chapitre XXI (10) ce qu'était le kassitéros qui avait servi à faire la haie entourant la vigne et en partie aussi les taureaux.

Après le procédé voyons l'ornementation.

(1) Voy. plus haut p. 74, note 6. P. 492, notes 7 et 8. — (2) P. 492-493.
(3) Vers 517 : ἄμφω χρυσείω, χρύσεια δὲ εἵματα ἕσθην.
(4) 577 : χρύσειοι δὲ νομῆες ἅμ' ἐστιχόωντο βόεσσιν.
(5) 574 : αἱ δὲ βόες χρυσοῖο τετεύχατο κασσιτέρου τε.
(6) 597 :   μαχαίρας
    εἶχον χρυσείας ἐξ ἀργυρέων τελαμώνων.
(7) 548 : ἡ δὲ μελαίνετ' ὄπισθεν, ἀρηρομένῃ δὲ ἐῴκει,
    χρυσείη περ ἐοῦσα· τὸ δὴ περὶ θαῦμα τέτυκτο.
(8) 562 : μέλανες δ' ἀνὰ βότρυες ἦσαν.
(9) 564 : ἀμφὶ δὲ κυανέην κάπετον, περὶ δ' ἕρκος ἔλασσεν
    κασσιτέρου.
(10) P. 361-362.

Tout d'abord il est incontestable que le poète, en parlant d'une triple bordure (ἄντυγα φαεινὴν τρίπλακα μαρμαρέην), s'est inspiré des bordures de boucliers, qui étaient en usage de son temps (1).

De même, dans la description des scènes à figures, il est facile de reconnaître l'influence de modèles analogues que le poète avait vus, influence qui est particulièrement sensible dans la description de la ville assiégée. Voici la traduction exacte des vers qui s'y rapportent: « Autour de l'autre ville campaient deux armées aux armes brillantes. Elles avaient un double dessein : ou bien détruire la ville, ou bien faire deux parts de toutes les richesses qu'elle renfermait. Mais les citadins ne renoncèrent pas à la lutte; ils s'armaient en secret pour une embuscade » (2). Puis le poète nous montre les troupeaux des assiégeants, attaqués par les citadins, les assiégeants, surpris par le tumulte, quittant l'Assemblée du peuple et courant aux armes, et enfin le combat allumé entre les deux armées. Friederichs (3) croit avec raison que les deux armées qui campent autour de la ville ne sont pas celle des assiégeants et celle des assiégés, mais bien deux armées assiégeantes distinctes. Ce savant a également bien compris le partage des richesses dont il est question dans ces vers : pendant que l'une des deux armées veut la destruction de la ville, l'autre se borne à demander que les citadins abandonnent aux assiégeants la moitié de leurs biens. Tout nous porte à croire que les Doriens, au cours de leurs conquêtes dans le Péloponèse, comme toutes les autres peuplades grecques qui ont colonisé l'Asie Mineure et les îles voisines, imposaient souvent des conditions semblables aux

---

(1) P. 495-496.
(2) 509 : τὴν δ' ἑτέρην πόλιν ἀμφὶ δύω στρατοὶ εἴατο λαῶν
τεύχεσι λαμπόμενοι. δίχα δέ σφισιν ἥνδανε βουλή,
ἠὲ διαπραθέειν ἢ ἄνδιχα πάντα δάσασθαι,
κτῆσιν ὅσην πτολίεθρον ἐπήρατον ἐντὸς ἐέργοι·
οἱ δ' οὔπω πείθοντο, λόχῳ δ' ὑπεθωρήσσοντο.

(3) *Die philostratischen Bilder*, p. 223-225.

populations qu'ils trouvaient devant eux (1). Même à l'époque homérique, les belligérants paraissent avoir conclu souvent des conventions analogues : Hector, dans l'Iliade (2), se demande s'il ne pourrait pas apaiser la colère d'Achille en lui cédant la moitié des biens troyens.

Bien que Friederichs ait parfaitement compris le sens de ces vers, il se trompe quand il pense que l'épisode de la ville assiégée est une pure invention du poète. Voici comment il s'exprime à ce sujet : « Deux armées ennemies enserrent la ville, il y règne donc une grande angoisse, dit le poète, afin de rendre plus éclatants les exploits des assiégés. Mais ces deux armées ne sont pas d'accord; on hésite entre deux procédés, l'un rigoureux, l'autre plus doux, entre la destruction de la ville et le partage de ses richesses. Les citadins mettent à profit le moment où les ennemis délibèrent, c'est-à-dire où ils laissent la ville tranquille. C'est précisément pour rendre possible l'action des assiégés que le poète inventa la délibération des ennemis » (3). Si cette interprétation correspondait bien à la description du poète, nous aurions effectivement un récit parfait dans son ensemble et qui pourrait bien être sorti tout entier de l'imagination du poète. Mais Friederichs a glissé arbitrairement dans ce passage les arguments dont il avait besoin pour son interprétation. D'après lui le moment culminant de l'action serait la délibération des deux armées, puisqu'elle détourne leur attention de la ville et facilite aux habitants la sortie. Si le poète avait voulu motiver ainsi l'action, il aurait dès le début insisté sur l'Assemblée du peuple. Or il ne le fait pas, il se contente d'indiquer que les projets des deux armées à l'égard de la ville étaient différents. Si les auditeurs avaient dû en conclure qu'il y avait eu conseil de guerre, ce serait en vérité trop présumer de leur

---

(1) On passait probablement des traités de ce genre lorsque, dans une ville, la partie la plus ancienne de la population ou quelques familles seulement avaient conservé plus ou moins de droits politiques.
(2) XXII, 118-120.
(3) *Loc. cit.* p. 225.

faculté d'abstraction. Ce n'est que vingt vers plus loin que le poète mentionne l'assemblée du peuple, lorsqu'il raconte que les assiégeants, épouvantés par le bruit venant du côté des troupeaux, quittent l'Assemblée pour courir au secours des bergers. Ce détail vient ici sans qu'on s'y attende : les auditeurs ne pouvaient, en effet, deviner que cette Assemblée coïncidait avec les projets divers des deux armées dont il a été question bien auparavant. Ainsi donc l'enchaînement logique et clair des différentes phases de l'action, que suppose Friederichs, n'existe point. De plus si, comme il le suppose, le poète avait voulu faire ressortir la détresse des assiégés, il aurait attribué aux deux armées assiégeantes non pas deux plans différents, mais bien un seul et même plan d'action : cette hypothèse est conforme à toutes les traditions de la guerre. On comprendra, au contraire, fort bien tout ce que cette description a de caractéristique, si l'on admet, avec Murray (1), que le poète s'est inspiré d'une œuvre plastique représentant le siège d'une ville, des deux côtés de laquelle il aurait groupé l'armée assiégeante. La coupe phénicienne d'Amathonte en argent, reproduite à la pl. I. de ce livre, nous fournit un exemple de cette disposition. La ville assiégée forme le centre du tableau figuré sur la zone extrême; à droite les ennemis vont à l'assaut; à gauche l'attaque est déjà commencée et des guerriers légèrement armés cherchent à escalader les murs au moyen d'échelles de siège, tandis que derrière eux d'autres sont occupés à détruire les plantations des citadins (2). Il est évident que le poète songeait à une œuvre d'art où l'armée assiégeante était ainsi divisée en deux groupes distincts. Cette circonstance fit d'abord naître l'hypothèse assez singulière de deux armées assiégeantes ; parti de là, le poète eut la pensée plus singulière encore d'attribuer aux deux armées des projets différents.

---

(1) *Hist. of greek sculpture*, p. 49.
(2) L'expression technique indiquant cet acte est δενδροκοπεῖν. Comp. Hehn, *Kulturpflanzen und Hausthiere*, 3ᵉ éd. p. 111-114, 4ᵉ éd. p. 104-106.

Le siège est suivi de la lutte autour des troupeaux. Cet épisode est encore probablement, comme nous le verrons tout à l'heure, une réminiscence d'un ouvrage plastique; mais les documents archéologiques ne nous présentent rien d'absolument analogue, du moins pour toute la scène. Lors même que cette scène serait purement et simplement imaginée par le poète, il faudrait néanmoins la rattacher à celle qui précède. Le poète a dû naturellement passer ici de la description au récit. Il a dû expliquer comment les guerriers qui assiégeaient la ville tout à l'heure en sont venus aux mains à présent. Et, se conformant à son procédé poétique, il improvise à cet effet un tableau bien vivant, celui de l'Assemblée du peuple, qui se dissout dès que le bruit du combat livré autour des troupeaux arrive jusqu'à elle. Dans certaines parties de la description, l'imagination du poète est enchaînée par le souvenir de scènes analogues figurées plastiquement. Elle se donne libre carrière partout où il s'agit de relier par un récit les actions représentées. Réminiscences plastiques et faculté narrative, tels sont les deux éléments dont il faut tenir compte pour expliquer les particularités de cette description.

Brunn (1) a mis une série de bas-reliefs assyriens en parallèle avec la description du bouclier et il soutient avec raison que ces bas-reliefs pourraient bien avoir, au point de vue de l'exposition, quelque analogie avec les œuvres plastiques connues du poète. Mais n'oublions pas que les Ioniens du temps prisaient par dessus tout les produits artistiques importés par les Phéniciens qui évidemment ont exercé une grande influence sur l'art ionien (2). Nous sommes par conséquent amenés à chercher des points de comparaison surtout parmi les monuments phéniciens. Et, en effet, ceux-ci offrent avec la description de l'Iliade des points de contact que Murray (3) avait déjà en partie reconnus. Nous avons déjà mentionné le siège figuré sur la coupe

---

(1) *Die Kunst bei Homer*, p. 12-14.
(2) Voy. p. 23-24, 46-48. — (3) *Hist. of greek sculpt.*, p. 51-53.

d'Amathonte. Tout comme sur le bouclier d'Achille, on voit des vendanges représentées sur un cratère d'argent phénicien ou carthaginois provenant d'un tombeau de Préneste (1), et un chœur de danse sur la coupe de bronze d'Idalion, maintes fois citée (2).

Notons encore à ce propos un lécythe (3) appartenant à cette catégorie qui est caractérisée par des peintures en zones et des quadrupèdes courant (4) ; on sait, en effet, que cette espèce de poteries a beaucoup de rapports avec les anciens vases d'Orient en métal (5). Sur ce lécythe, on voit un tableau qui, dans son ensemble, correspond à un épisode décrit par le poète (voy. p. 251, fig. 88) : deux lions attaquent un taureau, pendant que des bergers se précipitent avec des lances et des arcs pour chasses les fauves (6).

Pour l'étude du tableau-cosmique du centre, Brunn (7) renvoie aux cylindres babyloniens et assyriens. Mais ici encore nous trouvons des analogies dans les monuments phéniciens. Sur un scarabéoïde de Curium sont représentés, en haut, le soleil et la lune (8); l'élément humide est figuré en bas au moyen d'une barque et la terre au moyen de plantes minutieusement rendues. L'on voit le disque ailé du soleil et la lune sur une coupe d'argent phénicienne (voy. p. 28, fig. 1), au-dessus

---

(1) *Mon. dell'Inst.*, X, pl. XXXIII.
(2) Voy. plus haut p. 44, note 1.
(3) *Arch. Zeit.*, XLI, 1883 pl. 10, 2 (d'où notre fig. 107).
(4) Comp. plus haut p. 38, note 4 et p. 111. — (5) *Arch. Zeit.*, XXXIX, 1881, p. 46 et suiv.; XLI, 1883, p. 159-160.
(6) *Il.* XVIII, 579 :

σμερδαλέω δὲ λέοντε δύ' ἐν πρώτῃσι βόεσσιν
ταῦρον ἐρύγμηλον ἐχέτην· ὁ δὲ μακρὰ μεμυκὼς
ἕλκετο· τὸν δὲ κύνες μετεκίαθον ἠδ' αἰζηοί.

(7) *Die Kunst bei Homer*, p. 14. — Comp. Layard, *Recherches sur le culte de Vénus*, pl. I, 16, pl. IV, le soleil, la lune et les étoiles au-dessus des hommes en prière. — De Vogüé, dans le *Journal asiatique*, 1867, p. 152 : la lune, les cinq planètes et le soleil à côté de la déesse Anat (Anaïtis).
(8) Cesnola-Stern, *Cypern*, pl. LXXX, n° 11, p. 339.

d'une scène de sacrifice (1). Un cachet d'or trouvé à Mycènes, de travail oriental (2), porte, en haut, le soleil et la lune, en bas des lignes ondulées qui semblent représenter la mer : ce cachet a déjà fait penser Schliemann au tableau central du bouclier. Il se peut qu'un jour on découvre une coupe phénicienne dont le disque central sera orné, comme celui du bouclier, d'un groupe de corps célestes. Nous connaissons déjà deux plats de bronze phéniciens trouvés à Nimroud, dont les ornements en relief reproduisent, comme vue à vol d'oiseau, la terre avec des montagnes, des vallées, des arbres et des animaux (Pl. II) (3). Enfin les objets en métal phéniciens ont cela de commun avec la description du poète que les scènes à figures sont encadrées dans des motifs pittoresques. Ce mode de représentation plastique est bien en rapport avec cette ample narration, ce procédé de chroniqueur qui caractérise généralement les productions artistiques orientales ou orientalisantes ; il est évident qu'un art semblable a dû influer sur la description du bouclier.

Là même où le poète s'est inspiré de certains monuments, il a ajouté des motifs de sa propre invention : c'est possible et c'est même probable. Et c'est précisément à cause de ce mélange qu'il est fort difficile de dire si ces monuments étaient exclusivement d'importation phénicienne ou si c'étaient des produits de l'art grec naissant. Dans deux endroits, la description mentionne des figures de mythologie grecque. Les citadins qui préparent une sortie sont précédés d'Arès et de Pallas Athèna, tous deux habillés de vêtements d'or et tous deux faciles à reconnaître pour des dieux, car les figures d'hommes sont plus petites que les leurs (4).

(1) Voy. p. 517, note 1. — (2) Schliemann, *Mykenae*, p. 402, n° 530. (Comp. p. 408). — *Arch. Zeit.* XLI, 1883, p. 169.
(3) Layard, *A second series of the mon. of Nineveh*, pl. 61. — Perrot et Chipiez, II, p. 742, n° 406, et 66 (d'où notre pl. II).
(4) *Il.* XVIII, 516 :

> ἦρχε δ'ἄρα σφιν Ἄρης καὶ Παλλὰς Ἀθήνη,
> ἄμφω χρυσείω, χρύσεια δ' εἵματα ἕσθην,
> καλὼ καὶ μεγάλω σὺν τεύχεσιν, ὥστε θεώ περ,
> ἀμφὶς ἀριζήλω· λαοὶ δ' ὑπ' ὀλίζονες ἦσαν.

Dans le combat autour des troupeaux, on voit se démener Eris, Kydoïmos et la terrible Ker, qui a saisi un homme fraîchement blessé et un autre sans blessures et qui traîne un cadavre par les pieds à travers la mêlée ; elle porte sur les épaules un vêtement rougi de sang humain ; tous ces personnages qui sèment l'effroi s'agitent et combattent comme des mortels et s'arrachent mutuellement les cadavres des mains (1). Supposons que le poète ait vu ces figures mythologiques plastiquement représentées. Il faudrait en conclure d'abord qu'il a subi l'influence de monuments grecs ; en second lieu que, à l'époque à laquelle appartient la description du bouclier, les Grecs avaient déjà essayé de traiter la mythologie sous forme plastique. Mais cette hypothèse paraît très douteuse, tout au moins en ce qui concerne les figures d'Arès et de Pallas. Dans l'Épopée, ces deux divinités prennent part aux combats entre les Achéens et Troyens : il est donc tout naturel qu'on les ait fait entrer dans la description d'une sortie guerrière. D'ailleurs si le poète avait jamais vu des personnages dorés ou tout en or, il a pu très facilement s'imaginer tels Arès et Pallas, puisque l'Épopée nous apprend, dans d'autres endroits (2), que les dieux se couvrent de vêtements et d'armures d'or. Enfin les poètes parlent souvent de la taille plus qu'humaine des dieux (3). Quant aux mauvais génies présents au combat, l'hypothèse qu'ils s'agitent et luttent comme des mortels sera beaucoup plus plausible lorsque nous admettrons que ces monstres ne sont pas simplement des produits

---

(1) *Il.* XVIII, 535 :

> ἐν δ' Ἔρις, ἐν δὲ Κυδοιμὸς ὁμίλεον, ἐν δ' ὀλοὴ Κὴρ,
> ἄλλον ζωὸν ἔχουσα νεούτατον, ἄλλον ἄουτον,
> ἄλλον τεθνηῶτα κατὰ μόθον ἕλκε ποδοῖιν·
> εἷμα δ' ἔχ' ἀμφ' ὤμοισι δαφοινεὸν αἵματι φωτῶν.
> ὡμίλευν δ'ὥστε ζωοὶ βροτοὶ ἠδ' ἐμάχοντο,
> νεκρούς τ' ἀλλήλων ἔρυον κατατεθνηῶτας.

(2) *Il.* VIII, 43 ; XIII, 25 (voy. plus haut p. 74, note 1).
(3) La tête d'Eris touche le ciel (*Il.* IV, 443). L'Arès couché à terre par Athéna couvrait une surface de sept plethra (*Il.* XXI, 407).

sortis de l'imagination du poète, mais bien copiés sur des modèles plastiques. Du reste ces épouvantails semblent être, comme nous l'avons déjà fait observer, les types les plus anciens de l'art grec (1) : le gorgoneïon, tout au moins, appartient sûrement à l'époque homérique (2). Il est donc très probable, sinon certain, que le poète, en décrivant la lutte autour des troupeaux, pensait à une œuvre d'art grecque qu'il avait eue sous les yeux.

Si nous résumons toutes les observations qui précèdent, nous arriverons au résultat suivant : le bouclier, dans son ensemble, est un tableau d'imagination poétique. Toutefois les descriptions de certaines scènes sont inspirées par des modèles plastiques. Ces modèles sont surtout des vases en métal d'importation phénicienne, ou des imitations grecques de ces derniers. Mais il y a là aussi des réminiscences d'œuvres purement grecques, où le génie national a déjà laissé une profonde empreinte. En ce qui concerne l'ordre adopté dans la composition, il est certain que le tableau central et la bordure avec son océan étaient bien localisés dans l'imagination du poète; on ne saurait, au contraire, affirmer qu'il se faisait une idée bien nette de la place assignée à chacune des scènes intermédiaires.

Par conséquent, s'il faut rayer le bouclier d'Achille du nombre des ouvrages grecs, il n'en demeure pas moins un facteur très important pour l'étude de l'histoire de l'art grec. L'idée de représenter le monde et la vie humaine dans une série complète de tableaux est digne d'un grand artiste. Les descriptions qui ont trait à la vie dénotent un observateur attentif des moindres détails de l'activité humaine et annoncent non seulement la faculté d'en saisir toutes les manifestations, mais encore celle de les coordonner et de les classer en quelque sorte. Grâce au choix judicieux des épisodes, nous avons pour ainsi dire sous les yeux les petits détails de la vie journalière des Ioniens du temps.

---

(1) Voy. plus haut, p. 499, note 6.
(2) Comp. p. 498-499.

En outre, le poète se révèle déjà comme un maître dans un des procédés les plus puissants de l'art grec, nous voulons parler de l'antithèse. Et son talent ne se borne pas à une conception idéale; il sait encore placer dans un ordre esthétique au moins quelques-uns des tableaux dont il compose sa décoration. La description du bouclier est donc un témoignage très brillant des aptitudes artistiques du poète. Son imagination voyait une série de tableaux magnifiques, tous inspirés par une idée commune et en partie artistement groupés. Mais ni le poète, ni aucun de ses contemporains n'était en état de revêtir d'une forme plastique une conception de ce genre. Il a fallu encore le travail de plusieurs générations pour que l'art eût les moyens nécessaires à cet effet. Autant que nous sachions, le monument authentique le plus ancien où des idées aussi nombreuses soient traduites d'après des principes analogues, c'est le coffret de Kypselos : il est au moins d'un siècle postérieur à l'achèvement de l'Épopée. Si le poète avait vécu à une époque avancée de l'art, il serait peut-être devenu un grand artiste et son nom eût été placé à côté de ceux de Polygnote et de Phidias.

CHAPITRE XXXII

LES IMAGES DES DIEUX.

Toutes les descriptions dont nous avons parlé jusqu'à présent se rapportent à des objets d'art décoratif. Y avait-il, en dehors de ces objets, des œuvres monumentales, à l'époque homérique? Nous n'hésitons pas à répondre négativement à cette question. Nulle part, dans l'Épopée, il n'est fait mention d'une œuvre qui serait destinée à produire par elle-même un effet artistique. L'Iliade (1) cite, il est vrai, une idole de l'Athèna troyenne; mais cette citation ne détruit en rien notre opinion. En effet, l'image d'un culte ne doit pas satisfaire à un sentiment esthétique, mais répondre avant tout à un besoin religieux, et les peuples jeunes, remplis de foi en la divinité, ne demandent pas tant à en avoir l'image qu'un signe symbolique de sa présence. N'avons-nous pas d'ailleurs des preuves nombreuses que les Grecs, avant de faire des statues de dieux, exerçaient leur piété devant des pierres, des bornes ou des pieux, et que, même après l'introduction des idoles, les symboles de ce genre occupaient le centre de certains sanctuaires (2)?

(1) *Il.* VI, 90 :

πέπλον... θεῖναι Ἀθηναίης ἐπὶ γούνασιν ἠϋκόμοιο.
273 :   τὸν θὲς Ἀθηναίης ἐπὶ γούνασιν ἠϋκόμοιο.
303 :   θῆκεν Ἀθηναίης ἐπὶ γούνασιν ἠϋκόμοιο.

(2) Overbeck, dans les *Berichte der sächs. Ges. der Wissensch.*, 1864, p. 121 et suiv.

Nous avons, en outre, à nous demander si les idoles qui, à l'époque homérique, se trouvaient dans les villes ioniennes, étaient des ouvrages grecs. En Asie Mineure et en Grèce, comme en Italie, les dieux n'étaient pas adorés primitivement sous une forme humaine ni dans des temples. Au Pergamos d'Hissarlik, on n'a trouvé aucune trace de temple et l'on n'en a pas constaté non plus parmi les constructions qui ont été élevées à Mycènes et à Tirynthe, avant la migration dorienne (1). On priait et l'on sacrifiait alors dans des bois sacrés qui parfois étaient clos, parfois complètement ouverts, et qui, en fait d'ouvrages travaillés par l'homme, ne renfermaient qu'un autel; les fouilles d'Olympie et de Chypre nous ont fourni des renseignements très intéressants sur ce sujet (2). On attachait les offrandes aux autels, on les posait sur les marches, ou bien on les suspendait aux arbres environnants. Ce n'est que plus tard qu'on commença à adorer des statues de dieux exposées dans les temples (3). Cette innovation paraît avoir été inspirée par des influences orientales. Tout le monde sait que, chez les Égyptiens, les Chaldéens et les Phéniciens, cette coutume religieuse remonte à la plus haute antiquité. La tradition nous apprend d'ailleurs que les temples grecs les plus anciens sont de fondation orientale; telle semble être aussi l'origine des plus anciennes idoles, sur lesquelles nous avons des renseignements à peu près exacts (4).

(1) Schliemann, *Tiryns*, p. VIII. — (2) Curtius, *Die Altäre von Olympia* (*Abh. der Berl. Akad.* 1881 p. 9-12). M. Ohnefalsch-Richter nous a assuré, dans une lettre, que, dans l'île de Chypre, il n'y avait pas moins de 28 de ces sanctuaires sans temple. Ce savant nous écrit : « J'ai fouillé en 1885, à Dali, un enclos sacré où prédominait sûrement la coutume de suspendre des offrandes aux arbres. J'y ai trouvé des masques d'hommes et d'animaux avec des trous qui avaient servi à suspendre ces objets ».
(3) Dans l'*Hymne* I (*in Apoll. Del.*) 76, 143 et II (*in Apoll. Pyth.*) 43, 67, le temple et le bois sacré d'Apollon sont mentionnés ensemble. Il faut simplement en conclure que les plus anciens temples étaient construits dans des bois sacrés et que, par conséquent, les formes récentes de culte se mariaient au culte ancien, comme c'était le cas dans l'Altis d'Olympie.
(4) Le temple d'Aphrodite dans l'île de Cythère, que la tradition désignait comme étant le sanctuaire le plus ancien de cette déesse en Grèce, pas-

D'autre part, il est hors de doute que les Grecs, qui s'établissaient en Asie Mineure et dans les îles avoisinantes, adoptaient souvent le culte de la population indigène. C'est ainsi que les Doriens qui s'étaient fixés à Lindos, dans l'île de Rhodes, s'approprièrent le culte d'une divinité orientale dont le temple et l'idole étaient rattachés à Danaos ou à sa fille et à laquelle les Grecs donnèrent le nom d'Athèna (1). L'origine sémitique du Poseïdon, vénéré à Ialysos, ressort de ce fait que la tradition désignait Cadmos comme fondateur de son sanctuaire et que, même sous la domination dorienne, ses prêtres se recrutaient par voie d'hérédité dans certaines familles d'origine phénicienne (2). De même l'Apollon Didyméen passait pour une divinité dont le culte remontait au delà des débuts de la colonisation ionienne (3). Il convient d'y ajouter la déesse sémitique de la lune que les Éphésiens adoraient sous le nom d'Artémis (4) et le non moins sémitique Priapos, dont le culte était pieusement entretenu dans les villes grecques de l'Hellespont et dans la Propontide (5). L'Héraklès vénéré à Érythrée n'était autre que le Melkart tyrien : son idole représentait, en effet, le dieu à la manière phénicienne, c'est-à-dire s'apprêtant, debout sur un radeau, à partir de Tyr

---

sait pour être une fondation phénicienne (Hérodote, I, 105; Pausanias, I, 15, 5; III, 23, 1). L'image sculptée qui s'y trouvait représentait la déesse armée (Paus. III, 23, 1); c'est sous cet aspect aussi qu'Astarté était vénérée à Sidon, dans l'île de Chypre et à Carthage (Movers, *Die Phönizier*, II, 2, p. 270-272). A la même catégorie appartient la très ancienne image sculptée d'Aphrodite armée dans le temple de l'Aphrodite Areïa de Sparte (Pausan. III, 15, 10; III, 17, 5. Comp. Movers, *loc. cit.* p. 272). Lorsque Pausanias rapporte (I, 42, 5) que deux idoles d'Apollon en bois d'ébène, qui se trouvaient à Mégare dans le temple de ce dieu, ressemblaient à des statues en bois égyptiennes, il faut entendre par là des ouvrages phéniciens du style égyptisant. (Comp. aussi Pausan. II, 19, 13; II, 24, 3).

(1) Hérodote II, 182. — Diodore V, 58. — Apollodore, *Bibl.* II, 1, 4. — Comp. Movers, *Die Phönizier*, II, 2, p. 254-255.

(2) Diodore V, 58. — Comp. Movers, p. 252.

(3) Pausan. VII, 2, 6. — (4) Curtius, *Ephesos*, p. 6-7, p. 36. — (5) Movers, p. 295-297.

pour l'Occident (1). Pausanias dit que c'était une idole égyptienne : c'était donc probablement une œuvre phénicienne du style égyptisant. Nous avons déjà fait remarquer plus haut (2) que les Ioniens de Thasos avaient emprunté le culte de Melkart aux Phéniciens de l'endroit. Les colons ioniens qui fondèrent Héraclée sur le Pont, firent du tombeau d'Idmon, c'est-à-dire d'Adonis, le centre de la ville (3); ils adoptèrent, par conséquent, un culte qui y existait déjà avant leur arrivée.

En adoptant ces cultes étrangers, les Grecs conservaient l'idole qui existait de longue date; c'est un fait très probable qui est attesté par bien des témoignages. La figure d'Héraklès, adorée à Erythrée, ne peut, suivant Pausanias, avoir été autre chose qu'une idole phénicienne. De même la plus ancienne figure d'Artémis représentée sur des monnaies d'Éphèse (4) est bien un type asiatique, et l'idée comme la forme de Priapos dénote une origine orientale, même à une époque plus avancée de l'art grec. Enfin l'image d'Athèna à Lindos, qui passait pour une fondation de Danaos ou de sa fille, permet de supposer également que c'était un travail très ancien qui n'avait rien de commun avec l'art hellénique. Tout cela nous autorise à penser que les idoles des villes ioniennes à l'époque homérique n'étaient pas, du moins en partie, l'œuvre d'artistes grecs, mais bien qu'elles avaient été empruntées à d'anciens cultes indigènes.

Bien que l'Épopée ne cite qu'une seule image divine, celle de l'Athèna troyenne, il est probable que les poètes supposaient l'existence de ces images dans d'autres sanctuaires aussi. Le culte grec, nous l'avons vu plus haut, se célébrait à l'origine dans des bois sacrés, et plus tard seulement dans des temples. Mais il est évident que, si l'on a adopté ce culte intérieur, c'est qu'on avait une conception anthropomorphique de la divinité et que, par suite, on sentait la nécessité de donner

---

(1) Paus. VII, 5, 3. — (2) Voy. p. 14.
(3) Schol. Apoll. Rhod. II, 843. — Comp. Movers, p. 301-302.
(4) Curtius, *Ephesos*, pl. II, 1.

à celle-ci une demeure (1). Ainsi donc, à part quelques exceptions qu'il est assez difficile d'expliquer (2), on peut admettre que, en thèse générale, tout temple renfermait un objet du culte et que, dans tout sanctuaire, désigné par le poète sous le nom de νηός (demeure), il y avait au moins un symbole ou une image du dieu, comme dans le temple troyen d'Athèna. Et si nous passons en revue toutes les données de l'Épopée qui ont trait aux foyers du culte, nous verrons côte à côte l'ancien culte sans temple et sans statues ainsi que le culte plus récent pratiqué dans les temples; nous constaterons, en même temps, que le premier était beaucoup plus fréquent que le second.

L'Épopée nous apprend qu'une enceinte sacrée et un autel odoriférant étaient consacrés à Zeus sur le mont Ida (3), à Aphrodite à Paphos (4) et à Sperchéïos sur le territoire des Myrmidons (5). Si les poètes avaient supposé dans ces enceintes un temple, ils n'auraient pas manqué de le mentionner plutôt que l'autel. Ulysse parle de l'autel de l'Apollon Délien et d'une palme qui se dresse au-dessus sans citer un temple ni une idole (6). La des-

---

(1) Le temple troyen d'Athèna est appelé ἱερὸς δόμος (*Il.* VI, 89).

(2) Dans tout le cycle du culte grec, nous ne connaissons qu'un seul temple sans statue, c'est celui de Ganymède à Phliunthe : Pausan. II, 13, 3. Comp. Curtius, *Peloponesos,* II, p. 472.

(3) *Il.* VIII, 47 :

Ἴδην δ' ἵκανεν πολυπίδακα, μητέρα θηρῶν,
Γάργαρον· ἔνθα δέ οἱ τέμενος βωμός τε θυήεις.

Comp. *Il.* XXII, 170, 171; le prêtre de ce sanctuaire, Onétor, est mentionné *Il.* XVI, 604.

(4) *Od.* VIII, 363. dans l'Hymn. IV (*in Vener.*) 58, le sanctuaire de Paphos s'appelle déjà νηός.

(5) *Il.* XXIII, 148. — Le poète de l'Hymne IV (*in Apoll. Pyth.*) 206, dit qu'Apollon, lorsqu'il vint établir son culte près de la source Telphusa, dressa simplement un autel dans un bois très ombragé.

(6) *Od.* VI, 162-163. — Hymne I (*in Apoll. Del.*) 87-88, Latone jure qu'Apollon aura à Délos un autel et un bois sacré. Au contraire, dans d'autres endroits (52, 56, 76, 80), il est déjà question du temple.

cription du bois sacré des Nymphes à Ithaque (1) est très détaillée et pittoresque : du haut d'un grand rocher où s'élève l'autel des nymphes, se précipite une source glacée qui, en bas, est enserrée dans un lit artificiel ; le rocher est entouré d'un bois circulaire de peupliers. Un temple et des idoles de nymphes eussent donné au paysage une physionomie particulière : si le poète n'en dit mot, c'est qu'il pensait qu'il n'y en avait point (2). Le bois sacré d'Athèna, situé devant la ville des Phéaciens est traversé par une source et entouré d'une prairie (3). Ici non plus pas un mot d'un temple ni d'une idole ; c'eût été cependant le cas d'en parler, au moment où Ulysse, arrivé dans le bois sacré, adresse sa prière à la déesse. Le bois sacré d'Apollon à Ismaros (4), celui du même dieu à Ithaque (5) et celui de Poseïdon à Onchestos (6), étaient sans doute aussi des sanctuaires sans temple et sans image. Il faut y ajouter, en outre, le chêne du Zeus dodonéen (7), et un autre chêne consacré au même dieu que les poètes disent avoir été trouvé sur le territoire troyen (8). Agamemnon se vante d'avoir, pendant son expé-

---

(1) *Od.* XVII, 205-211. — (2) Citons à ce propos la notice suivante que veut bien nous envoyer M. Ohnefalsch-Richter : « par des fouilles exécutées en 1885, à Lithrodonta, j'ai prouvé qu'on y avait adoré une source à ciel ouvert. La source jaillit d'un flanc de montagne à pic. Aucune trace de statues ni de temple. Les pèlerins déposaient près de la source sacrée des lampes et des monnaies ».

(3) *Od.* VI, 291, 292, 321.

(4) *Od.* IX, 200 :

ᾤκει γὰρ ἐν ἄλσεϊ δενδρήεντι
Φοίβου Ἀπόλλωνος.

(5) *Od.* XX, 278 :

ἄλσος ὕπο σκιερὸν ἑκατηβόλου Ἀπόλλωνος.

(6) *Il.* II, 506 :

Ὀγχηστόν θ'ἱερὸν, Ποσιδήϊον ἀγλαὸν ἄλσος.

Comp. Hymn. II (*in Apoll. Pyth.*) 52, III (*in Merc.*) 186, 187.

(7) *Od.* XIV, 328; XIX, 297. — (8) *Il.* V, 693 :

ὑπ' αἰγιόχοιο Διὸς περικαλλέϊ φηγῷ.

VII, 60 : φηγῷ ἐφ' ὑψηλῇ πατρὸς Διὸς αἰγιόχοιο.

Comp. VII 22, XI 170.

dition à Troie, brûlé la graisse et les os des cuisses de taureaux partout où il rencontrait un autel de Zeus (1). Égisthe, après avoir ramené Clytemnestre, brûle sur les autels sacrés beaucoup d'ossements d'animaux et y suspend des bijoux, des tissus et de l'or (2); ce dernier détail rappelle l'usage qui nous a été révélé par les fouilles d'Olympie et de Chypre de suspendre des offrandes sur les autels ou sur les arbres environnants. Rien ne nous indique mieux les anciennes pratiques religieuses que la description du sacrifice accompli par les Achéens à Aulis (3) : ils sacrifient près d'une source sur des autels sacrés, à l'ombre d'un beau platane, sous lequel jaillit une source superbe. Si les poètes ne mentionnent point de temples dans aucun de ces passages, ce n'est pas par simple omission : ils ont, en effet, l'habitude de faire toujours ressortir le temple, chaque fois qu'ils parlent d'un sacrifice en l'honneur d'une divinité vénérée dans un temple (4). Le seuil de pierre de l'Apollon de Delphes, mentionné deux fois dans l'Épopée (5), ne prouve pas nécessairement qu'il y ait eu un

---

(1) VIII, 238-240. Un autel de Zeus se dressait aussi dans le camp des Achéens (*Il.* VIII, 251; XI, 808) et dans la cour d'Ulysse (*Od.* XXII, 379).

(2) *Od.* III, 273 :

πολλὰ δὲ μηρί' ἔκηε θεῶν ἱεροῖς ἐπὶ βωμοῖς,
πολλὰ δ' ἀγάλματ' ἀνῆψεν, ὑφασμάτά τε χρυσόν τε.

(3) *Il.* II, 305 :

ἡμεῖς δ'ἀμφὶ περὶ κρήνην ἱεροὺς κατὰ βωμοὺς
ἔρδομεν ἀθανάτοισι τεληέσσας ἑκατόμβας,
καλῇ ὑπὸ πλατανίστῳ, ὅθεν ῥέεν ἀγλαὸν ὕδωρ.

Anchise, Hymn. IV (*in Vener.* 100) ne voue point de temple à Aphrodite, mais un simple autel :

σοὶ δ' ἐγὼ ἐν σκοπιῇ, περιφαινομένῳ ἐνὶ χώρῳ,
βωμὸν ποιήσω, ῥέξω δέ τοι ἱερὰ καλά.

(4) *Il.* VI, 93, 274, 308; VII, 83.

(5) *Il.* IX, 404 :

οὐδ' ὅσα λάϊνος οὐδὸς ἀφήτορος ἐντὸς ἐέργει
Φοίβου Ἀπόλλωνος, Πυθοῖ ἔνι πετρηέσσῃ.

temple; il pourrait, en effet, se rapporter aussi bien au *peribolos* de l'enceinte sacrée. Quant à la maison fortifiée d'Érechthée, où se rend Athèna (1), on se demande s'il faut entendre par là le temple de l'Acropole d'Athènes connu sous le nom d'Érechthéïon, ou bien une demeure royale du héros parent de la déesse et qui autrefois se trouvait sans aucun doute au même endroit. D'ailleurs les vers où il est question de cette demeure n'ont aucune importance au point de vue de la civilisation contemporaine de la période florissante de l'Épopée : car ce doit être une de ces interpolations faites, sous l'influence du patriotisme athénien, au temps des Pisistratides (2).

Quoi qu'il en soit, le nombre de sanctuaires que les poètes appellent temple (νηός) est très restreint. Il y en a deux à Ilios, dont l'un est celui d'Athèna qui abritait l'idole mentionnée plus haut (3) et l'autre celui d'Apollon (4). L'Épopée cite, en outre, un temple du même dieu à Chrysé (5), et un autre passage qui semble être également une interpolation, faite sous les Pisistratides, dans une partie récente, l'inventaire des vaisseaux (6), mentionne l'Érechthéïon, temple de la déesse de la citadelle athénienne. Ajoutons à cela la proposition que fait Eurylochos, dans l'île de Thrinacie, à ses compagnons de consacrer à Hélios un temple magnifique en expiation des taureaux qu'ils vont abattre (7). Enfin Nausithoos, l'égal des dieux, en fondant la ville des Phéaciens, y aurait élevé des temples (8); mais cette donnée a très peu de valeur au point

---

Od. VIII, 79 :

ὥς γάρ οἱ χρείων μυθήσατο Φοῖβος Ἀπόλλων
Πυθοῖ ἐν ἠγαθέῃ, ὅθ' ὑπέρβη λάϊνον οὐδόν.

(1) *Od.* VII, 81. — (2) Von Wilamowitz-Moellendorff, *Homerische Untersuchungen*, p. 247-249.
(3) *Il.* VI, 88, 274, 297. — (4) *Il.* V. 446. VII, 83. Comp. V, 448.
(5) *Il.* I, 39. — (6) *Il.* II, 549. Comp. von Wilamowitz, p. 247-249.
(7) *Od.* XII, 346.
(8) *Od.* VI, 9 :

ἀμφὶ δὲ τεῖχος ἔλασσε πόλει, καὶ ἐδείματο οἴκους,
καὶ νηοὺς ποίησε θεῶν, καὶ ἐδάσσατ' ἀρούρας.

de vue de l'appréciation de l'état réel des choses, car l'Épopée nous représente cette ville comme une merveille supérieure à tout ce qui se voit habituellement.

Ainsi donc les foyers du culte munis d'une image divine étaient relativement très rares; d'autre part, un certain nombre d'entre eux ne renfermaient point d'idole, mais un simple symbole primitif. Nous pouvons en conclure qu'il y avait alors très peu de statues de dieux dans l'acception propre du mot. Ces images (nous l'avons démontré plus haut) (1) étaient en partie des œuvres asiatiques. Les Grecs de ce temps-là s'occupaient-ils déjà de la fabrication d'idoles? C'est douteux. Il ne faut pas oublier que des renseignements à peu près précis sur la plastique grecque ne remontent guère au delà du commencement du VIe siècle : c'est un fait qui serait assez singulier si la sculpture avait été cultivée dans les villes grecques, pendant la période antérieure, comme une branche importante de l'art. En tout cas, les premiers essais grecs tentés dans cette voie ne peuvent avoir été que des imitations d'idoles asiatiques; leur valeur artistique a dû être fort peu estimée, car nous savons que les *xoana* primitifs produisaient plus tard sur les Grecs une véritable impression d'horreur (2). Enfin il faut tenir compte ici des rapports qui, dans toute la civilisation grecque, unissent la poésie à l'art plastique. Même aux époques où ce dernier est en pleine possession de ses moyens, il ne suit point du premier coup, mais seulement quelque temps après l'inspiration de la poésie. Or, une théogonie correspondant au génie grec et entièrement humaine ne fut créée que par l'Épopée. Il est impossible d'admettre que, à peine les premiers chants de l'Épopée ont-ils résonné, l'art s'en soit em-

---

(1) Voy. plus haut p. 529-530.
(2) Parmeniskos de Métaponte, qui voulait apprendre à rire, rit pour la première fois lorsqu'il aperçut l'affreuse figure sculptée du temple de Latone à Délos (Semos, dans Athen. XIV, 614 *b*). Les filles de Proïtos furent frappées de folie, parce qu'elles s'étaient moquées de la statue d'Héra au temple d'Argos (Apollod. *Bibl.* II, 2, 2).

paré pour façonner des dieux conformes au génie de la nation : ce serait une véritable anomalie dans tout ce que nous connaissons de la civilisation grecque. Rappelons-nous que le cycle décoratif imaginé pour le bouclier d'Achille et les plus anciens ouvrages grecs de même, espèce sont séparés par l'intervalle d'un siècle au moins; de même il a dû s'écouler un laps de temps assez considérable jusqu'à ce que l'art ait essayé de revêtir d'une forme plastique les figures de dieux imaginées par les poètes épiques.

Les données que l'Épopée renferme sur les temples confirment d'ailleurs cette hypothèse émise plus haut que les temples et, par suite, les idoles se propageaient de l'est à l'ouest. Les poètes mentionnent des temples à Troie et dans l'île de Chrysé, c'est-à-dire dans la partie orientale du bassin méditerranéen; l'Odyssée, au contraire, ne parle point de temples dans l'île d'Ithaque située dans l'extrême Occident; elle ne cite qu'un seul fait qui se rattache à la construction des temples dans cette île, à savoir la proposition d'Eurylochos d'Ithaque de consacrer un temple à Hélios.

L'Épopée ne nous fournit malheureusement aucun renseignement précis sur l'idole d'Athèna troyenne. Mais cette particularité que la prêtresse Théano couvre d'un péplos les genoux de la déesse (1) indique bien que c'était un statue assise. C'est dans cette attitude que semblent avoir été représentées communément les idoles féminines; nous la retrouvons dans les plus anciennes figures de Pallas (2). Peut-être est-ce cette attitude assise qui a fait naître les épithètes εὔθρονος (3) et χρυσόθρονος (4)

(1) *Il.* VI, 93, 273, 303 (voy. plus haut p. 535, note 1). — Comp. Strabon, XIII, p. 601.

(2) Étaient représentées assises les anciennes idoles de Pallas à Phocée, à Marseille, à Rome et à Chios (Strabon, XIII, p. 601), ainsi que les statues de la même déesse sculptées par Endoïos et dont une semble s'être conservée à Athènes (Overbeck, *Gesch. der Plastik*, I³, p. 116-117, 145-147) *Zeitschr. f. österr. Gymn.* 1888. p. 683 et suiv.). La plus ancienne idole d'Héra dans l'héraïon d'Argos était également assise (Paus. II, 17, 5). — (3) Εὔθρονος Ἠώς : *Il.* VIII, 565; *Od.* VI, 48; XV, 495; XVII, 497; XVIII, 318; XIX, 342.

(4) Épithète d'Héra, d'Artémis et d'Éos (voy. p. 137, note 3). Comp. aussi Sapho, fr. 1, 1 : ποικιλόθρον' ἀθάνατ' Ἀφρόδιτα.

fréquemment employés pour les déesses. On avait coutume de revêtir de feuilles métalliques certaines parties de l'idole (1); si l'on suppose ce revêtement étendu au siège même, on s'expliquera aisément la formation de cette dernière épithète.

Ajoutons à cette série de la plastique sacrée une œuvre d'art qui est citée dans la description du bouclier, une des parties les plus récentes de l'Iliade (2). Le poète compare le chœur de danse que représente Héphaïstos sur le bouclier d'Achille à celui que Daïdalos de Knossos exécutait pour Ariane aux belles boucles. Évidemment il fait allusion à une représentation plastique du chœur de danse, qui était célèbre de son temps et qui était consacré à l'Ariane de Knossos; cette dernière n'était point l'héroïne traditionnelle ravie par Thésée, mais bien la déesse qu'on adorait dans l'île de Crète comme épouse de Dionysos. Dans les contrées situées à l'Est du bassin de la Méditerranée comme en Italie, il était d'usage, dès la plus haute antiquité, de consacrer dans les sanctuaires des figures ou des groupes d'argile, de bronze ou de pierre tendre qui représentaient des actes accomplis en l'honneur de la divinité. Les figures de taureaux et de brebis rappelaient les sacrifices d'animaux, les cavaliers et les chars les courses de chevaux et les courses en chars, les joueurs de flûtes et de lyre indiquaient les fêtes musicales et les représentations plastiques de la danse, les χοροί. Ces dernières notamment nous sont connues grâce aux bronzes primitifs d'Olympie (3) et à quelques vases d'argile (4) et de pierre calcaire (5), trouvés dans l'île de Chypre.

(1) Hérod. II, 182. — Diodore I, 23. — Pausan. IX, 12, 3. — Comp. Bötticher, *Baumkultus*, p. 230.
(2) *Il.* XVIII, 590.
(3) Furtwængler, *Die Bronzefunde aus Olympia*, p. 24-25.
(4) P. 283, note 6. — (5) P. 283-284, fig. 80.

CHAPITRE XXXIII

CONCLUSIONS.

Si nous résumons les pages qui précèdent, nous aurons l'image d'une époque de transition où se rencontrent les tendances les plus variées. On y trouve encore maintes traces de barbarie. La propreté de la maison comme celle du corps laisse à désirer et, par suite, la finesse de l'odorat n'est guère développée. De même la nourriture est d'une simplicité primitive; elle se compose généralement de la chair de bestiaux et de pain; on ne fait mention dans l'Épopée ni de volailles ni de légumes. Le poisson qui, depuis le cinquième siècle, était considéré à Syracuse et bientôt après à Athènes et dans d'autres villes grecques comme un mets très délicat, est dédaigné. Si les compagnons d'Ulysse, retenus dans l'île d'Hélios (1) et ceux de Ménélas, arrêtés par une accalmie dans l'île de Pharos (2), se résignent à prolonger leur existence en mangeant du poisson, c'est qu'ils sont terriblement affamés (3). Quant à la manière de fortifier

(1) *Od.* XII, 329-331. — (2) *Od.* IV, 368-369.
(3) Si l'on trouve parfois des comparaisons tirées de la pêche (*Il.* V, 487, XVI, 406-409, XXIV, 80-82; *Od.* X, 124, XII, 251-254, XXII, 384-388), c'est que le bas peuple, n'ayant point de bétail, avait déjà commencé à chercher une nourriture facile dans la pêche, tandis que les possesseurs de troupeaux, depuis le roi jusqu'au porcher, tenaient à l'usage traditionnel de se nourrir de viande. Il est possible d'ailleurs que ces allusions, qui contrastent d'une manière si frappante avec les récits de l'Épopée, aient été intercalées plus tard. En tout cas, des données qui dénotent une extension de la pêcherie ne se trouvent que dans un chant récent de l'Odyssée (XIX, 113) et dans un passage des Kypria (voy. plus haut p. 4, note 5).

les villes, les Grecs des âges homériques ont, à notre avis, rétrogradé à l'état de barbarie : ils ne protégeaient plus leurs cités par des remparts en pierre, comme c'était l'usage dans leur patrie avant l'irruption des Doriens, mais bien au moyen d'ouvrages en terre, en briques et en bois.

Les raffinements très variés, dus à l'influence de la civilisation supérieure de l'Orient, offrent un contraste frappant avec ces particularités primitives. Le costume, les ornements, la coupe des cheveux et de la barbe ont alors un cachet entièrement oriental. Le principal vêtement des femmes, le péplos, conserve bien encore sa forme antique et traditionnelle, mais on y sent, à bien des points de vue, l'influence des tissus bariolés de l'Asie Mineure. C'est aussi de la partie sud-ouest de cette contrée que provient l'usage de recouvrir les murailles de plaques métalliques, de les incruster d'ivoire et d'émail et probablement aussi le goût immodéré des parfums enivrants. Ce sont les Phéniciens qui introduisent les vêtements et les vases les plus précieux dans les maisons des chefs du peuple, et, dans le domaine des arts, les Grecs marchent généralement sur les traces des Orientaux. Si un lecteur moderne de l'Épopée se trouvait d'un coup de baguette subitement transporté dans le Mégaron d'un roi ionien, au moment où un aède homérique y réciterait un chant nouveau, l'aspect conventionnel des choses et les couleurs éclatantes de l'entourage lui feraient croire qu'il est, non pas devant une assemblée de Grecs, mais plutôt à Ninive, à la cour de Sennachérib, ou à Tyr, dans le palais du roi Hiram.

L'armement militaire ne se ressent pas moins de l'influence orientale. De même que chez les Égyptiens et chez les peuples de l'Asie Mineure, de même en Grèce les principaux guerriers s'élancent au combat sur des chars ; cet attelage joue un rôle très important dans l'attaque, dans la retraite comme dans la poursuite. Par contre, les Ioniens firent un progrès notable dans la manière de protéger le corps du combattant, et ce par l'adoption d'une armure très rapprochée de celle des hoplites des temps ultérieurs. Cependant cette armure est, autant que nous le sachions, le seul parmi les produits industriels de ces siècles reculés qui marque une différence tranchée entre les Grecs des temps homériques et les peuples de l'Orient.

Le commerce entre individus et en général toutes les formes de la vie sociale sont encore comme comprimées et apprêtées. Même la langue de l'Épopée, dans laquelle les Grecs anciens nous ont transmis le monument le plus magnifique de leur poésie et de leurs aspirations, est conventionnelle. Mais sous cette enveloppe s'agite déjà puissamment le génie propre de la Grèce.

Cette antipathie pour tout ce qui manque de plan, qui est le trait fondamental de l'esprit hellénique ou classique, s'accentue déjà avec netteté et vigueur dans l'Épopée. La conception délicate de la beauté physique et l'enthousiasme ardent qu'elle provoque sont également tout à fait helléniques. Les poètes voient non seulement l'effet d'ensemble de la forme et certaines particularités saillantes, telles que les beaux bras blancs, mais encore des détails qui échappent facilement à l'œil de l'observateur, comme par exemple la finesse des chevilles (1). On chercherait en vain un détail semblable dans la poésie provençale ou chez les *minnesänger* allemands. Il n'existe dans la poésie d'aucun autre peuple une figure qui représente, au même degré qu'Hélène, la puissance surnaturelle de la beauté. Et ce sens esthétique ne se bornait pas aux formes épanouies et florissantes de la jeunesse, mais encore à la vieillesse pleine de dignité. Quand Achille admire la belle figure de Priam assis devant lui (2), il éprouve les mêmes sentiments que les Athéniens, lorsqu'ils ordonnent que les plus beaux vieilards prennent part en qualité de θαλλοφόροι (c'est-à-dire avec des rameaux d'olivier à la

---

(1) Εὔσφυρος, καλλίσφυρος, τανύσφυρος sont des épithètes fréquemment appliquées aux femmes. Nous avons fait remarquer plus haut (p. 257, notes 4-6. *Il.* IV, 147), les σφυρὰ καλά de Ménélas.

(2) *Il.* XXIV, 631 :

αὐτὰρ ὁ Δαρδανίδην Πρίαμον θαύμαζεν Ἀχιλλεύς,
εἰσορόων ὄψιν τ' ἀγαθὴν καὶ μῦθον ἀκούων.

main), à la procession des Panathénées (1). On rencontre même dans l'Épopée les premières traces du culte du nu, culte qui prendra plus tard un si grand développement. Lorsqu'Achille a tué Hector et qu'il l'a dépouillé de son armure, les Achéens s'approchent et admirent la beauté du cadavre dénudé, étendu devant eux (2). Ils éprouvent donc déjà une sensation esthétique semblable à celle que les guerriers athéniens manifesteront quelques siècles plus tard à la vue du cadavre de Masistios, général de la cavalerie persane, tombé à la bataille de Platées (3). Priam dit qu'il importe peu que le cadavre d'un jeune homme gise à terre, car tout en lui est beau; au contraire, un vieillard, dans le même cas, offre un spectacle repoussant (4). Un contemporain de Sophocle ne s'exprimerait guère autrement sur ce sujet. Toutefois ce sens est, à l'époque homérique, purement abstrait et n'exerce aucune influence sur les mœurs. Il est encore honteux pour un homme de se montrer nu parmi les autres hommes (5); on se ceint encore les reins à la lutte et au pugilat (6). Ce n'est que dans la 15e Olympiade que le Mégarien Orsippos, courant dans une diaulos, ose quitter sa ceinture (7).

Les descriptions ont aussi presque partout dans l'Épopée un cachet grec. Il est vrai qu'on y rencontre encore quelques figures de monstres, comme Briarée aux cent bras (8), le géant Otos qui a neuf toises de hauteur sur neuf aunes de largeur, Ephialtès (9), Scylla aux douze pieds, six têtes, dont chacune est

---

(1) Michaelis, *Der Parthenon;* p. 330-331, nos 201-205.
(2) *Il.* XXII, 369 :

ἄλλοι δὲ περίδραμον υἷες Ἀχαιῶν,
οἳ καὶ θηήσαντο φυὴν καὶ εἶδος ἀγητὸν
Ἕκτορος.

(3) Hérod. IX, 25. — (4) *Il.* XXII, 71-76. Ce passage a été imité par Tyrtée II, 10, 21-30.
(5) *Il.* II, 262. — (6) *Il.* XXIII, 683, 710. *Od.* XVIII, 30, 67, 76.
(7) Paus. I, 44 1. C I G n° 1050. Suivant une autre tradition, ce serait le Lacédomenien Akanthos : Denys d'Halic. VII, 72. Comp. O. Müller, *Die Dorier,* II, p. 260, note 1.
(8) *Il.* I, 403. — (9) *Od.* XI, 305-311.

armée de trois rangées de dents (1). Mais ces créations qui, en parties inspirées par des motifs orientaux, semblent avoir pris racine dans l'imagination du peuple bien avant l'Épopée, ne pouvaient guère être modifiées par les poètes. Abstraction faite de ces cas isolés, les faits et les choses sont décrits avec mesure, avec précision et avec une grande plasticité, c'est-à-dire d'une manière classique dans le sens le plus élevé du mot. Les types des principaux dieux et héros se présentent déjà avec une netteté merveilleuse à l'imagination des poètes. Rappelons à ce propos les vers où il est dit que Agamemnon « par ses yeux et par sa tête ressemble à Kronion qui lance des éclairs, à Arès par sa ceinture et à Poseïdon par sa puissante poitrine (2) ». Rappelons encore les portraits caractéristiques des rois achéens, tels qu'ils ressortent de la conversation entre Priam et Hélène sur les murs de Troie (3); enfin les vers célèbres dans lesquels Zeus d'un signe de tête exauce la prière de Thétis (4). Aucune autre poésie populaire n'a fourni à l'art plastique autant de modèles que l'Épopée homérique. On trouve même dans certaines de ses parties tels types qui sont conçus de diverses manières, entièrement conformes aux variations que l'idéal de la divinité a subies à travers les différentes époques de l'art grec. Dans l'Iliade, Hélène nous apparaît sous une forme surnaturelle, dont la beauté agit comme une force spontanée de la nature (5). Dans l'Odyssée, au contraire, elle se rapproche davantage de la condition humaine : elle est sensible, curieuse et espiègle ; c'est une femme belle et aimable qui a conscience de quelques péchés de jeunesse excusés par des circonstances at-

---

(1) *Od.* XII, 85-92. — (2) *Il.* II, 477 :

ὄμματα καὶ κεφαλὴν ἴκελος Διὶ τερπικεραύνῳ,
Ἄρεϊ δὲ ζώνην, στέρνον δὲ Ποσειδάωνι.

(3) *Il.* III, 161-242. — (4) *Il.* I, 528 :

Ἦ καὶ κυανέῃσιν ἐπ' ὀφρύσι νεῦσε Κρονίων·
ἀμβρόσιαι δ'ἄρα χαῖται ἐπερρώσαντο ἄνακτος
κρατὸς ἀπ' ἀθανάτοιο· μέγαν δ' ἐλέλιξεν Ὄλυμπον.

(5) *Il.* III, 154-160.

ténuantes (1). Notre pensée se reporte ici involontairement vers la façon toute différente dont les artistes du cinquième siècle et ceux du quatrième concevaient la figure d'Héra : nous nous représentons, d'une part, l'expression énergique et presque terrifiante de la tête du Palais Farnèse (2), et, d'autre part, la douce majesté de la Junon Ludovisi. Enfin le poète qui a décrit le bouclier d'Achille a même inventé un cycle de tableaux complet et dominé par une pensée unique ; son imagination a su les grouper, du moins en partie, d'après des principes esthétiques. Tous ces faits dénotent des aptitudes extraordinaires pour l'art plastique. Mais les Grecs d'alors n'étaient pas encore à même de donner à ces idées artistiques une forme correspondante en argile, en métal ou en pierre. Plus d'un siècle s'écoula avant que l'art grec pût créer un cycle de tableaux pareils à ceux imaginés par le poète qui a décrit le bouclier d'Achille. Il fallut plus de temps encore pour arriver à cette forte caractéristique individuelle dont sont empreints les principaux personnages agissants de l'Épopée. La souveraine puissance de Zeus, si merveilleusement dépeinte dans les vers cités de l'Iliade, ne trouva sa fidèle expression que dans la statue olympienne de Phidias. L'Épopée nous décrit la laideur très caractéristique de Thersite (3), du héraut Eurybatès (4), des fonds de paysage comme la grotte de Calypso (5) ou la baie de Phorkys (6) ; en art, on ne constate des tendances à traduire les mêmes sujets d'une manière analogue qu'à l'époque d'Alexandre et de ses successeurs.

(1) *Od.* IV, 138-146, 184, 259-264, 277-279 ; XV, 125-129.
(2) *Mon. dell' Inst.* VIII, pl. I.
(3) *Il.* II, 216-219. — (4) *Od.* XIX, 246. — (5) *Od.* V, 57-74. — (6) *Od.* XIII, 96-112.

Ier SUPPLÉMENT.

(Voyez p. 111.)

SUR L'ÉPOQUE DE LA FONDATION DE CUMES.

Eusèbe (1) fixe la fondation de Cumes en l'année 1049 avant J.-C., Strabon (2) proclame cette ville comme la plus ancienne parmi les colonies fondées par les Grecs dans l'Occident, et Velleius Paterculus (3) dit qu'elle fut fondée avant la colonisation de l'Asie Mineure par les Éoliens. Cependant Niebuhr (4) a élevé des doutes sur la véracité de ces données; il est donc temps d'écarter des dates qui, étant très incertaines, jettent une grande confusion dans l'histoire de la civilisation de l'Italie. D'abord ce qui ne nous permet pas d'admettre ces différentes dates, ce sont les conditions mêmes de la navigation primitive des Grecs. Il n'est guère croyable que les Hellènes aient choisi pour leur première colonie en Occident le lieu le plus éloigné de la mère-patrie. En second lieu, en admettant que la ville ait été fondée d'un commun accord par des Chalcidiens sous Mégasthène et des Cuméens de l'Asie Mineure sous le gouvernement d'Hippoklès (5), ce procédé d'après un plan

---

(1) *Chron.* édit. Schöne, II, p. 60 et 61.
(2) V. p. 243.
(3) I, 4.
(4) *Römische Geschichte*, I², p. 161 ; III, p. 204 et suiv.
(5) Strabon, V, c. 243. On a trouvé dernièrement dans un ancien tombeau grec de Cumes en Campanie l'inscription suivante : ΗΥΤΥΤΕΙΚΑΙΝΕΙ-ΤΟΥΤΕΙΑΕΝΟΣΗΥΤΥ (*Notizie degli scavi*, 1884, p. 352-356). Le savant qui

prémédité dénote une phase assez avancée de la civilisation plutôt que le commencement d'une colonisation dirigée vers l'Occident. Enfin, si l'origine de Cumes datait de la fin du douzième siècle avant notre ère, les fouilles sur son emplacement auraient mis au jour une couche plus ou moins semblable à celle des tombes en puits de Mycène (1), ou au tombeau préhellénique découvert sur la propriété Matrensa, près Syracuse (2). On aurait tort d'alléguer que la statistique monumentale de Cumes pourrait bien offrir des lacunes, puisque dans aucune nécropole de la Grèce occidentale (3) on n'a pratiqué de fouilles plus complètes que près de Cumes. Les plus anciennes trouvailles qu'on y a faites indiquent une époque comparativement plus récente, et ont plus ou moins de rapports avec celles qu'on a mises au jour dans les plus anciens tombeaux en Sicile. Ne perdons pas de vue non plus que, d'après Aristote (4), les Chalcidiens, subjugués par les Hippobotes, auraient fondé des colonies en Sicile et en Italie. Or l'abolition de la royauté et son remplacement par une oligarchie, comme

---

l'a publié y a reconnu des particularités distinctives du dialecte éolien Si cette supposition était bien fondée, elle confirmerait la tradition selon laquelle des Cuméens de l'Asie Mineure auraient pris part à la fondation de la ville campanienne. Mais Bezzenberger nous écrit au sujet de cette inscription : « Deux particularités prouvent que le dialecte de cette ins-
« cription n'est pas éolien : 1° l'esprit rude devant ΙΗΤΥ. 2° l'η (ΕΙ) de
« ΤΕΙ et ΚΑΙΝΕΙ. Quant à ce dernier point, on pourrait hésiter entre le
« dialecte attique et ionien. Mais si l'on tient compte du raisonnement
« de Kirchhoff (Alph. 107 et suiv.), on arrive à la certitude que le dialecte
« de cette inscription est ionien. La forme ΙΗΤΥ ne détruit pas cette hy-
« pothèse, puisque nous savons que ἀπύ est lesbien, arcadien et cypriote,
« κατύ arcadien et ὑπά (cf. κατά) élidien et lesbien (cf. Sappho, 2, 10). Il est
« certain que ὑπύ, — jusqu'ici inconnu, — n'était pas la forme spécifique
« d'un dialecte particulier, mais ὑπύ-ὑπύ, (comme ἀπό-ἀπύ, κατά-κατύ) est un
« doublet syntaxique, qui pourrait se présenter dans tous les dialectes.
« grecs ».
(1) Voyez plus haut p. 64 et suiv.
(2) Plus haut p. 113.
(3) Comp. sur ce sujet ce qui a été dit p. 110-113.
(4) Chez Strabon, X, c. 447.

celle des Hippobotes à Chalcis, n'eurent lieu dans aucun État grec avant le huitième siècle.

Par conséquent, suivant la tradition recueillie par Aristote, Cumes a été fondée au plus tôt dans ce siècle-là. Enfin Thucydide (1), qui a évidemment puisé ses informations sur la Sicile et l'Italie aux meilleures sources (2), ne sait rien sur la haute antiquité de cette ville, puisqu'il considère Naxos en Sicile comme le premier établissement des Grecs dans l'Occident.

En tout cas, la divergence d'opinions sur la chronologie de Cumes provient de ce qu'il n'existait autrefois aucune tradition positive à ce sujet. Ce fait cependant ne prouve nullement que l'origine de cette ville se perdait dans la nuit des temps préhistoriques. On peut l'expliquer d'une manière beaucoup plus naturelle. Cumes succomba sous les attaques des Osques dès les premières vingt années du cinquième siècle. Si sa chute entraîna en même temps la perte de la liste de ses éponymes, les moyens de déterminer l'époque de la fondation de cette ville firent défaut aux savants qui s'occupèrent plus tard de son histoire, ainsi qu'aux chronographes alexandrins; il en résulta qu'un champ libre s'ouvrit à des hypothèses arbitraires. Selon toute probabilité Éphore profita de cette circonstance pour reculer le plus possible l'origine de Cumes. Cet historien, né dans une ville de même nom en Asie Mineure et animé d'un enthousiasme excessif pour sa ville natale, a fait son possible pour lui assurer dans son ouvrage une place proéminente et glorieuse, et s'attira de ce chef les railleries d'autres auteurs (3).

(1) I. 12, 3. VI 3, 1.
(2) Il est vrai qu'on n'est pas sûr que cette source, comme Wölfflin (*Antiochos von Syracus und Coelius Antipater*, p. 1-12) le suppose, soit Antiochus de Syracuse. On pourrait aussi bien penser à Hellanikos ou à Hippys de Rhegium. Comp. Wilamowitz-Moellendorff, *Kydathen*, p. 121, note 37 et *Hermes* XIX p. 442, note 1.
(3) Strabon, XIII, c. 623. Comp. Volquardsen, *Untersuchungen über die Quellen bei Diodor*, p. 59.

On a prétendu que les Cuméens de l'Asie Mineure auraient pris part à la fondation de Cumes en Campanie. Cette opinion repose-t-elle sur une tradition historique ou seulement sur une conclusion qu'Éphore lui-même aurait tirée de l'identité des deux noms? C'est ce qu'il est difficile d'affirmer (1). Quoi qu'il en soit, Éphore était fortement tenté d'établir des rapports entre la Cumes de Campanie et sa ville natale, et d'attribuer à la première une noblesse très ancienne; la ville éolienne acquérait en effet un nouveau titre de gloire, si l'on arrivait à accréditer cette opinion qu'elle avait coopéré à l'établissement de la première colonie grecque en Occident et qu'elle lui avait donné son nom. Il est certain que Strabon, dans ses chapitres consacrés à la ville campanienne, a surtout mis à contribution Éphore. Non seulement il le cite (2), mais il rend compte de la fondation de cette ville tout à fait à la manière de cet historien, qui s'était acquis une véritable renommée par les détails avec lesquels il racontait les migrations des peuples et l'établissement de leurs colonies (3). De ce qui précède, il nous est permis de conclure sans rien exagérer que c'est à Éphore qu'on a emprunté l'opinion d'après laquelle Cumes serait la plus ancienne des colonies grecques de l'Occident. En tout cas le passage (4) « οἱ δὲ τὸν στόλον « ἄγοντες, Ἱπποκλῆς ὁ Κυμαῖος καὶ Μεγασθένης ὁ Χαλκιδεὺς, διωμολο- « γήσαντο πρὸς σφᾶς αὐτούς, τῶν μὲν τὴν ἀποικίαν εἶναι, τῶν δὲ τὴν « ἐπωνυμίαν », avec son antithèse de rhétoricien, est entièrement conforme au style du disciple d'Isocrate (5), tandis que le sentiment de fierté qui y domine nous rappelle bien le patriotisme local de l'historien.

D'un autre côté, il y eut plus tard beaucoup de bonnes rai-

(1) Comp. Beloch, *Campanien*, p. 147-148.
(2) V. c. 244.
(3) Polybe, IX, I, 4.
(4) V. c. 243.
(5) Voy. la proche parenté des expressions dans les fragments d'Éphore chez Müller, *Fragm. hist. gr.*, I, p. 234, n°s 2 et 5, p. 249, n° 64.

sons pour faire croire que la ville de Cumes en Campanie remontait réellement à une très haute antiquité. Comme le souvenir de l'influence considérable qu'elle avait exercée sur le développement de l'Italie centrale était resté très vivace, on s'imagina qu'il y avait beaucoup de rapports entre Cumes et l'histoire primitive du Latium, et spécialement entre cette ville et le conte inventé par les Grecs de la Sicile, d'après lequel Énée serait venu dans le Latium. On admet qu'Énée, avant de débarquer dans ce pays, avait visité Cumes (1). Depuis l'origine de la littérature romaine tout au moins on fixa la fondation de Rome au milieu du huitième siècle avant J.-C., et, selon la tradition qui avait cours au deuxième siècle, on calcula que l'intervalle compris entre cet événement et le débarquement des Troyens embrassait une période de trois générations (2). D'après ces évaluations, la ville de Cumes aurait existé déjà au neuvième siècle. Cependant il fallut lui attribuer une antiquité encore plus haute, lorsqu'au temps d'Auguste on dressa la liste des rois d'Albe, et que par le même fait on recula l'arrivée d'Énée à une époque antérieure à celle à laquelle on l'avait fixée d'abord (3). Il n'est donc pas étonnant que Velleius Paterculus ait considéré la ville campanienne comme plus ancienne même que la ville homonyme de l'Asie Mineure. La critique historique a le droit et même le devoir de rejeter des dates aussi artificiellement arrêtées. Il ne faut donc pas considérer la ville de Cumes comme un précurseur dans la colonisation hellénique de l'Occident; il faut simplement lui assigner une place dans ce mouvement de migration générale. Par conséquent, si les plus anciens établissements des Grecs sur la côte orientale de la Sicile datent du huitième siècle avant notre ère, la position géographique de Cumes nous indique que cette ville n'est pas plus ancienne, mais plutôt un peu plus récente que ceux-là.

(1) Virgile, *Aen.*, VI, 1 et suiv. — Ovide, **Metam.**, XIV, 101 et suiv.
(2) Comp. Mommsen, *Römische Chronologie* (2º édit.), p. 151-153.
(3) Mommsen, *ibid.*, p. 156 et suiv.

IIe SUPPLÉMENT.

(*Voy.* p. 135.)

DU REVÊTEMENT MÉTALLIQUE DES MURS.

Comme les métaux se distinguent par leur solidité et par leur ductilité, on a été tout naturellement amené à rendre plus résistants en même temps que plus beaux, au moyen d'un revêtement métallique, les objets faits avec des matières plus fragiles. Il est donc inutile de supposer que ce procédé a été inventé dans telle ou telle contrée d'où il se serait propagé plus loin. Différents peuples ont bien pu, indépendamment les uns des autres, avoir l'idée d'employer les incrustations métalliques les plus simples et à leur portée. On se demande cependant si cette hypothèse est admissible quand il s'agit de l'usage mentionné dans l'Épopée de recouvrir certains fragments d'architecture et même des murs d'un revêtement métallique.

Il est prouvé qu'un usage au moins analogue existait dans la vallée du Nil sous l'Ancien Empire. Dans le papyrus de Berlin n° 1, un réfugié égyptien du nom de Saneha, gracié, après un long séjour à l'étranger, par le Pharaon Amenemhat Ier (de la 12e dynastie, 3000 ans avant notre ère), et, rentré dans son pays, raconte l'histoire de sa vie et décrit sa statuette mortuaire, qui devait être placée un jour dans son tombeau orné par la grâce du roi. Cette statuette était d'or et ses reins étaient enveloppés d'un tablier (*schenti*) en *asem*, c'est-à-dire en or mélangé d'argent (*elektron*) (1). Il est évident que cet emploi de l'elektron est en rapport intime avec l'incrustation architecturale, et plus encore avec l'habitude de couvrir d'une plaque de métal la pointe ou le pyramidion des obélisques. La preuve que cette habitude existait déjà sous les premières dynasties se trouve sur l'obélisque qu'Usurtasen Ier, successeur d'Amenamhat Ier, éleva à Héliopolis, et sur le faîte duquel plusieurs Arabes avaient trouvé une garniture en bronze, couverte de figures gravées (2).

D'un autre côté les inscriptions du Nouvel Empire parlent d'incrustations métalliques, qui correspondent dans ce qu'elles ont d'essentiel à celles décrites dans l'Épopée. On y mentionne souvent des portes recouvertes de métal. Mais puisque Dümichen (3) a déjà réuni un nombre considérable de témoignages de ce genre, il nous suffira d'en citer quelques-uns qui sont les plus concluants. La plus ancienne mention d'un revêtement métallique de porte se trouve, autant que nous sachions, dans une inscription où sont consignés les travaux que Thutmès III (seizième siècle av. J.-C.) fit exécuter à Karnak (4). Il y est dit : « Sa porte en bois du pays de Chont (ou Chontsché) est couverte de cuivre (bronze?), et dans le cartouche se trouve encadré le nom du roi en or (*asem*). » Dans un autre passage du même texte on lit : « Sa Majesté a fait construire la grande porte en
« vrai bois d'*as* revêtu d'or, les joints, remplis de cuivre noir,
« et le nom du roi dans le cartouche est en or *asem*, en or et

(1) Lepsius, *Ueber die Metalle in den aegyptischen Inschriften* (Mémoires de l'Académie de Berlin, 1871, p. 43-49). — Lepsius, *Denkmäler*, t. XII, sect. VI, pl. 104-107. — Maspero, *Mélanges d'archéologie égyptienne*, II et IV.

(2) Abd-al-Latif (p. 60-61 édit. White) et Maqrizi (Khitat-ed-egiz. I, p. 229-230) rapportent ce fait d'après un ouvrage de Safi'-b'-Ali (mort en 1330). — Comp. de Sacy, *Relation de l'Égypte par Abdollatif*, p. 225-226. — Ce revêtement en bronze est aussi mentionné par le géographe Jâqût (Wüstenfeld, *Geographisches Wörterbuch*, III, p. 763).

(3) *Zeitschrift f. aegyptische Sprache*, 1872, p. 102-105.

(4) Cette inscription a été publiée par Mariette dans son ouvrage *Karnak*. Nous devons cette traduction et les suivantes à l'obligeance de M. Dümichen.

en cuivre noir (1). » L'inscription au-dessus du temple, que Ramsès II éleva à Osiris à Abydos, dit : « Il a construit le por- « tail en pierre foncée; les vantaux de la porte sont joints avec « du cuivre et revêtus d'or (*asem*) (2). » Une inscription sur le temple de Médinet-Habou (3) rapporte sur Ramsès III ceci : « Il « l'a fait élever à la mémoire de son père Amo-Râ, le souve- « rain de Thèbes ; il l'a construit pour des millions d'années en « grès magnifique et solide, ses portails en granit noir; les bat- « tants des portes en vrai bois d'*as* du pays de Hotpohet re- « vêtues de plaques d'or (*asem*). » — Il est évident que toutes ces portes étaient recouvertes de plaques de métal d'après le même principe technique que celles mentionnées dans l'Épopée, telles que les portes en fer du Tartare (4) et celles de la maison d'Alcinoüs dont les battants, selon le poète, étaient en or et les montants (5) en argent!

Nous ne rencontrons, au contraire, en Égypte que peu de traces de revêtements métalliques des murs semblables aux descriptions que l'Épopée fait des salles d'Alcinoüs (6) et de Ménélas (7). M. Dümichen, que nous avons consulté, n'a pu nous indiquer que deux inscriptions relatives à ce sujet. L'une se rapporte au grand temple que Séthos Ier éleva à Abydos (8), et décrit ainsi un de ses corridors : « Édifice construit en pierre re- « vêtue d'or pour une durée infinie de périodes de cent vingt an- « nées. » — L'autre, qui se trouve à Thèbes, ne mentionne aucun nom de roi, mais semble, selon la supposition de Dümichen, ap-

---

(1) Il est dit d'une harpe consacrée dans le même temple par Thutmès III : « Une harpe magnifique incrustée d'argent, d'or, de lapis lazuli de malachite (?) et d'autres pierres précieuses ».
(2) Brugsch, *Recueil*, I, 12, 1. — Lepsius, *loc. cit.*, p. 48.
(3) Dümichen, *Historische Inschriften*, II, pl. 47, 16. — Lepsius, *loc. cit.*, p. 191.
(4) *Il.*, VIII, 15. (Voy. plus haut p. 136 note 1.)
(5) *Od.*, VII, 88-90. (Voy. plus haut, p. 127 note 3.)
(6) *Od.*, VII, 86-87 (Voy. plus haut, p. 127 note 3).
(7) *Od.*, IV, 71-73. (Voy. plus haut, p. 128 note 1.)
(8) Mariette, *Abydos*, I.

partenir au règne de Ramsès III (1). L'inscription qui s'y rapporte et dont la traduction nous a été donnée par ce savant dit textuellement : « On a aménagé pour le père d'Amon une « grande salle de festin ; elle fut revêtue de bon or ; les colonnes « furent ornées d'*asem* et les soubassements d'argent. »

Le revêtement métallique des murs était bien plus répandu en Mésopotamie qu'en Égypte. Les matériaux les plus usités dans ce pays depuis les temps les plus reculés étaient les briques en terre glaise (2). Afin d'armer contre les injures du temps et contre la violence des hommes ces édifices construits avec des matériaux aussi périssables et afin de les orner, il fallut protéger leurs murs à l'intérieur comme à l'extérieur d'un revêtement solide. Le choix des matériaux employés dépendait naturellement du but qu'on se proposait d'atteindre. Si l'on ne visait qu'à la solidité, on couvrait les murs de pierres ; lorsqu'il s'agissait d'embellissement, on employait des métaux, de l'ivoire, des briques émaillées et des boiseries précieuses. Il est évident que, dans le pays de vieille civilisation compris entre l'Euphrate et le Tigre, toutes les conditions favorables étaient réunies pour développer et pour perfectionner, de quelques matériaux qu'on se servit à cet effet, l'art d'incruster les murs. On se demande donc s'il ne faut pas regarder la Mésopotamie comme le point de départ de ce système de décoration, et si ce n'est pas l'Asie qui a donné naissance aux revêtements muraux de la vallée du Nil. Comme nous l'avons fait observer plus haut, il n'existe pas de preuve que ce système y fût connu avant Séthos Ier. Il est cependant certain que, depuis la marche victorieuse de Thutmès III jusqu'aux bords de l'Euphrate, l'art égyptien en général et son art décoratif en particulier ont fait

---

(1) Dümichen, *Historische Inschriften*, II, pl. 56. Ce savant nous informe que la mention que cette inscription provenait de Thèbes a disparu de cette plaque. Aussi cette inscription ainsi que celle qui la précède immédiatement et celles qui la suivent sont-elles citées d'ordinaire comme se trouvant à Dendérah. (Voy. Lepsius, *loc. cit.*, p. 45.)

(2) Comp. sur ce sujet Perrot et Chipiez, *Hist. de l'art.*, II, p. 113 et suiv., 154 et suiv.

de nombreux emprunts à l'Asie (1). Il semble même que de là serait venu l'usage de recouvrir non seulement les murs, mais les portes d'un revêtement métallique. Le plus ancien spécimen de ces portes nous est signalé sous le règne de Thutmès III, puisque nombre d'inscriptions égyptiennes disent clairement, que l'airain de ces portes était de provenance asiatique (2). En tous cas le revêtement métallique des murs paraît avoir été bien plus répandu en Asie qu'en Égypte.

Les murs du temple de Bel à Babylone étaient revêtus d'argent et d'ivoire, le toit et le sol d'or (3). La citadelle, dont la construction était attribuée à Sémiramis, contenait, selon Ktésias (4), des chambres d'airain (δίαιται χάλκεαι), tandis que Philostrate (5) raconte que les murs des chambres et des galeries étaient recouverts d'or et d'argent ou de drap tissé d'or, et que le toit était brillant d'airain. Taylor a découvert, dans une construction chaldéenne en terrasses, une chambre dont les murs avaient un revêtement en feuilles d'or (6). On a trouvé à Nimroud, dans le palais d'Assurnazirpal, des briques dorées (7) et des fragments d'incrustations en ivoire richement ornementées (8). Dans le palais de Sargon, découvert à Khorsabad, il y avait une chambre de harem incrustée de feuilles de bronze, sur lesquelles étaient représentées au repoussé des figures d'hommes et d'animaux (9). Les chambranles de la porte du harem avaient

---

(1) Comp. von Sybel, *Kritik des aegyptischen Ornaments*, Marburg, 1883.
(2) Voy. les différents exemples dans la *Zeitschrift für aegyptische Sprache* (1872, p. 102-105).
(3) Avienus, *Descrip. orbis* 1200 (voy. plus haut, p. 147 note 3). — Comp. Dionys., *Perieg.*, 1007-1008.
(4) Dans Diodore, II, 8.
(5) *Vita Apollōn. Thyan.*, I, 25, § 34 : τὰ δὲ βασίλεια χαλκῷ μὲν ἤρεπται καὶ ἀπ' αὐτῶν ἀστράπτει, θάλαμοι δὲ καὶ ἀνδρῶνες καὶ στοαί, τὰ μὲν ἀργύρῳ, τὰ δὲ χρυσοῖς ὑφάσμασι, τὰ δὲ χρυσῷ αὐτῷ καθάπερ γραφαῖς ἠγλάισται.
(6) Taylor, *Notes on Abou-Shareïn*, p. 407 (*Journal of the Royal Asiatic Society XV*). — Comp. Perrot et Chipiez, *Hist. de l'art*, II, p. 312-313.
(7) Layard, *Niniveh*, II, p. 264, n. 1.
(8) Perrot et Chipiez, *Hist. de l'art*, II, p. 313-316.
(9) Place, *Ninive et l'Assyrie*, pl. 72.

la forme de troncs de palmiers en bois sculpté garni de bronze (1). Des fragments d'incrustations en bronze, qui avaient jadis servi à décorer une chambre ou un gros meuble, émigrèrent de Mosoul chez des marchands d'antiquités à Paris; ces ornements faits au repoussé, apparemment du neuvième siècle av. Chr., semblent représenter des événements du règne de Salmanassar II (2). Si nous nous en rapportons aux traductions des assyriologues, les inscriptions cunéiformes de Babylone mentionnent également des incrustations en métal et en ivoire (3).

La description du temple de Salomon, construit et décoré sous la direction d'artistes de Tyr, prouve que les Phéniciens connaissaient un art décoratif analogue. Les lambris en bois de cèdre étaient revêtus d'or battu (4). Lorsque Ézéchiel (5) dit en parlant du roi de Tyr : « Le plafond de son palais se « compose de pierres précieuses, de cornalines, de topazes, « de diamants et d'or, » il s'agit là évidemment de précieuses incrustations murales (6). Il n'est donc pas impossible que l'assertion de Virgile (7) d'après laquelle les seuils,

---

(1) Place, pl. 73, 1, 2.
(2) *Gazette archéologique*, 1878, pl. 22-24, p. 119 et suiv.
(3) Nabuchodonosor dit dans une inscription trouvée à Babylone (d'après Lenormant, *Manuel d'histoire ancienne de l'Orient*, II, p. 233) : « J'ai recouvert d'or la charpente du lieu de repos de Nebo. Les traverses de la porte des oracles ont été plaquées d'argent. J'ai incrusté d'ivoire les montants en cèdre de la chambre des femmes. »
(4) *Les Rois*, I, 6, 22. — *Chron.* : II, 3, 4, 5 et 8. — Josèphe, *Antiq. jud.*, VIII, 3, 2 : τοὺς δὲ τοίχους κεδρίναις διαλαβὼν σανίσι χρυσὸν αὐταῖς ἐνετόρευσεν, ὥστε στίλβειν ἅπαντα τὸν ναόν. — Comp. *Ibid.* 3, 3 sur la dorure des portes et du toit : συνελόντι δ'εἰπεῖν, οὐδὲν εἴασε τοῦ ναοῦ μέρος οὔτε ἔξωθεν οὔτε ἔνδοθεν, ὃ μὴ χρυσοῦς ἦν; de plus 3, 9.
(5) XXVIII, 13.
(6) Nous laissons de côté la colonne d'or dans le temple de Melkart à Tyr (Hérodote, II, 44), puisqu'il est incertain si elle était en or massif ou bien en bois avec un revêtement d'or. Il en est de même des statues dans le temple de Melkart à Gadès, qui étaient de bronze, selon Strabon, III, 170, et d'un mélange d'or et d'argent, selon Philostrate, *Vita Apollon.*, V, 5.
(7) *Énéide*, I, 428 et suiv.

les poutres et les portes du temple de Junon, c.-à-d. d'Astarté, à Carthage, étaient d'airain, soit appuyée sur une tradition exacte.

Le tabernacle des Juifs n'était, — d'après les recherches (1) les plus récentes, — qu'une fiction historique inventée avec l'intention de doter le peuple de Dieu d'un sanctuaire central avant la construction du temple de Salomon. Il est cependant évident que l'auteur de cette fiction avait été guidé par des modèles architectoniques connus de lui. Selon la description de l'Exode, les parois en bois avaient à l'extérieur comme à l'intérieur un revêtement en or battu (2), de même que les colonnes qui soutenaient les rideaux intérieur et extérieur. Les premières reposaient sur des bases d'argent, les secondes sur des bases d'airain (3). Les colonnes du parvis étaient aussi d'airain (4), et l'autel en bois avait un revêtement de même métal (5). Suivant Josèphe (6), qui paraît avoir consulté pour ses descriptions des sources spéciales, différentes de celles des livres de l'Ancien Testament, l'or occupait une place prédominante dans les incrustations du temple de Salomon. Cependant, en Judée et dans la voisine Samaria, l'on avait une prédilection pour les placages d'ivoire dont le doux éclat était mieux approprié au teint des filles brunes de Sem. Déjà dans les psaumes il est question d'une maison en ivoire (7). Ahab, roi d'Israël (8), en a construit une pareille; et le prophète Amos (8ᵉ siècle av. J.-C.) (9), en parlant d'une décoration analogue, blâme sévèrement le luxe des notables Samaritains.

(1) Wellhausen, *Prolegomena zur Geschichte Israels,* 2ᵉ édition, I, p. 40 et suiv.
(2) *Exode*, XXV, 10, 11. Cette description est répétée d'une manière plus ample dans *Exode,* XXVI, 15-30. — Comp. Josèphe, *Ant. jud.*, III, 6, 5.
(3) *Exode*, XXVI, 32, 37.
(4) *Exode,* XXVII, 11, 17.
(5) *Exode*, XXVII, 1, 2.
(6) *Antiq. jud.*, VIII, 5, 2.
(7) 45, 9.
(8) *Les Rois*, I, 22, 39.
(9) 3,15.

La contrée située le plus au Sud, où nous retrouvons ce système décoratif, est l'Yémen, le centre du commerce des épices. Dans la citadelle royale de Sabæ, capitale de l'Arabie heureuse, les portes, les plafonds et les murailles étaient couverts d'ivoire, d'or, d'argent et de pierres précieuses (1). Une autre relation plus détaillée (2) rapporte que des coupes d'or, garnies de pierres précieuses, servaient à orner des plafonds et des portes. Cela nous rappelle les coupes richement ornementées, souvent fixées

Fig. 198. — Disque convexe en bronze avec un masque de Bacchus. (Extr. de J. Martha, *L'Art étrusque*, fig. 142, p. 175.)

sur la caisse et sur le couvercle d'anciens sarcophages judaïques (3) ainsi que ces objets de bronze en forme de boucliers, trouvés dans les anciens tombeaux de Corneto (fig. 198), et qui

---

(1) Strabon, XVI, 778. Καὶ γὰρ θυρώματα καὶ τοῖχοι καὶ ὀροφαὶ δι' ἐλέφαντος καὶ χρυσοῦ καὶ ἀργύρου λιθοκολλήτου τυγχάνει διαπεποικιλμένα.

(2) Diodore, III, 47: τὰς δ' ὀροφὰς καὶ θύρας χρυσαῖς φιάλαις λιθοκολλήτοις καὶ πυκναῖς διειληφότας. Comp. Agatarchides, *De mari erythræo*, 102 (*Géogr. gr. minores*, éd. Muller, I, p. 190): κίονάς τε πολλοὺς αὐτοῖς φησὶ κατεσκευάσθαι ἐπιχρύσους τε καὶ ἀργυροῦς, πρὸς δὲ καὶ τὰς ὀροφὰς καὶ θύρας φιάλαις λιθοκολλήτοις ἐξειλῆφθαι πυκναῖς.

(3) *Bull. arch. du Musée Parent*, p. 21 et suiv. *Rev. arch.* XXV, 1873, p. 398 et suiv. Comp. XXVI, 1873, p. 302 et suiv.

ne pouvaient guère avoir d'autre destination que celle de remplir les panneaux de portes et les caissons de plafonds (1).

A l'ouest l'incrustation métallique se propagea de la Mésopotamie vers la Médie et la Perse. Nous avons déjà mentionné plus haut (2) les créneaux dorés et argentés des murs d'Ecbatane. Les bois de cèdre et de cyprès entraient principalement dans la construction de ce palais; mais ces précieux matériaux n'étaient visibles nulle part; les poutres de traverse, les caissons des plafonds et les colonnes étaient partout recouverts de feuilles d'or et d'argent, le toit lui-même était tout en plaques d'argent (3). C'est ce tableau magnifique qu'Eschyle (4) a sous les yeux lorsqu'il désigne la demeure du roi des Perses par les mots χρυσεόστολμοι δόμοι. Le temple qu'Artaterxès II Mnémon (405-359) fit élever à Ecbatane, en l'honneur d'Anaïtis, avait la même décoration (5).

Si nous en croyons Philostrate (6), l'incrustation métallique a été employée même dans les Indes. Cet écrivain rapporte qu'à Taxila, résidence du roi Porus, les murailles d'un temple étaient toutes recouvertes de plaques d'airain, sur lesquelles se détachaient en nielles des épisodes de la guerre entre Alexandre le Grand et ce roi.

(1) *Mus. Grég.*, I, 38, 1-4. — Micali, *Storia*, I, XLI, 1-3. Müller, *Denkmæler der alt. Kunst.*, I, 60, 303. Comp. *Bull. dell' Inst.*, 1829, p. 8, 150; Abeken, *Mittelitalien*, p. 387; O. Jahn, *Berichte der sächs. Gesellsch. d. Wiss*, 1854, p. 49; *Bullet. dell' Inst.* 1866, p. 237. La relation du *Bull.* 1829, p. 8 nous apprend que onze de ces objets ont été trouvés dans un tombeau de Corneto, superposés comme des plats. Cela prouve qu'ils ne servaient pas seulement à l'ornementation du tombeau, mais qu'ils avaient été mis à côté du défunt afin qu'il pût les utiliser dans sa demeure d'outre-tombe. Des boucliers analogues étaient également usités en Grèce : voy. Benndorf, *Antike Gesichtshelme und Sepulkralmasken*, t. XVII.

(2) Voy. plus haut, p. 119, note 3. — (3) Polybe, X, 27, 10 : Οὔσης γὰρ τῆς ξυλίας ἁπάσης κεδρίνης καὶ κυπαριττίνης οὐδεμίαν αὐτῶν γεγυμνῶσθαι συνέβαινεν, ἀλλὰ καὶ τὰς δοκοὺς καὶ τὰ φατνώματα καὶ τοὺς κίονας τοὺς ἐν ταῖς στοαῖς περιστύλοις, τοὺς μὲν ἀργυραῖς, τοὺς δὲ χρυσαῖς λεπίσι περιειλῆφθαι, τὰς δὲ κεραμίδας ἀργυρᾶς εἶναι πάσας.

(4) *Perses*, 159.

(5) Polybe, X, 27, 12. Comp. Bérose, fragm. 16 (*Fragm. hist. gr.* éd. Müller, I, p. 509). — (6) *Vita Apoll.*, II, 20.

Pline (1) enfin nous apprend que Saulakès, roi de la Colchide, un des descendants d'Aiétès, avait des appartements en or (dorés) dont les poutres, les colonnes et les pilastres étaient en argent. Si cette information a quelque valeur historique, il en résulterait que l'incrustation métallique avait pénétré jusque dans l'inhospitalière Colchide.

Quant à sa propagation en Asie Mineure, nous n'avons, indépendamment des descriptions homériques, mentionnées dans notre chap. VIII, qu'un témoignage très tardif à cet égard. Dans une épigramme de Bianor (2) ayant pour sujet le tremblement de terre qui détruisit la ville de Sardes, en l'an 17 ap. J.-C., cette ville est désignée comme étant « la cité de Gygès et d'Alyattès qui recouvrait autrefois de plaques d'or l'antique salle des princes. »

En tout cas l'incrustation fut introduite de très bonne heure, même avant la migration dorienne (3), dans les contrées orientales de la Grèce tournées vers l'Asie.

Le tombeau situé près de Mycènes et connu sous le nom de trésor d'Atrée offre dans les pierres dont la coupole est construite des rangées de clous de bronze ou des trous de clous qui s'étendent concentriques depuis le bord inférieur jusqu'à la clef de voûte, tandis que d'autres rangées semblables et parallèles traversent horizontalement la voûte (4). On est unanime à reconnaître que ces clous ont servi à maintenir des plaques de bronze; on en a d'ailleurs trouvé des fragments sur le sol du tombeau (5). Sur les parois bordant le chemin de la porte, ces

---

(1) Pline, XXXIII, 52. — (2) *Anth. pal.*, IX, 423 (II, p. 150 éd. Jacobs). Peut-être faudrait-il y ajouter un tombeau lydien au sujet duquel Prokesch (*Erinnerungen aus Aegypten und Kleinasien*, III, p. 180) s'exprime ainsi : « Les parois sont soigneusement polies à l'intérieur comme à l'extérieur et présentent beaucoup de creux peu profonds, ce qui prouve bien qu'elles étaient plaquées. »

(3) Voy. plus haut p. 85-87. — (4) Mure dans le *Rhein. Mus.* VI, 1838, p. 270; Schliemann, *Mykenae*, p. 49 et suiv. Thiersch, dans les *Mittheilungen des deutsch. archäol. Institutes in Athen*, IV, 1879, p. 178-179.

(5) Mure, *loc. cit.*, p. 272 : *Arch. Zeit.* 1862, p. 329. Comp. Christ und

clous sont plus petits et placés en rangs plus serrés. Mure (1) en conclut, peut-être avec raison, qu'à cet endroit la muraille était recouverte d'une matière plus précieuse, telle que l'or ou l'argent ou l'ivoire. Des vestiges d'une incrustation faite de pierres de différentes couleurs à la façade se sont conservés jusqu'à présent à la place qu'elle occupait primitivement (2). Suivant Adler (3) la petite porte à deux battants entre le compartiment à coupole et l'espace quadrangulaire, et probablement aussi le seuil du premier compartiment étaient garnis de fortes plaques de bronze.

Un souvenir des constructions de cette espèce s'est conservé dans le mythe de Danaé. D'après ce mythe, Akrisios cache sa fille devant les embûches de Zeus dans un thalamos d'airain (4). Ne serait-ce pas une de ces constructions souterraines garnies de bronze, analogues à celles de Mycènes? Peut-être faut-il ranger dans cette catégorie le tonneau d'airain dans lequel Eurystheus se cache devant Héraklès et celui où les Aloïdes emprisonnent Arès (5). Suivant Hésiode (6), il y eut, à l'époque héroïque, des maisons d'airain. Sur une colline près d'Aulis, on montrait un seuil d'airain, comme étant le vestige d'une tente d'Agamemnon qui se serait dressée autrefois à cette place (7).

La tradition delphienne rapportait que le temple d'Apollon de Delphes était en airain, avant que Trophonios et Agamédès l'aient

---

Lauth, *Führer durch das Antiquarium in München*, p. 39. Cependant Adler, dans Schliemann, *Tiryns*, p. XLIV, admet que ce n'est pas toute la coupole, mais seulement la cinquième et la neuvième couche de pierres qui étaient garnies de bronze.

(1) *Loc. cit.*, p. 274. — (2) Blouet, *Expédition de Morée*, II, pl. 70, 71; Thiersch, *loc. cit.*, p. 179-182.

(3) Dans Schliemann, *Tiryns*, p. XLIV.

(4) Sophocle, *Antigone*, 944-947. Horace, *Carm.* III, 13. Pausan., II, 23, 7.

(5) *Il.* V, 387; Boettiger, *Amalthea*, I, p. 123; Müller, *Dorier*, II, p. 256. Comp. Klein, *Euphronios*, 2ᵉ éd., p. 92 et suiv. — (6) *Opp.* 150 : χάλκεοι δὲ τε οἶκοι.

(7) Pausan., IX, 19, 7. Comp. Bursian, *Geographie von Griechenland*, I, p. 218.

construit en pierre (1). A Colone, dème attique, le chemin qui devait conduire aux Enfers était accessible au moyen de marches de bronze (2).

Dans le tombeau situé près d'Orchomène et connu sous le nom de *trésor de Minyas*, les parois n'étaient pas, comme on l'avait cru jusqu'à présent, garnies de plaques métalliques. Des observations récentes semblent avoir prouvé que la coupole était recouverte d'une décoration consistant en rosaces de bronze. Les trous qui servaient à maintenir ces motifs décoratifs sont disposés sur toute la surface de la coupole en rangées horizontales distantes de 60 centimètres l'une de l'autre. Chaque rosace était placée dans l'intervalle compris entre deux rosaces du rang inférieur et du rang supérieur. A en juger par les trous percés, la porte du thalamos paraît avoir été bordée de trois rangs de rosaces (3).

Du reste l'ancienne décoration asiatique fut usitée chez les Grecs même après l'époque homérique. Pausanias (4) raconte que le tyran Myron, après avoir triomphé, pendant la 33° Olympiade (643 av. J.-C.), dans une course de chars, fit construire à Olympie le trésor des Sicyoniens et y adjoignit deux *thalamoi*, l'un de style dorique, l'autre ionique. Cet auteur ajoute qu'il avait constaté de ses propres yeux que ces deux thalamoï étaient en airain. Ses renseignements ont été confirmés par les vestiges récemment découverts de ce trésor (5). Cette construction n'a pu être élevée au temps de Myron, c'est-à-dire au septième siècle av. J.-C. Les membres d'architecture conservés, l'inscription et les marques des pierres sont de la fin du sixième siècle au

---

(1) Pausan., X, 5, 11. — (2) Sophocle, *Oed. Col.*, 1591. — (3) Schliemann, *Orchomenos*, p. 25, 29-31. *Verhandlungen der Berliner Gesellschaft für Anthropologie*, séance du 26 juin 1886, p. 379.

(4) VI, 19, 2. — (5) *Archäol. Zeit.* 1881, p. 66, 170-172. *Die Ausgrabungen von Olympia*, IV, 1878-1879, pl. 33. Cette construction est encore appelée ici *Trésor des Carthaginois*, appellation qui a été confirmée par l'inscription trouvée plus tard (*Arch. Zeit.* 1881, p. 170, n° 394; Roehl, *Inscr. græcæ antiquissimæ*, p. 172, n° 27 c). Comp. Boetticher, *Olympia*, p. 214-216; Klein, dans les *Arch. epigr. Mittheil. aus Oesterreich.*, IX, p. 170-172.

plus tard. Comme, d'autre part, on n'a trouvé aucune trace de revêtement métallique sur les murs, les thalamoï mentionnés par Pausanias n'étaient certainement pas des chambres, mais des armoires ou autres objets transportables de ce genre, garnis de bronze. De plus, à Olympie, à l'est de ce qu'on appelait autrefois le Léonidaion, à $0^m,30$ environ sous le niveau hellénique et à un mètre sous la couche romaine, on a découvert un fragment d'une incrustation de bronze rehaussée d'ornements géométriques. Étant donnée la grande dimension du morceau conservé ($0^m,298$ de longueur), cette incrustation a dû servir de motif architectonique, peut-être pour garnir les montants de la porte (1). Mais elle a été plus tard détournée de sa destination primitive, et le fragment en question a été employé pour graver une inscription probablement éléenne dont les particularités linguistiques sont de la fin du septième siècle au plus tôt (2).

Nous avons enfin à mentionner ici le temple de l'Athèna Chalkioikos que Gitiadas bâtit à Sparte ou qu'il décora à nouveau, à l'occasion d'une restauration (3). Les bas-reliefs mythologiques en bronze, décrits par Pausanias, étaient-ils placés sur l'idole même de la déesse ou sur les murs du temple? c'est ce qu'on ne saurait dire avec certitude. Cependant cette dernière hypothèse est la plus vraisemblable. De même les données sur l'époque où vécut Gitiadas sont très confuses. Si Brunn a raison d'admettre que cet artiste vit la fin de la troisième guerre messénienne (455 av. J.-C.), la décoration dont il s'agit est pour une longue période de temps le dernier parmi les travaux grecs de cette nature qui nous ait été signalé. En effet, autant que nos connaissances nous permettent de l'affirmer, les anciens procédés asiatiques ne furent jamais employés dans l'architecture de la période florissante. Ils ne furent remis en usage que lorsque le glaive macédonien eut ouvert aux Grecs l'accès

(1) *Arch. Zeitg.* 1881, p. 78; p. 91-94. — (2) *Arch. Zeitg.* 1881, p. 78, n° 382, p. 93.
(3) Pausan. III, 17, 2. Brunn, *Gesch. der griech. Künstler*, I, p. 114-115; *Die Kunst bei Homer*, p. 49-50. Comp. Klein, *loc. cit.*, p. 169-170.

de l'Asie Mineure et que, par suite, l'art grec eut subi de nouveau certaines influences orientales.

Les procédés d'incrustation métallique pénétrèrent dans la péninsule des Apennins par l'intermédiaire des colonies grecques fondées en Sicile et dans l'Italie méridionale. Dans le Latium et en Étrurie on rencontre des spécimens d'une analogie frappante avec tout ce que l'incrustation a produit dans les centres de l'ancienne civilisation hellénique. De même que l'Épopée mentionne des seuils et des portes de métal (1), de même les plus anciens peuples romains avaient des *valvae ex œre*, la maison de Camille des *œrata ostia* (2). Varron (3) fait dériver d'un revêtement métallique le nom de la Porta Raudusculana pratiquée dans la muraille de Servius. Les dalles de pierre décorées de bas-reliefs asiatisants, dalles qui, dans la nécropole de Tarquinies, ferment l'entrée de chambres funéraires de personnages de distinction, appartenant au cinquième siècle avant J.-C. (4), nous donnent bien une idée de ces portes, grandes ou petites, richement ornées; car dans ces bas-reliefs, comme le fait justement observer Semper (5), on reconnaît facilement une imitation des *sphyrelata* de bronze. Un édicule de bronze, dont les Romains attribuaient la fondation à Numa, était installé à l'origine dans le bois sacré des Muses situé devant la Porta Capena; frappé de la foudre, il fut transporté d'abord dans le temple de l'Honneur et de la Vertu, puis dans celui de l'Hercule des Muses (6). Le temple romain de Janus était plaqué de bronze (7). Dans les tombeaux étrusques, qui en partie sont

---

(1) Voy. plus haut p. 136, note 1; p., 127, note 3. — (2) Pline, XXXIIII, 13 : *Prisci limina etiam ac valvas in templis ex aere factitavere... Camillo inter crimina objecit Sp. Carvilius quæstor quod ærata ostia haberet in domo* (Comp. Plutarque, *Camill.* 12). Liv., X, 23, 11 : *aenea in Capitolio limina* (296 av. J.-C.). Comp. Jordan, *Topographie der Stadt Rom*, I, 2, p. 14. —
(3) *De ling. lat.* V, 163 : *porta Raudusculana quod aerata fuit*. Comp. Jordan, *ibid.* 1, 1, p. 237, note 66; p. 250, note 6.
(4) Voy. plus haut, p. 53, note 5. — (5) *Der Styl*, I, p. 435-437. — (6) Servius, *Sur l'Énéide*, I, 8. Comp. Preller, *Röm Mythol.* II², p. 130. — (7) Procop. *Goth.* I, 25, p. 375. Comp. Jordan, *loc. cit.*, I, 2, p. 352.

déjà du sixième siècle av. J.-C., on trouve souvent des plaques ou des bordures de bronze battu, décorés de différents motifs ou de figures du style archaïque (1). Les trous de clous dont presque toutes les pièces de ce genre sont pourvues et des morceaux de bois qui souvent sont restés attachés aux revers prouvent que ces plaques ont dû servir à revêtir des meubles de bois, tels que coffres, sièges et autres semblables. Il est possible toutefois, sinon probable, que ces objets transportables proviennent de fabriques étrangères, soit grecques, soit carthaginoises; on ne doit donc les consulter qu'avec prudence dans une étude sur l'art italique. Quoi qu'on en puisse penser, il est certain que l'usage de revêtir de bronze certaines parties architecturales pénétra de très bonne heure en Étrurie. Dans un tombeau de Chiusi qui remonte au moins au milieu du sixième siècle av. J.-C., une bordure de bronze, haute de 25 centimètres environ, qui ceignait toute la partie inférieure des murs, formait une sorte de socle (2). Un autre tombeau de la même nécropole et de même époque contenait le sol de bronze dont nous avons parlé plus haut (3). Une chambre funéraire de Chiusi (4) et une autre de Corneto (5) nous sont également représentées comme ayant un revêtement de bronze; malheureusement nous n'avons pas de renseignements précis sur la nature et sur la disposition de cette ornementation. Dans un tombeau de Chiusi l'on a trouvé divers fragments de feuilles d'or qui, de l'avis des personnes présentes aux fouilles, auraient servi primitivement à l'ornementation des murs (6).

Enfin, une relation de Polybe, dont un fragment très court seulement nous a été transmis, nous autorise à penser que l'ancien procédé asiatique d'incrustation fut usité même chez les lointains Ibères. Athénée (7) parle de la splendeur de la maison de

---

(1) *Mus. gregor.*, I, 17. 2; 18, 2; 39. — (2) *Bull. dell' Inst.* 1874, p. 205. — (3) Voy. plus haut, p. 148, note 1. — (4) Lanzi, *Saggio di lingua etrusca*, II, p. 266. — (5) Vermiglioli, *Opusc.*, I, p. 7. — (6) Dennis, *Cities and cemeteries of Etruria*, II², p. 353.
(7) I, 16 c.

Ménélas, et cite, à titre de comparaison, la description que Polybe avait faite de la maison d'un grand personnage ibérique. Dans l'Odyssée la riche incrustation murale est signalée comme une particularité caractéristique de la maison royale de Sparte (1); d'autre part Polybe dit expressément que ce personnage ibérique avait imité le luxe des Phéaciens, ce qui fait allusion à la maison d'Alcinoüs (2), somptueusement décorée. On peut donc en conclure que les murs de l'appartement où ce personnage et sa suite se délectaient en buvant de la bière, boisson nationale, étaient revêtus de brillantes plaques de métal. Du reste, le fait que ce système décoratif était appliqué dans l'Espagne méridionale n'a pas lieu de nous surprendre autant qu'on pourrait le croire au premier abord. Dès le douzième siècle avant notre ère, les Phéniciens y avaient établi des factoreries (3). Le temple qu'ils avaient élevé, à Gadès, au dieu Melkart était très ancien et célèbre au loin. Certains écrivains affirment que les colonnes de ce temple étaient en métal (4); il est par conséquent très probable que les murs avaient aussi une parure métallique. En tout cas nous savons que les Ibères voisins adoptèrent le culte du dieu de Tyr et qu'ils restèrent fidèles au rite phénicien (5). De plus, les Samiens du septième (6) et les Phocéens du sixième siècle (7) étaient en relations commerciales très suivies avec la population de Tartessos. Des trouvailles faites récemment au nord du Portugal prouvent de la manière la plus évidente que les habitants de cette contrée éloignée avaient pris contact de très bonne heure avec la civilisation qui florissait à l'est du bassin de la Méditerranée (8). Il semble donc fort probable que

(1) *Od.* IV, 71-73 (voy. pl. haut, p. 128, note 1).
(2) *Od.* VII, 86-90 (voy. plus haut p. 127, note 3).
(3) Movers, *Die Phönizier*, II, 2, p. 146 et suiv. — (4) Voy. plus haut, p. 563, note 6. — (5) Arrien, *Anab.*, II, 16. — (6) Hérodote, IV, 152. — (7) Hérodote, I, 163.
(8) Virchow, dans le *Compte rendu de la session du Congrès international d'anthropologie et d'archéologie*, Lisbonne, pl. I, II, p. 647 et suiv. Voy. notamment la plaque de bronze avec l'ornement tressé dont il a été question à la p. 494 (pl. II, 13. Comp. p. 659). D'autres monuments trou-

l'ancienne décoration asiatique fut transportée jusque chez les barbares de la péninsule ibérique grâce à l'intermédiaire des Phéniciens et des Grecs.

vés dans cette région présentent des ornements qui rappellent ceux des objets d'art découverts dans les tombeaux en puits de Mycènes : voy. Virchow, *ibid.*, p. 653, 655, 660.

ADDITIONS

P. 60, note 1. — Sur les plus anciennes nécropoles cypriotes M. Dümmler a publié, depuis, un excellent compte-rendu, dans les *Mittheilungen des arch. Instituts (Athen. Abtheil.)* XI, 1886, p. 209 et suiv.

P. 63-64. — Le caractère de la nécropole de Ialysos a été déterminé, autant que c'était possible, d'après les procès-verbaux de fouilles de Biliotti, par Furtwängler et Löschcke (*Mykenische Vasen*, p. 1-18, pl. A-E; Atlas pl. I-XI). Löschcke (préface, p. VI) apporte un argument probant de plus à l'hypothèse que cette nécropole, comme celles de Nauplie et de Spata, comme le tombeau à coupole de Menidi (voy. p. 87), est plus récente que les tombeaux en puits de Mycènes : on n'y rencontre point en effet de vases dont le décor est fait avec une couleur éteinte, absolument mate, vases assez fréquents dans ces tombeaux en puits et qui doivent être considérés comme une ramification d'une céramique que nous ont fait connaître des trouvailles plus anciennes (Hissarlik, les plus anciennes nécropoles cypriotes, les tombeaux préhelléniques des îles).

P. 64. — Sur les tombeaux en puits (*Schachtgräber*) et sur les couches mycéniennes qui les suivent immédiatement comp. Löschcke, dans la préface à l'ouvrage *Mykenische Vasen*, p. VI et suiv. de Furtwaengler et Löschcke.

P. 93. — On a découvert récemment, au sud de la rue du Pirée, à Athènes, un groupe de tombeaux analogues à ceux du Dipylon. La disposition de ces tombeaux semble correspondre à celle des *tombe a fossa* (voy. plus haut p. 30-31). Il y a là à la fois des traces d'ensevelissement et d'incinération. On y a trouvé aussi, à côté de nombreux vases peints de l'espèce du Dipylon, des armes en fer, notamment de lourdes épées et des pointes de lance (voy. plus haut p. 98-99). Comp. Cartault dans les *Monuments grecs publiés par l'association pour l'encouragement des études grecques en France*, II, 1882-1884, p. 41-42.

P. 93 et suiv. — Comp. sur les vases du Dipylon, Kroker dans le *Jahrbuch des deutsch. archäol. Instit.* I, 1886, p. 95 et suiv., et Löschcke, dans son introduction aux *Mykenische Vasen*, p. XI-XII. Kroker cite deux nouveaux faits qui prouvent que les vases du Dipylon sont postérieurs à la pleine floraison de l'Épopée. En effet on y remarque déjà des cavaliers (*Jahrbuch*, I, p. 97 *P*, p. 121) et des quadriges (*Jahrbuch*, I, p. 96 *B*, p. 121). Voy. plus haut p. 165, note 2. En outre Kroker fait observer (et c'est assez vraisemblable) que les figures de femmes nues, qui sont caractéristiques dans le style du Dipylon, ont été empruntées à l'art égyptien, notamment à des bas-reliefs qui reproduisent des scènes du culte des morts et sur lesquels les figures de femmes personnifiant les propriétés du défunt sont souvent représentées entièrement ou à peu près nues. Mais il est douteux si cet emprunt a été fait directement à la civilisation égyptienne ou par l'intermédiaire des Phéniciens.

P. 96. — Dans les tombeaux de la rue du Pirée l'on a trouvé également des vases de l'espèce du Dipylon avec des représentations de vaisseaux à proue pointue : Cartault, *loc. cit.*, pl. 4, p. 44, fig. 1.

P. 113. — Sur l tombeau de Matrensa voy. Furtwaengler et Löschcke, *Mykenische Vasen*, p. 47. Le vase publié dans les *Ann. de l'Inst.* 1877. Tav. d'agg. E 6, ressemble presque entièrement au spécimen de provenance chypriote publié par ces deux savants à la pl. XIV, p. 90.

P. 136. — Le seuil du thalamos dans le tombeau d'Orchomène ne remonterait guère, d'après les dernières recherches, qu'à l'époque romaine : voy. *Verhandlungen der Berl. Gesellschaft für Anthropologie*, séance du 26 juin 1886, p. 377.

P. 172. — Aux chars figurés sur les stèles de Mycènes se rattachent ceux des vases peints qui appartiennent à une phase plus récente de la céramique qui nous a été révélée par les trouvailles mycéniennes : Furtwaengler et Löschcke, *loc. cit.*, p. 27-29. Comp. *Mittheil. d. arch. Inst. (Athen. Abth.)* XI, p. 235.

P. 225 et 236. — Les raisons que donne Kirchhoff (*Gr. Alph.* 3e éd. p. 17-19, 4e éd., p. 20) à l'appui de cette opinion que la statue de Charès a dû être exécutée après l'année 546 avant J.-C., ne nous paraissent pas, après un examen plus approfondi de la question, très concluantes. Le substantif ἀρχός ne vise pas nécessairement un tyran ; il peut tout aussi bien se rapporter à un fonctionnaire supérieur de la cité ou à un aesymnète. Mais lors même qu'il désignerait un tyran, rien ne nous oblige à supposer que de petits despotes n'aient fait leur apparition qu'au début de la domination persane (546). Thrasybule était déjà vers 600 tyran de Milet (Plass, *Die Tyrannis bei den alten Griechen*, p. 226-228). Polycrate semble avoir imposé sa tyrannie à Samos dans les soixante premières années du 6e siècle (Plass, *ibid.*, p. 235-236). Ces faits ont bien pu avoir quelque influence sur la vie politique des petites villes. Par conséquent si nous écartons l'année 546 comme limite extrême, l'état actuel de l'histoire de l'art nous autorise à admettre que la statue de Charès appartient non à la seconde mais à la première moitié du 6e siècle. D'ailleurs, au point de vue épigraphique, il n'y a aucune objection à faire contre cette hypothèse. Comp. G. Hirschfeld, dans le *Rhein. Mus.* N. F. XLII, p. 216 et suiv.

P. 282. — Aux monuments de l'art grec qui nous montrent un haut bonnet raide il faut ajouter une idole de femme en argile trouvée à Tegea : *Nuove memorie dell' Inst. di correspondenza archeologica*, pl. VI, 3 p. 76.

P. 284, note 2. — Il est un point où nous n'avons pas bien compris les observations que fait Studniczka sur la coiffure d'Andromaque (*Beitraege*, p. 128-131). Suivant lui la πλεκτὴ ἀναδέσμη n'était pas, comme nous l'avons dit plus haut, un cordon ou ruban qui maintenait les cheveux sous la coiffe, mais bien une *mitra* ou bandeau qui enserrait autour de la tête la coiffe que Studniczka appelle *kekryphalos*.

P. 263 note 4. — Ce vase mentionné également p. 316, note 4, p. 400, note 1 et p. 420, note 1, n'est pas très bien reproduit dans Schliemann. *Mykenae* (p. 153, n° 213, p. 161, n° 214). Il l'est mieux dans Furtwaengler et Löschcke, *Mykenische Vasen*, pl. XLII, XLIII, p. 68-70.

P. 348. — « J'ai trouvé en 1885, dans un tombeau phénicien très ancien, près Tamassos, une grosse boucle d'oreille en or pâle avec trois petites boules semblables au spécimen cité par Helbig, *Das homerische Epos*, 1ʳᵉ éd. p. 187, fig. 58, 2ᵉ éd. p. 274, fig. 97 ». (Communication de M. Ohnefalsch-Richter).

P. 411-414. — On rencontre également souvent sur des bronzes de Sardaigne un petit bouclier rond muni d'une seule poignée au milieu du revers, ex : Perrot et Chipiez. *Hist. de l'art*, IV, p. 66, n° 52, p. 67, n°⁵ 53, 54, p. 68, n° 57, p. 70, n° 60. De même sur le guerrier d'une stèle funéraire d'Ikonion en Lycaonie. Texier, *Description de l'Asie Mineure*, II, pl. 103, p. 148-149; Perrot et Chipiez, IV, p. 741, n° 359.

P. 437, note 3. — La lance du guerrier représenté sur la stèle que nous venons de mentionner est pourvue de deux pointes placées l'une à côté de l'autre, en guise de fourchette.

P. 483. — L'une des deux coupes chypriotes a été publiée dans *la Revue archéol.*, VIII, 1886 et dans les *Mittheil. d. arch. Instit.* (*Athen. Abth.*), XI, III. Suppl. n° 6, p. 209 (comp. ibid., p. 240.) Elle a la forme d'un calice et était fixée sur une base supportant le récipient. Les deux appendices genre écuelles appliqués sur le bord ne sont point des anses; ils représentent sans doute des écuelles correspondant aux deux colombes.

P. 524. — Milchhoefer (*Die Anfaenge der Kunst in Griechenland*, p. 146) voit, dans le passage de l'Il. XVIII, 548, non de l'émail noir, mais un ton foncé de l'or, comme on le voit sur les lames de poignards mycéniens.

P. 545. — Sur l'Il. XVIII, 590-593 comp. Kuhnert. *Daidalos*, dans le vol. XV des suppléments des *Jahrbücher f. class. Philolog.*, p. 205-208. A ses yeux, le χόρος est, comme nous l'entendons nous-même, la représentation plastique d'un chœur de danse, mais il déclare avec raison que les vers 591-592, où est mentionné Daidalos, sont une interpolation ultérieure.

P. 553, note 5. — Dümmler et Studniczka nous envoient la communication suivante sur l'inscription de Cumes : « Le texte, évidemment conservé dans toute son intégrité doit être lu de la manière suivante : ὑπὸ τῇ κλίνῃ τούτει ληνὸς ὕπο (comme ἔνι-ἔνεστι), c'est-à-dire *sous la kliné ici est un tombeau dessous.* ληνός qui d'ordinaire signifie *citerne* ou cave, est employé dans le sens de *fosse sépulcrale* par des grammairiens et dans certaines inscriptions (Index des C. I. Gr. p. 154), notamment dans celles de Thessalonique, voisine de la Chalcidique. Dans l'inscription de Cumes, publiée par les *Not. d. scavi.* 1884, p. 356, le mot κλίνη s'applique aussi au monument funéraire. C'était sans contredit une pierre tombale placée pour s'asseoir, comme celle qu'on nommait τράπεζα à Athènes (voy. Brückner, *Attische Grabstelen*, p. 1 et suiv.). Ces τράπεζαι sont incontestablement aussi ces plaques de marbre semblables à des cercueils que l'on a trouvées en grand nombre près du Dipylon (voy. p. ex. Salinas. *Mon. sepolcr. presso la S. Trinità*, pl. I, B et IV F, p. 12). L'on plaçait dessus, comme sur des tables, des vases funéraires en marbre. Les peintures de lécythes funéraires nous montrent de ces plaques servant de sièges à des personnages en deuil assis devant les stèles. Si cette kliné de Cumes a été trouvée dans le plan vertical de la muraille intérieure d'un tombeau-cabane, elle n'a pu être employée que plus tard en guise de siège. C'est un fait que démontrent et l'existence même de cette inscription et la teneur de celle-ci : elle nous fait remarquer qu'il y a un tombeau, elle a dû par conséquent être visible sur la surface de ce tombeau ». Cette inscription a été reproduite également dans Kirchhoff, *Stud. zur Gesch. des gr. Alphab.* p. 121.

Un vase cinéraire quadrangulaire en forme de cassette qui a été trouvé à Vetulonia, dans un vaste tombeau du 6ᵉ siècle, pourrait être rapproché de la caisse d'argent où Héphaïstos dépose ses outils (Il. XVIII, 412 : ὅπλα τε πάντα λάρνακ' ἐς ἀργυρέην σύλλεξατο) et de la caisse d'or qui sert à recueillir les cendres d'Hector (Il. XXIV 795 : καὶ τά γε χρυσείαν ἐς λάρνακα θῆκαν ἑλόντες πορφυρέοις πέπλοισι καλύψαντες μαλακοῖσιν). Les parois sont en bronze recouvert d'argent battu rehaussé de figures d'animaux faites au repoussé. Les restes d'ossements qui y sont contenus étaient, comme il est dit dans l'Iliade au sujet des cendres d'Hector, enveloppés dans de la toile : *Bull. dell' Inst.* 1886, p. 244.

TABLE ALPHABÉTIQUE DES MOTS GRECS

(LES NOMS PROPRES FIGURENT DANS LA TABLE SUIVANTE)

Ἀγκύλον ἅρμα, 163, 178.
ἀγλαός, 304.
αἰθαλόεις, 149.
αἰολομίτρης, 369.
αἰχμή, 435, 436.
ἀκερσεκόμης, 299.
ἀκρόκομοι, 8.
ἄκων, 435, 436.
ἄλεισον, 469, 476.
ἄλειφαρ, 125.
ἀλεξάνεμος, 239.
ἄλσος, 540.
ἄμαξα, 184.
ἀμιτροχίτωνες, 8, 371.
ἀμορύεις, 345.
ἄμπυξ, 198, 276.
ἀμφήκης, 425.
ἀμφίγυος, 437.
ἀμφιέλισσα, 200-202.
ἀμφίθετος φιάλη, 470.
ἀμφικύπελλον, voy. δέπας ἀμφικ.
ἀμφίφαλος, 381, 383, 384, 386.
ἀμφίχυτον τεῖχος, 118.
ἀμφιφορεύς, 471.
ἀμφοτέρωθεν ἀναχμένος, 142, 425.
ἄμφωτος, 470.
ἀναδέσμη, voy. πλεκτὴ ἀναδ.
ἀνεμοσκεπής, 239.
ἄνθεμα, 345.
ἀνθεμόεις, 496.
ἀνθινός, 244.

ἀνιέναι, 268.
ἄντυξ, 163, 166, 174, 176, 182, 494, 509.
ἀξίνη, 438.
ἄξων, 180.
ἄορ, 425, 441.
ἀορτήρ, 435.
ἀπήνη, 184.
ἁπλοΐς, 240.
ἄπυρος, ἀπύρωτος, 471.
ἀργεννός, 210, 274.
ἀργής, 210, 274.
ἀργυρόηλος, 154, 426 et suiv.
ἀργύφεος, 210, 245.
ἅρμα, ἅρματα, 162 et suiv.
ἀσάμινθος, 157.
ἀσπίς, 398 et suiv., 442.
ἀσπὶς ἀμφιβρότη, 403.
ἀσπὶς εὔκυκλος, 403.
ἀσπὶς ὀμφαλόεσσα, 409.
ἀσπὶς πάντοσ' ἐΐση, 403, 407.
ἀσπὶς ποδηνεκής, 403, 406.
ἀσπὶς τερμιόεσσα, 410.
αὐλή, 123.
αὐλοὶ δίδυμοι, 352, 354.
αὐλός, 61.
αὐλῶπις, 376.

Βαθύζωνος, 264, 288.
βαθύκολπος, 266 et suiv.
βάτος, 136.

βηλός, 140.
βόεοι ίμάντες, 198.
βωμός, 504.

Γενειάς, 322.
γλωχίς, 187, 193.
γρύψ, 497-498.
γύαλον, 364-365.

Δαίδαλα, 259, 289.
δάπεδον, 144.
δέπας, 461, 468.
δέπας ἀμφικύπελλον, 461 et suiv.
δέσματα σιγαλόεντα, 276 et suiv.
διπλῆ χλαῖνα, 240-241.
δίπλαξ, 240, 243, 244, 287.
δίπτυχος, 240.
δίφρος, 158, 162.
δολιχόσκιος, 436.
δόρυ, 436-437.
δρύοχοι, 446.
δύω, δύνω, 217.

Ἑανός, 250, 288-289, 293.
ἐγχείη, ἔγχος, 435, 436.
εἰανός, 250, 288-289.
εἴση, 202.
ἐκτάδιος, 238.
ἔλαιον, 311, 326-327.
ἕλικες, 351, 354-357.
ἑλκεσίπεπλος, 252, 257.
ἑλκεχίτωνες, 223.
ἔμβολος, 96.
ἕνεται, 253, 351.
ἐνώπια παμφανόωντα, 126.
ἐπιδιφρίας, 163.
ἐπομφάλιος, 409.
ἕρματα, 345.
ἔστωρ, 187, 194.
εὐγναμπτος, 349, 353, 356.
εὔζωνος, 264.
εὔθρονος, 544.
εὐκνήμιδες, 9, 94, 361.
εὔκυκλος, 184.
εὔξεστος, 139, 157, 158, 163.

εὔξοος, 163, 164.
εὐπλεκής, 163.
εὔπλεκτος, 163.
εὐπλυνής, 245.
εὔσφυρος, 257.
εὔχαλκος, 275.

Ζεύγλη, 197.
ζυγόδεσμον, 191, 194.
ζυγόν, 186.
ζῶμα, 234, 371, 372.
ζώνη, 260, 265.
ζωστήρ, 366, 367, 373.
ζῶστρα, 234.

Ἤλεκτρον, ἤλεκτρος, 134, 147, 342.
ἧλοι, 428, 486.
ἡμιπέλεκκα, 142, 438.
ἡνία, 198.

Θησηίς, 309.
θρῆνυς, 158.
θρόνα ποικίλα, 243, 244, 494.
θρόνος, 150.
θυήεις, 327.
θύραι, 140.
θύσανος, 260.
θυώδης, 327.

Ἰάονες ἑλκεχίτωνες, 222, 232.
ἱμάς, 265-266, 378.
ἴσθμιον, 343.

Καῖρος, καίρωμα, 212.
καλλίζωνος, 265.
καλλίσφυρος, 257.
καιροσέων, 212.
κάλυκες, 354.
κάλυμμα, 272.
καλύπτρη, 210, 251, 272.
καμπύλος, 163.
κανόνες, 416-417, 489.
κάρη κομόωντες, 298.
καργήσιον, 472.
κασσίτερος, 250, 361-362, 410, 490, 525.

DES MOTS GRECS. 581

καταῖτυξ, 396.
καταγεύειν, 257.
κατωρυχέεσσι λίθοισιν, 123.
κέγχροι, 296.
κεκρύφαλος, 276.
κέρα ἀγλαός, 304.
κέρας, 304.
κεστὸς ἱμάς, 265-266.
κήρ, 532.
κηώδης, 327.
κηώεις, 327.
κίων, 139.
κληῖδες, 349-350, 353.
κλίνη, 578.
κλισίη, 150.
κλισμός, 150 et suiv. 156 et suiv.
κνημῖδες, 361.
κνίση, 149.
κολλητός, 139.
κόλπον ἀνιεμένη, 268.
κόλπος, 266-267.
κόρυς, 375 et suiv.
κορυφαία, 198.
κορῶναι, 309.
κορωνίς, 200-201.
κρεάγρα, 457.
κρήδεμνον, 210, 271.
κρίκος, 187-191.
κροκόπεπλος, 258.
κρόκος, 258.
κρωβύλος, 51, 310.
κυανοπρώρειος, 204.
κυανόπρωρος, 204.
κύανος, 127, 410, 490-493.
κύκλα, 184.
κύκλος, 403.
κυνέη, 375.
κύπελλον, 462, 468, 474-475.
κύων, 498, 504.

λάινος οὐδός, 141.
λαισήια, 421.
λαμπτήρ, 149.
λέπαδνα, 196.
λεπτός, 211, 245.

λευκός, 210.
λευκώλενος, 257.
λέχεα, 158.
ληνός, 578.
λινοθώρηξ, 374.
λιπαροπλόκαμος, 310.
λιπαρός, 210, 215.
λίς, 250.
λίστρον, 145.
λόφος, 385, 386, 395.
λώπη, 240.

Μάχαιρα, 435.
μέλαθρον, 149.
μελάνδετος, 433, 434.
μελίη, 435.
μιλτοπάρῃος, 204.
μίτρα, 105.
μίτρη, 367, 368, 443.
μορόεις, 345, 347.

Νεύω, 385, 386.
νηγάτεος, 210, 245.
νῆες ἔῖσαι, 202.
νηός, 539.

Ξεστῆς αἰθούσῃσι, 122.
ξεστοὶ λίθοι, 125.
ξεστός, 152.
ξέω, 141.
ξίφος, 425.
ξυρόν, 312.
ξυστὰ ναύμαχα, 96.

Ὀθόναι, 210, 211, 260, 275.
ὀθόνια, 214.
οἴηκες, 196.
ὀμφαλόεις, 187.
ὀμφαλός, 187.
ὀπιθενκομόωντες, 8, 303.
ὀρθόκραιρος, 199.
ὅρμος, 340-342, 494.
οὔχτα, 445.
οὖδας, 144.
οὐδός, 140, 141.

οὔλη χλαῖνα, 239.
οὐρίαχος, 436.
ὄχεα, 160.

Πάγχαλεος, πάγχαλκος, 374.
παμποίκιλος, 258, 289, 494.
παναίολος, 368.
παντόσ᾽ ἐΐση, 407.
παράσειρος, 185.
παρηορίαι, 165.
παρήορος, 164.
πασμάτια, 296.
πέζη, 186, 188.
πείρινς, 184.
πέλεκυς, 141, 142, 438.
περμώδολον, 454.
πέπλος, 23, 234, 250 et suiv., 288-290. 293, 297.
περίκυκλος, 489.
περιχεύειν, 338.
περονάω, 349.
περόνη, 241, 253, 349.
περφέρες, περφερέες, 108.
πήληξ, 375.
πλεκτὴ ἀναδέσμη, 278, 577.
πλόκαμος, 310, 311.
πλοχμός, 305.
ποδηνεκής, 403, 406.
ποικίλματα, 258.
ποικίλος, 126, 146, 157, 163, 243, 258, 266, 289, 494.
πολύχεστος, 266, 377, 388.
πολύχαλκος, 33.
πορύχρυσος, 83.
πόρκης, 436.
πόρπη, 241, 350.
πτερύγιον, 372.
πτύχες, 407.
πυθμήν, 137, 445, 478, 481-482.
πυκνῇσιν λιθάδεσσιν, 123.

Ῥάβδοι, 489.
ῥάκος, 242.
ῥήγεα, 210.
ῥυμός, 185, 186, 187.

ῥυτήρ, 164.
ῥυτοῖσι λάεσσι, 121.

Σάκος, 398, 407, 442.
σάκος ἐπομφάλιον, 409.
σάκος ἠΰτε πύργον, 406.
σάκος τετραθέλυμνον, 407.
Σάμος Θρηϊκίη, 14.
σανίδες, 139.
σάπφειρος, 128.
σαυρωτήρ, 436.
σειραῖοι, 185.
σίδηρος, 142.
σιγαλόεις, 152, 210, 215, 218.
σκέπαρνον, 141, 143, 144.
σκῆπτρον, 486.
σκυτοτόμος, 19.
σταθμός, 139.
στειλειή, στελεά, 448-449, 452.
στεφάνη, 276, 396.
στρεπτὸς χιτών, 233.
σύριγγες, 305.
σφέλας, 158.
σφηκόω, 305.

Τάλαρος, 137.
ταλαύρινος, 420.
τανυήκης, 426.
τανύπεπλος, 258.
τανύσφυρος, 548.
ταριχεύειν, ταρχύειν, 70-71.
τεῖχος ἀμφίχυτον, 118.
τεῖχος χάλκεον, 119.
τέκτονες ἄνδρες, 19.
τέκτων δούρων, 20.
τελαμών (du bouclier), 138, 417.
τελαμών (de l'épée), 435.
τερμιόεις, 221.
τετραθέλυμνος, 407.
τετράκυκλος, 184.
τετραφάληρος, 381, 389, 394.
τετράφαλος, 381, 383.
τέττιγες, 310.
τοξότης, 303.
τράπεζα, 158, 578.

DES MOTS GRECS. 583

τρητὰ λέχεα, 158-159.
τρίγληνος, 345-347.
τριγλώχιν, 438.
τριόττιον, τριοττίς, 346.
τρίπλαξ. 494-495, 509.
τρίπτυχος. 375.
τρυφάλεια. 375 et suiv., 383.
τυκτὸν δάπεδον, 144.

Ὑπασπίδια. 406.
ὑπερτερίη. 184.
ὑπερῷα σιγαλόεντα, 126.
ὑπήνη, 322.
ὑπόκυκλος, 137, 184.
ὑψηλός, 151.

Φαεινός. 140, 152.
φάλαρα, 387-388.
φαληριόωντα, 394.
φάλος, 381. 382, 389, 395.
φαρμάσσειν, 425.
φᾶρος, 210. 211, 242, 245, 250, 252, 259.
φάσγανον, 425.
φιάλη, 471.
φοινικοπάρηος, 204.

Χαλινός, 198.

χάλκειος, 375.
χάλκεον τεῖχος, 119.
χάλκεος οὐδός, 136.
χαλκεύς, 19.
χαλκήρης, 375.
χαλκοβατής, 136.
χαλκοπάρηος, 375, 376.
χαλκός, 403.
χαλκοχίτωνες, 366.
χιτὼν, 205 et suiv., 218, 286-288, 294, 296-297, 365.
χιτὼν στρεπτός, 283, 284, 365.
χιτὼν τερμιόεις, 221-222.
χλαῖνα, 209, 239-246.
χλαῖνα ἁπλοίς, 240.
χλαῖνα διπλῆ, 240.
χορός, 545, 577.
χρυσάμπυξ, 198.
χρύσεα δώματα. 127.
χρύσειος. 156.
χρύσεον δάπεδον, 147.
χρυσηλάκατος, 136.
χρυσήνιος, 138.
χρυσόθρονος, 137, 544.
χρυσοπέδιλος, 438.
χρυσόρραπις, 136.
χρυσός, 308.
χρυσοχόος, 338.

INDEX ALPHABÉTIQUE GÉNÉRAL

Aahmès 1er, 160.
Abantes, 8, 303.
Abdera, 14.
Abiens, 12.
Abydos (temple d'), 560.
Achéens, 331, 361, 512-513, 541, 549.
Achille, 164, 405, 548.
Achille (corps d'), 71.
Agamemnon, 229, 331-332, 333, 365, 367, 428, 512, 550.
Agathon, 309.
Agésilas, 68.
Agésipolis (roi de Sparte), 68.
Agrafes, Voy. fibules.
Agylla, 37.
Aigrette, 382-383, 385, 395, 416.
Aïolos (ile d'), 119.
Aisa, 216.
Ajax (fils d'Oïlée), 18.
Ajax (fils de Télamon), 120, 379, 387, 437.
Akésas, 291.
Akka, 25.
Alalia, 115.
Albâtre, 75.
Albe-la-Longue, 105.
Alcée, 443.
Alcinoüs, 335.
Alcinoüs (palais d'), 493, 501, 502, 504, 560.
Alexandre le Grand, 68, 73, 296, 566.
Alexandrie, 7.
Alké, 499.
Alkimènès, 292.
Alkisthénès, 292.
Allifœ (nécropole d'), 371 note 2.
Alyattès, 85.
Amathonte (coupe d'), 50, 315, 528.
Amazones, 451-452.
Ambre, 25, 134, 342.
Ambroisie, 71.
Aménophis III, 63.
Amorgos, 101, 430.
Amphimachos, 308.
Amset, 72.
Amu, 314.
Anchise, 354.
Anaitis, 566.
Andromaque, 494.
Anneaux, 75.
Antiménidas, 442.
Antiochus de Syracuse, 555.
Antiphanès, 320.
Apelles (l'orfèvre), 483, 486.
Aphrodite, 340, 352, 354.
Aphrodite cypriote, 283.
Apollon Amycléen, 151, 228.
Apollon de Delphes, 568.
Apollon Didyméen, 537.
Appareil de construction, 122-123.
Apprêt des étoffes, 213 note 2.
Apriès, 390.
Aram, 33.
Archiklès (coupe d'), 227.
Arcésilas (coupe d'), 230, 321.

INDEX ALPHABÉTIQUE GÉNÉRAL.

Arcïthoos, 99.
Arès, 531.
Arganthonios, 85.
Argonautes, 108.
Argos (le chien), 150.
Ariane de Knossos, 545.
Arimaspéia, 498.
Aristagoras, 441.
Aristion (stèle d'), 372.
Aristonophos, 317.
Armement homérique, 444.
Arnoaldi Veli (nécropole d'), 454, 458.
Art archaïque, 51 et suiv.
Artayktès, 69.
Artémis, 537.
— Brauronia, 507.
— d'Éphèse, 538.
— Munychia, 507.
Artifices de toilette, 325.
Art assyrien, 36-37.
Art phénicien, 36, 48.
Asa, 68.
Asem, 558 et suiv.
Assos, 317.
Assos (idoles d'), 284.
Assournasirpal, 262.
Astarté, 42, 47.
Astéropaios, 22.
Astyanax, 269.
Athéna, 339, 352, 513, 537.
Athéna Chalkioikos, 570.
Athéna Parthénos, 520.
Athéna troyenne, 535, 544.
Attache-boucles, 309-310.
Attelage, 164, 182, 185 note 1.
Aufidena (Alfedena), 56.
Autels, 539.

Babyloniens, 68.
Baignoires, 157.
Bains, 325.
Bain de miel (dans l'inhumation), 68.
Barbe, 311, 359.
Base de Sparte, 492.

Baudrier, 435, 505.
Benacci (nécropole de), 370, 423, 484.
Bianor, 567.
Bipennis, 451.
Bithyniens, 13.
Bleu d'outremer, 130.
Bologne, 110.
Bonnet, 277, 360.
Bossettes métalliques, 390, 391.
Boucles d'oreilles, 345 et suiv.
Boucliers, 398, 519-520.
Bouclier d'Achille, 407, 508, 533.
Bouclier d'Agamemnon, 498.
Bouclier d'Ajax, fils de Télamon, 21.
Bouclier de Sarpédon, 488.
Briarée, 549.
Briques, 84-85, 118, 123, 547.
Broches, 351, 357.
Bronze, 15-16, 103, 422.
Bryges, 17.
Bucchero nero, 472.
Byrsa, 92.

Cachet, 4.
Cadmus, 77, 537.
Caeré, 38, 114, 348, 492.
Calydon, 120.
Calypso, 251, 551.
Camiros, 64, 472.
Camp achéen, 117.
Campi d'Annibale, 72.
Canopes, 322, note 1.
Capoue (tombeau de), 181.
Capoue, 319.
Cariens, 23, 414, 441.
Carinthie, 384.
Carthaginois, 39, 115.
Casinalbo (nécropole de), 484.
Casques, 375 et suiv.
Castione, 434.
Ceintures, 218-219, 260, 366.
Celtes, 290.
Chalcidiens, 554.
Chalcis (amphore de), 386.
Char d'Héra, 182.

INDEX ALPHABÉTIQUE GÉNÉRAL.

Charès, 225.
Charès (statue de), 576.
Chars, 160 et suiv.
Chesbet, 129.
Chevelure, 298, 359.
Chiens, 497.
Chios, 107.
Chiton, 206-207, 208, 217-218, 219, 222, 224, 228, 230-231, 232, 236, 294. 359, 365.
Chiusi, 29-38, 147, 152, 154, 156, 454, 572.
Chnumhotep, 314.
Chœur de danse, 518.
Chypre (mines de), 131-132.
Chypre (statue-portrait de), 282.
Cimier, 381-382.
Circé, 137, 251.
Circoncision, 14.
Cire (dans l'inhumation), 68.
Coiffure d'Andromaque, 276 et suiv.
Collier classique, 343.
Collocatio, 72.
Colone, 569.
Constructions mycéniennes, 78.
Corcyre, 433.
Corneto (peinture murale de), 177-178.
Corneto, voy. Tarquinies.
Costume, 205.
Costume classique, 286.
Costume homérique, 287, 297.
Couleur des étoffes, 242.
Couleur des vêtements, 289-290.
Coupes, 472.
Coupe d'Amathonte, 528.
Coupes étrusques, 482.
Coupe de Nestor, 477.
Couteaux, 435.
Cristæ transversæ, 382.
Cristal de roche, 75.
Cuirasses, 361, 363 et suiv.
Cuirasse d'Agamemnon, 23, 490.
Culte primitif, 538.
Cumes, 111, 460, 553, 577-578.

Cyclopes, 78, 500.

Daidalos, 545.
Damaskos, 33.
Danaé (mythe de), 568.
Danaos, 77.
Décoration géométrique, 94, 487.
Décorations murales, 126-127.
Décoration végétale, 488, 496.
Ded, 72.
Délos, 107.
Delphion, 107.
Démocrite d'Éphèse, 296.
Diadème, 276.
Diomède, 162, 180, 365, 379.
Dionysios de Thrace, 479.
Dionysos (culte de), 15.
Diplax d'Hélène, 295.
Dodone, 107, 138.
Dolon, 248, 397.
Doloneia, 2, 10, 13, 248, 313, 396.
Dolops, 385.
Doriens, 80, 320, 526, 537.

Ecbatane, 119.
Egide, 499.
Egisthe, 541.
Egypte 23, 31, 36, 72, 124, 128-132, 165-166, 169, 173, 181, 187, 197, 235, 314.
Eiresioné, 147.
Elis (monnaie d'), 152.
Email, 493.
Embaumement, 67.
Enceintes sacrées, 539.
Enduit de chaux, 124 et suiv.
Énée, 405, 557.
Éoliens, 83.
Épées, 425 et suiv.
Épidaure, 77.
Épingles, 254 et suiv.
Épopée (date de l'), 1, 2.
Épopée (topographie de l'), 1.
Époque gréco-italique, 108.
Époque hellénistique, 6.

Erechthéion, 542.
Eris, 499, 532.
Erybatès, 551.
Erythrée, 538.
Eschmunazar, 315.
Este (nécropole d'), 485.
Étain, 362.
Étoliens, 80, 81.
Étrurie, 455.
Étrusques, 29, 37-40, 52-53, 104, 106, 110, 114-115, 116, 322, 325.
Étrusques (l'art), 52.
Étrusque (costume), 53.
Eubée (île d'), 369.
Eumaïos, 219, 511.
Eumelos, 162.
Euphorbos, 305, 330.
Euryalos, 427.
Eurybatès, 551.
Eurylochos, 542.
Eurynome, 324.
Eurytaniens, 81.
Exportation des produits, 21.
Ex-voto funéraires, 400.

Fard, 324.
Felsina (Bologne). — Nécropole de Villanova, 57, 104; Benacci, 104.
Femme mariée, 336.
Fer, 60, 98, 103, 422-423, 425.
Fibules, 50, 60, 78, 103, 349 et suiv.
Flèches, 438.
Fortifications, 118.
Fourchettes à viande, 457.
Franges, 262.
Fumée (des habitations), 148.

Gadès, 573.
Garde-joues, 378.
Garniture de ceinture, 370.
Gitiadas, 570.
Glaukos, 69.
Goblet, 480-481.
Gorgone, 498.
Gorgoneïon, 498, 500, 533.

Gortys, 119.
Grâces, 346.
Grachwyl (l'hydrie de), 58.
Griffon, 497-498.
Grotta d'Iside, 39.
Guanches, 70.
Guirlandes de fleurs, 4.

Habitations, 122.
Haches, 141-143, 446.
Hache de combat, 438.
Hadrumète, 92.
Hallstatt, 384.
Harnachement, 187 et suiv.
Heanos d'Héra, 289.
Hector, 71, 366, 405, 419, 427.
Hécube, 268.
Hélène, 101, 137, 336, 359, 548, 550.
Hélikon, 291.
Hélios, 542, 544.
Hémos, 12.
Hephaïstos, 75, 127, 508 et suiv.
Héra, 251, 285, 330, 551.
Héra de Samos, 236.
Héraclès érythréen, 537, 538.
Héraion (d'Argos), 87.
Héraion (d'Olympie), 81.
Hermès, 512.
Hermione, 77.
Hestia, 311.
Heures, 340.
Himation, 206, 296.
Hippemolgues, 12.
Hiram de Tyr (roi), 32.
Hissarlik, 60-62, 84, 88, 121, 463, 471, 536.
Hittites, 160, 166.
Hylé, 21.
Hymette (Amphore de l'), 224.
Hyperboréens, 108.
Hypnos, 330.

Ialysos, 82, 432, 471, 575.
Ibères, 573.
Idalion (coupe d'), 44.

INDEX ALPHABÉTIQUE GÉNÉRAL.

Idmon (Tombeau d'), 538.
Idoles, 536.
Idoménée, 414.
Illyriens, 17.
Images divines, 543.
Imola, 485.
Incinération des corps, 65.
Incrustation murale, 135.
Industrie homérique, 18-19, 76-77.
Industrie mycénienne, 73-75. 77.
Industrie phénicienne, 23-39, 44.
Inhumation, 66.
Interpolations, 4.
Ioké. 499.
Ioniens. 83. 334.
Ismaros, 13.
Istros, 12, 108.
Italiotes, 29, 103-104, 106, 108, 110. 322.
Ithaque. 120, 520.
Ivoire. 140, 547.
Ivrognerie, 336.

Jambières, 361, 416.
Japyges, 17.
Joug. 186.

Kadesch, 160.
Kalasiris, 235.
Karkôm. 258.
Kéfa, 32. 493.
Ker, 532.
Kinyras, 23.
Kos, 471.
Krobylos, 51.
Kyanos, 128 et suiv.
Kydoïmis, 532.
Kypria, 4.
Kypselos (coffret de), 534.

Laerkès, 338.
Læstrygones, 24.
Laine. 209.
Laïssa (bas-relief de), 144.
Lances, 435 et suiv.

Langage usuel, 328.
Langue épique, 328.
La Tolfa (nécropole de), 104.
Lavoro a granaglia, 343, 347.
Lécythes, 530, 578.
Lemnos, 13.
Lesbos, 107.
Libations, 465.
Liburnes, 17.
Lin (étoffes de), 110, 214, 274.
Linceul de Laërte, 211.
Lindos, 537.
Lions, 497, 503.
Locriens, 18.
Lutennu, voy. Rutennu.
Lycaon, 13, 163.
Lyciens, 8.
Lydiens, 22.
Lyrnessos, 120.

Magnès, 309.
Manteaux, 239, 246, 359.
Mantelet, 277, 280.
Maria Rast, 485.
Massue d'Aréïthoos, 424.
Matériaux de construction, 124.
Matrensa, 576.
Médée, 458.
Méduse (tête de), 500.
Mégaron, 547.
Mégaron d'Alcinoüs, 128, 139.
Mégaron d'Ulysse, 139.
Melkart, 537, 573.
Memnon, 384.
Ménélas (maison de), 23, 81, 128, 157-158, 373, 511, 573.
Ménidi (tombeau de), 87, 145.
Mentores, 107.
Mérionès, 396.
Mésopotamie, 561.
Messapiens, 17.
Métaneira, 269.
Métiers de tapisserie, 214.
Meubles, 150 et suiv.
Miel (dans l'inhumation), 68-71.

Migration dorienne, 17, 79, 515.
Milet, 85, 236, 576.
Moïra, 216.
Molosses, 108.
Momies, 73.
Mons Albanus, 72.
Monte cavo, 72.
Mors, 198.
Moustache, 314 et suiv.
Murailles de Troie, 118.
Muses, 11.
Mycènes, 83, 117. 161, 172-173. 262-263, 279, 307, 386, 398, 411, 417, 428, 431, 436, 439, 463, 471, 480, 487, 492, 525, 531, 536, 575, 576.
Mycènes (masques de), 311.
Myron (le tyran), 569.
Mysiens, 12.

Nausicaa, 234, 326, 336.
Navigation, 510.
Nécropoles chypriotes. 60 note 1.
Nécropoles sardes, 35 note 1, 36 note 1.
Nectar, 71.
Néoptolème, 108, 269.
Néréides (monument des), 9.
Nestor, 331, 408, 512.
Nicosia (nécropole de), 483.
Nimroud, 531, 562.

Occupations des femmes, 212.
OEdipe, 350.
Okeanos, 108, 516, 518.
Olympie, 81, 138, 413-432, 487, 545, 570.
Onguents odoriférants, 327.
Orchomène (tombeau d'), 87, 126, 136, 300-301, 576.
Orecchino a baule, 347.
Ornementation des étoffes, 243-244, 290.
Ortygie, 114.
Osques, 555.
Otos, 549.

Ours, 506.
Ouvrages en métal de Mycènes, 41, 338.
Oxylos, 81.

Paeligniens, 56.
Paeoniens, 12.
Pallas Athéna, 531.
Panathénées, 549.
Pandaros, 99.
Panoplie, 442.
Parfums, 326.
Pariens, 16, 82.
Pâris, 304.
Parures, 338.
Pâte vitreuse, 130.
Pathymias, 291.
Patrocle, 71, 327, 330.
Pavé, 121.
Pêcherie, 546.
Pélops, 77, 83.
Pempobolon, 454.
Pénélope, 3, 149, 275, 324, 330, 336.
Peploï de Priam, 23.
Péplos, 223, 252, 257, 289, 291, 293, 357, 359.
Pergame, 84.
Périphétès, 406, 419.
Pérouse (voiture de), 181.
Perse, 566.
Persée, 77.
Pharos, 252, 259.
Phéaciens, 118, 213, 511.
Pheia, 120.
Phéniciens (commerce des), 82, 114, 282, 315, 328, 493.
Phéniciens et Étrusques, 37.
Phineus (coupe de), 225.
Phocéens, 54, 86, 116, 573.
Phorkys, 551.
Picénum, 17, 54, 56, 58.
Pierres gravées, 75.
Plancher, 144-146.
Pleurion, 120.

INDEX ALPHABÉTIQUE GÉNÉRAL. 591

Poignards, 433.
Polissage du bois, 143.
Pollinctor, 71.
Polyctor, 512.
Polydore, 364.
Porta randusculana, 571.
Poseidon, 537.
Préneste, 114.
Priam, 150, 359, 549.
Priapos, 537.
Protesilaos, 69-70.
Psammétik, 442.
Pygmées, 25.
Pylos, 120, 338.
Pytheas, 24.

Ramsès II, 414, 560.
Ramsès III, 199, 491.
Rasoirs, 312 et suiv.
Ra-xa-nofre Sebak-Hotep, 30.
Revêtements métalliques, 558.
Rhodes, 432.
Rutennu, 314, note 2.

Sabæ, 565.
Sadyattès, 85.
Salomon (temple de) 563-564.
Samiens, 309, 573.
Samos, 576.
Sanctuaires, 540.
San Francesco (bronzes de). 454, 458.
Sanglier, 506.
Sardaigne, voy. Carthaginois.
Sardaigne (bronze de), 577.
Sargon (palais de), 562.
Sarpédon, 118.
Saulakès, 567.
Savignano (nécropole de), 485.
Schenti, 235, 558.
Scheria, 119.
Scylla, 549.
Scythes, 12, 25, 68.
Servante d'Héphaïstos, 501-502.
Seuils des maisons, 140.

Sicile, 112.
Sièges, 125.
Silènes, 319.
Singes, 34.
Skylès, 503.
Smalte, 30, 90, 128, 134.
Soins corporels, 325.
Sparte, 80, 120, 320.
Spata (tombeaux de). 87.
Sphinx, 126, 496, 593-504.
Spirales à cheveux, 306-307.
Stèles funéraires 78, 172, 182.
Sthénélos, 365.
Style classique. 5.
Style égyptisant, 45, 48, 292, 538.
Style épique, 2.
Syracuse (nécropole del Fusco), 112-113.
Syracuse (nécropole de Matrensa). 113.

Talisman, 266.
Tapis, 291-292.
Tapis d'Alkiménès, 292.
Tamassos, 577.
Tarquinies (nécropole de), 30, 31, 38 note 4, 104, 115, 254, 279, 369, 485, 571.
Tartessos, 85.
Taureaux, 503.
Taxila, 566.
Tégéa (idole de), 577.
Télémaque, 335.
Temples, 542, 544.
Temple de Bel, 147, 562.
Temple de Janus, 571.
Temple de Paphos, 43.
Temple de Salomon, 147.
Ténéa, 301.
Ténos, 107.
Tente d'Achille, 138.
Téos (coupes de), 21.
Teucros, 331.
Thalamos de Nausicaa, 148.
Thapsos, 92.

Thasos, 14, 16, 82, 107.
Théano, 544.
Thèbes, 120.
Thèbes béotienne, 76.
Théra, 62-63, 82, 88, 101, 124-125, 301, 471, 492, 525.
Thersandros (vase de), 229.
Thésée, 309.
Thersite, 551.
Thesprotie, 108.
Thétis, 6 note 1, 272.
Thimiatérion, 504-505.
Thoutmès III, 168, 493.
Thraces, 8, 9-16, 303.
Thrasymédès, 396.
Thysdros, 92.
Timon, 187 et suiv.
Tir à l'arc, 446 et suiv.
Tirynthe, 84, 88, 92, 117, 119, 123, 134, 138, 145, 158, 176, 284, 400, 536.
Tissage de la toile, 215.
Toile, 205 et suiv., 218, 235-237, 245-246, 259, 275, 286, 374.
Toilette d'Héra, 311, 326.
Tolentinum, 54, 56.
Tomba del Guerriero, 255.
Tombe Regulini et Galassi, 39, 74.
Tombe San Ginesio, 55.
Tombeaux étrusques, 305-306, 342-572.
Tombeaux de Ialysos, 63.
Tombeaux de Ménidi, 66, 87.
Tombeaux en puits de Mycènes, 41-42, 47, 64 et suiv. 75, 78, 88.
Tombeaux de Nauplie, 66, 87.
Tombeaux de Préneste, 39, 50.
Tombes *a fossa*, 30.
Tombes *a pozzo*, 29.
Tombes *a ziro*, 30 note 1.
Trépieds, 445.
Trésor d'Atrée, 86, 135, 145, 567.
Trésor de Mynias, 135, 569.

Trésor des Sicyoniens, 569.
Troie, 119, 520.
Tuyautage de la toile, 235.
Tychios, 21.

Uahabra, 390, 442.
Ulysse, 19, 75, 95, 108, 149, 220, 242, 324, 327, 330, 352-353, 447, 511, 520.
Umbo, 416.
Ustensiles, 445.
Usurtasen 1er (obélisque d'), 559.
Utique, 92.

Vaisseaux, 96-98, 199.
Vaisseau homérique, 202, 204.
Vase d'Aristonophos, 400-401, 404.
Vases à boire, 461.
Vases attiques, 226, 228, 319.
Vases de Chalcis, 225, 228, 318.
Vases corinthiens, 38 note 4, 58, 112, 228, 321.
Vase de Corsini, 462.
Vases cypriotes, 171.
Vases du Dipylon, 174, 177-178, 265, 400, 487, 575.
Vase François, 226, 249, 255, 289.
Vases de Mélos, 224.
Vases de Rhodes, 224.
Vasi di bucchero, 53, 481.
Vénètes, 110.
Verroterie, 31.
Vetulonia (nécropole de), 104, 578.
Vigne en or, 4.
Villages sur pilotis, 109.
Villanova. Voy. Felsina.
Visières nasales, 381.
Voiles de femmes, 270 et suiv.
Voile d'Héra, 110.
Voitures de charge, 184.
Vulci, 115.

Yémen, 565.

TABLE DES ILLUSTRATIONS

FIGURES DANS LE TEXTE.

	Pages.
Fig. 1. — Coupe d'argent de Préneste, d'après Perrot et Chipiez, *Hist. de l'Art*, III, p. 759, fig. 543	28
Fig. 2. — Coupe d'argent de Préneste avec une inscription qui semble carthaginoise, d'après Perrot et Chipiez, *Hist. de l'Art*, III, p. 97, fig. 36	29
Fig. 3. — Section longitudinale d'une tombe *a pozzo*, d'après J. Martha, *L'Art Étrusque*, p. 33, fig. 1	31
Fig. 4. — Déesse en or à la colombe, de Mycènes (grand. nature)	42
Fig. 5. — Coupe d'Idalion (Chypre) en bronze, d'après Perrot et Chipiez, *Hist. de l'Art*, III, p. 673, fig. 482	43
Fig. 6. — Figure de guerrier en bronze, de Tortosa, d'après Perrot et Chipiez, *Hist. de l'Art*, III, p. 405, fig. 277	44
Fig. 7. — Trois pleureuses (peinture d'un vase du Dipylon; grand. nature)	47
Fig. 8. — Fragment d'un pectoral en or, d'après J. Martha, *L'Art Étrusque*, p. 111, fig. 103	49
Fig. 9 à 12. — Plaques d'ivoire sculpté du Louvre, d'après J. Martha, *L'Art Étrusque*, p. 306, fig. 206	52
Fig. 13. — Plaque du mégaron du palais de Tirynthe, d'après Schliemann, *Tiryns*, pl. IV	89
Fig. 14. — Frise du palais de Tirynthe (état actuel), d'après Schliemann, *Tiryns*, pl. IV	89
Fig. 15. — Plan de la même frise, d'après Schliemann, *Tiryns*, IV	89
Fig. 16. — Frise du palais de Tirynthe restaurée, d'après Schliemann, *Tiryns*, IV	91
Fig. 17. — Frise de porphyre de Mycènes, d'après Schliemann, *Tiryns*, IV	93
Fig. 18. — Plaque en smalt de Ménidi, d'après Schliemann, *Tiryns*, IV	94
Fig. 19 et 20. — Vaisseaux à proue pointue (peinture de vase du Dipylon) d'après les *Mon. dell'Inst.* IX, pl. 40	95 et 96
Fig. 21. — Vaisseau phénicien à proue pointue (bas-relief de Kouyoundjik), d'après Perrot et Chipiez, *Hist. de l'Art*, III, p. 34 fig. 9	97
Fig. 22. Vaisseau phénicien sans pointe (bas-relief de Kouyoundjik), d'après Perrot et Chipiez, *Hist. de l'Art*, III, p. 34, fig. 8	99
Fig. 23. — Bas-relief égyptien représentant l'atelier d'un charron, d'après Wilkinson-Birch, *The manners and customs of the ancient Egyptians*, I, p. 227, fig. 60	143
Fig. 24 à 26. — Rabot tranchant à polir le bois (le σκέπαρνι moderne)	145
Fig. 27. — Monnaie d'Élis avec la statue de Zeus Olympien, d'après Overbeck, *Gesch. der gr. Plastik*, 13, p. 258 *a*	151
Fig. 28. — Vase phénicien trouvé à Chypre, d'après Perrot et Chipiez. *Hist. de l'Art*, III, p. 714, fig. 523	153

594 TABLE DES GRAVURES.

Pages.

Fig. 29. — Fauteuil de bronze portant un ossuaire de même métal, d'après J. Martha, *L'Art Étrusque*, p. 201, fig. 157.. 454

Fig. 30. — Siège en argile de Chiusi, d'après le *Museo ital. di antichità classica*, I, pl. VIII, 10.. 455

Fig. 31. — Char de guerre égyptien (bas-relief d'Ibsamboul), d'après Rosellini, *Mon. dell' Egitto* (Mon. reali), I, pl. 103... 464

Fig. 32. — Char de guerre égyptien (bas-relief d'Ibsamboul), d'après Rosellini, *Mon. dell' Egitto*, I, pl. 102... 467

Fig. 33. — Char de guerre égyptien, d'après Rosellini, *Mon. dell' Egitto*, II (*Mon. civili*) pl. 122, 2... 468

Fig. 34. — Char de guerre hittite (bas-relief d'Ibsamboul), d'après Rosellini, *Mon. dell' Egitto*, I, pl. 103.. 469

Fig. 35. — Char de guerre hittite (bas-relief d'Ibsamboul), d'après Rosellini, *Mon. dell' Egitto*. I, pl. 103... 471

Fig. 36. — Char de guerre assyrien (bas-relief de Nimroud), d'après Layard, *The Mon. of Nineveh*, pl. 28.. 472

Fig. 37. — Char de guerre assyrien (bas-relief de Kouyoundjik), d'après Layard, *The Mon. of Nineveh*, pl. 72.. 473

Fig. 38. — Char de guerre phénicien sur un vase de Chypre, d'après Perrot et Chipiez, *Hist. de l'Art*, III, p. 717, fig. 528.. 475

Fig. 39. — Char phénicien sur une coupe d'argent trouvée à Préneste, d'après les *Mon. dell' Inst*. X, pl. 31, 1... 477

Fig. 40. — Char de guerre mycénien, d'après Schliemann, *Mykenae*, p. 97, fig. 141.... 478

Fig. 41. — Char de course représenté sur un vase du Dipylon, d'après les *Mon. dell' Inst*. X. pl. 39, 1 et *Annali*, 1872, Tav. d'agg. I.................................... 479

Fig. 42. — Char de course représenté sur un vase du Dipylon, d'après les mêmes sources... 481

Fig. 43. — Char de Zeus du vase François, d'après les *Mon. dell' Inst*. IV, pl. 54,55... 183

Fig. 44. — Char de course étrusque (peinture d'un tombeau de Corneto), d'après Kestner et Stackelberg, *Gräber von Corneto*, pl. 17.............................. 184

Fig. 45. — Char de course étrusque (peinture d'un tombeau de Corneto), d'après la même source, pl. 16.. 185

Fig. 46. — Char de guerre assyrien porté par deux hommes (bas-relief de Nimroud), d'après Layard, *The monum. of Nineveh*, pl. 18................................... 186

Fig. 47. — Mécanisme de l'attelage homérique d'après Leaf : *Journal of hellenic studies* V. 1884, p. 189.. 188

Fig. 48. — Attelage de Dionysos représenté sur la coupe d'Oltos et d'Euxitheos, d'après les *Mon. dell' Inst*, X. pl. 23, 24... 189

Fig. 49. Char de guerre d'Hector, d'après un vase corinthien : *Mon. Annali, Bull. dell' Inst*. 1855, pl. 20.. 192

Fig. 50. — Timon avec la cheville d'attelage (ἕστωρ) du char homérique............. 193

Fig. 51. — Joug avec son anneau (κρίκος).. 195

Fig. 52. — Le joug avec son anneau attaché au timon..................................... 195

Fig. 53. — Ensemble de l'attelage.. 196

Fig. 54. — Vaisseau des peuplades du Nord repoussées par Ramsés III (bas-relief de Médinet-Habou), d'après Rosellini, *Mon. dell' Egitto*, I (*Mon. reali*), pl. 131........ 200

Fig. 55. — Vaisseau gravé sur un diadème de bronze trouvé en Béotie : *Ann. dell' Inst*., 1880, Tav. d'agg. G. 2... 203

Fig. 56. — Chiton archaïque sans ceinture (Pélée sur un vase à figures noires), d'après Studniczka, *Beitraege zur Geschichte der altgriechischen Tracht*, p. 66, fig. 14...... 219

Fig. 57. — Personnages représentés sur une cuirasse de bronze trouvée dans l'Alphée, d'après le *Bull. de correspond. hellénique*, VII, 1883, pl. II........................... 224

Fig. 58. — Couvercle du vase de Thersandros, d'après O. Rayet et Max. Collignon, *Hist. de la céramique grecque*, p. 65, fig. 34................................... 227

Fig. 59. — Coupe d'Arcésilas, d'après O. Rayet et Max. Collignon, *Hist. de la céramique grecque*, p. 81 fig. 43.. 229

TABLE DES GRAVURES. 595

	Pages.
Fig. 60. — Bas-relief en basalt d'Ascalon (portrait présumé d'un roi moabite), d'après Perrot et Chipiez, *Hist. de l'Art*, III, p. 443, fig. 316.	237
Fig. 61. — Personnage vêtu d'une chlaïna symétrique (joueur de cithare d'un vase à figures noires), d'après Studniczka, *Beitraege*, p. 66, fig. 15.	239
Fig. 62. — Guerriers vêtus d'une peau de panthère (fragment d'un vase de Tirynthe), d'après Schliemann, *Tiryns*, pl. XIV.	247
Fig. 63. — Hermès du vase François, d'après Studniczka, *Beitraege*, p. 72, fig. 19.	249
Fig. 64. — Guerrier d'une coupe de Rhodes, d'après Studniczka, *Beitraege*, p. 72, fig. 18.	249
Fig. 65. — Les trois Parques du vase François, d'après Studniczka, *Beitraege*, p. 98, fig. 28.	253
Fig. 66. — Épingle d'argent ornée de filigranes d'or pâle, trouvée dans une *tomba a fossa* de Corneto, d'après les *Mon. dell' Inst.* X Pl. X^b. 7. 7^a.	254
Fig. 67. — Épingle d'argent d'un autre tombe *a fossa* de Corneto : dessin d'après nature.	254
Fig. 68. — Atalante du vase François, d'après Studniczka, *Beitraege*, p. 99, fig. 31.	255
Fig. 69. — Une nymphe du vase François, d'après Studniczka, p. 98, fig. 29.	255
Fig. 70. — Polyxène, d'après une coupe de Xénoclès : Raoul Rochette, *Mon. ined.* pl. 49, 1^b.	256
Fig. 71. — Pallas d'une pinax corinthienne d'après Studniczka, *Beitraege*, p. 96, fig. 27.	257
Fig. 72. — Assournazirpal accomplissant un sacrifice, bas-relief assyrien, d'après Perrot et Chipiez, *Hist. de l'Art*, II, p. 455, fig. 205.	261
Fig. 73. — Fragment d'une ceinture d'argent cypriote, photographié d'après une aquarelle qui nous a été communiquée par M. Dümmler.	263
Fig. 74. — Hélène coiffée d'un *kalymma*, d'après les *Ann. dell' Inst.* 1861, Tav. d'agg. C 2 ; comp. Löschcke, *De basi quadam prope Spartam reperta*, fig. 1.	271
Fig. 75. — Pénélope coiffée d'une *kalymma* (vase attique à figures noires) d'après le *Mus. greg.* II, pl. 49, 2.	273
Fig. 76. — Scène de banquet (fresque d'une tombe de Corneto), d'après J. Martha, *L'Art Étrusque*, p. 383, fig. 262.	277
Fig. 77. — Tête de femme de la *tomba del vecchio* de Corneto, d'après les *Mon. dell' Inst.* IX pl. 14. 4^a.	279
Fig. 78. — Tête de femme de la tombe *dei vasi dipinti* de Corneto, d'après les *Mon. dell' Inst.* I, pl. 13, 5.	279
Fig. 79. — Tête de femme de la tombe *del Barone*, d'après Kestner et Stackelberg, *Graeber von Corneto*, pl. 30^a.	279
Fig. 80. — Trois femmes dansant au son d'une flûte (groupe cypriote en calcaire), d'après Perrot et Chipiez, *Hist. de l'Art*, III, p. 587, fig. 399.	281
Fig. 81. — Tête de Phénicienne (bas-relief de Kouyoundjik), d'après Layard, *The Mon. of Nineveh*, pl. 71.	283
Fig. 82. — Idole en argile de Tirynthe, d'après Schliemann, *Tiryns*, p. 137, fig. 83.	284
Fig. 83 à 85. — Tête d'une statue d'éphèbe d'Orchomène, d'après les *Ann. dell' Inst.* Tav. d'agg. E 4.	299
Fig. 86 et 87. — Tête d'une statue d'éphèbe de Ténéa, d'après Overbeck, *Gesch. der gr. Plastik*, I³, p. 91, fig. 10.	300
Fig. 88. — Tête de jeune homme (peint. d'un vase de Mélos), d'après Conze, *Melische Thongefaesse*, pl. 4.	301
Fig. 89. — Tête d'homme (peint. d'un vase corinthien), d'après les *Mon. dell' Inst.* X, pl. 4. 5.	302
Fig. 90. — Anse d'argile d'un vase archaïque, dessin d'après nature.	303
Fig. 91 et 92. — Paire de spirales à cheveux en or, provenant d'une tombe *a fossa*, dessin d'après nature.	304
Fig. 93. — Spirale à cheveux en or provenant d'un tombeau étrusque, d'après le *Mus. greg.* I, pl. 75, 8.	304
Fig. 94 à 96. — Spirales à cheveux en bronze, provenant de Béotie, dessin d'après nature.	306

TABLE DES GRAVURES.

Pages.

Fig. 97 à 99. — Spirales à cheveux d'Hissarlik, d'après Schliemann, *Atlas troianischer Alterthümer*, pl. 196, fig. 3516, et *Ilios*, p. 559, fig. 910, p. 554, fig. 878. 308

Fig. 100. — Spirale à cheveux en or provenant d'un tombeau en puits de Mycènes, d'après Schliemann, *Mykenae*, p. 101, fig. 529. 308

Fig. 101. — Rasoir en bronze de Cervetri, dessin d'après nature demi-grandeur de l'original. 313

Fig. 102 à 104. — Trois rasoirs en bronze d'un *pozzo* de Corneto, dessin d'après nature quart de grandeur de l'original. 314

Fig. 105. — Kéfa (Phénicien) d'une colonne de Soleb, d'après Lepsius, *Denkm.* Abth. III, pl. 88°. 314

Fig. 106. — Tête d'une idole en argile de Tirynthe, d'après Schliemann, *Tiryns*, p. 180, fig. 93. 315

Fig. 107. — Taureau attaqué par deux lions (peinture de vase archaïque), d'après l'*Arch. Zeit.* XLI, 1883, pl. 10, 2. 316

Fig. 108. — Vase d'Aristonophos trouvé à Caeré (Polyphème aveuglé par les compagnons d'Ulysse), d'après Rayet et Collignon, *Histoire de la céramique grecque*, p. 37, fig. 22. 317

Fig. 109. — Olpé de Caeré (Persée et Andromède), d'après Rayet et Collignon, *Histoire de la Céramique grecque*, p. 75, fig. 38. 318

Fig. 110. — Guerrier spartiate en bronze, d'après les *Mitth. des arch. Inst. in Athen*, III, 1878, pl. I, fig. 2. 319

Fig. 111. — Sarcophage de Cervetri, d'après J. Martha, *L'Art Étrusque*, p. 299, fig. 202. 323

Fig. 112. — Astarté en argile, trouvée à Amatonthe, d'après Cesnola-Stern, *Cypern*. pl. 50, 3. 341

Fig. 113. — Figure votive en calcaire, d'après Perrot et Chipiez, *Histoire de l'Art*, III, p. 257, fig. 196. 341

Fig. 114. — Garniture d'ambre étrusque, fragment d'un pectoral, provenant d'un tombeau de Caeré, d'après le *Mus. Greg.* I, pl. LXVII, 4. 342

Fig. 115. — Collier en bronze (Europe méridionale), d'après le *Bull. di paletn. ital.* VIII, pl. 6, fig. 1. 343

Fig. 116 et 117. — Boucles en or provenant de Caeré (collect. Aug. Castellani), dessin d'après nature. 346

Fig. 118 et 119. — Boucle d'oreille en or, provenant d'un tombeau de Corneto, d'après les *Monum. dell' Inst.* VI, pl. 49 *a*. 347

Fig. 120. — Boucle d'oreille en or provenant de Caeré (collect. Aug. Castellani), dessin d'après nature. 347

Fig. 121. — Fibule en argent à grains d'or, de Préneste, d'après la gravure des *Mon. dell' Inst.* X, pl. XXXI, 7. 351

Fig. 122. — Disposition intérieure d'une fibule de Préneste, d'après les *Ann. dell' Inst.* 1879, Tav. d'agg. C, 9. 352

Fig. 123. — Broche-spirale en bronze de Mégare (collect. particulière d'Athènes), dessin d'après nature. 355

Fig. 124. — Broche-spirale en bronze trouvée à Thèbes (exposée au Varvakion d'Athènes; catal. des Bronzes 7 n° 182), dessin d'après nature. 357

Fig. 125. — Broche-spirale en bronze, provenant d'un *pozzo* de Corneto, d'après les *Not. d. scavi*, 1882, pl. XIII bis, 14. 357

Fig. 126 et 127. — Parure en or trouvée à Caeré (coll. Aug. Castellani), dessin d'après nature. 358

Fig. 128. — Groupe central d'une peinture de vase de Chalcis (combat autour du corps d'Achille), d'après les *Mon. dell' Inst.* I, pl. 51. 365

Fig. 129. — Garniture en bronze d'une ceinture trouvée dans l'île d'Eubée, d'après Brøndsted, *Bronzes of Siris*, pl. VII. 367

Fig. 130. — Garniture en bronze d'une ceinture trouvée à Este, d'après les *Mon. dell' Inst.* 1882. Tav. d'agg. R. 2. 368

Fig. 131. — Garniture en bronze d'une ceinture trouvée dans un *pozzo* de Corneto, d'après les *Not. d. scavi*, 1882, pl. XIII, 19. 369

TABLE DES GRAVURES. 597

	Pages.
Fig. 132 et 133. — Casque en bronze trouvé en Sardaigne, d'après Della Marmora, *Voyage en Sardaigne*, pl. XXXIV, 3	375
Fig. 134. — Casque en bronze trouvé à Olympie, d'après les *Ausgrab. von Olympia*, I, pl. XXXI	377
Fig. 135. — Casque d'une peinture de vase à figures noires, d'après les *Ann. dell' Inst.* 1863 Tav. d'agg. E	378
Fig. 136. — Peinture d'un vase de Mélos d'après O. Rayet et Max. Collignon. *Hist. de la céramique grecque*, p. 39 fig. 24	379
Fig. 137. — Casque en bronze du Samnium (coll. Bourguignon de Naples). dessin d'après nature	383
Fig. 138. — Memnon coiffé d'un *amphiphalos*, (peinture d'une coupe à figures rouges). d'après Gerhard, *Trinkschalen und Gefaesse*, I, pl. D	385
Fig. 139. — Cachet en or trouvé à Mycènes, dessin d'après nature	386
Fig. 140. — Casque à deux aigrettes (Zeus luttant contre les géants). peint. d'une amphore ionienne. d'après les *Mon. dell' Inst.* VI. VII, pl. LXXVIII	387
Fig. 141. — Flacon à parfums portant le nom du pharaon Uahabra, d'après Perrot et Chipiez. *Hist. de l'Art.* III, p. 676, fig. 481	389
Fig. 142. — Seau en bronze trouvé à la Certosa, d'après J. Martha, *L'Art Étrusque*, p. 88, fig. 84	391
Fig. 143. — Même seau (suite des figures), d'après J. Martha, *L'Art Étrusque*, p. 89, fig. 85	393
Fig 144. — Bouclier rond en bronze provenant d'un tombeau de Caeré, d'après le *Mus. greg.* I, pl. XVIII, 2	399
Fig. 145. — Guerriers armés d'un bouclier échancré (sardoine provenant d'un tombeau de Mycènes), dessin d'après nature	400
Fig. 146. — Guerrier du vase d'Aristonophos, d'après les *Mon. dell' Inst.* IX, pl. IV	401
Fig. 147. — Bouclier en bronze trouvé dans les Abruzzes (collect. Bourguignon), dessin d'après nature	405
Fig. 148. — Bouclier en bronze trouvé à Cervetri (coll. Brüls de Rome), dessin d'après nature	409
Fig. 149. — Revers d'un bouclier en bronze trouvé dans un tombeau de Corneto, d'après les *Mon. dell' Inst.* X, pl. X, 1	413
Fig. 150. — Guerrier Schardana (bas-relief d'Ibsamboul), d'après Rosellini, *Mon. dell' Egitto*, I, pl, CI	415
Fig. 151. — Lame en bronze d'un poignard de Mycènes, d'après l'Ἀθήναιον, vol. X, p. 309.	419
Fig. 152 et 153. — Épées de bronze trouvées à Mycènes, d'après S. Müller, *Den europaeiske Bronzealders Oprindelse* (Saertryk of *Aarboger for nord*, Oldk. 1882), p. 283, fig. 1 et 2	427
Fig. 154 et 155. — Épées de bronze trouvées à Castione dei Marchesi, dans la province de Parme, d'après le *Bull. di paletnologia*, ital. II, pl. 1, 1, 2	429
Fig. 156. — Épée de bronze trouvée sur la colline de Mycènes, d'après S. Müller. *Den europaeiske Bronzealders Oprindelse*, 1882, p. 310, fig. 24	431
Fig. 157. — Épée en fer trouvée à Athènes dans un tombeau près du Dipylon, d'après Undset, *Études sur l'âge du bronze*, I, p. 149, fig. 30	432
Fig. 158. — Poignée d'épée, trouvée dans l'île de Corcyre, d'après Undset. *Études sur l'âge du bronze*, pl. XVIII, 2	433
Fig. 159. — Poignard de bronze trouvé dans l'Italie méridionale (Musée de Copenhague), d'après Undset, *Études sur l'âge du bronze*, p. 149, fig. 31	434
Fig. 160. — Fer de lance trouvé dans un *pozzo*, d'après J. Martha, *L'Art Étrusque*, p. 64, fig. 45	435
Fig. 161 et 162. — Pointe de flèche trouvée à Mégalopolis (collect. part. d'Athènes), dessin d'après nature	437
Fig. 163. — Hache de bronze trouvée en Sardaigne, d'après les *Not. d. scavi comm. all' acc. dei Lincei*, 1882, pl. XVIII, 42	449
Fig. 164. — Hache de bronze trouvée à Brassington (comté de Derby), d'après Evans, *L'âge du bronze*, p. 96, fig. 76	449

598   TABLE DES GRAVURES.

Pages.

Fig. 165. — Hache de bronze trouvée à West-Buckland (comté de Somerset), d'après Evans, *L'âge du bronze*, p. 101, fig. 87... 449
Fig. 166. — Hache à deux entailles circulaires (dite hache d'Amazone), d'après Jahn, *Jahrbuch für classische Philologie*, p. 171.. 451
Fig. 167. — Hache d'une métope de Sélinonte, d'après Benndorf, *Metopen von Selinunt*, pl. VII... 452
Fig. 168 et 169. — *Pempobola* en bronze de la nécropole Arnoaldi Veli, près Bologne, dessin d'après nature.. 455
Fig. 170 et 171. — Fourchettes à viande de Vulci, d'après le *Mus. greg*, I, pl. XLVII, 1. 457
Fig. 172. — Médée, un *pempobolon* à la main (d'après un vase attique du Musée de Berlin), dessin d'après nature.. 459
Fig. 173. — Coupe en argile trouvée à Hissarlik; d'après Schliemann, *Atlas trojanischer Alterthümer*, pl. 40, fig. 976.. 462
Fig. 174. — Coupe en or de Mycènes, d'après Schliemann, *Mykenae*, p. 370, fig. 344.. 462
Fig. 175. — Coupe en or de Mycènes, d'après Schliemann, *Mykenae*, p. 267, fig. 339... 462
Fig. 176. — Double coupe en argile de Villanova, d'après Gozzadini, *Di un sepolcro etrusco scoperto presso Bologna*, pl. III, 9... 464
Fig. 177. — Section longitudinale de la même coupe................................ 464
Fig. 178. — Coupe en argile de Théra, d'après Dumont et Chaplain, *Les céramiques de la Grèce propre*, I, pl. II, 7.. 465
Fig. 179. — Coupe en argile de Ialysos, d'après Dumont et Chaplain, pl. III, 1........ 466
Fig. 180. — Vase en argile de Ialysos, d'après Dumont et Chaplain, pl. III, 12........ 467
Fig. 181. — Coupe en argile de Camiros, d'après Salzmann, *Nécropole de Camiros*, pl. 33... 468
Fig. 182. — Coupe en argile de Camiros, d'après Salzmann, *Nécropole de Camiros*, pl. 33... 468
Fig. 183. — Coupe en argent à bords dorés de Camiros, d'après Salzmann, pl. 2..... 469
Fig. 184 et 185. — Coupes en argile de la nécropole del Fusco, près Syracuse, *Ann. dell' Inst*. 1877. Tav. d'agg. CD 5 et AB 10...................................... 470
Fig. 186. — Coupe en argile de Vulci, d'après Urlichs, *Zwei Vasen aeltesten Stils*, fig. 2. 472
Fig. 187. — Coupe en argile de Chiusi, d'après les *Annali dell' Inst*.. 1878. Tav. d'agg.R. 8. 473
Fig. 188. — Coupe d'or provenant d'un tombeau de Mycènes, dessin d'après nature.. 479
Fig. 189. — Coupe en bronze d'un tombeau de Caeré, dessin d'après nature......... 480
Fig. 190. — Coupe en bronze d'un tombeau de Caeré, dessin d'après nature......... 481
Fig. 191. — Fragment d'une bordure de bouclier en bronze, d'après Carapanos, *Dodone et ses ruines*, pl. XLIX, 22.. 495
Fig. 192. — Bordure d'un vêtement assyrien, d'après Perrot et Chipiez, *Hist. de l'Art*, p. 774, fig. 447.. 496
Fig. 193. — Calcédoine avec le nom d'Akestodaros en caractères cypriotes, d'après Perrot et Chipiez, *Hist. de l'Art*,, III, p. 652, fig. 462................................ 497
Fig. 194. — Monnaie en electron (Asie Mineure), d'après Gardner. *The types of greek coins*, pl. IV, 5.. 500
Fig. 195 et 196. — Lions de pierre trouvés dans la nécropole de Vulci, d'après J. Martha, *L'art Étrusque*, p. 216, fig. 167 et 168................................... 501
Fig. 197. — Sphinx de pierre trouvé à Vulci, d'après J. Martha, *L'art Étrusque*, p. 216 fig. 169.. 502
Fig. 198. — Disque convexe en bronze avec un masque de Bacchus, d'après J. Martha, *L'Art Étrusque*, p. 175, fig. 142.. 505

PLANCHES HORS TEXTE.

Pl. 1. — Coupe d'argent phénicienne, d'après Cesnola-Stern. *Cypern*, pl. 51.
Pl. 2. — Coupe de bronze phénicienne, d'après Layard, *A second series of the Mon. of Nineveh*, pl. 66.

TABLE DES MATIÈRES

LES SOURCES

	Pages.
CHAPITRE PREMIER. — Les données de l'Épopée	1
CHAP. II. — L'industrie d'art phénicienne	27
CHAP. III. — L'art archaïque de la Grèce et de l'Italie	51
CHAP. IV. — L'industrie du Nord	57
CHAP. V. — Les principaux groupes d'objets trouvés dans l'Est	60
CHAP. VI. — Les principales fouilles de l'Ouest	103

L'ÉPOQUE HOMÉRIQUE

I. L'ARCHITECTURE ET LE MOBILIER.

CHAP. VII. — Les murs de défense	117
CHAP. VIII. — Les maisons d'habitation	122
CHAP. IX. — Les chars	160
CHAP. X. — Les vaisseaux	199

II. LE COSTUME.

CHAP. XI. — Les étoffes des vêtements	209
CHAP. XII. — Le costume des hommes	217
CHAP. XIII. — Les vêtements de femmes	250
CHAP. XIV. — La coiffure d'Andromaque	276
CHAP. XV. — Des relations du costume homérique avec le costume classique	286
CHAP. XVI. — Les objets de toilette	298

III. LES PARURES.

CHAP. XVII. — Le hormos et l'isthmion	340
CHAP. XVIII. — Les boucles d'oreilles	345
CHAP. XIX. — Les agrafes	349
CHAP. XX. — Les hélikès et les kalikès	354

IV. LES ARMES.

		Pages.
Chap. XXI.	— Les jambières et les cuirasses	361
Chap. XXII.	— Le casque	375
Chap. XXIII.	— Le bouclier	398
Chap. XXIV.	— Les armes offensives	422
Chap. XXV.	— Rapports entre l'armement homérique et les armes de guerres orientales et classiques	439

V. LES USTENSILES ET LES VASES.

Chap. XXVI.	— Les haches dans le tir à l'arc	446
Chap. XXVII.	— Le pempobolon	454
Chap. XXVIII.	— Les vases à boire	461
Chap. XXIX.	— La coupe de Nestor	477

VI. L'ART.

Chap. XXX.	— La décoration	487
Chap. XXXI.	— Le bouclier d'Achille	508
Chap. XXXII.	— Les images des dieux	535
Chap. XXXIII.	— Conclusion	546

Ier supplément.	— Sur l'époque de la fondation des Cumes	553
IIe supplément.	— Du revêtement métallique des murs	558
Additions		575
Table alphabétique des mots grecs		579
Index alphabétique général		585
Table des illustrations		593

Typographie Firmin-Didot et Cie. — Mesnil (Eure).

TYPOGRAPHIE FIRMIN-DIDOT ET Cie. — MESNIL (EURE).

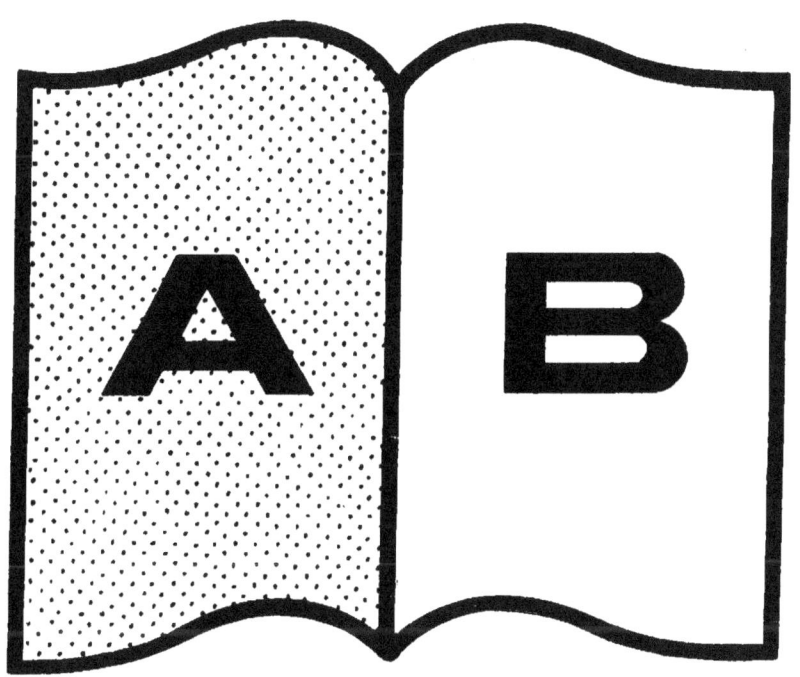

Contraste insuffisant

NF Z 43-120-14

www.ingramcontent.com/pod-product-compliance
Lightning Source LLC
Chambersburg PA
CBHW050127240426
43673CB00043B/1581